LES BORDS
DE L'ADRIATIQUE
ET
LE MONTÉNÉGRO

Les gravures de cet ouvrage ont été exécutées sur les dessins de MM.

AVENET — É. BAYARD — B. BONNAFOUX — H. CATENACCI — H. CLERGET — A. DEROY — DOSSO — GODEFROY-DURAND — FERDINANDUS — J. FESQUET — P. FRITEL — K. GIRARDET — GORSKI — J. GUIAUD — E. GRANDSIRE — H. JANET — LAFOSSE — D. MAILLART — A. MARIE — J. PETOT — M. RAPINE — RIOU — E. RONJAT — F. SORRIEU — STOP — J. STORCK — TAYLOR — É. THÉROND — VALERIO — TH. WEBER — VIERGE

LES BORDS

DE L'ADRIATIQUE

ET

LE MONTÉNÉGRO

PAR

CHARLES YRIARTE

OUVRAGE CONTENANT 257 GRAVURES SUR BOIS ET 7 CARTES

VENISE

L'ISTRIE — LE QUARNERO — LA DALMATIE — LE MONTÉNÉGRO
ET LA RIVE ITALIENNE

PARIS

LIBRAIRIE HACHETTE ET CIE

79, BOULEVARD SAINT-GERMAIN, 79

1878

Droits de propriété et de traduction réservés

A SON ALTESSE ROYALE

MARGUERITE DE SAVOIE

PRINCESSE DE PIÉMONT

LE BUCENTAURE.

INTRODUCTION

Itinéraire du voyage. — Intérêt qu'il peut offrir au lecteur.

Je vais tracer à grands traits l'itinéraire du voyage auquel je convie le lecteur; il abordera des côtes plus lointaines et des pays plus mystérieux : mais je peux dire hardiment qu'en ce qui concerne l'ère moderne, il n'aura jamais visité des rives plus fertiles en événements, des sites plus pittoresques, des villes plus fécondes pour l'histoire de l'art, ni trouvé des traces plus évidentes du génie de l'homme, de sa turbulence et de son ambition. On est bien près désormais de tout savoir, on veut qu'aucun point du monde ne garde son secret, mais il semble que l'attrait d'un pays reste encore en raison directe de son éloignement du sol qui nous a vus naître; cependant nous allons évoluer au cœur de l'Europe, à quelques centaines de lieues de ses grandes capitales : il ne s'agit ni d'expéditions aventureuses, ni de découvertes géographiques : nous ne perdrons jamais de vue les rives ; à peine entrerons-nous à vingt lieues dans l'intérieur des terres qui bordent le golfe Adriatique, et nous nous proposons d'en faire le tour

INTRODUCTION.

depuis Otrante jusqu'aux premières villes de l'Albanie. Nous partirons de Venise, nous visiterons Trieste et l'Istrie, le golfe du Quarnero, la Dalmatie, depuis Zara jusqu'aux Bouches de Cattaro, et nous pénétrerons dans les Bouches en passant ces fameuses *Catene*, qu'on barrait autrefois aux flottes conquérantes par des chaînes de fer. Abordant à Cattaro, nous escaladerons la Montagne Noire, pour aller saluer dans leurs nids d'aigles les belliqueux Monténégrins ; regagnant enfin l'Adriatique, en coupant l'entrée du golfe dans sa largeur, nous débarquerons à Otrante en suivant toute la côte méridionale de l'Italie, pour revenir au point de départ. Venise sera notre quartier général. Sur la côte italienne, nous toucherons à Lecce, à Brindisi, à Manfredonia, à Otrante, Bari, Ancône, Sinigaglia, Fano, Urbino, Pesaro, Rimini, Ravenne et Chioggia.

Le côté nouveau du voyage que je propose, c'est que je compte ne pas m'en tenir à la lisière, qui fut autrefois vénitienne, turque, lombarde, sarrasine, normande, gothique ou grecque. Ce serait suivre l'itinéraire des paquebots qui font une halte à chaque point du littoral et le voyage n'aurait pas ainsi tout son attrait : je compte explorer l'Istrie et la Dalmatie dans toute la profondeur, depuis la côte jusqu'à la Croatie et la frontière de Bosnie et celle de l'Herzégovine, et résider même quelques jours à Cettigne.

Pour Venise, je n'ai point à dire au lecteur quelle sorte d'attrait l'y attend : c'est une ville incomparable, unique ; je lui ai consacré en cette même année un livre monumental intitulé : VENISE. — *l'histoire, l'art, l'industrie, la ville et la vie* ; ce livre est le résultat de dix voyages successifs et de longues études qui m'ont permis de faire, en quelque sorte, une encyclopédie de cette merveilleuse cité. Je compte cependant m'y arrêter quelque temps avec le lecteur, car il reste toujours quelque chose à dire sur une telle ville, et en un point quelconque de l'Adriatique que je sois, je cherche malgré moi dans l'espace le campanile de Saint-Marc.

Le lecteur connaît mon itinéraire ; je veux, avant de partir, lui dire quel genre d'intérêt l'attend dans cette excursion. Elle nécessitera trois ou quatre mois, et les dépenses qu'elle exige ne sont pas considérables, car ces régions sont très-peu fréquentées. Les seuls voyageurs qu'on y rencontre sont les caboteurs de la Pouille qui abordent dans les pays slaves, ou ceux de Dalmatie qui viennent conclure quelques affaires avec les habitants de la côte opposée, celle de l'Italie méridionale. Vingt fois, accoudé à la barrière de bois des Bains du Lido, suspendue au-dessus de l'Adriatique dont les flots viennent battre les frêles pilotis qui les portent, après avoir visité les îles pittoresques, Chioggia, Burano, Torcello, Murano, Sainte-Hélène, j'interrogeais l'espace comme si je voulais percer les brumes du golfe ; quelque chose m'attirait vers la rive opposée, terre grise, dénudée, qui depuis Trieste jusqu'en Grèce baigne dans la mer ses trois cents lieues de côtes, où quatre-vingts îles et écueils parallèles au rivage, et qui portent des villes considérables, émergent en formant des *fiords* et d'étroits canaux.

Cette fois je vais déchirer le voile et percer la brume qui me cache ces rives. Si Venise est connue de tous, si on traverse le Frioul fréquemment pour se rendre à Vienne, on s'arrête déjà

INTRODUCTION.

plus rarement à Trieste, parce que vers Nabresina on a hâte de monter au nord pour gagner les grandes capitales, et on laisse généralement sans les parcourir ces régions qui formaient autrefois l'Illyrie et qui viennent d'être si profondément agitées par le soulèvement des Slaves. L'Istrie, les îles du Quarnero et la Dalmatie restent un pays mystérieux pour nous; la côte, de Trieste à Raguse, est mieux connue, reliée qu'elle est par un service de paquebots du *Lloyd*, très-fréquenté, très-confortable et bien organisé : mais si on débarque dans un de ces ports et que, franchissant l'enceinte fortifiée des anciennes colonies vénitiennes, on tente d'entrer en Bosnie ou en Herzégovine en coupant, comme nous allons le faire, la chaîne de montagnes qui les sépare de la Croatie et de la Dalmatie : on peut dire hardiment que les régions les plus lointaines, celles qui hier encore étaient les plus ignorées, ont trouvé plus d'historiens et d'explorateurs que ce coin oublié de l'Europe. Il existe évidemment des ouvrages allemands ou anglais, des récits de voyages épars çà et là; mais aucun guide français ne peut nous servir à nous orienter dans ces parages.

M. Xavier Marmier, il y a plus de trente ans, a exploré l'Istrie dans sa partie nord-ouest; mais pour la Dalmatie il s'en est tenu aux villes du littoral. Mérimée avait projeté d'aller jusqu'à Knin; mais il a avoué dans sa préface de la *Guzla*, écrite plus de dix ans après la publication du volume, qu'il avait, à l'aide de sa connaissance des idiomes étrangers et avec la collaboration de son docte ami Ampère, écrit, à Paris, avec des documents, ses poëmes slaves, si vraisemblables dans leur rhythme et leur contexture que Pouchkine lui-même y fut trompé [2].

Nous sommes convaincu que, malgré ces travaux divers, ce voyage reste encore à écrire : voyage vivant, exact, renseigné, tel enfin qu'on les sait faire aujourd'hui. M. Albert Dumont, dans son livre *le Balkan et l'Adriatique*, en un excellent chapitre sur les *Slaves du sud*, a bien indiqué le genre d'intérêt qu'offre une telle entreprise.

Après l'avoir tentée, nous comprenons aujourd'hui pourquoi les voyageurs sont si peu nombreux. Les routes, si elles sont sûres, sont rares, et celles qui existent datent de l'occupation française. On ne trouve, en dehors des grands centres, ni caravansérails, ni auberges, ni ressources pour la nourriture, ni moyens de locomotion. Il faut, avec une santé robuste, un peu de résolution pour s'avancer dans ces régions presque désertes où l'on ne parle que le slave. Le pays intérieur est triste, désolé; parfois, pendant dix lieues, on ne voit à perte de vue que plaines rocheuses où ne croît pas un brin d'herbe, et les mots de *Terra incognita* qui reviennent si fréquemment dans les récits des anciens voyageurs sont pleinement justifiés.

---

[1] On peut consulter sur la matière : Kohl, Petter, Köhler, Levasseur, Ami Boué, Marco Cazotti, Cusani, Cyprien Robert, Wilkinson, Peaton, Roedlich, Germarr, Delarue, le docteur Muller, Crasinski, Stefanovich, Falvi et Niegebaur de Leipzig. Mais il faut observer que chacun d'eux a pris ou une ville ou un coin du pays dont nous nous occupons, quand il ne s'est pas borné à une spécialité scientifique ou au côté purement historique. Nous ne parlons que pour mémoire des classiques : Paolo Sarpi (1685), Spon et Wheler (1724), Minuccio Minucci de Zara (1683), Fortis (1764), l'Anglais Adams qui a restauré le palais de Dioclétien (1764), Cassas et Lavallée (1802), Kandler, Lanza, Carrara, et avant tout l'*Illyricum sacrum* de Farlati, qui a servi de base à tous ceux que nous avons cités.

Mais dans ces montagnes arides ou ces plaines pierreuses habite une race fière, belliqueuse et d'une belle prestance ; les coutumes sont curieuses, les mœurs très-caractéristiques, les costumes très-pittoresques. A côté des pandours, gendarmes locaux qui ornent leurs costumes de thalaris et de médailles, les bergères aux bonnets rouges pailletés d'or comme une jupe de danseuse, assises sur les rochers, brodent, en gardant leurs chèvres, des dessins exquis aux vives couleurs. Les marchés ont un aspect particulier qui est bien fait pour charmer les aquarellistes. A chaque pas l'historien trouve encore les traces des premiers colonisateurs, l'archéologue s'enthousiasme à la vue des vestiges sans nombre et de ruines si énormes, qu'on ne pourrait les comparer qu'aux plus importantes que nous a laissées la période romaine. Parfois aussi, par un désolant contraste, le penseur, arrêté devant des plaines où s'éleva jadis l'une des plus grandes villes de la Dalmatie, n'en trouve même plus la trace, tandis qu'à chaque pas s'éveille le souvenir des Vénitiens. Le géologue et le naturaliste trouvent dans cette nature inféconde un aliment à l'intérêt qui les a sollicités ; celui que préoccupe l'étude de l'ethnologie ne rencontrera peut-être enfin dans aucune partie de l'Europe un champ plus fécond pour ses observations sur les races, leur caractère et leurs aspirations, comme l'homme politique pourra étudier sur place la redoutable hypothèse d'un grand empire à fonder par l'agglomération des Slaves du sud.

Au point de vue de la nature, les bouches du Cattaro sont certainement un des plus beaux lieux de la terre, un des plus admirables spectacles qu'elle puisse offrir, et les Bocchais (*Bocchesi*), par leurs habitudes et leurs mœurs, sont dignes d'intéresser le voyageur. Quant aux Monténégrins, c'est plus que de la curiosité qu'on éprouve à leur endroit : il y a là un mystère à pénétrer, et comme la nature a pris soin de le dérober aux yeux en élevant une immense barrière entre eux et la mer, la difficulté même qu'on doit surmonter pour arriver jusqu'au cœur de leur principauté, ajoute singulièrement à l'intérêt de l'excursion. Si, après avoir visité le Monténégro, nous traversons le golfe pour regagner l'Italie, il nous suffira de citer le nom des principales villes pour réveiller de grands souvenirs; en effet, chacun de ces ports, depuis Brindes jusqu'à Ancône, chacune de ces villes situées à la côte a joué un grand rôle au temps de l'Empire romain. Les traces de la noble antiquité s'y voient à chaque pas, le moyen âge et la Renaissance en ont fait des centres intellectuels de premier ordre, l'art et l'histoire s'y confondent, de grands noms surgissent à la pensée, de grandes personnalités revivent, dont on trouve la visible trace. Les temps qui ne sont plus recommencent pour nous, les empires détruits se reconstituent ; les invasions des barbares, la puissance pontificale, le pouvoir féodal, les petites principautés, si exiguës par le territoire, si grandes et si fortement accentuées dans l'histoire par le rude caractère de leurs chefs ou par le goût des princes de la Renaissance pour les arts, reviennent à la pensée quand on visite ces rivages aux noms éclatants : Bari, Barletta, Rimini, Ravenne surtout, dont on ne peut séparer le nom de l'empereur Théodoric, ni celui de Dante, un poëte égal devant l'histoire aux plus puissants, ni même celui de Byron, qui a voulu par

INTRODUCTION.

un orgueil légitime, associer dans la mémoire du voyageur son souvenir à celui du grand exilé de Florence.

Tel est le programme que nous allons réaliser, et tel est l'itinéraire que nous allons accomplir. Certaines habitudes d'esprit, une tradition respectée, des goûts et des tendances personnels font que nous ne saurions visiter un pays sans nous préoccuper de son passé, de son illustration, de ses ancêtres plus ou moins glorieux, de la place qu'il occupe dans l'histoire de l'art, sans négliger ses ressources économiques et les chances d'avenir qu'il offre. C'est le privilége de ces régions aujourd'hui abandonnées d'offrir de temps en temps au regard des voyageurs des restes de monuments qu'ils ont le droit de lui montrer comme des titres de noblesse : on ne s'étonnera donc pas, en face d'une pierre sur laquelle est gravé un grand nom, de nous voir nous arrêter pour évoquer, au lieu même où il repose, le conquérant ou le poëte couché dans la tombe.

Est-ce une fatalité ou une tendance à laquelle nous obéissons sans nous en douter? Le fait est que, parti il y a quelques années pour explorer une villa construite par le Palladio, sculptée par Alessandro Vittoria et peinte par le Véronèse, nous aboutissions, après deux années de recherches dans la plupart des archives de l'Europe, à la restitution de la *Vie d'un patricien de Venise au seizième siècle*; aujourd'hui nous allions chercher à Pola, à Zara, à Raguse les traces de ce même patricien Provéditeur de la Sérénissime République en Dalmatie, lorsque je ne sais quel immense désir d'école buissonnière nous a fait sortir des villes et arriver jusqu'en Bosnie, jusqu'en Herzégovine et au Monténégro, déchiffrant de vieilles inscriptions, dessinant des costumes, notant des lambeaux de poëmes slaves échappés aux rapsodes dalmates qui grattaient leur guzla. La nouveauté des spectacles nous a frappé; c'était, presque au cœur de l'Europe, un terrain vierge pour l'écrivain, alors que les mystères des régions les plus lointaines, du nord au midi du globe, étaient dévoilés par de hardis explorateurs. Élargissant dès lors le champ de nos recherches, nous avons fermé les manuscrits de Zara et les chartes de Raguse, et nous nous sommes rappelé que, chez nous, l'historien avait étouffé pour un instant les instincts du peintre et du littérateur épris du pittoresque et voué aux vivantes actualités : ce livre est né de ce hasard. Une circonstance particulière nous a affermi dans l'idée de l'écrire : nous pourrons à l'appui de nos récits présenter aux lecteurs le côté plastique du voyage ; c'est toujours une tâche aride que celle qui consiste à décrire des monuments et des costumes sans les appuyer de documents qui sont la démonstration évidente du récit. Le dessin est pour nous une langue que nous parlons sans fatigue, et le crayon est bien fait pour compléter la description. Que de fois, en lisant des récits de voyage d'un haut intérêt, avons-nous désiré de les voir accompagnés des illustrations qui auraient doublé le prix de la lecture? L'occasion se présentait, nous l'avons saisie, et tous ces crayons brillants d'artistes habiles, à l'esprit prompt, à la main souple, ont donné un corps à nos croquis fugitifs, rapides, esquissés parfois sur le pommeau d'une selle, à la pluie battante, au soleil, aux dernières lueurs du jour. Nous devons les remercier ici ; ils ont l'intuition des choses et réalisent ce que nous n'avons fait qu'ébaucher : grâce à eux, le lecteur, depuis Otrante et Lecce jusqu'à Budua, pourra voir se dérouler devant lui le panorama des villes blanches et des grands ports, des îles couvertes d'oliviers, des écueils et des rochers, depuis les côtes de la Grèce jusqu'aux premières villes de l'Islam, l'ancien golfe Adriatique enfin, dont Venise prétendait être la souveraine incontestée au nom du bref d'un pontife, et dont elle est restée si longtemps la Reine.

LE CHAPITEAU DE LA COLONNE ET LE LION DE VENISE.

ATRIUM DU PALAIS FOSCARI.

CHAPITRE PREMIER

VENISE

Le charme de Venise. — Origine de la ville. — Sa suprématie. — Sa décadence. — Premier séjour à Venise. — Les funérailles de Daniel Manin. — Le Grand Canal. — Le plan de Venise du haut du Campanile. — La place Saint-Marc. L'intérieur de Saint-Marc. — Le Palais Ducal. — La salle du Grand-Conseil. — Le pont des Soupirs. — La Scala d'Oro. — La gondole et les gondoliers. — La Traghetto. — Les théâtres. — La Fénice. — Ovation à la belle étoile. San Lazzaro dei Armeni. — Chioggia. — Les Lidos, depuis Venise jusqu'à Brondolo. — Les Murazzi. — La ville. — Les vallées.

I

Si l'Italie n'avait pas ses aïeux, leur héritage, le prodigieux amoncellement de chefs-d'œuvre que l'antiquité et la Renaissance ont entassés depuis Rome jusqu'à Venise, si elle n'avait pas son histoire, ses poëtes et son idiome, elle aurait encore sa nature, son ciel, son soleil et ses horizons, ses mœurs, sa couleur et sa vie pittoresque.

Rome a son caractère et son immense prestige, ses pompes, ses souvenirs et l'idée touchante et grandiose qui s'attache à la succession de saint Pierre. Naples a sa baie, son Vésuve; Sorrente, Pausilippe, Capo di Monte, la charmante échancrure bleuâtre que Capri fait à l'horizon ; elle a ses petites anses, ses côtes exquises, et sa mer bleue qui vient baigner les villages blancs assis sur le sable. Gênes a son golfe et ses palais, Florence a l'Arno, la Tribune et les Cascines, le Barghello, ses salons amis, son doux parler, et son Piazzone ; Ravenne a son caractère sombre et ses palais des rois Goths ; Pavie a sa Chartreuse ; Vérone a ses maisons à fresques, ses Scaliger et sa place de l'Herbe ; Côme a son lac ; Sienne, Milan, Bologne, Pérouse, Padoue, Parme, ont leurs monuments et leur histoire, leurs légendes et leur parfum de moyen âge ; et tant de marbres, tant de toiles, tant de palais, tant de souvenirs, tant de héros, tant de preux, tant d'amants, tant de poëtes et tant de demi-dieux, justifient l'éternel pèlerinage, l'incessant va-et-vient du monde entier, qui font de l'Italie de tous les âges l'hôtellerie de l'Occident, le musée de l'humanité et le dépôt sacré des archives de la civilisation.

Cependant, entre toutes ces villes italiennes, Venise a encore un autre attrait, le je ne sais quoi qui flotte impalpable dans son air et qui est peut-être encore plus puissant que les puissantes et irrésistibles séductions du génie humain. — Venise a le charme.

Le charme est un don, il est comme la grâce et il est comme l'amour ; on ne peut ne pas le ressentir, et il faut quelque délicatesse d'âme pour en être touché. Il se pose où il lui plaît, on l'a sans le savoir, il est souvent le privilége de qui ne le mérite point. Quelque effort qu'on fasse pour le poursuivre, on ne saurait l'atteindre, il fuit celle-ci pour s'attacher à celle-là, et suffit à tout embellir.

Cette impalpable séduction, d'autres pays la possèdent encore ; et puisque je tente d'expliquer la théorie de la grâce et du charme, je serais tenté de croire que le charme est une émanation d'un soleil tempéré ; avancez-vous vers le foyer, brûlez-vous de plus près aux rayons de l'astre, montez aux sources mêmes de la lumière, au trône d'Hélios, allez vers la Sicile, si âpre et si belle, vous le ressentez encore : allez plus loin encore, le charme s'est envolé.

Bourbon, l'Afrique centrale, les républiques de l'Équateur, Madagascar, les Indes, ont un autre attrait, plus puissant peut-être, ils n'ont plus celui-là, et je serais tenté de croire que le charme meurt à ces températures exaspérées ; que la sécheresse ardente de la Libye, le souffle brûlant qui passe sur les sables de l'Afrique centrale l'étouffent et le dissolvent, car il règne dans toute sa plénitude entre les Alpes et l'Adriatique, depuis Cadix jusqu'au Guadarrama, aux îles Baléares, dans l'Archipel, aux côtes de la Grèce : il se pose surtout, avec le gypaète et l'ibis rose, dans ces petites anses où s'abritent la blanche Oloosone et la blanche Camyre, dans tous ces petits ports blancs que nous allons visiter depuis l'Istrie jusqu'à Chio, à Rhodes la ville rose, à Lesbos, et dans tout l'archipel des Sporades.

J'avoue cependant que quelques voyageurs échappent à cette séduction et ne la sauraient ressentir : Venise leur paraît triste parce qu'elle est silencieuse, abandonnée, pauvre et mélancolique ; il leur faut le mouvement, la vie, la fièvre des grandes villes, le tumulte des rues, l'éclat des boulevards, la variété des spectacles, et surtout cette distraction facile à saisir et cette diversité toujours nouvelle de nos capitales. L'originalité de Venise, c'est son silence, sa situation bizarre dans un estuaire, sa nature exceptionnelle ; et c'est dans l'exception singulière de sa construction invraisemblable que gît toute cette originalité, sans parler du prodigieux amoncellement de monuments qu'elle offre aux voyageurs, des musées en plein air, des dentelles de ses façades, des arabesques de ses balcons, du pittoresque et de l'inattendu de chaque chose.

L'origine de Venise est aussi curieuse que sa construction, et c'est à cette circonstance bizarre du choix d'un estuaire pour refuge qu'est dû tout l'attrait de cette ville : cité incomparable, unique au monde, où rien ne ressemble à rien de ce qu'on a vu, où tout est nouveau, inattendu, bizarre ; où le ciel semble être la lagune et la lagune paraît être le ciel, où les îles ont l'air de flotter dans l'éther, où l'architecture est une fantaisie réalisée et un rêve qui a pris un corps. Tout y est au rebours des lois de l'équilibre et des traditions, une voiture y est un mythe et on n'y voit que cinq chevaux, qui sont en bronze, tandis qu'un enfant y est effrayé à la vue d'un vrai coursier.

Venise est une ville qui vous affole pour peu que vous vous sentiez un peu de poésie dans l'âme et quelque jeunesse dans le cœur ; son peuple est doux, confiant, aimable, d'une indifférence suprême et d'un esprit de conciliation sans limite. Quelque chose d'impalpable, d'indéfinissable y tient lieu de joie, de bonheur, de santé, quoiqu'on n'y entende jamais chanter un oiseau, ni bruire le vent dans les arbres, et que le soleil, au lieu d'éclater dans les haies, y joue sur les marbres blancs, sur l'émail des briques roses et irise sa lagune des nuances des perles et de la nacre.

Avant d'y entrer, voyons en quelques mots à quelles singulières circonstances ce peuple

LAGUNES DE VENISE.

a dû de fonder sa cité dans les lagunes et comment, alors que s'ouvraient devant lui toutes les côtes du golfe Adriatique, il a voulu s'isoler dans son estuaire.

Au sixième siècle, quelques milliers de citoyens vénètes, constamment inquiétés par les passages des barbares qui envahissent l'Italie, se réfugient dans les marais de l'Adriatique ; ils en consolident le sol en enfonçant dans la lagune les bois des forêts voisines, et, d'un groupe de quatre-vingts îles avec Rivo-Alto pour centre, ils fondent une ville à l'abri des incursions. Ils sont pêcheurs et vont vivre de la mer. A l'aide de bateaux plats, ils pénètrent dans les rivières qui viennent se jeter dans l'estuaire, où leurs îles semblent des vaisseaux à l'ancre, et, timidement, vont offrir à ceux qui les ont chassés de la terre ferme le sel que la vague dépose sur les rives. Peu à peu ils font des traités ; ils se hasardent à franchir les golfes, développent la navigation, s'enrichissent par leur esprit d'industrie, deviennent indispensables à leurs voisins ; bientôt ils se donnent des lois, affermissent leur existence, s'affranchissent des tribuns et trouvent une formule de gouvernement : une république aristocratique, et restent pendant douze siècles fidèles à la forme qu'ils ont adoptée.

Ambitieux à l'excès, audacieux, rusés, actifs, ils se déclarent, sur un mot d'un pape, les souverains de l'Adriatique. Il leur faut des flottes pour soutenir leurs prétentions : ils vont les construire, et en peu de temps ils seront en état de faire la loi depuis les rives de l'Isonzo jusqu'en Grèce. Ils n'ont pas de territoire et flottent sur les eaux ; il leur faut des colonies : ils vont régner par la ruse et par la force depuis Capo d'Istria jusqu'en Albanie, en Istrie, en Dalmatie, dans l'Archipel. Quand nous, Français, voudrons porter l'armée des croisés en Orient, ils se feront les entrepreneurs de nos transports, et, toujours naïfs et peut-être héroïques, nous payerons avec du sang les frais de passage en montant à l'assaut de Zara la rebelle, qui s'est révoltée contre ses nouveaux maîtres, les Vénitiens.

Les voici devenus riches; leur commerce s'étend jusqu'à la mer Noire et à la mer d'Azof; ils ont des comptoirs fortifiés; ils rapportent de l'Orient, non-seulement l'or et les perles, mais les restes de l'antiquité et les manuscrits des poëtes, des savants et des philosophes grecs. Comme on suspend un ex-voto au cou des madones au retour d'un long voyage, ils décorent les églises du Rialto et parent leurs monuments et la ville tout entière des admirables épaves des villes grecques détruites dans de sanglants assauts.

A la Grèce ils ont pris les arts et la littérature, les mosaïstes, les verriers, les bronzes antiques, les statues de marbre; ils vont multiplier ses manuscrits, emprunter ses formes architecturales, se les approprier, et trouver leur architecture nationale. L'imprimerie, découverte en Allemagne, les trouve bien préparés; ils n'éprouvent pas en face de ce merveilleux instrument, le type mobile, la terreur admirative qui fait qu'on s'attarde à regarder une découverte avant de la mettre en œuvre; ils s'en emparent avec fureur. Jean de Spire et Janson, quelques années à peine après Gutenberg, atteignent du premier coup au sommet de l'art.

Les Aldes naissent: les grands artistes apportent leur concours et illustrent les livres. L'imprimerie est née géante, elle ne sera plus dépassée; on verra des hommes comme le Carpaccio, Jean Bellin, le Titien, illustrer les œuvres de Colonna et les comédies de Térence. La gloire et la puissance politique s'ajoutent à cette illustration intellectuelle et la complètent. Venise est une nouvelle Athènes. Le bibliothécaire de Saint-Marc est élu doge, et cette élection, qui se répète par trois fois, symbolise l'admirable protection que le Sénat accorde aux sciences, aux arts et aux lettres.

L'Académie de Venise est fondée, la peinture se dégage avec le Giorgione et le Carpaccio; Sansovino, Leopardi, les Lombardi, le Palladio, bâtissent des palais et élèvent aux doges des tombeaux dignes de l'art grec; la rue est un musée; chaque patricien honore son saint et lui élève une chapelle de marbre, les campaniles se dressent dans l'air, les caravansérails des marchands étrangers sont peints à fresque par les plus grands artistes, l'art se respire dans l'air; nous sommes à la veille de la bataille de Lépante. Venise a triomphé de la ligue; c'est la Renaissance, c'est-à-dire la plus prodigieuse efflorescence du génie humain et l'apogée de la puissance vénitienne.

En même temps que les arts se développent ainsi, l'Université de Padoue, fondée déjà depuis plusieurs siècles, voit accourir dans l'enceinte de la ville les élèves de toute l'Italie, les savants, les littérateurs, les orateurs; André Vésale et Galilée professent tour à tour. Venise est savante comme Bologne, et dans les trente années qui suivent la découverte de l'imprimerie, le Sénat accorde plus de cent brevets d'imprimeur aux typographes venus de tous les points du monde, parce que la liberté de penser et d'écrire est sans limite — pourvu qu'on ne touche point à l'arche sacrée, c'est-à-dire au gouvernement de la Sérénissime République.

L'éloquence politique brille au premier rang, dans les conseils de l'État, au Collège des Sages, au Conseil des Dix, dans le Grand Conseil composé de tous les nobles; dans le Sénat, composé seulement des patriciens nommés par l'assemblée générale de tous ceux inscrits au « Livre d'or » et qui forment le *maggior consilio*; et la diplomatie vénitienne est regardée comme la première du monde, tandis que cet État, qui, après tout, ne se compose que d'une seule ville avec un territoire égal à peine à une province de nos grands États, lance sur les mers une flotte supérieure à celle des plus grandes puissances du globe.

LE PONT DES SOUPIRS ET LE PALAIS DUCAL.

Le dix-septième siècle voit tant de richesses commencer à s'épuiser : le Turc vaincu, éternel ennemi de la République, relève la tête ; Morosini le Péloponésiaque sauve la patrie compromise par la perte imminente de la Morée et des colonies de l'Archipel ; peu à peu les autres nations du globe, à l'école de Venise, développent leur marine ; elles débauchent leurs admirables artisans et créent des industries rivales : les premiers voyageurs du monde, les in-

LE PETIT PALAIS FERRO.

vestigateurs de l'extrême Orient et de l'Asie plusieurs siècles avant tout autre peuple de l'Europe, ont vu déjà les Espagnols découvrir le Nouveau-Monde, les Portugais fonder des comptoirs : on découvre le cap de Bonne-Espérance : on oublie le chemin de Venise, le courant change, et en même temps, comme un arbre dont la sève s'est épuisée, la forme politique de l'État a vieilli, le Doge, symbole sans responsabilité du plus constitutionnel des gouvernements, voit peu à peu sa dignité décroître, et la décadence se prononce. Quelques années encore, et nous

Français allons proclamer la déchéance de cette grande république, et de nos propres mains déchirer le pacte fondamental, brûler le Livre d'or et le Bucentaure, arracher partout où il pose sa fière griffe sur un monument, ce lion de Saint-Marc, image de la royauté de Venise, de sa force et de sa suprématie dans le monde.

M. Paul de Saint-Victor, parlant un jour d'une œuvre historique que nous avons écrite sur les patriciens de Venise, a dit de cette ville incomparable qu'elle avait développé une des plus éclatantes civilisations qu'ait vues le soleil. « Son négoce, dit-il, rejoint l'Europe à l'Asie; aussi grande lorsqu'elle s'assoit à son comptoir, glorieux comme un trône, que lorsqu'elle combat sur ses escadres les sultans et les pirates barbaresques, comblée de richesses, Venise met du génie à dépenser sa fortune. L'or que gagne son trafic se purifie dans le creuset de l'art; elle le transforme en édifices merveilleux, en costumes superbes, en fêtes prodigieuses, en tableaux splendides. Son art se fait une originalité unique des styles et des formes de tous les climats que lui apportent ses vaisseaux épars. L'ogive gothique, la coupole byzantine, le minaret turc, la citerne du désert s'accordent dans son architecture avec une chimérique harmonie; sortie des flots, Venise, comme l'Aphrodite antique, semble une création ondoyante et voluptueuse de la mer.

« Aujourd'hui même, sous son délabrement et son abandon, Venise reste unique et incomparable; on y séjourne avec volupté, on s'en souvient avec délices. Il y a du charme féminin dans le tendre attrait qu'elle exerce. L'atmosphère rose qui la baigne, le miroitement de ses lagunes, les teintes de pierres précieuses dont chaque heure du jour revêt ses coupoles, les ravissements de ses perspectives, les chefs-d'œuvre de son école lumineuse, l'aimable douceur de son peuple, la joie suave et rêveuse qu'on y respire avec l'air, autant d'enchantements qui enlacent. Les autres villes ont des admirateurs, Venise seule a des amoureux. »

Je suis entré à Venise, pour la première fois, dans des conditions difficiles à oublier: rendue à elle-même et à l'Italie par les traités de 1866, après avoir été soumise à l'Autriche depuis les premières années de ce siècle, la première pensée des Vénitiens avait été une pensée de reconnaissance; ils s'étaient rappelé qu'un de leurs concitoyens les plus nobles et les plus purs, essayant de l'arracher au joug des Autrichiens, avait proclamé son indépendance, organisé la défense, soutenu un siége, rendu à son gouvernement la forme qui avait fait sa gloire et sa force pendant quatorze siècles, et, succombant enfin au nombre, à la fatalité de la situation, était allé mourir en exil à Paris, pauvre, honoré de tous, et regrettant amèrement de ne pas rendre le dernier soupir dans sa patrie.

La municipalité avait donc décidé qu'elle réclamerait le corps à la France, qu'une commission italienne l'irait recevoir à la frontière et qu'une commission française, composée d'hommes politiques et de littérateurs, Henri Martin, Legouvé, E. Forcade, Anatole de la Forge, Taxile Delord, Edmond Texier, Castagnary, Hébrard, Hérold, et nous-même, l'accompagnerait depuis Paris jusqu'à Saint-Marc, où elle voulait qu'il reposât près des doges illustres.

On n'assiste pas deux fois dans sa vie à un pareil spectacle dans un cadre unique au monde, sur un prodigieux théâtre dont la scène, restée vide depuis bientôt un siècle, s'est animée deux fois seulement comme elle l'était jadis aux grands jours de la république: la première fois pour recevoir un mort illustre, le dernier grand nom historique d'un pays qui possédait le Livre d'or et qui a rempli le monde du bruit de sa gloire; l'autre pour accueillir le premier roi d'Italie qui venait faire acte de souveraineté dans l'une des cités du royaume unifié, un des plus beaux joyaux de sa nouvelle couronne.

Qu'on se figure un étranger arrivant à la nuit et dans de telles circonstances dans cette ville extraordinaire. La cité entière nous attendait à la gare, au Pont de fer; le corps, que nous amenions dans un splendide catafalque roulant, devait être placé sur un bucentaure, descendre tout le Grand Canal, aborder à la Riva dei Schiavoni, et passer la nuit à Saint-Zaccharie dans une chapelle ardente, en attendant le jour où on le déposerait à sa place définitive dans la basilique de Saint-Marc. Les Italiens sont de grands décorateurs, ils ont l'instinct de ces fêtes pompeuses, et, pour la circonstance, ils avaient voulu frapper vivement l'imagination. Le Grand Canal, cette prodigieuse avenue bordée de palais, servait de voie au bucentaure, sur lequel on avait dressé un immense sarcophage avec des groupes de figures allégoriques entouré de milliers de cierges. Douze cents gondoles qui venaient par derrière portaient douze cents députations de toutes les

QUAI DES ESCLAVONS (RIVA DEI SCHIAVONI).

villes d'Italie, des radeaux énormes à proue d'argent, splendidement décorés, portaient des symphonies funèbres qui pleuraient leurs notes lugubres.

Les palais, sur les deux rives, n'étaient point illuminés, l'architecture restait sombre, mais dans une sorte de demi-jour pâle, reflet de la masse flamboyante qui glissait sur les eaux, et des milliers de torches portées par les gondoliers ; on voyait se découper les fenêtres ogivales et les élégants balcons trilobés. A chaque fenêtre de ces palais, sur le fond enflammé des appartements sombres, depuis les premières marches qui baignaient dans l'eau jusqu'aux lourdes corniches, un monde de têtes se pressaient pour jouir du spectacle. Le sarcophage, masse flottante éclatante de lumière, glissait lentement, remorqué sur les eaux par des gondoliers vivement éclairés d'un reflet ; à mesure que le cortège funèbre passait devant un édifice, il l'illuminait comme d'une lueur d'incendie, et, en arrière vers le Rialto, en avant vers Foscari, les masses restaient sombres et les eaux semblaient absolument noires, mais de ce noir sinistre, inquiétant, gluant, particulier aux eaux de Venise la nuit : singulier contraste à la châsse flottante, au foyer scintillant, qui descendait mystérieusement, sans bruit, sans un cri, dans une atmosphère de deuil, nous montrant une à une dans cette sombre allée les belles et sévères lignes des façades du Palladio, les fines nervures des palais des Lombardi, les ogives du Calendario et les énormes saillies du Longhena : palais aux noms retentissants que jusque-là nous n'avions entendu prononcer que dans l'histoire.

Telle fut notre première entrée à Venise, et l'impression fut profonde ! C'était faire un rêve dans le monde des rêves. La ville nous avait logés au palais Danieli, et quand, au matin, après avoir secoué la fatigue du voyage, nous courûmes au balcon, comme nous avions eu la veille la fête des ombres, nous eûmes ce matin-là la fête de la lumière. Saint-Georges-Majeure, l'île rose, flottait sur la lagune gris-perle, et, à l'entrée du canal, la boule d'or de la Douane scintillait au soleil, tandis que sur un ciel léger, gris-d'argent, se découpaient, par un prodige de couleur à désespérer le Véronèse et Guardi, les coupoles bulbeuses de la Salute ; mais il fallut bientôt nous arracher à tout cela. Comme on avait déposé le cercueil à Saint-Zaccharie, nous dûmes au matin aller le prendre en grande pompe et l'exposer, avant de l'ensevelir dans Saint-Marc, sur une estrade construite au milieu de la place. Là, comme à une tribune, montèrent les orateurs français et italiens, et nous eûmes la douleur de voir un des écrivains les plus éminents de ce temps-ci, Eugène Forcade, atteint subitement de folie à cette tribune de la place Saint-Marc.

Cette fois, la cérémonie avait lieu à la face du ciel par un soleil éclatant, mais l'officiel nous tuait et nous nous élançâmes par les rues, avides d'indépendance. Les maisons de Venise étaient pavoisées d'étoffes de deuil ; aux balcons des palais pendaient des tapis précieux sur lesquels étaient fixées des couronnes ; partout des oriflammes tricolores, partout des rameaux portant des devises ! En s'enfonçant dans les ruelles les plus étroites, en parcourant le Ghetto, les petits carrefours, les *Sotto-Portici*, on voyait suspendu à toutes les portes le portrait de Daniel Manin, et souvent, au détour d'une rue, à la mode italienne, on lisait des inscriptions manuscrites, des sonnets, des hymnes en mémoire du patriote, hommages particuliers de quelque enthousiaste. Des boutiquiers, au point le plus éloigné de la ville, avaient débarrassé leurs magasins pour en tendre l'intérieur en noir lamé d'argent, et à tous les coins de rue, sur le port, à la marine, dans les quartiers élégants et populaires, devant les petites Vierges et les ex-voto, était exposé le héros de 1848. Errant au hasard dans Saint-Marc, pendant que se déroulait le programme officiel, nous vîmes même, et cela nous frappa beaucoup, une femme hâve, une pauvresse enveloppée dans son châle percé à jour, qui portait à la main un grand cadre renfermant un portrait lithographié de Manin. Elle avait collé aux quatre angles une croix de Savoie, et s'en allait d'autel en autel s'agenouillant et priant avec ferveur. Enfin, à la chapelle à gauche du maître-autel, elle accrocha son ex-voto naïf au milieu des marbres, des mosaïques d'or, sous les grands saints de porphyre, à cet autel exquis dessiné par le Lombardi, et elle s'agenouilla pour prier avec ferveur. A quoi cela correspond-il ? Est-ce de la foi, de la superstition, une croyance naïve ? C'est un sentiment spontané, vrai, et cela suffit pour nous émouvoir et nous arrêter.

Quelques années auparavant, assistant au grand drame italien, n'avions-nous pas vu, dans le royaume de Naples, des cierges allumés à chaque coin de rue, dans les *osterie*, sous les arcades, dans les boutiques, devant le portrait de Garibaldi et de M. de Cavour ; et, plus tard, le portrait de Victor-Emmanuel, associé à celui des deux grands Italiens du moment, n'a-t-il pas été l'objet de cet hommage qui rappelle l'idolâtrie, et s'excuse par le sentiment qui anime celui qui le rend ?

Pendant ces cérémonies qui durèrent plusieurs jours, nous restâmes tout d'abord émer-

LE GRAND CANAL.

veillés de l'attitude du peuple : pas un cri, pas un trouble, pas une dissonance ; il y avait de la religion dans ce patriotisme-là. Mais, malgré tant de splendeurs pour les yeux, Venise elle-même, Venise la ville, Venise la rue, les ponts, les stradine, les ruelles, les sous-portiques, la rive, les *campi*, les petits canaux, les petites places, le Rialto, les Traghetti, nous attiraient.

PETIT CANAL BERNARDO.

et nous avions hâte d'en finir avec cette mission, si honorable pourtant, de rendre à Venise son fils mort en France.

Nous avions hâte de nous mêler à toute cette vie : le môle était superbe, les fonds lumineux et transparents, l'atmosphère chaude, le ciel d'un bleu d'outre-mer pur. Les pêcheurs s'asseyaient sur les marches qui supportent les colonnes du lion de Saint-Marc, les gens du peuple s'étendaient sur les dalles, fatigués de cette longue station, et formaient des groupes animés. Les arcades des Procuraties regorgeaient de monde : on quittait les fenêtres, les terrasses et toutes les gondoles, rangées confusément devant le Môle, se mettaient en mouvement.

On ne voit certainement pas deux fois Venise dans de telles circonstances, et mon souvenir, plein de ces magnificences, les retrace à mes yeux éblouis. Cependant j'y suis revenu douze fois depuis sans jamais me lasser, et chaque fois que j'ai bouclé ma malle, sans en avoir pour ainsi dire la conscience, j'allais à la lagune comme l'aimant va au nord ; et ce n'est pas toujours l'attrait et l'étude de l'art qui m'y attiraient, mais la soif de Venise elle-même.

Qui veut avouer avec moi qu'il arrive un moment où on désire ne plus entendre la plus harmonieuse des musiques, exécutée par les rois des instrumentistes, où on préfère le silence à tout ce qui peut charmer l'oreille, où on s'écoute soi-même avec plus de plaisir qu'on n'entendrait la symphonie héroïque ou la sérénade de *Don Juan* chantée par un chérubin profane ? A Venise, le Véronèse, Tintoret, Vittoria, Salviati, Palme le Vieux, Sansovino, Palladio, Verrochio, les peintres, les sculpteurs, les architectes, tous ces cumuleurs de génie qui ont, au palais des Doges, aux Frari, à l'Arsenal, à Santa-Maria-Formosa, à San-Rocco, aux Procuraties ou sur le Grand Canal, chanté avec leur éblouissante palette la gloire de Venise, pétri le bronze et le marbre de leur main puissante, ou fait se dresser dans le ciel ces campaniles aux fermes profils et aux tons blancs et roses, et se refléter dans les eaux glauques de Canareggio les fines dentelures des palais gothiques ou les saillies violentes des entablements et des balcons de l'art des Lombards : tous finissent par lasser les yeux, l'esprit et la pensée, et c'est la rue, la simple vue de la lagune, les horizons de Malamocco, les aspects du Lazaret ou de Murano, qui ont raison de tant de chefs-d'œuvre et de tant de prodigieux artistes.

II

Si on veut bien juger de la situation de Venise et la bien comprendre, il faut, avant de se diriger dans la ville, et dès l'arrivée, faire l'ascension du Campanile. C'est le clocher de Saint-Marc, séparé de la basilique et placé gauchement à l'angle de la place, au débouché sur la Piazzetta, avec l'exquise Loggetta du Sansovino adossée à son pied. De fait, ce prodigieux clocher qui domine tous ceux de Venise et qui reste le type des campaniles, devrait être contemporain de Saint-Marc. Domenico Silvio en fit jeter les bases à droite de l'église, entre les piliers de San-Saba et le Palais Ducal, en avant de la porte della Carta ; mais le terrain, consolidé comme on sait par des pilotis, céda sous le poids, et on dut reculer jusqu'au point où le clocher s'élève aujourd'hui. D'abord il ne s'éleva guère à plus de deux cents pieds du sol, et on le couronna dès le douzième siècle par une flèche qu'on abattit sous le doge Lorédan pour la refaire telle qu'elle est aujourd'hui, c'est-à-dire en forme de pyramide avec ses revêtements de bronze et ses colonnes de vert antique.

Comme à la Giralda de Séville, on pourrait peut-être monter à cheval jusqu'au haut du Campanile, car ce ne sont point des degrés, mais bien une rampe, qui mène jusqu'à la plate-forme. Comme il y a des voyageurs qui collectionnent les hauteurs et les sommets, je leur dirai que de la base à la balustrade ils peuvent compter deux cent quatre-vingt-dix pieds. La vue est extraordinaire si on a le bonheur de faire l'ascension par un beau temps ; c'est de là seulement qu'on comprend ce que c'est que l'estuaire, en sondant de l'œil les échancrures de la lagune. Au large on a le Lido et les îles, à ses pieds les mille canaux et les ponts, les clochers par centaines, les toits bizarres avec leurs terrasses, et la grande plaque d'argent en forme d'S du grand canal qui s'ouvre à la pointe de la Douane pour aller finir à la station, vers Santa-Chiara. La vue d'une ville, prise d'un sommet perpendiculaire comme celui-là et qui s'élève à son centre même, est toujours curieuse ; mais quand on pense que Venise est formée de quatre-

LA PLACE SAINT-MARC.

vingts petites îles qu'on a pour ainsi dire soudées ensemble, on conçoit facilement quel extraordinaire spectacle on a sous les yeux, soit qu'on regarde à ses pieds, soit qu'on reporte la vue aux extrêmes horizons.

D'abord, on comprend comment la ville se relie à la terre ferme par cet interminable viaduc construit par les Autrichiens et qui restera une trace de leur passage; graduellement on voit le sol manquer sous les pas, le continent se faire lagune, et la lagune se faire continent. On comprend pourquoi les Vénètes se sentaient libres et abrités dans ce singulier refuge qu'ils avaient formé contre les Barbares, car le Lido, Malamocco, Palestrina, les Murazzi et Chioggia, reliés

LA LOGGETTA DE SANSOVINO.

ensemble par une digue formidable, défendent la cité, d'abord contre l'envahissement de la mer qui peu à peu gagnerait sur elle et l'ensablerait, ensuite contre l'approche des navires ennemis. Les passes qu'elle a laissées accessibles, mais qui sont commandées par des forts et dont il lui serait facile de garder l'entrée, sont nettement perceptibles, et comme des vigies flottantes, les îles San-Lazzaro, San-Servolo, San-Pietro-del-Castello, San-Giorgio-Maggiore et Giudecca sont à l'ancre dans cette espèce de lac où le flux et le reflux se font sentir, et laissent voir la lagune à sec avec les estacades qui indiquent les canaux creusés par les dragues.

La place qui est à nos pieds, la place Saint-Marc, était autrefois le cœur de la Venise politique, elle en est encore aujourd'hui le centre; de tous les points de la ville la foule y afflue, et (que l'étranger le remarque), à quelque distance qu'il soit de Saint-Marc, à quelque heure du jour qu'il passe dans une rue ou sur un pont, le courant de la foule est dans le sens de la *Piazza*.

C'est là que s'élève la basilique célèbre dans le monde entier ; là sont les Procuraties, là le Palais Ducal siège de l'ancien gouvernement, le quartier général de la Sérénissime, où flottent les quatre étendards de Saint-Marc, aux mâts dont les bases sont des chefs-d'œuvre signés d'un des plus illustres noms de l'art vénitien, Alessandro Leopardi.

Aujourd'hui la *Piazza* joue un bien grand rôle dans la vie du peuple, mais autrefois c'était véritablement un Forum dans le sens du mot, et sans en sortir un homme d'État pouvait pourvoir à toutes les charges de ses emplois. Au Palais Ducal étaient les secrétaires, les grands conseils de l'État, le collège ou conseil des ministres, les documents à consulter. Aux Procuraties, les offices de la tutelle des jeunes nobles. Déjà sous les arcades on se réunissait dans des salons de très-petite dimension pour causer des affaires d'échange, c'était un *Tergesteum* comme à Trieste, une *Bourse* comme à Londres ou à Paris ; et chaque nation avait là son petit club en plein jour, où les Grecs, les Turcs, les Dalmates, les Allemands, les Français, les Persans même, pouvaient se rencontrer pour leurs affaires.

Quant aux grandes intrigues d'État, chacun sait que c'était en plein air que se préparaient les élections des *Procurateurs*, des *Provéditeurs*, des *Ambassadeurs* même, avant d'entrer au Grand Conseil ou au Sénat, où on allait se grouper officieusement. Dans cette immense salle des Pas-Perdus à ciel ouvert, on discutait les affaires publiques en se promenant de long en large, et on avait donné le nom de *Broglio* à cet endroit spécial de la place, où plus particulièrement se réunissaient les patriciens avant les séances.

Là aussi se passaient les fêtes, les processions, les réunions et démonstrations officielles, et, pour bien indiquer que c'était là le quartier général de la République, aux quatre mâts dressés sur les admirables piliers d'Alessandro Leopardi flottaient les étendards de la Sérénissime. L'aspect n'a pas toujours été le même, et les Vénitiens ont bien fait de marquer sur le sol par des inscriptions, des dalles et bandes de diverses couleurs, les changements successifs que la place a subis. Sans parler des jardins de San-Zaccaria, qui s'étendaient jusque-là à l'origine, et sans remonter aussi haut que le douzième siècle, où on combla le canal San-Geminiano en démolissant l'église de ce nom située à gauche de Saint-Marc (où sont aujourd'hui les Procuraties neuves); les peintures beaucoup plus récentes nous montrent une autre église du même nom faisant face à la basilique, à l'extrémité de la place. Peu à peu, vers le milieu du seizième siècle, elle avait atteint sa dimension actuelle, qui présente un développement convenable, et c'est là que se déroulaient les fêtes publiques. Il suffit de jeter les yeux sur les gravures du temps pour rencontrer à chaque page une perspective de la *Piazza*, avec de grands monuments et pavillons, galeries circulaires, théâtres pompeux, scènes improvisées où on donnait des divertissements au peuple. C'est même une spécialité de la ville, en somme, que ces organisations de cérémonies où le religieux se mêle au profane, et le carnaval de Venise est devenu tout à fait célèbre. Regardez seulement les derniers peintres, le Canaletto et le Guardi : quelle longue suite de récits faits au bout du pinceau ! que de triomphes, de fêtes, de réceptions, de ballets pompeux, de comédies en plein vent !

Le Campanile avait l'avantage de ne pas gêner le développement de ces superbes processions, placé comme il l'est dans un angle ; quant à la délicieuse Loggetta, gracieux appendice qui fait paraître le Campanile si haut, tandis que le Campanile lui-même réduit au contraire sa proportion au-dessous de ce qu'elle est en réalité ; elle avait sa fonction alors, car c'était le corps de garde des Arsenalotti, et le procurateur de service, à partir d'une certaine époque où on avait menacé la sécurité du Grand Conseil, avait pour mission de s'y tenir avec les gardes de l'arsenal, pour veiller à la sécurité des délibérations.

L'ATRIUM DE SAINT-MARC.

VENISE.

Avant de franchir le seuil de la basilique de Saint-Marc, arrêtons-nous devant cette façade étonnante qui n'appartient à aucun ordre, à aucun pays, à aucun art, mais qui a emprunté à toutes les architectures et à toutes les régions. Selvatico, un des grands critiques d'art de l'Italie moderne, a fait graver en face l'un de l'autre le plan de Saint-Marc de Venise et celui de Sainte-Sophie de Constantinople, pour montrer les analogies du parti pris; il est certain qu'on pense surtout à Byzance en face de ces coupoles, et c'est certainement l'art du bas Empire qui peut réclamer la plus grande part dans la conception de l'édifice. A Cordoue, les Arabes, pour construire leur splendide mosquée, ont pris huit cents colonnes antiques aux temples bâtis par les Romains pendant leur conquête; à Venise, on a pillé Altino, Aquilée, Saint-Jean-d'Acre, Candie, la Morée, le Péloponèse; et chaque provéditeur, chaque capitaine de la mer, chaque ambassadeur, chaque marchand même qui monte sur une galère, et quitte l'Orient pour mettre le cap sur Venise, cache à fond de cale un bas-relief, des colonnes, des chapiteaux, des architraves, quelque fragment antique ou byzantin, et l'offre à la basilique comme on suspend un ex-voto au cou de la Madone au retour d'un long voyage. Comme effet général, c'est celui que pourrait produire un grand reliquaire orné d'or et de pierres précieuses; les clochetons, les petits campaniles, les arcs niellés et brodés à jour, les colonnes de marbre précieux superposées, les mosaïques brillantes qui éclatent sous un rayon de soleil avec leurs fonds d'or qui scintillent et leurs vives couleurs, les unes fraîches comme des fleurs qu'on vient de cueillir, les autres rongées par le temps et d'une admirable harmonie grise; cette addition folle, invraisemblable des quatre chevaux antiques en bronze doré, bizarrement juchés sur l'arc principal et se détachant sur le vitrail central; le lion ailé héraldique, tout d'or, les ailes ouvertes, découpé sur un fond d'azur; les anges des couronnements naissant des fleurs et des broderies gothiques, les statues; et par-dessus tout enfin, toutes ces coupoles d'un gris d'argent terminées par d'autres petites coupoles portant dans l'air des boules d'or qui font un point lumineux dans le ciel : c'est là un ensemble inouï, étrange et qui, plus justement que dans la construction de la cathédrale de Séville, justifierait le programme que s'étaient donné les chanoines : « Faisons croire à la postérité que nous étions fous le jour où nous avons donné le projet de notre église. »

L'atrium de Saint-Marc, à qui sait le regarder de près, offre un intérêt supérieur à toutes les autres parties de la basilique : c'est la plus ancienne, la mieux conservée, celle qui, ayant échappé à la munificence des papes, des doges, des procurateurs, des souverains et des patriciens qui, chaque siècle, chaque année, chaque jour, ajoutaient un collier ou une parure de plus à l'ornement de la basilique, se montre encore aujourd'hui dans son caractère primitif, sans alliage et sans cette superfétation (superbe sans doute, mais naturellement entachée d'anachronisme), qui est le véritable cachet de l'intérieur. Les mosaïques de cet atrium sont particulièrement précieuses; les encastrations antiques y sont à portée de la main et des yeux; on peut interroger le marbre, le porphyre, l'onyx, lire les inscriptions, demander au monument son âge et déchiffrer les légendes des frises.

Quant à l'intérieur de Saint-Marc, on ne saurait le décrire : c'est un invraisemblable entassement de marbres, de porphyres et de mosaïques d'or; c'est le digne intérieur de cet immense reliquaire qu'annonce la façade, un poëme écrit dans tous les styles et où tous les styles confondus arrivent cependant à l'harmonie. C'est enchanteur et c'est écrasant. Nous sommes restés des heures assis sous les arceaux de la cathédrale de Séville, nous avons dessiné les divers aspects de la grande mosquée de Cordoue; nous avons vu Burgos; Tolède, Cologne, le dôme de Milan nous sont familiers : mais véritablement, en face de l'intérieur de Saint-Marc, tout est oublié. L'aspect général est un et harmonieux, malgré les frissons de lumière qui passent sur les mosaïques d'or. — L'œil perçoit une note brune et chaude avec des éclats qui illuminent et des inquiétantes et mystérieuses teintes sombres en opposition. Le sol est de marbre, formé d'immenses dalles coupées par des mosaïques présentant des combinaisons infinies de lignes droites, des damiers, des arabesques, des rinceaux, des frises, des fleurs étranges, des animaux apocalyptiques. Ce sol marmoréen, poli comme un miroir, accroche la lumière; il faut pour y marcher étudier chacun de ses pas, et pour donner à ce pavage un caractère plus singulier encore, tout le sol, sous l'action du temps, par des tassements de cryptes souterraines, ondule comme les toits de tôle gondolés ou comme un flot battu par le vent.

Le détail est prodigieux, infini, car Titien, Tintoret, Palme le Vieux, Salviati, le Padouan, Rizzo, le fils du Titien, comme peintres; Bazza, Bianchini, Zuccati, Zambano, Passerini, comme mosaïstes; Sansovino, Pierre Lombard, Alberghetti, Paolo Savi, Campanato, comme sculpteurs, et cent autres hommes de génie, en ont peint, sculpté, décoré les infinis détails; et on ne perçoit cependant qu'un ensemble. L'art grec, par des bas-reliefs et des colonnes antiques prises aux temples païens; l'art byzantin, l'art arabe, l'art gothique, le plein-cintre, l'ogive; le noble, le bizarre, le flamboyant, l'élégant et le raffiné de la Renaissance se sont associés pour donner au monde ce prodige de pierre, de marbre et d'or; et cet enchevêtrement, ces contrastes, cet amalgame arrivent à l'harmonie, à l'unité, satisfaisant presque la raison en éblouissant les yeux, si bien que ce n'est qu'après avoir considéré longuement cet imposant et formidable ensemble qu'on éprouve le besoin de feuilleter page par page l'immense poëme et d'admirer une à une les pierres de ce magique écrin.

Le mouvement de la population qui à toute heure séjourne dans la basilique, est aussi bien fait pour nous attirer; là, la religion n'a rien d'officiel; nul ordre, nul cérémonial, nulle discipline : chacun va à son autel de prédilection; et si on a le bonheur d'arriver à Venise un grand jour de fête, la vie dans le monument présente un attrait aussi grand que le monument lui-même. Un gondolier vient accrocher sa petite gondole en ex-voto au magnifique retable de Nicolas Pisano, devant lequel brûlent dix grandes lampes d'or; et une mendiante déguenillée plaque sur un pilier de la délicieuse chapelle *dei Mascoli* une petite Vierge en papier peint qu'elle a achetée dans quelque boutique du Ghetto. Il y a dans tout cela une indépendance, un laisser-aller, une liberté qui nous frappent; on prie à toute heure, on vit dans l'intimité de la religion, on la pratique comme on l'entend, on ne discipline point la prière, et, bien ou mal, inférieurs ou supérieurs à nos usages, ceux-ci ont une saveur particulière qui est bien faite pour nous arrêter et pour nous laisser une impression durable.

A Saint-Marc on peut circuler partout; le jour où nous y entrâmes pour la première fois, après avoir longuement admiré l'intérieur vu du seuil, gravissant quelques marches dans le chœur même, derrière le maître-autel, poussant à l'aventure la porte qui s'ouvrait devant nous, nous nous trouvâmes tout d'un coup au milieu des officiants sans que personne songeât à nous arrêter. Un cardinal, assis sous un dais au milieu de huit chanoines à crosses et à mitres d'or, recevait la fumée de l'encens comme plongé dans l'extase, et, dans les stalles, des primiciers à mitre blanche, comme dans le concile peint par le Titien, chantaient les yeux fermés. Le maître-autel est surmonté, en guise de retable, d'une pala célèbre dans le monde entier sous le nom de *Pala d'Oro*, et qui est le plus prodigieux assemblage qui se puisse voir d'émaux, de camées, de perles énormes, de saphirs, de roses et d'or; on la recouvrit pendant l'invasion française d'un panneau peint de l'école byzantine, et c'est ainsi qu'on déroba aux agresseurs ce trésor facile à emporter. La pala cache le fond du chœur et forme pour ainsi dire les coulisses, derrière le maître-autel. C'est là qu'à tout moment, selon le rite, les évêques, chanoines et officiants viennent remettre leurs ornements sacerdo-

L'ENTRÉE DU CHŒUR DE SAINT-MARC.

taux aux mains des diacres, s'habillant, se déshabillant sans s'émouvoir de ce mouvement d'étrangers, de curieux ou de passants qui coudoient les princes de l'Église et viennent sans façon s'asseoir dans les stalles du chœur.

Errant encore dans ce dédale, gravissant les escaliers sans fin dans des ténèbres qui promettaient des surprises, nous heurtant dans des couloirs à d'énormes instruments de cuivre, des tympanons, des rebecs, des violes comme on en voit dans les bas-reliefs de Lucca della Robbia et dans les Bellini, nous arrivâmes à une galerie d'où nous dominions tout le chœur, et sur le balcon de laquelle d'énormes missels, des manuscrits à grosses notes rouges, des lutrins à fermoirs de cuivre étaient disposés. Nous étions arrivés ainsi sans le savoir dans la maîtrise de la chapelle de Saint-Marc.

A cette hauteur nous touchions du doigt les parois de mosaïque ; les petits cubes de cristal de Murano, qui scintillent de loin comme un fond uni, apparaissent de là distincts et dans toute la naïveté du travail. De près c'est un monde étrange et troublant ; ces figures qui s'arrêtent si nettes, si précises, si anguleuses, deviennent flottantes et mystérieuses vues sous l'œil qui n'embrasse plus l'ensemble : la tête de saint Jean est énorme, tout ce monde byzantin s'anime : Jérémie, Daniel, Éphésias, Hermagoras, avec leurs grands gestes ; les colombes mystiques qui lancent un rayon oblique, l'Hérode gigantesque tenant un sceptre, et derrière le dos duquel une ville fortifiée se découpe sur fond d'or : tout ce monde de saints aux grands yeux, aux gestes raides, ces frises à formes carrées, ces fruits gigantesques et ce saint Christophe traversant la mer, un peuplier à la main, avec le Christ enfant sur le dos, semblent plutôt l'invention d'Assyriens, d'Égyptiens, ou des élucubrations de fakirs indiens glorifiant le dieu Wishnou, que la création d'une légion d'artistes chrétiens conduits par la foi, inspirés par elle, et voués à la glorification du Dieu en trois personnes.

On peut s'engager encore dans les galeries des tribunes, hautes, tourner autour des piliers gigantesques, dominer les petites chapelles, accomplir des descentes dans des puits semblables à ceux des hypogées où, tout d'un coup, des rayons mystérieux font éclater des figures de saints, et où pénètrent, comme par des claires-voies qu'on ouvrirait subitement, l'écho des accords religieux et les fumées de l'encens. Un autre jour, comme nous errions ainsi seul dans Saint-Marc, dans l'épaisseur d'un prodigieux pilier, assis devant un pupitre à la pâle lueur d'un petit cierge, nous trouvâmes, comme un revenant du temps passé, un jeune homme qui copiait de la musique pour la maîtrise et qui ne leva même pas les yeux de son travail.

Que le visiteur fantaisiste qui lit les guides avant d'entrer dans un monument et qui se défie des propos inconscients des *ciceroni*, après avoir admiré l'autel et les prodigieuses colonnes à jour en albâtre oriental qui le supportent, pousse une petite porte qui conduit à la sacristie et s'y arrête un instant. C'est une ouverture de trois mètres de haut sur un mètre cinquante, ornée de quelques moulures, couronnée au sommet de guirlandes sculptées très-simples. Le panneau est de bronze et la porte est du *Sansovino*. C'est une des choses les plus belles de Venise dans cet ordre d'idées.

Au milieu de scènes de l'Écriture d'un admirable relief, mais qui cependant, avec la science innée des proportions et le tact extraordinaire de ces grands artistes, ne détonnent point et ne l'emportent pas sur la simplicité du cadre, le Sansovino a placé les portraits du Titien, de Palma, celui-là même qui a peint la sympathique *Sainte Barbe de Santa-Maria-Formosa*, celui de l'Arétin et le sien propre ; il sentait, le grand artiste, que tout pouvait périr dans son œuvre, les palais du Grand Canal, la Loggetta, les Procuraties : mais cette petite porte, placée là derrière le sanctuaire du grand Saint-Marc, sous l'œil même de Dieu, échapperait à toutes les destructions, à toutes les profanations, et porterait son nom aux âges futurs.

Le Sansovino, qui à Venise apparaît comme un artiste géant, a fait des palais, des statues colossales, des mondes de dieux, de déesses, et a entassé le marbre sur le marbre ; il a fait la Loggetta, qui dresse au pied du Campanile son délicieux et coquet ensemble, donnant plus de grandeur au colosse qui lui prête son ombre. Passant des immenses conceptions à l'exécution des infiniment petits détails, il s'est montré précieux, ingénieux, spirituel, raffiné comme Benvenuto Cellini, et j'ai fait mouler à la porte d'un palais un marteau de bronze qu'il a modelé de sa main, qui serait à lui seul un fleuron pour la couronne d'un artiste.

Si le visiteur passe le seuil de cette porte, il se trouve dans une énorme salle basse, ornée, comme la plupart des sacristies italiennes et espagnoles, de belles boiseries d'un ton brun : le plafond est aussi un chef-d'œuvre : la brillante mosaïque qui le forme a été exécutée par Marco Rizzo et Francesco Zuccato sur les dessins du Titien.

Un jour de fête, après la cérémonie religieuse, on peut avoir là l'idée de ce que devaient être les clients dans la Rome antique. Des habitants de la ville, des pauvres, des gondoliers, des femmes distinguées, mêlés dans un pittoresque désordre, attendent au passage chacun des prélats, et il y a là comme une espèce de rapide audience donnée à chacun : cela n'empêche pas les prêtres de quitter les ornements sacerdotaux ; et, pendant que les desservants dressent sur des formes rangées en file les riches mitres épiscopales, les rochets, les dalmatiques, de pauvres diables à la face hâve touchent du doigt les topazes, les rubis et les perles qui les décorent, sans envie, sans tristesse, et, il faut le dire, sans être gênés dans leur admiration par aucun des subalternes. C'est encore là une confiance, une bonhomie et une simplicité qui frappent en Italie.

III

Prétendre épuiser en quelques pages ce sujet de Venise est une tâche impossible, mais il y a dans Venise des noms honorés et des souvenirs qui dominent tous les autres souvenirs. Le Palais Ducal est à lui seul un monde, et il n'existe peut-être pas dans le monde entier de monument plus riche et plus orné, qui présente un ensemble mieux conservé, où il soit plus facile de reconstituer la vie des siècles passés. Des incendies successifs ont dévoré le palais, mais enfin sa façade extérieure présente l'aspect d'une construction du quatorzième et du quinzième siècle, et l'intérieur nous offre un des plus admirables ensembles du quinzième et du seizième qu'il soit donné d'étudier. Nous avons dû nous borner dans la reproduction des vues de Venise, puisque la ville, après tout (et quel que soit notre désir de nous y arrêter, puisque nous lui avons consacré tant d'années d'étude et de si nombreux voyages), ne doit tenir dans l'ensemble de notre travail que la place qu'elle occupe sur le littoral, rendue plus importante seulement par le rôle énorme qu'elle a joué autrefois dans l'Adriatique.

Traversons donc rapidement la belle cour du palais, gravissons l'*Escalier des Géants*, et suivons l'ordre des dessins que nous présentons au lecteur. C'est d'abord, sous la galerie qui donne accès aux grandes salles d'État, la *Scala d'Oro*, célèbre par les stucs d'Alessandro Vittoria dont elle est ornée et qui conduit au Sénat et à la salle des ambassadeurs : l'*Escalier d'Or* porte ce nom parce que ces stucs délicats, faits pour servir de cadres aux jolies compositions de Franco, étaient autrefois dorés. Après avoir franchi les marches, nous arriverons à une série de salles qu'il nous serait facile de repeupler, avec la connaissance que nous avons des choses de Venise. Ici, dans la salle de l'*Anti-collège*, les ambassadeurs attendaient l'audience et, pour leur faire prendre patience, le Sénat avait admirablement orné cette petite salle où le Tintoret s'est montré gracieux et tendre comme il ne le fut guère qu'une fois en sa

FAÇADE DU PALAIS DES DOGES.

vie, pendant que le Véronèse avec une de ses toiles les plus séduisantes, l'*Enlèvement d'Europe*, s'est montré sous son aspect le plus tendre, le plus poétique, gracieux comme Watteau, brillant comme lui-même, magique comme un conte de la mythologie antique traduit par le plus libre des pinceaux.

De l'antichambre du Collége on passe dans la *Salle du Collége*, petite mais exquise, et l'une des plus complètes du palais, avec ses riches plafonds à encadrements dorés, ingénieusement disposés par D. Ponti, où le Véronèse a peint Neptune et Mars, la Foi, le Triomphe de Venise, tandis que le Tintoret, Barbarigo et Caliari ont orné les murs de compositions allégoriques. A

COUR DU PALAIS DUCAL ET ESCALIER DES GÉANTS.

côté siégeait le Sénat, et quoique la salle soit restaurée et que le buste doré à plein du roi Victor-Emmanuel domine les siéges des anciens magistrats de la république ; tout a gardé son caractère du seizième siècle, et tous les murs et plafonds, par les scènes dont ils sont décorés, font revivre l'époque de la grandeur de la république.

La *Salle du Grand Conseil* est probablement une des plus vastes du monde et aussi l'une des plus riches. Taillé en plein dans le bois, son plafond doré offre des séries d'ovales, de carrés, de parties circulaires où les plus grands peintres de Venise ont célébré les fastes de la république. Presque au centre, dans une de ses compositions les plus vastes et les plus pompeuses, le Véronèse a célébré pour la dixième fois peut-être, mais sans jamais aller plus loin que ce jour-là, le *Triomphe de la reine de l'Adriatique*.

Les murs sont aussi divisés en compartiments, où, depuis les épisodes les plus anciens de leur histoire jusqu'à la fin du seizième siècle, chacun des artistes qui illustraient alors Venise, a voulu retracer la série non interrompue de ses triomphes sur mer ou de ses scènes historiques les plus célèbres. Dans la frise du couronnement, divisée en soixante-seize compartiments, sont encastrés les portraits de tous les doges depuis le huitième siècle jusqu'à la chute de la Répu-

L'ESCALIER D'OR DU PALAIS DUCAL.

blique, et à la place que devait occuper Marino Faliero on lit cette lugubre inscription. « Ici « est la place de Marino Faliero, décapité à cause de ses crimes. » C'est un détail qu'il est devenu presque banal de rapporter, mais l'effet est dramatique.

La salle du Grand Conseil réunissait tous les nobles inscrits au Livre d'or, moins ceux qui siégeaient au Sénat et qui primitivement avaient fait partie de la grande assemblée; les bancs étaient disposés dans le sens de la longueur de la salle, parallèlement à la rive des Esclavons. A l'une des extrémités, celle du côté de la bibliothèque, on avait réservé une estrade pour le

SALLE DU GRAND CONSEIL DANS LE PALAIS DUCAL

doge et le collège, composé de tous les *Sages*. Les *ballottini*, enfants chargés de recueillir les votes, passaient entre les bancs l'urne à la main, les secrétaires et fonctionnaires attachés au conseil circulaient en remplissant leur office, et chacun parlait de sa place. Une gravure curieuse de Giacomo Franco donne l'aspect d'une séance vers le milieu du seizième siècle et il est très-facile de reconstituer la scène. A gauche, avec sa façade sur la Piazzetta, s'ouvrait la *salle du scrutin*,

COUR DU PALAIS SALVIATI.

de très-grande proportion, où on procédait aux grandes élections pour les nominations d'ambassadeurs, de provéditeurs, de capitaines généraux de la flotte, etc., etc. Par une décision très-spéciale et qui fit le plus grand honneur à la famille des Morosini, le Sénat décréta qu'on élèverait dans la salle même du scrutin un monument commémoratif à François Morosini, dit le *Péloponésiaque*, vainqueur des Turcs (1694).

Si on veut se mettre au balcon de la salle du Grand Conseil qui regarde la lagune, on découvre un admirable spectacle : on a toute la lagune devant soi, avec Sainte-Marie-Majeure à l'ancre au milieu des eaux tranquilles, les îles San-Lazzaro, San-Servolo, le Lido, la pointe des Jardins, à droite la Giudecca dont la ligne basse n'est rompue que par la coupole du Rédempteur, et tout à fait à l'entrée du Grand Canal la Douane et sa boule d'or, la prodigieuse Salute avec ses coupoles d'un gris argenté butées par les grandes consoles retournées qui sont la signature de l'architecte Longhena.

La *riva dei Schiavoni* est la façade de Venise sur la lagune, c'est le quai le plus large de Venise, on peut même dire son seul quai; c'est la vue classique, si souvent dessinée par les peintres. Il faudrait peindre la vie de cette plage dallée où s'agite au soleil tout un monde de matelots, de petits industriels, de gondeliers et de flâneurs. Depuis l'angle de la *Piazzetta* jusqu'à la Marine, c'est un spectacle toujours vivant dont le voyageur ne se lasse point. Que le passant, en sortant du Palais Ducal par l'arc qui a son issue à la Riva, s'accoude à la balustrade du *pont de la Paille*; il domine de là l'étroit canal sur lequel donnent les portes du Palais Ducal, et où, suspendu à une hauteur énorme, le *pont des Soupirs* unit les prisons et le palais. Le nom est poétique et ce petit couloir si noblement décoré représente à l'imagination du voyageur toute une série de lugubres drames. Le pont a été jeté vers 1589 pour unir les services avec les prisons où habitaient les magistrats chargés de la police et qu'on appelait les *seigneurs de la nuit au criminel*. C'est de ce sombre lieu que partaient les gondoles spéciales chargées, à la nuit close, de jeter dans le *canal Orfano* les corps des suppliciés. On a beaucoup exagéré tout cela, nous avons tous essayé dans nos travaux sur Venise de ramener la légende aux proportions vraies de l'histoire; mais enfin il est exact de dire que la Sérénissime, très-jalouse de ses droits et rigoureuse observatrice de lois très-sévères, supprimait souvent, après un jugement prononcé dans l'intérieur des prisons, les citoyens qui avaient ourdi quelque trame secrète, quelque conspiration contre le gouvernement. Les *plombs* et les *puits* de Venise, dont on a constamment exagéré l'horreur, ne sont pas après tout plus noirs et plus cruels que nos cellules; cependant l'imagination se plaît à entourer toutes ces exécutions d'un appareil dramatique auquel le côté pittoresque ajoute des traits tout romantiques.

Je voudrais descendre le Grand Canal avec le lecteur, mais il faut faire un choix dans cet énorme ensemble qui veut toute une histoire et plusieurs volumes. Que le voyageur se couche sur les coussins de la gondole par une chaude après-midi d'automne, alors que le soleil est bienfaisant; que, depuis la Douane jusqu'au chemin de fer, il descende le Grand Canal en se faisant nommer tous les palais, il entendra tous les noms du Livre d'or et assistera sans fatigue à un spectacle sans rival. J'ai essayé de le lui décrire à mon entrée à Venise; qu'il visite quelques-uns de ces palais, celui des Foscari par exemple, si merveilleusement situé à l'angle de la grande voie d'eau. Qu'il entre au palais Salviati, à la Ca' Doro, au palais Corner. Qu'il passe par tous ces petits canaux qui se croisent et s'entre-croisent et se fasse indiquer le petit *Canal Bernardo*, l'un des plus célèbres. Quelques cours intérieures sont uniques au point de vue du pittoresque; la *cour du palais Salviati* est une des plus mouvementées, son escalier gothique lui donne un cachet à part et les vignes qui se mêlent à l'architecture ajoutent la grâce de la nature au charme de l'art. La *cour du palais Mula*, d'une tout autre époque, plus simple de plan mais plus grandiose, a tout le cachet des maisons patriciennes, et il n'est pas jusqu'à la cour de la simple maisonnette de *Goldoni* qui ne mérite un pèlerinage, autant pour honorer celui dont la maison fut la demeure que pour en admirer la disposition amusante et inattendue. La ville de Venise a bien écrit sur la façade de la maison le nom de l'auteur du *Bourru Bienfaisant*, mais elle laisse aller à sa ruine cette jolie petite demeure deux fois digne d'intérêt; je l'ai connue mieux conservée et mieux entretenue; à l'automne dernier j'y suis revenu et j'ai regretté de voir que le temps y fait son œuvre. Quelque comité artistique et archéologique devrait veiller à sa conservation.

LE CANAL ORFANO.

VENISE.

Si on s'engageait ainsi dans Venise sans guide, et surtout sans guide épris du pittoresque, on pourrait passer cent fois près de certains monuments qui se dérobent si bien à la vue, qu'il faut une grande expérience de la ville pour les découvrir. La *scala Minelli* ou *scala Antica* s'ouvre sur la *place Saint-Paternian*, où s'élève la statue de Daniel Manin, au fond d'une ruelle qui n'a

COUR DU PALAIS DA MULA.

certainement pas plus d'un mètre vingt de large; elle est, dans son genre, une des choses les plus remarquables de Venise. C'est l'escalier extérieur qui dessert les galeries du palais Minelli, et on a cru voir là une reproduction de la fameuse tour penchée de Pise. La construction est du quinzième siècle, et on voit par la gravure qu'elle a le plus intéressant caractère. C'est une tour engagée par un de ses flancs dans le palais, qui contient l'escalier desservant extérieurement l'édifice; il est formé de quatre-vingts marches, dont l'extrémité, la vis, fait un appui central. Il y a autant d'arcades que de marches, puisqu'à chaque marche, dans sa plus grande largeur, correspond une colonne recevant la retombée d'un arc. La tour a sept étages, et la hauteur totale est de vingt-deux mètres cinquante ; c'est à la fois élégant, noble et léger. La sollicitude des Vénitiens s'est portée sur ce monument du temps des Lombards ; il est restauré avec un soin parfait ; nous l'avons connu en assez piteux état, mais il est désormais sauvé de

COUR DE LA CASA GOLDONI.

la destruction ; on l'a même entouré d'une grille, et l'attention est éveillée sur ce joli spécimen de l'architecture du quinzième siècle.

Je conseille aux âmes sensibles de demander au gondolier de les conduire à *Sant'Apollinare*, au petit canal *Fondamenta del Carampane* près de la *casa Tamozzi*, où s'élève le palais où vécut la trop inflammable Bianca Capello, dont le nom revient souvent dans les légendes de Venise. Son père était un Bartholomeo Capello, sa mère une Morosini ; à la mort de cette dernière, le mari se remaria avec Lucrezia Grimani, la propre sœur de Jean, le patriarche d'Aquilée. Nous nous sommes mis parfois à la fenêtre d'où, dit la légende, Bianca encouragea, par son silence d'abord, puis par ses réponses, les œillades que lui adressa d'une fenêtre voisine, de l'autre côté du petit canal, un certain Pietro Bonaventuri, Florentin qui était venu chercher fortune à Venise. L'histoire n'est pas nouvelle : Bianca un beau soir entra dans une gondole

LA SCALA ANTICA.

conduite par Pietro, et quand on s'aperçut de sa fuite, elle avait déjà gagné Florence. Là le grand-duc la vit passer et s'éprit d'elle : il l'enleva à son tour. Pietro, pour s'étourdir, courait les tavernes et les lieux de débauche : une nuit il reçut *una coltellata* à la suite de quelque dispute et tomba mort sur la place. François de Médicis épousa la belle Bianca, et les fêtes furent si splendides, qu'elles rappelèrent celles du mariage de Lucrèce Borgia. Elle fit une entrée solennelle sur un char allégorique traîné par des lions. Le grand-duc envoya un ambassadeur à la République pour lui faire part de l'union, la belle-mère s'amadoua, le père pardonna tout parce qu'il avait pour gendre un Médicis, et le Grimani lui-même, malgré la tiare, envoya sa bénédiction aux époux. Le Sénat donna la robe d'or à Capello, et on inscrivit l'illustre alliance au Livre d'or.

J'insisterai volontiers pour que la Venise inconnue soit l'objet des visites assidues des

PALAIS DE BIANCA CAPELLO.

voyageurs : on sait tout de la Venise monumentale, mais, je le répète, il faut se perdre dans les petites rues, les ruelles, les canaux, les campi et les stradine ; à chaque pas le peintre trouve une aquarelle, à chaque pas une pierre encastrée dans un mur, une inscription célèbre, une église ou une chapelle ignorée, et un pont, un arc, une cour, un puits, un marteau de porte, que sais-je enfin? sollicitent l'attention de l'amateur. Parmi les ponts innombrables qui servent à traverser les canaux, celui qu'on appelle le *ponte del Paradiso* est un des plus séduisants comme aspect. Imaginez deux maisons faisant l'angle d'une rue de trois mètres de large à peine et dont

PONTE DEL PARADISO.

le premier étage surplombe et porte sur des corbeaux qui rétrécissent assez l'espace pour que, d'une fenêtre à l'autre on se puisse donner la main : les deux angles de ce long couloir sont réunis à leur entrée par un arceau gothique trilobé, couronné d'une flèche et d'un fleuron. Dans le tympan de l'arc, la Vierge en relief, la couronne en tête, relevant les pans du manteau qui la recouvre, protége un enfant agenouillé. Cela ne ressemble à rien, et c'est une fantaisie charmante ; dans le fond, les deux façades étroites font une perspective qui concourt a un point de fuite au centre, et sur la place à laquelle aboutit la ruelle, un autre arc se détache, sombre sur le fond clair.

Quoique la Vénitienne marche peu et se passe difficilement de la gondole, que ceux qui n'ont jamais vu Venise et qui sont restés dans une naïve ignorance des choses de cet invraisemblable pays ne croient pas qu'on ne puisse faire une promenade dans la ville sans être forcé de se faire gondoler. Tout Vénitien qui est un peu actif use assez peu de la gondole, il connaît sa ville et ses mille détours, et use des *traghetti* ; mais nous, malgré les dalles qui présentent au pied un sol toujours sec, et qui permettent de traverser Venise en souliers de bal, nous nous sommes vite habitués à ce doux balancement, et, par un sybaritisme qui tient à notre qualité d'étranger, nous nous surprenons toujours à sauter dans la gondole pour aller à dix pas de la Piazzetta.

Si vous ne voulez pas passer pour un étranger, n'entrez pas la tête en avant, mais bien à reculons, sous le *Felze*. — C'est le nom de la jolie cabine tendue de noir, avec son banc du fond très-bas, ses coussins très-moelleux, et, sur les côtés, à droite et à gauche, ses deux petits strapontins. Dans la vie ordinaire, on peut tenir quatre ; en gala, un jour de bal, les jupes bouffantes réclament la place entière et le felze ne pourrait recevoir que deux personnes.

Les dames vénitiennes nous ont toujours dit : « Nos gondoliers sont tous braves gens, nous les aimons, nous les soignons bien, et ils nous le rendent. » La vérité est que le peuple est d'une douceur incroyable ; le gondolier de place ferait rougir nos cochers par sa tenue ; si on lui donne la bonne main, il la prend avec reconnaissance ; si on lésine avec lui, il ne se plaint pas ; il a de la bonhomie, un grand fonds de bienveillance, il fait le cicerone, vous nomme chaque palais, et parfois vous en dit l'histoire. Je ne peux pas cacher qu'à certains jours, dans un choc de barques, au tournant d'un étroit canal, s'il se prend de bec avec le compagnon qui l'a heurté en ne criant pas assez à temps : *Apremi*, il épuise avec une verve étonnante tout un vocabulaire d'injures d'un haut ragoût et pleines de caractère : cela débute lentement, puis l'insulte va *crescendo, rinforzando*, et c'est bientôt une pluie d'invectives qui semblerait devoir terminer quelque sanglante bagarre ; mais qui finit par un éclat de rire. Habitué aux nobles langueurs et aux doux diminutifs du patois vénitien, on est étonné de ce qu'il peut tenir d'invectives dans ce joli langage et de l'imagination que les Beppo de Venise peuvent y déployer.

Toutes les gondoles sont noires, et tout le monde les a décrites ; les plus élégantes se distinguent par les vitrages en glace de Venise, à biseau ou à cadre de fleurs entaillées dans le cristal. Les armes des familles sont gravées à gauche du chambranle de la porte, sur un écusson de cuivre surmonté de la couronne. Toutes les gondoles de maître ou de place ont l'écusson, quitte à ne point avoir les armes, et au-dessous, dans un petit cadre garni d'un verre, on enferme souvent l'image du patron que chaque maître ou chaque gondolier s'est choisi. — Presque tous les gondoliers ont une image de la Vierge ou de saint Marc.

Nous nous faisons montrer à la porte des palais des plus grands noms de Venise les gondoles qui passent pour être les plus élégantes ; la différence n'est pas sensible au point de vue du luxe, à cause de la couleur noire commune à toutes. Celles des Papadopoli, des Clary, des Albrizzi, des Marcello, des Giovanelli, des Mocenigo et des familles les plus fastueuses de Venise ne se distinguent des autres que par la qualité des tapis qui ornent le fond, la fine gravure des vitres, les détails des cuivres qui portent les armes, les ferrures, les glaces, et puis une certaine gravité de bon ton. Très-dévoués à leurs maîtres, surtout à leurs maîtresses, les gondoliers de grande maison sont à double fin : les jours de réception, ils deviennent valets de pied et passent les rafraîchissements sur des plateaux; leur livrée consiste généralement en une écharpe à franges de couleur, un brassard du même ton, une veste à la matelot, avec le grand col, le petit chapeau plat en toile cirée orné de rubans flottants.

C'était la mode autrefois à Venise, pour les jeunes élégants, de s'exercer à conduire les gondoles; quelques-uns se piquent encore de pouvoir gagner une régate; c'était le sport d'un pays qui n'a d'autres chevaux que les quatre coursiers de bronze qui semblent hennir sur leurs piliers antiques au-dessus du porche de Saint-Marc. Aujourd'hui les descendants des Da Ponte, des Zeno, des Mocenigo, des Tron, des Dandolo et des grands politiques du Sénat et des membres du Collége, ne font plus concurrence aux gondoliers, et les grandes querelles des *Nicoletti* et des *Castellani* sont éteintes. Tout d'abord on se prend à regretter que la gondole soit noire, et on trouve que l'embarcation a l'air d'un catafalque ; peu à peu on s'y habitue et on ne souhaite pas une autre couleur pour ces gracieuses barques qui glissent silencieusement, vous évitant, dans une locomotion assez rapide, tout choc et tout arrêt. D'ailleurs à Venise la livrée du deuil est le rouge, et le noir fait un repoussoir. La silhouette du gondolier entièrement penché sur sa rame, au risque de perdre l'équilibre ; la forme basse, terminée par la proue, semblable à celles des galères antiques, et le felze qui s'élève au milieu, revêtu de sa coupe de drap noir orné de pompons de fine soie ; enfin la coque plate, qui semble ne toucher l'eau que par la tangente : tout cela complète bien l'ensemble de Venise.

Si on peut aller à pied par tout Venise, ou à peu près, comme il n'y a que trois ponts sur le Grand Canal : celui du Rialto, le pont de fer de l'Académie des beaux-arts et celui du chemin de fer, il faut faire un énorme détour pour trouver les *traghetti* ou passages publics des gondoles de place. Le *traghetto* joue le plus grand rôle à Venise : c'est le bac, le passage ; les gondoles sont amarrées là, pressées les unes contre les autres; tout passant donne deux centimes, mais nous avons toujours remarqué que chaque fois qu'un bourgeois passe, il se groupe autour de lui quelque bambin en guenilles, deux ou trois vieilles femmes peu fortunées et quelque pauvre diable auquel le gondolier n'a garde de rien demander. L'étranger donne un sou et parfois beaucoup plus ; il y a toujours là quelque vieille qui attend un passant plus fortuné, elle s'arrime à lui et franchit le canal *gratis pro Deo*.

De même qu'un Parisien un peu au courant sait, d'un coup d'œil rapide, sonder un coupé ou un landau qui passe, le Vénitien a un mouvement prompt qui lui permet de reconnaître qui passe au large, mais la gondole abrite discrètement ses hôtes; une vitre la ferme, par-dessus la vitre une jalousie à lames mobiles permet d'épier les passants sans être vu, et, contre la curiosité ou le froid ; il y a même un troisième refuge : deux panneaux de drap, petits volets qui se rejoignent au milieu du vitrage et passent l'un sur l'autre. Comme on se lève scandaleusement tard à Venise, les gondoles intéressantes — il va sans dire que je veux parler ici de celles qui portent les dames — ne sortent que tard, à l'heure des visites; c'est alors qu'on peut voir, penchées sur les coussins, en toilette de ville, les patriciennes qu'on a vues la veille à la Fenice. Il est encore assez commode, comme on est assis fort bas, de jeter des regards aux balcons en glissant sur le canal.

Rien n'est doux et moelleux comme la gondole; on conçoit que ce bercement rende paresseux et inactif ; on est là si bien abrité contre le froid ou le soleil, on voit si facilement et sous un angle si propice les tableaux qui se déroulent, qu'on se sent peu à peu séduit par ce mode de véhicule qui nous berce et nous fait trouver bien plus séduisante encore la promenade sur le Grand Canal, entre cette haie de palais des Scamozzi, des Lombardi et du Longhena.

CANAL REZONICO, A VENISE.

VENISE. 53

Les amoureux, d'ailleurs, depuis Byron, n'ont jamais pu médire de la gondole, et c'est une tradition d'aller au Lido la main dans la main. On assurait sans rire, il y a quelque soixante ans, que si tous les exemplaires du Tasse disparaissaient dans un cataclysme, on ne courrait pas risque de perdre les chants de la *Jérusalem délivrée*, conservés dans la mémoire des gondoliers vénitiens, qui se les transmettaient comme les rhapsodes faisaient des chants du sublime aveugle de l'île de Délos. Cela sourit à l'imagination, mais les gondoliers d'aujourd'hui, s'ils chantent du Verdi et du Bellini, tandis que nos cochers de place fredonnent tout au plus les *Petits Agneaux*, n'ont rien à démêler avec les vers du Tasse. Nous avons eu la dernière surprise

LE PONT DU RIALTO.

de ce genre, c'était vers 1868; on nous convia un soir dans un salon ami à entendre un gondolier *pour de vrai* (il s'appelait Antonio Marchio), né à Murano, qui récita devant nous, avec un grand sentiment d'expression, tout l'épisode de *Francesca e Paolo* de la *Divine Comédie*. C'était d'une haute saveur; il ne se bornait pas à réciter, il commentait dans une forme accessible, en langue vulgaire et populaire, le côté historique et l'allusion du Dante. Je ne sais ce que sera devenu cet Antonio Marchio, qui était jeune alors et très comme il faut d'aspect, comme un grand nombre des hommes du peuple à Venise. Un prince, un souverain aurait dû l'attacher à son service, comme un vivant exemple d'une tradition morte [1].

---

[1] Je viens de retrouver Marchio à Ravenne, dans la patrie de Françoise de Rimini, *faisant des conférences publiques et commentant Dante!* — Juillet 1877.

IV

Les théâtres pendant la saison jouent un grand rôle dans la vie de la société vénitienne, et cela est vrai d'ailleurs de toute l'Italie : mais, depuis un certain nombre d'années, la *Fenice*, le grand Opéra de Venise, ne s'ouvre plus qu'en été, ou, par un sacrifice que s'impose la municipalité, à certaines époques, comme celle du carnaval. Les grands théâtres de l'Europe, Saint-Pétersbourg, Milan, Venise, Londres, Paris, absorbent le peu de grands chanteurs qui peuvent interpréter dignement les maîtres, et les payent au poids de l'or : Venise ne peut soutenir toute l'année sur sa première scène une troupe d'opéra. Mais, à défaut de la Fenice, de nombreux théâtres s'ouvrent où de temps en temps on passe de bonnes soirées et où on est susceptible d'éprouver une émotion vraie. Tous les genres sont représentés, mais la société adopte surtout la scène où on joue l'opéra. L'étranger, lui, va de préférence aux comédies de Goldoni, si véritablement vénitiennes, d'un esprit si fin et si vraiment comique. Mais la *Fenice* reste un type, et ce n'est pas tant le théâtre et la scène qui y attirent l'étranger que le cachet spécial de la vie vénitienne.

La salle est célèbre ; même en comptant *San Carlo*, la *Scala*, le *Lyceo* de Barcelone et l'*Opéra* de Paris, c'est une des plus belles du monde ; j'y suis entré pour la première fois un jour de gala ; et quand la salle est ainsi éclairée à giorno, le spectacle est féerique.

Le lustre est peu de chose, une sorte de lustre hollandais assez puissant, mais dépourvu de ces pendeloques de cristal qui reflètent les mille feux et de ces globes dépolis qui tamisent la lumière. L'aspect général est blanc ; tout le pourtour de la salle, depuis les baignoires jusqu'aux combles, est divisé en loges comme dans tous les théâtres italiens, et des milliers de bougies sont fixées autour de la salle, au panneau même des loges. Ces foyers, presque à portée du visage des spectateurs, répandent une grande chaleur ; mais l'aspect général est éblouissant. C'est bien l'atmosphère d'une fête.

Les fonds des loges sont clairs, ce qui ne permet pas aux toilettes blanches et aux épaules marmoréennes de se détacher sur des fonds propices. Tout est blanc, le fond de la salle et les boiseries ; aussi les spectatrices, dont la note dominante est aussi une tache blanche, ne comptent-elles pas sur le fond presque aussi lumineux que cette tache. Du reste, en Italie les couleurs claires sont à l'ordre du jour : même en hiver les femmes arborent dans la rue, à la promenade, des couleurs printanières, des vert-pomme, des roses, des lilas, des gris-perle. On accueille d'un mot d'étonnement une personne en robe sombre : *Siete in bruno!* Comme si on disait : « Est-ce que vous êtes en deuil ? »

Ce n'est point là une salle bruyante, la vie ne transpire pas jusque dans les couloirs comme aux Italiens ou à l'Opéra de Paris. Derrière les fauteuils d'orchestre, la partie qui correspondrait chez nous au parterre est vide ; c'est un parterre debout, comme dans quelques-unes de nos villes de province. Pendant l'entr'acte tout ce monde masculin lorgne les loges et circule assez paisiblement. Les couloirs sont tristes, car les portes qui donnent sur ces vomitoires sont minutieusement fermées de panneaux pleins, sans le petit œil-de-bœuf muni d'un rideau rouge, et le foyer est entièrement inconnu : il est remplacé par une sorte de promenoir à rez-de-chaussée, au vestibule d'entrée.

Quelques gondoliers, portant le chapeau de toile cirée et le brassard, se tiennent debout dans les couloirs ; les belles lanternes de cuivre des gondoles, brillantes, à moulures corsées, sont rangées sur une espèce d'étagère disposée exprès le long des murs.

On écoute assez peu, mais un peu plus cependant qu'à Florence et qu'à Milan ; quand arrive la cavatine ou le grand air, on fait trêve aux conversations et on assiste dans un religieux

LA SORTIE DE LA FENICE.

silence. C'est encore la mode italienne de couper l'opéra par un ballet. Deux actes de la *Lucie*, un ballet, puis la suite de l'opéra. Quand on n'est pas prévenu, l'effet est singulier : au moment où l'on attend le ténor, la toile se lève et on se trouve dans un palais où des Japonais lutinent Colombine et où des Arlequins veulent ravir des fleurs à des bergères.

Au bout d'un instant tout s'explique; *Lucie* avait laissé les spectateurs assez maîtres d'eux-mêmes, mais la danseuse électrise la salle, on sent qu'elle est adoptée et qu'on en raffole. Les bouquets pleuvent, les loges d'avant-scène, qui représentent la loge infernale, éclatent en bravos ; on interpelle la danseuse, on lui parle, on effeuille des roses du haut des troisièmes sur les pas de l'étoile, et pour remercier, après trois rappels, elle envoie des baisers aux loges de droite et de gauche.

La loge à la Fenice est une propriété ; on en a la clef chez soi et on entre directement sans le secours de l'ouvreuse ; c'est d'ailleurs le même système à la Scala de Milan. C'est une politesse à faire à une étrangère qui vient passer quelques jours à Venise que de lui envoyer la clef de sa loge.

L'entr'acte joue un grand rôle en Italie : c'est l'heure attendue, l'occasion propice ; là se donnent les rendez-vous, là se concertent les parties, là se déroulent les péripéties qui échappent à ceux qui ne sont pas familiers avec la vie de Venise. C'est là qu'on se rend les visites, et cela compte comme tel. Il y a même certains visiteurs de la Fenice qui ne fréquentent pas le salon de la dame à laquelle ils rendent assez régulièrement leurs soins les soirs d'opéra. Aussi, le jour de la clôture, ai-je entendu des jeunes gens exprimer leurs regrets au sujet de cette fin de saison qui coupait court à ces entrevues mêlées de chant.

La loge a deux places sur le devant, deux siéges qui tiennent au mur, de sorte qu'on est de profil, dans une pose qui est plus propre à la causerie qu'au spectacle. Dès que la loge est un peu de côté, la personne qui est la plus proche de la scène doit faire un certain effort pour la regarder; à droite et à gauche, comme dans un break, est disposée une banquette de cuir.

J'ai dit que le fond de la loge est clair; la forme en est oblongue, les murs absolument lisses et peints à l'huile : comme le milieu reste vide, on pourrait se croire dans une élégante cabine d'un paquebot. Les visites se succèdent, très-nombreuses, visites masculines, bien entendu, un homme un peu relationné (et tout Venise se connaît, ou à peu près) exécute de dix à douze visites par soirée. Il serait malséant de s'installer et de ne point céder la place à ceux qui se présentent. La conversation n'est pas très-vive ; quelques hommes viennent saluer, prennent place sur la petite banquette et s'en vont sans avoir dit un seul mot: c'est cette douce vie italienne, si différente de la nôtre, où on n'exaspère pas même la causerie. Pas assez à mon gré ; j'attendais plus de vivacité et moins de prudence. On jette un regard aux loges, on s'étonne d'y voir une personne qui n'est point une habituée, cela se passe en petits cancans inoffensifs, offensifs même au besoin ; en remarques, en observations, en réflexions superficielles. Il y a au fond de tout Italien un chroniqueur à l'état latent; il remarque tout et sait tout de chaque salon. Un étranger un peu vif, qui se laisse aller à sa nature dans ces visites rapides en effleurant toutes choses, détonne et étonne un peu. Ceux qui à Paris passent pour discrets et ne tiennent pas volontiers le dé de la conversation, pourraient passer pour des bavards à la Fenice.

Cette particularité d'avoir sa loge en toute propriété fait qu'on est vraiment chez soi et que toute la salle n'est qu'un immense salon. Ce n'est plus la grande et noble place publique de nos salles à nous, où il n'y a vraiment que le premier rang (le *piano nobile* des Italiens) qui ne change jamais. Du reste, à propos du « piano nobile », le seul vraiment aristocratique dans la plupart des théâtres italiens, on peut dire que cette différence n'existe pas aussi sensiblement à la Fenice, où, depuis le rez-de-chaussée jusqu'aux deuxièmes, on peut voir, appuyées au rebord des loges, les patriciennes de Venise.

Je recommande aux étrangers de ne pas attendre que le rideau soit baissé et de courir à la porte d'Eau pour voir la sortie du théâtre. Des centaines de barques sont disposées en ordre, pressées l'une contre l'autre, comme nos voitures un jour de courses dans l'enceinte du bois de Boulogne; elles disparaissent dans l'étroit canal jusque sous le petit pont qui ferme la perspective, et s'avancent à mesure que le gondolier qui sert de valet de pied a signalé la présence des maîtres. La sortie des Italiens de Paris, la halte sous le grand vestibule; la sortie de l'Opéra, la station sur les marches des escaliers, sont déjà des scènes très-séduisantes ! Mais voyez le tableau à la Fenice ! il est unique de pittoresque. Les marches du théâtre avancent dans le canal et plongent dans l'eau, la gondole vient lentement friser le dernier seuil, le gondolier, la lanterne à la main, éclaire les pas de la Vénitienne emmitouflée dans sa sortie de bal et appuyée au bras de son cavalier. Debout dans le fond de la barque, à la porte du *felze*, il présente le poing ou l'avant-bras comme un chevalier, et la patricienne, silhouette blanche éclairée d'un reflet rouge, s'engouffre à reculons dans la cabine basse et noire. Les portes du théâtre sont violemment éclairées et chaudes à l'œil, la façade au contraire est sombre comme les eaux noirâtres des canaux sourds, les reflets de feu jettent des paillettes sur tout cela, et par les grandes portes ouvertes on aperçoit de jolis fantômes blancs qui se penchent au bras des cavaliers noirs.

J'ai vu là un jour un épisode qui s'est gravé dans ma mémoire. On donnait l'*Africaine*, avec je ne sais quel ballet. A la Fenice, quand un opéra est monté à force de dépenses, il faut bon gré mal gré l'entendre jusqu'à satiété. La salle était comble, plus vivante qu'à l'ordinaire et très-sympathique. La Lotti et la Mongini furent chaudement reçues et Nelusko eut sa part de l'ovation. L'Africain semblait confus, tous ces indigènes sous leur pâte brune grimaçaient des sourires de reconnaissance et les dents blanches éclataient au milieu du masque noir. Les basses attaquaient à l'unisson ; Sélika allait mourir sous le mancenillier, quand, de chaque côté de la scène, sortirent trois valets de pied en grande livrée, portant d'immenses bouquets de Gênes, qu'ils avaient peine à tenir entre leurs bras ; les loges battaient des mains ; les avant-scènes, bourrées des élégants de la ville, vociféraient, appelant des mains chanteurs et cantatrices, ténors et basses, pour leur faire leurs adieux, et de toute part les bouquets volaient sur la scène, tandis que du haut des avant-scènes des troisièmes on effeuillait des roses sur la tête des harmonieux sauvages. C'était l'hommage des élégants de la ville ; les loges s'étaient cotisées pour cette manifestation.

Nous n'aimons pas ces bouquets de Gênes disposés en damiers dont les casiers seraient des roses rouges et blanches ; ce ne sont plus des fleurs, c'est de la géométrie qui sent bon. Les rubans qui accompagnaient les bouquets brodés de devises, ornés des chiffres de chacun des artistes, étaient d'une grande richesse et rappelaient les belles rosettes de rubans qu'on pique à l'échine des taureaux en Espagne.

La danseuse parut à son tour, c'était la Beretta ; à peine avait-elle battu un entrechat à huit que la salle ne se contint plus ; au pas de deux ce fut de la frénésie, et à un signal imperceptible pour nous, les valets de pied sortirent une seconde fois, portant les bouquets qu'on lui destinait. Des secondes loges de droite et de gauche on lâcha des colombes qui venaient, haletantes, se heurter aux frises ; un des oiseaux traversa la salle de son vol un peu lourd, et disparut sous le manteau d'Arlequin. La pluie de roses tombait toujours d'en haut ; la manifestation était très-sincère, très-générale. Comment, après de tels triomphes, les artistes peuvent-ils chanter ou danser en France, devant les gens calmes que nous sommes ?

La Beretta était très-émue, elle s'éloignait dans le fond de la scène et revenait à

SAINT-PIERRE DU CHATEAU ET SAINTE-HÉLÈNE, VUE PRISE DU COUVENT DES ARMÉNIENS.

ISOLA SAN SERVOLO ET ISOLA SAN LAZZARO.

petits pas pressés et maniérés, se courbant en de petits saluts, et jetant des baisers à toutes les loges, depuis les baignoires jusqu'aux cintres. Comme elle oubliait un peu les fauteuils d'orchestre, un Vénitien enthousiaste, qui me parut de la classe moyenne, se leva au milieu des fauteuils et lui cria sans façon : *A mi, à mi, dammi un bacio!* « A moi, à moi, donne-moi un baiser! » — C'est là de la couleur locale, ou je ne m'y connais point.

Le même soir de l'épisode de la Beretta, on l'attendait à la porte pour l'acclamer et un nouveau spectacle m'attendait. Elle parut au bras d'un cavalier, un murmure s'éleva, elle allait à pied, à travers les étroites ruelles. A la place San Mose, on l'applaudissait à outrance, et on lui jetait des fleurs; elle arriva sur la place Saint-Marc : là les passants se mêlèrent au cortége et l'orchestre vint rejoindre le groupe. Ce fut une sérénade à la belle étoile, dans un cadre unique au monde, fermé par l'église Saint-Marc, dont les mosaïques éclataient sous un rayon de lune. La nuit était claire, limpide, le ciel étoilé comme un baldaquin d'azur, ou comme une écharpe de gaze bleue constellée d'argent. Les enfants ramassaient les fleurs et les jetaient, les élégants applaudissaient, et la danseuse frémissait au bras de son galant comme une tourterelle heureuse et effarouchée. Je la revis le lendemain dans un compartiment de chemin de fer, la tête encapuchonnée, les traits battus : elle était redescendue des étoiles. Cela doit être cruel de danser devant ces habitants du pôle nord qui s'appellent les Parisiens, après des apothéoses comme celle-là. C'est à rendre fou le corps de ballet tout entier, et je n'ai jamais oublié cette apothéose de danseuse sur la place historique où un peuple en délire, cinq cents ans auparavant, avait porté Pisani en triomphe. Ce sont là de ces scènes qu'on ne voit qu'en Italie, aux bords de la Néva ou sous les tropiques.

VI

Je conseille aux voyageurs de voir toutes les îles; chacune a son caractère depuis Murano jusqu'à Torcello, et si le temps est beau, la promenade en gondole est le vrai charme du voyage plutôt que la visite elle-même. L'excursion la plus pratique de toutes, après Murano qui est à une demi-heure de Venise, est celle du Lido et la visite au couvent des Arméniens dans l'île de San Lazzaro. Nous ferons une grande excursion à Chioggia qui nous donnera l'idée du vrai caractère des grandes îles de la lagune; la visite aux Arméniens est une distraction de quelques heures à peine, et c'est surtout pour jouir de la vue de Venise au retour qu'il faut aller prendre son recul jusque-là.

L'île tout entière est aux Arméniens. C'est la plus petite des îles de la lagune; elle était d'abord habitée par des pêcheurs très-pauvres qui vivaient de la lagune; au douzième siècle elle était un lazaret et on y enfermait les lépreux. La maladie disparut peu à peu, et vers 1715 la République, sur la proposition qui lui avait été faite par Mekhitar, la vendit à une communauté d'Arméniens qui fuyaient devant les Turcs ravageant les îles de l'Archipel. Ce Mekhitar était le chef d'une congrégation qui portait son nom. Là se forma la communauté, là elle se développa et devint pour ainsi dire le phare intellectuel qui projette la lumière sur toutes les communautés arméniennes de l'Orient.

On arrive à San Lazzaro par le fameux canal Orfano que nous avons dessiné, où, dit-on, on se débarrassait des corps des suppliciés exécutés dans les prisons de l'État. De là on passe devant *San Servolo*, l'hôpital des fous, et à mesure qu'on avance on découvre la plage basse du Lido, la chaîne des Alpes Juliennes, dont les sommets couverts de neige se découpent en blanc sur un horizon bleu clair.

Les Arméniens ont assumé une grande tâche, ils impriment les livres religieux et les livres classiques pour toutes les communautés arméniennes du monde entier. Leur principe est qu'*un vit en tous et tous en un*. Ils n'ont point de tombe et la place de leurs corps rendus à la terre n'est désignée par aucun signe qui les puisse faire reconnaître. Ce sont des bénédictins pour le travail, et il n'y a dans leur allure rien de l'ascétisme monacal ; c'est plutôt une sorte d'académie nationale qui a pour but de faire pénétrer la civilisation chez les Arméniens disséminés dans toute l'Asie, en Afrique, en Europe et jusqu'en Amérique. La communauté est à peu près de cinquante à soixante membres quand elle est au complet ; le chef porte le titre d'archevêque de Siounic. A part les monuments curieux et un tombeau dans la chapelle, il n'y a rien d'intéressant pour l'art dans le couvent. Le patio ou le cloître seul a du caractère avec son puits, ses fleurs, et quelque bel Arménien en robe longue cultivant la terre qui complète bien le tableau. L'imprimerie est très-intéressante, parce que ces Pères se sont fait une spécialité des langues étrangères et impriment dans toutes les langues connues. On a conservé là un grand souvenir de la retraite que fit lord Byron, qui vint étudier l'arménien pendant ses séjours à Venise et qui parle longuement de San Lazzaro dans ses lettres. Le portrait de l'auteur de la *Fiancée d'Abydos*, ses manuscrits et ses lettres sont là à la place d'honneur.

Il faut visiter les jardins et les potagers pour jouir de la vue de la petite île *San Pietro del Castello* et de celle de *Santa Elena*, qui apparaissent de là comme des séjours de paix au milieu de la lagune et des oasis de verdure. Le retour à Venise est la grande sensation de la promenade : on embrasse tout l'ensemble, depuis la Guidecca, la Douane et le Canal jusqu'à la pointe des Jardins, et cette prodigieuse façade de Venise, à l'heure où généralement on rentre de San Lazzaro, se découpe avec ses campaniles et ses dômes sur un fond d'or pur dont les rayons se reflètent dans la lagune.

GONDOLE.

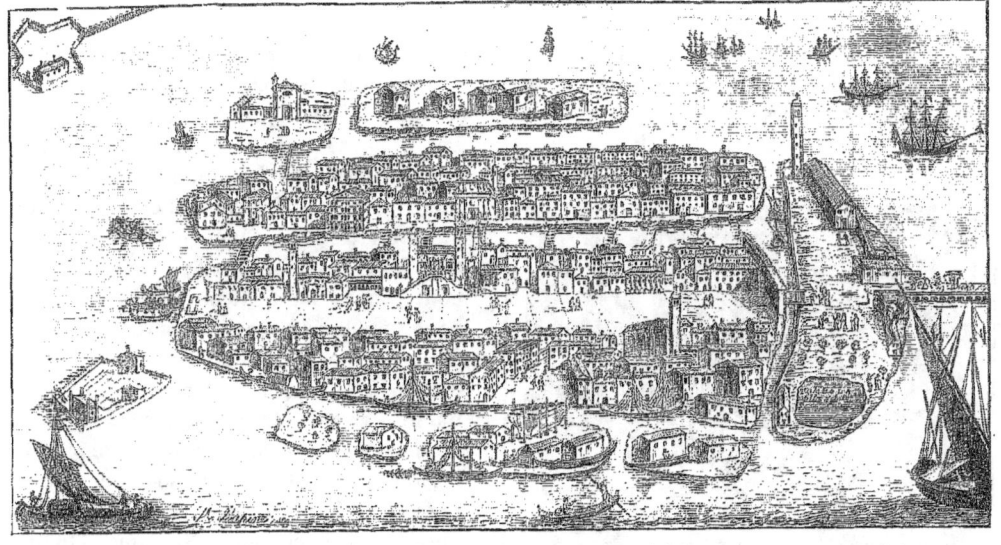

ANCIEN PLAN DE LA VILLE DE CHIOGGIA.

CHAPITRE DEUXIÈME

CHIOGGIA

Les Lidos depuis Venise jusqu'à Brondolo. — Les Murazzi. — La ville. — Les vallées. — Le siége de Chioggia.

Il n'est pas indispensable de visiter toutes les îles, parce que chacune d'elles, ne peut après tout, offrir aux voyageurs qu'un diminutif de Venise ; mais presque toutes ont du caractère et on ne comprendra bien l'histoire des grandes luttes contre les Génois et les prodiges d'attaque et de défense faits par la République et par ses rivaux, qu'en longeant les remparts que la nature a élevés contre l'envahissement de l'Adriatique depuis le Lido jusqu'à Chioggia. D'ailleurs l'excursion est facile et douce, elle n'exige guère qu'une journée, bien employée, il est vrai, mais rendue très-pratique par le mode de locomotion. Les vapeurs qui mènent quotidiennement à Chioggia stationnent sous nos fenêtres mêmes, à la Riva, ils partent le matin et vous ramènent le soir pour la modique somme de trois *lire*.

Si on veut jeter les yeux sur la carte qui accompagne ces récits, on verra que depuis la passe du Lido et le fort San Nicolo que franchit le vapeur à sa sortie de la lagune de Venise jusqu'à Chioggia, règne une série de digues basses qui protégent Venise et sa lagune ; ces digues sont formées par la nature, il est vrai, et c'est justement ce qui a déterminé le choix de l'estuaire pour y fonder une ville ; mais la main de l'homme les a consolidées dans leurs parties défectueuses et en a fait de vraies défenses, souvent attaquées et forcées une seule fois par les Génois au quatorzième siècle. Depuis San Nicolo jusqu'au port de Malamocco, c'est le *littoral de Malamocco;* depuis Malamocco jusqu'à Palestrina, c'est le *littoral de Palestrina;* de là jusqu'au port de Chioggia, ce sont les *Murazzi*, gigantesque rempart, barrière puissante opposée aux envahissements de la mer, qui viendrait déferler jusque dans la lagune.

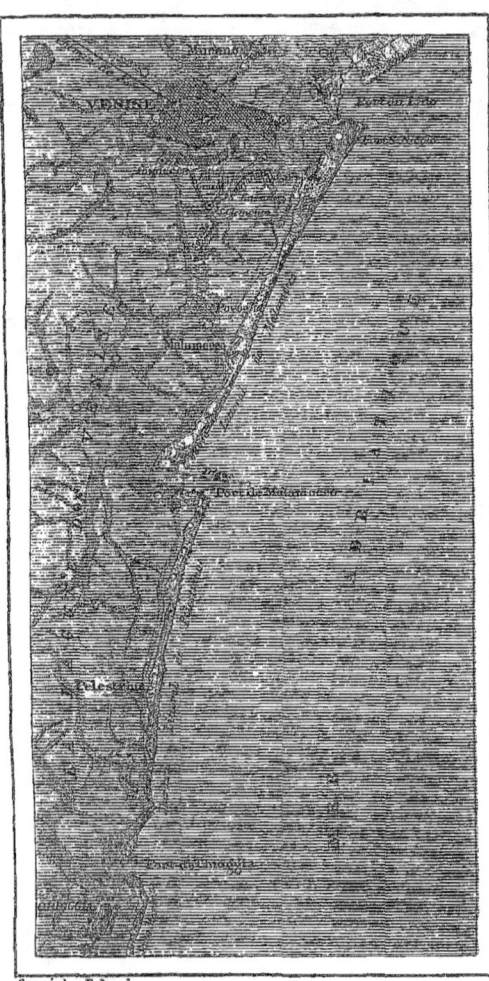

Les Murazzi ont une lieue et demie de longueur depuis Chioggia (Sotto Marina) jusqu'à Palestrina. Le vapeur qui mène de Venise à Chioggia les longe dans tout leur développement; et du haut du pont, quand on tient un peu le large, on peut par-dessus ces digues voir le miroir des eaux de la lagune, sur lequel le vent met à peine une ride légère alors que la haute mer balance le navire sous un roulis inquiétant. On se rend très-bien compte, en les longeant, de la construction de ces digues faites de pierres d'Istrie cimentées par la pouzzolane, le ciment de Bergame et le grès de Sile; leur base repose sur un plan de quatorze mètres, et, à leur sommet, elles présentent un chemin en parapet de la largeur d'un mètre à peine. Sur la lagune, la paroi est perpendiculaire, parce que l'effort des eaux n'exige point qu'on le rompe; d'ailleurs le sol est marécageux et la nappe n'arrive pas partout jusqu'au pied du rempart; mais sur l'Adriatique les parois sont brisées et en forme de marches, de sorte que le flot vient mourir comme sur une plage naturelle. De temps immémorial la digue a existé, plus ou moins bien consolidée et entretenue; ce n'est qu'au siècle dernier, vers 1774, que le gouvernement de la République, après de longues délibérations du Sénat, nomma un *provéditeur aux Murazzi*, chargé de faire de cette défense une construction spéciale, capable de résister aux ravages du temps; elle fut confiée à un ingénieur-hydrographe nommé Bernardino Zendrini. Les Murazzi ont coûté trente-huit années de travaux et des millions de livres vénitiennes votées régulièrement par le Sénat.

Après San Nicolo du Lido, on trouve le canal San Spirito et la petite île de *Poveglia*, très-pauvre et très-abandonnée; puis vient *Malamocco*, qui est comme le chef-lieu de toute cette partie du littoral, tantôt solide, tantôt marécageuse, tantôt faite de sable : Malamocco est important, parce que c'est pour ainsi dire l'*avancée* de Venise; c'est en effet le premier port avant l'entrée du Lido. On y compte à peu près cinq mille habitants. Le port est excellent et la digue représente un effort de travail considérable, car elle pointe en mer à une demi-lieue. Le commerce cependant se réduit à l'importation des bois, des vins de Dalmatie, des légumes, du grain et du poisson. C'est la côte méridionale de l'Italie qui nourrit les pays de l'autre côté de l'Adriatique, et si la Pouille n'existait pas, la Dalmatie aurait le scorbut, car nous verrons tout à l'heure que presque toute cette langue de territoire qui va de Zara jusqu'à Cattaro n'est qu'un long rocher. Après Malamocco, on suit *Pelestrina* et bientôt on découvre la ville de ce nom, qui s'étend en longueur, s'étage et s'égrène jusqu'aux *Murazzi* soudés au littoral de Pelestrina et désormais assez étroits pour ne pas même offrir place à une construction. Après les Murazzi vient *Chioggia*, dont on voit d'abord le port, puis la ville qui se présente très-importante d'aspect et sur un plan très-singulier; enfin son appendice, la Petite Chioggia (*Sotto-Marina*) ferme l'entrée du port avec son fort de San Felice, tandis que le côté de Pelestrina est défendu par

LES MURAZZI ENTRE PELESTRINA ET CHIOGGIA.

celui de Caroman. La dernière île au-dessous de la Sotto-Marina de Chioggia s'appelle l'île de *Brondolo*.

L'Adriatique entre à plein bord dans la lagune de Chioggia par une large bouche de quatre cents mètres, puis le bassin devient canal et entre dans la ville, dont une des façades regarde le port; les deux quais sont unis par un de ces beaux ponts d'une ouverture franche et hardie qui enjambent d'un seul arc la voie d'eau ouverte aux transports à l'intérieur; c'est le *Pont de Vigo*. M. Édouard Charton, qui a publié une intéressante excursion à Chioggia, décrit ainsi le plan de la ville : « C'est un grand poisson de mer. L'épine dorsale ou centrale est représentée par la place, qui a huit cents mètres de long, toute l'étendue de la cité, et vingt-quatre de largeur au milieu. Les rues, à droite et à gauche, figurent les arêtes adjacentes. Cette image toutefois ne donne pas une idée complète de la ville. Elle est divisée, par le canal qu'on appelle *la Vena*, en deux parties inégales qu'unissent neuf ponts. Au delà, du côté de l'est, sont la petite île de San Domenico et les Chantiers; plus loin enfin, le grand canal de Lusenzo ou du port, large de huit cents mètres, qui sépare Chioggia du bourg très-intéressant de Sotto-Marina, sur le Lido. La circonférence de la ville est de deux kilomètres et demi. »

Quand on voyage en Italie, on peut être sûr que chaque pouce de terrain, chaque pierre, a été un champ de bataille ou a vu se dérouler quelque grand drame historique ; voir Chioggia sans connaître le terrible épisode dont elle fut le théâtre au quatorzième siècle, c'est dépouiller l'excursion d'une grande partie de son intérêt.

Qu'est-ce donc que cette ville de Chioggia ? quelles sont ses origines ?

Elle doit sa naissance aux mêmes circonstances qui ont déterminé la fondation de Venise : les Vénètes ne se portent pas tous vers les îles de Rialto, quand les Barbares, par leurs invasions et leurs continuels passages, les forcent à chercher un refuge dans la lagune. Quelques Vénètes trouvent à Chioggia un abri contre leurs ennemis et y fondent un établissement (452). Quand l'empire des Francs se fonde, Pépin envahit la ville et elle subit la loi des Francs et des Lombards. Malamocco, principal siège épiscopal du pasteur de ces réfugiés chrétiens, date du même temps ; un incendie la détruit, et c'est à Chioggia que l'évêque et les habitants trouvent un asile ; c'est ainsi qu'elle s'accroît et l'heureuse disposition naturelle de son port lui donne bientôt toute son importance. La ville se développe par la navigation, par la pêche et la culture d'une lagune dont la terre est propice ; vers le treizième siècle elle est à son apogée, et quand les Génois, rivaux de Venise, menacent le siège même de la République, c'est cette Chioggia qui devient le but de leur attaque.

Le 30 mai 1378, engagés dans une guerre maritime avec les Génois, les Vénitiens, conduits par le fameux Pisani, s'avancent contre les galères commandées par Louis de Fiesque au promontoire d'Antium ; les Génois sont mis en déroute, et le retentissement de la défaite est tel dans la ville de Gênes, que le doge de Gênes est proclamé déchu ; mais Lucien Doria prend immédiatement le commandement d'une nouvelle flotte. L'hiver de la même année, Pisani se retira à l'abri des tempêtes dans la rade de Pola (Istrie), et au mois de mai 1379 les Génois reprennent hardiment l'offensive et infligent à leur tour à la République la cruelle défaite célèbre dans l'histoire sous le nom de *Bataille navale de Pola*, qui coûte au plus grand homme de guerre de Venise, le grand Victor Pisani, l'honneur et la liberté. La flotte vénitienne défaite et Pisani jeté dans les prisons d'État, les Génois menacent Saint-Marc lui-même et, traversant le golfe, viennent reconnaître les passes qui permettent d'entrer dans l'estuaire où, abritée par les Lidos depuis la passe de San Nicolo jusqu'à Brondolo, Venise, cité flottante, se croit à l'abri des attaques venues de l'intérieur ou de la haute mer.

Les Vénitiens ont déjà compris le danger, ils s'empressent de mettre la ville en état de défense, et c'est ici qu'on comprendra comment une excursion à Chioggia peut jeter un jour tout nouveau pour le voyageur sur les grandes luttes qui signalèrent le quatorzième siècle à Venise, en même temps qu'ils comprendront mieux la singulière situation de cette ville unique, rendue sensible aux yeux du lecteur par la carte et la reproduction d'une ancienne gravure qui montre bien le plan et la perspective de la cité. Tout en haut de la carte, vers le nord, s'ouvre la passe dite du Lido avec son port San Nicolo, qui est le point de communication entre Venise et la haute mer ; les Vénitiens en défendent l'entrée par des chaînes, placent dans la passe des bâtiments armés de canons et établissent un camp à chaque pointe de terre. Mais Venise est encore accessible par un autre côté, depuis la Piave qui sépare le territoire du Frioul jusqu'à l'Adige, bien au-dessous de Chioggia, sur la côte méridionale de l'Italie.

Ce grand golfe que forment les lagunes de Venise est formé, comme nous l'avons dit au début de notre excursion à Chioggia, par une suite d'îles, langues de terre basses, longues, lidos sablonneux qui çà et là laissent d'étroits passages où les flots de l'Adriatique se confondent avec ceux de l'estuaire. Dans sa largeur la plus grande, c'est-à-dire depuis les larges bancs de sable baignant dans la lagune jusqu'à la côte italienne, le golfe a deux lieues. Dans sa longueur, c'est-à-dire presque depuis la Piave jusqu'à l'Adige, il mesure à peu près neuf lieues. Quand nous disons le golfe, nous devrions dire la *lagune* ou même l'*estuaire*, où flottent les îles vénitiennes et Venise elle-même, et l'estuaire aurait depuis longtemps cessé d'être navigable, si la main de l'homme n'avait creusé, et surtout entretenu par la drague, des passages ou canaux, marqués par des séries d'estacades qui frappent les regards des étrangers, et qui, la tête barbouillée d'un goudron qui brille au soleil, se reflètent dans ce tranquille miroir et montrent aux pilotes le chemin qu'ils doivent suivre. Supposez les balises enlevées, c'est la nuit pour le navigateur; et, comme dans le steppe ou dans nos landes arides où le sable est mouvant comme dans le désert oriental sans limite, le voyageur erre à l'aventure et bientôt il s'envase et se perd.

PONT DE VIGO (OU DE GARIBALDI) A CHIOGGIA.

Cette longue série de lidos ou de rivages entre la haute mer et la lagune laisse six passes accessibles : à l'extrême nord, le passage des *Trois-Portes*, à l'embouchure de la rivière de Trévise ; au midi de l'*île Saint-Érasme*, un petit bras de mer qui sépare cette île du Lido ; la *passe de San Nicolo*, la plus connue, l'entrée principale du port de Venise entre le Lido et Malamocco ; puis l'entrée de Malamocco, où nous avons signalé la digue et le port. La cinquième est à l'extrémité de l'île de Pelestrina, entre cette île et celle de Brondolo. C'est là qu'est située Chioggia. Enfin, une sixième s'ouvre entre Brondolo et le continent.

En juillet 1379, alors qu'ils n'avaient encore armé que la passe de San Nicolo, un matin, au lever du soleil, les Vénitiens virent toute la flotte génoise, composée de dix-sept galères, se présenter devant le Lido, reconnaître la passe, longer Malamocco, entrer dans les lagunes, jeter des troupes dans l'île de Pelestrina, la livrer bientôt à l'incendie, puis sonder les lagunes, et venir enfin passer la nuit à l'ancre devant Chioggia.

C'était la reconnaissance avant l'attaque ; une seconde reconnaissance eut lieu et pendant huit jours les Génois étudièrent tous les canaux, toutes les passes et toutes les sinuosités. Cela fait, ils levèrent encore une fois l'ancre. Ce fut pour les Vénitiens l'occasion de développer une activité sans égale : on ferma les passes de Malamocco et toutes les autres, on jeta des garnisons partout, on confia à Justiniani la défense du golfe, et tous les bâtiments de commerce furent armés. Le 6 août, quarante-neuf galères vinrent menacer le port du Lido ; les Génois reconnurent vite qu'ils échoueraient, et Doria fit voile au sud, tâta Malamocco après avoir longé toute la rive, et se présenta enfin devant Chioggia. Par terre, un ennemi de la République, François Carrare, le seigneur de Padoue, maître du canal de la Brenta, seconda l'attaque génoise en arrivant par derrière et brûlant les estacades. La passe fut forcée et Doria mit le siège devant Chioggia. Carrare et Doria réunis disposaient de vingt-quatre mille hommes de troupes de débarquement ; le 11 août, elles tentèrent l'assaut et emportèrent la tête du pont. Le 14 et le 15, on tenta deux nouveaux efforts ; le 16, on essaya d'incendier le tablier du pont et, à la suite d'une panique, les Vénitiens, croyant être coupés de leur ligne de retraite par l'incendie de ce pont, qui relie leur ville à l'île, lâchèrent pied : de telle façon que les ennemis entrèrent derrière eux. Le siège n'avait duré que six jours ; quatre mille hommes de la garnison furent faits prisonniers. Les Génois étaient donc les maîtres d'une ville importante située dans la lagune même, de plus ils avaient une communication avec la terre ferme et comptaient pour allié le seigneur de Padoue. C'était pour Venise une situation extrêmement grave, et on s'attendait à voir l'ennemi attaquer le siège même de la République, mais Doria voulut d'abord s'établir solidement dans Chioggia.

Cependant, la ville prise, le désordre et la consternation régnaient dans Saint-Marc : du haut du Campanile, on voyait le drapeau génois flotter sur la place. Séparée de la terre ferme, sans approvisionnements, sans secours, c'en était fait de la République, et l'alarme était au comble. Le doge crut devoir envoyer des négociateurs à Doria et à Carrare : ceux-ci reçurent les envoyés avec tant de hauteur et de mépris, qu'ils s'en retournèrent décidés à la résistance : Carrare alla jusqu'à dire qu'il mettrait un frein aux chevaux de bronze qui piaffaient à l'entrée de la basilique Saint-Marc.

La certitude d'une horrible vengeance et l'imminence même du danger sauvèrent la République. L'Arsenal, où se porta tout ce qui savait tenir un outil, vomit des galères à peine ébauchées ; le peuple s'arma depuis les enfants jusqu'aux vieillards. Polacres, tartanes, faluccios, trabacoli, vaisseaux plats, bateaux de plaisance ou de pêche, tout devint engin de guerre et tout Vénitien se fit soldat ou marin. On se demandait avec stupeur quelle grande voix commanderait à ces masses armées par le désespoir, quelle main guiderait cette foule frémissante. Zeno avait la confiance de tous, mais il était absent ; ce grand événement l'avait trouvé à la tête d'une flotte dans le golfe, convoyant des marchandises pour les défendre contre les pirates et les Génois. Une inspiration soudaine porte le peuple sous les fenêtres de la prison où on avait enfermé Pisani et, dans une immense clameur, Venise tout entière s'écrie : « Pisani ! — Nous voulons Pisani pour chef ! » Le Sénat dut céder ; Pisani fut rendu à la liberté, investi de pleins pouvoirs, et tout fléchit devant lui. Il fit fortifier les passes qui tenaient encore, créa une nouvelle ligne de défense à l'intérieur de la lagune, puisque, désormais maîtres de Chioggia, les Génois pouvaient l'attaquer par là. Avec les coques des vieilles galères et celles des vaisseaux en ruine il fit des batteries avancées.

Le 24 août, quatorze galères génoises, sorties en pleine mer, vinrent encore reconnaître les anciennes passes et jetèrent même des troupes de débarquement vers Saint-Érasme, mais les Vénitiens firent bonne contenance ; pendant ce temps, la République négociait en Hongrie

LA GRANDE PLACE DE CHIOGGIA; L'HOTEL DE VILLE.

avec les initiateurs de toute cette lutte, et les conditions qu'on lui proposait furent telles, que le courage des Vénitiens s'en exalta et que le désespoir devint leur plus grande force. Tout le monde se dépouillait à l'envi : on fondait la vaisselle, les bijoux ; on donnait ses pierreries, tous les prêtres ceignaient les armes et tous les patriciens supportaient les frais, l'un d'un régiment, l'autre d'une compagnie, celui-ci d'un navire ; celui-là entretenait la chiourme ou en fournissait l'armement. Enfin on eut bientôt une flotte prête ; quelques succès peu importants raffermirent les courages, on osa franchir les passes et poursuivre dans l'Adriatique la flottille

PONT DE LA TORRE, A CHIOGGIA.

de ravitaillement des Génois. Le 21 décembre, comme on avait réuni trente-quatre galères, le vieux doge Contarini lui-même, âgé de plus de soixante-dix ans, déclara qu'il était las de vivre quand Chioggia était à l'ennemi, et il monta à bord, décidé à mourir pour Saint-Marc l'épée à la main. Les sénateurs voulurent le suivre, et Pisani guida la flotte, qui prit le large pour attaquer hardiment Doria. Le plan de Pisani était d'enfermer les Génois dans Chioggia, de leur couper la retraite, et ne plus leur permettre de franchir cette même passe qu'ils avaient su forcer. C'est dans l'estuaire même qu'il voulait les détruire. Pour arriver à ce but, il coula deux bâtiments dans le goulet au prix des plus grands efforts, et, les joignant l'un à l'autre par une forte estacade, arriva à établir une batterie sur la pointe méridionale de Pelestrina, afin de protéger sa nouvelle défense. D'un autre côté, il chargea Frédéric Cornaro d'en faire autant dans la passe de Brondolo, et celui-ci s'acquitta heureusement de sa tâche.

Un événement longuement espéré, mais qui pouvait se faire encore longtemps attendre, vint hâter le succès. Charles Zeno, qui, nous l'avons dit, commandait une escadre pour les Vénitiens, avait été, l'année d'avant, surpris hors de Venise par l'arrivée des Génois; il avait dû tenir la mer, et, après avoir cherché partout des alliances pour Venise, s'était enfin décidé à porter la guerre sur la côte de Gênes pour faire une utile diversion. Rentré dans l'Adriatique après une lutte sérieuse, il avait reçu deux blessures, avait perdu une galère dans une tempête, et, comme il protégeait un convoi de marchands vénitiens venus du Levant, qu'il mettait en sûreté dans le port de Parenzo, il avait appris la lutte formidable que Pisani et le doge soutenaient devant Chioggia et dans quelle détresse était la République : il venait à toutes voiles au secours de sa patrie. Son arrivée releva les courages abattus, il ajouta sa valeur à celle des deux illustres capitaines; l'énergie qu'il montra dans cette circonstance, assura une gloire immortelle à tous les descendants de ce grand nom. Ayant pris position au feu le plus ardent à la passe de Brondolo, il reçut un coup de flèche, garda le fer dans la blessure et, tout sanglant, sans vouloir abandonner le commandement, se porta sur tous les points à la fois. Tombé à fond de cale par une écoutille, un matelot vint à son secours, arracha le trait de la blessure qui laissa jaillir à flots son sang généreux. Il ne se tint pas encore pour dompté et continua à donner ses ordres en se retournant sur le ventre et voulant au moins mourir sur la galère, en commandant jusqu'au dernier soupir. Zeno vécut assez d'ailleurs pour voir le succès des armes vénitiennes.

Pisani, tout en bloquant Chioggia par mer, était décidé à l'attaquer aussi par terre, et tout en pressant l'attaque de sa flotte, il avait déjà jeté des batteries sur les îles; il y établit ces énormes bombardes ou pierriers qui, en ces temps primitifs, ne lançaient encore qu'une ou deux fois par jour leurs énormes boulets de pierre. Par un incroyable hasard, le 22 janvier, pendant que l'amiral génois, Pierre Doria, visitait les travaux de défense de Brondolo, un mur renversé par les bombardes s'écroula sur lui, et la flotte génoise fut privée de son chef. Grimaldi prit le commandement; il conçut tout d'abord un projet audacieux, mais d'une réalisation difficile : ne pouvant plus sortir par les passes gardées par Zeno, par Cornaro et Pisani, il résolut de percer l'île par un canal et de s'ouvrir ainsi par la sape un passage vers la haute mer. C'était, on le voit, une guerre à la fois maritime et un combat sur terre, et désormais les deux ennemis disposaient de troupes qui se heurtaient à chaque instant dans des sorties sur les îles de Brondolo, et se criblaient de traits du haut de leurs galères. Un coup de main heureux, tenté par Zeno, rendit les Vénitiens maîtres de l'île; les Génois perdirent trois mille hommes et six cents prisonniers; ils n'eurent plus que Chioggia pour refuge. Le gouvernement de Gênes alarmé avait fait partir dès le 18 janvier une flotte de vingt galères commandée par Matteo Maruffo pour débloquer Chioggia et, par terre, Gaspard Spinola, venu de Padoue, cherchait à faire entrer un convoi dans la place, dont il devait prendre le commandement pour remplacer Doria. Il parvint à se jeter effectivement dans Chioggia pendant la nuit du 14 au 15 avril; ce fut un secours inespéré pour les Génois, qui, affamés et bloqués alors qu'ils étaient venus pour faire un blocus, avaient déjà dû renvoyer tous les habitants de Chioggia, comme autant de bouches inutiles.

Matteo Maruffo arriva à son tour avec son escadre et se présenta devant les passes, qu'il reconnut inaccessibles; les deux flottes, génoise et vénitienne, se trouvaient donc en présence, mais sans oser s'attaquer, car chacune d'elles ne voulait point faire dépendre le sort définitif de Chioggia d'une victoire navale dans les eaux de l'Adriatique. D'un autre côté le temps s'avançait, tous les jours on se battait autour de la ville, et les magasins s'épuisaient. François Carrare résolut de faire sortir une flottille de quatre-vingts barques pour chercher des vivres; elle fut interceptée par la flotte vénitienne. La situation était cruelle; au large, du haut des tours de Chioggia, Spinola et Grimaldi voyaient la flotte de Maruffo, venue à leur secours, arrêtée et inutilisée devant la passe, très-solidement fortifiée par les Vénitiens ; d'un autre côté, quatre-vingts barques équipées par le seigneur de Padoue étaient là chargées de vivres, tenues à distance par leurs ennemis. Comme ils pouvaient correspondre par signaux avec Maruffo, ils combinèrent une attaque simultanée pour détruire les estacades qui les séparaient de la flotte venue à leur secours, et ils s'élancèrent bravement à l'attaque. Ce fut sans succès ; Spinola était réduit à la famine, malgré tous ses efforts et l'héroïsme de tous les chefs et soldats, il offrit de capituler. Il rendrait Chioggia, on ouvrirait la passe, et les Génois gagneraient la haute mer. Pisani, devenu ambitieux, exigea la reddition pure et simple, à discrétion. Spinola se conduisit en héros et les deux ennemis furent à la hauteur l'un de l'autre : les Génois bloqués construisirent des radeaux et des barques avec les poutres des maisons démolies et se jetèrent encore une fois à l'attaque dans ces marais fangeux pour forcer les passes. Zeno à la tête de l'infanterie, dans l'eau jusqu'à mi-corps, vint au-devant d'eux, et par mer, Pisani, tout en contenant

LE GRAND PONT DE CHIOGGIA.

Maruffo, foudroya cette singulière flottille de désespérés. On avait mangé tous les animaux, épuisé les farines, le maïs, l'eau potable : il fallut définitivement se rendre ; le 24 juin, les Génois ouvrirent leurs portes. Chioggia fut pillée par les soldats de Zeno, qui auraient dû respecter les foyers des Chioggiotes leurs concitoyens ; mais la lutte avait exaspéré les Vénitiens, qui souvent déjà avaient donné des marques d'insubordination. Pisani et Zeno furent maîtres de dix-neuf galères et firent cinq mille prisonniers. Le vieux doge Contarini avait donné un admirable exemple de courage et de fermeté ; Zeno et Pisani, déjà chargés de lauriers, virent leurs noms à tout jamais inscrits dans le livre d'or de l'histoire de Venise comme les plus chers enfants de la République et les plus vaillants défenseurs de Saint-Marc.

C'est le souvenir qui, de toute sa hauteur, domine la pensée du voyageur ; la ville pourrait toutefois revendiquer encore d'autres titres, car les Chioggiotes furent les alliés de Venise dans la plupart de ses grandes luttes. Dans la grande campagne de Candie, presque contemporaine de la lutte génoise, elle avait aidé Venise contre les Candiotes ; en 1537, elle lui prêta ses galères contre les Turcs, et en 1715 elle donna encore la même preuve de dévouement à la République. En mai 1848, elle ajouta, comme Venise, une dernière page glorieuse à son histoire. Les Autrichiens assiégeaient la nouvelle République présidée par Daniel Manin : ils firent contre Chioggia ce que Doria avait fait contre elle et durent se défendre contre une petite escadre envoyée pour forcer le passage. Chioggia était réduite à sa force purement civile : les pêcheurs armèrent les batteries, les femmes de la ville et du bourg de la Marine mirent l'escopette au poing. Plus tard, le général Pepe, dont le nom est resté célèbre en Italie, se chargea de défendre la ville contre les mêmes ennemis, et succomba comme Venise, après une belle résistance.

Voilà pour l'histoire de Chioggia ; pour l'aspect de la ville elle-même, ses canaux, ses *stradine*, ses *campi*, ses campaniles rappellent beaucoup Venise et surtout Murano, avec les arcades surbaissées à l'abri desquelles les femmes travaillent et les pêcheurs raccommodent leurs filets. La place principale, la *Piazza dei Signori*, est plus grande qu'aucune de celles des villes de terre ferme, parce que son plan, parallèle à *la Vena*, occupe la cité dans toute sa longueur. Malheureusement le bel édifice municipal qui en faisait le principal ornement a fait place à une construction très-banale ; ainsi qu'on peut s'en rendre compte par le dessin que nous en donnons ici, tout y a une certaine ampleur, mais la cité n'offre pas autant de monuments qu'on le croirait ; je n'en vois pas là d'antérieur au dix-septième siècle, à part des palais et des ponts sans ornementation, surtout le beau *pont de Vigo*, qui a véritablement de l'allure et dont la ligne est très-belle. Quelques colonnes, entre autres celle qui porte le lion symbolique, ont la noble tournure des choses du seizième siècle. La cathédrale est du Longhena, l'architecte de la *Salute* ; son baptistère est d'un *barocco* monumental qui sent bien son époque : il est en marbre de Carrare. Il y a là quelques toiles signées Palma, Vicentino, Pietro Malombra et Carletto Caliari. Le *pont de Chioggia*, qui est un travail d'ingénieur dont les Chioggiotes sont fiers à juste titre, unit la ville à la terre ferme ; il est composé de quarante-trois arcades et mesure cinq cents pieds vénitiens. J'ai passé souvent la nuit à Chioggia et j'ai pu voir réunie au théâtre la société de la ville, qui, ordinairement, vit retirée et ne se montre guère qu'aux beaux jours à la promenade. Le monument n'existe pas, mais l'entrée est caractéristique : on y arrive par des séries de grandes arcades surbaissées, séparées par des cours en puits où s'ouvrent les fenêtres de maisons particulières. On a parfois des surprises dans ces petits théâtres d'Italie. On donnait, la dernière fois que j'y allai, un des opéras que tout voyageur désire entendre en Italie, le *Rigoletto*. Les décors étaient au-dessous de ce qu'on imagine, les costumes un peu ridicules, les femmes malingres, mal attifées, poudrées, fardées, drapées dans des rideaux verts et des gazes roses qui faisaient frémir ; mais tout à coup, au quatuor, il sembla que l'âme de Verdi passât dans ces quatre chanteurs, exagérés sans doute, excessifs et peu corrects, mais pleins de cœur et dont les accents passionnés produisirent en nous une de ces émotions qu'on ressent si rarement dans nos grands opéras français : c'est quelque chose qui tord, qui remue et donne la chair de poule ; on a ces émotions-là trois fois en dix ans et on s'en souvient. Pour un moment la salle se transfigura à nos yeux : le public frémissait d'enthousiasme ; on criait, on trépignait, on appelait les chanteurs ; un grand jeune homme pâle et hâve, avec des cheveux de pifferaro plantés sur un front bas, debout aux fauteuils d'orchestre, faisait une sorte de discours aux chanteurs en leur disant des choses étranges. Dans les loges les jeunes femmes avaient légèrement pâli, on les sentait sous le coup de l'émotion, et du bout de la lorgnette nous regardions au *piano nobile* de belles jeunes filles chioggiotes qui meurtrissaient de la main les plis des tentures fanées qui décorent les loges.

Les habitants de Chioggia sont, pour la plupart, pêcheurs ou marins et leur costume rappelle celui de toutes les îles de la lagune ; il y a là des vieilles étranges, et je suis frappé de voir comment dans toutes ces villes d'Italie les femmes du peuple les plus avancées en âge conservent longtemps leur épaisse chevelure. Sous le châle brun dont elles couvrent leurs épaules et le derrière de la tête, les cheveux gris, épais, durs et tortillés comme le crin semblent repousser l'étoffe et donnent à ces physionomies, très-caractérisées déjà, des airs de Furies

RUE ET DÔME, A CHIOGGIA : TRESSEURS DE PANIERS.

antiques et de Gorgones. Les jeunes filles des pêcheurs et celles de la classe ouvrière ne manquent pas de grâce; elles sont moins fluettes et moins fines d'allure que les Vénitiennes. M. Stella, le peintre vénitien qui a si souvent illustré nos récits italiens et auquel on doit les dessins qui accompagnent ce chapitre, a dessiné d'après nature quelques-uns de ces types : on verra que les traits sont ronds, les faces tendues et pleines et le teint très-brun. Tandis qu'à Venise il est très-manifeste qu'il existe dans chaque quartier un type différent et que la

Vénitienne du peuple, au teint verdâtre ou quelquefois couleur de safran pâle, est surtout piquante et fine plutôt qu'ample et belle : ici le type est très-uniforme.

Il est impossible de se perdre en errant dans les rues de Chioggia, à cause du plan qu'affecte la ville ; on est toujours sûr d'aboutir à *la Vena*, qui partage la cité en deux : indépendamment des monuments, il y a des cours qui feraient la joie des aquarellistes, et ces ports au milieu d'une ville, comme celui formé par le *pont de la Torre*, avec une place, des arbres, une chaussée qui enjambe le canal, et qui a pour fond une grande église avec un campanile, forment des tableaux tout composés auxquels il suffit d'ajouter quelques figures, qu'on y

CHIOGGIOTES.

trouve toujours dans de pittoresques attitudes. Si la *Pescaria* du Rialto a du caractère, le *marché aux Poissons* de Chioggia n'en manque pas non plus : de grandes étoffes rayées, tendues d'un côté de la place à l'autre pour abriter la marchandise contre les rayons du soleil, mettent de grands plans dans l'ombre et laissent chanter les coins lumineux où frappent les rayons ardents ; il y a là des monceaux de poissons à faire pâmer les peintres de nature morte, depuis Snyders, Fyt et de Heem jusqu'à Rousseau et Vollon. Dans le mauvais temps le marché se tient sous les arcades d'un ancien grenier public et la scène est plus sombre.

En somme, il y a là plus de mouvement et de vie qu'en aucun point du littoral depuis Venise. Le port est important ; après Ancône et Brindisi, c'est celui qui offre le plus sûr abri le long de cette côte méridionale de l'Italie. Chioggia compte à peu près vingt-cinq mille habitants, pêcheurs, marins, cultivateurs et aussi constructeurs, car les chantiers de Chioggia occupent un grand nombre d'ouvriers et peuvent rivaliser avec les plus beaux des îles Dalmates. La construction se limite aux navires de commerce, et on y emploie de trois à quatre mille ouvriers. Les pêcheurs sont au nombre de six mille et les bateliers, gondoliers, hommes du port s'élèvent à un millier. Tous les jours on dessèche une partie de la lagune pour la cultiver, et ces terres marécageuses sont excellentes pour la culture maraîchère. Quant à la pêche, elle se fait au large en pleine mer ou dans les *Valli*. La pêche au large est la pêche libre, *vagantiva*, et elle attire la flottille de Chioggia jusque dans les îles de Quarnero et sur la côte dalmate; il nous est arrivé souvent, sur l'autre rive de l'Adriatique, échoué dans les îles de Cherso, de Veglia, de Lussine, ou plus loin, de rencontrer toute une colonie chioggiote, venue là pour plusieurs mois

LE MARCHÉ AUX POISSONS, A CHIOGGIA.

se livrer à la pêche; à Pâques, à la San Felice et le jour de San Fortune, on reçoit la flottille qu'on a signalée du haut des tours et les familles sont en liesse. C'est une grande fête pour le pays.

La pêche dans les *Valli* est d'une tout autre nature : c'est, à vrai dire, un élevage sur une grande échelle et l'application de la pisciculture en grand ; on conçoit facilement que la côte, vivant de l'industrie de la pêche, ait développé le plus possible les moyens de doubler ses revenus. Les Valli de Chioggia s'étendent depuis Isongo jusqu'à Goro, et depuis Chioggia jusqu'à Pelestrina. Ce sont d'immenses réservoirs dans la lagune, fermés avec des chaussées, des levées, des pieux réunis par des branchages ou des claies de joncs. Les Valli qui touchent Chioggia ne sont pas fermés ; ceux sur Isongo sont clos, on y élève les anguilles (*bisalli*) et toute sorte de poisson blanc (*pesce bianco*).

Il y a tel ou tel propriétaire de Valli qui retire annuellement de son industrie une rente très-élevée; l'entretien est assez coûteux, car il y a un effort constant des eaux de l'Adriatique qui tend à ensabler les Valli, et les clôtures nécessitent ainsi de fréquentes réparations. Chioggia est un peu isolée du reste du monde, malgré les vapeurs qui la relient à Venise quotidiennement pendant la saison; mais la population demande un chemin de fer, qui de la ville conduirait à Rovigo par Adria. Il faudrait aussi continuer les travaux hydrauliques qui ont pour but d'endiguer près de leurs embouchures la Brenta, l'Adige et le Pô, dont les eaux viennent s'infiltrer dans la lagune et en font un marécage. A ce prix, Chioggia, qui a cependant encore son importance, reprendrait son rang parmi les villes de la Vénétie.

PLACE DU THÉATRE, A CHIOGGIA.

TRIESTE : LA PLACE DE LA BOURSE.

CHAPITRE TROISIÈME

TRIESTE

Caractère de la ville. — Mouvement commercial. — Mouvement social. — Les races diverses des habitants. — Les Cici. — La tribu des *Cici*. — Région qu'elle occupe. — Son origine. — Ses mœurs. — Ses costumes. — Son industrie. — Épisode. — Villages Cici. — Les *Sartorelle*. — Climat de Trieste. — Les monuments. — Le *Tergesteum*. — Le Lloyd. — La députation de la Bourse. — La Société navale Adriatique. — L'établissement technique. — Le lapidaire d'Aquilée. — L'église Saint-Just. — Les tombes de la famille des Montémolin. — Miramar. — Résidence construite par l'archiduc Maximilien. — Le château. — Les intérieurs. — Les jardins. — Le musée. — Environs de Trieste. — Les anciennes salines détruites par les Vénitiens. — Une saline historique. — Petite ville de Muggia. — La domination vénitienne. — Le port de Pirano. — Muggia. — Traces de la domination vénitienne. — Pirano.

I

Quand on quitte Venise, qu'on se rende à Trieste par chemin de fer ou qu'on s'embarque à la *Riva dei Schiavoni* pour traverser le golfe Adriatique, il faut sept heures pour gagner cette ville.

Par mer, le départ est à minuit; dès qu'on a franchi les passes, la ligne des quais et les silhouettes étranges des monuments pailletés de points lumineux semblent s'abîmer dans la lagune; on gagne le large, et c'est à la pleine lumière qu'on jette l'ancre dans le port de

Trieste. La ville, du plus loin qu'on l'aperçoit, se présente gracieusement au voyageur, assise au pied des étriers du Carst; ses blanches villas s'élèvent sur les collines, son château fort aux lignes sévères la domine ; à sa base, les immenses bâtiments réguliers, arsenaux et magasins, baignent leur pied dans la mer. Les mâts des navires, pressés et nombreux, se détachent sur ce fond clair; à droite, la côte d'Istrie, basse et d'un ton bleuâtre, se prolonge et se perd : le port de Capo d'Istria, et Pirano, bâti sur une colline, ferment le golfe par un point blanc nettement accusé.

La ville, si ancienne par les souvenirs et par l'origine, date cependant d'hier: il ne reste de l'antique cité que des ruines. Au cœur même, les vieux quartiers, étroits, noirâtres, mais rationnellement construits de manière à éviter le souffle meurtrier de la *bora*, se dénoncent par le contraste qu'ils forment avec les grandes constructions nouvelles, blanches et régulières.

Les rues sont vivantes, très-animées, les places sont encombrées et la circulation est active; on sent que le temps est de l'argent, et dans cette atmosphère et sous ce ciel italien, cette activité du Nord et cette agitation inquiète frappent vivement l'étranger. On vit dans la rue, on commerce sur la place ou sur le quai. Trieste est un colossal entrepôt et un prodigieux comptoir où la hauteur des étages, avec leurs rez-de-chaussée démesurés, indique la nécessité d'emmagasiner des produits. Port franc privilégié, heureusement placé au point de départ de la route d'eau qui mène de l'Allemagne en Orient, on sent qu'il abrite une agglomération de banquiers, de commerçants, de courtiers, d'intermédiaires de toute sorte entre le monde qui consomme et la région qui produit. La ville est devenue considérable par la masse qu'elle présente : tous les jours elle s'étend encore. Londres, Vienne, et un côté du port de la Joliette donnent seuls l'idée de ces constructions massives, carrées, à compartiments banals, où s'entasse une population trop nombreuse pour la place qu'elle occupe et qui, pour économiser la surface, spécule sur la hauteur. On sent qu'il y a trop de monde rassemblé sur cet espace limité entre le Carst et la mer, et il en résulte pour la vie habituelle une cherté excessive. Les loyers, la nourriture, la bière elle-même sont chers, et la vie est plus dispendieuse qu'en aucun point des deux côtes.

Le cachet de la ville est utilitaire, mais la pureté du ciel, le charme italien qui transforme toute chose prêtent à cette cité de marchands, d'agioteurs et de courtiers une certaine poésie incompatible avec son esprit vrai. Il y a des pigeons bleus qui s'abritent en roucoulant sous le portique abandonné de la Bourse : sur les places on voit des costumes originaux, et dans la foule des groupes colorés d'un aspect piquant. Les femmes aussi sont intéressantes par la démarche et la désinvolture : il y a de l'audace orientale dans le choix des couleurs, de l'excès italien dans la coupe de leurs robes et dans la laborieuse construction de leurs coiffures. Au premier abord on constate une variété très-grande dans les différentes origines des habitants, et cette variété donne peut-être à la cité son plus particulier caractère. Le Triestain pur est perdu au milieu de ces échantillons de toutes les races qui viennent sur son sol commercer, spéculer et s'enrichir. La vie intellectuelle y est bien restreinte. Comment penser, comment réfléchir, échanger des idées désintéressées et vivre de la vie mondaine dans un milieu où, à huit heures, au sortir d'un dîner prié, au moment où on va se connaître, s'apprécier, se plaire, s'aimer peut-être, depuis les hauts barons de la finance jusqu'au simple commis, chacun des invités tire sa montre pour s'assurer s'il n'est pas l'heure de courir à la bourse du soir pour voir *ce qu'on fait* et apprendre les noms des bâtiments signalés depuis quelques heures.

Au milieu des éléments étrangers, variés et très-influents, trois grands éléments nationaux dominent : l'Italien, l'Autrichien et le Slave. L'Italien se considère à Trieste comme en Italie et se base sur une raison de langue, de race, de souvenir et de voisinage. L'Autrichien commande avec douceur, règne avec mansuétude et bonté, et il a la raison évidente de la possession. Les Slaves, eux, ont la raison du nombre et ils enserrent de tous côtés la population. En attendant, chacun des trois tire dans son sens, et on arrive à une négation: c'est la politique statique, inventée par cet aimable homme d'État qui s'appelle M. de Beust.

Trieste offre un champ très-fécond d'observations sociales. La société désormais y est devenue presque nulle ; elle est évidemment divisée, d'abord par ses races, ensuite par ses castes, et enfin par les conditions spéciales à chacun. Le gouvernement autrichien, qui travaille à améliorer l'état des finances, paye modestement ses agents, souvent très-distingués, de haute naissance, naturellement fiers, et qui se considèrent presque toujours comme d'une caste supérieure à celle des banquiers, commerçants ou courtiers, dont quelques-uns ont l'influence que donne la fortune et les avantages évidents qu'elle procure. L'élément officiel, qui souffrirait du contraste, ne veut pas constater son infériorité extérieure et se cantonne chez lui. Restent donc en face les uns des autres, les Italiens, les Grecs, les Albanais, et la colonie israélite, qui tient presque tout par son génie des affaires et sa science de l'économie. Mais on comprend quelles réticences de diverses natures séparent ces sociétés différentes.

Le luxe alors devient extérieur, et ne pouvant pas se déployer dans des réunions privées où se fondent les éléments divers, c'est au théâtre qu'il se révèle par l'étalage de diamants qui peuvent rivaliser avec ceux des grandes familles romaines. Ce sont les femmes qui appartiennent à la banque, à la bourse et au commerce qui attirent ainsi les regards, tandis que la compagne d'un haut fonctionnaire, gouverneur, général, amiral, dignitaire de l'Empire, est obligée de désarmer, parce qu'elle ne peut pas lutter contre ces fortunes qui s'accroissent chaque jour et qui n'ont pas, pour s'amoindrir ou se dépenser, ces charges auxquelles astreignent partout ailleurs et la naissance et les priviléges du rang.

Il me semble qu'un homme oisif serait une monstruosité à Trieste, et l'oisiveté intelligente, le dilettantisme occupé y seraient une anomalie. La vie intellectuelle, je l'ai dit, est assez nulle ; il n'y a ni littérature, ni art, ni aspirations d'un ordre élevé. On a détruit naguère, sans scandaliser presque personne, cette *Loggia* charmante, reste de l'autonomie, qu'on pouvait encadrer avec goût dans la construction nouvelle devenue nécessaire. Il y a naturellement des hommes distingués dans la ville, cela va sans dire, et deux noms ressortent les premiers de tous, ceux de Kandler et de Rossetti, morts depuis longtemps, et que personne n'a oubliés ; mais le fait a plus d'importance que l'idée, et la division de la vie est telle, qu'il n'y a vraiment pas de place pour autre chose que l'échange. Le jour, la ville est active, elle travaille, elle agiote ; tout ce qui vient du dehors tend à alimenter ce qui vit au dedans. A midi et dans le jour, on circule pour aller d'un endroit à un autre, affairé, pressé ; on échange une parole à la hâte. Le soir, à huit heures, dans le *Corso*, on a l'illusion d'une très-grande ville, dans une rue large quoique peu élégante, mais très-éclairée, très-meublée de magasins bien achalandés. La ville entière y défile : mais à neuf heures et demie tout est désert ; on soupe, et ceux qui n'ont point d'intérieur vont dans les *birrerie*, maisons de bière, si nombreuses, si vastes, qu'en comparaison Vienne et même Pesth en comptent moins que Trieste. La tasse de thé et le gâteau sec, avec la causerie ailée sous la lampe, y sont inconnus; il faut des soupers sérieux et des délassements un peu vifs.

Le matin, la ville se lève assez tard, et l'approvisionnement qui se fait partout donne un certain caractère aux voies de communication en y amenant une population variée et bigarrée d'aspect. Les paysans du Carst viennent avec leurs chariots à bœufs gris, à roues pleines, et campent dans la rue ; les femmes de Servola, coiffées de la blanche *petscha*, vêtues de la dalmatique noire taillée en carré et d'où s'échappe la large manche d'une immaculée blancheur, chaussées de l'*opanka* classique, conduisent par les rues les troupeaux de dindons gris tachetés de noir à tête rose d'un très-joli ton. Les marchés sont charmants : les paysannes slaves du territoire de Trieste y viennent en foule sur leurs petits ânes, vendre du pain de pur froment qu'elles cuisent pour la ville, ou les verdures qu'elles cultivent, et les fleurs qu'elles nouent avec goût en petits

TRIESTE : LES PAYSANNES SLAVES DE SESSONE.

bouquets charmants où domine le lupin, ornés au cœur d'un souci jaune ou d'une fleur de l'arbousier. Pour conserver ces fleurs, elles jettent sur le fond de leurs paniers de petits morceaux de glace, et on les voit se parer elles-mêmes d'un bouquet au corsage. La petscha blanche tranche vigoureusement sur le teint olivâtre, et la propreté de l'aspect est tout à fait séduisante : parfois, comme les Kabyles et les conducteurs d'ânes des bords du Nil, elles passent en arrière dans la ceinture la baguette qui leur sert à conduire leurs montures. Les *Cici* enfin, étranges d'allure, conduisent par les rues leurs longues charrettes basses, attelées de chevaux harnachés de cuivre et à longues lanières découpées.

II

Au nombre de quelques mille, ces *Cici* (prononcez : *tchitchi*) occupent au nord de l'Istrie la partie indiquée sur la carte de l'état-major allemand sous le nom de *Tschitschen Boden* et qui s'étend entre Pinguente, Planik, Mune et Slaunik, commençant à une lieue au delà de Castel

TRIESTE : UNE FAMILLE DE CICI.

Nuovo. On appelle même la petite ville de Mune la capitale des Cici. L'origine du nom est contestée : quelques voyageurs prétendent qu'il vient des consonnances fréquentes du *tchi* dans leur idiome ; mais sur les lieux mêmes nous avons recueilli une autre interprétation et nous la donnons pour ce qu'elle vaut. Deux Cici, inconnus l'un à l'autre, s'appellent *ciccia* (cousin), comme en Hongrie un jeune homme accueille un plus âgé que lui avec le mot *becsi* (oncle), et comme encore dans l'Andalousie le mot *tio* (oncle), ou *tia* (tante), s'applique familièrement au premier qui passe.

Le *Cici*, au dire des plus nébuleux historiens, vient du Scythe ; les plus autorisés le font venir des Roumains ou Valaques : ce qui est incontestable, c'est qu'il parlait il y a deux cents ans à peine la langue roumaine, et qu'aujourd'hui encore on comprend cet idiome à Sejane et dans quelques localités au pied du mont Majeur. En tout cas le Slave est d'ordinaire silencieux et réservé, tandis que le Cici trahirait volontiers son origine valaque par son exubérance et sa loquacité.

Ce sont les relations incessantes avec les Slaves qui leur ont fait abandonner l'usage de leur langue nationale ; quelques-uns ont conservé des lambeaux de cette langue, mais par une bizarre pudeur, si un Tsigane vient à les interpeller dans cet idiome, ils font semblant de l'ignorer. Les traits du visage sont assez peu caractéristiques pour l'observateur inattentif, mais cependant les signes en sont invariables. Ils ont le front bas et plat, les yeux noirs et extrêmement brillants, les joues saillantes avec les pommettes très-accusées ; les femmes ont presque toutes le nez pointu et retroussé, avec la face plate et ronde.

La femme, quel que soit son âge, abdique toute prétention ; elle est soumise à une complète abjection : elle est le souffre-douleur, le serviteur résigné, le portefaix, l'animal domestique, et rien dans son costume ne trahit son sexe. Elle est très-vigoureuse et habituée de bonne heure à sa rude condition. Elle porte un jupon court jusqu'aux genoux, des bas de grosse laine, et l'opanka relié souvent au mollet par des cordons de paille, comme les *scaligæ* antiques. Elle se couvre d'une longue veste à capuchon, ouverte devant comme celle d'un homme, liée par une forte lanière autour de sa taille massive et munie de larges boutons en métal. Sa tête est couverte jusqu'aux oreilles d'un fichu lié au-dessous du menton.

Le Cici vit sans instruction, sans éducation, sans tradition et sans souvenir ; il n'a souci ni d'hier ni de demain ; il a pour industrie la confection des douves de tonneau et la fabrication du charbon ; il garde ses brebis, et son champ, situé près du Carst, exposé à la bora, est maigre et ne produit ni raisins ni oliviers. A peine celle qui sera sa compagne sait-elle marcher, qu'elle doit charger sur ses épaules un faix trop lourd pour ses forces, et cependant elle franchira les rochers abrupts et les chemins hasardeux le dos penché, mais tricotant toujours son bas de laine. Elle ne sourit jamais, elle est muette et résignée ; quand on passe près d'elle, elle demande l'aumône. De son village à la ville il faut qu'elle vende son fardeau ; le rapporter serait trop pénible, et si la journée a été mauvaise, elle sera obligée de le laisser pour une obole.

A Trieste le Cici se divertit, il cause, il boit, il chante ; sa femme, elle, reste à la porte du cabaret, garde la charrette et ploie sous le faix : c'est la femme kabyle, qui regarde son mari comme le maître et seigneur. Le Cici en parlant d'elle dit : « Ma femme, sauf vot' respect. » Mais comme on jette un os à ronger à un chien qu'on aime ou qu'on supporte, il tend parfois à sa triste compagne un verre à moitié plein, et cette face noire s'illumine à peine.

Les villages de Cici sont misérables. C'est dans les *ventes* qu'il faut les voir, en liberté, faisant le charbon et vivant en plein air comme des Tsiganes en voyage ; mais encore qu'ils ne soient point dangereux, il ne faut pas s'y fier. Ils ont la morale facile et sont tout à fait inconscients au point de vue de la propriété. Ils étendent la main et prennent ce qui est à leur portée ; dans les villes l'administration les surveille de près, dans la campagne leurs instincts sont connus. Le curé de Mune, un ecclésiastique dévoué qui avait ouvert des écoles et auquel on doit beaucoup dans ces régions, tentait de civiliser cette tribu singulière. Il avait ses poules au premier étage, dans la pièce où il reçoit ; et comme Burton, le célèbre voyageur, s'en étonnait, le bon prêtre fit un geste d'humilité qui voulait dire : « Mon poulailler serait bientôt vide s'il était au rez-de-chaussée. »

Le Cici est catholique ; il a ses superstitions, mais nul fanatisme ; il est beaucoup plus indifférent que le Slave. La famille de Cici que nous reproduisons est un échantillon assez caractéristique de ces types curieux.

Sous le premier Empire, alors que Marmont gouvernait l'Illyrie, il fit fusiller, près de Basovizza, un certain nombre de Cici qui détroussaient régulièrement les voyageurs ; l'endroit de l'exécution se nomme encore aujourd'hui « le Fleuve du sang ».

Il est très-difficile de faire de la statistique exacte chez des gens comme les Cici, mais je suppose qu'ils doivent être à peu près au nombre de trois mille, y compris ceux du lac de Cëpech ; aujourd'hui ils ont des écoles, et l'Autriche, lentement mais sûrement, accomplit là son œuvre civilisatrice. Leur cabane est divisée en deux parties, une pour les animaux, l'autre pour eux ; elles n'ont pour toute fenêtre qu'un petit carré toujours protégé par une grille assez forte ; pas de cheminée ni de foyer, la fumée sort par la porte. Ils tissent leurs vêtements à la main comme on tricote un bas ; ils emploient la laine blanche pour leurs pantalons, et la laine brune pour leurs vestes sans se préoccuper jamais de la faire teindre.

L'INTÉRIEUR DE L'HABITATION DU CURÉ DE MUNE, VILLAGE DES CICI.

Partout ailleurs que chez les *Cici* (sur le territoire de Trieste bien entendu) le costume est moins caractérisé pour les hommes que pour les femmes ; on ne rencontre plus que rarement dans la ville les paysans à veste ronde brodée sur les coutures, à longs gilets garnis de boutons de filigrane, au pantalon flottant s'arrêtant au genou, coiffés d'un haut bonnet en peau de loutre ou de renard, qui offre une surface aux vents terribles de ces plages.

III

Une classe de la société féminine, les *Sartorelle*, « les Couturières, » extrêmement nombreuses à Trieste, quoiqu'elles portent un costume qui se rapproche beaucoup de celui de nos régions, frappe le voyageur par une physionomie très-particulière. Ce n'est point à dire qu'elles soient toutes jolies, mais la plupart sont intéressantes, et, de l'avis des dames de Trieste même et des hommes de la société, elles constituent l'élément gracieux de la population et luttent avec l'aristocratie de la ville. Les types sont extrêmement variés, en raison de la diversité des races ;

un teint clair, transparent, rose et éclatant fait un repoussoir à un autre teint mat, pâle, bruni par le soleil. A l'encontre des Italiennes, qui ont pour elles le naturel, elles sont affectées dans le geste et prétentieuses dans la démarche. Les cheveux sont très-abondants, souvent très-crêpés, et, quand ils ne le sont point, l'artifice supplée avec excès à la nature : on ne pousse pas plus loin l'art de se décoiffer avec grâce. Elles sont habilement négligées dans leur tenue : il semblerait qu'elles tiennent à avoir l'air de sortir de leur lit ; le corset leur est inconnu, la robe n'a pas l'air de tenir sur le corps, mais il résulte de cet ensemble, qui peut sembler bizarre au lecteur, un assez grand charme, très-difficile à définir.

L'hiver est doux à Trieste ; il le serait bien davantage sans la *bora*, vent terrible qui, il y a quelques années encore, obligeait la municipalité à tendre des cordes dans certaines rues pour éviter les accidents. Un peu au-dessous de Saint-Peter, il y a quelques années, la bora soufflait avec tant de furie, qu'un train qui traversait un viaduc dans le Carst fut renversé par la force du vent et précipité dans l'abîme, et cela dans les premiers jours de l'inauguration de cette voie ferrée, si longtemps attendue.

Les résidents se plaignent des alternatives de la *bora* et du *sirocco*. Le sirocco est étouffant quand il souffle, il semble qu'une chape de plomb tombe sur la ville ; la bora est âpre, aigre et fatale à ceux qui ont les bronches ou la poitrine délicates. Ces vents s'élèvent par séries comme le mistral sur la rive de la Méditerranée, et les séries varient entre cinq et huit jours. Si la bora ne soufflait pas pendant l'hiver, le thermomètre descendrait rarement au-dessous de zéro.

L'été, les dalles dont toute la ville est pavée reflètent cruellement le soleil et renvoient la chaleur ; l'atmosphère est lourde, il y a peu d'air et la température est supérieure à celle d'Alexandrie d'Égypte. Les familles de Trieste qui peuvent se donner le luxe de la villégiature abandonnent alors leurs villas des environs pour les châteaux de la Carniole et de la Styrie. Pour quatre à cinq cents florins on peut louer, dans ces belles vallées fraîches, un château bien meublé, avec un parc pour la saison des chaleurs.

Trieste se divise en trois parties : la ville ancienne, la ville moderne ou commerciale et une ville agreste qui s'étage sur les hauteurs. La première est habitée par la petite bourgeoisie et la population malheureuse ; aboutissant au Corso même, elle a, au cœur de la cité, des rues circulaires, comme la *rue des Boucheries*, qui a tout le caractère d'un ghetto assaini par une municipalité vigilante ; puis, par faibles pentes, par séries d'escaliers rapides ou par de grandes rampes d'une déclivité plus douce, elle monte jusqu'au vieux château et à la cathédrale. La ville agreste est assez riante et s'éparpille jusqu'aux rochers arides dominant toute la baie ; quant à la ville commerciale, elle borde les quais et ceint le port jusqu'à Saint-André et à la pointe du golfe. Ces immenses hôtels, ces palais d'une proportion colossale rappellent les palais de Milan ou ceux de Gênes, moins les nobles lignes de leurs façades. C'est là qu'habitent les grands banquiers, les riches commerçants ; en suivant la ligne du golfe, on arrive à une promenade ombragée qui, par sa situation au bord de la mer et par les horizons, rappelle beaucoup celle du Prado à Marseille. C'est là que s'élèvent l'arsenal du Lloyd et les cités ouvrières de cette puissante Compagnie. On ne compte guère à Trieste plus de cent cinquante mille habitants ; la densité de la foule, cette activité fiévreuse qui indiqueraient une population plus nombreuse, le grand nombre des magasins, leur développement et la hauteur des étages, créent l'illusion d'une ville plus peuplée.

Les monuments sont rares, car les vicissitudes ont été grandes, les luttes incessantes et les attaques redoublées. En 1600, la peste a détruit les deux tiers de la population. La colonne votive de la place de la Bourse, la fontaine de la place Majeure, allégorie embrouillée sculptée par Mazzoleni, une forteresse dont la construction fut décrétée le 14 avril 1518, une église qui est faite de pièces et de morceaux de tous les âges, mais qui par cela même est d'un assez grand

TRIESTE.

intérêt archéologique ; l'église grecque, la synagogue, les chapelles des différentes communions, les hôpitaux, le collège des marins, l'arsenal du Lloyd, la Bourse et le Tergesteum complètent la liste de ses monuments. Une bibliothèque civique, fondée par les patriciens peu de temps après la suppression des jésuites et la dispersion de leurs livres, est enrichie d'un legs inappréciable du docte Rosetti : la collection *Petrarchesca* et la *Piccolominea*, offrent à l'érudit de grandes ressources. Les archives, où six cents ans de documents bien classés forment une mine précieuse pour l'étude de la législation, de la jurisprudence, l'administration, le commerce et la statistique, ont été fondées aussi par les patriciens de Trieste.

IV

Le fonds de terre sur lequel s'élève la ville nouvelle formait autrefois des marais et des salines ; chaque voiture qui passait les portes était tenue de fournir une certaine quantité de terre ou l'équivalent en argent. Le port, qui, il y a peu de temps encore, ne présentait qu'une rade, n'est pas, paraît-il, dans de bonnes conditions, malgré les énormes dépenses qu'on y a faites. Le fond est vaseux, les sondages ont été faits avec peu de précision, les blocs de béton jetés pour assurer le lit se sont enfouis dans la vase qui a été refoulée dans le port même et n'offre pas de prise à l'ancrage.

Toutes les villes empruntent leur intérêt au caractère dominant qu'elles affectent ; or Trieste, ville essentiellement commerciale, vaste entrepôt où chaque maison a son rez-de-chaussée aménagé de manière à emmagasiner les produits de consommation, est véritablement intéressante par la prodigieuse activité de l'échange et la fièvre des affaires. Le *Tergesteum*, sorte de club commercial, avec l'admission à deux degrés pour en favoriser l'accès à toutes les classes, est le symbole puissant de cette activité ; là affluent les dépêches du monde entier, les nouvelles des marchés de grains, de cafés, de coton du globe entier. Les arrivées et les départs des bâtiments, les renseignements statistiques et les nouvelles politiques, les correspondances des courtiers, celles des étrangers, les dépêches privées, les ordres de vente et d'achat se localisent dans cet établissement. Dans ces salles toujours ouvertes, disposées aux quatre angles d'une croix dont les bras sont un vaste passage libre pour la promenade, on trouve les journaux de toutes les langues, sans en excepter aucune. L'armateur qui attend un navire dont on lui a annoncé le départ par le télégraphe, en surveille l'entrée dans le port ; le spéculateur qui a monopolisé des cafés de certaines provenances vient savoir si la récolte a été abondante au lieu de production et quelle en est la qualité. Une dépêche du Bordelais qui annonce aux Triestains une vendange opulente remplit les cœurs de joie, car Trieste approvisionne le midi de merrains, venus de l'Allemagne, et fabrique les douves de tonneaux, dont le produit s'élève annuellement à trente millions de francs. La différence entre la récolte d'une année et celle de l'autre peut augmenter ou diminuer de quinze millions le chiffre des affaires.

Que de types dans ce *Tergesteum* et quel intérêt pour celui qui passe et qui étudie, bien détaché de toutes ces choses, mais assez ouvert d'esprit pour les comprendre et en apprécier le côté attachant ! La foule a abandonné la Bourse, monument spécial dont on aperçoit, sur notre dessin, le petit portique aujourd'hui livré aux bureaux consulaires ; et c'est en plein air, devant le théâtre, aux portes mêmes du *Tergesteum*, que se font les transactions.

La *Députation de la Bourse* et le *Lloyd* sont les deux grandes institutions qui, après les efforts bienveillants de Charles VI et de Marie-Thérèse, ont le plus fait pour la prospérité de Trieste. La Députation, fondée en 1794, correspond à peu près à nos chambres et à nos tribunaux de commerce, mais ses attributions sont beaucoup plus étendues. Elle a la police du port.

le règlement des droits de navigation, la direction des écoles de navigation, la construction et l'entretien des phares sur toute la côte d'Istrie et de Dalmatie, la police du golfe et sa sécurité. L'institution est privée, mais par sa puissance, sa richesse, son développement, elle devient un appui et un secours pour le gouvernement et collabore avec lui pour le bien public.

Le *Lloyd autrichien* (le nom de l'initiateur de ces grandes compagnies est devenu un nom générique) a été formé en 1833, en fusionnant toutes les compagnies d'assurances de Trieste. Les promoteurs avaient pour but de créer, à l'instar des Anglais, un point central pour le développement du commerce, de l'industrie nationale et de la navigation commerciale de l'Autriche. Le Lloyd comprend trois sections : les assurances maritimes, œuvre fondamentale de la Compagnie; — la navigation, c'est-à-dire le département de la marine, transport des passagers et marchandises par un service régulier entre les ports nationaux et étrangers de l'Adriatique, de la Méditerranée et de la mer Noire, avec les arsenaux pour la construction des vapeurs affectés à ce service; — enfin la section littéraire et artistique, sorte de département de l'instruction publique et des relations extérieures qui se donne pour mission de réunir tous les renseignements qui peuvent influer sur le mouvement commercial. Cette section collectionne les rapports statistiques sur les points où on touche, les lieux de production des marchandises et des récoltes, et toutes les notions utiles au commerce et à la vie intellectuelle.

Le Lloyd a son club, son imprimerie, ses ateliers de gravure, ses journaux commerciaux, politiques et pittoresques. Les arsenaux du Lloyd sont très-puissants et spéciaux à la Société, mais cependant elle a recours aux grands constructeurs anglais, qui parviennent à produire à meilleur marché et offrent souvent plus de garanties de bonne exécution.

Trieste compte en outre une *Société navale adriatique*, qui occupe quinze cents ouvriers et qui a produit les plus grandes frégates cuirassées de la flotte austro-hongroise, parmi lesquelles le *Kaiser* et la *Lissa*, et un *Établissement technique Triestain*, situé à *San Rocco*, et qui, fondé seulement en 1858, compte dans ses chantiers douze cents ouvriers et huit cents dans son établissement technique. Placé sous la direction des frères Strudthoff, l'*Établissement technique* a construit déjà cent cinq bâtiments bois et fer, parmi lesquels la *Custozza*.

\

Il était difficile de visiter Trieste, sans énumérer au moins ces divers établissements pratiques, qui sont certainement sa meilleure gloire. Nous allons monter à Saint-Just, à la vieille église située dans la ville ancienne qui domine la cité commerciale; là nous trouverons quelques vestiges qui nous parleront des antiques possesseurs de la cité.

On peut arriver à Saint-Just en voiture et par de longues pentes; tous les véhicules de la ville sont munis de freins sans lesquels ils ne pourraient circuler dans les rues rapides et dallées jusqu'à leur faîte. Si on s'engage à pied, on prend des séries d'escaliers étroits, d'un aspect amusant, qui s'encaissent entre de hautes murailles d'où débordent des jardins en terrasse; et peu à peu, à mesure qu'on se retourne dans le trajet, on découvre la rade, le port, la marine, les grands bâtiments carrés des quais, où se fabriquent les voiles et les accessoires de la navigation. Vue des hauteurs de Saint-Just, la ville a l'aspect de Gênes, et les quartiers qui avoisinent l'église sont bien méridionaux et ne manquent point de caractère. La végétation devient moins rare, elle se présente même assez luxuriante. Adossés aux murs bas qui servent de parapets aux rampes, des groupes d'enfants nus, bruns comme des Tsiganes, se jouent au soleil. Des vieilles, dignes des cavernes de l'Albaïcin, échenillent sur leurs genoux les têtes brunes et crépues de grandes filles jaunes, auxquelles il ne manque que la jupe pailletée et le pandero pour figurer dignement dans un quadrille de gitanas.

A deux pas du large escalier qui mène à la terrasse de Saint-Just, une inscription en carac-

TRIESTE : ÉGLISE DE SAINT-JUST.

tères antiques, *Lapidario Aquilense*, attire nos regards ; nous heurtons le marteau de la porte et pénétrons dans un enclos mystérieux où les lierres croissent sur des cippes ruinés, des statues antiques, des bas-reliefs d'un beau travail, des stèles aux inscriptions hiératiques. A droite de la porte, et adossé à une haute muraille qui ferme un côté de l'enceinte, s'élève un temple de construction moderne et de style grec; la porte entr'ouverte laisse voir, à la place de l'autel, sur son piédestal, et se détachant sur le fond rouge-sang des parois, une statue antique de dimension colossale, ruinée par le temps. Appuyés contre les plinthes, de nombreux fragments sont rassemblés. On accède au fond de l'enclos solitaire par une allée semi-circulaire, bordée, en guise de balustrades, d'urnes romaines en pierre et en marbre; l'enfant qui nous guide soulève un des couvercles : elles sont pleines de petits cubes vitrifiés qui servaient aux ouvriers des premiers siècles pour leurs décorations de mosaïque; quelques autres contiennent encore des cendres des ancêtres. Nous franchissons une seconde enceinte où, comme dans un cimetière turc, de beaux arbres noueux, d'un mouvement pittoresque et à branchages bas, abritent encore des fragments de tous les âges, des tombeaux antiques, des moulins à huile, des métopes et des frises brisées qui jonchent le sol. Une grande rosace romane, provenant de l'église de Saint-Just, est couchée sur l'herbe. L'art romain se mêle aux vestiges byzantins, aux sculptures du moyen âge et de la renaissance vénitienne. Un monument moderne, appuyé à la rampe même qui conduit à l'église, qui porte le nom de Jean Winckelmann et contient les restes du grand critique d'art assassiné à Trieste par son domestique, dans le but de le voler. Ce monument, élevé en 1832, est le produit d'une souscription, et les noms de ceux qui y ont pris part sont gravés sur le marbre.

Nous pourrions, à l'aide de ces fragments, que la piété publique a bien fait de recueillir, reconstruire l'histoire de Trieste, romaine d'abord et municipe, ravagée au cinquième siècle de notre ère par ces barbares qui vont détruire Aquilée, saccager Padoue et fondre sur Rome, Byzantine avec les empereurs grecs vainqueurs de Théodoric, le roi des Goths, vénitienne au dixième siècle, dominée par les patriarches d'Aquilée au douzième, autrichienne au quatorzième par la paix de Turin et l'acte spontané de *Dedizione* aux archiducs d'Autriche, française à la Révolution et sous l'Empire, assiégée tour à tour par les Vénitiens, par les Génois, par les Autrichiens et par les Anglais, la ville est enfin revenue à l'Autriche.

La façade de Saint-Just est neuve et tellement restaurée, que l'église semble offrir tout d'abord bien peu d'intérêt pour le voyageur; c'est le siège de 1813 qui l'a détruite presque de fond en comble. Elle s'élève au-dessous du château fort, de sorte que l'attaque aussi bien que la défense lui ont été fatales. Une inscription consacre la date de la restauration. Un tombeau antique en marbre, orné de figures très en relief et couvert d'inscriptions, séparé en deux dans sa ligne d'axe et encastré dans chacun des montants de la porte principale, arrête d'abord les yeux du voyageur. Cette façade, plate, sans ornements autres que des bustes en bronze des évêques de Trieste, est buttée par une tour carrée, beaucoup plus ancienne que l'église elle-même, sorte de clocher abrupt, percé de portes ogivales qui laissent voir, à travers une grille qui en protége l'entrée, la large trouée d'un sol antique beaucoup plus bas que celui de l'église. Par une combinaison singulière dont les archéologues n'ont pas encore révélé le secret, au point même où la tour se rattache à la façade, une colonne antique, enterrée de plusieurs mètres et engagée dans la construction, soutient encore l'architrave du temps, reste évident d'un temple très-orné, avec les métopes de l'entablement bien divisées, formant une frise d'un beau caractère et représentant des trophées, des instruments de musique guerrière séparés par les triglyphes réguliers. Le larmier, très-soigné d'exécution, se dessine, engagé aussi à niveau dans les assises de la tour; et dans l'axe d'une des trois façades de ce bizarre appendice, qui est venu se bloquer dans ce temple en ruine, les Vénitiens ont encastré une de ces petites niches à colonnettes surmontées d'un toit trilobé de la fin du quatorzième siècle sous lequel s'abrite la statue de saint Just. Il y a là tout un problème archéologique à résoudre, et, en tout cas, quatre époques essentiellement distinctes ont laissé leur trace dans ce coin que nous venons de décrire.

L'intérieur, à première vue, semble encore plus dénué d'intérêt que la façade ; mais si la toiture a été effondrée par les bombes, dans l'ombre des tabernacles, à droite et à gauche du

MONUMENT DE JEAN WINCKELMANN.

maître-autel, qui n'a lui-même aucun intérêt artistique, brillent deux admirables culs-de-four en mosaïques byzantines. Malheureusement, les fresques qui ornent les murs du soubassement ont perdu tout caractère par les odieuses restaurations qu'elles ont subies.

La première chapelle des bas-côtés, à droite du maître-autel, arrête aussi le visiteur : là reposent tous les Montémolin, souche des don Carlos de Bourbon, dont les compétitions ensanglantèrent récemment l'Espagne. Le premier est intitulé, dans l'inscription lapidaire, « Charles V, roi d'Espagne ; » il est mort le 6 mars 1855, à l'âge de soixante-six ans, et sa femme, la reine Marie-Thérèse de Bourbon, morte le 16 février 1874, repose à ses côtés, sous une plaque de marbre aux armes d'Espagne, avec les fleurs de lis aux angles.

Au-dessous sont leurs enfants : Charles VI, comte de Montémolin, fils aîné de Charles V, mort à Trieste à quarante-deux ans, le 13 janvier 1861 ; et, à côté de lui, sa femme, Caroline de Bourbon, morte le même jour de la même année, à six heures de distance, à l'âge de quarante ans. On se demande par quelle mystérieuse fatalité ces deux Bourbons, jeunes et pleins de vie, sont descendus dans la tombe à quelques heures de distance l'un de l'autre ; et un soupçon involontaire traverse l'esprit.

Une dernière inscription annonce que les restes d'un autre infant d'Espagne, Ferdinand, troisième fils de Charles V, décédé, lui aussi, à l'âge de quarante ans, à Brunsee, en Styrie, reposent à côté de son père et de son frère.

Un dernier personnage, qui eut son heure de célébrité et qui est resté un type dans l'histoire de l'Empire, Fouché, duc d'Otrante, dort aussi son dernier sommeil sous les voûtes de Saint-Just.

VI

De Trieste, on peut visiter en quelques heures sur la côte à l'ouest de la ville le château de *Miramar*, fondé par l'archiduc Maximilien, frère de l'empereur d'Autriche, celui-là même dont les destinées furent si tragiques.

Alors qu'il était archiduc, privé par les événements de sa vice-royauté lombarde, ce prince avait fixé sa résidence à Trieste. D'une activité inquiète, d'un esprit large et entreprenant, il avait résolu de transformer en jardins les rochers stériles de la pointe ouest du golfe, et d'élever son palais sur la base même des rochers battus par les flots.

La route qui conduit de Trieste à la résidence, aujourd'hui déserte, traverse d'abord ces grands espaces gris de poussière, peuplés de dépôts, de magasins et de chantiers qui entourent une grande ville commerciale. Du côté du port neuf, on a gagné le terrain sur la montagne dont on a attaqué les premières assises pour les jeter dans la mer et combler le fond. C'est une marine d'un aspect gris, traversée par des tramways, des voies ferrées ; sans jardins, sans habitations de luxe. Bientôt cependant le site devient plus riant, la ville s'éloigne peu à peu et la campagne commence : on ne voit plus à droite de la route que quelques cabarets engageants, où des tables se dressent sous des ombrages ; à gauche la mer vient jouer sur le sable. C'est San Bartholo, sorte de faubourg où le dimanche et les jours de fête la ville déborde et la population vient se divertir dans ces jolies guinguettes d'un caractère italien. En une heure à peine on arrive au château, qu'on découvre de loin, à la pointe du golfe, découpant ses tours crénelées sur un clair horizon.

Miramar (*regarde-mer*) est une véritable conception ; les gens pratiques diront peut-être que c'est une folie ; mais, en tout cas, ce n'est point un homme vulgaire celui qui lutte à ce point avec la nature et, versant l'or à pleines mains, fait d'un rocher aride un verdoyant jardin où les lianes s'enlacent au tronc des arbres exotiques.

Un grand bois d'oliviers s'élevait là naguère, sur le penchant d'une colline rocheuse qui venait mourir à la mer en s'émiettant en larges blocs amoncelés les uns sur les autres, comme

ENVIRONS DE TRIESTE. — LE CHÂTEAU DE MIRAMAR, RÉSIDENCE DE L'EMPEREUR MAXIMILIEN.

les ruines d'une construction cyclopéenne. A mi-côte, mais bien au-dessus du château, passe le chemin de fer qui, de Trieste, se raccorde à Nabrezina avec la voie italienne et celle de Vienne. Le château date d'hier; il est construit dans ce goût gothique carré qui rappelle l'immense arsenal de Vienne et nombre de constructions publiques de cette ville; le plan est assez tourmenté pour que la silhouette générale soit mouvementée, car les nombreuses tours d'angles détachent leurs créneaux sur le ciel et rompent la sécheresse des lignes droites. On domine la mer à une grande hauteur, et, appuyé aux larges balcons, sur les terrasses fouettées par le vent, on se sent suspendu sur le gouffre adriatique. De quelque côté que l'on se tourne, la vue est splendide : Trieste, assise au pied du Carst avec son golfe et les ports de Muggia, de Pirano, et la côte d'Istrie qui fuit vers l'est, forment un admirable point de vue. Tourné vers Venise, on a l'immensité devant soi, et, à droite, le littoral du Frioul s'évanouit à l'horizon. C'est certainement la demeure d'un prince et d'un poëte, celle aussi d'un esprit qui voulait embrasser toutes choses, d'un homme d'imagination, qui roulait dans son cerveau des conceptions grandioses, et se sentait doué d'une certaine ténacité dans l'impossible. Au point de vue de notre goût français, c'est loin d'être irréprochable; peut-être quand le temps, ce grand harmoniste, aura passé sa patine sur ces boiseries trop vernies, noyé dans des ombres transparentes ces fonds de grande salle qui arrivent aux premiers plans, éteint enfin partout ces ors trop neufs, et glacé ces peintures trop vives; l'œil se reposera-t-il avec plus de satisfaction sur ces intérieurs. Mais, en tout cas, sans entrer dans le détail, rien ne vient déranger dans l'imagination du visiteur le portrait qu'il a pu se tracer à lui-même de ce prince aventureux, chevaleresque, de ce rêveur aux yeux bleus, né sur les premières marches du trône de Charles-Quint et auquel il fallait une couronne.

On arrive aux appartements supérieurs par une immense *hall* qui monte de fond et où se déroule l'escalier, tout orné d'armures de chevaliers, de trophées, de panoplies, de bois de cerfs, d'écus et d'armoiries. Dans le cabinet de travail, dont nous donnons l'intérieur, construit sur le modèle de celui qu'il avait à bord de la frégate *la Novarra* quand il accomplit le tour du monde, Maximilien se révèle : là, les choses ont leur poésie, et tout parle fortement à l'imagination.

Sur la table de travail, on voit à côté du livre entr'ouvert, les bustes d'Homère, de Dante, de Shakespeare, de Byron, et celui du vieux prince de Metternich. Dans la bibliothèque je lis les noms de nos poëtes français, les plus grands et les plus humains. Pour la mémoire tous les souvenirs, pour l'esprit toutes les évocations : ici ce sont des portraits d'amis dans des cadres sur lesquels les yeux du prince s'arrêtaient en travaillant; là, dans sa vaste envergure, entourée de figures allégoriques, pend la carte de l'empire de Charles-Quint, prodigieux royaume taillé à coups d'épée dans le globe, et sur lequel le soleil ne se couchait jamais.

Dieu sait quelles visions grandioses et quels rêves impuissants cette imagination de poëte aura évoqués en face de cette carte! Et, à deux pas de là, sur un petit chevalet, dans un coin bien intime, cette Parisienne mélancolique de l'*Auto-da-fé* d'Heilbuth, le peintre habituel des cardinaux, qui, assise au coin de son feu, brûle les dernières lettres d'un amour défunt, et le bouquet fané d'où s'échappait encore un parfum plus subtil que celui des fleurs, le parfum des souvenirs.

Dans les divers salons, à chaque pas, peint de la main de Cesare dell' Acqua, le peintre triestain, une toile représente un des épisodes du drame shakespearien qui commence comme une fête et finit comme la plus sombre tragédie. Puis vient la salle du trône, ruisselante d'or, avec le portrait en pied de Maximilien portant en main le sceptre, et vêtu du manteau impérial. Par une effroyable dérision du sort qui glace positivement le cœur, à côté même du portrait on lit cette inscription fatidique : *Si fortuna juvat, carete tolli!*

13

Plût à Dieu pour nous tous, et pour cette princesse dont la raison a sombré dans ce lugubre voyage, que le prince n'eût jamais écouté la voix de la sirène, et qu'il eût détourné les yeux le jour où la fortune décevante vint passer en chantant sur sa route !

Le jardin est tracé dans le rocher même sur lequel on a rapporté la terre qu'on a nivelée à coups de mine ; de grandes allées bien tracées, des tonnelles conduisant à des grottes, des exèdres, des statues, de larges rampes architecturales, donnent à cette création son caractère à la fois rustique et monumental.

On a regagné les différences de niveau considérables par des séries d'escaliers ou de grandes pentes sablées ; la végétation est bien méridionale : là croissent les variétés de cyprès ; la seguia gigantea, le chamærops excelsa et le pittosporum sont en fleur. A droite du château, à une hauteur considérable au-dessus de la mer, s'élève un chalet retiré ; c'est là que la princesse vint s'enfermer pendant trois mois, après le lugubre dénoûment.

Abrité par un môle élégant, et dans l'anse formée par le promontoire même où s'élève le château, on descend à un petit port par des escaliers qui longent de hauts murs de soutènement en arcades et sur lesquels se balancent de grandes lianes. C'était la *Darsena* où s'abriiaient le yacht du prince et ses embarcations. Aujourd'hui, dans ces eaux tranquilles, se balance la chaloupe à vapeur du comte Brandi, dont le château est proche ; et sur les larges dalles chauffées par les rayons, deux matelots dorment la tête à l'ombre et les pieds au soleil.

Il n'y avait point d'eau à Miramar ; le château serait mort de soif, et sous ce climat sec les jardins auraient dépéri ; on a construit une machine sur la hauteur et attiré l'eau de la Rieka, dont le cours aboutit à la mer près de Trieste. Nous gravissons la colline et nous sortons dans la campagne ; une petite *bierhaus*, cabaret villageois dans la montagne, montre là ses tables abritées sous de grands oliviers, et des sous-officiers autrichiens boivent sous ces tonnelles romantiques avec de belles filles aux coiffes blanches qui tranchent sur leur peau brune.

A quelques pas de la porte d'entrée, sur la route en corniche qui mène à Miramar, un petit musée réunit tous les souvenirs personnels du prince, ses vêtements, ses armes, son sceptre, à côté des collections qu'il avait formées dans ses voyages : échantillons d'histoire naturelle, photographies curieuses des pays parcourus, fragments de sculptures égyptiennes, objets de céramique des Aztèques.

VII

Un matin, par un beau temps frais, je me suis engagé à l'aventure sur la route qui va de Trieste à Fiume ; j'ai traversé d'abord ces faubourgs poudreux qui entourent les grandes villes, puis, par de longues pentes, j'ai gagné la grande route, bordée de villas modestes.

Les paysans des environs, les femmes de Servola, de Cattinara, de Rizmanne, venaient au marché de Trieste juchées sur de petits ânes gris ; des Cici à la face rébarbative conduisaient leurs longs chariots et encombraient les routes. Le pays est très-vallonné ; à droite, à gauche, s'élèvent des collines ; les chemins présentent des côtes énormes, et il est impossible, de quelque côté qu'on s'oriente, de découvrir de grands horizons. Bientôt je dépasse le cimetière, immense nécropole où, séparés seulement par des grilles et se distinguant par les différentes formes qu'affectent les tombes, reposent les morts de tous les cultes, depuis le catholique romain jusqu'au mahométan. Un gardien à tête de bachi-bozouck, coiffé du tarbouch, dans une petite loge meublée à la turque à l'entrée du cimetière, surveillait son café en fumant le chibouque.

Fatigué de marcher entre deux murs sans découvrir de nouveaux horizons, j'ai pris la

ENVIRONS DE TRIESTE : LE CABINET DE TRAVAIL DE L'ARCHIDUC MAXIMILIEN, A MIRAMAR.

première route qui s'offrait à moi, celle qui, contournant la ville à une distance d'une lieue, mène, en passant devant les abattoirs, au golfe de Muggia, à l'est de Trieste. C'est un sentier qui traverse une vallée fertile, aimable, avec de beaux arbres qui croissent à l'abri de la Bora. Le petit port blanc de Muggia s'élève à l'autre bras du golfe, et, à sa pointe, le grand arsenal de construction de l'*Établissement Technique Triestain* des frères Strudthoff. Au fond de l'anse, de nombreux ouvriers creusaient les fondations de vastes dépôts de pétrole que le Lloyd fait construire.

Dans la parite ouest du golfe, des vestiges de petits murs en ruines, bassins démantelés qui semblent autant de digues abandonnées, sur lesquelles croissent de longs roseaux et viennent s'arrêter les algues vertes et les herbes marines, m'ont indiqué les anciennes salines de Trieste ruinées par les Vénitiens, qui voyaient là une rivalité dangereuse au monopole qu'ils exerçaient dans l'Adriatique.

TRIESTE : LA SALINE DE LUSANDRA, DÉTRUITE PAR LES VÉNITIENS.

Pendant cette longue guerre qu'elle entreprit contre les Uscoques (corsaires dont nous retrouverons les traces à chaque pas dans ce voyage, depuis Pirano jusqu'à Cattaro), la République, au milieu de son grand mouvement général offensif, dirigea une petite expédition spéciale dans le but de détruire la saline dont nous donnons ici le dessin, saline fondée alors depuis quarante ans seulement, et qui est désignée dans des documents historiques sous le nom de *Saline de Lusandra*. Pendant qu'ils renversaient les digues dont nous voyons encore là les traces, et qu'ils comblaient les canaux, les sujets autrichiens, ceux qui vivaient du travail et du produit de ces salines, fondirent sur l'ennemi, tuèrent nombre d'agresseurs et les poursuivirent jusque dans le Frioul. Une galère vénitienne stationnait dans le golfe pour soutenir le mouvement ; le providéteur qui commandait l'expédition dut se jeter dans la mer à cheval, au risque de se noyer, afin de gagner son bord. Fiers de leurs succès, les paysans s'avancèrent sur les terres de la République, saccageant tout sur leur passage. Le gouverneur de Trieste cita les provédéteurs à comparaître dans trois jours pour avoir à répondre du pillage, sous peine d'être condamnés à être pendus comme brigands ; et en même temps il promit six mille ducats à qui les livrerait morts ou vifs.

Le sénat de Venise répondit à son tour en mettant à prix la tête du gouverneur autrichien, et la guerre, d'abord déclarée contre les Uscoques, fut portée dans le Frioul, soutenue par les paysans istriens et triestains mêlés aux pirates. La République subit un rude échec à la suite de défections dont certaines troupes auxiliaires recrutées dans la Dalmatie donnèrent l'exemple, et ce même sénat dut s'applaudir d'avoir, en 1590, fait élever par Marc-Antoine Barbaro la forteresse de Palma Nova contre les invasions des Turcs et des Autrichiens, car ses armées durent s'y enfermer pour échapper à la ruine. Ces faits se passaient en 1616, et la destruction de cette saline ruinée, dont nous donnons le dessin, fut la cause directe du siége de Gradisca.

VIII

Nous hélons des pêcheurs qui ont tendu leurs filets dans l'ancienne saline, et nous leur proposons de nous faire traverser le golfe, pour aborder au port blanc qui s'élève de l'autre côté.

GOLFE DE TRIESTE : LE PORT DE PIRANO.

Entièrement italienne d'aspect, premier petit port sur la côte, cette ville de Muggia est assez gracieusement assise au pied de la montagne ; un vieux château fort démantelé la domine à droite, et on voit encore les ruines de son enceinte. On se croirait sur l'autre rive de l'Adriatique : voilà la *Piazzetta* réduite, le *Duomo*, la *Loggia* avec son balcon pour proclamer les édits du sénat ; c'est la colonie vénitienne dans sa proportion resserrée. Sur la façade de la maison municipale, un lion féroce, le lion de saint Marc, tient l'Évangile, et porte, sculptée entre les pattes, la date de 1444 en chiffres arabes. Au-dessous, une autre inscription fait allusion à un édit du sénat et est datée 1532.

Il y a là, entassés dans ces ruelles étroites, *stradine* toutes vénitiennes, sept mille habitants dont près de trois mille travaillent à la pointe orientale, dans les chantiers où nous voyons se dresser l'énorme vaisseau cuirassé *la Custozza*.

Toutes ces petites villes ont leur histoire, bien tourmentée, bien pleine de péripéties qui se révèlent par nombre d'inscriptions que nous avons relevées soit sur la place, soit dans les églises, relativement nombreuses et d'une époque bien ancienne, puisque nous lisons sur la pierre commémorative de la consécration la date 1398.

Muggia compte quatre églises, qui toutes ont leur intérêt : le Dôme est de 1447 ; il a été restauré par le doge Pierre Dandolo.

Après avoir goûté sans regret le vin de Muggia, nous nous faisons transporter au large et dépassons la pointe Sottile qui forme un autre golfe avec celle de Salvatore, où s'élève un phare connu des navigateurs. Voici le port de Capo d'Istria, mais nous y reviendrons quand nous traverserons l'Istrie par terre. Par un temps charmant, doux et frais, guidé par nos deux pêcheurs qui parlent le plus pur vénitien, nous nous balançons un instant sur les flots en face de Pirano, plantée sur la montagne, dominée par sa cathédrale et dont les maisons, construites en gradins, s'avancent jusque sur la langue de terre qui forme la pointe du golfe.

La base de la pyramide s'échancre en un croissant dans lequel s'abrite le port ; toute la partie intérieure forme une pente assez douce, tandis que le revers extérieur et exposé au nord plonge à pic dans la mer. Ce revers est ravagé par la Bora, fouetté par des vagues énormes qui en auraient miné la base depuis des siècles, si, pour le protéger, on n'avait fait des travaux ardus et doublé le rocher d'un parement renforcé d'arcs entre-croisés.

Cette pointe de Pirano, couronnée de vieux murs d'une belle ligne et flanquée de tours, a l'aspect d'un beau décor ; et quand on vient de Trieste par mer, comme nous en ce moment, la vue de la ville est tout à fait séduisante.

C'est un point important que Pirano, un des ports les plus sûrs de l'Adriatique ; plus heureuses que ses voisines, la ville n'a été éprouvée ni par la guerre ni par la peste ; mais cette échancrure de la côte a vu la gigantesque lutte de Barberousse et des Génois ligués contre la flotte de la République, et dont l'heureuse issue valut à Venise le domaine de l'Adriatique symbolisé par la remise de l'anneau. Le pape Alexandre III, en le remettant au doge Ziani, prononça ces paroles :

« Recevez cet anneau comme une marque de l'empire de la mer ; vous et vos successeurs épousez-la tous les ans, afin que la postérité sache que la mer vous appartient par le droit de la victoire et doit être soumise à votre république comme l'épouse l'est à son époux. »

Telle est l'origine de la cérémonie des fiançailles du doge et de l'Adriatique (1177).

Mais nous allons toucher le sol de l'Istrie ; c'est par la route de terre que nous comptons entrer dans la péninsule : nous nous bornerons donc pour le moment à admirer la vue pittoresque que présente Pirano, et nous traverserons le golfe, abordant à la pointe San Andrea et regagnant Trieste à pied, après cette excursion à Muggia.

LE LION DE SAINT MARC SUR L'HOTEL DE VILLE DE MUGGIA.

UNE FERME A SBANDATI. (Voy. p. 122.)

CHAPITRE QUATRIÈME

L'ISTRIE

Géographie de l'Istrie. — Conditions générales du pays. — Ses divisions. — Les côtes. — District de l'intérieur. La population. — Races diverses. — Religion. — Mœurs. — Caractères. — La route de Trieste à Pisino. — Capo d'Istria. — Buje. — Pisino. — Premier aspect du marché. — Les costumes slaves. — Pisino. — La ville. — Son histoire. — Différentes races qui peuplent l'Istrie. — La Foïba. — La route entre Pisino et Parenzo. — Antignana. — Monpaderno. — Sbandati. — Parenzo. — La ville. — Les monuments. — L'île de San Nicolo. — De Parenzo à Pola par mer. — La côte. — Rovigno. — Fasana. — Les écueils. — Santa-Catarina in Scoglio. — Le canal de Fasana. — Pola. — La place du Forum. — Le Palais municipal. — Les temples de Diane. — Le temple de Rome et d'Auguste. — L'arène antique. — Les murs antiques. — La porte d'Hercule. — *Porta Gemina*. — *Porta Aurata*. — L'arsenal. — L'intérieur. — Le *Scoglio-Olivi*. — La ville autrichienne. — *Cancan-ville*. — La musique autrichienne. — La ville militaire. — Son caractère. — Le casino des officiers. — Fasana. — Peroï. — La colonie Monténégrine de Peroï. — Son origine. — Caractère des habitants. — Le culte grec à Peroï. — Dignano. — La ville. — Intérieur d'église le dimanche. — Les paysans slaves à la messe.

I

L'Istrie, depuis les traités de 1815, dépend de l'empire austro-hongrois ; elle forme, au nord de l'Adriatique, un triangle irrégulier dont la base serait la ligne tirée de Trieste à Fiume, ligne qui mesure à peu près deux cent soixante kilomètres. Une seconde ligne droite tirée du milieu de cette base à la pointe du cap Promontore, près de Pola, mesurerait trois cent quinze kilomètres.

Ce marquisat d'Istrie, comme on l'appelle dans les protocoles, est limité au nord par la Carniole (Krain), au sud par l'Adriatique, au nord-est par la Croatie, au nord-ouest par le territoire de Trieste. La pointe sud du cap Promontore, en s'avançant dans l'Adriatique, sépare cette mer en deux grands golfes, celui de Trieste et celui de Quarnero. Toute la rive ouest, qui baigne dans le golfe de Trieste, a une déclivité beaucoup plus douce que la rive est, elle est même relativement basse; les golfes sont très-nombreux, très-propices pour l'abri, et on ne trouve pas sur toute cette côte une seule petite ville qui n'ait son port commode et bien aménagé. Les falaises sont rares, les îles sont à peine des écueils.

La plupart des rivières qui aboutissent au rivage ouest forment des vallées gracieuses; l'aspect est riant, pittoresque; le terrain, bien cultivé et assez riche, est propice à la culture du raisin et de l'olivier. De nombreuses villas s'élèvent, aux pentes ou sur les sommets, à proximité des centres d'habitation. On compte cent dix lieues françaises de côte depuis Trieste jusqu'à la pointe du cap Promontore; c'est la côte heureuse, celle qui longe la route d'eau la plus sûre et la plus fréquentée, la plus voisine de l'Italie, celle qui la première participa à la civilisation. C'est enfin pour l'Allemagne la grande route de l'Orient.

Cette rive, tour à tour, a été romaine, byzantine et vénitienne. Autrichienne aujourd'hui, le gouvernement a élevé à sa pointe occidentale ses arsenaux maritimes de Pola. Les villes sont nombreuses et intéressantes pour la statistique et l'histoire; la côte est très-poissonneuse et offre de grandes ressources aux pêcheurs des îles vénitiennes qui se sont fait une spécialité de son exploitation; c'est enfin de ce côté que sont les plus grands ports et les plus grands golfes.

La côte est, qui va de la pointe Promontore à Fiume, mesure cinquante lieues françaises: elle plonge dans le golfe de Quarnero; elle est très-dangereuse, semée de grandes îles et d'écueils qui ne laissent que des passes étroites. Le vent du nord-est, la bora, — le fléau de ces rives, — et le vent du sud-est, le sirocco, y font de grands ravages. C'est à ces conditions qu'il faut attribuer la dépopulation de ces bords, qui n'offrent qu'à de très-longs intervalles des territoires cultivés. A mesure qu'on s'avance dans le Quarnero, vers Fiume, l'aspect devient plus riant, les falaises sont moins escarpées et les villages sont plus nombreux. D'Albona jusqu'à Volosca, le site est charmant; les pentes du *Monte-Maggiore*, pentes assez rapides, sont très-fertiles; c'est là que vient aboutir, en un énorme contre-fort, la chaîne principale des montagnes de la péninsule. Cette partie du pays de Fiume vers Volosca a souvent été comparée au golfe de Naples; nous y reviendrons quand, après avoir visité l'Istrie, nous aborderons en Croatie par Fiume et les îles du Quarnero.

Toute la côte de l'Istrie est vénitienne par tradition et par origine, toute la campagne est slave. Ce dernier élément représente plus des deux tiers de la population totale. L'élément allemand consiste surtout en fonctionnaires et en soldats représentant le pouvoir central, venus de l'intérieur de l'Autriche et se considérant bien souvent comme exilés dans ce pays perdu que quelques-uns comparent à regret avec les riantes vallées de la Styrie et les belles provinces de l'Autriche.

La langue en usage dans les villes est la langue italienne; on fait de grands efforts pour y acclimater la langue allemande. Dans les villes du littoral et celles de l'intérieur, les petits commerçants parlent slave par nécessité de s'entendre avec les paysans les jours de marché; mais, sans entrer dans des questions de l'ordre politique, il est impossible à un voyageur de ne pas constater l'antagonisme très-flagrant entre l'élément italien et l'élément slave. Entre ces deux races, l'élément allemand, qui représente le pouvoir et l'autorité, louvoie avec prudence et gouverne avec bonté; il ne se révèle que par ses bienfaits et essaye de conserver l'équilibre entre ces forces diverses bien souvent déchaînées l'une contre l'autre.

Quand nous aborderons, dans les villes mêmes où elles se sont établies, le sujet important des divisions de races, nous en donnerons le caractère et les origines, nous bornant pour le moment à indiquer les trois grandes divisions générales.

La religion en pratique est la religion catholique, et ces Slaves, sans être fanatiques, sont extrêmement fervents. Il n'y a parmi les nationaux ni protestants ni israélites; mais on verra plus tard que, par une singularité historique, une colonie grecque schismatique s'est établie depuis le dix-septième siècle aux environs de Dignano et se conserve intacte dans sa foi, entourée, comme une île l'est par les flots, d'une population catholique. La côte, italienne de sang et de tradition, est plus indifférente aux choses saintes que la campagne, qui est de foi très-vive et où l'on pratique avec ferveur.

L'Italien du littoral et des villes de l'intérieur est de moyenne stature, très-brun de peau et de cheveux ; il est alerte, d'un esprit vif, d'un caractère éveillé et facétieux ; il conçoit vite et il exécute de même.

Le Slave est d'une belle prestance ; il a les yeux bleus, les cheveux blonds ; il est souvent très-fin d'attache et très-haut de stature. Peu porté au travail, il devient infatigable quand la nécessité l'y pousse, et ses facultés le rendent très-propre aux travaux des champs. Il est intelligent, fin, rusé, parfois très-violent, mais toujours loyal. Il est très-attaché aux usages de ses ancêtres, et, quels que soient les bienfaits que lui offrent les progrès de la civilisation, il est réfractaire aux innovations. Il observe un grand esprit de discipline, respecte l'étranger et lui est hospitalier ; dans la famille il regarde l'autorité du chef comme sacrée.

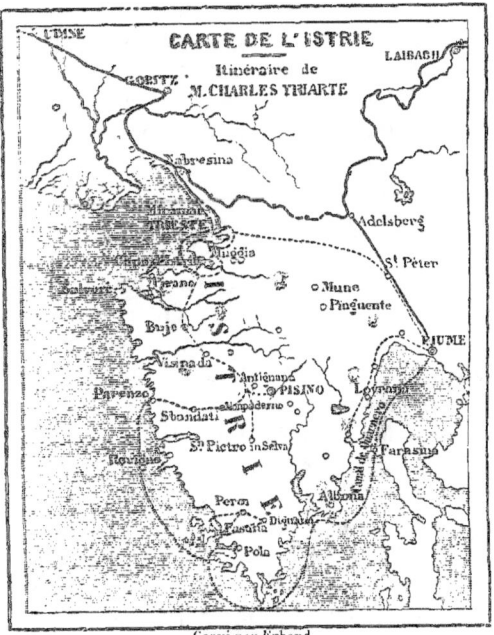

Gravé par Erhard.

Il y a des nuances très-nombreuses entre les races qui peuplent l'Istrie, et souvent même des différences essentielles ; or, les tribus slaves ne se mêlant pas entre elles et s'alliant seulement dans la localité, toutes gardent, avec leurs mœurs spéciales, leurs costumes et leurs usages. De là une grande variété pittoresque et la nécessité absolue de ne jamais conclure du particulier au général dans les observations. Ainsi, à côté du Slave grand et robuste, le *Berkin*, Slave aussi, est maigre et d'aspect fiévreux ; et le *Morlaque* offre le contraste de la mollesse et d'un rare abandon à côté de la rudesse et de l'activité d'autres tribus voisines. Nous aurons d'ailleurs l'occasion de revenir sur ce point important.

Aujourd'hui l'Istrie est divisée en treize districts : Capo d'Istria — Pirano — Buje — Parenzo — Rovigno — Dignano — Pola — Albona — Volosca — Castel-Nuovo — Pinguente — Montona — Pisino.

Chaque district a ses conditions différentes et son industrie ou sa spécialité agricole ; mais on peut établir les conditions générales d'industrie et de production : le sel, les vers à soie, le poisson salé, les douves de tonneau, la pierre de construction, les fagots pour le chauffage, un peu de bois de construction, quelques mines de charbon et d'alun ; l'exportation du vin, de l'huile, de la laine des brebis, et surtout l'industrie saline. L'Istrien est obligé de tout demander à l'étranger : le blé, les légumes secs, les graines, le bétail, les denrées coloniales, la quincaillerie, la droguerie, le verre, la poterie ; mais, en dehors des graines, presque tout ce qui s'importe se consomme dans les villes. Le campagnard slave n'a pas de besoins ; il tisse lui-même ses habits et les orne ; il ne soumet même pas la laine à la teinture et lui laisse sa couleur naturelle.

Ce n'est guère qu'à partir de Zara que nous trouverons les costumes colorés, brillants, un peu étranges, et qui tranchent violemment avec le costume européen ; ceux de l'intérieur de l'Istrie sont peut-être moins caractéristiques que ceux du territoire de Trieste et de Goritz, mais nous aurons occasion de voir réunis à Pisino, au centre même de la péninsule, des échantillons de tous les districts et de toutes les races. On verra qu'il y a là des costumes bien spéciaux, avec des bijoux intéressants et d'un travail curieux. Mais c'est surtout dans la race elle-même, l'attitude, le geste, la démarche, dans le je ne sais quoi qu'on appelle en art le *caractère*, que résident les signes qui distinguent les habitants des diverses régions de l'Istrie.

Les routes existent entre les grands centres, mais là seulement. Les moyens de locomotion sont nuls ; il y a bien un service de poste qui traverse le pays, mais, outre que cette voiture, qui ne part pas tous les jours, ne contient que deux places, c'est un moyen très-lent, à cause des localités à desservir. On trouve presque partout, en s'abouchant avec les habitants, des *vetturini* qui vous portent d'un lieu à un autre, ou bien on peut voyager avec des mulets.

Au point de vue du logement et de la nourriture, les grands centres ont des auberges, et on peut se nourrir convenablement. Si on aborde le nord, il n'y a d'autres moyens de se loger que l'hospitalité des habitants, et d'autre nourriture à espérer que celle qu'on a apportée avec soi. Si on visite la campagne, il faut absolument se munir d'un guide pris à la côte, et qui, parlant le slave et l'italien, peut vous faciliter les relations. Jamais dans une chaumière un Slave n'acceptera la rémunération du service rendu ; il est taciturne, un peu méfiant et craintif, mais il est très-hospitalier. Les routes sont extrêmement sûres ; le maréchal Marmont, à l'époque de notre domination française, a terrifié les malfaiteurs qui transformaient le nord de l'Istrie en une caverne. Depuis, l'administration autrichienne, probe, sage, et énergique au point de vue de la police, pourvoit à la sécurité des voyageurs par un service de gendarmerie fait avec la plus grande conscience.

Si quelqu'un était tenté d'entreprendre l'excursion dont je commence le récit, il devrait se munir d'un bagage assez réduit pour pouvoir l'attacher sous la palette de sa selle ou en portemanteau, parce que, à un moment donné, les routes manquent : il faut traverser un torrent aux bords escarpés et où ne peuvent pas descendre les voitures : comme, par exemple, pour aller de Pola à Albona.

Dans les îles, on peut aller frapper bravement chez le curé du lieu, qui doit être pauvre, mais qui sera accueillant pour le voyageur. La pitance sera maigre sans doute, car la vie est absolument négative ; mais on trouvera du raisin sec, des olives, du pain, du vin, bien rarement un peu de porc salé. Que le portemanteau contienne donc le Liebig classique, avec du thé ou du café, du sucre et surtout de la bougie, si on ne veut pas être réduit au *veglione* à trois branches dont la large mèche baigne dans l'huile.

Une chose qui ne fera jamais défaut chez le paysan istrien, c'est la paillasse de maïs, sur laquelle les consciences paisibles et les âmes pures trouveront un sommeil réparateur.

Quand l'hospitalité n'est pas strictement écossaise, les frais d'auberge sont tout à fait minimes ; mais en revanche les frais de locomotion, *carretini*, *vetturini*, mulets ou chevaux, sont relativement d'un prix élevé.

L'ISTRIE.

II

J'ai quitté Trieste dans la chaise de poste qui porte le courrier à Pisino, chef-lieu du district de même nom, au cœur même de l'Istrie. C'est la lourde chaise classique, celle des enlèvements de Scribe, à caisse jaune sur laquelle s'étalent les grandes armes impériales et royales :

PAYSAN SLAVE ET TZIGANE. (Voy. p. 113.)

nous avons mis quinze heures pour arriver à l'étape, et nous avons traversé Capo d'Istria, Buje, Visinada, Caroiba et Fermo.

Le pays est assez riant et fertile dans les parties abritées contre la bora ; sur toutes les routes que nous traversons il y a de la vigne, et quand l'exposition est bonne, nous voyons même les ceps enlacés aux mûriers comme sur les routes de la Lombardie. L'année sera exceptionnelle, les grappes noires et serrées font ployer les guirlandes, les feuilles déjà carminées revêtent les teintes d'automne.

Nous faisons un crochet vers la côte pour entrer dans Capo d'Istria, grande ville à constructions trop amples pour sa population et qui évidemment a été détrônée et a perdu son influence. C'est encore là une colonie des Romains (Ægide), prise d'assaut en 932 par les Vénitiens, reprise par les Génois dans la grande guerre de Chioggia, et rendue à la République. Quand on aborde par mer, la ville se présente bien : elle est entourée de jolies villas aux pentes des collines ; mais, vue de l'intérieur, elle se ressent de sa décadence. A l'embouchure du Risano et de la Corna Lunga sont les grandes salines qu'on voit de l'autre côté du golfe que forme la vallée de Stagnon ; c'est la grande ressource de cette ville, qui fabrique annuellement sept cent cinquante mille kilogrammes de sel. Pirano, sa voisine, en fabrique quatre millions de kilogrammes. Capo d'Istria occupe huit cents ouvriers, femmes et enfants ; Pirano en emploie trois mille. C'est, je l'ai dit déjà, la haute industrie de ce pays ; le travail des salines est, paraît-il, assez rude pour le paludier ; les femmes y rendent de grands services. Ce fut de tout temps l'occupation des riverains, auxquels les Vénitiens ont interdit l'exploitation pendant des siècles ; mais la nature même de la côte s'y prêtait si bien que, depuis la chute de la République, l'industrie est devenue plus florissante qu'en aucun temps. L'exploitation du sel était autrefois un monopole ; aujourd'hui, rien qu'à Capo d'Istria on compte soixante-dix propriétaires de petites salines partielles dont l'ensemble, avec celles de l'État, constitue l'industrie locale. Les plus grandes salines sont naturellement situées aux embouchures des fleuves et des rivières, là où les côtes sont ouvertes et coupées par des canaux qui facilitent les communications à l'aide des barques, et où se font aussi les dépôts naturels qu'on développe artificiellement. C'est ainsi que les salines de Pirano sont à l'embouchure du Dragogna, à Struniano et à Porto-Rose. Le sel de l'Istrie est d'excellente qualité, mais jusqu'ici il se consomme sur place ; le commerce d'exportation ne s'en est pas emparé ; les propriétaires livrent leurs produits à l'État, qui, à son tour, les livre aux consommateurs.

A Capo d'Istria on élève aussi des vers à soie et on sale le poisson : il y a quelques moulins, quelques forges, et, dans un quartier de la ville, on exerce une assez gracieuse industrie : celle des fleurs artificielles et des broderies, qu'on exporte même à l'étranger. Le commerce avec l'Istrie est relativement considérable ; il consiste, indépendamment du sel, en vin, beurre, fromage, graisse de porc, laine, peaux et un peu de soie. La navigation se borne aux petites courses entre Capo d'Istria, Trieste, Venise, Chioggia et la lagune. Nous avons visité les quelques chantiers de la ville ; ils sont assez importants, on s'apprêtait même alors à lancer un navire de haut bord.

Buje, qui est aussi un chef-lieu de district, a une spécialité assez curieuse : c'est l'endroit où tous les villages des environs viennent se vêtir et se chausser. Dans la campagne les paysans slaves font leurs habits eux-mêmes, et la laine qui provient de la tonte est par eux mise en œuvre et devient vêtement. Mais Buje chausse même Capo d'Istria et l'habille ; en dehors de cette industrie, il y a quelques presses à huile mues par des chevaux.

Nous avons changé de relais deux fois, à Capo d'Istria et à Buje. A partir de Visinada, l'aspect se modifie singulièrement ; la route devient montagneuse, l'horizon se resserre, les chemins sont durs, quoique en bon état. On traverse de grands espaces arides ; mais partout où l'homme a trouvé un peu de terre, il a semé et il récolte ; le sorgho est même d'une hauteur énorme. Suspendues aux flancs de la montagne, on voit de maigres brebis noires, gardées par des enfants, vêtus de gris, qui se confondent avec le ton de la pierre ; mais ils se révèlent par le son de leur flûte à deux branches dont on les entend jouer parfois.

Souvent les collines sont couvertes de petits bois épais et courts et forment des maquis ; quand il y a un peu de terre cultivable sur la roche grise, elle apparaît d'un ton rouge très-foncé. De temps en temps, au bord de la route, une grande pierre milliaire indique l'espace

LA VILLE DE PISINO.

parcouru, ou bien on a gravé sur le rocher même le nombre de milles. Par-ci par-là s'élèvent encore quelques chênes de moyenne taille et quelques mûriers : nous sommes cependant déjà à une grande hauteur dans la montagne. Mais bientôt la route fait un très-grand détour, la pente se prononce très-fortement, et nous descendons rapidement dans une vallée bornée à son horizon par le pic du mont Majeur, qui domine tout un système de monticules. La ville de Pisino nous apparaît assise au bord d'un effroyable précipice, si bien qu'étant dans une vallée, elle semble encore sur une hauteur. Mais, à mesure qu'on avance, la perspective change et les lignes reprennent leur valeur vraie ; les premiers plans s'accusent, se relevant sur la droite en une légère colline sur laquelle se profilent les croix d'un calvaire. A gauche de la route, la ville, qui de loin nous semblait plate et peu mouvementée, s'étage et moutonne ; ses maisons se groupent autour d'un campanile très-élevé, construit sur le modèle de celui de Saint-Marc et détaché comme lui de son église. Une vieille forteresse en bon état de conservation forme le premier plan sur le gouffre, et de grands établissements hospitaliers ou militaires, constructions toutes modernes de l'autorité autrichienne, indiquent un grand centre administratif.

Les routes sont couvertes de véhicules de toutes sortes, de groupes de paysans conduisant des troupeaux d'animaux et des bandes d'oies grises.

Nous avons eu la bonne fortune d'entrer à Pisino le jour de la Saint-Michel, et c'est la grande *Feria*. Sur la colline du Calvaire, sorte de faubourg de la ville autour duquel se groupent quelques habitations, sont parqués les bœufs, les moutons et les porcs. C'est en vain que le conducteur sonne sa trompette pour qu'on lui livre passage, nous ne pouvons avancer que bien lentement au milieu du concours d'une foule de l'aspect le plus pittoresque. Dans le village même les rues sont infranchissables ; nous mettons pied à terre sur une petite place boueuse, où une *osteria* de maigre apparence balance son enseigne représentant un aigle noir.

III

L'*Aquila Nera* est assiégée ; c'est la seule auberge du lieu. L'hôtelier ne sait auquel entendre ; il nous faut aller frapper à une habitation privée, où on nous donnera un lit, mais nous pourrons manger à l'auberge. Nous avons hâte de profiter du spectacle du marché, et, retournant sur nos pas à l'entrée de Pisino même, nous parcourons tout le champ de foire, depuis le Calvaire jusqu'au centre de la ville et à la place principale.

Nous voilà au cœur de l'Istrie : que de costumes divers et que de types ! C'est d'abord, à l'entrée, un campement de Tsiganes, jaunes, déguenillés, tout à fait étranges d'allure, avec des cheveux d'un noir bleu qui pendent jusqu'à la ceinture et des haillons troués qui laissent voir leur peau brune. Voici des Morlaques, des Istriens du Sud, des Slaves de diverses tribus avec leurs costumes variés et leur aspect singulier. La plupart des hommes sont coiffés d'une petite calotte couronnée d'un joli bouquet de lupins, ornée parfois de monnaies et de médailles, et qui tient sur le sommet de la tête. Les vieux portent de très-longs cheveux qui tombent jusqu'à la poitrine en mèches éparses ; les jeunes ont la nuque rasée, et les cheveux, coupés régulièrement en couronne, retombent sur les yeux.

Tous n'ont qu'une seule boucle d'oreille, anneau léger en fil d'or doublé à la partie inférieure de filigrane ou de pendeloques. La chemise est de laine blanche, à petit col droit plissé, fermé par deux jolis boutons de filigrane ; une veste d'étoffe dure et à plis carrés se pose sur les épaules, les manches restant flottantes : elle recouvre un gilet très-long, orné de boutons de métal. Le pantalon est à la hongroise, blanc pour les riches, et de laine brune pour les plus modestes ; tous portent pour chaussure l'*opancka*, relié à la jambe par des lanières, comme un cothurne antique.

Pour les femmes, le costume varie à l'infini : autant de villages, autant de modes diverses. Les coiffures sont charmantes ; la plupart des paysannes cachent leurs cheveux sous des pagnes blancs ornés de guipures et de broderies à jour qui encadrent leur physionomie brune ; mais quelques-unes aussi montrent leurs nattes tressées avec des cordons blancs, verts ou rouges. Les boucles d'oreilles sont très-grandes ; toutes portent des colliers, des chaînes d'or, des coraux, de larges croix pectorales en or repoussé, et des bagues à cabochons à tous les doigts. Les corsages sont vert foncé, brodés de jaune et de rouge, avec des petits tabliers de couleur et des doubles jupes courtes tranchant l'une sur l'autre par des tons différents. La blancheur des étoffes et une certaine coquetterie dans l'étalage des bijoux frappent le voyageur.

Les transactions sont assez bruyantes ; la journée s'avance, et déjà on a cimenté bien des marchés en buvant ; c'est une foire générale où on vend tout ce que produit l'industrie restreinte du pays et l'exiguïté de ressources du territoire. Le sol est jonché d'objets de ménage très-sommaires, poteries grossières, objets en bois tournés, cuillers à pot, boîtes à sel, bizarres petits objets travaillés au couteau, dont nous ignorons l'usage. On est venu de partout : voici des gens du sud, de Dignano et de Pola, et des gens de l'est venus d'Albona et de Fianona, avec des Cici partis de Pinguente. C'est très-varié, très-vivant, très-coloré et d'un véritable attrait. J'essaye de pénétrer dans une boutique pour voir la forme des bijoux de paysanne ; la maison est comble, et personne ne peut me répondre, tant elles ont toutes à cœur d'emporter une parure. Un grand nombre à l'entrée, silencieuses, les yeux fixes, avec cet air hagard des Slaves de la campagne, s'exposent comme des châsses, montrant leurs cous chargés de colliers et leurs grandes croix de poitrine. C'est une remarque à faire, que les pauvres mêmes ne consentiraient jamais à porter un bijou qui ne soit pas en or. Nous communiquons notre désir de réunir tous les bijoux istriens et dalmates, et notre intention de les avoir simplement en métal doré, et pour leur forme seulement ; mais les marchands nous dissuadent de les chercher : ils ne les possèdent pas, parce qu'ils ne pourraient vendre un objet qui ne serait pas en or pur. Nous achetons quelques-unes de ces grandes médailles de Marie-Thérèse entourées de filigrane que les femmes slaves pendent à leur cou comme des médaillons.

Le type de ces femmes est parfois assez séduisant, mais elles ont une résignation muette et une fixité étrange dans le regard. De temps en temps, un paysan ivre traverse la foule en poussant des cris singuliers, et, à chaque pas, des femmes de différents villages, qui se rencontrent, se sautent au cou et s'embrassent avec effusion. Au milieu de cette confusion, l'officier autrichien, paisible et bienveillant, se promène impassible.

Le soir, toute la ville chante : Pisino est ivre ; dans les rues obscures, des buveurs attardés hurlent dans les cabarets, et nous croisons des groupes singuliers qui battent les murs en chantant des poëmes nationaux. Sur la route qui mène au faubourg et aboutit à la campagne, des feux allumés de distance en distance indiquent des campements ; les charrettes se heurtent dans l'ombre, on jure, on crie, des sonneries militaires se font entendre comme dans une place forte. Je rentre dans la petite chambre blanchie à la chaux où l'on a bien voulu me donner asile ; il ne faut rien de plus à un voyageur fatigué ; le visage des hôtes est sympathique et la chambre est proprette.

IV

Pisino est une ville intéressante par bien des côtés ; l'aspect, en dehors de cette situation unique au bord de la Foiba, où nous descendrons tout à l'heure, n'a cependant pas un caractère

PAYSANS DES DIVERS DISTRICTS DE L'ISTRIE AU MARCHÉ DE PISINO.

bien tranché : c'est à la fois allemand, italien et slave. Les constructions privées n'ont rien non plus de très-pittoresque. A part le grand Campanile détaché de son église et isolé sur la place, et un beau château moyen âge d'un cachet bien accusé, dont les cours et les donjons regardent le gouffre, on ne peut rien citer. Mais Pisino est un centre, et c'est le cœur même de l'Istrie, on peut y étudier sur place les mœurs, les races, la statistique agricole et commerciale du pays.

Le district entier se compose d'une ville, d'un bourg et de trente-cinq villages ; l'ensemble de ses habitants doit s'élever à vingt-cinq mille à peine. Le terrain est presque partout extrêmement accidenté ; la population est slave, à l'exception de quatre communes d'origine valaque, situées au pied du mont Majeur et qui parlent entre elles un roman corrompu.

Rien qu'en voyant le château fort de Pisino, on comprend que la ville avait les institutions d'une baronnie et était soumise à l'autorité féodale. C'est le *burg* dans tout son beau caractère, avec les créneaux, les fossés, les ponts-levis, les mâchicoulis. On voit sur la façade des armoiries superposées, encastrées les unes à côté des autres, et qui donnent la date de la domination des comtes et barons.

Il ne rentre pas dans notre plan de faire ici beaucoup d'histoire ; mais de même que les navigateurs ne s'aventurent pas sans carte et sans boussole, nous avons une tradition, celle de chercher qui a foulé avant nous la terre où nous posons le pied.

Pisino est le nom italien de la ville ; — Mitterburg est encore aujourd'hui son nom allemand. — On la constitue en comté vers le douzième siècle, et une noble famille des régions du Rhin prend le titre de comtes d'Istrie, avec Mitterburg pour résidence. Peu à peu les évêques des environs, ceux de Parenzo et de Cittanova, donnent au comté des biens féodaux, et on y incorpore toutes ces petites villes qui s'élèvent autour. A Pisino et à ses douze baronnies on réunit Visinada, Piemonte, Momiano, Barbana, Ratcizze, Sovignaco pour en former le comté, qui est reconnu par diplôme de l'archiduc Albert (1365).

En 1509, la guerre éclate en Istrie et les comtes fortifient leur ville capitale. Cependant ils avaient un château à Pola et y résidaient en temps de paix. De tout temps ces comtés étaient soumis à l'empereur d'Allemagne, et quand, par suite d'extinction de la famille, l'héritage n'était plus transmissible, l'investiture revenait à l'Autriche. Les riches prébendes accordées par les comtes et barons aux divers couvents et abbayes qui s'établirent dans le comté, permirent aux Franciscains de construire de grands établissements et de faire des fondations pieuses qui subsistent encore. Nous sommes allés jusqu'à *San Pietro in Selva*, sur la foi d'une inscription qui nous annonçait l'existence, dans une chapelle, des pierres tombales et des mausolées des comtes d'Istrie ; la promenade est facile par la route d'Antignana, mais la désillusion est complète au point de vue du renseignement historique. Les bonnes gens que j'ai vus là m'ont pris absolument pour un homme égaré et n'ont pas compris un mot à ma demande. Les abbayes de San Petronella et de San Peter n'offrent pas plus d'attrait ; cette dernière est même abandonnée et ses biens ont été confisqués. Il reste à la ville de Pisino une fondation dite « Mosconi », du nom du fondateur, qui s'élève à vingt-sept mille florins de rente pour les pauvres honteux. Les petites villes environnantes ont gardé aussi de ces époques féodales des donations qui leur permettent d'entretenir des hôpitaux.

Pisino a un collége allemand et deux institutions dirigées par des Franciscains ; les ressources de la ville sont surtout agricoles ; et comme c'est un siége administratif, avec un capitaine de district, un hôpital, une garnison et un tribunal, il y a une colonie allemande de fonctionnaires, avec un petit casino modeste, au premier étage d'un café, où l'on reçoit quelques journaux allemands, italiens et un journal slave. On est toujours frappé de voir combien dans ces villes de l'intérieur le fonctionnaire autrichien se trouve isolé entre l'élément slave et l'élément italien ; la plupart de ceux avec lesquels nous avons lié conversation se considéraient comme en exil dans ces contrées. Pisino n'a pas d'industrie, sa production se limite aux petits objets de ménage en bois ou en terre ; elle n'exporte que les produits de sa culture. Son marché, depuis quelque temps, a pris une certaine importance au point de vue de la soie. Tout ce que nous avons vu là dans ces magasins assiégés les jours de marché par les paysans vient de l'extérieur et ne se fabrique point sur place. Le petit commerçant est Istrien du Sud ou Italien, et le petit bourgeois de la ville est de la même nationalité ; il parle même des Slaves d'une façon un peu sommaire : « Tutti quanti sono Morlachi ! » — Tous sont des Morlaques ! — nous disaient-ils en montrant la foule bigarrée des paysans venus au marché, enveloppant ainsi toute la race dans une même expression de dédain.

V

C'est à la foire de Pisino, une des plus considérables de l'Istrie, que, pour la première fois, nous avons vu rassemblés les échantillons variés de cette race slave qui peuple l'Istrie. Ce sera pour nous l'occasion d'établir, un peu sommairement peut-être, mais avec l'exemple à l'appui, les divisions bien distinctes et les différences de la nature physique ou de la nature morale qui constituent les variétés. Un bijoutier d'Albona, venu au marché pour faire du négoce, nous a intéressés en nous montrant un à un dans la foule les divers types de la race slave, reconnaissables et par le caractère et par le costume ; ce sont ces mêmes types que nous avons essayé de reproduire dans des dessins pris bien à la hâte, à l'insu des modèles, qui sont aussi réfractaires que des Orientaux à tout ce qui est la représentation de leur image.

Dans la race slave on établit deux grandes divisions : les Slaves du Nord et les Slaves du Sud. Les Slaves du Nord sont au nombre de près de soixante-dix millions ; ceux du Sud, au nombre de douze millions seulement. Dans les Slaves du Nord on distingue trois catégories : les Russes ; — les Polonais et les Silésiens ; — les Tchèques, les Moraves et Slovaques.

Les Slaves du Sud sont les Croates, les Sclavons, les paysans du territoire de Trieste, les habitants des principautés de Goritz et de Gradisca, de la Carniole, de l'Istrie, ceux qui peuplent un tiers de la Styrie, de la Carinthie et une grande partie des Confins militaires ; enfin viennent les Slovènes, les Dalmates, les Monténégrins, les Serbes et les Bulgares, qui habitent la région la plus orientale. Pour être tout à fait complet, il faudrait même distinguer encore au centre les Bosniaques, les vieux Serbes et les Herzégoviniens.

Tous ces Slaves du Sud parlent la même langue, diversifiée par des dialectes. Sur les douze millions, onze cent mille Serbes sont indépendants ; plus de six millions subissent la domination ottomane ; trois millions et demi appartiennent à l'Autriche.

Tous les rameaux de cette grande famille des Slaves du Sud ont contribué à peupler l'Istrie, de sorte que les différentes nuances qui diversifient la race peuvent être observées ici même, et qu'il faut une attention soutenue pour suivre chaque variété confondue dans l'ensemble. Il arrive parfois que les habitants d'un district ne comprennent pas ceux d'un territoire un peu éloigné ; mais il y a une langue écrite sur laquelle on s'entend, et que les Russes eux-mêmes comprennent.

Ces Slaves de différentes origines forment, nous l'avons dit, les deux tiers de la population totale de l'Istrie ; les Italiens forment le dernier tiers avec l'élément autrichien transplanté. Dans les villes du centre, presque tous les habitants parlent les deux langues ; à la côte, il est très-fréquent de trouver des habitants qui ignorent le slave, encore qu'ils comprennent au moins cette langue dans l'usage habituel de la vie. Pour certains Italiens, ou plutôt Istriens, l'emploi de la langue italienne a sa signification ; comme aussi l'usage de leur langue est certainement une manifestation nationale pour un très-grand nombre de Slaves cultivés, et qui ont la pratique des deux idiomes. On a assisté à une manifestation solennelle de ce genre le jour de l'inauguration de l'Université d'Agram.

S'il fallait remonter à l'origine, les Celtes les premiers habitaient la montagne, et les Thraces étaient à la côte; mais les Romains viennent, et ces Thraces, peu à peu, parlent le latin et fusionnent avec les colonisateurs. Pendant toute la durée de la domination byzantine, le peuple parle encore le latin; mais sous Charlemagne les Slaves descendent du nord-est.

Les hommes qui ont étudié la question sur place et qui connaissent bien les dialectes, croient que les Slaves les plus anciens de l'Istrie sont ceux qui habitent le district de Buje, entre le Dragogna et le Quieto; ceux-là cependant sont italianisés, ce qui est contraire et aux principes et aux tendances de la race; mais, tout en vivant à l'italienne et en s'habillant de même, ils parlent toujours leur langue.

Les Morlaques ont leur territoire entre le Quieto et le Leme, c'est-à-dire entre Visinada, Pisino, Parenzo, Gemino et Rovigno. Ceux-là viennent de la Dalmatie, du Monténégro, de

TYPES DE PAYSANS SLAVES DE L'ISTRIE.

l'Herzégovine et du littoral de la Croatie. Dans le territoire de Castelnuovo des familles latines ont été *slavisées*.

Si on veut voir sur la carte de l'Istrie les différentes régions habitées par les diverses tribus, on remarquera près la côte est, qui baigne dans le golfe de Quarnero, entre Fianona et Lovrana, et presque au pied du mont Majeur, un petit lac appelé le lac Cepich. Sur ses bords habite une communauté répandue dans plusieurs villages et se composant de cinq mille âmes à peu près, qui, dans le cercle de la famille, emploie la langue roumaine dégénérée.

Il ne faut pas négliger une légende locale qui fait des habitants de cette colonie du lac Cepich des descendants des colonies militaires transplantées par les Romains.

Les Istriens du Sud, c'est-à-dire les habitants du territoire de Pola, sont certainement des Italiens, mais ils se distinguent cependant de ceux du reste de la côte; il n'y a pas à douter qu'ils ne viennent des colons latins de Pola, mêlés plus tard aux Vénitiens qui s'y installèrent après la conquête. Il résulte de ces deux origines un dialecte italien particulier, et par la désinence et par l'accent; il reste dans l'idiome nombre de mots latins, dont l'acception moderne a une autre signification que l'acception originaire. On en pourrait conclure que, lorsque Rome peupla cette colonie de Pola, elle y envoya soit des Siciliens, soit des Italiens de l'extrémité méridionale.

Nous ne faisons qu'indiquer, encadrée dans cette population des Istriens du Sud, entre Dignano et Fasana, la petite colonie monténégrine de Peroï, qui s'est conservée bien pure au point de vue du caractère physique; nous nous proposons d'ailleurs de faire une excursion dans la colonie et de l'étudier sur place.

VI

Pisino tire tout son caractère de sa situation au bord de la Foiba, qui s'est creusé un lit formidable et s'engouffre en une sombre caverne où ses eaux disparaissent. Le dessin que nous avons fait montre la ville suspendue au-dessus de ce précipice escarpé; mais on peut arriver dans le lit même du torrent par des pentes, sinon faciles, du moins accessibles au piéton résolu.

Nous visitons d'abord l'église, dont on aperçoit le haut campanile d'une belle tournure; puis, nous engageant dans des ruelles étroites, nous débouchons sur une place, sorte de terrasse fermée par un petit parapet. D'un côté s'élève un vieux donjon crénelé, d'un très-beau caractère, avec des galeries en mâchicoulis, des herses, des mangonneaux, toute la rude défense du moyen âge, et les portes en ogive à pont-levis; de l'autre côté se dresse un mur percé de nombreuses fenêtres grillées, et dont la partie inférieure est garnie d'un de ces abat-jour qui empêchent de communiquer avec l'extérieur et ne permettent la vue que de bas en haut : c'est la prison de la ville. Comme c'est jour de marché, la plupart des prisonniers, à l'heure de la récréation, viennent coller l'oreille aux barreaux, et, répondant à leur nom jeté par un visiteur qui les avertit de sa présence au pied des murs, donnent audience à leurs amis et parents venus de leur village, qui racontent tout haut les affaires de la famille en même temps qu'ils s'informent des incidents de la captivité.

C'est une assez curieuse scène que ce parloir en plein vent où on ne voit que l'un des deux interlocuteurs; mais le piquant de cette conversation à haute voix nous échappe, car tous emploient la langue slave. J'interroge un passant et demande si ce sont là des criminels ou de simples délinquants. « *Baruffa!* » me répond-il. C'est un mot de dialecte : *una baruffa*, c'est une rixe, une bataille après boire qui entraîne quelquefois un mauvais coup donné, *una coltellata*, le coup de couteau et l'effusion de sang. Il paraît que ces paysans qui chantaient à tue-tête hier soir ont le sang chaud parfois. Bevilacqua, l'aubergiste qui me conduira dans quelques heures à Parenzo, me dit que la veille, chez lui, un homme en a tué un autre d'un coup de couteau. « Il l'a tué *seco*, » — net.

Je visite le château fort, et je m'accoude au parapet; c'est imposant et terrible, le gouffre est d'une profondeur énorme et d'une largeur considérable; de ce balcon, les maisons qui s'élèvent au bord même ont l'air d'être absolument suspendues sur l'abîme; le fond est à peine boueux; l'eau, en maigres courants, se divise et laisse à sec les rochers du fond, s'ouvrant son chemin dans le sol argileux : elle va disparaître dans un trou noir, béant, et qui a été creusé par le courant impétueux; c'est une grotte, une caverne, un entonnoir mystérieux où la Foiba disparaît. A certaines époques de l'année, l'immense trou, qu'on appelle ici *il Buzo*, — c'est le mot *Buco* (trou) en dialecte vénitien, — se remplit tout à coup, et les flots boueux viennent baigner les parois jusqu'au point où l'on voit les lianes se balancer au-dessus de la caverne.

Il serait très-intéressant d'avoir dans une telle excursion quelque géologue distingué, quelque naturaliste, un Charles Martins, l'homme des glaciers, qui étudierait le phénomène de ces masses d'eau qui, s'engouffrant sous une montagne, disparaissent sans qu'on en puisse suivre le cours. L'eau, d'ailleurs, aux gorges du Fier, près d'Annecy, et dans bien d'autres endroits, se creuse ainsi des voies dans les rochers en y laissant l'empreinte des vagues comme sur un sable friable. Ici, il semble que les fonds soient glaiseux ; par des canaux mystérieux dont on ne peut suivre la trace, la Foiba poursuit donc son cours pour reparaître à des distances de plusieurs lieues, et cela dans des directions tellement opposées, qu'on ne peut reconnaître si ce sont bien les mêmes eaux que celles qui se sont engouffrées sous la ville de Pisino.

Le jeune comte Esdorff, qui était attaché à la préfecture ou *capitanato* de Pisino, mettant à flot une barque de très-petite dimension, a essayé de pénétrer dans la caverne pour voir jusqu'où il pourrait suivre le cours de la Foiba ; mais, peu à peu, les parois se resserrent de telle façon, et la voûte s'abaisse à un tel point, qu'il dut se coucher dans la barque, ne pouvant plus manœuvrer, et forcé de retourner en arrière. On dit que des perles d'ambre, jetées à l'orifice du gouffre, ont été retrouvées dans le canal de Leme, entre Orsera et Rovigno. Au moment où nous-même nous sommes entré dans la grotte, après nous être accroché péniblement aux anfractuosités de rochers, les eaux de la Foiba étaient très-basses et on pouvait s'avancer assez loin ; mais le terrain était trop glaiseux pour que cette tentative pût être poussée plus avant, sans d'autres moyens d'action que ceux dont nous disposions.

VII

La circonstance de la foire de Pisino m'a facilité les moyens de me rendre à Parenzo ; j'ai trouvé une petite voiture de retour, attelée d'un cheval nerveux et très-vite ; c'est une sorte de chaise à jour en bois blanc, misérable d'aspect, mais bien suspendue pour ces routes détestables, et munie d'un serre-frein indispensable pour les côtes ardues.

Il y a quatre heures de Pisino à la côte, et la route passe par Antignana, Monpaderno et Sbandati. Pisino étant dans un fond, qui est lui-même un plateau au-dessus du cours encaissé de la Foiba, il faut regagner la hauteur et s'engager dans de petites vallées formées par des séries de collines. Le pays a du caractère ; c'est, relativement, une région agricole. Mon *vetturino* me dit qu'ici le sol est très-divisé ; les grands propriétaires louent les fermes *à moitié* ; le paysan cependant aime la terre, et il a de petits morceaux qu'il achète par parcelles ; il récolte le froment, le sorgho, les cucurbitacées. Il y a deux sortes de blé : la *golta candida*, le grain blanc, et le *fromento comune* de seconde qualité ; les cultivateurs mêlent les deux et font un pain très-serré, mais nourrissant. Ils réservent la *golta candida* pour les villes, où ils vont porter le pain tout fait : c'est l'industrie de certains villages à peu de distance des centres. Les grandes fermes sont construites sur un plan partout identique, tel que nous en donnons le type dans l'une de ces pages ; les routes sont sillonnées de chariots à bœufs, très-bas sur leurs roues pleines et dont le moyeu est retenu par une clavette ; le costume des paysans varie peu : c'est celui que nous avons reproduit dans les types pris au marché de Pisino. De temps en temps, à droite et à gauche de la route, nous voyons d'assez gracieuses filles qui gardent des dindons gris, et dont les cheveux, visibles sous leur coiffe blanche, sont tressés avec des cordons rouges.

A mesure qu'on s'éloigne de Pisino, le pays devient plus ardu et plus stérile. Mojani n'est qu'une ferme située presque en plaine ; les propriétés sont divisées par des pierres posées à la main sans ciment, et sur trois assises seulement ; la culture est si pauvre qu'on se demande ce que ces gens exploitent et de quoi ils vivent. A dix minutes de Mojani, en avançant sur la route, on voit la mer devant soi à une grande distance, au-dessous d'une série de collines ; le système des montagnes s'abaisse et elles viennent mourir à la côte en contre-forts presque aplanis. On distingue très-bien de là les échancrures du littoral.

Nous laissons à droite Monpaderno, mais nous abandonnons un instant le voiturin pour voir le village et dessiner l'église, dont le clocher est curieux : c'est une sorte de placage de l'épaisseur d'une assise qui s'élève dans l'axe même de la porte, en façade principale, et se découpe sur le ciel avec ses deux cloches, dont les cordes retombent sur la tête même des fidèles en coupant l'axe de l'unique porte centrale. Les villages ici sont rarement réunis autour des clochers ; ils se dispersent à de grandes distances, et les habitations s'élèvent au lieu même où la terre est cultivable.

A Monpaderno, une place régulière s'étend devant l'église, et deux arbres entourés de gradins, qui leur font un double piédestal, s'élèvent de chaque côté et encadrent le modeste monument. Nous laissons encore à notre droite un autre village, Cetani. Les côtes, à mesure qu'on avance, sont moins fortes et les collines moins hautes ; on avance désormais sur des plateaux légèrement vallonnés. Toutes les femmes qui passent, même les plus pauvres, portent de gros colliers de corail; celles qui gardent les troupeaux ont des croix d'or ou des médailles de Marie-Thérèse au cou ; leurs troupeaux, assez chétifs d'ailleurs, sont composés de moutons et brebis noirs.

Bonaci, que nous traversons ensuite, se groupe autour d'une ferme d'une certaine aisance, avec un avant-corps percé d'un grand arc surbaissé et qui présente à son premier étage un petit portique ; mais le corps principal, à large toit qui avance en portant une grande ombre sur la façade, est à peine percé de quelques trous. Il y a là un certain mouvement agricole ; à la porte stationnent de lourds chariots pleins de citrouilles de l'espèce dite, dans le nord de l'Italie, *angurie*, et sur lesquelles sont couchés des groupes d'enfants.

Sbandati, la dernière étape, est aussi dispersé par groupes de deux ou trois maisons ; nous saisissons au passage quelques jolis costumes, entre autres une fille à la fontaine, qui, descendue dans une citerne naturelle formée par les rochers, se détache en aimable silhouette sur les fonds roses du roc ; avec un beau geste, elle relève sa jupe pour remplir son *bucaro*. A partir de là, s'élèvent de petits taillis épais et drus, taillis de chêne qui fournissent des fagots pour les fours. Une personne étrange, habillée comme un homme et qui conduit une petite voiture semblable à la nôtre en fumant un long cigare de Virginie, passe rapide en fouettant son cheval ; notre guide nous dit que ce voyageur est une dame de Parenzo, dont le nom seul (assez fréquent d'ailleurs dans ces régions) suffit pour nous intéresser : madame *Bradamante* chasse et voyage ainsi seule, à la plaine ou à la montagne, toujours armée, sans peur et sans reproche, connue et respectée de tous.

Depuis un instant déjà, dans les choses et dans les hommes, — ce n'est point pour madame Bradamante que je dis cela, — il y a une certaine grâce italienne ; l'élément slave s'éloigne et nous revenons à l'Italien, mais à l'Italien du Nord, celui de la côte depuis Ancône jusqu'à Venise, sans costume bien défini et sans caractère saillant dans l'extérieur. A partir de Sbandati, presque tout d'un coup, en descendant une dernière côte, on découvre Parenzo se découpant joliment sur la mer avec les barques de son port, ses deux clochers et son écueil de San Nicolo, qui a l'air d'un grand bâtiment à l'ancre dans la rade.

Nous avons mis quatre heures pour nous rendre de Pisino à Parenzo, c'est-à-dire pour aller du centre de l'Istrie à sa côte sud.

VIII

Parenzo est un lieu beaucoup plus important que ne le comportent son étendue et son apparence. C'est le siége de la diète d'Istrie et la résidence de l'évêque. Parenzo, à elle seule, fournirait l'élément d'un volume historique d'un haut intérêt ; jamais peut-être, sans en excepter Zara, ville de la côte orientale de l'Adriatique n'eut des destinées plus tourmentées. Pour le moment, Parenzo compte à peu près quatre mille âmes ; la ville est agréable, proprette, bien tenue ; on sent que ses habitants vivent dans l'aisance du produit de leurs terres. Ils cultivent la vigne, le maïs, le froment, les légumes. Aux portes mêmes, et sur le rivage immédiat, s'élèvent d'immenses chantiers pour les dépôts de bois de four qu'on porte à Venise et à Chioggia. Les larges felouques qui disparaissent sous leur chargement de bois et qui, en petites

DISTRICT DE PISINO : LA PLACE DE L'ÉGLISE A MONPADERNO.

flottilles, stationnent constamment depuis la douane de Venise jusqu'au quai des Zattere, dans le canal de la Giudecca, viennent de cette partie de la côte. Parenzo fournit aussi de la pierre aux villes voisines, et les carrières des environs sont très-importantes.

C'est une petite ville vénitienne greffée sur une colonie antique, et les deux époques y ont laissé leurs traces très-évidentes ; de là les deux caractères bien distincts. La cité était fortifiée, la muraille flanquée de tours faisait une enceinte reliée par un port ; des écussons, encastrés dans la pierre, portent encore un fier lion et deux dates, 1432-1472. A l'intérieur, la *Piazza dei Signori* a son caractère vénitien ; de petits palais à jolis balcons byzantins, avec des lions appuyés aux angles, des balcons à colonnettes svelte aux chapiteaux feuillus, rappellent la période de la domination vénitienne, comme aussi, dans les cours à arcades ou même sur les places, les jolis puits du quinzième et du seizième siècle, aux margelles sculptées, usées par les traces des cordes, font penser à Venise.

Les monuments de Parenzo consistent en ruines romaines assez nombreuses, mais elles sont dans un tel état de dévastation qu'elles ne peuvent arrêter que l'archéologue. En fait d'églises, le *Dôme* est certainement la plus intéressante de toute la côte, et celle qui, malgré la destruction de certaines parties et les évidentes restaurations, donne l'idée la plus juste et la plus complète de la basilique des premiers temps du christianisme. A Rome, on a la basilique de Saint-Clément, à Milan l'admirable sanctuaire où on retrouvait naguère les corps des protecteurs de la ville : nous en verrons de nombreux exemples à Ravenne ; Torcello possède aussi un spécimen des basiliques chrétiennes ; mais le Dôme de Parenzo est d'un tel intérêt, que la Commission des monuments historiques de Vienne a cru devoir, en 1863, faire des sacrifices pour le conserver au pays.

La date à peu près certaine de la construction du Dôme se fixe entre 524 et 543 ; c'est le moment où Théodoric, le roi des Goths, fonde les évêchés d'Istrie. L'église, divisée en trois nefs, est précédée d'un atrium, et, avant l'atrium, d'un baptistère avec piscine baptismale. C'est le premier plan du croquis que nous avons fait sur nature. Dans cette partie ruinée, abandonnée pour le moment, on a réuni nombre de vestiges antiques, dont quelques-uns d'un grand intérêt. Si, placé dans l'atrium, on regarde la façade supérieure du Dôme, on verra que les parois extérieures, entre les baies qui éclairent le monument, étaient revêtues de mosaïques dont aujourd'hui il ne reste que des fragments.

A l'intérieur, les trois nefs sont divisées par des colonnes de marbres grecs précieux ; mais si on saisit dans un coin de la nef un anneau de fer qui sert à ouvrir un panneau du plancher, on peut pénétrer dans un compartiment souterrain qui indique le sol antérieur, encore recouvert de très-belles mosaïques à un mètre vingt centimètres au-dessous du sol actuel : de sorte que les colonnes qui séparent les nefs portent sur un petit mur caché sous le parquet.

L'autel principal s'arrondit en cul de four, orné, à son soubassement, de marbres précieux, de mosaïques, d'incrustations de nacre et de porphyre oriental, de frises de poissons, de fleurs, d'algues et de coquillages. Dans la partie supérieure, une composition en mosaïque de l'époque primitive du christianisme représente saint Euphrase et son fils, avec l'archidiacre Claude, les saints et les anges groupés autour de la mère de Dieu. Saint Euphrase est un homme de couleur, et l'inscription donne la date de la construction. Des ambons et pupitres, un tabernacle extrêmement curieux par son inscription et les sculptures dont il est revêtu, donnent de l'intérêt à cet intérieur dont les chapiteaux, remarquables au point de vue de l'exécution, ne peuvent pas, par leur caractère, être postérieurs au sixième siècle.

De l'église on passe dans un *martyrium*, sorte de catacombes beaucoup moins souterraines que celles qui sont creusées sous les basiliques ; mais là comme à Saint-Marc les eaux envahissaient le sol : il a fallu se contenter d'une profondeur moindre. Toutes les constructions du Dôme sont faites avec des débris antiques, comme c'était malheureusement l'usage alors.

Les traces de restauration sont évidentes ; la première date du dixième siècle, la seconde du treizième ; une autre eut lieu sous l'évêque Peterani ; enfin l'évêque Negri, surveillant lui-même une dernière restauration en 1764, retrouva le précieux tabernacle qui, en donnant le nombre d'années d'épiscopat du fondateur de l'église, permet de fixer la date de sa construction à l'année 534.

La partie antique de la ville n'existe plus que comme plan ; et si on veut, par l'imagination, restaurer la colonie romaine, il faut reporter dans le lieu où ils s'élevaient primitivement les vestiges qu'on a transplantés ici et là. Une place dite « Marfori » (*forum Martis*) indique clairement le lieu des Comices et le forum plébéien avec ses deux temples dédiés à Mars et à Neptune. Si on pénètre, comme nous l'avons fait, dans un jardin du voisinage appartenant au marquis Polesini, qui nous a fait les honneurs de Parenzo pendant tout notre séjour, on peut voir

PARENZO : LE DUOMO, ÉGLISE DES PREMIERS TEMPS DU CHRISTIANISME.

encore les bases de l'un des temples, et de l'autre un fragment de colonnade engagé dans des constructions. Du théâtre antique il ne reste rien que le plan indiqué par des vestiges de forme circulaire ; mais si on s'éloigne de la ville en suivant le bord de la mer jusqu'à la pointe San Petro, on peut, à l'heure du reflux, distinguer, au fond des eaux limpides, des fondements énormes, des ancres, des anneaux de fer rouillés, qui indiquent les vestiges d'un port antique avec son môle et ses quais.

En face de Parenzo, à un quart d'heure à peine, un canot permet d'aborder à l'île de

San Nicolo, où s'élevait autrefois un monastère de Bénédictins, aujourd'hui en ruine, et dont il ne reste debout qu'une très-haute tour ronde qui servait de phare aux navigateurs. L'écueil est verdoyant et fertile ; il appartient au marquis Polesini, qui a là un grand enclos avec jardin et une sorte de ferme. A peine débarqué, la première chose qui frappe nos yeux est une grande inscription vénitienne gravée sur une plaque de marbre dressée sur le sol, surmontée d'un lion de Venise, et qui baigne presque dans la mer. C'est un édit du chevalier procureur Alessandro Zeno, provéditeur à la salubrité, qui défend sous les peines les plus sévères, à quelque vaisseau que ce soit, armé ou désarmé, d'aborder dans l'île sans avoir satisfait aux lois et coutumes de la *Sanità* et pratiqué sa quarantaine.

ILE SAN NICOLO : ÉDIT DES PROVÉDITEURS
A L'OCCASION DE LA PESTE DE 1600.

Ce n'était point une précaution vaine. En lisant les chroniques, nous voyons qu'en effet, en 1360, une première peste — ou du moins la première dont l'histoire garde le souvenir — ravage la ville, à laquelle il restait encore trois mille habitants, quoiqu'elle eût été dévastée par la guerre civile. La guerre de Gênes l'épargna, alors que les autres cités étaient mises à feu et à sang ; elle se releva, bâtit son phare, éleva ses murs et creusa ses citernes ; cependant cette première peste l'avait beaucoup épuisée. En 1580, le fléau, éclatant une seconde fois, ne laissa plus que sept cents habitants. En 1600, il frappe de nouveau la ville, qui ne compte plus que trois cents âmes. En 1630, venu de l'Italie supérieure, il exerce encore ses ravages avec une telle force que les survivants abandonnent Parenzo, qui devient un cimetière où souffle un air empesté. Les navigateurs, trente-cinq ans après, évitaient encore ces parages. Mais Venise était énergique ; elle transplanta là des Grecs de Candie, des Slaves, des Albanais, des Dalmates : elle leur donna ces belles terres qui s'étendent autour de la ville et représentent le sol le plus fécond du territoire. En moins d'un siècle les habitants étaient revenus au nombre de deux mille ; mais on conçoit que les provéditeurs de la santé publique prissent les mesures les plus sévères pour éviter un nouveau sinistre, et on aime à toucher du doigt, par une inscription aussi monumentale que celle que nous reproduisons, les témoignages historiques du danger que courait alors la côte avec ces pèlerins et voyageurs insoucieux des lois sévères de la pratique.

IX

Nous allons nous embarquer à Parenzo pour gagner Pola, le grand arsenal militaire de l'Autriche, à la pointe de la presqu'île d'Istrie. Cette côte ouest est admirablement desservie : tous ses ports et toutes ses villes sont reliés par les vapeurs du Lloyd, qui apportent avec eux la vie et l'abondance ; c'est la rive privilégiée où s'élevaient autrefois les belles colonies romaines, celle où plus tard les Vénitiens assurèrent leurs conquêtes en développant la prospérité de tous les ports qui leur offraient des abris sûrs dans leurs voyages en Orient. Rien qu'en rangeant la côte, au seul aspect de sa configuration, on comprend les causes qui déterminèrent la conquête, et qui, de tout temps, firent de l'Istrie et de la Dalmatie une proie pour le voisin le plus puissant : ne laissant depuis plus de deux mille ans, de Trieste aux bouches du Cattaro, qu'une seule ville indépendante, Raguse, qui se gouvernait en république, encore qu'elle payât tribut triennal au Grand Seigneur, et qu'elle ait été obligée de lui demander comme protection de s'emparer de deux enclaves qui l'isolaient des territoires des colonies vénitiennes.

L'Istrie est certainement un pays pierreux, triste, presque partout désolé en dehors de son littoral ; elle est tributaire de l'étranger et ne se suffit point à elle-même ; mais sa population fournit des marins excellents pour les flottes, ses carrières donnent des pierres pour la construction, ses forêts (dont on cherche en vain aujourd'hui la trace) produisaient autrefois des bois pour les galères. De l'autre côté de l'Adriatique le rivage est plat ; de Venise à Ancône il n'y a pas un bon refuge, et quand la République voulait aborder en Grèce, ses vaisseaux devaient côtoyer le rivage illyrique, qui forme des golfes et qui est rempli de ports excellents. Voulait-elle des pilotis pour ses maisons, des rameurs, des soldats, des matériaux pour sa marine, Venise devait encore les demander à l'étranger. Assise dans la lagune, jetant déjà les bases de

ÎLE DE PARENZO.

sa puissance, elle convoitait donc l'Istrie ; et dès 991, le jour où les riverains de l'Adriatique infestée par les pirates narentais l'appelèrent à l'aide, la république de Saint-Marc, en leur rendant la sécurité, leur enleva l'indépendance.

Après les grandes péripéties de nos guerres de l'Empire, quand le traité de Vienne donna à l'Autriche l'Istrie et la Dalmatie, les inventeurs de l'équilibre européen entendaient encore égaliser les forces des divers États représentés au congrès en refaisant plus équitablement la carte d'Europe. Aujourd'hui enlevez ces pays à la maison de Habsbourg, elle n'a plus ni ports, ni flottes, ni matelots habiles ; et cette marine autrichienne, qui a dans l'histoire de ces dernières années et Lissa et l'expédition au pôle nord, n'a plus de moyens d'exister.

Le voyage de la côte d'Istrie à bord des bâtiments du Lloyd offre un grand attrait si le temps est calme et si l'atmosphère est douce. Le littoral est très-habité, on fait escale partout et l'excursion rappelle au voyageur les faciles promenades des grands lacs italiens, lac de Côme, lac Majeur ou lac de Garde, avec des horizons plus vastes, et sans la ceinture de montagnes bleuâtres. Là aussi les ports blancs défilent les uns après les autres, tous plus ou moins vénitiens d'aspect ;

les villages se succèdent, assis sur de petites collines ; et quand on entre dans la série des écueils dont la côte est semée vers la pointe du cap Promontore, on navigue comme dans un canal et on oublie l'Adriatique. Quand nous doublerons ce cap Promontore, nous entrerons dans la région des tempêtes ; jusque-là nous sommes encore sur la côte abritée.

On va de Parenzo à Pola en quatre heures, après avoir croisé Fontane et Orsera, petits pays sur la montagne. On touche deux ports, ceux de Rovigno et de Fasana. Le vapeur rase toujours le bord semé de petits écueils presque au niveau des flots, avec un peu de verdure et de longues traînées rocheuses qui paraissent et disparaissent sous le flot, et sur lesquels s'arrêtent parfois de grandes bandes d'oiseaux de mer. A onze heures notre bâtiment lève l'ancre ; à midi et demi, nous stoppons devant Rovigno pour prendre des voyageurs et quelques caisses de marchandises.

La ville est construite sur un rocher, et son église en occupe le sommet, flanquée d'un campanile dont la forme est exactement calquée sur le modèle de celui du Sansovino. Une statue de la Vierge, d'une assez jolie silhouette, sert de flèche à l'édifice.

Pour entrer dans le port, nous avons dû contourner le rocher sur lequel s'étagent les constructions ; celles de la pointe sont portées sur un roc taillé à pic comme un mur de soutènement ; et la mer, quand elle est en fureur, doit déferler jusqu'aux premières fenêtres en battant sourdement les bases. Les maisons de la vieille ville s'élèvent sur la hauteur et se groupent autour de l'église ; la ville autrichienne longe les nouveaux quais et reflète dans l'eau ses magasins, ses casernes et ses établissements. Rovigno est riche, et sa fortune consiste en oliviers ; du haut du bord, quand on regarde les quais, on sent qu'il y a là un certain mouvement d'affaires ; sur la place s'élève une tour qui rappelle celle de la *Merceria* de Venise ; au-dessus des maisons étagées, les jardins montrent leurs tertres de gazon et leurs verts feuillages.

En examinant le port, nous reconnaissons qu'il y a deux ancrages, l'un au nord, l'autre au midi, et il se fait autour de nous un assez grand mouvement de polacres, de tartanes, de trabacoli, de bâtiments de toute sorte qui viennent prendre à Rovigno l'huile qu'on y récolte. A Parenzo, c'était la vigne qui était la richesse du pays ; ici, c'est l'olivier au feuillage sombre qui tache la terre grise et donne à la côte son caractère.

Au sortir de Rovigno nous prenons un instant le large pour éviter le rocher qui forme la pointe du golfe, et nous nous engageons dans les passes formées par tous ces écueils qui émergent à quelque cinq cents mètres de la côte, portant tous des oliviers ; çà et là s'élèvent quelques rares cabanes qui abritent les paysans au moment de la récolte. Ce sont les îles Santa-Catarina in Scoglio, — Figarola, — Lamatorina, — San Andrea, — San Giovanni in Pelago et le Due Sorelle (les Deux Sœurs) qui n'en forment qu'une. Les autres îles du groupe (elles sont au nombre de douze) sont plutôt des écueils. Dans la première de toutes, en face de Rovigno, on voit encore debout un haut campanile et les arcs d'une nef qui se profilent sur le ciel ; là s'élevait le couvent de Santa-Catarina in Scoglio.

Toutes ces passes sont étroites, mais l'eau est profonde et la traversée est sûre. Quand nous avons franchi les écueils, nous serrons de nouveau la côte, assez déserte, basse, tachée de temps en temps d'un point blanc et de petits monticules grisâtres qui indiquent des carrières ou des fours à chaux. Les villages, d'ailleurs assez rares, sont presque toujours situés au sommet des collines. Une fois encore nous entrons dans une passe étroite formée par des îles qui s'étendent parallèlement au rivage, Scoglio Minore et Brioni : c'est le canal de Fasana, petit port entre Dignano et Pola. Nous prenons la poste sans laisser de voyageurs et sans en recevoir, et, doublant la pointe Rancon, nous pénétrons dans un golfe formé par la Penada et le cap Compare : nous sommes dans les eaux de Pola.

La pointe de ce cap Compare s'avance assez dans la mer, dans la direction nord, pour former avec la pointe opposée un cirque de collines coupé par un étroit goulet laissant l'entrée aux navires. C'est un port circulaire creusé par la nature, d'une immense étendue, et coupé dans son diamètre par des îlots dont le génie maritime s'est emparé, soit pour la défense, en les fortifiant, soit pour la construction navale, en y établissant des cales de radoub et des hangars. Quand on est entré dans le port de Pola, on a devant soi la ville, admirablement située sur la rive, avec ses immenses arsenaux à droite, ses monuments de l'amirauté au centre et ses merveilleuses arènes antiques à gauche; si on se retourne pour regarder en arrière,

CÔTE D'ISTRIE : SAINTE-CATHERINE EN L'ÎLE, ÉCUEIL ENTRE PARENZO ET FASANA.

on cherche en vain la passe qu'on vient de franchir, car les deux pointes des caps se recouvrent l'une l'autre et l'anneau est fermé. Les forts gardant la passe, trente vaisseaux de guerre, abrités des vents et en pleine sécurité, peuvent évoluer dans ce vaste cirque.

X

Pola offre au voyageur un attrait multiple : l'archéologue y rencontre, dans un bel état de conservation, des monuments romains de la belle période ; celui qui cherche en Istrie les traces de la domination vénitienne trouve dans la ville du moyen âge un spécimen très-complet des colonies de la République ; la cité moderne, énorme agglomération de constructions militaires, offre enfin un genre d'intérêt très-vif à ceux que séduisent les grandes manifestations du génie industriel de notre temps.

Comme la cité civile disparaît devant la cité militaire, qui occupe une surface beaucoup plus considérable, ainsi la population autochthone disparaît dans la colonie maritime.

Nous descendons à l'hôtel Pavanello ; on n'y fournit pas au voyageur le moyen de se nourrir, il lui faut donc chercher dans la ville italienne quelque restaurant hasardeux ; mais s'il a eu soin de se munir de lettres pour quelque officier de la marine impériale et royale, il sera présenté au Casino des officiers, où, avec une société d'une courtoisie exceptionnelle, il aura une table excellente et la ressource des journaux italiens, français, allemands et anglais.

Notre première visite est pour la place de la ville, la plus vaste de la province, et qui sert à la fois de marché, de promenade, de point de réunion ; à l'heure à laquelle nous y arrivons, des officiers de marine se promènent rapidement de long en large comme s'ils étaient sur le pont de leur navire. C'était là l'ancien *Forum*, et toutes les rues qui y aboutissent portent encore aujourd'hui des noms antiques : rue des *Comices*, rue de *Junon*. Le vieux Palais municipal, dont nous donnons le dessin, occupe tout le fond ; son portique en arcades, son balcon et le motif principal qui le décorent, en font un assez joli spécimen des constructions municipales vénitiennes. Il doit appartenir au quinzième siècle ; mais en 1581 le monument s'étant écroulé, on l'a restauré sans beaucoup de souci du caractère, notamment dans sa partie supérieure. Là résidait le Recteur envoyé par Venise avec le titre de comte de Pola, et qui était chargé d'administrer la ville avec un collège de quatre citoyens. Les parties angulaires, restées intactes, et qui sont de l'époque primitive, offrent des inscriptions curieuses qui disent l'histoire du monument. Sur le côté droit, une pierre sculptée, encastrée dans la masse, représente un chevalier bardé de fer, curieuse image d'un margrave d'Istrie au quatorzième siècle.

Si on s'engage dans la ruelle dont ce pilier forme l'angle, pour regarder la façade latérale et la façade postérieure, on constate avec étonnement que jusqu'à hauteur d'appui cette dernière est antique et présente des pilastres romains, avec un système d'assises, des frises élégantes et des rinceaux charmants. Ce sont les restes d'un temple qui occupait l'un des côtés du Forum, dont la place actuelle marque encore la limite exacte de ce côté. Il y a plus de cinq cents ans, peu soucieux des vestiges de l'antiquité, les Vénitiens approprièrent ainsi la partie de ce temple qui était conservée, et ils en firent la façade postérieure de leur *Palazzo dei Signori*.

Si nous examinons la place du Forum en faisant face au Palais municipal, elle présente la figure d'un long quadrilatère bordé de cafés dont les tables avancent sur les dalles, et où, le soir, on vient s'asseoir pour prendre des glaces, comme dans les villes italiennes. Les maisons qui s'élèvent sur les trois côtés sont construites à la vénitienne, avec de petits balcons à colonnettes, de hautes cheminées et des arcs byzantins. Tout le côté gauche, construit au moyen âge, empiète sur l'antique place du Forum. Là où s'élève actuellement la municipalité, se dressait le temple de Mercure ; celui d'Auguste, qui lui faisait pendant, est encore intact, mais ces maisons à notre gauche nous le cachent. Entrons dans la petite ruelle parallèle à la façade du *Municipio*, nous découvrirons le temple du divin Auguste.

C'est un monument de petite dimension, mais d'une proportion exquise : la photographie que nous avons rapportée comme document en donne une idée bien précise ; on voit que le temple consiste en une cella et un avant-portique auquel on accède par quelques marches. Les chapiteaux, les frises, les bases, les moulures, les architraves et le couronnement tout entiers sont intacts ; on lit même encore dans la frise cette précieuse inscription : « ROMAE·ET·AVGVSTO. CÆSARIS·DIVI·FILIO·PATRI·PATRIÆ. »

C'est de l'histoire écrite sur la pierre dans la forme la plus noble et la plus élégante, et c'est le grand attrait d'un voyage que ces vestiges du passé qui, après deux mille ans, se dressent intacts au détour d'une rue, évoquant le souvenir des siècles écoulés. Pola était colonie romaine et municipe, ses habitants avaient droit de citoyens avec tous les privilèges que ce titre comportait. Déjà florissante, elle prit parti pour Pompée dans la lutte qu'il soutint contre César, et la ville fut saccagée : Julie sollicita la clémence de l'empereur, et Pola, qui lui devait son salut, prit le nom de *Julia Pietas*. Le temple élevé à Auguste fut un gage de reconnaissance ; et, comme on associait alors au nom de l'empereur l'idée de patrie, on dédia le monument à Rome et à Auguste « Père de la Patrie ».

Ce petit temple a eu ses vicissitudes ; celui qui lui faisait pendant avait déjà disparu au seizième siècle, tandis que le premier dut sa conservation à la destination qu'on lui donna sous la Renaissance : il servait alors de magasin à blé. Aujourd'hui, isolé des bâtisses qui pouvaient compromettre sa sécurité, on en a fait un musée d'antiquités, où l'on trouve épars, sans ordre, des vestiges de tous les monuments romains de la ville et des inscriptions d'un haut intérêt pour l'histoire locale.

Cette partie de la cité est, comme on le voit, la partie antique; celle du moyen âge s'est élevée sur le même emplacement. Les deux époques ont laissé partout leur trace, et l'architecture a ce double caractère. Si on s'engage dans les petites rues sur lesquelles donnent les façades postérieures des deux temples antiques, on arrive aux faubourgs de la ville entre deux bordures de maisons vénitiennes du quinzième, du seizième et du dix-septième siècle. Quelques-unes de

LA PLACE DU FORUM OU DE LA SEIGNEURIE, A POLA.

ces habitations ont gardé leurs élégants balcons et leurs toitures à large entablement; souvent aussi on remarque, autour de portes de proportions nobles, et dont les panneaux à moulures élégantes sont de l'époque, ces chambranles d'un beau dessin, ornés des câbles sculptés pris dans la masse, si fréquents à Venise. De ce côté, la vue du port est encore cachée par l'épaisseur des grandes constructions modernes qui bordent les quais. Quand on les a dépassées, traversant des faubourgs où, à côté de maisons misérables, s'élèvent des groupes de constructions proprettes, uniformes d'aspect et qui dénoncent par leur extérieur et le goût et les habitudes allemandes, on arrive à des jardins, à des terrains vagues, à des baraquements, à des dépôts de poudre, de munitions et de matériel, à des casernes et à des magasins. En suivant la route parallèle à la rive, route abandonnée, effondrée et qui s'éloigne du quartier militaire, on voit apparaître bientôt, dans toute sa majesté architecturale, cette admirable arène antique à arcades superposées, qui peut être comparée, dans sa belle unité et sa masse, à la fois légère et imposante, aux plus beaux monuments de l'antiquité.

XI

L'arène antique de Pola n'a ni la grandeur écrasante du Colisée, ni la pesanteur de l'amphithéâtre de Vérone ; elle séduit par l'élégance des formes, la légèreté des ordres : dans la recherche des moulures qui la décorent et le goût général de l'édifice, on sent l'atticisme de l'art grec.

C'est à la munificence des empereurs que Pola dut ce monument, et on suppose que c'est Titus qui le fit construire. L'édifice s'élève presque au bord de la mer ; le terrain sur lequel il est assis forme une colline et se mouvemente de telle sorte que la partie qui regarde le port compte quatre ordres superposés, tandis que celle qui regarde la campagne n'en compte que trois. La base du second ordre est de niveau, de ce côté, avec le sol de la colline. L'arène servait aux luttes des athlètes et des gladiateurs ; l'intérieur en est absolument vide, tous les gradins et degrés ont été enlevés. Il ne reste de l'édifice que sa façade extérieure, qui est intacte ; c'est sans doute à cette circonstance qu'est due l'impression de légèreté que ressent le spectateur à première vue, mais il ne faut pas douter que la suprême élégance de proportion des ordres superposés ne contribue aussi à ce résultat. Jusqu'à la hauteur du troisième ordre d'un côté, et jusqu'à celle du deuxième de l'autre, montaient les gradins où s'asseyaient les spectateurs : les arcs du dernier ordre formaient à la partie supérieure un immense promenoir circulaire, dont le plancher était en bois et d'où on avait la vue sur la mer et sur l'intérieur. Un immense *velum*, dont on voit encore les points d'attache formés par une assise évidée de distance en distance et reposant sur des dés, protégeait les spectateurs, qui pouvaient assister au nombre de vingt et un mille, tandis que le promenoir pouvait en contenir cinq mille.

Quatre avant-corps d'une forte saillie, butant la construction et fermés à la partie supérieure par des *claustra* découpés avec art et encore intacts, contenaient les escaliers qui conduisaient aux gradins supérieurs. Les arcs sont au nombre de cent quarante-quatre ; la hauteur approximative du monument est de soixante-quinze pieds, et son grand diamètre mesure deux cent soixante-douze pieds.

Au quatorzième siècle le monument était encore intact ; les patriarches d'Aquilée avaient promulgué des édits spéciaux pour sa conservation : on devait payer cent sequins d'amende pour chaque pierre enlevée. Les Templiers, qui avaient un couvent près de là, venaient s'y exercer aux tournois ; vers 1325 on y donnait régulièrement des fêtes, des joutes à la lance et des simulacres de combats où l'on conviait le populaire. Mais à la même époque, pendant la grande guerre des Vénitiens contre les Génois (guerre de Chioggia), Pola, déjà trois fois ruinée depuis quatre siècles, eut tant à souffrir, que nul pouvoir ne fut assez fort pour empêcher les pauvres habitants d'enlever les gradins de l'arène pierre par pierre : ils les transportaient sur la rive opposée, et les vendaient aux Vénitiens, qui les employaient pour leurs constructions. Cependant le monument restait encore assez complet lorsque Balthazar Peruzzi et Serlio, les grands architectes italiens du seizième siècle, vinrent à Pola étudier les constructions antiques, les relevant avec le plus grand soin dans des dessins conservés encore aujourd'hui aux *Offices* de Florence. De nos jours, avec un esprit d'initiative dont il faut lui savoir gré, un jeune architecte, M. Chabrol, a pris pour sujet d'un de ses envois de Rome l'étude de l'architecture à ordres superposés, et est venu à Pola dans le but de mesurer l'arène.

Je m'installe au croisement de deux routes, dans un carrefour d'où le monument se compose agréablement avec le paysage; l'une des deux voies, perpendiculaire à la mer, conduit aux quais du port; l'autre, venant de la place du Forum, passe au pied même de l'arène dans la partie où elle s'appuie à la colline; elle est bordée, d'un côté, de petites maisons dont les seuils, suivant la rampe rapide qui regagne la hauteur, présentent de grandes différences de niveau.

POLA. — LE TEMPLE DÉDIÉ A ROME ET A AUGUSTE, A POLA (Voy. p. 130).

De l'autre côté, s'étendent des jardins clos de pierres entassées les unes sur les autres sans joints ni ciment, et plantés de beaux oliviers qui se détachent sur le monument. Un grenadier chargé de fruits mûrs indique une température propice et un climat méridional. Le jour est éclatant, le ciel est pur, la chaleur est grande en ce mois d'octobre. La noble courbe de l'arène se détache en perspective sur l'horizon, les arcs vides des ordres romains se profilent sur un fond bleu taché de légers nuages blancs. Pendant que j'esquisse une aquarelle, les chariots des paysans venus au marché passent devant moi et, s'arrêtant au carrefour, forment des groupes heureux qui s'effacent aussitôt que j'essaye de les fixer : une population d'enfants bruyants m'entoure en cherchant à suivre sur le papier les formes que ma main trace. Tous ces bambins portent des cartons en bandoulière et des ardoises ; les écoles sont nombreuses et l'instruction est obligatoire ; mais les bienfaits de cette civilisation, qui n'est pas en harmonie avec les haillons qui les couvrent, ne se révèlent point dans les propos de ces écoliers sans pruderie. Ils s'invectivent en se jetant à la face l'épithète de *Croate !* parmi d'autres moins inoffensives. Le quartier pauvre où je me suis arrêté s'appelle en effet *la Croazia ;* il faut voir dans cette parole, qui pour nous ne saurait être une injure, une manifestation locale des divisions de races.

XII

On peut rentrer dans la ville en suivant son ancienne enceinte fortifiée ; le mur antique est encore debout, modifié en bien des endroits par les ingénieurs du moyen âge, mais bien apparent avec ses trois belles portes romaines intactes : la *porta Gemina*, porte double, entrée principale de la colonie de *Julia Pietas ;* la *porte d'Hercule*, petite, simple, massive, où l'on voit encore la tête colossale d'Hercule et sa massue, avec une inscription commémorative portant le nom des décemvirs sous le gouvernement desquels elle a été construite ; enfin la *porta Aurata*, admirable petit monument dont nous donnons le dessin, qui conduit, par une voie antique absolument directe, à la place du Forum d'où nous sommes partis tout à l'heure. Malgré les vicissitudes des temps, les bombardements des Génois et des Français, et malgré les luttes intestines, la porte Dorée est restée debout et presque intacte ; elle a trois ouvertures : celle du milieu pour les chars, les deux autres pour les piétons ; elle conduisait au Forum et s'ouvrait sur la voie des Tombeaux. Dédiée à Minerve, sa clef de voûte porte encore sculptée en relief la figure de la déesse, plus tard le peuple oublia son nom ; et comme elle se fermait avec une grille dorée, on l'appela la porte Dorée. On la croit de l'époque de Trajan ; il est à regretter que le manque de recul ne permette pas de la dessiner à l'intérieur, et que justement la façade qui donne sur le chemin de ronde, et d'où on la peut juger le mieux, soit la moins ornée. La façade opposée est d'un grand goût : dans les tympans deux Victoires ailées portent des couronnes, un aigle mordu par un serpent qui l'enserre de ses anneaux déploie ses ailes sur la clef de voûte ; et l'épaisseur de l'archivolte, depuis sa base jusqu'à la naissance de l'arc, offre un panneau richement fouillé où grimpent des pampres entrelacés et chargés de fruits ; enfin, dans la frise de l'architrave, on lit ces mots : SALVIA·POSTUMA·SERGII·DE·SUA·PECUNIA·

C'est donc un arc votif élevé par Salvia, une fille posthume, à ces Sergius de Pola qui, dans l'histoire de la ville, jouent un rôle jusqu'au moyen âge.

Les archéologues pourraient longuement épiloguer sur ce petit monument antique. Les Sergius, déjà distingués au temps de la République, avaient eu un des membres de leur famille qui, à l'époque de la fondation de la colonie, était venu à Pola représenter l'autorité romaine. Il fit souche, et ses héritiers donnèrent à la république de Pola des magistrats, des décemvirs, des édiles, des colonels. Le mari de Salvia Postuma (on l'apprend par les inscriptions) fut édile, puis colonel de la 29e légion ; il y avait encore un Lucius, fils de Cassius, édile aussi, puis plus tard décemvir ; un Caius enfin était à la fois décemvir et censeur quinquennal. Salvia leur voulut rendre hommage à tous, et sur la porte (probablement élevée déjà comme porte triomphale, puisqu'on défendait de rendre de tels honneurs aux simples citoyens) elle fit rapporter à ses frais un autre arc, sculpter les archivoltes et les tympans, graver la frise, et dresser sur

L'AMPHITHÉATRE ROMAIN DE POLA.

l'entablement les statues de ses ancêtres et parents, images aujourd'hui dispersées. On appelle encore cette porte l'Arc des Sergius; elle n'est dégagée que depuis 1826, car le moyen âge l'avait fortifiée et une fausse tour en masquait l'entrée.

Il est un homme auquel il faut toujours rendre hommage quand on voyage en Istrie en touriste qui se préoccupe de l'âge des pierres : c'est Kaudler, qui, avec Giovanni Carrara, s'est

LA PORTE DORÉE.

intéressé à l'histoire de son pays et a décidé le gouvernement autrichien à faire des fouilles dans ces anciennes colonies romaines. Il a constaté à Pola l'existence d'un théâtre antique à la pente d'une colline sur laquelle nous en cherchons vainement la trace : mais il existe des textes, et en soulevant légèrement la terre on retrouve le plan. Une tradition nous amenait d'ailleurs sur ces lieux; le cicerone qui conduit l'étranger dans la belle église de *la Salute* de Venise répète machinalement que les quatre grandes colonnes de marbre précieux qui ornent le maître-autel viennent de ce théâtre aujourd'hui disparu. Il est exact que Venise, de tous les points de ses colonies, de tous les lieux de ses conquêtes, chargeait ses galères des débris colossaux des ruines antiques, et bien souvent, hélas! faisait elle-même des ruines des monuments qu'elle trouvait encore debout. Les merveilleux piliers qui s'élèvent à l'entrée du palais des Doges, à l'angle de Saint-Marc, n'ont pas d'autre origine, comme aussi les deux colonnes de granit de la Piazzetta et les quatre chevaux de bronze doré qui piaffent sur le portail d'entrée de la basilique.

En 1501, Pietro d'Angera dit avoir vu le théâtre intact; Serlio, lui, faisait mieux que le voir, il le dessinait pierre par pierre. Mais la peste et les siéges renouvelés avaient engendré la misère; on voulait de plus reconstruire les remparts, et chacun, peu à peu, emportait sa pierre. Les Vénitiens voulant en 1630 élever une forteresse sur la colline, un ingénieur français, Deville, exécuta l'ordre qui lui fut donné de construire le fort avec ce qui restait du théâtre romain.

Il y avait encore bien d'autres monuments antiques à Pola, entre autres un *Nymphæum*; l'autel est détruit, mais, Dieu merci, la naïade reste : c'est une source abondante, captée bien loin dans la campagne, et qui, à son arrivée dans la ville, est reçue dans un bassin auquel on arrive par des marches d'origine antique.

Toute cette partie que nous venons de visiter, c'est la Pola antique, et aussi la Pola vénitienne qui s'est élevée sur l'emplacement même de la *Julia Pietas*, conservant et ses portes et une partie de ses murailles. Le Forum, la *Piazza* actuelle, en est le cœur; cette ville est tout à fait distincte de la Pola industrielle et de la colonie maritime, régulière, massive, administrative, antipittoresque, mais qui, par sa structure même, sa masse et son caractère absolument moderne, fait un contraste qui donne à Pola son cachet particulier. Cette ville nouvelle se dérobe entièrement au voyageur qui visite la partie antique, car une longue rue droite qui part du port et aboutit au Casino des officiers isole entièrement les deux quartiers. Les enceintes de l'arsenal, en quelques endroits surmontées d'une longue grille qui en laisse voir l'intérieur, s'élèvent dans d'autres à une très-grande hauteur et dérobent la seconde ville à la première.

XIII

L'Autriche a concentré à Pola ses arsenaux maritimes, et c'est à cette concentration que la ville, autrefois très-florissante, mais qui a subi tant de vicissitudes, doit aujourd'hui son importance et son renouvellement. A un moment de son histoire Pola n'existait plus que de nom, malgré la surface qu'elle continuait à occuper et malgré ses monuments. Un vent de mort avait soufflé sur ses côtes, l'air était empesté, les navigateurs avaient oublié la route de son port et tracé dans les flots de l'Adriatique une frontière idéale au delà de laquelle, disait-on, on respirait les miasmes pestilentiels. Et, de fait, le seul dix-huitième siècle avait vu la peste y éclater six fois, dans les années 1723, 1731, 1762, 1763, 1783 et 1784. Alors que Parenzo se repeuplait, sa puissante voisine restait déserte; il fallut que la république de Venise, à la veille de sa chute, y transplantât, de ses colonies lointaines, des hommes habitués à une vie rude et à des climats dangereux.

Prise indépendamment de l'arsenal et de sa population flottante, la ville est encore peu peuplée, comparativement à la colonie antique. Aujourd'hui tout le district, qui occupe une superficie de quatre lieues carrées, ne compte pas plus de sept à huit mille habitants, alors que celui de Pisino, sur une superficie qui n'est que double, en compte vingt-cinq mille.

Le bassin de Pola, par sa configuration naturelle, était plus propre que tout autre point de l'Istrie à devenir le grand port militaire d'un Empire; là sont les arsenaux de construction et d'armement et le quartier général de la flotte. Si on visitait Pola à ce point de vue spécial, il y aurait à écrire un chapitre d'un haut intérêt. Le gouvernement autrichien ne permet que difficilement l'entrée de l'arsenal ; mais le voyageur qui passe et qui n'a nul souci des secrets moyens de destruction dont tous les gouvernements sont jaloux dans cet âge de fer, en voit assez cependant, dans une visite de dilettante, pour juger de la puissance de ces arsenaux et de leur superbe organisation.

Pola est de création toute récente. Dès les événements de 1848 le gouvernement autrichien comprit qu'à un moment donné il devrait abandonner Venise, et le ministre de la marine fut chargé de nommer une commission qui parcourrait la côte d'Istrie pour choisir le point le plus propre à la construction d'un arsenal maritime. Dès 1849, des rapports étaient adressés au gouvernement, mais ce n'est que sept ans après qu'on posa la première pierre ; jusque-là Trieste (la *Cité fidèle*, comme on la nomme) avait fait de telles instances pour attirer à elle la prospérité qui devait résulter de la création de cet établissement, qu'on s'était arrêté un moment à l'idée de choisir l'Anse de San Marco, où s'élève aujourd'hui l'Établissement Technique triestain.

Nous avons eu la bonne fortune de rencontrer à Trieste un sous-ingénieur de la marine française, secrétaire du conseil des travaux, M. Dislère, qui revenait d'accomplir une mission spéciale dans les grands ports de l'Adriatique : il a bien voulu, en quelques entretiens, nous faire part du résultat de ses observations en ce qui concerne l'arsenal de Pola. Il estime que l'un des caractères particuliers de cet établissement et l'un de ses plus grands avantages, c'est qu'il a été créé d'ensemble et sur un plan longuement médité, tandis que la plupart des arsenaux de l'Europe représentent, plus ou moins, une agglomération de bâtiments qui sont venus s'ajouter les uns aux autres, et tant bien que mal, au fur et à mesure des besoins. Un autre caractère essentiel, c'est que Pola constitue une colonie militaire dans laquelle il a fallu tout créer, tandis que d'ordinaire, à mesure que l'établissement qui dépend d'une ville se développe, le centre auquel il se rattache s'augmente avec lui.

L'arsenal est situé au fond du golfe ; il est protégé par de nombreux ouvrages placés non-seulement autour de la rade, mais sur les nombreux îlots qui ferment les passes. Au point de vue de la défense, il semble que l'établissement soit à l'abri d'une attaque et d'un bombardement par une flotte ; le danger évident serait dans un long blocus, car dans l'état actuel des choses les ravitaillements se font par mer, et, s'il fallait les opérer par terre, la difficulté serait considérable, en raison du manque de voies de communication et de la nature abrupte du pays. On s'occupe en ce moment d'ouvrir un chemin de fer stratégique, qui, protégé du côté de la mer par les îles, resterait aux mains des forces qui seraient bloquées par l'Adriatique.

L'arsenal se compose de deux parties : l'une sur le rivage même, où s'élèvent sur trois lignes parallèles tous les ateliers et les magasins ; l'autre sur une petite île dite le *Scoglio Olivi* (l'Écueil des Oliviers), qui contient les cales de construction et de halage, la scierie et les bassins de radoub. Tous les magasins et ateliers sont desservis par un réseau de chemins de fer des plus complets ; il y a deux grandes lignes, parallèles au quai, auxquelles sont perpendiculaires les magasins, pourvus eux-mêmes de railways : à l'intersection se trouvent des plaques tournantes.

On ne fabrique pas de cordages à Pola, ils viennent tous de Trieste. Pour la voilure, on emploie des machines à coudre de forte dimension, et les femmes travaillent concurremment avec les hommes. Les ouvriers sont au nombre de quinze cents, ce qui semble peu pour un établissement aussi colossal. La marine autrichienne a jugé nécessaire l'organisation d'un personnel d'ouvriers militaires spéciaux à l'arsenal. Pour comprendre le fonctionnement de ce service particulier à Pola, il faut savoir qu'en Autriche et dans toutes les provinces de l'empire Austro-hongrois le recrutement se fait par circonscription, et que tous les hommes provenant des districts côtiers, depuis Trieste jusqu'aux bouches du Cattaro, sont uniquement affectés à la marine. Or, l'industrie de la construction navale étant une des ressources des ports du littoral, chaque année rend disponibles pour l'armée de mer deux à trois cents ouvriers de la profession. Ces hommes sont divisés en deux parties à peu près égales : l'une est versée dans les équipages de la flotte, exactement comme le reste du contingent; l'autre forme deux compagnies spéciales qui dépendent de la *Division des équipages de la flotte à Pola*, et elle reste spécialement et uniquement affectée au service de l'arsenal. En temps de paix, ce personnel n'est jamais distrait des travaux des chantiers et ateliers, et, outre la solde de matelot, il reçoit une paye de travail qui varie de quinze à trente-cinq kreutzers ; en temps de guerre, on en verse un certain nombre dans les équipages, afin de compléter le personnel ouvrier embarqué. Nous aurions, au point de vue technique, bien des remarques à faire à Pola, mais nous devons nous contenter ici d'une visite à vol d'oiseau.

Trois choses nous ont surtout frappé dans cette promenade à travers les immenses ateliers, les cours énormes où sont entassées et marquées au sceau de l'État toutes les pièces du matériel, dans les hangars de construction qui rappellent nos Halles centrales, les cales sèches pour les radoubs, les magasins colossaux, les dépôts, ateliers, forges, bassins, etc. : ce sont les magasins d'armement, le *Balance-Dock*, et le *Cyclope*.

Dans les magasins d'armement, chaque navire de la flotte, armé ou désarmé, a son magasin spécial, qui porte son nom et où, depuis l'objet de l'armement le plus minime jusqu'à l'engin le plus colossal, tout est rangé dans un ordre admirable et conservé en nombre proportionnel au personnel embarqué. Avec cette disposition, sur un ordre parti de Vienne par le télégraphe, un vaisseau désarmé dans le port peut dans un espace de temps relativement minime, et sans aucun tâtonnement, recevoir son armement au moyen de la case correspondante. Ces magasins ont une disposition particulière : ils sont fermés par des grilles à barreaux de fer, donnant toutes d'un seul côté sur un large couloir de circulation, de sorte qu'on voit les objets classés dans un ordre parfait. Au-dessus de chaque séparation se lit le nom du navire, et toute la flotte est là représentée. Le vaisseau doit partir, on l'arme, et on tient prêts, en cas d'avaries, les objets qui se détériorent. Revient-il au port, on désarme et on remet en magasin les pièces qui n'ont pas besoin de réparations.

Le *Balance-Dock* est une immense carcasse en fer, flottante, qui a la forme d'une double boîte sans couvercle et qui est mise en communication avec la terre ferme par des planchers mobiles. On abaisse un des côtés en forme d'écluse, le navire entre ; bientôt on fait le vide autour de lui dans ce grand réceptacle flottant, et il reste suspendu. La réparation faite, l'eau rentre et le navire flotte de nouveau.

Le *Cyclope* est un atelier flottant, un colossal vaisseau, ayant à bord sa forge et même ses puissants marteaux-pilons. Dans une guerre maritime, le *Cyclope* suit l'escadre ; et s'il y a eu choc et avarie, si même une machine a sauté, on peut refaire des pièces de dimension considérable, démonter une chaudière, la refaire sur place, parer en un mot aux accidents sans qu'un navire en détresse soit obligé de rentrer au premier port à tire-d'aile.

Malgré cet outillage prodigieux, cette puissance de mise en œuvre, les machines cependant sont souvent faites à l'extérieur, — bien qu'à Pola on construise mieux que chez les particuliers, — mais on y construit à plus de frais, comme dans tous les chantiers d'État. Tout le vieux fer qui rentre à l'arsenal est refondu, remartelé et réemployé.

Nous avons vu là des canons Armstrong et Krupp de dimension colossale dont quelques-uns ont coûté soixante mille florins. On expose dans les cours d'énormes plaques d'acier anglais et français, percées comme du liége par des canons d'acier, et on allait construire un modèle de navire uniquement destiné à l'expérimentation de nouvelles torpilles. Je n'ai pas besoin de dire que dans cet ordre d'idées la fabrication est secrète et que les étrangers ne sont point admis à visiter les ateliers. J'ai mis trois heures à faire cette visite ; deux officiers distingués, le comte Cassini et le lieutenant de vaisseau Steinbach, me faisaient les honneurs de l'arsenal dans la mesure de ce qui est permis. Une chaloupe à vapeur nous a transportés sur l'*Écueil des Oliviers*, petite île qui s'élève dans le port et dont la marine s'est emparée pour établir ses cales sèches et ses hangars de construction. En passant devant les cuirassés énormes qui sont à l'ancre dans le bassin, nous avons vu là, désarmés et au repos, le *Kaiser*, célèbre depuis Lissa, et le *Schwarzenberg*, qui s'est fait un nom à Helgoland.

Cet écueil (ainsi qu'on peut le voir dans le grand ouvrage de Cassas, orné de belles gravures

VUE INTÉRIEURE DE L'ARSENAL DE POLA : LES CALES DE RADOUB ET L'ÉCUEIL DES OLIVIERS.

qui datent de 1802) était autrefois planté d'oliviers, et le nom de *Scoglio Olivi* lui est resté ; on a dû niveler le rocher avec la mine, comme on l'a fait aussi pour presque toute la partie de l'arsenal sur laquelle s'élèvent les ateliers, qui s'échelonnent si loin, qu'on regarde la surveillance de cet immense établissement comme d'une grande difficulté.

L'approvisionnement des vivres pour la flotte se fait par un entrepreneur général ; c'est un monopole, et le gouvernement autrichien se loue de la résolution qu'il a prise de procéder ainsi. Un particulier peut se défaire, sans trop de perte, d'approvisionnements non utilisés et qui pourraient se gâter, tandis qu'un gouvernement ne peut que vendre à tout prix dans les délais fixés par la loi.

Parmi les ouvriers libres, les forgerons de l'arsenal sont allemands, les charpentiers sont

Italiens, et ces derniers viennent presque tous de Venise, où il y avait une tradition et une grande école : celle de ce fameux arsenal qui fut pendant six siècles la gloire et le palladium de la République. On voit donc qu'il y a quelques ouvriers libres à Pola, mais le personnel se compose surtout d'ouvriers militaires, dont nous avons exposé plus haut l'organisation.

Il n'y a que deux portes à l'arsenal, l'une du côté de la ville, l'autre du côté de la colonie, et ces entrées sont gardées avec un soin jaloux. Par mer, indépendamment des forts, une enceinte flottante isole la partie de la rade qui forme le bassin de l'arsenal, des eaux du port où mouillent les bâtiments étrangers au service. Sur la partie autrichienne construite par l'administration, l'enceinte est si haute, qu'il semble, lorsqu'on veut aller du casino des officiers à la promenade de la ville, qu'on traverse le chemin couvert d'une forteresse.

XIV

La ville autrichienne offre un contraste saisissant avec la ville italienne ; pour passer de l'une dans l'autre, il faut longer une très-longue avenue, régulièrement plantée d'arbres et fermée par le haut mur de l'arsenal qui entre comme un coin dans le plan général de la ville, les séparant absolument l'une de l'autre. Ici tout est artificiel, et c'est à prix d'or qu'on a obtenu ces ailantes et ces catalpas qui bordent la route. Cette partie était une colline ; on a creusé le roc, et pratiqué dans le sol pierreux, de distance en distance, des trous qu'on a remplis de terre végétale dans laquelle l'arbre pousse comme dans un bac. Cette belle avenue, triste comme un préau de prison, conduit à une promenade publique, entourée, de trois côtés, de maisons régulières, disposées par pavillons et par groupes. C'est propre, régulier, bien aéré, bien construit sur des plans identiques ; mais l'impression est une impression d'ennui : on pense involontairement à quelque vaste Sainte-Périne, aux asiles et aux cités ouvrières. A l'heure où nous visitons ce quartier autrichien, une excellente musique joue dans le jardin, mais cependant la promenade est peu fréquentée, malgré le goût prononcé des Allemands pour la musique. Les habitations n'étant séparées du square que par les routes latérales, on jouit de l'harmonie à la fenêtre ou derrière les jalousies. Parfois apparaissent aux balcons des groupes d'enfants blonds comme des Saxons, et dans les allées les Allemandes se reconnaissent à leurs toilettes simples, qui contrastent avec l'exagération italienne. Il y a une abstention assez marquée du concours de la population d'en bas, qui reste chez elle et borne ses promenades à la place du Forum.

Cette colonie militaire et administrative, logée tout entière dans ces ruches confortables toutes tracées sur le même modèle, forme une agglomération considérable. Il y a là plus de mille ménages et installations d'officiers. C'est régulier, banal, administratif, et, ce qui fait entrevoir un monde de choses, les marins de la flotte appellent cette colonie d'un nom d'argot allemand qui signifie *cancan-ville*. Le contraste est complet entre les deux quartiers : là-bas, le pittoresque, l'inattendu, le décousu et la grâce des choses italiennes ; ici, la netteté, l'ordre, le calme et la régularité des choses allemandes. A Pola-Ville on boit du vin ; ici on boit de la bière. Les femmes sont brunes, pâles et vives du côté de la Piazza ; ici elles sont blondes, rondes, roses et posées. Cette colonie prend des airs de ville d'eaux d'Allemagne, avec le monde à la musique et les officiers deux par deux, toujours bons, doux et polis, comme le sont les Autrichiens ; là-bas, sur la Piazza, on se croirait à Ferrare ou dans quelque petite municipalité de la province de Trévise, si on ne voyait pas les uniformes de la marine et quelque costume de paysanne slave venue au marché.

Des casernes énormes avec des emplacements pour la parade, des gymnases, des dépôts et magasins complètent cet ensemble qui, sous ce ciel italien, rappelle, et par le goût et par les formes, quelques-unes des rues de Munich.

Naturellement les officiers mariés vivent en famille ; ceux qui ne le sont point prennent leur pension dans un cercle qu'on appelle le Casino, constitué sur le modèle des *mess* des Anglais et de nos anciens cercles de la garde.

Le Casino de Pola a été créé pour les officiers de terre et de mer, et, afin que chacun fût là chez soi sans que l'action gouvernementale pût se faire sentir jusque dans cette institution privée, tous ont dû contribuer de leurs deniers à l'achat du terrain et à la construction : l'État ne les a aidés qu'en établissant un prix très-bas pour l'emplacement. Tout officier de la marine impériale et royale en fait partie de droit et forcément ; il paye la cotisation, même s'il n'use point de ses priviléges ; les officiers de l'armée de terre y sont reçus comme invités, avec une cotisation minime. Les étrangers, qui sont d'ailleurs fort rares à Pola, sont reçus en remplissant la formalité de la présentation par deux membres, et c'est pour eux la meilleure des bonnes fortunes au milieu d'un voyage en Istrie.

XV

Nous avons marqué sur notre itinéraire la petite ville de Peroï, qui se trouve située presque à la côte, entre Rovigno et Pola. Un matin, accompagné du lieutenant de vaisseau Steinbach, nous montons à bord du *Lario*, petit vapeur de la compagnie du Lloyd qui fait le service de la côte. Il est huit heures ; après une navigation d'une heure, nous touchons Fasana, que nous avons croisé quand nous sommes venus de Parenzo à Pola par mer. C'est un point bien peu important, la ville est pauvre et de peu de ressource ; mais toutes ces petites localités ont leur port bien aménagé, avec quelques felouques et *trabacoli* qui portent le bois et la pierre. L'aspect de Fasana est tout italien : les rues sont des ruelles, les maisons sont vénitiennes, et de temps en temps quelques-unes d'entre elles affectent des formes architecturales. Fasana, Peroï et Dignano forment un triangle irrégulier : Dignano est la pointe, Fasana et Peroï forment la base appuyée au rivage, mais Peroï s'en éloigne beaucoup plus que Fasana, qui est un port.

Nous suivons à pied le rivage pour gagner Peroï ; la route est blanche et caillouteuse, inaccessible à d'autres qu'à des piétons, chevaux ou mulets ; nous traversons des champs arides en longeant la mer dont le flot vient doucement expirer sur un sol formé de rochers d'un blanc rosé. La nature est aride, mais ce pays ne saurait être triste avec ce soleil éclatant ; la mer est bleue, le ciel est pur, et les horizons sont limpides.

On a déjà récolté dans la campagne les maigres moissons de blé et de maïs ; tous les champs, entourés de petits murs formés de pierres en galets plats posés à la main, sont nus et déserts ; le chemin se dessine à peine et se confond à tout moment avec les sentiers qui mènent à travers champs ; nous faisons une lieue sans voir un être vivant : il est vrai que c'est dimanche. Mais bientôt nous apercevons quelques maisons : c'est l'entrée du village de Peroï, dont la propreté extraordinaire nous frappe vivement dès l'entrée.

Peroï fait partie du district de Dignano, les habitants sont Monténégrins et Grecs schismatiques. En 1685, après l'une des grandes pestes qui désolèrent cette cité, le doge Giovanni Pezzaro fit venir des bouches de Cattaro et de la Montagne Noire un certain nombre de familles destinées à repeupler ce pays désolé, et on leur offrit du territoire à la pointe de Salvore, à l'extrémité du golfe de Trieste. Au Monténégro, la terre est noire ; à Salvore, la terre est rouge : les colons préférèrent s'établir à Peroï, dont les sites les séduisirent ; et de fait, à part la Montagne Noire, plus sauvage d'aspect que les horizons du Monte Maggiore, la campagne m'a un peu rappelé celle de Niegous et de Cettigné. Les colons formaient sept familles, d'abord exposées aux tentatives de conversion des franciscains et des prêtres (tentatives auxquelles ils se montraient d'ailleurs réfractaires). Le gouvernement les protégea : ils gardèrent leur foi ; et ayant amené avec eux leur pope, ils construisirent leur église. On leur distribua bientôt les terres ; ils fondèrent la colonie nouvelle, qui compte aujourd'hui de quatre à cinq cents individus. Ils s'allient entre eux à cause de la religion qu'ils professent, et c'est une île schismatique au milieu d'une population catholique romaine. A l'heure qu'il est, ces Peroïens sont encore Monténégrins par le type, très-hauts d'allure, bien découplés, très-bruns, d'une propreté frappante, très-hospitaliers et bienfaisants. Travailleurs endurcis, ils vivent à leur aise du produit de leurs terres ; plus moraux et plus religieux que ceux qui les entourent, ils sont infiniment plus soigneux de leur personne et se nourrissent aussi beaucoup mieux.

Nous sommes arrivés à Peroï pendant le service divin ; l'église grecque n'a nul caractère à l'extérieur, mais à l'intérieur elle a la disposition de toutes celles du culte schismatique. Un pope encore jeune, mais hâve, émacié, fiévreux d'aspect, à longue barbe noire flottant sur la poitrine et retombant sur sa dalmatique formée d'une étoffe de Perse à grand ramage, officiait gravement, assisté d'enfants vêtus de chiffons éclatants. On verra que ce type a tenté notre crayon.

L'église est pauvre ; dans le chœur, un paravent moderne cachait l'entrée de la sacristie ; une commode Louis XV, accessoire étrange à côté des figures hiératiques des saints de la liturgie grecque qui se détachent sur un fond d'or, donnait à ce pauvre autel décoré selon les rites un aspect inattendu que nous avons aussi reproduit sur nature.

TYPES SLAVES : LE POPE DE LA COLONIE MONTÉNÉGRINE DE PEROÏ.

Ces Peroïens sont très-religieux et observent rigoureusement les jeûnes ; les jours de grande fête ils ont leurs danses nationales et leurs jeux, et leur carnaval a conservé son caractère propre. Ils n'ont cependant rien gardé de leur costume national, quoiqu'ils se distinguent, et par la forme de la barbe et par celle du chapeau, des autres Istriens du Sud.

Les cérémonies du mariage chez eux sont tout à fait pittoresques ; ils sont tous parents, puisqu'ils se sont toujours alliés entre eux depuis le dix-huitième siècle.

La demande du fiancé se fait le dernier dimanche avant Noël, jour où le garçon se rend, sans être invité, chez les parents de celle qu'il veut épouser. Il vient demander à souper ; s'il est bien accueilli, il y revient le dimanche suivant, mais cette fois il apporte les provisions. S'il voit que ce second jour il agrée encore aux parents et à la fiancée, il revient une troisième fois avec son père, sa mère et le pope, et ce jour-là il apporte la bague et une paire de brebis.

Après le repas, on fixe la date du mariage, dont les préliminaires sont extrêmement compliqués. Le récit circonstancié en serait fort long, mais ces coutumes se sont conservées intactes. Le chef de la famille de la fiancée nomme, pour aller chercher cette dernière, un *stari svat* (chef de la députation), plusieurs *geveri* (neveux ou beaux-frères), un *bariactar* (porteur de bannière) et des *svatovi* (simples accompagnateurs). La cérémonie elle-même est symbolique, et les repas qui suivent se font selon des rites consacrés auxquels on ne saurait manquer.

C'est un fait assez caractéristique, en somme, de voir au lieu même où elle a été transplan-

INTÉRIEUR DE L'ÉGLISE GRECQUE : COLONIE MONTÉNÉGRINE DE PÉROI.

tée une colonie dont l'établissement ne remonte pas encore à un siècle. C'est de l'histoire à ses origines encore palpables : un exemple très-frappant qui nous fait bien comprendre comment, malgré la forte empreinte dont est marquée la race, les hommes arrivent peu à peu à s'assimiler à ceux qui les entourent, en conservant toutefois sur une terre étrangère quelques lambeaux de leurs coutumes originaires et de leurs usages traditionnels. C'est enfin toucher du doigt l'histoire, qui s'obscurcira avec les siècles et sera légende un jour.

XVI

Nous quittons Peroï après avoir passé quelques heures à faire notre petite enquête et à dessiner, et nous nous engageons à pied sur la route qui mène à Dignano, pour parcourir le second côté du triangle qui, par son sommet, s'enfonce dans l'intérieur des terres. La route est peu pittoresque, le sol est plat, mais, à mesure qu'on avance, il se vallonne assez pour qu'on ne voie plus les hauts campaniles de la localité. La campagne est pauvre, les voies sont misérables, les sentiers rocailleux ; la culture consiste en quelques vignes, quelques oliviers et un peu de maïs. Nous marchons pendant plus d'une heure entre deux petits murs très-bas sans rencontrer une âme. De temps en temps, quand le chemin monte, nous nous retournons pour voir l'Adriatique, bleue comme la Méditerranée sous ce ciel éclatant. La côte blanche, qui se découpe sur les flots sombres, est plus orientale d'aspect que tout ce que nous avons vu jusqu'ici ; on pense à la Grèce en face de ces horizons.

Nous voici arrivés à Dignano par des faubourgs qui se prolongent dans la campagne ; la route, qui vient couper celle de Peroï et sur laquelle nous avons débouché, aboutit à Fasana. C'est l'heure de la grand'messe ; nous entrons dans l'église, très-vaste monument, de proportion élégante, blanchi à la chaux, et qui date des Vénitiens. La foule, prise en masse et vue dans la nef, est noire d'aspect comme une foule française ; toutes les femmes ont la cape de soie noire, semblable à celle qui se porte en laine dans nos campagnes ; rien de spécial dans le costume ne caractérise les hommes ; quelques beaux pauvres, bien déguenillés, bien pittoresques, râlent agenouillés près des piliers et se livrent à des démonstrations ferventes. Dans les bas côtés sont réunis les paysans slaves venus des environs. Groupés sur les marches d'un autel vénitien de la Renaissance, assis dans des poses diverses, debout dans l'ombre du tabernacle, agenouillés ou prosternés, une trentaine de paysans de tout sexe, de tout âge et de tout costume écoutent la messe et forment le tableau le plus digne du pinceau. Une pauvresse que son fils traîne dans un misérable chariot forme le premier plan ; des paniers et des provisions sont déposés aux pieds des fidèles. Ce sont les mêmes costumes qu'à Pisino avec quelques nuances, celle de la cape noire ou verte, ou blanche, et les bijoux nombreux que les paysannes portent le dimanche.

A la sortie, sur la grande place devant l'église, toutes les femmes plient leurs voiles et les mettent sur le bras ; les Slaves ont des chapelets au poing et, au milieu des taches noires, les capes vert-véronèse, qui éclatent comme des émeraudes au soleil, désignent les jeunes filles dont les bans sont publiés.

Cette petite ville de Dignano vit surtout de l'agriculture ; elle n'a qu'une industrie très-insuffisante et reste tributaire de Trieste, et aussi de la côte italienne pour bien des objets de consommation. Elle exporte des bois à brûler qui partent de Fasana sur de grandes polacres. Dans les bonnes années on y fait un peu de vin, on y récolte des olives et un peu d'orge ; on n'importe que les objets de nécessité pour le ménage, l'outillage, et on y consomme la récolte sur place. La population est déjà assez loin de la côte pour ne pas vivre immédiatement de la mer, dont cependant elle tire les avantages naturels, comme moyen de locomotion par Fasana et comme source d'alimentation par la pêche ; mais la population ne s'occupe ni d'armement ni de navigation.

Nous errons par la ville, nette, propre, assez grande, plus ville en somme que la plupart

PAYSANS SLAVES ENTENDANT LA MESSE A DIGNANO.

des grands centres de l'intérieur, et dont l'aspect révèle un certain bien-être ; il y a là du mouvement, une animation réelle ; on sent qu'on y vit du produit de la terre et d'un petit négoce profitable. Sur les portes sont assises de jolies filles curieusement coiffées avec des épis de filigrane d'argent dans les cheveux, des devants de corsage de tulle blanc bouillonné qui se détachent sur le fond du corset sombre, ornées de chaînes et de bijoux, comme celle dont nous donnons ici le dessin. Nous entrons à l'hôtel Ferrara, qui a son caractère spécial ; dans la salle commune, les employés de l'administration centrale, Autrichiens pour la plupart, parlent leur langue natale ; il y a là encore les trois éléments distincts, le slave, l'italien et l'allemand.

Enfin, pour regagner Fasana à pied, nous faisons le dernier côté du triangle, et nous avons parcouru quatre lieues à peine, mais l'excursion a son prix. Les routes sont maintenant pleines de monde : ceux de Fasana sont venus à Dignano, et les paysannes passent juchées sur des ânes aussi petits que ceux des bords du Nil ; le bas blanc propret déborde sous la jupe courte lisérée de rouge ou de vert, suivant le village, et le grand pagne à bordure de couleur vive tranche bien sur le corsage noir.

PAYSANNE DE DIGNANO.

SILHOUETTE DU GROUPE DES ILES CHERSO ET VEGLIA.

CHAPITRE CINQUIÈME

LE QUARNERO ET SES ILES

Le golfe du Quarnero. — Les îles. — La bora. — Conditions générales. — La pêche. — Fiume. — Le Terzato. — L'abbaye des franciscains. — Les environs de Fiume : côte de l'Istrie. — Prœlucca. — La pêche du thon. — Volosca. — Abbazia. — Épisode. — Les environs de Fiume : côte de la Dalmatie. — Martinschizza. — Porto-Re. — Buccari. — Segna. — Les Uscoques. — L'île de Cherso. — Ossero. — Lussin-Piccolo. — Lussin-Grande. — Veglia. — Pago et Arbe.

I

Nous nous sommes avancé, par l'intérieur de l'Istrie, jusqu'au cœur même du margraviat, en un point pittoresque appelé Pisino ; de là nous avons regagné la côte, visitant successivement la plupart des ports et nous arrêtant plus longuement à Pola pour y étudier les beaux restes de l'antiquité et visiter l'immense arsenal, quartier général de la flotte autrichienne. Après avoir rayonné dans différentes directions, nous sommes revenu à Pola pour nous embarquer à bord d'un des bâtiments du Lloyd en direction de Fiume : reprenons notre route, et, doublant la pointe Promontore, entrons dans le golfe de Quarnero.

Le Quarnero comprend tout l'espace compris entre le continent de l'Istrie, à partir de la pointe Promontore, et la côte de Croatie et celle de Lica, jusques auprès de Zara. Les passes du golfe sont étroites et l'accès en est difficile quand souffle la bora, le fléau de ces rives. Trois de ces passes sont particulièrement redoutables pour les navigateurs à l'époque des mauvais temps : la première est entre Fiume et Buccari, à l'embouchure du canal de Maltempo ; la deuxième et la plus célèbre est désignée sous le nom de Bouche de Segna : elle s'ouvre entre l'île de Veglia et celle d'Arbe ; la troisième est à la pointe Dure, et s'appelle côte de Pago.

Le Quarnero comprend cinq îles et un grand nombre d'écueils ; ces îles sont celles de

Cherso, d'Ossero (ou Lossine), de Veglia, d'Arbe et de Pago; chacune contient une ou plusieurs petites villes et de nombreux villages. Il ne faudrait pas se tromper sur l'*échelle* de la carte du golfe et se figurer qu'on rayonne facilement d'un point à un autre; nous nous sommes mépris, à distance, sur les proportions du voyage : nous avions cru qu'à l'aide d'un canot nous pourrions sillonner le golfe et visiter les principaux ports en quelques jours; or, d'un point à l'autre du continent, de Zara au cap Promontore, il n'y a pas moins de cent milles, et lorsque le bâtiment vous a déposé dans un des ports, il faut, pour en sortir, fréter à grands frais un large canot, bien équipé, ou y attendre quelquefois pendant une semaine entière le passage des paquebots. C'est la difficulté réelle de cette excursion, et c'est ce qui explique que ce golfe du Quarnero reste encore assez mystérieux pour tout autre que les *scogliari* ou habitants des îles.

Ce n'est point cependant une excursion banale, car, de la pointe de Promontore jusqu'à Zara, qu'on suive la côte en contournant le golfe ou qu'on aborde dans ces grandes îles, on foule un sol fécond pour l'histoire, on s'initie à des mœurs simples, on assiste aux rudes travaux des habitants des Écueils qui exploitent la mer comme les moissonneurs cultivent un champ fertile, et de toutes parts l'œil se repose sur des horizons à souhait.

Le golfe, où les vents font rage et se livrent un combat furieux, est pour les navigateurs le point noir de l'Adriatique; c'est là aussi qu'au seizième siècle les *Uscoques*, cette poignée de pirates célèbres, établirent leur repaire, et pendant deux cents ans tinrent en échec trois des plus grandes puissances d'alors : les Turcs, les Vénitiens et l'Empereur.

Si l'on part de Trieste, il y a deux voies à prendre pour visiter le Quarnero et la côte de Fiume. Un chemin de fer qui traverse le Kartz relie ces deux villes; en sept heures, on est au bord du golfe : quand on a visité Fiume, il est difficile d'éviter cette nécessité de fréter un canot pour passer d'une île à l'autre.

Ce moyen n'est cependant pas à la portée de tous; il exige, avec une grande dépense (à cause de l'équipage et du temps qu'il le faudrait garder à son entière disposition), un ciel favorable et une assez grande habitude des excursions maritimes. Si, comme c'est la condition de la plupart des voyageurs, on doit compter sur le passage des paquebots, il n'a lieu dans chaque sens qu'une fois la semaine. Il faut alors consacrer à ce seul coin de l'Adriatique un temps assez considérable.

On nous permettra d'entrer dans des détails pratiques sur les moyens de locomotion; si un de nos lecteurs était tenté de visiter le golfe, il trouverait ici, comme dans un guide, les indications destinées à faciliter son excursion.

Supposons que, monté à bord d'un des paquebots du Lloyd, on parte de la pointe de Pola, pour se diriger vers Fiume : il faut douze heures pour accomplir ce voyage.

On longe d'abord la côte d'Istrie, basse, dénudée, souvent taillée à pic en falaise grisâtre; le golfe est très-large entre l'écueil d'Unie et la pointe Promontore, mais, à mesure qu'on avance, l'espace se resserre, et l'île de Cherso, projetant dans les flots sa pointe de Pernata, forme avec la pointe Noire qui déborde de la côte opposée d'Istrie un passage assez étroit. Ce nouveau cap doublé, on entre dans la *vallée* de Cherso : c'est le nom poétique que les marins donnent à ces baies paisibles où la nature offre un refuge aux voyageurs assaillis par les tempêtes du Quarnero. Après avoir fait escale au port de Cherso, le navire reprend sa marche, entre dans le canal de Farasina et débouche dans le beau golfe de Fiume : noble amphithéâtre, dont l'enceinte, formée par les îles de Cherso, de Veglia et la côte d'Istrie, n'est rompue que par les étroits goulets de Farasina et du Quarnerolo.

Juste au fond du golfe, admirablement assise à la côte qui s'abaisse vers la mer, apparaît la ville de Fiume, dominée par la montagne du Kartz, qui semble s'être ouverte violemment pour donner passage aux eaux de la Fiumera, torrent impétueux qui se précipite dans le golfe et donne son nom à la ville.

Mais dans cette hypothèse on n'a fait que longer les côtes ; on s'est arrêté seulement dans deux ports de deux des cinq îles, et uniquement pour y laisser des voyageurs, sans avoir eu le loisir d'y séjourner. C'est donc de Fiume qu'il faudrait partir, non toutefois sans avoir visité la ville et ses environs, soit à pied, en longeant la côte, soit à l'aide d'un canot de promenade qui permet de suivre la corde des arcs formés par les golfes, pour aborder aux points intéressants.

La côte continentale explorée, en deux heures le paquebot vous porte de Fiume à Malinsca, l'un des ports de l'île de Veglia ; le premier jour, on traverse l'île, soit à pied, soit à cheval, et on arrive au port de Veglia, où l'on trouve les ressources nécessaires à la vie. Je ne conseillerai point de rayonner dans tous les sens : il n'y a là rien qui sollicite le voyageur, une fois qu'il a constaté la nature du sol et le moyen d'existence des insulaires.

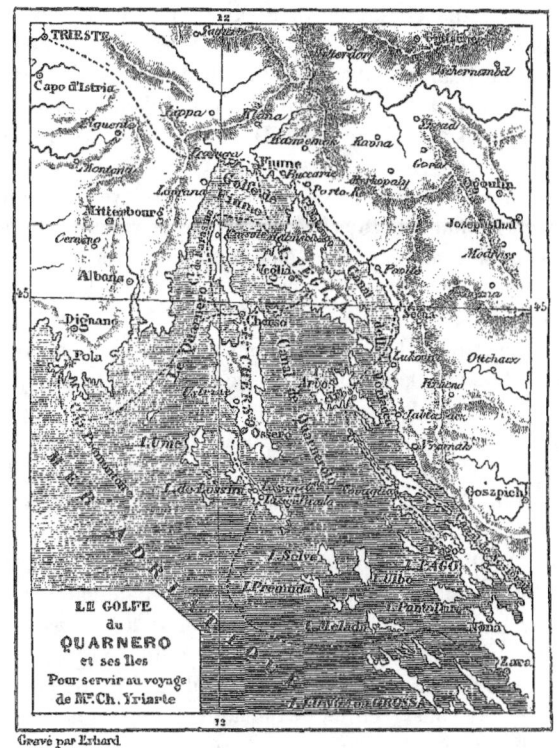

Veglia n'est séparée de Cherso que par un canal ; c'est l'occasion de s'entendre avec un pêcheur et de passer à l'aide d'un canot d'une île dans l'autre. De Veglia on peut passer à Smergo, de Smergo couper l'île dans sa largeur et entrer à Cherso, et de Cherso, longeant les sentiers de chèvre qui servent aux insulaires pour communiquer d'un point à un autre, passer dans l'île de Lussine, à laquelle l'unit une communication faite de main d'homme. A Lussine, on tient la ligne de grande communication de Trieste à Durazzo, ligne dite *Istrienne-Dalmate-Albanaise*, qui, trois fois par semaine, dessert le port de Lussin-Piccolo, à la pointe sud de l'île. Selon qu'on veut continuer son voyage vers le levant, ou gagner au contraire l'Allemagne ou l'Italie en rentrant au port de Trieste, on prend l'une ou l'autre de ces directions sans attendre longtemps l'occasion d'un départ.

Remarquons que dans cet itinéraire nous avons laissé deux points inexplorés : l'île d'Arbe et celle de Pago ; mais ces deux îles sont tellement voisines du continent, qu'on doit les comprendre dans la première partie du voyage, comme si elles étaient partie intégrante du continent, alors que, parti de Fiume, on visite les points intéressants de la côte.

20

II

Le Quarnero est un golfe légendaire : les navigateurs de la côte de l'Adriatique (marins célèbres, comme chacun sait) n'en citent le nom qu'avec une sorte d'effroi ; les étymologistes et les vieux chroniqueurs veulent voir dans ce nom lui-même une allusion transparente à sa terrible réputation (*carnivoro*). Tout en prenant l'étymologie pour ce qu'elle vaut (*car*, terrain nu, *Kartz, Carniole, Carinthie*), il suffit de jeter les yeux sur la carte pour comprendre jusqu'à quel point sa configuration géographique explique l'inclémence du golfe et les périls qu'y rencontrent les navigateurs.

Le Quarnero est traversé par un grand nombre d'îles et d'écueils, qui semblent des fragments d'une chaîne de montagnes rongée par les eaux et desséchée par la bora. Les vents s'engouffrent par les passes comme dans une bouteille renversée. Lorsqu'ils soufflent au large et se déchaînent dans les golfes de Venise et dans celui de Trieste, ils ont du moins le champ devant eux et s'affaiblissent et s'usent dans l'espace ; mais dans ce Quarnero, où ils se glissent par l'étroit couloir du canal Della Morlacca, ils trouvent immédiatement devant eux le Kartz et les côtes d'Istrie, se brisent contre ces hautes barrières, et, renvoyés contre les îles dont ils dénudent les sommets, on les voit soulever les flots dans les amphithéâtres formés par les eaux. La tourmente est telle, et telle la violence de la tempête dans ces parages, que les matelots expérimentés n'essayent même point de franchir les passes et se réfugient dans les *vallées* ou ports de refuge formés par les îles, où les eaux sont profondes et l'ancrage parfaitement sûr.

Le golfe est très-poissonneux et les habitants des îles ne suffisent pas à son exploitation ; les pêcheurs de la côte opposée, les Chioggiotes, y viennent en novembre et y restent jusqu'à Pâques, abandonnant leur île où la pêche est moins productive, pour faire une campagne d'hiver dans ces parages. Il nous est arrivé, dans l'un de nos séjours à Venise, d'assister au départ de la flotte de Chioggia : c'est un des spectacles les plus caractéristiques qu'offre la côte nord de l'Adriatique. Cinquante à soixante barques, appelées *bragozzi*, montées par deux cent cinquante hommes d'équipage chioggiotes, quittent l'île et traversent le golfe. Le produit de leur pêche ne se consomme pas sur place ; ils détachent quelques-uns d'entre eux, à tour de rôle, pour le rapporter et le vendre à Chioggia et à Venise, et l'ensemble de leurs prises, pendant la saison, s'élève à une moyenne de quatre cent mille kilogrammes, représentant pour eux une somme de cent cinquante mille francs.

Les pêcheurs de Fiume vivent du golfe : ils pêchent le thon à Prælucca et à Buccari, ils le salent, le conservent et l'exportent. Il faut signaler une production spéciale au golfe, les *scampi*, sorte d'écrevisses dont on est très-friand et qu'on mêle au *rizzotto* les grands jours de régal : la même espèce ne se trouve que dans les *fiords* de Norvége.

La ville la plus importante du golfe, en y comprenant celles qui s'élèvent dans les îles, est celle de Fiume. La nature des côtes est dénudée à l'entrée nord vers la pointe Promontore, elle devient riante à la pointe du Monte Maggiore, et, dès qu'on a franchi le canal de la Farasina, toute la partie de la côte du golfe, depuis Moschenizza jusqu'à Fiume, abritée du vent par l'île de Cherso, est exceptionnellement fertile et présente l'aspect d'un riche jardin. Par un beau temps, ce coin est si riche, si riant, si azuré, qu'on pense à la baie de Naples ; mais si on contourne le golfe en gagnant Novi et Segna, l'aridité succède à cette fertilité, et la côte ne présente plus qu'un aspect gris et des rochers nus.

III

Fiume a la physionomie d'une grande ville. Après deux séjours successifs dans ce port, à quelques mois de distance l'un de l'autre, nous rapportons la même impression et les mêmes renseignements : c'est une grande illusion magyare et une déception pour l'étranger, séduit, dès son arrivée, par l'aspect extérieur des choses. Cette ville blanche assise au bord d'un beau golfe, couronnée par de hautes montagnes, présente au voyageur sa rangée de maisons aux allures de palais, qui s'élèvent sur un beau quai. Son port, vaste et commode, ses chantiers considérables et ses magasins de belles proportions, tout éveille dans l'esprit l'idée d'une ville florissante et active, en travail de développement et de rénovation. Ses monuments ont l'aspect noble, son Corso est large et bien tracé : ici c'est une place en quinconce ; là l'eau s'écoule des fontaines abondantes ; partout enfin on s'est donné le luxe du terrain large et spacieux.

Avec d'admirables conditions naturelles — car il ne faut pas oublier que, si Trieste est le port d'exportation des produits de l'industrie, Fiume a derrière elle les pays agricoles de la Hongrie et du Banat et les forêts de la Croatie — la ville n'a cependant pas justifié les espérances des Hongrois, quoiqu'on l'ait reliée à Agram d'une part et à Fiume de l'autre ; le gouvernement austro-hongrois a fait aussi les plus lourds sacrifices pour l'embellir et pour creuser son port.

Il nous est difficile de donner ici les éléments de l'enquête économique que nous avons faite sur les lieux mêmes, mais nous en signalons les résultats généraux, et nous constatons que le commerce jette des cris de détresse. D'ailleurs, solennellement réunis en congrès, des savants hongrois ont rédigé des documents revêtus d'un caractère officiel, qui constatent la situation difficile du commerce de Fiume et l'abaissement de l'importation et de l'exportation du pays.

Dans les autres villes du littoral que nous avons visitées avant d'aborder à Fiume, quels que fussent les efforts des gouvernants pour donner à la cité le caractère de leur nationalité, on sentait toujours, sous la ville administrative soumise au trône austro-hongrois, l'ancienne colonie où cinq cents ans de prépondérance vénitienne ont laissé, avec leur race apparente et leurs vestiges caractéristiques, ce je ne sais quoi de la grâce italienne dont l'air et les choses sont tout imprégnés ; ici, à la surface, tout est Hongrois : voici le Corso Deak, la place Adamich, la rue Kossuth, le cours Urmeny. Les brasseries sont énormes ; des servantes accortes avec le tablier blanc, et des musiciens à brandebourgs rappellent Pesth à s'y méprendre. Chaque hôtel, comme à Vienne et en Hongrie, s'annexe un restaurant où vit l'étranger ; la division des heures de repas est la même, et dans les cafés on joue aux cartes à chaque table comme dans les *Bier-Haus* magyars. Les affiches sont rédigées en langue hongroise, les enseignes aussi ; dans un langage passionné, les professions de foi, aux murs de la ville, adjurent les électeurs de ne pas laisser le pouvoir communal aux mains des *Allemands* ou des *Italiens*. Mais il y a deux villes dans Fiume : la ville ancienne, qui apparaît tout d'un coup dès qu'on franchit la porte de l'Horloge du Corso, et cette ville moderne où le voyageur aborde et dont les rues, parallèles aux quais, regardent la mer.

Dans la vieille cité les rues montent, des escaliers étroits conduisent à des ruelles bizarres qui font penser à Subiaco et aux villages de la campagne de Rome ; il y a là, sous des arcs surbaissés, dans des arrière-boutiques noirâtres, des *osterie* où l'on chante en italien en buvant du vin nouveau, tandis que là-bas on parle hongrois ou slave en buvant de la bière. La ville, assez peu pittoresque par elle-même, emprunte pourtant un certain caractère à la variété de ces divers aspects.

A l'arrivée, tout est froid, régulier, symétrique ; mais marchez droit devant vous de la mer à la montagne, et bientôt, comme dans un faubourg italien, vous trouvez des villas d'une assez jolie physionomie, des *borghi* pittoresques où, sur des terrasses à trente pieds au-dessus de votre tête, des flâneurs jouent aux boules. Marchez encore, la montagne immense vous barre le chemin, montagne grise, dénudée, roche stérile, frappée par la bora d'où s'élance, en chute d'une hauteur énorme, la Fiumera qui va former un port.

Cette Fiumera, qui sort de l'antre de la montagne et se jette dans le golfe, à la gauche de la ville en regardant l'Adriatique, forme en cette partie un canal bordé d'un énorme quai, où tous les bâtiments chargés de bois sont à l'ancre. C'est la plus jolie partie de Fiume. Sa construction est due à une colonie grecque de quatre-vingt-deux familles qui quittèrent la Bosnie turque pour s'établir dans la ville, et à laquelle Marie-Thérèse et Joseph II accordèrent de grands priviléges. Ce port intérieur naturel est bordé d'arbres séculaires dont les dômes de verdure dépassent en hauteur la forêt de mâts qui s'y pressent. Le quai, très-large, d'un bel aspect et très-animé, est bordé de maisons d'un beau style. Il faut observer un détail caractéristique : le trottoir est isolé de la chaussée par une suite de bornes décorées de têtes de Turcs et de Hongrois grandes comme nature, sculptées dans la masse. Ce n'est point là le fait d'une fantaisie passagère de quelque constructeur ou la manie bizarre d'un sculpteur inconscient. Examinez les clefs de voûte de tous les palais et les grands édifices de la ville, fixez vos yeux sur leurs arcs et leurs chapiteaux, tous représentent une tête turque coiffée du turban ou quelque *Esclavon* barbu. Rapprochez cette décoration de celle que les bijoutiers croates et hongrois adoptent pour les pendants d'oreilles de tous les paysans et paysannes du Quarnero et d'une partie de la côte, celles que les dames de Fiume elles-mêmes portent encore depuis des siècles : ce sont mêmes têtes symboliques, soit aux chatons des bagues, soit aux fermoirs des bracelets ou autres bijoux. C'est, à n'en pas douter, un symbole cher aux Croates et aussi aux Hongrois, et très-probablement un souvenir de l'effroyable bataille livrée contre les Turcs à une lieue de Fiume, à Grobnick, en 1232, sous Bela IV. Singulière allusion qui date de plus de six siècles, tradition incontestable conservée vivante sur les monuments nationaux et jusque dans les ornements dont se parent les habitants de la côte.

Les monuments sont rares à Fiume et les églises y ont peu de caractère. Le dôme est une construction froide, à façade classique, dont l'embellissement est dû à la générosité de la famille Walsee ; celle dédiée à saint Vito, qui a assez peu d'intérêt pour les artistes, a été bâtie par une veuve du nom de Tannhauser.

Il y a un gymnase royal, fondé en 1627, et une Académie de marine militaire.

Nous avons vu combien la côte d'Istrie est riche en antiquités de la belle époque de la domination romaine ; Fiume n'offre que des vestiges informes. L'Arc de triomphe, que les habitants désignent sous le nom d'*Arco romano*, est un monument très-fruste ; il est engagé dans les maisons qui bordent une rue très-étroite descendant au Corso ; on croit qu'il a été élevé en l'honneur de l'empereur Claudius II, fils de Germanicus.

Le Théâtre date de 1801 ; il est très-beau ; on le doit à la munificence du patricien Ludwig de Adamich. Pendant mon premier séjour on y jouait *les Brigands* (non point ceux de Schiller, mais tout simplement ceux d'Offenbach), traduits en langue slave, et c'est à peu de chose près la même affiche que j'ai trouvée partout, depuis Fiume jusqu'en Orient, en traversant l'Autriche, la Hongrie et la Serbie.

J'ai fouillé à l'aide d'une jumelle consciencieuse les loges du théâtre de Fiume ; je n'ai pas constaté que le type fût particulièrement remarquable ; la toilette, comme partout dans ces régions, aspire à calquer celle des Parisiennes, et il est impossible d'y saisir la marque d'un caractère national.

Comme dans toutes ces villes d'Istrie et de Dalmatie, et plus encore que partout ailleurs à cause des aspirations magyares, la société de Fiume offre des divisions bien tranchées, qui se manifestent au voyageur d'une façon évidente.

Au lieu d'un centre unique de réunion et d'informations, la société de Fiume en compte

FIUME : LA FIUMERA.

trois : le *Salon de lecture croate*, le *Casino Italien*, et le *Pick-Nick Club allemand*. Je conseillerai toujours aux étrangers de se faire présenter dès leur arrivée à l'un de ces clubs ; ils y trouveront les revues et journaux français, anglais, allemands, italiens et slaves.

IV

Un monument bien caractéristique de Fiume, c'est le château des Frangipani, qui se dresse à une hauteur énorme sur le mont Terzato.

Chaque pays, dans le souvenir du voyageur, a son point dominant et sa note caractéristique : le Terzato reste dans la mémoire et s'impose par sa situation unique. Un couvent de franciscains s'élève assez près du château ; c'est un lieu de pèlerinage auquel on accède par un escalier de quatre cents marches, monumentalement dessiné et appuyé au rocher en dominant le gouffre de la Rieka. Ce couvent contribue à faire de ce coin de Fiume la partie la plus curieuse pour l'artiste. C'est celle où j'avais établi mon quartier général ; d'abord je me suis arrêté sur le pont de la Fiumera pour dessiner le joli port où se pressent les bateaux chargés de douves de tonneau et de bois de merrain ; je n'avais qu'à me retourner pour esquisser commodément l'entrée du Terzato, porte d'un assez beau caractère qui donne accès à l'escalier, et sous le porche de laquelle une Vierge vénérée reçoit les marques de dévotion de tous les habitants et des paysans slaves qui viennent à la ville.

Pendant que je traçais l'esquisse du lieu, des dames en deuil, venues de la ville et suivies

FIUME : L'ARC ROMAIN.

de leurs serviteurs, se déchaussaient sous l'arc pour gravir nu-pieds les quatre cents marches. La foi semble très-grande chez les habitants, et les Slaves des environs qui viennent au marché se livrent devant l'image de la Madone à de longues manifestations d'un caractère ascétique qui indiquent une vive ferveur et un souci très-grand des pratiques du culte. C'est d'ailleurs sur ce mont Terzato que la maison de la Vierge s'arrêta, suivant la tradition, avant de se fixer à Loreto.

J'ai eu aussi l'occasion, pendant l'heure matinale où je dessinais sans témoins, de voir descendre de la montagne du Kartz les paysannes slaves qui viennent au marché pour vendre le foin. C'est une impression qui est restée profonde et j'ai voulu la consacrer par un dessin.

Entre la Fiumera, qui sort au loin du cœur du rocher même, et le Terzato, qui surplombe son cours, on a creusé une route en corniche qui mène aux villages de la montagne : à Ore-

L'ENTRÉE DU TERZATO.

chovitza, Czaule, Podervenn et Grobnick, le champ de bataille où Bela IV a défait les Tartares. C'est cette même route ardue, montueuse, la *Louisenstrasse*, que nous suivrons des yeux tout à l'heure du haut du château des Frangipani, serpentant, aussi blanche que si elle était couverte de neige, au milieu de ces rochers gris, froids, stériles et dénudés par la bora.

Les *Fienaroles* descendent une à une, lentement, péniblement, courbées sous un faix si énorme, qu'elles semblent des meules qui marchent ; le haut du corps a disparu sous les brindilles qui débordent, on ne voit plus que les jambes nues et hâlées qui semblent seules agir.

Elles sont parties avant le jour pour porter au marché les bribes de foin recueillies à grande peine dans les fentes des rochers et dont elles ont fait leur meule. Elles ont marché quatre heures, ainsi pliées en deux, haletantes sous le faix ; adossant un instant leur fardeau aux piliers des arcs du Terzato, elles s'agenouillent devant la Madone et repartent bientôt jusqu'à la place Urmeny, où elles séjourneront jusqu'à ce qu'elles aient vendu leur foin. Le remporter serait impossible ; le prix habituel est d'un peu moins d'un florin, mais si le sort ne les a pas

LES FIENAROLES.

favorisées, elles le donneront pour rien. Elles restent là graves, silencieuses, accroupies au pied de leur fardeau sans faire un geste, et attendant le chaland.

Pauvres filles de la montagne qui gravissez le dur rocher pour recueillir les brins d'herbe et, pendant de longues heures, descendez pieds nus vers la ville, comme on trouve que la vie vous est dure quand on se sent du cœur pour les humbles ! L'habitude du malheur et la fatigue de la vie ont laissé sur vos faces graves comme un voile de tristesse ; quand un pâle sourire vient éclairer votre visage, on dirait qu'un rayon de soleil luit dans un ciel triste et pluvieux.

Après avoir à notre tour franchi les degrés, nous nous sommes arrêté, pour dessiner à l'intention du lecteur cette vue pittoresque du *château des Frangipani*, lui donnant pour premier plan, comme dans la nature, les larges marches et la balustrade pleine qui surplombent

LE CHATEAU DES FRANGIPANI.

l'abîme. Des arbres d'une belle ligne et d'un jet de branches très-élégant croissent dans les fentes des rochers et, dans la perspective, s'harmonisent agréablement avec la silhouette du vieux donjon. Ce château des Frangipani est aujourd'hui la propriété du comte Nugent et le lieu de sépulture de sa famille. Si l'aspect en est tout à fait séduisant de loin, et pour l'artiste et pour l'archéologue, il faut avouer que de près on doit en rabattre. L'enceinte du château fort est du moyen âge et m'a paru dater du douzième au treizième siècle ; une tour carrée d'un beau caractère Renaissance aura été construite comme demeure vers la moitié du seizième siècle, mais, au milieu de ces restes d'époques intéressantes, le comte Nugent a planté un faux temple grec, trop blanc, trop neuf et qui semble étonné de se trouver là. De très-loin, du point où est pris le croquis, cette dissonance n'a rien de choquant, et la masse reste très-belle; mais de très-près on éprouve une déception.

Il faut gravir jusqu'au sommet des tours et s'engager dans les chemins hasardeux où se cachaient les archers pour lancer leurs traits, entre les mangonneaux mêmes ; de là, si l'on tourne le dos à Fiume et à l'Adriatique, on a une vue admirable sur la vallée ouverte violemment par le torrent de la Rieka, qui s'est creusé un lit dans la pierre argentée. La chute, paraît-il, n'a pas moins de deux mille pieds ; de nombreux moulins ont été établis dans la fente de la montagne, et parmi les établissements industriels qui ont mis à profit la force motrice naturelle de la Rieka, et dont on voit dans le dessin les hautes cheminées, il faut citer celui de MM. Schmidt et Meynier, dont les énormes fabriques de papier constituent une des richesses de la ville. M. Schmidt a épousé la fille de Liver, le brillant écrivain anglais. Un homme très-distingué, qui fut correspondant du *Times* à Paris, et qui, dans la même qualité, avait été notre compagnon de tente pendant la guerre du Maroc, Frédéric Hartmann, enlevé en quelques jours par la mort il y a deux ans à peine, nous avait donné une lettre d'introduction pour M. Schmidt, et nous avons reçu chez ce dernier une cordiale hospitalité. M. Meynier est un Français, le propre frère de Joseph Meynier, le peintre de talent que tout le monde connaît.

A mesure qu'on se rapproche de la ville, les parties de la montagne s'abaissent, la fente du rocher devient plus large, et la Rieka (ou la Fiumera dont c'est le nom slave), qui tout à l'heure jaillissait pressée entre deux rocs escarpés, coule plus au large, laissant entre les deux rochers un espace assez étendu pour qu'on y ait planté un beau parc qui sert de promenade. Le lieu est un peu sombre et privé de soleil à certaines heures, mais la végétation est très-belle, vivifiée qu'elle est par le cours d'eau. Plus loin encore la Rieka se divise en deux cours, dont l'un se rend à la mer et dont l'autre, encaissé entre deux beaux quais, forme ce port de la Fiumera dont j'ai donné le croquis.

Le comte Nugent, propriétaire du château, était un Irlandais au service de l'Autriche ; il avait la réputation d'un vaillant général ; il prit part à la guerre contre l'armée française lors de notre occupation de 1813. Après la prise de Fiume par les Anglais et le retour de la ville à l'Autriche, il acheta la ruine ; il y a réuni des débris de statues antiques, des vestiges grecs, étrusques et égyptiens. Dans un petit jardin, en avant du temple antique qui sert de chapelle, le comte a dressé la colonne triomphale qu'on avait élevée à l'empereur Napoléon Ier sur le champ de bataille de Marengo. La tradition prétend que nombre des débris antiques proviennent de la Minturne, classique et sont un présent offert par le roi Ferdinand Ier de Naples au comte Nugent.

V

A la hauteur du Terzato on se trouve au niveau du plateau sur lequel s'élèvent l'abbaye des franciscains et l'église, lieu de pèlerinage et lieu de sépulture des Frangipani.

Ces comtes Frangipani sont très-célèbres dans l'histoire des îles du Quarnero ; on retrouve leurs traces sur toute la côte, et les légendes en conservent le souvenir. Ils n'étaient pas seigneurs de Fiume, mais suzerains de l'île de Veglia, et ils n'ont régné à Fiume que trente années. A l'époque où les patriarches d'Aquilée avaient la suzeraineté des villes du littoral, l'évêque de Pola avait donné Fiume en fief à la maison de Duino, et, sous ces mêmes Duino, la ville échut à titre de gage aux Frangipani : c'était vers 1338 ; ils la rendirent en 1365 aux maîtres légitimes. C'est à Veglia que leur souvenir est le plus vivant, mais il était intéressant pour nous de savoir où était leur tombeau et de lire les inscriptions des pierres tombales, si toutefois elles existaient.

On n'entre dans l'enceinte que par le cloître : un franciscain tout à fait rébarbatif et de la plus méchante humeur, qui avait lentement répondu au coup de cloche, refusa de satisfaire notre curiosité. Il commença par nous demander ce que c'était que les sieurs de Frangipani et finit par nous tourner brusquement le dos. Son érudition ne nous faisait pas faute et nous étions dans la place. Le cloître est très-pittoresque, quoique les murs soient décorés de peintures tout à fait irrévérencieuses et qui n'honoreraient point un cabaret italien. L'église, divisée en deux nefs, est coupée dans son axe, ce qui indique déjà une disposition intéressante et d'un véritable prix pour l'art ; par malheur elle a été scandaleusement restaurée. Chacune de ces restaurations sacriléges a cependant été indiquée avec soin par ceux qui y ont présidé ; la première est de 1291, la deuxième de 1430 ; la dernière doit dater du départ des troupes alliées au commencement du siècle.

Les tombeaux des Frangipani existent en effet, mais ce sont de simples pierres tombales qui gisent sans honneur dans un coin de l'édifice. Sur l'une d'elles un comte Zuane, dont nous pourrions dire l'histoire (car elle est tout entière dans le Rapport du provéditeur général envoyé en 1481 à Veglia par la république de Venise), est représenté en relief, armé de pied en cap. La figure de Zuane est cachée par la visière de sa bourguignotte, si curieuse et si particulière de forme, qu'elle remplace certainement pour l'amateur la date que le temps et le pied du passant indifférent ont effacée sur le marbre du tombeau.

VI

Les environs de Fiume méritent d'être vus, et il faut consacrer deux jours à cette excursion. La plage du golfe a deux aspects bien différents : la côte d'Istrie, à droite en regardant l'Adriatique, bien abritée et défendue par le mont Majeur, est riante et fertile ; celle de Dalmatie, à gauche, est au contraire froide et stérile.

J'ai visité deux fois ces contours : la première fois avec notre consul le baron de Reyne, qui séjourne depuis plus de quinze ans à Fiume, et qui est le plus docte et le plus aimable des cicerone ; à mon second passage, je suis parti solitaire, le bâton à la main, et j'ai fait en quatre heures, à pied, la route que quelques mois auparavant j'avais faite en une heure et demie au trot de deux chevaux hongrois vifs comme le vent.

Il faut longer la mer en contournant le golfe, dépasser la gare du chemin qui conduit à Trieste et s'engager sur une route au flanc de la côte et dominant la mer. Ce sont d'abord quelques usines, des fabriques de spiritueux, une fonderie de *torpedos*, et, de temps en temps, quelque beau jardin solitaire, romantique verger fermé par une vieille grille, où des statues de faunes et de dieux agrestes gisent mutilées dans les hautes herbes.

Pendant trois heures nous allons droit devant nous, par une route un peu triste, sans rencontrer d'autres compagnons que des petits bergers suspendus, comme leurs moutons,

LA PÊCHE DU THON.

au flanc de la montagne, ou juchés sur les rochers qui dominent les flots. Voici la baie de Preluca, bien abritée, bien défendue de toutes parts, où l'on a établi une pêcherie en faisant sauter le rocher pour y adosser les huttes. C'est une de ces stations où l'on pêche le thon, et ces pêcheries constituent une des richesses de la côte. L'installation est des plus simples : elle se compose de deux observatoires de vingt mètres de haut, énormes échelles dressées obliquement sur les ondes et pourvues, au dernier échelon, d'un strapontin sur lequel s'assied le guetteur. Au pied même du rocher, une hutte de planches, ouverte sur les trois côtés, s'appuie à la paroi pourvue d'un plancher isolé du sol par des tasseaux. Là s'abrite le personnel des pêcheurs, qui consiste en une dizaine d'hommes, dont un mousse ; tous sont natifs des îles de Cherso et de Veglia.

Ils barrent la baie sur une partie de sa largeur à l'aide d'un large filet ; le guetteur, du haut de son observatoire, observe le large et fait un signe quand la proie s'est engagée dans l'enceinte ; à ce moment, celui qui est de garde au bas fait jouer un autre filet perpendiculaire à la corde de l'arc, et, le thon se trouvant enfermé dans un espace restreint, il est facile de l'amener au rivage en ramenant les grands appareils. Une barque qui stationne au pied de la hutte sert à cette manœuvre.

Au moment où nous dessinons la pêcherie, trois des compagnons pêcheurs dorment, enveloppés dans des couvertures, à l'air froid du matin, abrités sous le toit de la hutte : l'un d'eux s'équipe et va remplacer le guetteur qui a fini son quart, un autre prépare la cuisine, le mousse erre au pied du rocher. La station au haut de l'observatoire est de trois heures pour chaque homme, ce qui nous paraît énorme ; par le beau temps, ces équipes ont de grandes bonnes fortunes, car des bancs entiers de thons viennent se jeter dans les filets, et chaque pêcheur, indépendamment de sa paye, a tant par millier de livres ; le petit poisson pris dans les mailles leur appartient aussi, et ils vont le vendre à Volosca, joli village situé, comme Menton, à la pointe d'un cap et dont la marine, blanche sur des rochers noirs, se reflète à l'extrémité nord de la baie. Au-dessus de Volosca je reconnais Abbazia, la Nice autrichienne, avec la belle villa qui était autrefois la propriété du comte Scarpa, que j'ai déjà visitée au dernier automne, et *Lovrana*, la ville des lauriers, riante comme Pausilippe. Plus loin, c'est Castua, la ville antique entourée de murs, et à l'extrême horizon la haute silhouette du mont Majeur, haut de quatre mille pieds, d'où l'on voit toute l'Istrie, le Quarnero, la Dalmatie, et d'où, par un temps clair, on distingue, dit-on, jusqu'au Campanile de Venise.

VII

Ma journée est faite ; j'ai marché trois heures et fait deux croquis. Il faut chercher fortune à Volosca et poursuivre la route qui contourne la baie pour arriver au joli village.

J'entre dans une auberge où un employé allemand fait silencieusement une maigre chère ; bientôt on entend un bruit de grelots, des claquements de fouet et des hourras, et trois bons drilles, bien gais, bien en train, font irruption dans la salle en affectant de parler un français du cru. Je reste coi et j'apprends toute leur histoire. Ils parcourent la côte en charrette bien attelée, et l'un d'eux, l'homme important de la société, est de Fiume ; il habite les environs avec sa jeune femme et va à la ville embrasser sa mère. C'est les trahir que de ne pas avouer qu'on comprend la langue qu'ils parlent ; on s'aborde donc, on jase, et, chose étrange, le plus grand d'entre eux me dit mon nom, qu'il a appris par les gazettes.

C'est un joli épisode de route. Ces messieurs m'offrent de rentrer à Fiume avec eux et de prendre place dans leur voiture ; nous partons ventre à terre, aux cris de Vive la France !

poussés par celui qui conduit, et aux accents de la *Marseillaise*, que je suis un peu gêné d'entendre entonner pour rendre hommage à ma patrie. Je fais cependant bonne contenance, je prends des airs très-patriotiques, et nous brûlons la route avec une célérité qui frise l'imprudence.

« Les voyages, dit Shakespeare, vous associent à d'étranges compagnons. » Je souhaite à tous ceux qui courent les routes de rencontrer ceux-là : l'aîné de tous est Alessandro Zambelli de Petris, né à Fiume ; il a longtemps tenu la mer, a appris l'espagnol au Brésil et le français à la côte de Penmarc'h chez nos Bretons, où il a été recueilli pendant trois mois, ayant perdu son bâtiment dans un naufrage. Il veut me payer chez lui l'hospitalité qu'on lui a donnée au pays de France quand il y aborda nu et meurtri avec les matelots qu'il commandait. Depuis, il a trouvé à Odessa une jeune fille qu'il a aimée, il s'est marié, il l'a ramenée, et, abandonnant la mer, vit désormais heureux dans sa terre de la montagne.

Les deux autres étudient à Vienne, et l'un d'eux, Riccardo Majonica, est Roumain. « En Roumanie, me dit-il, tout est français, le costume, l'uniforme des troupes, l'éducation, les mœurs ; nous avons le Code Napoléon ! » Et, avec un entrain et une flamme juvéniles, il passe de l'italien au français, du français au slave, du slave à l'allemand avec une merveilleuse facilité.

Nous voilà bons amis. Nous nous retrouverons le soir dans une *osteria*, en face d'un *rizotto con scampi* et d'un flacon de vin de *Draga*.

Ces liaisons d'un jour et ces vives effusions d'une heure, c'est la poésie du voyage ; aussi. Vive la grande route, l'indépendance, le soleil et le ciel bleu ! et Vive le flot bleu qui vient mourir sur le sable au pied du rocher, pendant que nous brûlons la route !

Si nous suivons l'autre côté de la rive vers la Dalmatie, la route est triste, elle est enclavée entre deux murs : il vaut mieux prendre un canot au port. Par un temps doux, c'est charmant et facile. D'abord on rencontre Martinschizza, superbe lazaret pour la quarantaine, un des plus beaux du monde, un des plus vides et des plus platoniques du reste, car rarement un voyageur y aborde. Puis c'est Dragina, Val-Uri, Porto-Re, Buccari, ancienne ville romaine (Volyra), joli port tout au fond d'une baie si bien fermée qu'elle semble un amphithéâtre complet. Tous les habitants sont marins, et, à notre premier passage, alors que nous eûmes la bonne fortune de nous rencontrer à Pola avec les fameux explorateurs du Pôle Nord, Payer et Weyprecht, nous avons constaté que, sur un équipage de moins de cent hommes, plus de cinquante de ces braves gens si disciplinés, l'honneur de la marine autrichienne, étaient de Porto-Re et de Buccari.

Il ne faut que quatre heures par le vapeur pour se rendre de Fiume à Segna, le nid des Uscoques ; mais on n'a qu'un seul départ par semaine, le jeudi à sept heures du matin ; les paquebots du Lloyd dans cette rude passe du canal de Mal-Tempo, la plus terrible du Quarnero, font huit milles à l'heure. Une fois à Segna, on y est enfermé au bout du monde, sans espoir d'en sortir jusqu'au lundi suivant pour retourner vers Fiume, ou jusqu'au lundi d'après si on continue vers la Dalmatie.

VIII

Segna, la ville des Uscoques, malgré les changements apportés par le temps, les dévastations des hommes, ou au contraire par leurs luttes contre la nature pour la dompter, se présente encore aujourd'hui comme un refuge impénétrable qui devait tenter des malfaiteurs cherchant un repaire.

HUTTE DES PÊCHEURS DE THON DANS LA BAIE DE PRŒLLUCCA. (V. page 165.)

La ville est à la côte, entre l'île de Veglia et celle d'Arbe ; du côté de la terre elle est protégée par la montagne, comme le Monténégro l'est par la Tzerna-Gora ; du côté de la mer elle n'était autrefois accessible qu'à des barques légères. Aujourd'hui la montagne est déboisée, et l'industrie a creusé un port ; mais il n'en reste pas moins la Bouche de Segna, passe terrible et redoutée, qu'on doit franchir entre l'écueil de Perviechio et la pointe de l'île de Veglia.

Ces lieux sont bien paisibles, et les pauvres pêcheurs dont je fus l'hôte, auxquels je racontais naguère les exploits des pirates qui les ont précédés, ouvraient de grands yeux comme au récit de quelque conte féerique inventé pour charmer leurs longues soirées.

Le nom d'*Uscoque* (*skoko*, fugitif), qui devint infamant, servait à désigner d'abord des sujets turcs, réduits à chercher un asile entre la mer et les montagnes qui bordent l'Adriatique. Au nombre d'une poignée d'hommes (trois à quatre cents tout au plus), ils reçurent l'hospitalité dans Clissa, forteresse située en un lieu abrupt, au-dessus de Salone et de Spalato, dans la Dalmatie. — Plus tard, quand nous avancerons dans notre voyage, nous visiterons cette forteresse, qui est l'une de nos étapes. Le seigneur de Clissa était alors un certain Pietro Crosichio, feudataire de la couronne de Hongrie. Il avait vu dans ceux auxquels il donnait asile des alliés contre ses ennemis : ce fut sa perte. Les Uscoques se répandant sur le territoire turc et s'y livrant au pillage, Clissa fut assiégée, Crosichio tué, et sa tête portée au combat comme un étendard.

Clissa prise, la Dalmatie était ouverte. Ferdinand d'Autriche crut à son tour se donner des alliés en enrôlant ces volontaires ; il leur offrit pour refuge cette ville de Segna qui était alors le fief des Frangipani. Ni la cavalerie ni l'artillerie ne pouvaient les atteindre du côté de la terre. Par mer, nous l'avons dit, les petites îles et les écueils formant des canaux sinueux et des basfonds la rendaient inaccessible ; ils ne craignaient donc plus leurs ennemis.

Ils n'avaient là pour vivre ni l'agriculture ni la pêche ; accoutumés aux armes, ils gravirent les rochers et, des bosquets épars au sommet de la montagne, prirent l'offensive et fondirent sur les Turcs. A la côte, ils pillèrent les naufragés et recueillirent leurs dépouilles ; bientôt ils firent de légers canots et de longues barques, et, les sinuosités de la rive leur assurant l'impunité, ils se firent pirates.

Les Uscoques s'en prirent d'abord aux Turcs et respectèrent les chrétiens : la Porte protesta. Puisque Venise s'arrogeait la domination de l'Adriatique, c'était à elle de faire la police du golfe ; d'ailleurs il y avait entre le Turc et la République des traités destinés à assurer le transit par mer. Venise se rejeta sur l'empereur Ferdinand, qui s'était fait le protecteur des réfugiés ; celui-ci donna bien des ordres, mais ils furent méconnus ; personne en effet ne pouvait rien contre les pirates, puisque la nature les défendait à la fois et de leurs ennemis et de leur protecteur. La République arma des galères ; tout Uscoque pris fut pendu aux vergues, pour prouver à la Sublime-Porte qu'on tenait compte de ses plaintes ; on traîna même quelques pirates jusqu'à la place Saint-Marc et on les montra au peuple dans des cages.

Ils étaient cinq cents à peine, déjà augmentés de quelques fugitifs ; la lie des nations se joignit à eux : malfaiteurs sujets de l'Empire, Turcs renégats, Italiens faussaires et compromis, politiques vénitiens, vinrent s'allier à cette poignée de bandits. Segna devint un repaire, et l'Europe entière, à un moment donné, eut les yeux tournés vers ce petit bourg au fond du Quarnero. Le roi de France lui-même négociait avec Venise pour se plaindre des exactions commises contre son pavillon.

Les femmes impudiques, bohémiennes, zingares, hongroises, croates, slaves de la Dalmatie, abondèrent peu à peu dans ce repaire ; elles étaient oisives, elles vécurent du vol et se marièrent à ces pirates. Lorsqu'au retour des expéditions l'une d'elles devenait veuve, elle n'attendait même pas que le trépas fût sûr pour contracter de nouveaux liens. L'Uscoque mort, un autre prenait sa femme, ses enfants et sa cabane. Les femmes s'habillaient tout de rouge et se paraient des bijoux fruits de leurs rapines et des étoffes d'Orient prises sur l'ennemi. Les anciens habitants de Segna se démoralisèrent à ce spectacle. Il y avait dès le principe un quartier spécial aux Uscoques : toute la ville fut à eux, et les plus considérables des anciens citoyens prirent comme serviteurs des bandits qui suivaient les expéditions et leur rapportaient une part des prises.

Ils épuisèrent la terre ; la Lica et la Corbaira, régions voisines, furent bientôt désertes. Il leur fallait aller trop loin pour faire du butin, ils se rejetèrent sur la mer. Ce fut l'époque où la terreur régna et dans le golfe et dans l'Adriatique. Le Sénat décida que les navires qui partaient pour l'Orient formeraient désormais des convois escortés de galères ; les Turcs de leur côté en firent autant ou évitèrent le golfe. Il fallut donc se jeter sur les îles, qui furent bientôt désertes à leur tour ; les *scogliari* de Cherso, de Veglia, d'Arbe, d'Ossero et de Pago se firent marins, et, comme ils étaient nés dans le Quarnero et en connaissaient les détours, ils armèrent aux frais de la République des yoles, de longues barques, de légères caravelles pour poursuivre ceux qui les forçaient à déserter leurs chers écueils.

Il y avait bien à Segna un capitaine qui commandait au nom de l'Empereur, mais il était toujours complice : quand les Uscoques revenaient d'une expédition, on leur fermait la porte de la ville, parfois même on tirait contre eux le canon de la place ; mais la nuit on leur ouvrait les portes et on partageait le butin.

C'était une question insoluble ; si Venise attaquait Segna par mer, et elle pouvait le faire à l'aide des *scogliari*, les Turcs offraient d'attaquer par terre ; l'empereur d'Allemagne, sur le territoire duquel on entrait, protestait toujours. Cependant, un jour, Assan, bacha de Bosnie, marcha sur Segna et, naturellement, entra en Croatie ; l'Autriche dut se défendre ; Assan battu, la Porte le soutint, et la guerre, limitée d'abord à Segna, dura douze ans.

Venise, attentive, fortifia ses îles toujours menacées ; ce n'était plus les pirates qu'elle craignait, mais son éternel ennemi, le Turc. Sa neutralité froissa l'Autriche, qui ne retint plus les Uscoques ; ils changèrent leur champ d'action et se répandirent dans l'Istrie et dans la Dalmatie en s'abritant sous l'étendard de l'Empereur. C'était pour Venise accepter la guerre avec l'Autriche ; elle hésita et ne fit que défendre ses ports ; l'Empereur débordé prit en main la répression et, solennellement, invita la République à lui envoyer des ambassadeurs qui seraient témoins de ses efforts.

A Segna même on s'empara des chefs et on les pendit sur la place, les pirates furent désarmés, les sujets vénitiens trouvés parmi eux furent rendus à la République ; on ne laissa dans la ville que cent Uscoques sans armes, on en chassa deux fois autant dans la Croatie, le reste se dispersa. Mais cette poignée d'hommes cachés dans les bois observait l'ennemi ; avant que le gouverneur pour l'Empereur eût quitté Segna, ils rentrèrent pendant la nuit, assiégèrent sa maison et le massacrèrent. A cette nouvelle, les fugitifs et les malfaiteurs se rallièrent, et tout fut à recommencer.

Cela se passait en 1602 ; dans cette seconde période, le nombre des Uscoques ne dépasse pas encore six cents hommes, qui vont tenir trois puissances en échec et occuper des armées et des flottes. C'est un des plus curieux spectacles qu'offre l'histoire. Un jour, ils ont pillé une petite ville, et, pour transporter leur butin, s'emparent de toute la flottille des pêcheurs de Sebenico, qu'ils coulent à fond dès qu'elle leur est inutile ; dans le même temps, étrange audace, ils attaquent la puissante Pola et osent tenter un tel coup avec seulement cent cinquante des leurs.

Venise bloque Segna ; naturellement elle intercepte le commerce autrichien ; l'Empereur se retourne contre les Uscoques, leur prend leur flottille et l'envoie à Fiume avec l'ordre de la brûler. Les Uscoques tombent sur Fiume, reprennent leur bien et enchaînent quatre-vingts bâtiments des Fiuméens qu'ils traînent à la remorque. Je passe bien des péripéties, et des plus curieuses. Traqués de toutes parts, les pirates échappent vers la Dalmatie, se réfugiant chez le Turc et chez le Vénitien. La République construit bien une flotte spéciale pour agir contre eux, mais ses ennemis, ne pouvant plus attaquer de front, usent de ruse. Un jour, Christoforo Veniero, capitaine de la mer, entre à bord d'une galère dans un port de Pago ; leurs espions le découvrent, ils s'approchent de l'île, jettent à terre une partie de l'équipage, se glissent à la faveur de la nuit le long des flancs de la galère capitane, l'enlèvent à l'abordage, jettent à la mer quarante passagers et traînent la galère à Segna. En route ils tranchent la tête des officiers, et, arrivés à terre, dans une orgie colossale à laquelle ils prennent tous part, massacrent Veniero, lui arrachent le cœur, le font bouillir et le mangent. Sa galère est enchaînée dans le port : avec ses canons ils fortifient leur ville.

Les péripéties de la lutte sont sans fin. Minuccio Minucci, archevêque de Zara, les a racontées en deux volumes, écrits pour ainsi dire *de visu* et continués par Paolo Sarpi. Les Vénitiens reculaient toujours devant le grand danger suscité par les Uscoques : la guerre avec l'empereur d'Allemagne. Elle ne put cependant l'éviter ; c'est là un tout autre épisode historique, qui a sa cause directe dans les exactions des pirates. Les Uscoques n'y gagnèrent rien, car leurs voisins immédiats, décidés à exterminer leur race, se tournèrent contre eux pour éviter les représailles des Vénitiens qui parcouraient toute la côte, et on vit les habitants de Segna et de Scrissa, leurs deux repaires, se tourner contre eux et envoyer à Venise la tête du chef. La République cependant guerroyait toujours ; l'Espagne la menaçait à son tour ; la France, la fidèle alliée d'alors, s'interposa entre l'archiduc et les Vénitiens, et on signa le traité dit de Madrid, ratifié à Paris le 26 septembre 1617.

Un article stipulait que l'archiduc mettrait une garnison allemande à Segna, et que, dès qu'il l'aurait fait, Venise lui rendrait une des places fortes dont elle s'était emparée pendant la guerre. Dans vingt jours, à partir de la date du traité, on aurait prononcé sur le sort des Uscoques ; leurs barques seraient brûlées, les pirates dispersés, et la République, une fois l'exécution bien et dûment assurée, rendrait à l'Empire toutes les conquêtes qu'elle avait faites sur son territoire.

Il ne restait des rudes compagnons qui avaient tenu tête aux flottes et aux armées que quatre à cinq cents hommes à peine, parmi ceux qui étaient vraiment Uscoques ou fils d'Uscoques. L'archiduc les exila nominativement après un recensement, et on leur donna des terres du côté de Carlstadt. Ils avaient occupé Segna pendant un siècle, et jamais ils n'avaient été en nombre supérieur à mille.

« En trente années, dit Léon Bruslart (l'ambassadeur de France d'alors), ils avaient coûté trente millions d'or à la République, tant en prises, en dommages causés, qu'en indemnités payées aux Turcs ou en dépenses nécessaires pour la répression. »

On prétend aujourd'hui, et c'est l'opinion du baron Czoernig, statisticien autrichien du plus haut mérite, que les Uscoques, transplantés vers 1617, existent encore sous leur vrai nom slave, au nombre de plus de mille, dans la province de Carniole. Ils seraient établis dans les districts de Mottling et de Tschemembe. Ils s'habillent, dit-on, de laine blanche, portent du lin pendant l'été et ont gardé des mœurs particulières. Les jeunes filles ont toutes un bonnet rouge. Quand ils mettent un mort au cercueil, ils lui couvrent la face d'un voile percé de trous, afin qu'il puisse voir. Ils ont aussi conservé l'usage des pleureuses ou *voceratrici* qui racontent les actions du défunt et interpellent le mort en l'appelant « oiseau de malheur ». C'est d'ailleurs la scène que nous verrons dans les cimetières de Serbie, au Jour des Morts.

IX

Dans le golfe du Quarnero, comme de grands navires en panne au milieu de ses flots, on ne compte pas moins de trente îles ou écueils nommés par les navigateurs. Cinq de ces îles, Cherso, Veglia, Lussine, Pago et Arbe, contiennent des villes et des ports. Les autres sont à proprement parler des écueils (*scogli*), dont les plus importants ne contiennent que des cabanes où s'abritent quelques pêcheurs. Les trois premières îles dépendent du margraviat d'Istrie, les deux autres se rattachent au royaume dalmate.

Le voyageur qui va de Pola à Fiume, a l'île de Cherso à sa droite ; elle ne faisait qu'une avec Lussine ; la main des hommes l'en a séparée : pour éviter un long détour au navigateur, on a creusé le *canal d'Ossero;* un pont étroit, qu'on appelle *la Cavanella*, réunit l'une à l'autre.

Cherso n'a pas moins de trente-cinq milles de longueur et sept de largeur ; sa côte est profonde, ses montagnes sont dénudées au sommet, et ses vallées, même les mieux abritées, n'offrent qu'un sol rocailleux. On y récolte très-peu de blé, beaucoup de vin, des olives et du miel. L'élève des troupeaux est une des richesses du pays. La pêche est abondante sur les côtes, et un lac intérieur, le lac de Vrana, qui a sept milles de tour, produit des anguilles d'une grosseur prodigieuse.

Quand on longe la côte, Cherso apparaît absolument grise au sommet, pommelée de points sombres à la base : ce sont les oliviers, petits, mais chargés de fruits. Il y a dans la ville qui donne son nom à l'île près de cinq mille habitants, et on n'y compte pas moins de huit églises. Le port est excellent ; il n'a pas beaucoup de caractère, à cause des constructions neuves et de forme carrée qui bordent les quais ; la ville étouffe dans ses vieilles murailles, et, à droite et à gauche, en s'agrandissant, elle a gravi la montagne. Cherso est un pays de marins, malgré la récolte abondante du vin et de l'olive, et malgré l'élevage des troupeaux qui passent tout l'hiver et l'été dans les parties abritées. L'homme a beaucoup de mal pour récolter l'olive (*l'olivetto*, comme on dit à Cherso) ; les routes d'un point à un autre n'existent pas ; il faut cultiver à grand'peine, en gravissant toujours, et, pour récolter, porter le petit tonneau à dos d'homme : un chariot, si petit qu'il fût, ne pourrait pas stationner sur les rampes. Aussi les *scogliari*, ou habitants des îles, vont-ils tenter aventure jusque dans l'extrême Orient, et le pauvre insulaire, qui gagne durement sa vie, désigne au voyageur, avec admiration, mais sans basse jalousie, les quelques audacieux qui sont revenus *signori* de leurs expéditions lointaines.

X

Ossero (c'est le nom qu'on donne habituellement à l'île de Lussine) est moins grande, mais elle a deux ports : Lussin-Grande et Lussin-Piccolo, qui lui donnent une telle importance, que quelques géographes désignent l'île tout entière sous le nom de *Lussin*. Ossero ville est surpassée désormais par les deux Lussine ; elle est située sur un promontoire, dans Cherso même ; mais le canal qui la sépare de l'île d'Ossero se resserre au point que la Cavanella n'a que quelques pieds de largeur et forme comme une écluse. La vie s'est retirée de la ville qui donnait autrefois son nom à l'île. Il n'y a plus que quelques centaines d'habitants, et tout l'intérêt est concentré dans les deux ports.

Lussin-Piccolo, par son nom la plus petite des deux villes, est la plus grande de fait ; elle est assise au fond d'une grande baie bien fermée et dominée par un mont. Son entrée est si étroite, qu'une fois à l'ancre nous cherchions vainement la passe que nous venions de franchir. C'est un foyer de labeur, une cité active, intelligente et hardie ; elle aussi fait éclater ses murs et de toutes parts déborde sur la montagne, en gagnant sans cesse, avec ses maisons neuves, blanches et d'un caractère tout moderne. Elle a même dépassé les faubourgs où s'élevaient les chantiers qui sont sa richesse et sa gloire : de sorte que, dans la ville même, on voit se dresser sur leurs étais les grands squelettes des carènes en construction, avec leurs membrures à jour.

La population de Lussine est, de toute cette côte, la plus active, la plus vive, la plus intelligente et la plus économe ; les circonstances l'ont beaucoup favorisée, et quand la marée montait, elle savait monter avec la marée. Les habitants se sont faits les armateurs de toute la côte pour le cabotage ; Buccarie, Porto-Re, qui sont à la porte de Fiume, font des barques de pêcheurs : eux construisent les grandes tartanes, les *trabacoli*, et les polacres qui peuvent affronter les gros temps. Aucun port de l'Istrie ni de la Dalmatie ne peut rivaliser avec celui-ci pour la construction des gros bâtiments de commerce. Au moment où je m'y arrête, on me montre sur chantier le plus grand qu'on ait construit jusqu'ici. Il y a comme une lutte et un défi entre cette vigoureuse petite cité et les chantiers de construction de la côte. A Gravosa, qui est le port de Raguse, on construisait naguère un navire de commerce qu'on regardait comme le plus grand qu'on eût mis en œuvre. La Petite-Lussine, quelques mois après, a commencé la construction d'un autre d'un plus fort tonnage. J'en compte huit sur chantier au moment où je passe. La mer entre comme un coin dans la cité, présentant partout des quais et des rives, et offrant pour ainsi dire ses ondes aux constructeurs ; aussi toute la ville est un port, et tout le port est une ville. Ils ne sont pas armateurs aujourd'hui, mais surtout constructeurs ; ils n'ont donc que le gain du travail, sans les chances de la perte causée par les naufrages. La guerre de Crimée a décidé de la fortune d'un grand nombre d'entre eux ; c'est de ce moment que date leur prospérité : ils se sont fait noliser en 1854 par le ministère de la marine française, par les Anglais, les Italiens et les Turcs pour les transports de toute nature et les docks flottants. L'habitant de Lussine qui veut bien me servir de guide avait un chargement de poudre pour les Français. « C'était le bon temps, dit-il ; on travaillait dur à la mer, mais on roulait sur l'or. »

Désormais les vapeurs touchent quatre fois par semaine à Lussine, et cette ville, qui ne compte guère plus de quatre à cinq mille habitants — la statistique de 1848 en comptait deux mille cinq cents — est cependant une des plus importantes de la côte, grâce à l'esprit d'entreprise de sa population.

XI

L'île de Veglia est la plus fertile et la plus peuplée ; elle est parallèle à la côte de Croatie et à la chaîne du Kartz. Sur la carte il semble que ce canal de Maltempo, qui la sépare du rivage, soit très-étroit et facile à franchir ; mais c'est tout un voyage que de passer ainsi d'une île à une autre dans les canots des pêcheurs.

Il y a quelques jours à peine, assis sur la rive de Porto-Re et anxieux de passer de la pointe de Veglia à Castelmucchio, les vapeurs du matin nous cachaient l'île tout entière et il nous semblait que nous étions en pleine Adriatique. Si Cherso nous apparaît triste et désolée, Veglia se présente verte et fertile. Les *vallées d'eau* sont très-nombreuses et les ports excellents. La population de l'île, répartie dans quinze petites villes et plus de cinquante hameaux, doit s'élever à près de vingt-cinq mille âmes. On y est moins adonné à la mer qu'à Cherso et moins riche que dans cette île, quoique le sol soit très-productif. Veglia nourrit Fiume et lui apporte son blé, son huile, son vin, ses fruits excellents. Nous abordons à la pointe de Castelmucchio ; une route difficile, accessible seulement aux piétons ou à de petits chevaux nerveux, très-agiles et très-vifs (qui naissent dans l'île et constituent aussi une branche d'exportation), nous permet de traverser l'île et d'arriver à Veglia. C'est une déception pour le voyageur que ces longues marches à pied dans les sentiers de l'île, et ces excursions-là n'ont pas d'histoire.

Comme aspect, les petits ports se ressemblent tous. La nature les a creusés dans un repli de la côte, et, pour les abriter contre les vents terribles qui soufflent dans ces parages, elle a fait les vallées, golfes paisibles, défendus par de hautes falaises qui coupent les courants meurtriers de la bora.

L'histoire de l'île de Veglia est très-intéressante et très-mouvementée. Du plus loin que les chroniqueurs s'en souviennent, c'était une république composée de nobles et de plébéiens, qui chacun pour sa part élisaient des magistrats. Un chef d'État, élu pour un an, qui avait le titre de comte, représentait le pouvoir exécutif.

Comme l'île était toujours en butte aux attaques des corsaires et que plusieurs fois déjà la République l'avait protégée, Veglia, au douzième siècle, se donna à Saint-Marc. En 1260, sous le doge Rainero Zeno, la République constitua l'île en un fief pour les frères Zuane Schinella, citoyens nobles, qui prirent le titre de comtes de Frangipani. Sans aliéner sa propriété, le Sénat déclara le pouvoir héréditaire dans cette famille. C'était l'époque où Bela IV, le roi de Hongrie, chassé par les Turcs, errait, dépossédé, sur la côte voisine ; il se réfugia dans Veglia. Les habitants, craignant l'invasion, aidèrent Bela à constituer une armée, et le roi détrôné, débarquant avec des forces, chassa le Turc et redevint maître du pays. Pour récompenser les Frangipani, Bela leur donna en fief la ville de Segna. Il y eut dès lors un parti hongrois à Veglia, et l'île tout entière abandonna la République.

Mais le Sénat n'entendait pas que ses colonies fussent rebelles à son pouvoir ; il envoya des émissaires au comte Zuane, qui refusa de se soumettre. Expulsé bientôt de ses domaines, celui-ci dut se réfugier dans Segna, et l'étendard de Saint-Marc flotta de nouveau. Ce fut le provéditeur Jacopo Veniero qui fut chargé de cette exécution des ordres du Sénat et mit fin au pouvoir des Frangipani.

Une tradition curieuse, rapportée par tous les historiens de l'île, et dont on retrouve la trace même dans les rapports des provéditeurs de la République, veut que les habitants de Veglia aient conservé pendant des siècles le souvenir des Frangipani, et, fidèles à leur mémoire, qu'ils aient contracté l'habitude de porter des habits sombres, comme marque d'un deuil éternel.

Qu'on nous permette de sourire ! La République n'était pas tendre, mais les Frangipani l'étaient moins encore. Une autre tradition, tout aussi fondée, dit que c'étaient des autocrates farouches, et, pour employer l'expression même des vieux chroniqueurs, « des diables et d'insatiables dragons ».

Il y a un évêque à Veglia, et j'ai été frappé du nombre de prêtres qu'on rencontre dans l'île ; c'est encore une tradition du temps des Vénitiens. Les couvents étaient nombreux dans le Quarnero ; les patriciens avaient fait là nombre de fondations dotées, qui possèdent encore des biens et vivent de leur vie propre. De temps en temps, quand on traverse ces îles, dans un lieu désert, sur un sommet apparaît une construction religieuse au mur de laquelle s'étalent encore les écussons de Saint-Marc.

XII

Les deux îles dalmates, Pago et Arbe, sont beaucoup plus petites. Elles sont rocheuses dans la partie qui regarde le continent et que baigne le canal della Morlacca. Là le vent souffle avec violence, et la région la plus élevée de l'île est inculte et inhabitable ; mais le côté qui baigne dans le Quarnerolo est riant et fertile. Il y a quatre *vallées d'eau* : Paludo, Compara, San Pietro et Loparo, dont l'orientation permet de cultiver la vigne, l'olivier et le mûrier. La population est divisée en marins et en cultivateurs.

Pago a une physionomie très-particulière : c'est une île morcelée en nombre de petites îles reliées entre elles par des langues de terre. La ville qui porte ce nom a été créée de toutes pièces par les Vénitiens : il y a un décret du Sénat du seizième siècle qui en ordonne la construction dans un temps déterminé. Comme c'est une des clefs du Quarnero, et l'une de ses bouches, c'était un point stratégique pour surveiller les Uscoques et les bloquer dans Segna, en fermant l'une des issues du canal della Morlacca. Les Vénitiens plantèrent un château fort à l'entrée, creusèrent un port à leur usage, et en firent un poste militaire. L'île entière compte une dizaine de villages ou hameaux ; la situation est bonne, et Pago produit du vin ; elle a de riches salines et même une mine de charbon de terre exploitée.

Le voyageur qui voudrait parcourir ces îles doit se munir de provisions et tout porter avec lui. A la côte, dans Cherso, Veglia et Ossero, et surtout dans les ports, on a peu de ressources, mais on trouve un abri, et si l'on vit peu confortablement, on peut du moins vivre, tandis que si l'on part d'un des ports pour traverser l'île à pied ou à cheval dans toute sa longueur, même à prix d'or, on ne trouve point de refuge ni d'aliments, et j'ai encore sur les lèvres le goût d'un plat unique, composé d'olives baignées dans l'huile, qu'une pauvre femme de Val Cassione avait saupoudrées de sucre pour faire honneur à l'étranger.

LE PORT DE CHERSO.

ZARA : LA PORTE SAINT-CHRYSOGONE. (Voyez p. 184).

CHAPITRE SIXIÈME

LA DALMATIE

Conditions générales de la Dalmatie. — Administration. — Population. — Zara. — Histoire de Zara. — Les îles Longues. — Départ de Zara. — La caravane. — Les routes de la Dalmatie. — Le costume. — Les broderies des paysans dalmates. — Les bijoux dalmates. — Halte à Ostrovitza. — Les casernes de cavalerie du maréchal Marmont. — Les routes de Dalmatie construites par le duc de Raguse. — Souvenirs de l'occupation française. — Knin. — Les communications dans l'intérieur de la Dalmatie. — Séjour à Knin. — Le cours de la Kerka. — Départ. — Départ de Knin. — De Knin à Sebenico par Dernis. — Sebenico. — De Sebenico à Spalato par mer. — L'aspect général de Spalato. — Le palais de Dioclétien. — Spalato. — Son histoire. — Le palais de Dioclétien. — La ville ancienne. — La ville moderne. — Le palais de Dioclétien à Spalato depuis le troisième siècle jusqu'à la domination vénitienne. — Promenade dans Spalato. — La ville des Salonitains. — Le temple. — Le mausolée. — La place. — Le temple du palais de Dioclétien. — Le tombeau de Dioclétien ou temple d'Esculape transformé en baptistère. — Salone. — Clissa. — Sign. — Almissa. — Macarsca. — Brazza. — Fouilles à Salone. — La foire de Salone. — De Spalato à Sign par Salone et Clissa. — Sign. — Brazza. — Almissa. — Macarsca. — Gravosa. — Raguse. — Histoire de Raguse. — Origine de la ville. — Les guzlars. — Les chants serbes. — Le gouvernement de Raguse. — Édits contre le luxe. — Relations de la France avec la république de Raguse. — Dissensions intimes. — Le commerce de Raguse. — Sa flotte. — Dépêches officielles inédites relatives à l'occupation de Raguse par les Français. — De Raguse à Cattaro. — Les habitants des Bouches. — Habitudes. — Mœurs. — Costumes. — Cattaro.

I

Si l'on part de Fiume pour se rendre en Dalmatie, il faut dix-sept heures pour arriver à Zara ; si on part de la pointe des îles, de Lussin-Piccolo, en six heures on aborde dans la capitale du royaume. Quand le temps est propice, c'est un enchantement pour les voyageurs. Les vapeurs du Lloyd, confortables et pleins de sécurité, conduits pour la plupart par d'habiles officiers dalmates, longent toujours les côtes; on compte les petits villages perdus dans les montagnes et les moindres ports de la côte; comme dans d'immenses allées liquides, on navigue entre les méandres des canaux formés par cette multitude d'îles couchées parallèlement au continent.

C'est au printemps ou au commencement de l'automne qu'il faut naviguer dans l'Adriatique. Novembre y est fatal, et les derniers jours de l'hiver sont toujours dangereux pour le navigateur. A mesure qu'on avance vers l'Orient, les colorations deviennent plus claires, les eaux deviennent argentées, les montagnes se volatilisent pour ainsi dire et flottent dans un air léger tout imprégné d'une lumière ambrée. Les accessoires prennent de la couleur et l'emportent sur la valeur des fonds du décor, et le vent, en gonflant les voiles latines que le navire dépasse, déroule aux yeux du voyageur charmé les fresques mouvantes de leurs grandes madones byzantines aux gestes carrés.

La Dalmatie forme une langue étroite, limitée par la Croatie et l'Herzégovine, et serrée de telle façon entre les montagnes et la mer Adriatique, que la côte semble s'être morcelée en une infinité d'îles. En certains points, la langue de terre est si étroite que, du haut de leurs sommets, les Turcs pourraient bombarder une flotte à l'ancre dans les ports dalmates. C'est au midi, vers Raguse, que la profondeur est le moindre, et entre le cap la Planca et le mont Dinara qu'elle est le plus grand, un peu au-dessous de Sebenico.

L'une des petites chaînes des Alpes, qui marche de l'ouest à l'est et qu'on traverse pour aller de l'Italie dans la Carniole, se continue dans cette direction jusqu'en Grèce, sépare les eaux de l'Adriatique des eaux du Danube et de la mer Noire, et arrive en Albanie, près de Pristina. Les contre-forts et les chaînes secondaires, qui s'en détachent vers l'ouest et le sud-ouest, forment les montagnes de la Dalmatie.

Quatre rivières, considérables en certaines parties de leur cours, forment quatre bassins et coupent le système des montagnes de la Dalmatie en quatre chaînes. Ces eaux s'écoulent vers l'Adriatique en creusant des vallées, et, à mesure qu'elles approchent de la mer, les monts se relèvent et se terminent par des pics très-élevés.

Les rivières sont: la Zermagna, qui limite la Croatie; la Kerka, qui prend sa source près de la Zermagna, passe près du fort de Knin, arrive à Scardona, y forme une chute célèbre et vient se jeter dans l'Adriatique au golfe de Sebenico; la Czettina, qui court du nord au sud, tourne ensuite à l'ouest et se jette dans la mer à Almissa; enfin la Narenta, qui prend sa source dans l'Herzégovine, à vingt lieues de la Dalmatie, et prend les proportions d'un fleuve: elle se perd dans les marais, au-dessus de Fort-Opus.

La terre est aride, rocheuse, et le sol manque au cultivateur; on peut dans certaines parties, de Zara à Knin par exemple, parcourir cinq ou six lieues de territoire sans trouver de terre végétale; à peine au sommet des collines, ou dans les interstices des rochers, voit-on s'élever quelques arbres malingres. Des troupeaux de bestiaux chétifs forment toute la richesse du pays, et la vie est dure au Dalmate, sobre, fier et habitué à la fatigue. Les anciennes forêts de la Dalmatie, qui figurent encore sur l'atlas de Coronelli, le géographe de la Sérénissime République, n'existent plus aujourd'hui et sont devenues des broussailles. Une statistique curieuse a établi qu'au moment où nous entrâmes en vainqueurs dans la Dalmatie, *onze cent mille* chèvres broutaient les jeunes pousses et empêchaient les arbres de grandir. Quand Venise voulut réglementer toutes choses dans cette terre conquise, elle rendit un édit qui limitait le nombre de ces animaux et déterminait les conditions de pâturage. Marmont, duc de Raguse, en fit autant au commencement de ce siècle.

Si le pays est pauvre, la race est remarquable. On dit que les enfants faibles meurent jeunes, soumis au dur régime de la misère; ceux qui sont robustes survivent seuls, et la race ainsi s'épure. Toute cette population dalmate est forte, valeureuse, susceptible d'enthousiasme; les habitants sont ignorants, mais ils sont simples, confiants et toujours loyaux. On a dit de la Dalmatie que c'est le pays des « portes sans serrure ». Le vol y est inconnu ; les méfaits sont ceux qu'on peut attendre d'hommes qui frappent en face et auxquels répugnent la lâcheté et l'hypocrisie. Avec cela cependant, ces grands Dalmates, larges et forts, à la physionomie noble, à l'aspect guerrier, sont paresseux et insouciants, et leurs femmes, comme celles des Kabyles, sont assujetties aux plus rudes travaux. Ils sont imprévoyants, et l'idée de l'épargne leur est étrangère. Dans ces dernières années, après des récoltes relativement abondantes, ils eurent une année de famine, et la misère était grande : le pays cependant, désolé et ravagé comme par un fléau, resta tout aussi sûr que par le passé.

On compte le nombre des voyageurs qui ont traversé le pays dans tous les sens, et comme on doit le faire, à pied ou à cheval, afin de passer partout ; on compte surtout ceux qui, l'ayant fait, ont donné des relations de leur voyage. Nous nous sommes déjà demandé pourquoi, à dix journées de France, ce pays restait inconnu alors qu'on fait tant d'expéditions lointaines. La raison en est que, si le voyage est plein d'intérêt, il est très-pénible ; c'est un des rares pays de l'Europe où l'on puisse encore souffrir de la faim, de la soif et du froid. J'ajoute cependant qu'en se traçant un itinéraire et faisant judicieusement le choix de sa nuitée, on est presque sûr de reposer dans un lit toutes les nuits : parti de Zara avec un lit de voyage, nous l'avons renvoyé à la côte après une expérience de quinze jours, pendant lesquels notre couche portative était restée inutile autant qu'embarrassante.

Les routes sont très-rares, mais elles sont très-sûres, malgré l'aspect abrupt du pays, la physionomie farouche des habitants et l'arsenal que chacun porte sur soi dans toutes les circonstances de la vie. Le Dalmate est hospitalier et indifférent à ces petites manœuvres qui ont pour but de pressurer le voyageur. La vie, étant plus que simple, est à très-bon marché ; la seule dépense à laquelle on ne peut se soustraire est celle qui résulte des nécessités de locomotion. Sur les quelques grandes routes, les transports, même par charrette, sont chers ; et quand on prend les sentiers pour traverser les hautes montagnes et qu'on veut louer des chevaux, des mulets et des guides, le prix est assez élevé ; mais, la halte coûtant peu, il y a compensation. Je conseillerai toujours à ceux qui s'aventureront en Dalmatie de jeter dans le fond de leur sac un peu de bonne eau-de-vie et quelques conserves, car bien souvent, après dix heures de cheval par des routes difficiles, nous avons souffert de la faim dans des logis hasardeux, et nos hôtes, avec la meilleure intention du monde, ne pouvaient trouver ni un œuf, ni une poignée de riz, tant la misère est grande dans certains villages, et tant la vie du Slave de la montagne est une vie sommaire et réduite à ses plus absolus besoins.

Quelles furent, dans la suite des temps, les destinées de ce pays de Dalmatie, jusqu'au jour où les traités de 1815 l'ont donné à l'empire austro-hongrois ?

Pour ne pas remonter plus haut que les temps de la Rome antique, les trois *Guerres illyriques* font passer ce territoire aux mains des Romains, qui le divisent en trois provinces, sortes de fiefs qui reconnaissent le pouvoir central, mais qui ont leur vie propre. La république dalmate prospère : elle compte jusqu'à quatre-vingts cités, et de nombreuses armées qui, bientôt rebelles à la domination de Rome, lui disputent ses colonies voisines de Lissa et de Traü. Ces dernières en appellent au Sénat, et l'on voit s'ouvrir l'ère des *Guerres dalmates*, qui durent cent cinquante-six ans et attestent la valeur de cette race illyrique. Agrippa, Tibère, Germanicus, Octave-Auguste, sont obligés de conquérir le terrain pied à pied, et la neuvième année de l'ère chrétienne voit le pays entier soumis au pouvoir de la Rome impériale. Jusque-là le pays était appelé Illyrie ; il devient la Dalmatie, et, comme il a été rebelle au régime féodal que la métropole lui imposait, il perdra toute trace d'indépendance. C'est d'ailleurs l'époque de sa gloire et de sa prospérité, et la Dalmatie suit les destinées de l'Empire. Quand les Barbares, Goths, Lombards, Avares et Hérules, font irruption dans l'Occident, ils détruisent sur leur passage toutes ces cités brillantes dont nous retrouvons les ruines : Scardona, Salone, Épidaure, Nona, Promona et tant d'autres.

Derrière eux viennent les Croates et les Serbes, qui divisent le territoire ; puis il passe aux mains des empereurs grecs, et quand les Turcs s'emparent de Constantinople, les rois de Hongrie succèdent aux Grecs byzantins. Tout le monde commande tour à tour en Dalmatie, les Sarrasins, les Vénitiens, les Napolitains et même les Génois ; les pirates de la Narenta y font de telles excursions, que les Vénitiens, qui prétendent avoir la domination du golfe Adriatique, viennent au secours des Dalmates, et, pour prix de la sécurité qu'ils leur donnent, leur enlèvent l'indépendance.

Depuis le jour où Venise règne de Cattaro jusqu'au golfe de Trieste, quatre traités successifs changent encore les destinées de la Dalmatie. Le 6 septembre 1669, la convention qui met fin, par la cession de l'île, à la grande guerre de Candie entre les Turcs et les Vénitiens, consacre le droit de ces derniers sur tout le territoire, et on nomme des plénipotentiaires pour délimiter les possessions. Cette domination dure trois cent cinquante ans, malgré les efforts de quelques cités rebelles. Le 17 octobre 1797, dans le mémorable traité de Campo-Formio, Bonaparte, au nom de la République française, décide en ces termes des destinées de la terre dalmate :

« La République consent à ce que S. M. l'empereur et roi possède en toute souveraineté et propriété les pays ci-dessous désignés, savoir : l'Istrie, la Dalmatie, les îles ci-devant vénitiennes de l'Adriatique, les bouches de Cattaro, la ville de Venise, les lagunes et les pays compris entre les États héréditaires de S. M. l'empereur et roi et une ligne qui partira du Tyrol, traversera le lac de Garde, ensuite l'Adige, suivra la rive gauche de ce fleuve jusqu'à Porto-Legnano, et reviendra joindre la rive gauche du Pô, qu'elle suivra jusqu'à la mer. »

Les Autrichiens ne possèdent la Dalmatie, à cette période de l'histoire, que du 17 octobre 1797 au 19 février 1806, où le traité de Presbourg la donne aux Français. L'empereur Napoléon la réunit au royaume d'Italie, et le maréchal Soult reçoit le titre de *duc de Dalmatie*. En juillet 1809, il y a bien un retour offensif de l'Autriche, mais la paix de Vienne nous rend le duché ; cette fois, une organisation administrative nouvelle l'enlève à la couronne d'Italie donnée à Eugène Beauharnais, et Marmont, le *duc de Raguse*, et ses successeurs résident à Laybach de 1809 à 1814, comme gouverneurs généraux des *provinces Illyriennes*. Enfin, quand l'empereur sombre et quand les destinées de la France s'obscurcissent, les traités de 1815 reprennent à peu près l'article du traité de Campo-Formio, et l'Autriche redevient maîtresse du territoire qu'elle occupe encore aujourd'hui.

Il y aurait un bien intéressant chapitre à écrire sur l'occupation de la province par les troupes françaises, et il nous est doux de constater que notre passage n'a laissé que de bons souvenirs [1] ; les bienfaits de notre séjour sont d'ailleurs visibles pour tous encore aujourd'hui, et, malgré nos malheurs, le prestige du nom français est resté considérable.

---

[1] M. Georges Perrot, dans son récit intitulé *Un séjour chez les Slaves du Sud*, a traité ce sujet avec quelques développements, et a cité, à ce propos, de curieux passages des *Souvenirs et portraits* de Charles Nodier, qui fut nommé bibliothécaire à Laybach par la protection de Fouché.

II

Le royaume de Dalmatie est divisé en quatre cercles, qui contiennent chacun un certain nombre de districts ; il a pour capitale la ville de Zara, résidence d'un gouverneur général (aujourd'hui le général Rodich), qui réunit les deux pouvoirs civil et militaire.

Les cercles sont ceux de Zara, de Spalato, de Raguse et de Cattaro. Zara comprend Pago et Arbe (les deux îles du Quarnero), Zara, Obbrovazt, Knin, Scardona, Dernis et Sebenico. Spalato comprend Traü, Spalato, Sign, Almissa, Imoschi, Brazza, Lissa, Macarsca et Fort-Opus.

Raguse comprend Curzola, Sabioncello, Slano, Raguse, Raguse-Vieille.

Cattaro comprend Castel-Nuovo, Cattaro et Budua.

Zara compte deux cent quatre-vingt-quatorze communes ; Spalato, deux cent cinquante et une ; Raguse, cent quarante, et Cattaro, cent quatre.

Sous les Vénitiens et à la fin de leur domination, la Dalmatie comptait deux cent cinquante-sept mille âmes. Quand le maréchal Marmont fit le recensement, il évaluait la population à deux cent cinquante mille habitants, presque tous catholiques, et la proportion de ceux qui professaient la religion grecque était d'un dixième de l'ensemble. En 1833, le nombre total était de plus de trois cent cinquante mille, et à cette époque la proportion entre les Slaves et les Italiens était de trois cent quarante mille à seize mille, habitant presque tous des villes de la côte. En 1844, le chiffre total monte à quatre cent trois mille [1]. Je n'ai eu que des chiffres contradictoires pour les recensements des dernières années, mais la progression est patente, et, quelle qu'elle soit, on voit combien la proportion est restreinte relativement à l'espace occupé.

Les Vénitiens gouvernaient au moyen d'officiers envoyés pour administrer au nom de la République et du Sénat, qui prenaient le titre de provéditeurs, réunissaient les deux pouvoirs civil et militaire, et, selon l'importance de la cité, s'appelaient comtes, gouverneurs, capitaines ou châtelains, toujours soumis d'ailleurs au provéditeur général, qui correspondait directement avec le Sénat et le Doge. A Zara et à Spalato, ces provéditeurs étaient assistés d'un conseil composé de trois patriciens envoyés de Venise ; mais, comme la République n'abdiquait jamais son esprit de contrôle et qu'elle entendait protéger ses colonies contre les abus que pouvaient tenter les provéditeurs, elle envoyait tous les trois ans une commission extraordinaire composée de trois sénateurs qui avaient pour but de faire une inspection générale et se constituaient en permanence, afin de recueillir, de la bouche même de tous ceux qui avaient à se plaindre, le motif de leurs griefs accompagné de la justification de ceux-ci. Ces commissaires marchaient alors avec un appareil formidable, et le bourreau lui-même, vêtu de rouge et la main sur le glaive, faisait partie de leur cortége. A une certaine époque, les provéditeurs prirent ombrage de cette institution ; la terreur régnait, et des plaintes nombreuses parvenues au Sénat l'engagèrent à modifier l'esprit de la commission. Aujourd'hui, chaque ville a ses podestats et son conseil, pouvoir civil et tout local qui a soin des intérêts matériels et moraux de la cité. Les aspirations politiques et les grandes décisions qui intéressent le pays tout entier trouvent une satisfaction dans la *diète de Dalmatie*, qui siége à Zara et se recrute par voie d'élection. La diète délègue quelques-uns de ses membres à la chambre haute de Vienne ; et ainsi se trouvent représentés dans les conseils de l'Empire les intérêts spéciaux de la Dalmatie.

Nous avons assisté à Zara à l'une des séances de la diète, à la veille des événements qui se sont déroulés en Herzégovine, et nous devons dire que les passions soulevées donnaient à cette assemblée, ce jour-là, le caractère d'une séance tumultueuse de la Convention.

---

[1] 323,271 catholiques romains ; 664 Grecs unis ; 77,699 Grecs ; 483 Israélites ; 37 protestants, et 1286 prêtres ou religieux.

A la diète de Zara, comme à celle de Parenzo d'Istrie, trois éléments se trouvent en présence : l'élément italien, l'élément slave et l'élément allemand. Chacun d'eux réclame la primauté. Le grand mouvement intellectuel et politique, qui a son centre à Agram, et la fondation d'une université ont donné un point d'appui à l'*idée slave*. Au fond du soulèvement des provinces voisines, on la sent fermenter vive et forte, elle prend un corps, elle se formule ; et ce serait de l'aveuglement que de ne pas voir qu'il faut dès aujourd'hui faire une part équitable à ces aspirations. Le temps n'est pas loin peut-être où, épars sur les rives de l'Una, sur celles de la Save et du Danube, en Bohême, en Moravie, en Croatie, en Serbie, en Bosnie, dans l'Herzégovine, la Bulgarie et le Monténégro, triomphant des divisions qui les séparent, on verra les Slaves fixer leur choix sur un chef et tendre d'un pas précipité vers un but idéal, qu'on n'ose point avouer encore, mais qui apparaît clairement formulé à tous ceux qui ont visité les Provinces.

Dans combien de temps s'accomplira ce mouvement inévitable ? Nous laissons à des esprits plus clairvoyants que le nôtre le soin d'agiter ces hautes questions. Nous venons de parcourir les pays soulevés, passant des camps des Turcs à ceux des insurgés. Nous avons dû aussi aux princes de Serbie et du Monténégro une bienveillante hospitalité, recueillant sur place des renseignements circonstanciés, et de la bouche même des diplomates, des hommes d'État et des chefs du mouvement. Nous ne saurions nous désintéresser de ces aspirations de races, quoique nous ayons choisi un lot plus modeste en cherchant la couleur, en étudiant la vie, en tâchant d'exprimer le relief des choses pour donner au lecteur une idée des pays que nous parcourons.

III

Je souhaite au voyageur de débarquer à Zara au commencement de l'automne, par un temps doux et frais, à l'heure où les vapeurs du matin se dissipent sous les rayons du soleil levant. Les légers brouillards s'évanouissent ; ils montent dans l'air comme les gazes d'un décor qui se replie jusqu'aux frises. On voit apparaître une à une les îles qui forment le canal de Zara, et bientôt la blanche Zara elle-même, enfermée dans sa muraille et dont les campaniles dressent leurs pointes vers le ciel.

La ville dort encore et les quais sont déserts ; quelques *Pandours*, tout couverts d'argent et de monnaies brillantes, coiffés de calottes rouges à paillettes d'or, fument leur pipe de cerisier assis sur la plage, en regardant glisser notre navire. Derrière nous, un grand gazouillement trouble le silence : ce sont deux polacres aux grandes lignes simples, à la proue rouge et noire bordée d'une grecque et ornée de deux gros yeux fantastiques, qui, doucement poussées par la brise du matin, amènent à la ville une centaine de jeunes filles et de femmes des îles voisines, les Castelli : c'est un monde nouveau, et l'Orient apparaît.

Nous entrons par la porte Saint-Chrysogone, une porte romaine, encastrée dans la muraille vénitienne sur laquelle la République a greffé son fier écusson au lion de Saint-Marc. Les rues sont droites et se coupent à angles réguliers. On sent que c'est une ville militaire, le boulevard de la résistance contre les Turcs et les Hongrois, et le but des attaques des voisins.

Nous descendons au *Capello-Nero*, un petit hôtel à cour plantée de vignes, qui rappelle la *Calcina* des Zattere, chère aux peintres de Venise. Selon notre habitude, sans plan, sans parti pris, nous nous enfonçons dans la ville à la découverte.

Au marché d'abord. De tous côtés y arrivent les paysans slaves de l'intérieur de la Dalmatie et les femmes des îles : leurs costumes sont admirables de caractère et d'une grande variété ;

AU MARCHÉ : PAYSANS MORLAQUES DU DISTRICT DE ZARA.

chaque district a le sien, et chaque village a sa mode. Presque toutes portent des chemises de toile blanche, brodées de beaux dessins vifs aux manches et sur la poitrine. Sur cette chemise, une houppelande sans manches, d'un bleu sombre, ouverte devant, agrémentée de dessins jaunes, rouges, vert sombre ; aux poches, ornement bizarre, on voit des broderies formées de petits coquillages blancs et de paillettes. La ceinture est un relief de cinq rangs de cuivre aux clous d'argent sans nombre ; le tablier est un tapis aux mille couleurs, comme ceux du Khorassan, tapis qui descend jusqu'à mi-jambe et se termine par une longue frange prise dans la trame ; des jambières de même étoffe, tressées à la main, retombent sur l'*opanké*, la chaussure des Slaves, formée d'une peau de mouton attachée sur le pied par des lanières de paille. Le cou est chargé de colliers qui retombent assez bas, de verroteries, d'ambre, de rangs pressés de monnaies à l'effigie de Marie-Thérèse, d'amulettes, de morceaux frustes, de turquoises, de paillons et cabochons de toutes couleurs. Quelques-unes, les jeunes filles, ont la calotte rouge à gros galon d'or et à paillettes d'or semées sur le fond ; d'autres s'enveloppent la tête dans un grand pagne blanc qui retombe jusqu'au milieu du dos comme un fichu, bordé d'un large ruban cerise.

C'est là l'ensemble du costume ; mais tout cela est si varié dans le détail et dans la couleur, qu'on dirait une mosaïque. Les dames de la ville, suivies de leurs servantes, font leur marché, et, avec leurs modes modernes, nous offrent un contraste. La place elle-même n'a pas grand caractère : c'est une construction récente, faux gothique mêlé de byzantin, comme on le pratique à Venise. Dans un coin se dresse, comme dans la plupart des *places aux herbes* des villes italiennes, une énorme colonne antique, qui provient, dit-on, d'un temple de Diane dont on retrouve encore les débris dans le jardin de la caserne d'artillerie, et qui supporte un lion de Saint-Marc aux ailes cassées. La colonne repose sur des degrés, comme celle de la Piazzetta ; et à hauteur d'homme, comme à Vérone, à Vicence et à Venise, pend la chaîne de fer du stigmate pour les banqueroutiers.

Un passant bienveillant se fait mon cicerone, et je visite successivement cinq ou six églises, Saint-Chrysogone, le Dôme, Sainte-Anastasie, Sainte-Marie, Saint-Siméon, Saint-François, et nombre de couvents.

Le Dôme est d'un très-haut intérêt : il est d'une admirable conservation et date du treizième siècle ; construit dans le style lombard, il rappelle beaucoup San-Zenone de Vérone. Il a la forme des vieilles basiliques lombardes, avec trois nefs et une entrée correspondant à chacune d'elles : c'est certainement une des plus remarquables constructions des temps chrétiens en Dalmatie. Sa façade principale est bien dégagée, et il en présente aussi une autre très-belle sur une rue latérale. La crypte est fruste, mais la pierre de l'autel offre une sculpture extrêmement curieuse et qui m'a paru de l'époque des premiers chrétiens. La construction de cette église est due à Enrico Dandolo, qui l'éleva après la prise de la cité par les Vénitiens et les Français, alliés pour l'entreprise de la quatrième croisade.

L'église Santa-Maria est un très-joli monument auquel on accède par une cour ; il fait partie d'un couvent de bénédictins, fondé au onzième siècle par la sœur de Cresimus, roi de Croatie. Une vieille tour engagée dans l'église, beaucoup plus moderne et qui appartient au style des Lombards, a été construite par Coloman, roi de Hongrie, à l'époque où il fit la conquête de la Dalmatie.

Le gouvernement militaire, depuis de longues années, avait réclamé l'autorisation de transformer en magasins une autre église voisine, d'un intérêt plus considérable que celle du Dôme. Son plan est entièrement circulaire, avec des escaliers accédant à des tribunes qui règnent tout autour ; une coupole couronne l'édifice. Tout l'intérieur ayant été blanchi à la chaux, il n'y a pas trace de la décoration primitive. Des mains du pouvoir militaire cet édifice a passé dans celles du pouvoir civil, qui ne l'a pas mieux traité et en a fait un dépôt de la Société œnologique. On lit les mots *Vino nuovo* sur cette précieuse relique des premiers temps du christianisme, dont une Société des monuments historiques devrait revendiquer la pieuse conservation.

En errant ainsi dans ces longues rues tracées par les ingénieurs du seizième siècle, nous arrivons à la place des Seigneurs, qui est d'une belle conservation et rappelle celle des villes du nord de l'Italie. Elle est carrée, assez restreinte, et sa décoration consiste en deux monuments, dont l'un, aujourd'hui transformé en bibliothèque, servait évidemment de salle de conseil pour le provéditeur général et les délégués. On y promulguait les lois et on y lisait les décisions criminelles. C'est une grande loggia à trois arcs fermés, d'un style sévère qui rappelle le Palladio. L'intérieur est froid et nu ; il n'y reste pour toute décoration qu'une immense cheminée et une table de pierre supportée par des griffons héraldiques, sur laquelle on lit cette inscription : *Hic regimen purum magnaque facta manent*. Les moulures sont magistrales ; de grandes inscriptions taillées dans les parois consacrent les noms des provéditeurs. Des portraits du Bassan et des copies du Tintoret, envoyés sans doute par des sénateurs en mission, décorent le haut des murailles au-dessus des casiers contenant des volumes, et m'ont paru relégués un peu hors de vue. Un certain professeur de l'université de Turin, Zaratin de naissance, le docteur Paravia, qui s'était rendu célèbre dans l'enseignement, a fait don de sa bibliothèque à sa patrie ; elle est aujourd'hui installée dans cette grande salle que nous venons de décrire. Le bibliothécaire actuel, M. Simeone Ferrari Cupich, nous en a fait les honneurs avec courtoisie.

Juste en face de la Loggia se trouve le corps de garde, construction du Sammicheli, déformée aujourd'hui par un appendice du dix-huitième siècle. C'est ce côté de la place que nous avons dessiné, parce qu'il offre un aspect plus pittoresque. On voit au premier plan, à gauche du dessin, la large marquise du café principal de la ville, où les officiers autrichiens se réunissent : c'est ici le cœur de la cité ; le Corso y aboutit, et à l'heure de la promenade la place est très-vivante et tout le mouvement s'y concentre.

La nature avait fait de Zara une péninsule ; les Vénitiens, dans l'intérêt de leur sécurité, en ont fait une île, et l'ont entièrement ceinte d'une muraille avec de beaux boulevards qui permettent de tourner tout autour de la cité. On entre dans Zara par quatre portes ; deux d'entre elles, la *porte Saint-Chrysogone* ou *porte de Mer* et la *porte de Terre ferme*, méritent qu'on s'y arrête.

La première est une porte romaine d'un seul arc à pilastres corinthiens supportant un entablement ; c'est un ex-voto d'une certaine Melia Anniana à son mari Lœpicius. L'inscription semble indiquer qu'il y avait autrefois là un marché, et il n'y a pas à douter que cette porte antique n'ait été surmontée de statues, comme la belle *Porta Aurea* de Pola :

MELIA . ANNIANA . IN . MEMOR .
Q . LŒPICI . Q . F . SERG . BASSI . MARITI . SVI . IMPORIVM .
STERNI . ET . ARCVM . FIERI .
ET . STATVAS . SVPERPONI . TEST . IVSS . EX . HS . DCDXX .

On prétend que cette porte vient de la ville antique d'Œnona, et je croirais volontiers que les Vénitiens, au moment de la construction de la muraille, l'ont adaptée à leurs besoins en en faisant un trophée, comme c'était leur habitude.

La *porte de Terre ferme* est du Sammicheli, et c'est une noble entrée pour une cité ; elle rappelle la belle porte de Vérone, et son fier dessin s'allie aux lignes simples et sévères de la fortification. C'est la gloire du Sammicheli d'avoir su associer la noblesse de la forme à la sécurité du parti pris du plan, et d'avoir allié l'art au génie militaire. Un grand lion, très-cherché de forme et déjà en mouvement, décore le tympan principal; les deux tympans latéraux ont reçu des inscriptions votives en l'honneur de Marc-Antoine Diedo, un provéditeur du commencement du seizième siècle, qui a laissé partout dans Zara la trace de son passage.

LA PLACE DES SEIGNEURS A ZARA.

Ces inscriptions donnent des notions précises pour l'histoire de la ville, et nous les avons recueillies :

MARCVS . ANTONIVS . DIEDVS . 1543.

Cum Urbem Dalmatiæ Principem olim P. R. Coloniam S. V. munitam ac ab omni hostium impetu tutam reddere vellet Comis Michael Salomon præfectus portam hanc summa cura construi curarere.

J'ai lu quelque part que cette porte n'aurait pas été construite par le Sammicheli, qui en 1543 n'était pas à Zara; mais il en a donné le dessin, c'est incontestable, et son neveu Girolamo, qui l'aidait dans ses travaux, aura surveillé l'exécution. Le saint George qui décore la clef de voûte, monté sur son petit cheval dalmate qu'on sent avoir été exécuté sur nature, est un chef-d'œuvre digne du Donatello.

Quand on erre par la ville et qu'on s'arrête partout où une forme d'art ou une disposition pittoresque frappent les yeux, on reconnaît que Zara est restée absolument vénitienne d'aspect.

La population parle le même dialecte que Venise, mais l'habitude des relations avec la campagne slave amène une certaine corruption dans le langage, et presque tous les habitants parlent les deux idiomes. Les intérieurs des maisons ont le caractère italien ; elles ont des *cortili* et des puits sculptés à margelle, abrités souvent sous des vignes. Il y a même quelques palais, dans certaines rues retirées, qui rappellent les beaux palais de Venise.

En un quart d'heure on a fait le tour par les boulevards, qui tous portent le nom d'un saint ou d'un provéditeur. Il est difficile d'avoir une plus jolie promenade ; car, la ville étant une île, on domine la mer et les îles qui forment le canal de Zara. Le feld-maréchal baron Welden, gouverneur de Zara et qui avait été gouverneur de Vienne, a doté la cité d'un jardin assez bien situé sur la fortification (1829). Autrefois la muraille enfermait les maisons comme dans un corset ; peu à peu on a dû l'élargir, et du côté de la mer on est en train de renverser le rempart ; l'aspect y perdra beaucoup ; mais c'est partout le même empiétement de la vie moderne sur les souvenirs du passé, et il n'y a nul remède au mal.

La question de l'eau potable a pris de tout temps, à Zara, des proportions considérables. Comme la ville a subi des siéges très-nombreux, cette préoccupation dominait tout, et on en retrouve la trace en un point de la cité qu'on appelle *les Cinq Puits*.

Un aqueduc antique, qu'on attribue à Trajan, et dont on suit les traces pendant plusieurs kilomètres jusque dans la campagne slave, pourvoyait aux besoins de la colonie romaine ; plus tard, quand le Sammicheli étudia son plan d'ensemble de fortification, il se servit des travaux de ses devanciers, les modifia, creusa de nouveaux canaux, et comme ces Vénitiens de la Renaissance voulaient toujours joindre la beauté de la forme à l'utilité publique, — qu'on se rappelle les admirables vasques d'Alberghetti au Palais Ducal, — il dessina une jolie place avec cinq puits aux nobles profils, qu'on appelle aujourd'hui les *Cinque Pozzi*, et où la population vient puiser l'eau nécessaire à la vie.

Le passant ne voit de ce travail de tant de générations que le point d'arrivée, sous la forme de cinq margelles très-simples, quoique d'un beau caractère ; mais les ouvrages souterrains sont très-considérables et d'un véritable intérêt archéologique. Il est très-difficile de se rendre compte de la disposition primitive des canaux ; on peut supposer qu'ils servaient à deux fins, pour la conduite des eaux et pour les communications secrètes avec l'extérieur en cas de siége. Le Sammicheli en a d'ailleurs profondément altéré la forme ; il a fait une appropriation du système antique aux besoins plus modernes de la fortification.

Cette petite ville de Zara est véritablement séduisante ; nous n'y avons point formé de relations de société, la rue était notre domaine, et la place du Marché notre quartier général : là nous causions à tout venant, et le hasard nous a été propice, car parmi les passants qui s'arrêtaient pour regarder avec intérêt les croquis que nous tracions sur nature, nous avons eu la bonne fortune de trouver de hauts magistrats, des hommes politiques et des citoyens versés dans la connaissance du pays. C'est grâce à leur intervention que nous avons pu obtenir une chose bien rare pour un voyageur qui ne fait que passer, c'est-à-dire la faveur de voir les paysans slaves et morlaques des districts voisins poser consciencieusement devant nous. D'ordinaire on les saisit au passage, au vol, pour ainsi dire, et c'est le désespoir des artistes de ne pouvoir fixer sans contrainte le caractère intéressant de ces types.

Un matin, comme nous courions par la ville, l'album sous le bras, le nez en l'air, en quête de tout ce qui vit, de tout ce qui chante et qui brille, nous avisons une maison d'une belle apparence, à la porte de laquelle des gardes de district, des *pandours* revêtus du costume le plus pittoresque, semblaient faire faction. La foule passait indifférente ; nous jetons un regard dans la cour, beau patio du seizième siècle vénitien, entièrement dallé et au coin duquel s'élève un puits de la Renaissance ! Comme une caravane orientale au repos, plus de cinquante paysans slaves des districts, dans leurs pittoresques costumes, campent sur la dalle, les uns couchés tout de leur long sous un soleil ardent, les autres fumant à l'ombre des portiques, tandis que les femmes se tiennent à l'écart, immobiles et silencieuses, debout contre la muraille.

C'est la cour du tribunal civil, et on va juger un cas d'infanticide. Le conseiller Piperata, membre de la diète de Dalmatie, qui traverse le patio pour se rendre à son poste, m'explique que toute cette foule bariolée devant laquelle je m'arrête comme ébloui par le profond caractère des costumes et l'étonnante physionomie des types, est celle des témoins venus de toutes les parties du district. Zara est la capitale de la Dalmatie ; c'est le centre supérieur de la

LA PORTE DE TERRE FERME A ZARA.

justice criminelle et du tribunal d'appel. Ce crime d'infanticide, très-rare chez les Slaves, qui ont pour leurs enfants l'amour le plus tendre, a été commis à Kistagné, et nombre d'habitants des districts voisins s'y trouvent intéressés, de sorte que j'ai là sous les yeux presque tous les types du district : ceux d'Obbrovatz, de Knin, de Scardona, de Dernis et même de Sebenico.

Il faut aller bien loin dans l'extrême Orient pour trouver une réunion de costumes plus curieux, plus attachants pour les peintres, et qui présentent une harmonie de couleurs plus séduisante. Ce sont d'abord les pandours eux-mêmes qui brillent au soleil comme des miroirs, avec la poitrine couverte de grandes médailles, presque toutes à l'effigie de Marie-Thérèse, pressées sur leur poitrine par rangs de neuf ou dix, depuis la hauteur du col jusqu'à mi-jambe. Ce sont des hommes énormes et d'une superbe race ; ils sont organisés en force territoriale spéciale à certains districts qu'on regarde comme les plus difficiles et qui exigent une police énergique. Il est très-possible qu'il y ait eu récemment une modification dans l'organisation, je n'en réponds pas; mais en principe ce sont des paysans armés, qui servent sans paye et fournissent la garde à tour de rôle pour un nombre de jours déterminé, suivant leur nombre. Leur chef supérieur est un *sirdar* placé sous les ordres du colonel de la force territoriale qui commande dans chaque cercle (on se rappellera que toute la Dalmatie est divisée en quatre cercles). Ce colonel a autorité sur tous les *sirdars*; celui de Zara avait naguère sous ses ordres dix *sirdars* et quinze *vice-sirdars* ou *aramassés*.

On me fait observer un détail curieux : quand les pandours s'emparent d'un malfaiteur et

COUR DU TRIBUNAL CIVIL DE ZARA.

le mènent devant la justice, au lieu de lui mettre les menottes, comme les habitants des districts voisins portent tous le pantalon large à la turque, les gardes se contentent de couper la coulisse du vêtement, qui, en tombant sur les talons, embarrasse la marche. Les plus beaux de ces beaux pandours, à la taille démesurée, posent avec orgueil devant moi, fixes sous un soleil implacable, et j'ai la satisfaction d'emporter toute palpitante de vie, et précieuse note prise sur nature, l'image d'un *sirdar* dans l'exercice de ses fonctions.

Un sacristain étrange, vêtu d'une sorte de drap de lit blanc orné d'une grande croix rouge qui va du col jusqu'aux pieds, entre dans la cour, présentant une aumônière à tous ces paysans misérables, et pas un ne refuse un denier. Quand midi sonne à l'horloge de l'église voisine, j'observe aussi que tous ces paysans, qui sont catholiques romains, font dévotement le signe de la croix.

Dans de pareilles occasions un écrivain ne lâche pas facilement sa proie, et pendant plus de cinq heures, sans souci de la faim, j'esquisse à grands traits ces physionomies et j'enrichis mes carnets. Trois paysannes de Kistagné, l'une jeune fille blonde comme une Flamande, coiffée d'une calotte rouge à galons d'or, toute pailletée d'étoiles, avec la belle chemise blanche constellée de délicates broderies de toutes couleurs, de beaux colliers brillants au cou, des

PANDOURS DALMATES ARRÊTANT UN MARAUDEUR.

médailles sur la poitrine, la houppelande bleue brodée et le tapis bariolé en guise de tablier, pose comme si elle était inconsciente, aussi immobile qu'une statue. Derrière elle deux vieilles femmes, la tête enveloppée dans de beaux chiffons d'un blanc laiteux, bordés de larges rubans rouges, coiffées de grosses fausses nattes tressées de rubans verts, avec la large ceinture d'argent repoussé ornée de cabochons, et leurs grandes mains longues et maigres appuyées sur le ventre avec des gestes anguleux, restent impassibles devant moi, tout en semblant dominées par une frayeur constante. Quand j'ai fini ma tâche, elles disparaissent, et le président du tribunal, qui a suspendu un instant la séance, me vient raconter un épisode curieux. Les deux vieilles, qui ont posé sans protester pendant une grande heure, sont venues à lui pour lui dire gravement « qu'un homme les a fait tenir debout devant lui pendant une heure, les regardant sérieusement dans les yeux et ne cessant d'écrire; que, son travail terminé, il leur a mis un florin dans la main, *sans cependant rendre sa sentence ni les juger.* »

Il est intéressant de se rendre compte de ce qui se passe dans le cerveau de ces pauvres paysans et paysannes slaves de la campagne dalmate; mais de toutes les impressions qu'ils sont susceptibles d'éprouver en face de ceux qui essayent de reproduire leurs traits, celle-ci est certainement une des plus curieuses qu'on puisse constater. Les deux vieilles ont cru que j'étais le juge et que, par la force et la persistance du regard (qui va jusqu'à l'hypnotisme quand on combat avec la nature pour reproduire les fins modelés d'une tête, le jeu de la lumière et la justesse de l'expression), je m'efforçais de pénétrer dans le fond de leur conscience.

Chaque voyageur qui a tenté de faire poser des modèles ignorants, simples ou sauvages, pourrait raconter de singulières anecdotes. Il y a une année à peine, lorsque nous nous trouvions parmi les populations bosniaques réfugiées sur les rives de l'Una et fuyant devant les Turcs, les pauvres femmes raïas s'enfuyaient épouvantées lorsqu'elles nous voyaient commencer à retracer leurs traits et leurs costumes : elles criaient que nous voulions les livrer aux Turcs.

Dans les Confins Militaires, entre la Serbie et les *Confins Secs*, et vers la Croatie, nous n'avons jamais pu décider une paysanne à poser devant nous, à quelque prix que ce fût. A Agram, ville très-civilisée et à la tête du mouvement slave, les paysans des environs qui venaient au marché pensèrent nous faire un mauvais parti, parce que nous prenions à la dérobée de rapides croquis d'attitudes et des détails des beaux costumes croates. Les hommes cependant, sur certains points, posent avec complaisance et prennent de fières attitudes; ils ne sont pas insensibles à l'admiration que manifeste un artiste pour la beauté de leur type et pour le pittoresque de leur costume.

C'est la magistrature qui m'initie aux mœurs de la ville, et j'apprends bien des choses en quelques heures. Zara, capitale, est une ville de fonctionnaires. Le gouverneur général y réside, et avec lui le président du tribunal d'appel, le directeur général de la police, l'intendant des finances, le directeur général des constructions publiques, celui des fortifications militaires, le directeur général des postes, enfin tout le haut personnel complet de l'administration d'une province considérable, qui prend le titre de Royaume dans les protocoles. Le gouvernement autrichien multiplie les rouages, selon ses errements habituels, et la plupart des habitants de la classe moyenne relèvent de lui.

Zara n'a pas de vie propre, et l'industrie y est presque nulle. Le cercle produit du vin, de l'huile; il y a là une Société œnologique pour étudier l'amélioration des produits vinicoles, et le marasquin de Zara et son rosolio sont célèbres. On les fabrique avec une sorte de petite cerise qui se trouve en abondance dans le territoire.

Le musée est assez intéressant, parce qu'il contient des vestiges des anciens monuments du district : statues antiques, restes d'architecture, monnaies anciennes très-nombreuses et pleines d'intérêt, verreries antiques, pierres gravées; il y a aussi des collections d'histoire naturelle. C'est un certain comte de Lilienberg qui, lorsqu'il était gouverneur, se voua à l'organisation du musée.

Zara a son théâtre tout battant neuf : assez jolie salle, où l'on voit très-distinctement les divers éléments de population qui composent la ville. Autant le peuple a de caractère, autant

MUSICIENS MORLAQUES DU DISTRICT DE ZARA.

la société en a peu. On reconnaît là les *Zaratines* proprement dites, Italiennes d'aspect et de costume, avec des coiffures d'une hauteur démesurée, qui exagèrent encore, avec l'intempérance ordinaire des petits centres, les proportions habituelles aux villes du nord de l'Italie; les Allemandes, plus discrètes, reconnaissables à la simplicité de leur toilette, à la modestie de leurs modes et à leurs types effacés; les officiers autrichiens et les fonctionnaires représentant l'administration centrale; enfin le boutiquier ou petit commerçant de Zara.

L'administration à Zara, comme dans toutes les villes d'Istrie et de Dalmatie, est, en somme, assez paternelle. On se voit peu, et les sociétés diverses ne fusionnent pas; les partis se tiennent toujours sur la défensive.

Tout vient du dehors et il n'y a pas d'industrie locale. On s'approvisionne par la côte, et on fait tout venir ou de Trieste ou de la Pouille. C'est la plaie de ces provinces slaves du littoral comme de celles de la Bosnie, de la Serbie et de l'Herzégovine, de tout devoir au commerce et à l'industrie des Allemands. La campagne, qui vient apporter les produits de la terre, remporte de la ville les choses dont elle a besoin. La province afflue, parce que, Zara étant capitale, toute affaire un peu importante requiert la présence des intéressés, et qu'il n'y a pas une transaction importante qui n'exige l'intervention administrative et ne doive être ratifiée dans cette ville. On ne peut pas dire qu'il y ait là un mouvement intellectuel: il y a six ou sept journaux et trois imprimeries, un journal officiel, un journal clérical, un en langue slave, un autre qui est l'organe politique du parti italien; les autres sont spéciaux à l'agriculture. Cette bibliothèque Paravia, qui contient trente mille volumes, est toujours vide; et s'il y a quelque part un mouvement en Dalmatie, dans l'ordre d'idées scientifique ou littéraire, c'est à Spalato et à Raguse qu'il le faut chercher. Zara cependant a eu son heure, et le nombre des volumes qui y ont été imprimés est considérable. Aujourd'hui, c'est surtout une ville administrative; les militaires y sont aussi relativement nombreux. Cependant, depuis deux ans la ville a été déclassée comme ville fortifiée, et c'est un grand triomphe pour le parti civil. Quoique la plupart de ces fortifications des cités de la côte soient devenues absolument inutiles avec les nouvelles découvertes et les progrès de l'artillerie, le génie militaire ne lâche pas facilement sa proie en Autriche. La forteresse a été rendue à la commune; on éventre les murs du côté de la mer, et, au moment où je visitais Zara pour la première fois, plus de cent femmes des îles, aux formes charmantes, simples dans leurs mouvements, avec des gestes de statues antiques, portaient sur la tête des corbeilles pleines de terre pour ces travaux de terrassement qui permettront de prolonger les quais et de donner un peu d'air à la ville, enfermée jusque-là dans son justaucorps de murailles.

Zara est métropole de toute la Dalmatie et sert de résidence à un archevêque, le seul de la province. L'ensemble de la population est catholique et s'élève à une dizaine de mille habitants. Il y a quelques Grecs dans la ville même, et on a concédé au culte orthodoxe l'église de Saint-Élie. Cette concession a été faite du temps de l'occupation. Quand le maréchal Marmont vint à Raguse, les Grecs qui faisaient partie de la population lui représentèrent qu'ils n'avaient pour célébrer leur culte qu'une petite chapelle, insuffisante pour contenir leurs coreligionnaires; le maréchal donna l'ordre de leur céder une église tout entière. Avant qu'une possession presque incontestée pendant quatre cents ans eût fait de Zara une ville vénitienne, combien de luttes, de péripéties, et quelle histoire plus émouvante que celle de cette jolie petite ville, abritée dans son canal, et que les *îles Longues* cachent aux regards des voyageurs qui sillonnent l'Adriatique pour descendre vers l'Orient!

IV

C'est d'abord la *Jadera* antique, et dans les temps du Bas-Empire, c'est la *Diadora*; de tout temps métropole, Zara fut la ville capitale de la Liburnie, et, colonie romaine, elle suivit le parti de César. L'aqueduc qui prend les eaux de la Kerka à trente milles dans la campagne dalmate, pour les amener à Zara, date de Trajan et est un de ses bienfaits. Quand l'empire romain s'écroule, elle passe au pouvoir des empereurs grecs, mais elle réclame son indépendance et ne leur accorde plus qu'une suzeraineté nominale. Au moment où toutes les rives de l'Adriatique sont ravagées par les Barbares, elle est détruite et, désormais sans défense, se voit livrée successivement aux Croates et aux Hongrois.

Au printemps de 997, décidés à s'assurer la possession de la côte adriatique et la domination du golfe constamment menacé par les pirates narentins qui y interrompaient leur commerce, les Vénitiens organisèrent une vaste expédition, destinée à frapper un grand coup, et dont le but était sans doute, en même temps qu'ils soumettraient les pirates, de s'annexer les peuples qui bordaient la côte. Le doge Orseolo avait pris le commandement de la flotte : il reçut tour à tour l'hommage de Pola, de Capo d'Istria, de Pirano, de Rovigno, d'Umago. Zara elle-même, constamment ballottée entre les Barbares, les pirates, les Hongrois et les Croates, accueillit Orseolo avec enthousiasme et se donna à la République.

Mais, à partir du dixième siècle, première époque de la domination de Saint-Marc, elle se révolte huit fois contre les Vénitiens. Les dates de ces révoltes ne concordent point toutes avec celles données par les chroniques manuscrites et les histoires officielles des écrivains de la République, mais il faut remarquer que ces rébellions durèrent assez longtemps pour qu'il y ait des écarts de dates dans les récits même les plus autorisés. En 1050, 1114, 1124, 1185, 1243, 1312, 1346, 1409, Zara se soulève et Venise vient mettre le siége devant la ville.

La première fois, le roi de Croatie, qui a perdu son pouvoir, sème la révolte à force d'intrigues au cœur même de la ville. Domenico Contarini reçoit l'ordre du Sénat d'équiper une flotte imposante et de ne revenir à Venise qu'après avoir soumis la cité rebelle. Il entre dans Zara, pacifie la cité, use de modération, reçoit l'hommage des citoyens et exige leur serment.

En 1115, elle tente encore d'échapper à Venise et se met sous la protection du roi de Hongrie : elle est encore vaincue. En 1170, elle veut échapper à Venise, aux Croates et aux Hongrois. Comme le doge Domenico Morosini l'a dotée d'un archevêque métropolitain, elle concentre alors dans ses mains les pouvoirs militaire, religieux et civil. La République arme encore une flotte et la force à l'obéissance ; mais, en 1185 et en 1243, forte du secours du roi de Hongrie, elle se révolte de nouveau, et, constamment soumise et constamment rebelle, elle lutte ainsi trois fois jusqu'à l'année 1346, où elle soutient un siége, mémorable à la fois et dans son histoire et dans celle de la république de Venise.

Le roi de Hongrie ne pouvait voir qu'avec dépit les ports de la Dalmatie aux mains des Vénitiens ; toujours prêt à soutenir la révolte des Zaratins, mais jusque-là toujours vaincu par Venise, il avait proposé une transaction : il avait demandé que Zara, tout en restant vénitienne, fût sa vassale, et que cette dépendance fût reconnue par un tribut et un hommage annuels. Sur le refus formel du Sénat, il avait investi Traü, Spalato et Zara. Marc Justiniani reçut le commandement de la flotte vénitienne chargée d'attaquer la ville, qui, conséquente avec ses rébellions antérieures, tenait pour le roi de Hongrie. Justiniani avait avec lui vingt-sept mille hommes, dont quatre mille arbalétriers ; il se proposait de faire le siége d'abord, d'attaquer par mer et d'opérer une descente. Les Zaratins, apprenant que les galères de Saint-Marc s'avançaient dans le golfe, coulèrent leurs propres vaisseaux dans la passe. Il y avait parmi eux un mécanicien habile, nommé Francesco delle Barche, qui lançait des blocs du poids de trois mille livres sur les galères ennemies [1]. Les troupes néanmoins entrèrent dans Zara, et Faliero, nommé gouverneur, eut pour mission de défendre la ville menacée du côté de la terre par les Hongrois ; il fit faire des retranchements en bois en avant de son camp et tint bon contre l'ennemi du dehors pendant six mois entiers. Ce fut un siége très-onéreux, et par les pertes qu'il entraîna et par les sommes énormes qu'il coûta à la République. La ville succomba par surprise : il y avait alors au service des Vénitiens un certain prieur allemand, d'origine italienne et du nom de Santa Croce ; il introduisit les Hongrois dans la forteresse à la faveur de la nuit.

Comme Venise était alors engagée pour ses provinces de Terre ferme dans une rude guerre, dite du Trévisan, conduite par ce même roi de Hongrie qui avait trouvé des alliés dans Aquilée et le Frioul, elle dut ne pas insister pour reprendre Zara, car elle avait besoin de ses troupes. Le gouverneur Faliero fut mandé à Venise, comparut devant le Sénat et s'entendit condamner à une amende, à un an de prison et à l'exclusion perpétuelle des conseils de la République. Par contre, un commandant militaire d'Onone, qui avait fait une vigoureuse résistance et auquel la République donna l'ordre de se rendre, reçut un hommage public. La campagne était perdue ; le roi de Hongrie triomphait au nord et au midi ; il exigea que Venise renonçât pour toujours à la Dalmatie, qu'elle rendît toutes ses places depuis Fiume et Pola jusqu'à Durazzo, c'est-à-dire du nord au sud du golfe Adriatique : cent lieues de côtes, quatre-vingts îles et plus de quarante ports.

Le traité fut ratifié par le Sénat le 18 février 1358. Il y avait trois cent soixante ans que la République s'était emparée de Zara et qu'elle y commandait, malgré les révoltes nombreuses que nous avons signalées. Le doge ajoutait à son titre celui de « duc de Dalmatie », et celui de « duc de Croatie » pour la ville de Fiume. Ces deux titres passèrent au roi de Hongrie ; les Vénitiens acceptèrent de renoncer au droit de possession dans les deux pays, même comme particuliers ; ils n'eurent plus la faculté de s'y faire représenter par des consuls, et, suprême honte, en cas de guerre maritime, ils devaient même fournir vingt-quatre galères au roi de Hongrie.

Un traité aussi onéreux, signé par des contractants tels que les fiers Vénitiens du quatorzième siècle, ne peut s'expliquer que par la situation difficile que leur avait créée la guerre du Trévisan, où le territoire de Terre ferme et Venise elle-même étaient menacés. Mais cet état de choses ne devait durer que cinquante ans. En 1409, alors que tout était pacifié et qu'au contraire le roi de Hongrie, Ladislas, voyait ses droits contestés les armes à la main par Sigismond, étranger dont les droits au trône n'étaient fondés que sur une alliance avec Marie de Hongrie, le Sénat entama des négociations avec Ladislas et racheta Zara, comme s'il n'en eût jamais fait la conquête auparavant, ni renoncé à ses droits sur elle.

On dit de Trieste qu'elle est la *cité fidèle* ; Zara pourrait s'appeler la *cité rebelle*. Sa possession était pour les colonies vénitiennes de l'Adriatique une question de vie ou de mort : la République y concentra dès lors toutes ses forces en vue de ses luttes contre les Turcs. Si l'on veut se rendre compte de l'importance que le Sénat attachait à cette question et des soins qu'il mit à fortifier ce point de son territoire colonial, il faut jeter les yeux sur l'atlas que le P. Coronelli, géographe de la Sérénissime République, a publié au dix-septième siècle, sous le nom de *Isolario del Atlante Veneto*. Toutes les îles de l'Adriatique et les villes de la côte dalmate et albanaise jusqu'en Grèce ont été relevées avec soin ; leurs fortifications et les plans des villes y sont gravés à une grande échelle dans l'état où ils étaient alors, avec les détails des forts et bastions

---

[1] D'après une chronique du temps, ce Francesco delle Barche, dirigeant lui-même la manœuvre de ses catapultes, fut lancé en l'air par sa propre machine.

et les élévations en regard. Pour celui qui vient de parcourir ces régions, c'est comme une évocation de ce qui existait au temps de la puissance vénitienne.

Depuis 1409 jusqu'au traité de Campo-Formio (1797), c'est-à-dire jusqu'à la chute de la République, Zara ne se révolte plus ; et quand Morosini le Péloponésiaque soutient contre les Turcs cette grande guerre de Morée, d'où il sort vainqueur et dont le sénat consacre le souvenir par le beau monument que tous les voyageurs ont pu voir au mur du fond de la salle du scrutin du Palais Ducal, le provéditeur général de Zara groupe autour de lui les Dalmates désormais fidèles, se jette sur les Turcs, et on envoie leurs têtes à Venise comme gage de fidélité. C'est au seizième siècle que Sammicheli remania le système de fortification, dota la ville des *Cinque Pozzi*, des bastions, de sa belle porte de Terre ferme, et, isolant définitivement la cité, creusa le petit port des Pêcheurs, où s'abrite toute la flottille des pêcheurs zaratins.

V

On voit que Zara s'élève sur une péninsule, dans un canal formé par le continent dalmate et un système d'îles qui lui sont parallèles. Ces îles, par leur forme, ont pris le nom de *Isole Longhe*, « les îles Longues » ; ce sont : Uglian, Eso, Pasman, Longa, Incoronata. Au temps où le continent était constamment soumis aux irruptions des Barbares, les habitants de la côte passèrent dans les îles rocheuses, et peu à peu, à force de travail, en améliorèrent le sol. Ils y plantèrent de la vigne, qui réussit et constitua une des ressources du pays ; ils amendèrent la terre et essayèrent aussi la culture du grain. On ne compte pas moins de trente villages et vingt-deux paroisses dans ces îles Longues ; elles doivent contenir de vingt à vingt-cinq mille habitants. Ce sont des pêcheurs, qui exploitent les côtes du canal, très-fertiles, pleines de ressources, et qui en offrent assez pour que les gens de Chioggia viennent passer là six mois chaque année, sans éveiller la susceptibilité des *scogliari*. Ce canal de Zara est regardé par les habitants comme le *jardin de l'Adriatique*.

De l'autre côté du golfe, c'est la Pouille italienne, fertile en produits du sol, en verdure et en fruits ; elle nourrit la côte dalmate, aride, rocheuse, et où sans elle régnerait le scorbut.

En avant des îles Longues, détachées comme des grand'gardes qui défendent l'entrée du canal de Zara, on verra, si l'on veut jeter les yeux sur la carte de notre itinéraire, les petites îles dépendantes de Zara : Selve, Ulbo, Premuda, Sabbione, Isto, Melada, Sestrugn. Tous les habitants y vivent de la mer. Ce sont de vrais nids d'alcyons bercés par la tempête ; on trouve là le véritable *écueil*, le *scoglio*, où la cabane du pêcheur s'abrite dans les fentes du roc. La terre y est rare ; mais partout où il a pu semer ou planter, l'homme, ou plutôt la femme, — car elle travaille le sol pendant que son mari pêche, — a confié un germe ou un plant au sol ingrat.

Dans le temps des invasions, et plus tard, quand les corsaires narentins ou les Uscoques profitèrent du départ des pêcheurs pour fondre sur ces îles et enlever aux habitants leur peu de ressources, on vit souvent les femmes se retirer dans les tours construites à cet effet et s'y défendre vaillamment contre les pirates.

VI

Le moment du départ est arrivé. C'est ici vraiment que commence l'intérêt du voyage en Dalmatie. La côte est partout vénitienne, depuis Zara jusqu'à Cattaro ; mais comme en Istrie, et beaucoup plus encore que dans le Margraviat, la campagne est slave, et la civilisation expire à la porte des villes qui forment la bordure de la mer.

Il y a un service postal entre Zara et la ville de Knin, qui touche presque la frontière de la Turquie. La distance qui les sépare est de cinquante et un milles, et en quinze heures on peut traverser la Dalmatie dans sa plus grande largeur, de la rive de l'Adriatique au mont Dinara. La poste est celle d'Autriche : c'est dire que le service est régulier et confié à des agents sûrs. Les départs n'ont lieu que deux fois par semaine, et la chaise ne contient que quatre places ; mais les voyageurs sont rares, et, sur ce point, on a au moins cette ressource d'un véhicule commode, officiel et d'un prix accessible [1].

Toutefois, le but de mon voyage étant de voir, d'étudier et d'apprécier de mon mieux, de surprendre le Slave à son foyer et dans sa vie de chaque jour, je ne profitai pas du courrier de la poste, qui m'aurait mené comme un ballot, sans me permettre de m'arrêter. Je m'abouchai avec ceux des témoins du procès que j'avais rencontrés au tribunal, et qui, pour la plupart, étaient de Kistagne, à quelques heures de Knin. Leur déposition reçue, ils avaient licence de retourner chez eux. Ils dormirent je ne sais où, et le samedi (16 octobre 1874) j'étais au rendez-vous à la sortie de la ville sur la campagne, à la porte dite de Terre ferme.

La caravane se formait ; les hommes qui la composaient, que j'avais tous vus désarmés (hors les pandours qui les escortaient), reprenaient des mains d'un petit vieil employé moitié autrichien, moitié slave, les couteaux, pistolets et kandjars qu'ils avaient déposés, avant d'entrer en ville, dans une sorte de corps de garde à la Palladio qui s'élève en avant des portes. C'est un règlement de police sévèrement observé et qui a pour but d'éviter les collisions sanglantes dans l'intérieur des cités, alors que les paysans, qui ont gagné quelque argent au marché, boivent dans les cabarets du lieu, s'exaltent et en viennent aux mains. Je dois dire que, dans deux séjours de quatre mois dans les provinces slaves, je n'ai que très-rarement assisté à des scènes de ce genre. Les Italiens de la côte emploient pour les caractériser une expression qui revient souvent dans la conversation (*baruffa*).

Le lieu est très-pittoresque : c'est la plate-forme en avant de la porte de Sammicheli et de son pont de bois jeté sur le fossé qui forme le port des Pêcheurs et qui relie la ville à la Terre ferme ; à notre droite, c'est le quai de ce port avec les caravelles qui s'y balancent ; devant nous, c'est la route, enfermée à son départ entre la mer et l'immense bastion au profil oblique, avec son fossé en avant, parallèle au rivage. Au sommet du bastion, un bel écusson aux armes d'Autriche se découpe sur le ciel.

La petite caravane se compose de trois chariots à roues basses, dans le goût de ceux des Hongrois et des Valaques et dans la construction desquels le fer n'entre pour rien. Presque tous les hommes sont vautrés sur le foin dans les charrettes traînées par des bêtes maigres, de petite race, à longues crinières et aux fins museaux. Quelques femmes sont à cheval et à califourchon, la jambe repliée, le pied portant sur le large étrier turc. Parmi ces paysans de Kistagne se trouve un muletier de Bosnie, venu jusqu'ici avec un chargement de peaux, et qui a pris en échange du café. Il faut un œil exercé pour reconnaître la différence entre le Slave de ces districts et le musulman bosniaque. Comme je préfère l'allure du cheval à la charrette, je saute en selle : une selle turque, où l'on est assis comme dans un fauteuil. Les pandours nous escortent et nous nous avançons dans l'intérieur.

La fortification dépassée, la route tourne et nous ne voyons plus la mer ; le paysage est assez riant d'abord : on voit des carrés de vignes sur les petites collines exposées au soleil, des haies de merisiers et de ces arbres dont les fruits servent à faire le marasquin de Zara.

[1] Le prix d'une place de Zara à Knin est de six florins, soit à peu près quinze francs.

A chaque instant des troupeaux de moutons traversent la route. Comme c'est samedi, jour de marché à Zara, et qu'il est sept heures du matin, toutes les paysannes des environs sillonnent les chemins, vêtues de leurs jolis costumes, semblables à ceux que j'ai vus dans Zara même; elles portent à la ville leurs verdures et leurs fruits. C'est d'abord Ploca et Zemonico, à une lieue de Zara, dans une plaine immense, très-aride, où s'élèvent seulement quelques maigres bosquets. Si le paysage a un grand caractère en raison même de cette aridité, les villages ne présentent pas un aspect bien pittoresque. Le Slave est connu pour avoir horreur des agglomérations; c'est un parti pris qui saute aux yeux. Les villages dalmates de l'intérieur, pas plus que

CHEVAL BOSNIAQUE DES CARAVANES.

les villages de Bosnie et d'Herzégovine, ne sont jamais une réunion de maisons ou de cabanes; le paysan dispose sa demeure dans un endroit solitaire et ne veut pas de voisins; à peine forme-t-il un groupe de trois ou quatre cabanes comme nos fermiers de France. On sent aussi qu'une influence étrangère a altéré le caractère particulier et la forme primitive de l'habitation, et, pour dire toute la vérité, si on présentait au lecteur une photographie exacte d'une maison de paysan dalmate en cette partie du district, il la confondrait aisément avec une chaumière de Bretagne ou de quelque canton de France. Beaucoup plus loin, à Knin, à Sign, les montagnes, les profils du sol, tout ce qui est décor naturel s'accusera comme très-nouveau et très-caractéristique, mais les maisons n'auront pas plus de couleur locale. Il me semble que c'est à l'occupation française qu'on doit cette absence d'originalité; nous avons apporté ici nos formes, nos dispositions, notre mode, et il y a entre l'intérieur des habitations et leurs façades un contraste qui frappe. Les Autrichiens sont venus, réguliers, ordonnés, mathématiques; colonisateurs patients et doux, ils ont construit une église, une école et une caserne de gendarmerie sur un plan donné, et ces constructions ont donné naturellement aux villages un caractère uniforme.

Au-dessus de Zemonico nous nous écartons de la route pour aller visiter un petit haras du gouvernement, uniquement destiné à l'amélioration de la race chevaline dans les villages voisins. Tout le service est fait par un caporal de cavalerie et deux soldats. Il n'est perçu que la somme d'un florin par saillie. Le principe est excellent, et nous ne croyons pas que cette institution, qui est un bienfait pour les éleveurs, ait sa pareille dans nos campagnes de France.

Le mouvement est nul et la nature est solitaire; il n'y a pas un mot à échanger avec les gens qui nous entourent, à toutes nos questions nous obtenons à peine une réponse : ces bonnes gens ne comprennent pas la curiosité d'un voyageur pour qui tout est nouveau, tout est attachant, et pour qui la manifestation la plus simple devient un spectacle. Quand, dans ces déserts de pierres qui, pendant des lieues, succèdent à des plaines peu fertiles, nous voyons un groupe qui fait halte à l'ombre d'un rocher, ou quelque bergère vêtue de couleurs éclatantes qui brode en faisant paître ses moutons, nous laissons la caravane pour observer l'homme dans la nature, l'être qui pense, figure dominante sur laquelle se concentre tout l'intérêt du tableau.

A Bigliane nous nous arrêtons pour laisser souffler les chevaux, et, pendant que la caravane se disperse dans le village, nous entrons dans les chaumières, puis nous gravissons la colline où se dresse l'église, sur une plate-forme abritée de quelques beaux arbres venus là comme dans une oasis. C'est l'heure où, du village, on va porter la nourriture à ceux qui travaillent au dehors. Les vieilles et les enfants partent pieds nus ou chaussés de l'opanke, vêtus d'une simple chemise élégamment brodée d'étoiles rouges ou vertes sur la large manche ou au contour du col. Le tablier de devant est relevé pour la marche; une énorme quenouille, dont la hampe est passée obliquement dans la triple ceinture à gros clous d'argent, l'entraîne par son poids au-dessous des hanches, présentant en avant sa large palette brune à paillettes d'or; au-dessous, autour du manche, la houppe blanche arrête la hampe à la taille. Rigides, graves, elles portent sur la tête la large gamelle de terre cuite pleine de polenta, dont la main gauche assure la stabilité, pendant que la droite, écartée du corps à la hauteur de l'épaule, fait tourner la bobine et file la laine. Il y a dans ces figures des gestes de fresque, une simplicité noble et une grandeur épique. M. Valerio, dans ses longs séjours aux provinces slaves, est un des rares artistes qui ont exploité cette mine féconde.

Nous sommes sortis du district de Zara et nous entrons dans celui de Bencovatz; c'est, paraît-il, le seul district où désormais on ait encore quelque chose à redouter du caractère des habitants. Là, pendant notre domination, ont dû s'exercer les rigueurs les plus grandes pour arriver à extirper le vol et faire cesser les exactions. Aujourd'hui les routes sont sûres partout, mais de district à district il y a encore des haines vivaces; la *vendetta* s'exerce avec violence, et à quelques lieues d'ici on ne plante pas d'arbres fruitiers dans la plaine, parce que de temps en temps, comme des tribus kabyles en guerre, les villages fondent les uns sur les autres pour exercer des représailles; ils coupent les arbres, brûlent les maisons et souillent les sources.

Bencovatz, le chef-lieu du district, a quelque importance; nous nous y arrêtons un instant devant le *capitanato*, séjour du chef du district. A côté de sa résidence s'élève le corps de garde des pandours. Ces *colonisti* de Bencovatz, qui ne forment qu'un petit détachement de dix-sept hommes, sont les plus pittoresques de tous ceux que nous avons vus dans ces provinces; ils sont là dans une espèce de gourbi, auquel l'administration a essayé de donner un air régulier et correct comme l'intérieur d'une caserne; mais bientôt l'usage, les habitudes de chacun, ont donné au corps de garde l'aspect d'un campement d'Arnautes ou de Bachi-Bouzoucks. Devant la porte se prélasse l'*aramassé*, chef du poste, étalant sa poitrine couverte, du col jusqu'à mi-jambe, de larges pièces de monnaie, de médailles, de gros boutons en filigrane d'argent. Il porte pour coiffure une calotte rouge, bordée d'un galon d'or, et dont le fond est semé de paillettes dorées ; sa ceinture contient un arsenal complet de pistolets albanais à la crosse ciselée, de kandjars au fourreau de chagrin, à la poignée d'argent rehaussée de coraux et de cabochons. Sans se faire prier, sur un simple signe que nous faisons en lui montrant le crayon et l'album, il prend une mâle attitude et pose complaisamment devant nous, pendant que le village tout entier nous entoure de telle sorte qu'un pandour est obligé de faire sentinelle à nos pieds. A chaque coup de crayon, un enfant, juché sur les épaules d'un de ses compagnons, et qui suit des yeux le travail, nomme tout haut la partie que nous traçons, et ce sont des rires, des cris, des étonnements sans fin. Quand, passant de la simple indication du crayon à l'expression plus vive de la couleur, nous donnons du relief et nous animons notre étude, l'enthousiasme n'a plus de bornes et « les autorités » émues paraissent au balcon. Cependant les femmes qui nous regardaient avec une sorte de terreur et qui redoutaient quelque maléfice en nous voyant tirer nos crayons et ouvrir notre boîte, reviennent lentement à nous, se familiarisant peu à peu, et, bannissant leur crainte, en voyant leurs maris rassurés, elles finissent même par ébaucher un sourire encore plein d'inquiétude ; puis, graduellement, lentement, sur ces physionomies graves l'expression du rire complet succède à celle de la terreur.

Mais il faut marcher si nous voulons arriver avant la nuit à l'étape. Nous traversons Pérusich, où, sur la droite, en haut d'une longue colline qui ferme l'horizon, se dresse un château appartenant au comte Regna, député au Conseil de l'empire. Puis c'est Koslowacz, avec de grandes tours d'observation du temps de la domination des Turcs ; la route est assez bonne, mais de temps en temps elle est dangereusement encaissée, et il suffirait de deux *mal viventi* (comme dit le guide dalmate) pour empêcher toute une caravane de passer outre. C'est en ces points que veillent les pandours ; ils se cachent derrière des pans de rocher, attendant l'arrivée de la poste de Knin, afin de l'escorter jusqu'au prochain village.

Le paysage ne varie point : ce sont toujours des plaines de pierres ; le sol en est pour ainsi dire dallé : c'est l'Arabie Pétrée. A peine de distance en distance une végétation basse et crépue, grise comme la pierre et collée au sol comme des mousses et des cryptogames, colore les terrains. Quand le paysage se mouvemente, les lignes brisées des roches succèdent à cette vague pétrifiée.

Malgré cette tristesse et cette pauvreté, la nature dalmate a sa grâce et sa poésie. Tout éclate et tout flamboie ; le soleil répandu sur les plaines tombe en nappes d'argent des hauteurs du ciel bleu. Nous sommes au mois d'octobre ; une douce chaleur nous pénètre, et dans l'atmosphère une poussière argentée vibre au-dessus du sol et enveloppe toutes choses.

A Lissane, un tableau arrête nos regards. Juste au bord de la route s'élève une petite cabane carrée, sorte de *khan* ou de caravansérail couvert de chaume et de branchages, avec un toit qui surplombe en avant pour abriter des rayons du soleil. Auprès de la chaumière, un puits s'élève à un mètre au-dessus du sol, formé d'assises de rochers, creusé dans le sol pierreux et dallé. Des enfants aux grands cheveux blonds, moitié nus, coiffés d'une calotte rouge, jouent sur la pierre, pendant que la mère lave la laine qu'elle vient de filer. C'est le seul point animé de ce désert rocheux. La grâce de ces petits êtres qui ouvrent leurs grands yeux bleus pour nous regarder passer, les beaux gestes de cette femme vêtue de haillons éclatants et pittoresques, forment à peu de frais un tableau charmant.

Un peu plus loin, comme nous passons sur un pont de niveau avec la route et destiné à franchir un torrent profond qui montre son lit desséché et semé de pierres d'un gris rose, nous entendons sous nos pieds un chant plaintif et doux, étrange à l'oreille, et dont le curieux caractère nous rappelle les modulations des montagnards de l'Andalousie ou les mélopées tristes et monotones des bergers kabyles. A la tête de son troupeau, composé de moutons, de boucs, de moutons gris et de brebis noires, s'avance une bergère, vêtue d'un costume éclatant. Elle brode en marchant et semble entraîner son troupeau au son de sa chanson bizarre toute en voix de tête. C'est la première fois qu'il m'est donné de surprendre, au milieu de ces plaines, le travail de ces brodeuses naïves, dont le goût naturel tient du génie, et qui arrivent sans étude, et par un instinct particulier aux Orientaux, à ces harmonies qui nous enchantent tous,

PAYSAGE A LISSANE.

habitants des grandes villes. Il semble aujourd'hui que l'Orient verse son industrie dans l'Occident en dépouillant et la Perse et Kachmyr. Dans leurs huttes de chaume, les paysans qui tissent sur des métiers de bois vermoulu les tapis du Khorassan attirent les regards des grandes industries de l'Europe et les forcent à imiter et leurs formes et leurs vives couleurs.

Nous abandonnons la route et suivons la bergère cachée par les rives du torrent. Sur le grand pagne blanc brodé tout autour d'une large grecque rouge, elle sème, au centre, des feuilles de chêne d'un grand caractère ; elle ne suit pas sur son canevas un dessin déjà tracé : c'est du bout de l'aiguille qu'elle l'exécute à main levée et tout de sentiment. Rien n'est plus séduisant, et c'est comme une invraisemblable apparition. Ses cheveux blonds, touffus et courts comme ceux d'un adolescent, s'échappent en mèches rebelles de la calotte rouge à paillettes d'argent qui moule exactement la forme de sa tête ; des sequins dorés et des médailles pendent à ses oreilles et jusque sur son épaule ; son cou est orné de colliers de verroterie. Sa poitrine est couverte d'une chemise brodée de jolis dessins aux tons vifs qui rappellent les chemises russes, et une large ceinture en argent repoussé descend très-bas au-dessous de la taille, retenant le tapis aux mille rayures bordé de longues franges qui tombent jusque sur les jambières de même tissu. La manche, très-large, toujours constellée d'étoiles à la hauteur du coude et bordée d'une frise, sort de la houppelande bleu sombre qui retombe très-bas. Un grand sac en tapisserie pend derrière son dos et sa houlette est passée à sa ceinture.

Elle est toute seule dans cette grande solitude ; on se demande pourquoi cet or, ces paillettes, ces monnaies, ces verroteries brillantes et toutes ces vives couleurs au milieu de ces rochers arides, et par quel singulier contraste, quand la nature est marâtre et le paysage aussi triste et dénudé, toutes les vives lueurs, les couleurs audacieuses et les harmonies éclatantes se retrouvent dans le costume d'une bergère.

Au bruit des sabots du cheval qui glisse sur le rocher, la jeune fille lève vivement la tête, comme si elle voulait fuir. Je la rassure par un sourire, j'enlève le cheval et je saute dans le ravin. Les moutons se pressent les uns contre les autres, tout s'agite et s'émeut ; le chien fidèle dresse les oreilles et vient aboyer devant la monture, qui penche en avant sa longue crinière. Bientôt cependant la jeune fille prend confiance et me permet d'examiner sa broderie, mais sans paraître comprendre le genre d'intérêt qui m'attire.

J'appelle le Dalmate avec lequel je puis m'entendre en italien pour qu'il me donne, comme interprète, les explications que je désire avoir depuis le premier jour où j'ai vu à Zara les broderies des femmes slaves de la campagne. C'est une question qui m'a beaucoup préoccupé dans tout ce voyage ; et dans celui que j'ai fait depuis en Bosnie, en Herzégovine et en Serbie, j'ai poursuivi la même recherche.

VII

Les travaux de ces femmes de la campagne slave sont de deux sortes : des broderies qui consistent en semis légers sur des toiles plus ou moins fines dont elles décorent le pourtour et le centre, et des tapisseries, tissus grossiers à canevas plein, où l'étoffe tout entière est travaillée et offre un champ non interrompu, comme les tapis de Caramanie et de Smyrne.

La lingerie proprement dite comprend la chemise, qui est toujours élégante, même chez la plus pauvre, grâce à ce travail d'ornementation ; le jupon, enrichi d'une frise, et le pagne ou fichu qui couvre la tête et retombe sur les épaules et porte une ornementation au centre ou au pourtour, suivant la région.

La paysanne slave du sud, depuis le territoire de Croatie jusqu'en Bulgarie vers le nord et jusqu'en Albanie vers le sud (on peut dire dans toute la péninsule du Balkan), fabrique elle-même tous ses vêtements. Elle a la matière première et la met en œuvre ; elle teint la laine, elle la tisse, elle l'orne. Il ne m'a pas été donné de voir par quels procédés elle teint le fil et la laine ; mais je me suis assuré de ces procédés : elle emploie pour cela des végétaux à l'état simple, non mêlés de toxiques et de produits chimiques, qui, s'ils ont l'avantage de fournir des tons variés, ont le grave inconvénient de s'altérer à la température ordinaire et de passer rapidement sous l'action du soleil. Les tons sont donc simples, primitifs, très-vifs et d'une coloration ardente. Les couleurs le plus habituellement employées sont des rouges cerise et carminés, des jaunes d'or, des verts Véronèse et des bleus tirant sur le cobalt. La trame même, dans les tapis qu'elles portent en guise de tablier, sert de frange, et, étant d'une disposition de couleurs variées, elle en montre les combinaisons. Le clavier du dessin, si je puis m'exprimer ainsi, est des

BERGÈRE DES ENVIRONS DE KNIN.

plus simples : ce sont des formes géométriques, des carrés, des losanges, de petits ronds de diverses couleurs, des fleurs à formes ramenées au carré pour suivre le canevas.

Dans les broderies, qui, je le répète, sont toujours très-légères (mais qui jouent un rôle d'autant plus grand sur le fond blanc laiteux des étoffes), elles sont plus fantaisistes et plus inventives ; elles s'inspirent de la nature, brodent des étoiles, des feuilles, des fleurs, et parfois, mais très-rarement, des oiseaux aux formes simples. Souvent même, par une étrange fantaisie, elles décorent le devant de la chemise d'une frise de petits coquillages, ou les détachent sur le fond sombre de la houppelande bleu de roi.

En Slavonie, les femmes brodent le devant de leurs jupes de dessous, et le champ de l'étoffe est comme diapré ; ici l'effet, plus discret, est plus grand ; il leur suffit de quatre étoiles au centre, ou de cinq feuilles de chêne vert au cœur d'un fichu, avec une frise légère au pourtour. Quand nous descendrons vers Raguse, de simples lisières contourneront les étoffes ; mais quand nous traverserons les montagnes pour entrer en Bosnie, nous verrons les femmes catholiques grecques et les catholiques rapporter en relief des soies floches et des chenilles de vive couleur et s'en faire sur la chemise un épais plastron.

A mesure qu'on avance vers les pays du soleil, la richesse de l'ornementation est plus grande et les couleurs sont plus vives. En Italie, par exemple, les pagnes sont brodés à jour, et la richesse de l'étoffe consiste dans le travail lui-même, et non pas dans la couleur ; mais en Dalmatie, au luxe du travail s'ajoute le luxe des tons colorés, et à mesure qu'on passe de l'Orient dans l'extrême Orient, on voit l'ouvrier appeler à lui toutes les ressources dont son art peut disposer : sur des fonds éclatants il sème à pleine main, comme les Japonais et les Chinois, l'or, l'argent et même les pierres précieuses.

De même que le costume des femmes dalmates change à chaque district, le caractère des broderies varie aussi. A Ervenich, par exemple, il y a moins de pièces de monnaie dans les colliers ; elles sont remplacées par des verroteries de Venise pendues au cou, des morceaux d'ambre et de grossières turquoises.

On croirait au premier abord qu'il est aisé de se procurer des échantillons de ces travaux féminins, mais l'expérience prouve qu'il est presque impossible d'en obtenir. Du côté d'Essek, vers Brod et Gradisca, en Serbie sur les bords de la Save, de la Una et de la Kulpa, on peut plus facilement se procurer des spécimens qui, par ces temps où l'on décore avec tant de soin les intérieurs en cherchant surtout l'effet, serviraient à orner les tables de toilette des dames et les guéridons de nos salons. Dans la province dalmate, on peut dire hardiment que ni l'argent ni l'or ne peuvent décider les habitants à vendre ces pièces de leur costume. Toute paysanne possède deux vêtements, celui des jours de travail et celui qu'elle revêt les jours de fête. Elle transmet ses broderies comme un héritage, et avec le temps, au lieu de perdre de leur prix, elles deviennent plus harmonieuses.

Dans les longues veillées d'hiver, dans ces heures solitaires où elles font paître leurs troupeaux, elles brodent, et le temps n'a pas de valeur pour elles ; de longs mois, toutes les saisons d'une année suffisent à peine à la confection d'une seule pièce destinée à les parer. Ce n'est donc point là un objet de commerce auquel on puisse attribuer un prix.

Nous devons ajouter que ce serait comme un déshonneur pour la femme slave de faire le trafic des ornements dont elle se pare. Je ne dis pas qu'un étranger ne soit parvenu à obtenir la cession d'un collier ou d'une pièce de ces beaux costumes ; mais les interventions les plus hautes n'ont pas suffi pour nous rendre possesseur de costumes nationaux pris de toutes pièces chez l'habitant et non dans ces dépôts où l'on n'obtient que des spécimens peu intéressants ; les costumes en effet n'ont là ni le caractère national, ni la valeur artistique de ceux qui sont faits au foyer du paysan.

On comprendra du reste que le voyageur qui ne fait que passer est dans des conditions défavorables ; de longues relations dans le pays, des recommandations de voisins, l'appât d'un gain offert pour prix d'une commande dont la livraison serait à longue échéance, voilà les seuls moyens qui puissent permettre de former des collections de costumes.

M. Lay, d'Essek, ville principale de la Slavonie, a publié à Leipzig un recueil spécial d'illustrations sur ces broderies ; il s'est borné aux paysannes slavonnes et bosniaques. Quand ces planches ont paru, les spécialistes en ont été vivement frappés, et ont déclaré que l'originalité du dessin, et même les procédés d'exécution, pourraient bien être considérés comme des éléments nouveaux pour la branche artistique à laquelle se rattachent ces travaux. A la suite de cette publication, il s'est produit un mouvement industriel d'un caractère national : les dames riches des grands centres slaves ont recherché ces ouvrages, et à Agram, par exemple, on commence à employer dans la décoration des appartements les tapis et les menus objets de fabrication locale.

M. Lay a envoyé la collection qu'il avait formée, et qui est considérable, à l'exposition qui a eu lieu récemment à Moscou ; elle a obtenu un véritable succès, et le jury lui a décerné une médaille d'or. Je ne crains pas de dire qu'à Paris une telle exhibition serait appréciée plus que partout ailleurs, aujourd'hui surtout que l'on s'y préoccupe beaucoup de l'ameublement et de la décoration des intérieurs.

Pendant notre séjour à Belgrade, nous avons appris que M. Kanitz, l'érudit auteur du *Voyage en Serbie*, a exposé, il y a deux ou trois ans, à Vienne, les produits de l'industrie domestique des Bulgares. Cette exhibition a éveillé un réel intérêt ; nous ne pouvons malheureusement pas donner par le dessin une idée de ce genre de broderie, car le charme du travail est dans l'opposition des couleurs, et cet élément nous fait défaut.

VIII

Le caractère des bijoux nationaux des Dalmates, et en général de tous les Slaves du sud, est digne aussi de l'attention du voyageur. Dans cet ordre d'idées, rien n'est indifférent, et nous avons vu tout à l'heure que du côté de Fiume et dans la Croatie on conserve jusque dans les bracelets, les colliers, les pendants d'oreilles, le souvenir de la bataille de Grobnick, remportée sur les Turcs.

Le premier élément et le plus commun, c'est la pièce de monnaie, combinée de vingt manières différentes, portée en médaillon de cou, en chapelet, en collier, en cuirasse, et même en casque, comme une coiffure recouvrant complétement le crâne. Chez les femmes, les monnaies pendent à l'extrémité de la natte comme une amulette, ou même parfois en recouvrent chaque nœud de telle façon que les cheveux ne se voient point et que cette natte, qui se balance sur le dos, semble une longue pile d'écus renversée d'un mètre de long. Ce sont généralement des monnaies d'argent, autrichiennes pour la plupart, et très-rarement antérieures au dix-septième siècle ; elles ont la dimension de pièces de deux francs. Les hommes se décorent la poitrine de pièces beaucoup plus grandes ; un très-grand nombre sont à l'effigie de Marie-Thérèse. A mesure qu'on monte vers la Serbie, les pièces employées sont plus petites, et on les dispose tout autour du front comme une couronne. Dans le voyage publié par M. Georges Perrot, sous le titre : *Un séjour chez les Slaves du sud*, M. Valerio a donné un dessin des casques bizarres que nous avions observés sur les bords de la Save, et qui, formés d'un champ de petites pièces d'argent, font une sorte de cotte de mailles qui recouvre toute la tête.

En Istrie, le bijou le plus commun est un bijou en or repoussé ; c'est le parti pris comme mode de fabrication. Les formes sont peu variées et ne diffèrent pas sensiblement de celles qu'on a adoptées sur la côte opposée de l'Adriatique. Ce sont de très-longues boucles d'oreilles, des croix de poitrine de toute forme, des boutons évidés à jour, et de menus objets de filigrane.

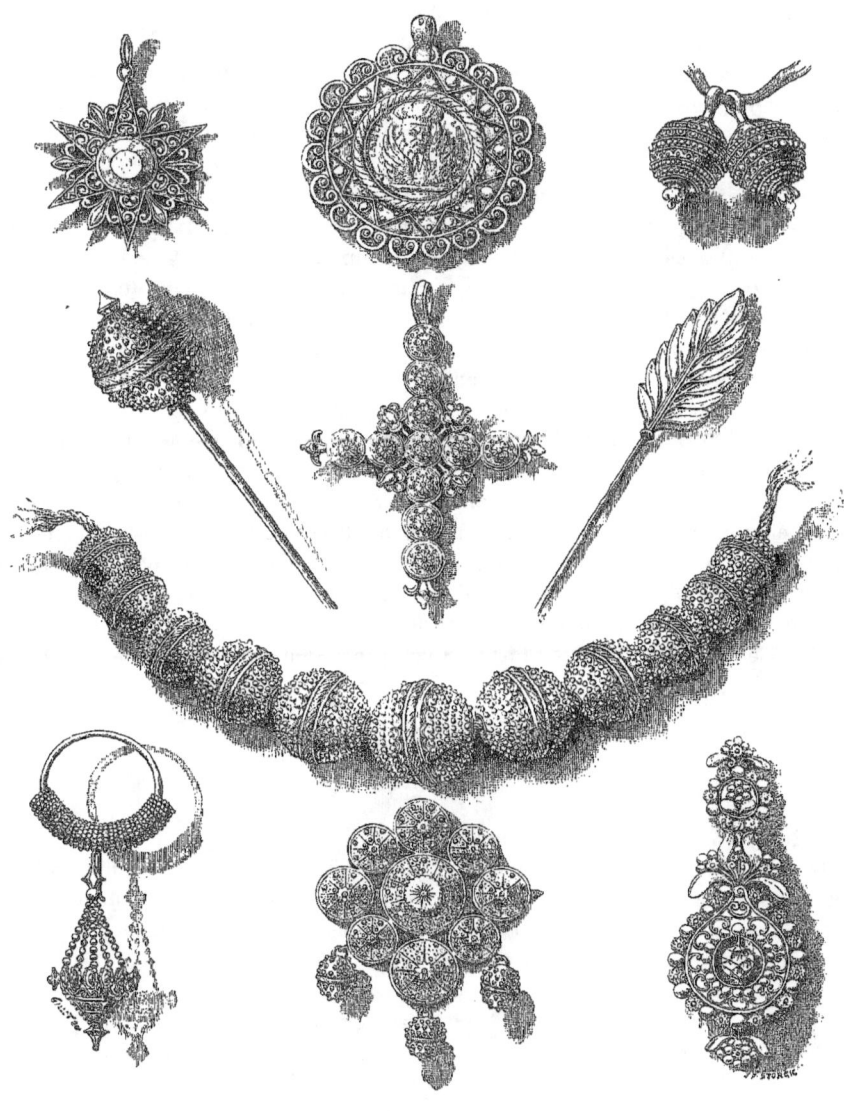

BIJOUX DALMATES.

A Fiume, les bijoux nationaux sont encore moins variés : ce sont les *Moretti* (petits Maures) ou têtes de nègre, dont les yeux sont figurés par des incrustations d'argent ou de pierre fine. En Dalmatie, il y a deux partis bien tranchés : tout ce qui touche à la frontière de l'Herzégovine et de la Bosnie se pare de monnaies combinées de la façon la plus variée, de verroteries, de fleurs naturelles très-gracieusement mêlées aux bijoux, de boucles en repoussé d'argent massif, fermant les courroies de la ceinture, ou de ceintures de métal, incrustées parfois de cabochons, et qui rappellent à la fois les bijoux hongrois et les bijoux turcs.

Plus près de la côte, l'influence des grandes villes et d'une civilisation délicate qui a connu la Renaissance se fait sentir dans la confection du bijou, et, prenant pour motif principal telle ou telle médaille d'or commémorative du temps de la République, à l'effigie de saint Marc, les ouvriers l'encadrent dans de fines broderies de filigrane et en font un médaillon de cou. Les colliers sont formés de grosses boules d'or ou d'argent pur, évidées à jour ; les croix, qui se portent très-grandes, comme des croix épiscopales, le sont aussi de boules aplaties, évidées ou faites de filigrane ; les épingles de tête sont ornées de la même façon.

Entre toutes les villes, Raguse se distingue par son luxe et le développement de sa fabrication. Les *Brennese* (femmes de Brenno), les *Canalese* (celles des Canaux) se parent très-richement et sont les plus raffinées dans le choix de leurs joyaux. A Sebenico, la simplicité charmante et caractéristique du costume se rehausse par des bijoux sobres, mais dont l'effet est très-grand en raison même de sa sobriété. A Zara, la paysanne slave seule se pare, et l'on ne trouve pas trace d'un costume spécial à la localité. C'est la mode pour la paysanne de porter sur elle, aux jours de fête, tout ce qu'elle possède ; c'est sa dot qui la pare ; jamais elle n'y touche que dans des cas tout à fait désespérés : elle tient à transmettre cette dot intacte à ses enfants.

Dans le district de Bencovatz, où nous nous sommes arrêtés, les femmes portent des bagues à tous les doigts et parfois deux ou trois à chacun : ce sont pour la plupart de grossiers anneaux, assez larges, décorés de cabochons de couleur. Il faut remarquer que, soit en Istrie, soit en Dalmatie, les paysannes ne consentent jamais à porter des bijoux faux : c'est tout à fait un point d'honneur pour elles ; de sorte que, nous qui nous préoccupions uniquement de la forme et ne voulions acquérir ces bijoux que comme des spécimens et non pour en parer quelque objet de notre culte, nous n'avons jamais pu trouver les mêmes formes adaptées au cuivre, et nous avons dû dépenser des sommes assez fortes pour former une petite collection qui n'était après tout qu'un élément d'étude.

IX

Nous arrivons à Ostrovitza et nous y faisons la halte de nuit. La plaine en avant du village, entourée de montagnes, semble un vrai cirque : c'est ici, dit-on, que les Turcs et les Croates ont soutenu une lutte formidable ; le champ de bataille est maintenant un immense marais, où le soleil, en disparaissant derrière les collines, jette de larges taches d'argent. On y pêche des sangsues, et nos chevaux, qui viennent de boire, ont les naseaux sanglants. La nuit vient sans transition ; nous avons gagné le pied d'une colline, sur le premier étrier de laquelle s'élève la modeste église d'Ostrovitza, dominée par une masse granitique d'une forme si particulière et dont les stratifications sont si bizarres, que nous avons cru jusqu'au matin être au pied d'une citadelle turque ou d'une montagne façonnée par la main des hommes. La caravane se débande, chacun va de son côté et s'arrange pour la nuit. Pendant qu'on nous cherche un gîte, les pandours défont les paquets, on dresse deux chevalets et l'on allume du feu dans une grande ruine.

Les voûtes sont percées à jour et la masure sert de caravansérail. Bientôt la flamme qui pétille lèche les flancs d'un mouton tout entier ; une perche passée au travers du corps de l'animal tient lieu de broche : c'est la diffa d'Afrique, et c'est moi qui paye l'écot. Un enfant s'installe à côté du foyer et tourne la perche : la chair grésille en répandant une odeur appétissante. Peu à peu les hommes se sont couchés à la lueur des flammes, et ceux qui restent debout, éclairés d'une vive lumière, projettent de grandes ombres fantastiques sur les murs en ruine.

Si j'en croyais les habitants de Kistagne qui sont avec nous, et les villageois d'Ostrovitza qui viennent prendre leur part du festin, nous serions logés pour l'instant dans une ancienne mosquée turque ; mais je ne dois point me payer de ces légendes. Ostrovitza était un des quartiers de Marmont, duc de Raguse ; c'est de là que, le 23 avril 1809, il date sa proclamation aux peuples de Raguse et de Cattaro : « L'Autriche a voulu la guerre, elle l'a déclarée ; les armées de l'Empereur vont s'ébranler et l'Europe retrouvera son repos..... » Pour le moment nous soupons donc bel et bien dans l'une des grandes casernes de cavalerie que le maréchal avait fait élever dans le pays, pour contenir les populations, les observer et pacifier la Dalmatie. Le caractère de la construction est moderne ; la forme, le plan, les matériaux, tout me dit que ceci date à peine d'un siècle, et déjà c'est une ruine. A mesure que nous avançons, nous trouvons plus de traces du passage des Français et de leur occupation. La route que nous

RUINES DES CASERNES DE MARMONT, A OSTROVITZA.

avons prise pour arriver ici est faite par eux ; à un croisement j'ai vu, gravée dans la roche, une inscription qui l'atteste et donne le nom de la brigade qui a effectué ce travail.

Nous avons passé la nuit sur une paillasse de maïs, dans une chambre blanchie à la chaux et sans meubles ; le soleil entre par les fentes du volet plein qui clôt la fenêtre : c'est déjà le grand jour. Nous regagnons la caserne où l'on selle les chevaux. Les curieux du village assistent au départ.

Nous traversons successivement Otres, Kernievo, Varivode, Zetchevo et Kistagne. Le paysage est assez varié et d'un beau caractère, quoique le pays soit triste et laisse une impression mélancolique. Tantôt ce sont des plaines colorées d'un très-beau ton gris avec des oliviers sombres qui se détachent sur les fonds d'or pâle des pampres d'automne ; tantôt, des collines rocheuses qui, une fois gravies, accèdent à d'autres plaines, vallées grises où des troupeaux nombreux apparaissent comme des points blancs et noirs. La terre manque partout, et le sol est littéralement dallé pendant plusieurs lieues : il est crevassé comme ces anciennes voies romaines où le temps a raviné les joints du pavement.

La route est peu fréquentée, on sent que la population est rare ; un pope grec passe avec sa femme et une servante, couchés sur le foin d'une petite charrette à deux chevaux étiques. De loin en loin nous croisons quelque pauvre caravane ; toutes les femmes sont à cheval, à califourchon, le pied dans un étrier de corde.

A Kernievo, les blés de Turquie sont encore sur pied ; la température est devenue plus froide ; peu à peu nous avons monté sans nous en apercevoir et nous sommes à un niveau assez élevé. A Varivode, les routes commencent à être encombrées de troupeaux : on fait l'élevage ; les physionomies et les attitudes des bergers prennent un grand caractère ; les paysans que nous rencontrons sont juchés sur de petits bourriquets aussi bas que les ânes des bords du Nil ; avec leurs longs cheveux, leurs turbans, leurs larges pantalons à la turque et les armes qu'ils portent sur le ventre, ils rappellent à notre souvenir les beaux types dessinés par Valerio dans sa collection.

Nous entrons à Kistagne par une route plantée de mûriers ; on sent le voisinage de la Turquie dans le détail du costume ; les vieilles femmes se cachent déjà le bas du visage, tandis que les jeunes filles restent la figure découverte. Tous les hommes portent le turban, et la plupart passent dans la large ceinture, qu'ils portent fort basse, une longue pipe de bois de merisier à fourneau de terre cuite. La population est grecque, et dans les dix villages qui dépendent de Kistagne il n'y a que quelques familles catholiques. La plaine est étendue, assez fertile, et les arbres sont moins rares que de Zara jusqu'ici. C'est la première fois que nous constatons sur ce sol une couche végétale de quelque épaisseur. Kistagne est un centre de commandement ; il y avait autrefois là un *sirdar*, capitaine de cette force territoriale des pandours placée sous le commandement du colonel qui commande tous les sirdars du district. Le nom est turc, et, quoique l'institution existe encore, il n'est plus employé ; cependant l'officier qui vient après le sirdar, son lieutenant, s'appelle encore *arambasha*, et c'est un officier de ce rang qui a posé devant nous à Benkovatz.

L'Autriche a partout substitué à cette administration militaire locale son système civil, et c'est la gendarmerie régulière qui fait la police des cantons de l'intérieur de la Dalmatie ; cependant, nous l'avons dit, le district de Benkovatz et aussi, je crois, celui de Knin ont conservé l'organisation primitive qui date du temps des Vénitiens.

Il y avait alors des districts maritimes et des districts territoriaux. Zara, Spalato, Traü et Sebenico avaient un colonel et un capitaine, Almissa un colonel surintendant, Macarsca un colonel ; à Narenta résidait un surintendant qui avait la prérogative spéciale de juger au civil et au criminel, excepté pour les cas pouvant entraîner la peine de mort, cas déférés au proviteur général de Dalmatie.

Les sirdars institués par les Vénitiens étaient tous magistrats au civil et pouvaient juger les questions litigieuses dont l'objet n'était pas supérieur à dix florins. Leur force s'appuyait sur cette garde territoriale des pandours, qui n'étaient, comme nous l'avons dit, que des paysans armés, servant à tour de rôle un ou deux jours par semaine, suivant les circonstances, et qui, dans les moments graves, pouvaient être réunis en grand nombre.

De même qu'elle a rendu au pouvoir civil le territoire de ses Confins militaires, l'administration autrichienne a substitué graduellement aux pandours son infanterie régulière. C'est cependant une des curiosités de la Dalmatie que le fonctionnement de cette garde territoriale dans la seule province où elle subsiste encore, et il est difficile de trouver dans aucune armée, même en Orient, un corps régulier ou irrégulier d'un aspect plus étrange et plus pittoresque [1].

---

[1] Puisqu'il s'agit ici des forces militaires permanentes des Vénitiens, alors qu'ils régnaient en maîtres dans toute la Dalmatie, complétons ce renseignement historique. Les forts de la côte avaient un gouverneur militaire ; toutes les îles

Un peu avant d'entrer à Kistagne, au point même où, sur la carte générale de notre voyage, la Kerka traverse la route qui mène à ce village, nous abandonnons la voie tracée pour voir dans la plaine de pierres l'énorme ravin au fond duquel coule le fleuve, et les restes d'arcs romains qui se dressent encore au bord de ce grand précipice. Le lieu même s'appelle *Archi-Romani* ou *Soupiaia*, corruption de *Supplia zarkva* (église trouée). Là s'élevait l'antique cité de *Burnum*; les arcs romains, qu'on prendrait facilement pour un de ces restes d'aqueducs si fréquents dans la campagne de Rome, étaient cependant des arcs isolés qui, au nombre de cinq, avec celui du milieu beaucoup plus large que les deux autres et décoré de pilastres à chapiteaux corinthiens, formaient une entrée de ville d'un caractère triomphal. Cette *Burnum*, dont il ne reste que quelques pierres, était la *Liburna* de Strabon; elle s'étendait, à n'en pas douter, entre l'arc et le fleuve.

Lorsque Fortis voyageait en Dalmatie, vers 1774, les traces de la cité étaient encore visibles; depuis, les inscriptions qui viennent jeter la lumière sur les origines et confirmer ou détruire les suppositions des archéologues, ont été dispersées ou portées dans les musées, ou plutôt dans les dépôts des localités voisines, et c'est à Knin même que nous retrouverons celles qui intéressent la Burnum antique. A quelques pas de là s'ouvre un large précipice, ou mieux une vallée assez riante et d'un aspect grandiose, au fond de laquelle coule la Kerka, en se dirigeant vers la mer; elle forme à cet endroit une cascade abondante sur toute sa largeur, et ses eaux tombent en nappes d'une hauteur de quelques mètres dans un lit plus profond, comme si la main de l'homme les avait arrêtées là par un barrage. Nous n'avons trouvé nulle part, dans les voyageurs et les géographes du temps des Romains, ni plus tard dans les cartes de l'occupation vénitienne, ni dans les vues dont Fortis et Cassas ont enrichi leurs récits d'exploration, la preuve qu'il ait existé d'une rive à l'autre un pont destiné à franchir cet abîme; cependant de larges assises, posées comme des pierres d'attente d'un côté de la rive et baignant dans les eaux, semblent indiquer les restes d'un pont. Sir J. Gardner-Wilkinson, auquel les Anglais doivent un voyage intéressant que j'ai déjà cité [1], est le seul qui ait signalé ces restes; il paraît même que, de son temps (1846), on voyait encore sur ces assises, qu'il juge de construction romaine, deux petits tubes qui ressemblaient à des conduites d'eau. La Kerka a trois chutes : celle de Soupiaia, celle de Roncislap et celle de Scardona. Il est utile de rappeler que les géographes antiques désignaient ces cours d'eau sous le nom de *Titius*, et il faut, pour s'orienter dans les récits de Strabon, tenir compte de cette désignation. C'est un peu en avant de Kistagne, à la droite de la route et presque sur les bords de la Kerka, au pied du Monte Cavallo, que s'élevait l'une des plus grandes villes romaines de la Dalmatie, Promina, dont il ne reste même pas de ruines. Cet endroit s'appelle aujourd'hui le mont Promina.

Il nous faut regagner la route pour arriver à Knin avant la nuit, et trois heures nous en séparent encore. A mesure que nous avançons, le pays devient plus fertile; nous traversons Baducich et Dmitrovitza, où enfin nous voyons des arbres, de beaux noyers, des champs de millet et de sorgho, et nous apercevons le village de Knin, qui s'étend en échelons au pied d'une citadelle du plus grand caractère, à une hauteur énorme, dominée encore par les pics plus élevés du mont Dinara.

---

ne fournissaient point à la circonscription de la force territoriale, mais elles étaient réservées pour former les marins de la flotte. En dehors des pandours dans les provinces, force nationale qui était toujours sous le coup d'un appel, les Vénitiens entretenaient onze régiments d'infanterie régulière, composés uniquement de Dalmates et payés par le pouvoir central, et deux régiments de cavalerie légère composés de Croates. On les appelait « Croates à cheval » (*Croati a cavallo*).

[1] *Dalmatia and Montenegro*, by sir J. Gardner-Wilkinson, F. R. 2 vol. London, John Murray, 1848.

X

Knin est un des points les plus pittoresques de la Dalmatie. Une mauvaise gravure, que j'avais trouvée dans une relation de voyage, m'avait donné l'envie de visiter cette ville. Elle est assise sur les bords de la Kerka, mais ses dernières maisons montent jusque sur la colline au sommet de laquelle s'élève la forteresse. C'est un endroit peu considérable quant au nombre de maisons ; et quelques-unes sont en bois, ce qui donne un caractère turc à tout le quartier qui regarde la rivière.

Au temps où l'art de l'artillerie n'était pas encore inventé, ce devait être une position inexpugnable. Pendant les guerres entre les Turcs et les Vénitiens, la ville fut vingt fois prise et reprise. Les rois de Croatie, ceux de Hongrie l'ont possédée tour à tour, et les Turcs, en 1522, l'ont enlevée à ces derniers et l'ont gardée cent vingt-cinq ans. Foscolo et Cornaro, généraux vénitiens, l'ont à leur tour enlevée aux Turcs en 1647, et elle est restée définitivement entre les mains des Vénitiens jusqu'à la chute de la République. Chacun de ceux qui ont commandé à Knin, comprenant l'importance d'une telle situation qui commande le passage de la vallée de la Kerka, ont tenu à en augmenter les fortifications à mesure que se développait la science militaire, et les Français, quand ils devinrent maîtres de la Dalmatie, y ont exécuté des travaux considérables qui rappellent véritablement ceux des Romains.

Knin avait une haute importance pour Marmont, qui devait tenter une entrée en Bosnie et s'était préparé à cette expédition. Mais en 1813 il fallut abandonner le pays, et les Autrichiens mirent garnison dans la forteresse. Au moment où nous visitons ce nid d'aigle, au sommet de la montagne, auquel on arrive par des routes creusées en corniche qui reviennent vingt fois sur elles-mêmes, il ne s'y trouve qu'une compagnie d'artillerie et une d'infanterie.

Trois routes se rencontrent à Knin : l'une qui va de Zara à Kistagne (c'est celle par laquelle je suis arrivé), l'autre de Verlika à Sign, et la troisième de Knin à Dernis. Quoique petite, la ville a un certain mouvement ; le cours de la Kerka féconde les environs, qui sont assez fertiles, et on y fait un commerce régulier avec la Bosnie. Les Turcs apportent là les fagots qu'ils coupent dans leurs bois, et ils forment de longues caravanes de petits chevaux nerveux et durs à la fatigue sur lesquels ils les chargent, traversant ainsi les montagnes du Vélébich, qui semblent infranchissables.

Marmont vint s'installer à Knin et étudier par lui-même les passages de la Bosnie ; c'était en 1806 : les Turcs et les Russes s'étaient déclaré la guerre. Sébastiani était d'avis de prêter au sultan Sélim un corps de vingt-cinq mille hommes pris dans le corps d'occupation de la Dalmatie. Comme Marmont devait avoir le commandement de ces troupes, il dut s'inquiéter de l'itinéraire à suivre et des points qui offraient le moins de difficulté pour déboucher vers Livno. « Ce fut, dit-il dans ses Mémoires, le commencement des travaux mémorables exécutés dans toute la province de Dalmatie. »

Nous donnerons plus loin quelques détails sur les travaux de communication entrepris par l'administration militaire. Ils constituent pour nous un véritable titre à la reconnaissance du pays, qui, au lieu de maudire notre souvenir comme celui d'un envahisseur, apprécie encore aujourd'hui l'œuvre de civilisation que nous y avons accomplie.

Rien ne peut donner une idée de la difficulté de ces communications avant notre occupation. Pour un général en chef, c'était l'impossibilité absolue de combattre ; les marches étaient plus que pénibles ; on n'avait aucun moyen de transporter vivres ou munitions, et jamais l'artillerie ne pouvait suivre. On se demande dès lors comment les Vénitiens, plusieurs siècles avant

VUE GÉNÉRALE DE KAIN.

les Français, avaient été capables de lutter contre les Turcs dans de semblables conditions. C'est qu'ils possédaient la mer et que, venant de Venise avec leur flotte, ils débarquaient partout chez eux. Chacune des places où nous aborderons dans ce voyage, depuis Zara jusqu'à Raguse, était enceinte de murs et dominée par des forts appartenant à la République. Les portes qui donnaient sur la terre ferme faisaient autant de têtes de pont faciles à défendre. Les Turcs étaient d'ailleurs dans des conditions défavorables ; ils devaient passer, pour déboucher en Dalmatie, ces montagnes ardues qui, depuis la Croatie jusqu'à Cattaro, séparent les deux provinces et leur servent de limite naturelle ; ils ne pouvaient traîner avec eux leur artillerie, et quand, parvenus à s'avancer dans le territoire, ils bloquaient une ville, l'investissement n'était jamais complet, parce que les Vénitiens avaient la mer et pouvaient toujours se ravitailler par la côte.

Marmont était entré par les terres et les flottes alliées possédaient l'Adriatique. Il lui fallait donc se mouvoir par l'intérieur avec des troupes nombreuses, pourvues de matériel et d'artillerie, sans quoi son action eût été restreinte. Condamné à l'impuissance en face des villes fortifiées et privé des moyens de se porter d'un point à un autre, il craignait toujours l'entrée en Dalmatie d'un corps de débarquement jeté à la côte par les flottes qui bloquaient l'Adriatique : c'est à cet état de choses que la province dut les voies de communication qui changèrent bientôt la face du pays.

Le duc de Raguse, esprit éminemment civilisateur et administrateur de la plus haute habileté, trouvait encore, dans les travaux énormes qu'il allait entreprendre, une plus haute compensation : il s'attirait la reconnaissance d'une population vaincue et domptée, et il moralisait ses troupes par un travail régulier et rémunérateur. Il commença donc par améliorer la nourriture du soldat, afin de pouvoir exiger de lui davantage. A côté de chaque casernement des régiments, il créa l'atelier d'outils correspondant aux travaux à accomplir ; il évitait ainsi des bivouacs fatigants ou des déplacements quotidiens pénibles. Chaque portion de route reçut le nom du régiment qui l'avait exécutée, et ce nom ainsi que ceux du colonel et des officiers supérieurs furent gravés sur les rochers.

Bientôt les Dalmates comprirent qu'il s'agissait aussi, dans ces travaux, de leurs intérêts
[illisible]
on fit un recensement général des hommes en état de travailler, et tous y furent compris sans exception, quelle que fût leur condition. C'était comme une conscription du travail. Les riches donnaient de l'argent pour s'exempter ; les pauvres travaillaient et gagnaient honorablement leur vie. On avait obtenu ainsi un chiffre de douze mille hommes dans la province autour de Knin ; on fit deux grandes divisions : six mille travaillaient pendant quinze jours, et les six mille autres se livraient à la culture ou à leurs occupations habituelles. Divisés en nombreuses escouades sous le commandement d'un sergent ou d'un chef civil choisi parmi eux, on leur désignait la tâche à accomplir et, outre leur salaire, on leur donnait par jour un pain de munition et deux rations. S'ils parvenaient à achever leur travail en moins de quinze jours, ils pouvaient rentrer dans leurs foyers. Ce système leur plaisait, et il en résultait pour Marmont et pour eux des avantages évidents. Ce système fonctionne d'ailleurs encore dans toute la Serbie.

Au moment où les Français entrèrent en Dalmatie, il n'existait qu'une seule route, construite par les Autrichiens, et qui, de la frontière de Croatie, accédait à Zara. Nous avons, au commencement de ce récit, divisé la Dalmatie en quatre bassins, formés par les quatre rivières : la Zermagna, la Kerka, la Czettigna et la Narenta. Ces quatre divisions donnaient à ce grand ingénieur qui s'appelait le maréchal Marmont un plan naturel tout tracé : il s'agissait de créer un réseau de routes qui permît de passer facilement d'un bassin dans l'autre.

La seule amorce qui existât était celle de la route qui va de la frontière de la Croatie à Zara : tout le reste était en projet.

D'abord Marmont décida de relier Zara à Scardona, à Sebenico, à Traü et à Spalato. Ce fut son premier effort. Il eut ensuite pour objectif de partir du pont de la Zermagna, et, de Knin, de passer dans la vallée de la Czettigna pour mener au meilleur débouché de la frontière de Bosnie.

Cette seconde route partait de Czettigna et aboutissait à Cresimo (Bosnie).

Il voulut aussi relier Knin à Raguse, traversant ainsi la Dalmatie tout entière ; pour cela il suivit le cours de la Czettigna. Cette route, la plus longue de toutes, fut exécutée par les Morlaques enrégimentés, tandis que les autres voies furent construites par l'armée elle-même. Marmont ne voulait pas fatiguer les soldats par des manœuvres et des exercices trop fréquents ; homme d'expérience, il savait que les manœuvres trop répétées et toujours identiques ont pour résultat de donner le dégoût de leur état à ceux qui sont déjà bien instruits et bien disciplinés.

Knin, relié par l'intérieur à Raguse, fut relié aussi à la mer par la route de Knin à Dernis, de Dernis à Sebenico et de Sebenico à Traü et à Spalato. On commença la route dite encore aujourd'hui *la Grande*, qui, partant de Zara, court parallèlement à la mer, emprunte celle de Knin à Raguse, un peu au-dessous de Sign, et de Raguse va à Stagno. Ce fut la garnison de Raguse qui exécuta cette dernière partie.

C'était le grand système romain appliqué par les armées du premier Empire français. Ces routes, dont on dota la Dalmatie, ont été complétées depuis sur quelques points, rectifiées sur certains autres, doublées en quelques endroits par des voies nouvelles ; mais dans leur ensemble elles constituaient alors et sont même restées un immense bienfait, dont les Dalmates se sont toujours souvenus avec reconnaissance. La route Grande fut achevée en six mois, malgré les plus grandes difficultés : les murs de soutènement de la descente de la montagne de Traü rappellent les travaux d'art les plus difficiles, travaux d'autant plus méritoires qu'on avait alors peu de ressources pour les accomplir.

XI

Mon séjour à Knin s'est passé en excursions aux bords de la Kerka et en ascensions pénibles sur ces pics ardus qui dominent la rivière. J'étais logé là dans une auberge sans beaucoup de caractère, où j'ai vécu de privations. La nuit de mon arrivée avait quelque chose de sinistre : il allait pleuvoir ; on craignait cette pluie pour les récoltes, et les chariots des Morlaques se pressaient dans l'unique rue de Knin, avec force cris et force jurons des conducteurs qui s'invectivaient dans les ténèbres.

Après un souper pénible dans une grande salle basse lugubrement éclairée, une assez jolie fille en costume national m'indiqua du doigt un escalier branlant qui menait à trois petits cabinets donnant sur une galerie en bois ; celle-ci n'était éclairée que par une fenêtre carrée très-basse, ouverte si près du sol, que pendant le jour le plancher seul recevait la lumière. Vers deux heures du matin, il me sembla qu'on attaquait la maison à coups de pierres. Je sautai instinctivement sur mon revolver et, nu-pieds, accroupi vers l'ouverture de ma chambre, l'œil à la fente du volet plein, je distinguai, dans l'ombre épaisse, trois individus qui semblaient comploter à voix basse et jetaient des pierres dans ma fenêtre, en criant régulièrement et trois fois de suite : « Zacari ! Zacari ! Zacari ! » Ce manège dura plus d'une demi-heure, et la pluie ayant fini par devenir déluge, les assaillants, de guerre lasse, se retirèrent. Je n'ai jamais pu savoir le secret de cette énigme, car mon Dalmate qui me servait d'interprète avait rejoint la caravane et j'étais à Knin dans la situation ridicule d'un homme qui ne peut s'exprimer que par gestes. Il eût fallu un mime bien expert pour obtenir un éclaircissement sur une pareille scène. Mais le moyen d'apprendre le serbe en quelques mois !

La Kerka enferme Knin entre la rive et la montagne. La ville commence au bord du fleuve et s'étend jusque sur les étriers de l'énorme rocher, qui tout d'un coup se dresse presque à pic. La rivière n'est pas navigable à la hauteur de Knin ; les eaux sont claires et transparentes, on voit partout le fond ; le lit est large et les bords sont dominés par des rochers d'une forme imposante, qui suivent le cours de la Kerka et en rétrécissent le lit : leurs parois sont percées çà et là de cavernes où l'on ne saurait pénétrer, car l'eau s'échappe abondamment de la voûte.

Vu du pont de Knin, le cours de la Kerka offre un coup d'œil très-pittoresque : la rive droite du fleuve est inaccessible : la montagne est presque à pic, quelques pitons s'en déta-

LE COURS DE LA KERKA AU-DESSUS DU PONT DE KNIN.

chent ; sur ces hauteurs les Turcs avaient autrefois construit des tours de défense ; le rocher se dresse superbe, couronné par sa forteresse grise, dont les murs ont un développement considérable et suivent les crénelures de la montagne. La rive gauche est moins abrupte ; une petite construction blanche s'élève à l'entrée du pont, au niveau de la rivière, et des dépôts violacés, sanglants, qui attirent des bancs entiers de poissons, m'indiquent que là est l'abattoir de la ville. C'est le point extrême où l'on puisse parvenir ; plus loin, le rocher se resserre et se dresse à pic, sans qu'on puisse le côtoyer, et il tourne brusquement pour former avec l'autre rive une espèce de bouche d'enfer. On pourrait suivre cet étroit couloir et avoir le mot du mystère que recèlent ces galeries souterraines, cavernes qui, dit-on, se prolongent très-loin sous le rocher même ; mais nous laissons l'honneur de cette exploration à des naturalistes ou à des voyageurs qui resteront plus longtemps que nous dans le pays.

XII

Après avoir fait caravane de Zara à Knin, je profite du courrier qui se rend régulièrement de Knin à Sebenico, en passant par Dernis, et je reviens à l'Adriatique, suivant dans mon itinéraire les deux côtés d'un triangle irrégulier, et traversant ainsi deux fois la Dalmatie dans sa plus grande largeur. Cette seconde excursion s'exécute en douze heures, avec un train régulier de poste, mais à la condition de ne consacrer qu'une heure à l'étape de Dernis.

On sort de Knin par la route qui traverse la Kerka ; le pays est assez riant ; aux plaines de pierres succède un sol relativement fertile, mais mal cultivé. Faute de savoir s'opposer aux débordements de la rivière et de lui creuser un lit, les habitants de ces plaines les voient souvent envahies par les eaux, et Knin passe pour être un lieu assez malsain ; on y rencontre beaucoup de fiévreux qui grelottent sur pied et n'emploient, pour échapper à leur mal, d'autre remède qu'un extrait de verveine mêlé à un bouillon de bœuf. Ces fièvres, que les médecins du pays disent être des fièvres tertiaires, règnent en automne, et particulièrement en août et en septembre. A cette époque, ces Slaves, si durs pour eux-mêmes, évitent de dormir dehors ou de laisser les fenêtres ouvertes pendant la nuit.

Les villages que nous traversons ont le même aspect que ceux que nous avons décrits de Zara à Knin, et les maisons ne sont pas plus pittoresques ; il y a là entre le mont Cavallo et le mont Kosak une vallée assez belle, arrosée et fécondée par un affluent de la Kerka, le Cossovizza. Les endroits que nous traversons s'appellent Vinkovitz, Giurgóvic, Kossovo, Klanatz, Lukovac. Ziokovicny et Dernis.

Vers Klanatz, cette vallée se resserre tellement, que les deux montagnes forment un passage étroit, réputé dangereux pour les voyageurs. Il y a quelque temps, la malle-poste était toujours escortée par la gendarmerie ; on a décidé récemment qu'elle ne le serait plus que lorsque les courriers contiendraient une somme supérieure à trois mille florins ; on me dit même que, depuis mon passage, cette précaution est abandonnée, mais cependant, de temps en temps, nous croisons les pandours qui font leur service. Ce point est aussi un de ceux où les habitants passent pour les plus rebelles à la discipline ; ils se tirent entre eux des coups de fusil pour une chèvre qui broute indûment dans un champ voisin. L'administration s'est bornée pendant quelque temps à circonscrire les soulèvements d'un village contre l'autre ; on laisse s'exercer la vendetta, quitte à poursuivre ensuite les coupables quand on a constaté une mort ou un grave sévice.

A mesure que nous avançons vers Dernis, les troupeaux deviennent plus nombreux et le pays est plus riche ; on sent la vie et l'on constate au moins l'existence de récoltes sur lesquelles l'habitant de ce triste pays dalmate peut fonder son existence.

Dernis se présente très-bien ; la ville est assise sur une hauteur à laquelle on arrive par de longues rampes. Les maisons, plates et basses, sont dominées par une ruine énorme. Le minaret d'une ancienne mosquée turque resté debout s'élève encore au-dessus de tous les toits et se détache sur le fond de la montagne. Nous voyagions un dimanche, et la place était très-animée. Sans en excepter aucun point de la Dalmatie, même la sortie de Raguse sur Trébigne et les confins de l'Herzégovine, Dernis est l'endroit où le costume, tout en étant simple et très-sobre, présente le plus d'intérêt.

Toutes les femmes d'un certain âge se cachent le bas de la figure ; elles portent des doubles nattes fausses, comme celles des juives du Maroc, et, les disposant au sommet de la tête, elles les tressent avec des rubans rouge-cerise ou de ce vert brillant que les Turcs appellent le vert du

PAYSANS D'ENTRE KNIN ET DERNIS.

prophète. Les grands fichus sont blancs comme la neige, très-simples et entourés de frises très-simples aussi, mais d'un remarquable style; leurs jambes sont prises dans la guêtre tapissée; et toutes portent en bandoulière et sur la houppelande gros bleu, ornée de broderies vives, le sac bariolé où elles mettent tout ce qu'elles achètent ou portent avec elles.

Nous avons quitté Knin à huit heures du matin; à midi nous entrions à Dernis, qui compte deux mille âmes. Il y a non pas une auberge, mais une maison où l'on peut manger et où s'arrête habituellement la malle. Des ingénieurs, chargés de faire une enquête sur je ne sais quel tracé, avaient commandé là leur repas et nous devions les attendre; nous profitâmes de la halte pour dessiner une habitation villageoise qui datait évidemment d'une époque antérieure à l'occupation, et conservait encore un certain caractère local. La plaine, au pied de Dernis, est assez belle; on y récolte de l'orge et du froment; les parties vallonnées donnent aussi un peu de vin.

HABITATION VILLAGEOISE, A DERNIS.

A une heure nous quittons Dernis par une montée lente à gravir, qui nous ramène deux fois au-dessus de l'espace qu'occupe la ville. Quoique à une hauteur déjà considérable, nous sommes encore dominés par la montagne, bizarrement déchiquetée, tailladée à grands pans et qui forme là comme un chaos. Ce passage franchi, nous abandonnons les plaines que nous avons encore sous les yeux, à nos pieds, depuis Knin, et le désert commence. C'est désormais le district de Dernis; plat jusqu'à la montagne qui le sépare du district de Traü, il offre à partir de là une surface d'une complète aridité. J'ai été assez surpris de rencontrer, un peu au-dessous de Dernis, une longue suite de chariots morlaques pleins de charbon de terre. Comme je me préoccupais de savoir d'où venait ce charbon et à quel usage on le destinait, on me dit qu'il existait près de Dernis même une mine assez abondante, pour laquelle on avait fait de grandes dépenses. Je ne voudrais pas trop m'avancer sur une question de cet ordre, mais je rapporterai simplement ce qu'on m'a dit. Malgré son apparence, ce combustible n'aurait pas toutes les qualités requises pour que l'exploitation soit bien rémunératrice. Les vapeurs du Lloyd l'ont employé pendant un certain temps, parce qu'il revient bon marché; mais, comme le fait observer Wilkinson, la question est de savoir si l'on a intérêt à employer, même en le payant à bon compte, un charbon d'une faible puissance calorifique. Ce charbon aurait aussi cette particularité de produire une fumée très-épaisse. Quoi qu'il en soit, si l'on consommait ce combustible sur place, il constituerait un élément de production dont il faut tenir compte dans un pays assez déshérité.

Puisque nous touchons à cette question, nous devons signaler aussi des mines de fer à Hotton, sur le territoire de Knin, et un peu plus loin, vers le midi, dans le territoire de Sign. Il est tout à fait hors de doute que le sol de la Dalmatie, sous la domination romaine, produisait de l'or en grande quantité. Il est inutile de citer les textes : ils sont à la portée de tous. Pline (chapitre XXXIII), Florus et Martial donnent les quantités extraites quotidiennement, et le second rapporte que, lorsqu'on fit la conquête, on obligeait les fiers Dalmates à extraire l'or de ces mines. Martial dit que Salone est la *Terra aurifera*, et Stace, dans l'épithalame de Stella, parle de l'or de la Dalmatie comme si le métal de cette province était passé en proverbe. Il y a aussi non loin de là un mont *Mossor*, qu'on dit avoir été dans l'antiquité le *Mons aureus*. A quelques journées de marche, en Bosnie, je viens de constater que le sol est très-riche en mines et produit même des métaux précieux. Si ce pays était plus calme, si l'industrie n'était pas constamment en butte aux soupçons des Turcs, et si surtout il existait des routes ou des voies ferrées, on y recueillerait à coup sûr de riches moissons.

Cette marche de dix heures n'offre pour nous rien qui mérite d'être signalé, parce que nous n'avons plus le loisir de nous arrêter, astreints que nous sommes à nous conformer aux exigences du courrier. Rien d'ailleurs n'a frappé particulièrement nos yeux entre Dernis et Knin. Ces lieux sont arides et déserts : on dirait les plaines de Bretagne où se dressent les dolmens ; l'homme ne peut pas lutter contre une telle nature, et on comprend, en traversant ces régions, pourquoi elles ne sont pas plus peuplées.

L'entrée à Sebenico est digne de souvenir. Nous avons observé que les chaînes de montagnes qui se détachent de la chaîne principale et forment les bassins qui aboutissent à la mer, se relèvent toujours au rivage en un contre-fort ou en un piton qui vient arc-bouter la chaîne ; à Sebenico, cette disposition est très-frappante : on monte sans cesse pour arriver à la ville et on y entre par une coupure pratiquée entre deux rochers gris d'où l'on aperçoit l'Adriatique par-dessus la ville, et entre Sebenico et la pleine mer une quantité d'îles et d'écueils qui émergent et cachent l'Adriatique.

Une fois au sommet de la coupure, on descend très-rapidement en passant sous deux forteresses très-élevées, San Giovanni et Santa Anna. La date de la construction de ce fort de San Giovanni est indiquée dans un rapport fait à la République par un envoyé spécial, qui avait la mission d'étudier les moyens de défense à mettre en œuvre pour assurer la libre possession de Sebenico. Le fort de Santa Anna existait déjà ; mais l'envoyé, constatant qu'il était dominé par le mont Giovanni, concluait, malgré la difficulté, à la construction d'une forteresse nouvelle, qui protégeât la ville du côté de la terre.

XIII

Sebenico n'est pas à la côte : l'Adriatique, en cet endroit, entre dans l'intérieur des terres par un étroit canal, appelé canal de San Antonio ; ses eaux viennent se mêler à celles de la Kerka en formant une baie étroite et très-profonde, creusée sans doute par la force du courant du fleuve, retenu quelques lieues plus haut dans le profond réservoir du lac de Scardona. L'accès de la ville est difficile quand le vent est contraire ; l'espace est resserré entre les deux pointes formées par les deux bras du golfe, et à l'extrémité de chacun d'eux s'élèvent deux forts, celui de San Nicolo, construit en 1546 par Sammicheli, le grand ingénieur vénitien, et la redoute française, élevée par nos troupes en 1810, mais dont il ne reste guère aujourd'hui que des ruines.

Je suis allé deux fois de Zara à Sebenico : la première fois par terre, en faisant le grand détour par Knin et en passant par Dernis ; la seconde fois par mer. Il faut six heures de

GOLFE DE SEBENICO.

navigation pour aller d'un port à l'autre. L'ancrage de Sebenico est regardé comme très-sûr : l'eau est très-profonde ; le peu de largeur du canal San-Antonio et la position des îles qui en ferment presque l'entrée, en interceptant le vent, contribuent à donner plus de sécurité aux navires. Quand on arrive par mer, la ville apparaît dominée par les châteaux forts et s'échelonnant sur un espace très-restreint entre la montagne et la mer. Quand on entre par terre, l'aspect est beaucoup plus complet : on prend la ville à revers ; on domine le golfe, les îles, et même l'Adriatique à l'extrême horizon, par-dessus l'échancrure des écueils : le tout s'encadre d'une façon heureuse entre les deux silhouettes de San Giovanni et de Santa Anna.

A mon second voyage, quand j'entre dans la ville par la porte de Dernis, le soleil est déjà couché. Le temps de chercher un gîte, d'entrer à l'agence du Lloyd, de trouver un aimable employé des postes pour lequel j'ai pris une lettre, la nuit est déjà venue.

Je dîne confortablement dans une *trattoria* d'un caractère italien, et mon compagnon me propose une promenade nocturne dans Sebenico. Avant de nous engager, nous allons prendre quelques-uns de ses amis dans un café voisin. Victor Hugo, dans ses loisirs, dessine d'une plume pleine de sombre verve des villes du moyen âge plongées dans les ténèbres, et il en a formé tout un album ; le poëte des *Rayons* et des *Ombres* trouverait à Sebenico des sujets dignes de lui. Nous nous engageons dans des escaliers tortueux, étroits, bordés de maisons aux silhouettes

LE FORT GIOVANNI, A SEBENICO.

bizarres ; des couloirs obscurs, resserrés comme des chemins couverts de forteresse, débouchent tout à coup sur des *campi* où la lune, d'un rayon d'argent, éclaire une belle loge italienne, à arcades de la Renaissance, et trace sur le sol la longue et mince ombre portée d'une colonne antique qui se dresse isolée sur la place. Après des tours, des détours, des descentes subites entre des murs qui suintent et aux parois desquels tremblote la pâle lueur d'un falot douteux, après des montées rapides par des marches hautes, usées et glissantes comme la lave, nous sortons sur une plate-forme à créneaux, qui domine toute la ville et d'où l'on distingue le golfe, les îles et la mer.

Les toits des maisons et les dômes des églises s'étagent à nos pieds, masses sombres tachées çà et là d'un point lumineux ; le murmure de la ville monte jusqu'à nous ; du côté de la terre ferme, les forts se profilent durement sur un ciel semé d'étoiles ; du côté du port, les feux rouges oscillent lentement aux mâts des vaisseaux. Dans le golfe, la lune met une paillette tremblante au sommet de chaque vague doucement agitée...

..... Et la mer qui se brise
Là-bas, d'un flot d'argent brode les noirs îlots.

ARRIVÉE DES CARAVANES TURQUES A LA DOUANE DE SEBENICO.

Nous admirons, recueillis et pensifs. Bientôt, dans le silence de la nuit, notre guide, jeune homme d'une imagination très-vive, poétique, d'une rare faconde, et qui n'a cessé pendant cette promenade nocturne de murmurer des vers de Dante, se met à entonner des stances de la *Jérusalem délivrée*, et sa voix, d'un beau timbre italien, s'élève chaude et vibrante.

En écoutant le chanteur, nous nous rappelions cette autre nuit, marquée d'une croix blanche, où, à Tolède, sur la plate-forme de San Juan de los Reyes, à la pâle clarté qui tombait des étoiles, nous avions joué un acte entier de la *Vieja del Candilejo* en costumes du temps, avec de jeunes écrivains, aujourd'hui ministres et conseillers d'État, et qui n'étaient alors que des rêveurs aux étoiles.

Il y a du commerce à Sebenico ; l'exploitation des mines de l'intérieur en forme un des éléments, et les îles et la montagne produisent de très-bons vins. A la douane, l'arrivée des caravanes turques offre des scènes pittoresques et intéressantes pour le touriste. Un certain mouvement anime la ville tout entière ; malgré sa disposition tourmentée et les différences de plans qui en font un grand escalier, les maisons sont mieux construites que dans la plupart des autres cités de même importance. Il y a tel ou tel balcon vénitien trilobé, à fines sculptures, qui ferait l'ornement d'un palais du Grand Canal, et la place des Seigneurs est la réduction d'une de ces belles places du nord de l'Italie où se tient le marché aux herbes et aux fruits. Il ne doit guère y avoir là plus de quatre à cinq mille habitants. La majorité de la population se compose de catholiques romains, mais il y a cependant un nombre de grecs orthodoxes assez important pour que, sous l'occupation française, la ville ait été le siége d'un évêché du rite grec.

MULETIER TURC.

En somme, Sebenico est une de ces villes où il nous plaît de nous arrêter et dont l'attrait est multiple : aspect séduisant, monuments, costumes, histoire, tous les éléments d'intérêt s'y rencontrent. La situation est particulière au point de vue stratégique ; on sent que la ville est facile à défendre, puisqu'elle est enfermée dans une baie qui la protége du côté de la mer, et ceinte de forts qui en assurent la possession du côté de la terre. Giustiniani dit que Sebenico a été construite par des Uscoques qui de là épiaient les vaisseaux qui passaient et se livraient à la piraterie. Scardona détruite, la ville aurait recueilli ses habitants et établi un gouvernement municipal. Plus tard les Hongrois l'auraient harcelée par de continuelles attaques, et, vers 1412, elle se serait donnée à Venise.

Se donner à Venise est un euphémisme, car la ville se rendit par la famine, le 12 juillet 1412. Elle avait été achetée au roi Ladislas de Hongrie ; mais c'était peu de la payer : il fallait la prendre. La flotte vénitienne venait de s'emparer d'Arbe, de Pago, d'Ossero et de Cherso ; elle tenta un coup de main sur Sebenico et échoua. Les Vénitiens mirent le siége devant Sebenico, et ce siége dura deux ans.

Il y avait eu auparavant un rude épisode dans son histoire. En 1378, pendant la guerre de Chioggia entre Venise et les Génois, guerre fameuse entre toutes, et qui mit la République à deux doigts de sa perte, Pisani, le grand général vénitien, voulant faire diversion, se porta dans l'Adriatique avec vingt-cinq voiles qui lui restaient et prit successivement plusieurs ports dont il avait besoin pour s'assurer un refuge contre les Génois, alors les maîtres du golfe. Il se jeta dans Sebenico et l'emporta, l'épée à la main, dans un débarquement audacieux qui ressemblait à un abordage.

JEUNE FILLE DE SEBENICO.

A Sebenico il y avait un parti hongrois et un parti vénitien : les nobles tenaient pour Saint-Marc ; le peuple tenait pour Sigismond de Hongrie. Il est regrettable qu'on ait détruit, à l'entrée du canal, la tour où durent se réfugier les patriciens assaillis par le peuple et chassés de la cité. Sigismond dut intervenir pour eux ; Sebenico refusa de les recevoir, et le roi de Hongrie, pour ramener la paix, fit exécuter les chefs de la résistance. Les deux classes furent dès lors plus ennemies que jamais ; mais l'aristocratie finit par triompher, car, Sigismond ayant été vaincu sur d'autres champs de bataille, les Vénitiens trouvèrent les habitants moins rebelles à leurs propositions, et on prit possession de la ville sans conteste. Au seizième siècle il y eut une véritable efflorescence intellectuelle à Sebenico et, en mettant Raguse à part, c'était la ville la plus lettrée du littoral.

Quand nous descendons dans la ville, la *place de la Seigneurie*, avec sa belle loge italienne et sa cathédrale, est pleine de promeneurs, très-éclairée, et vivante comme une petite place Saint-Marc. De jolis groupes de jeunes filles vont et viennent, seules, sans les grands-parents, se donnant le bras et, comme dans un salon, tous les jeunes gens les abordent avec bonhomie et respect et viennent les saluer. Le jeu de l'éventail et le langage rappellent tout à fait Venise ; l'atmosphère même et le ciel constellé font penser aux douces soirées passées *in piazza*.

Un côté de la place est occupé par un café établi au rez-de-chaussée de la *Loggia*, l'ancien palais des provéditeurs, aujourd'hui abandonné au cercle de la ville. C'est jour de dimanche, et la cité a un air de fête ; les tables débordent sur la place comme celles de *Florian* ou de *Cuadri*. Même dans l'enceinte de Sebenico le costume des femmes de la classe marchande s'est conservé

JEUNE FEMME DE SEBENICO.

pur; il est charmant de simplicité; ce ne sont ni les broderies ni les étoffes rares qui en font le prix, mais une vive opposition de couleurs et la forme générale, bien faites pour rehausser la beauté de celles qui le portent. Le corsage blanc plissé, à petit col droit et à large plastron ouvert en cœur, tranche avec la robe de couleur vive, dont la coupe donne de la sveltesse à la taille.

Les bijoux sont très-jolis aussi, et la petite calotte rouge, de forme grecque, posée sur le

JEUNE FILLE DE SEBENICO.

sommet de la tête, couronne élégamment les cheveux partagés en bandeaux dont les tresses nattées retombent sur les épaules. Les gardes de ville de Sebenico, dont la tenue rappelle celle des Pandours, présentent aussi un aspect des plus pittoresques au milieu de la population, qui porte l'habit moderne, laissant aux paysans slaves le monopole du costume national.

La cathédrale de Sebenico, qui ferme un des côtés de la place de la Seigneurie, est célèbre dans la Dalmatie : on l'appelle le *Dôme*; elle a été commencée en 1415 et finie en 1555. Malheureusement elle manque d'unité, et il n'y a pas un recul suffisant pour voir la façade principale, qui s'ouvre sur une piazzetta. Elle participe de deux styles : le gothique vénitien flamboyant et les formes plus pures de la première moitié du seizième siècle italien. Ce qui la rend précieuse pour l'art, c'est une voûte semi-cylindrique en pierre sculptée dans la masse.

L'église se compose d'une nef principale et de bas-côtés séparés de la porte centrale par un parti-pris de cinq colonnes reliées entre elles par des arcs. La ligne verticale des colonnes se continue, au-dessus du chapiteau qui reçoit l'arc, par un pilastre portant l'entablement de la voûte et suivant la courbe de cette voûte elle-même. Ce pilastre à son tour devient soffite et forme ainsi des divisions parallèles sur le berceau de pierre très-élégamment décoré. A part ce détail, qui est d'un intérêt tout à fait hors ligne, le Dôme est moins curieux que je ne le croyais d'après les récits des Dalmates. Comparé aux monuments chrétiens de la province, c'est, après tout, un monument d'une époque récente, et son style n'est pas assez pur pour qu'on le

LES CHUTES DE LA KERKA, A SCARDONA.

prenne comme type. La façade principale est lourde ; il est vrai qu'en revanche le parti gréco-italien de la façade latérale est très-intéressant et ingénieux au point de vue de l'ornementation.

C'est de Sebenico qu'il faut partir pour l'excursion aux chutes de la Kerka. Nous avons dit que cette rivière vient se jeter dans le golfe un peu au nord-ouest de la ville. On peut en remonter le cours en deux heures et demie ; il faut pour cela fréter une barque prise dans le port. C'est une promenade sévère, mais qui a son charme à mesure qu'on avance. La rivière coule d'abord entre deux rochers, et les rives en sont désertes ; après un parcours de trois milles, on arrive au lac, et sur la rive s'élève la petite ville de Scardona, qui était encore turque il y a deux cents ans et conserve des traces de la présence des musulmans. Le voyageur ne fait que passer à Scardona pour remonter encore le cours de la rivière jusqu'à la chute, distante à peu près d'une lieue de la ville.

C'est toute une affaire que de se procurer un bateau pour arriver à ces chutes ; il faut envoyer à Vissovatz et solliciter le prêt d'une barque pour un étranger. Pour ne point perdre

GARDE DE LA VILLE, A SEBENICO.

une journée, je préférai garder les pêcheurs que j'avais à Sebenico, et continuer ma route avec eux, quoique ce parti fût assez onéreux.

Les chutes sont très-pittoresques, et la nature qui encadre le tableau est plus riante qu'en aucun point de la Dalmatie. Au point de vue géologique, il y a là une particularité intéressante : la Kerka coule sur un lit de roches calcaires très-friables, et, ce qui donne son caractère aux cascades, c'est que les eaux, au lieu de passer d'un lit élevé à un lit inférieur, sont arrêtées çà et là par des rochers : en rebondissant et se brisant, elles se sont ouvert un chemin dans le lit friable qu'elles ont creusé, traversant ainsi de petits tunnels et s'échappant par de nombreuses ouvertures. On ne trouve donc pas ici une large nappe tombant d'une hauteur énorme, comme aux grandes chutes célèbres : ce sont de nombreuses cascatelles qui s'échappent dans toutes les directions.

Il y a là quelques moulins et un assez grand mouvement de barques ; les rives sont plantées de beaux arbres, et le paysage est riant ; mais on prétend que la Kerka forme des marais entre Scardona et les chutes et que la région est fiévreuse. Je n'ai fait qu'une excursion rapide, sans même quitter le bateau, parce que je devais continuer mon voyage vers le midi et qu'il me fallait rejoindre le port de Sebenico, afin de m'embarquer à jour fixe pour Spalato.

Une assez bonne route mène de Sebenico à Traü et de Traü à Spalato ; mais on me dissuada d'aller par terre, puisque j'avais déjà vu le pays dans ses régions les plus intéressantes. C'était gagner beaucoup de temps ; il ne se présentait d'ailleurs sur ma route aucune ville qui m'offrît assez d'intérêt pour compenser le retard d'une longue route par terre.

Dans la même journée j'avais fait l'excursion de Sebenico à Scardona et aux chutes de la Kerka. Je rentrai à la nuit à Sebenico, et comme le navire était déjà dans le port, j'obtins de m'installer à bord le soir même et d'attendre le départ, qui devait avoir lieu le lendemain au petit jour.

XIV

SPALATO

Il faut cinq heures pour aller de Sebenico à Spalato par mer. On serre de très-près la côte, très-haute dans cette partie et d'un accès difficile ; à partir du cap de la Planca (situé à quelques milles au-dessus de Traü dans notre carte générale), la mer Adriatique semble entrer dans les terres par de nombreux canaux et former comme un immense estuaire jusqu'à Raguse.

Les villes sont toujours situées à la côte, et chacune d'elles est un port, comme en Istrie et dans la partie nord de la Dalmatie ; mais elles sont abritées dans le fond des golfes, cachées par des îles beaucoup plus grandes que celles qui forment les canaux de Zara et de Sebenico, et assez importantes pour constituer des districts tout entiers. Pour ne citer que les plus grandes de celles-ci, nous nommerons Bua, Solta, Brazza, Lissa, Lesina, Curzola, Sabbioncello, Melida et le groupe des Élaphites. C'est le caractère particulier de l'Adriatique que l'existence de ces canaux, de ces fiords, dans lesquels entrent les navires ; il semble, à partir de la Planca jusqu'à Raguse, qu'on navigue dans les grands lacs italiens, car l'on ne perd jamais de vue les deux rives, celle du continent dalmate et celle formée par les groupes d'écueils qui s'étagent successivement en quatre longs canaux parallèles : le canal de Spalato, entre Bua et Solta ; celui de Lesina, entre Brazza et Lesina ; le canal de Narenta, entre Lesina et Curzola, et le canal de Melida, entre l'île de ce nom et Sabbioncello.

Nous avons laissé assez loin au large, à notre droite, l'île de Lissa, célèbre dans l'histoire par deux rencontres : en 1811, entre les flottes française et anglaise ; en 1866, entre les flottes italienne et autrichienne, commandées par l'amiral Persano et l'amiral Tegethoff.

Passant entre deux écueils qui forment la bouche du canal de Spalato, Solta et Zirona, nous avons longé l'île de Bua à quarante mètres tout au plus, et nous sommes arrivés en vue de la ville de Spalato. Bua nous cachait Traü, à laquelle elle se relie par un pont, et telle est sa situation que, touchant à la côte par sa partie nord et au promontoire de Spalato par sa pointe sud, elle forme avec la terre ferme une baie d'un plan ovale, abritée des vents et propice à la culture ; l'Adriatique abdique là son nom de mer pour prendre celui de rivière des *Castelli*, succession de villages assis au bord d'une plage clémente, au sol fertile et au doux climat.

L'an 303 après Jésus-Christ, alors que l'empire romain, arrivé à cette grandeur démesurée

VUE DE TRAÜ, PRISE DE L'ÎLE BUA.

qui devait causer sa ruine, venait, après une période de cent cinquante ans de guerre, d'entrer dans une ère de paix en éclairant le monde d'un dernier rayon de sa gloire, l'empereur Dioclétien, restaurateur de la discipline militaire et vainqueur des Mèdes et des Perses, assembla le peuple et l'armée dans les plaines de Nicomédie, gravit les marches du trône, et, le front ceint de la couronne triomphale, dans tout le prestige de sa dernière victoire : annonça au monde sa détermination d'abdiquer l'empire.

Au milieu de la stupeur causée par cette déclaration, sans même rentrer dans sa capitale, il se cacha à tous les yeux dans un chariot couvert, et se dirigea vers la Dalmatie pour s'y retirer loin du monde et occuper, au bord de l'Adriatique, le splendide palais qu'il y construisait depuis douze années.

Ce palais de Dioclétien, qu'il habita pendant neuf ans, jusqu'à sa mort, s'élève encore aujourd'hui à Spalato, égal aux ruines de Palmyre et l'un des monuments les plus considérables de l'antiquité. A quelques pas de là étaient les jardins de *Salone,* que l'empereur montrait de loin à son collègue Maximien, en lui disant : « Si vous pouviez voir les laitues que j'ai plantées de mes mains, vous ne me presseriez point de reprendre le fardeau du pouvoir. »

Ce palais de Dioclétien, c'est la ville elle-même où nous allons aborder, car elle s'est fondée dans son enceinte et abritée dans ses murs. Dans quelle condition le palais a-t-il été construit? Quel aspect présentait-il au moment où il fut dévasté? Quel est son état actuel? Par quelles péripéties de l'histoire un palais a-t-il pu devenir une ville? Nous allons essayer de le dire, et le lecteur pensera comme nous qu'un rivage qui offre aux voyageurs deux villes comme celles de Pola et de Spalato, à côté de cités comme Zara et Raguse, mérite l'exploration des voyageurs et l'intérêt des historiens et des archéologues.

Vue du pont du navire, Spalato a l'aspect d'une grande ville, et c'est en effet la cité la plus peuplée et la plus importante de la Dalmatie. Elle est située sur la plage et en plaine; elle présente sa longue ligne de quais, arrêtée sur la droite par son lazaret, grand bâtiment qui forme un plan saillant, et, à gauche, par la partie neuve et par son faubourg. Un immense campanile

RIVIÈRE DES CASTELLI.

dresse sa flèche vers le ciel et se détache sur un grand fond de montagnes d'une silhouette simple et peu mouvementée : c'est une grande chaîne qui suit exactement les sinuosités de la côte, depuis Sebenico jusqu'à Raguse, avec un pic dominant, le mont Mossor, qui surgit à la droite du spectateur.

La grande curiosité de Spalato, l'impression qui domine tout pour les voyageurs, l'intérêt capital et considérable du séjour dans cette ville, c'est cette ruine monumentale et peut-être unique au monde qui s'appelle le palais de Dioclétien.

L'empereur était né sur les bords de l'Adriatique, au pied du Monténégro, à Dioclea. Il était simple soldat d'une de ces légions romaines qui devaient défendre l'empire contre l'invasion des Barbares. Parvenu de grade en grade aux plus hauts rangs de l'armée, quoique fils d'affranchi, il avait brigué le pouvoir, et à cette époque de l'histoire où les cohortes élevaient par acclamation ceux qui les avaient conduites à l'ennemi ou qui avaient su le mieux les dompter, il devint empereur l'an 284 après Jésus-Christ. Il ajouta à son nom celui de Jupiter, et associa à son empire Maximien Hercule, soldat heureux comme lui, mais qui n'avait ni son esprit vigoureux, ni sa flexibilité, ni sa science des hommes. Dioclétien avait rendu la paix à l'empire;

après une longue période de guerres, laissant à son collègue le soin d'exterminer les derniers ennemis de Rome, il était devenu un administrateur de génie et s'était montré législateur profond.

Rome avait d'ailleurs perdu son antique prestige; quatre souverains régnaient à la fois et se partageaient le pouvoir : Maximien d'abord, puis les deux Césars, Constance et Galère, que Dioclétien avait associés à l'empire. Constamment en guerre avec les Barbares, l'empereur avait préféré au séjour de la ville sacrée la ville de Nicomédie, où il étalait une pompe orientale; Maximien s'était établi à Milan, Constance dans les Gaules, et Galère sur les bords du Danube.

C'était un grand constructeur que Dioclétien et il avait laissé partout la trace de son passage : Rome lui devait ces thermes fameux qui portent son nom, Palmyre ces temples aujourd'hui en ruine, qui font encore l'admiration des voyageurs; Carthage, Circée, Milan, Nicomédie avaient vu sous son règne s'élever de splendides monuments, où il avait dépensé à pleines mains les trésors de l'Orient, soumis en grande partie par ses armes. Vers l'année 296, déjà fatigué du monde, il avait jeté ses vues sur la ville de Salone, une des plus importantes de la Dalmatie, située au fond d'une baie paisible, au pied des montagnes, et il l'avait reconstruite de fond en comble, y dessinant des jardins où il aimait à se retirer, au milieu de cette nature dalmate qui parlait à ses souvenirs, et qu'il aimait comme les pêcheurs des écueils chérissent le sol aride qui les a vus naître. Vers le même temps, à une lieue de Salone, au rivage même de la mer, il avait enfin jeté les fondations de l'immense palais, où il pensait finir ses jours loin du bruit, le jour où volontairement il descendrait du trône impérial.

JEUNE GARÇON DES ENVIRONS DE TRAÜ.

Après une brillante campagne en Perse, il se montra une dernière fois aux habitants de Rome, reçut les honneurs du triomphe, puis revint à Nicomédie, et là il résigna solennellement le pouvoir.

L'empereur avait mis neuf années à construire cette splendide retraite; ce n'était donc pas la demeure modeste du sage qui bannit le luxe, c'était un palais immense, digne d'un empereur, et assez grand pour contenir des temples, des thermes, des salles destinées aux prétoriens; enfin des habitations pour tout ce monde de clients qui gravitait autour du souverain descendu du pouvoir.

Avant de parcourir la ville on nous permettra de décrire le palais tel qu'il devait être d'après les archéologues et les voyageurs qui nous ont précédé.

La construction est de forme carrée et butée aux angles par des tours de défense; la façade principale regarde l'Adriatique. La superficie générale de l'édifice, sans les jardins attenants, occupe trente mille cinq cents mètres; la galerie ouverte, qui regardait la mer, avait deux cents mètres de longueur. C'était un long promenoir avec portique ou loggia ouverte sur le golfe, d'où l'on dominait toutes les îles et l'Adriatique. Les flots battaient les soubassements, et, quoiqu'il n'en soit plus ainsi aujourd'hui, les fondations étaient jetées dans la mer même.

Il y avait trois portes principales au palais, sans compter la porte de mer : l'une au nord, la *porte Dorée*, qui s'ouvrait sur la grande route de Salone; la *porte d'Airain*, qui conduisait à un lieu dit *Epetium* (aujourd'hui Hobrech), et la *porte de Fer*, qui communiquait (selon l'archéologue italien Lanza) avec un parc réservé à la chasse de l'empereur. Chacune de ces portes était flanquée de deux tours octogones. La quatrième porte est celle qui s'ouvrait dans la mer même, elle servait au débarquement et aux arrivages par le golfe et communiquait avec d'énormes souterrains qui accédaient à toutes les parties de l'édifice; ils existent encore aujourd'hui.

Nous avons cru nécessaire de faire graver un plan de l'état actuel du palais de Dioclétien; la partie du plan teintée en noir figure les parties du monument qui existent encore, au moins comme plan; les tracés au trait, avec indication de rues et de maisons enfermées dans l'enceinte, indiquent la partie de la ville qui a été construite sur l'emplacement même des constructions antiques et en les mettant à profit.

Un Anglais nommé Adams, archéologue et voyageur distingué, accompagné d'un Français nommé Clérisseau, vint en juillet 1757 s'installer à Spalato, dans le but de mesurer le palais en ruine, de l'étudier et de tenter une étude de restauration. Il était accompagné de deux drogmans et s'était fait recommander par son gouvernement au provéditeur général de la Dalmatie. A part quelques épisodes suscités par les soupçons de l'ignorance et de la superstition, les deux archéologues purent pratiquer des fouilles, se livrer à de longues investigations et établir, d'après les vestiges, alors plus nombreux qu'aujourd'hui, un plan et des élévations de l'état primitif tel qu'ils le supposaient. Adams publia le résultat de ses travaux dans un magnifique ouvrage in-folio exécuté par souscription et devenu rare aujourd'hui [1].

Dès notre arrivée à Spalato, M. Bayamonti, podestat de Spalato, député à la Diète de Dalmatie et membre du Conseil de l'empire, voulut bien mettre cet ouvrage à notre disposition. Il est illustré de très-nombreuses gravures sur acier d'une belle exécution et il est indispensable pour quiconque veut comparer l'état actuel avec l'état primitif probable. Il n'y a naturellement là qu'une grande hypothèse; mais si l'on veut considérer qu'Adams avait cent dix-huit ans d'avance sur nous, que ses sondages, fouilles et recherches de toute nature ont duré plus d'une année, on comprendra qu'il a pu au moins retrouver le plan ou les traces du plan, et que sa restauration, — où un autre archéologue, le professeur Francesco Lanza, directeur du Musée national de Zara, a constaté plus tard quelques exagérations et quelques inexactitudes, — est cependant une œuvre d'un réel mérite et un premier essai qu'on doit prendre en grande considération.

Du point où nous avons pris la vue d'ensemble de la ville de Spalato, il faut un œil attentif pour reconnaître la partie antique, appropriée aux besoins modernes et défigurée peu à peu par les dévastations des hommes; un dessin d'une vaste échelle pourrait seul permettre de bien distinguer le détail architectural qui existe encore aujourd'hui et les moulures des arcs de la

---

[1] *Ruins of the palace of the emperor Diocletian at Spalato in Dalmatia*, by Adams. London, 1767.

loggia. Toute la partie qui est au-dessous du campanile, à laquelle sont adossées les petites constructions qui bordent le quai (constructions postérieures et relativement récentes), nous cache la base antique qui baignait dans la mer et qui correspond à la partie *cd* de notre plan. A droite du campanile, le lecteur voit s'élever un toit à pans coniques : c'est le temple du palais, aujourd'hui converti en cathédrale.

En nous orientant sur le plan de l'état actuel, de manière à regarder la façade *cd*, celle qui est tournée vers la mer, nous verrons qu'on pouvait entrer par des souterrains. Des escaliers tournants, à droite et à gauche, menaient aux étages. Toute la façade était occupée par une immense galerie ouverte sur le golfe avec des motifs au milieu et aux deux extrémités ; cinquante colonnes y faisaient portiques et loge ouverts. En *c* et *d*, deux tours de défense, de forme carrée, butaient la façade ; — celle en *d* existe intacte, celle en *c* est entièrement détruite. Le parti décoratif des colonnes est encore visible, les ouvertures sont fermées, le mur est plein, mais les entablements subsistent, et, dans un dessin que nous avons fait exécuter d'après une photographie prise du point *d* et regardant en *c*, on peut juger, par l'état actuel, de l'état ancien. En *b* était la porte souterraine ; les maisons de la ville sont venues s'appuyer au niveau du quai et cacher le soubassement de la grande façade ; ce quai lui-même, qui n'a pas existé de tout temps, il a été construit par le duc de Raguse. Le flot devait battre les murs du palais comme à Miramar : c'était une façade grandiose sur l'infini de la mer.

La construction tout entière était divisée, à n'en pas douter d'après les restes, en quatre parties séparées par de longs portiques en croix grecque et se coupant à angle droit dans les deux axes. Le bras partant de la porte souterraine aboutissait à la porte d'Or ; le bras horizontal allait de la porte de Fer à l'église de la Bonne-Mort. La partie qui regardait la mer contenait les appartements de Dioclétien, les salles de réception, une place publique, un grand temple, un autre temple plus petit, et les thermes. Les parties du plan qui restent sont : les Thermes, le vestibule d'honneur, la place, devenue la place du Dôme, le Temple, qui est intact, et enfin l'autre petit temple désigné sous le nom de *Mausolée*, et très-bien conservé encore aujourd'hui.

Les traces d'un portique perpendiculaire au rivage existent encore juste au point où ce portique venait en couper un autre parallèle à la mer ; ce parti-pris divisait le grand carré général en quatre carrés plus petits ; les tours de défense octogones, à l'extrémité de ces colonnades, ont presque disparu : cependant on en constate des restes à droite et à gauche, en *y*.

Des deux autres carrés, à droite et à gauche du portique accédant à la porte Dorée, il ne reste rien qu'une indication de trois axes, à droite, parallèlement au mur d'enceinte. Mais on connaît les nécessités d'une habitation antique ; on a des renseignements exacts sur l'équilibre nécessaire des plans des architectes romains, et, par mille déductions qu'il ne nous est pas loisible de développer ici, Adams, et Lanza après lui, arrivent à conclure que cette partie postérieure était consacrée, la première à gauche, aux prétoriens, aux gardes, aux femmes de service ; la seconde, aux appartements de Dioclée, mère de l'empereur. La partie *e*, la porte Dorée, est assez bien conservée et nous en reproduisons la façade extérieure. Les tours d'angle de défense de cette façade existent aussi, intactes, en *a* et *b*.

Il y avait, on le voit, la maison publique et la maison privée. La première existe, pour le grand intérêt des voyageurs ; elle est figurée au plan sous le nom de *place du Dôme*, avec son portique presque intact, son Temple et son Mausolée ; nous y reviendrons plus tard, quand nous visiterons la ville. Sachons maintenant par quels changements successifs et par quels cataclysmes le palais est devenu une ruine, et la ruine une ville, la ville de Spalato.

XV

Dioclétien construit le palais vers 295, il abdique en 303, et si nous en croyons la *Chronique* d'Eusèbe, il habite Spalato jusqu'en 313, époque de sa mort.

Le quatrième siècle est celui des invasions ; l'empire romain est divisé après Théodose :

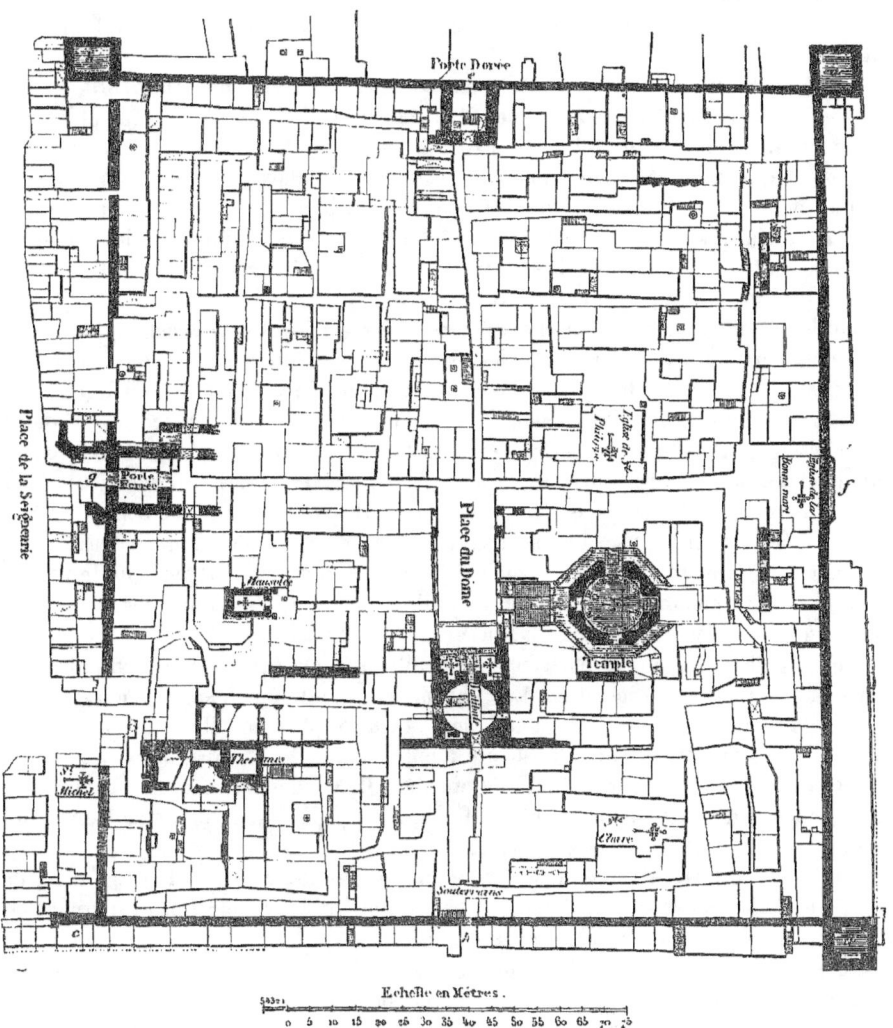

PLAN EXACT DES ABORDS DE L'ANCIEN PALAIS DE DIOCLÉTIEN COMPRIS DANS UNE PARTIE DE LA VILLE DE SPALATO.

Honorius reçoit en partage la Dalmatie avec les autres provinces. L'Illyrie tout entière devient bientôt la proie des Huns, des Goths, des Visigoths, et Alaric, deux fois en un siècle, met tout le pays à feu et à sang. Le territoire était désormais sans défense ; aux Huns succédèrent les Vandales, Genséric remplaça Attila et Alaric. Marcellinus, le représentant de l'empire d'Orient auquel était échue la Dalmatie, parvint cependant à reconquérir la province tout entière, détachée désormais de Rome à son tour saccagée par les Barbares (409).

Pendant ces invasions, le palais a été visité par les envahisseurs ; ses temples et ses trésors ont été pillés, tout ce qui était précieux par la matière ou par le travail est devenu la proie des Barbares. Les statues des dieux gisent éparses et mutilées, les sarcophages sont violés ; Salone, la ville voisine, que Dioclétien avait reconstruite de fond en comble et embellie et fortifiée, est pillée ; elle résiste pourtant à ce premier assaut et on la voit bientôt réparer ses ruines.

Au commencement du cinquième siècle on a déjà converti la demeure impériale de Spalato en un *Gynécée*, sorte de collège où les jeunes filles dalmates viennent filer la laine et la tisser pour confectionner les vêtements des milices sous la direction du *Procurator gynecii Jovensis Dalmatiæ Aspalato*. La paix revient peu à peu ; on restaure le palais pour lui rendre sa primitive destination et en faire l'habitation de Marcellinus, et, après lui, de Glycérius et de Julius Népos (475) : mais vers cette époque, Odoacre, déjà maître de l'Italie, envahit encore la Dalmatie, qui devient le champ de bataille où les Hérules et les Visigoths, conduits par Théodoric et Odoacre, se font une implacable guerre.

Théodoric appelle à lui les Goths et les Slaves, et les villes qui avaient échappé aux premières invasions sont détruites ; le palais, à peine restauré, est de nouveau la proie des Barbares, et cette Salone objet de leur convoitise, ville riche et pleine du prestige de Dioclétien, est livrée une seconde fois aux flammes et saccagée. Cependant l'empereur Constance délivre de nouveau le sol et chasse les Goths ; mais cette heure de trêve ne dure que jusqu'en l'an 639, où un lieutenant de Totila d'abord, puis les Lombards, enfin les Avares, descendent comme un torrent, franchissent cet étroit passage de Clissa où il semblerait qu'une cohorte pût arrêter toute une armée ; entrent dans Salone, et cette fois en dispersent si bien les derniers vestiges, qu'ils rayent cette grande ville de la surface du monde et n'en laissent plus que le souvenir. De Salone ils passent à Spalato, où une dernière fois ils s'attaquent à ces augustes murailles qui ont tant de fois déjà subi les assauts des envahisseurs.

Le septième siècle va voir la naissance de la ville de Spalato, et c'est le moment de la grande transformation du palais de Dioclétien. Les Barbares ont tout détruit sur leur passage ; il ne leur reste plus un temple à renverser, plus une ville à détruire, plus un village à brûler ; d'une part, ils sont descendus vers la Prevalide (l'Albanie d'aujourd'hui) ; de l'autre, ils ont suivi le rivage, traversant la Croatie, l'Istrie, le Frioul ; ils ont détruit Aquilée et Altino, saccagé Padoue et refoulé dans les lagunes les peuples qui ont fondé cette grande république de Venise qui basait sa puissance sur les flots mouvants de l'Adriatique.

Il semble que le torrent soit épuisé ; les habitants de Salone, qui trois fois ont fui dans les montagnes et dans les îles de l'Adriatique, sortent alors de leurs retraites et viennent chercher au pied de Clissa le lieu où s'élevaient naguère leurs foyers. Attachés au sol qui les a vus naître, ils ne veulent point quitter les horizons qui leur sont chers ; leur patrie n'est plus qu'une ruine et qu'un monceau de cendres ; ils vivront cependant sous le même ciel, à l'abri de la même montagne : ils entendront souffler le vent qui vient de l'Adriatique. Ils viennent donc chercher un abri dans les ruines du palais de Dioclétien. Les murs sont épais ; ils ont résisté au choc des Barbares, c'est une forteresse facile à défendre. Ils s'abritent sous les portiques, dans les vestibules, dans le temple dont les dieux sont absents ; comme des oiseaux battus par les vents, ils suspendent leurs nids aux corniches et cachent leurs petits dans les fentes du monument, sous les grandes architraves, dans les thermes, dans les pompeuses salles où autrefois le grand empereur recevait les envoyés de Rome. Il ne s'agit plus pour eux que de trouver un asile. Barbares à leur tour, ils se taillent des habitations dans l'immense domaine et achèvent l'œuvre de la barbarie; ainsi le palais devient un hameau, un village, une ville enfin : *Ad Palatium — Aspalathum — Spalatum — Spalato*.

A ce moment Spalato est renfermé dans l'enceinte du palais; on en restaure les tours de défense, les portes sont murées et gardées; c'est une ville fortifiée. Le grand temple (dédié, disent les uns, à Diane, les autres à Jupiter) devient une basilique chrétienne. La plupart des habitants de Salone avaient déjà reçu le baptême et vivaient dans la foi du Christ; le pape Martinus (649-655) leur envoie comme légat apostolique Jean de Ravenne, qui procède à la restauration du culte et se fait juge des contestations élevées entre Raguse et Spalato à propos du siége métropolitain, primitivement situé à Salone.

C'est Salone qui l'emporte, et par conséquent Spalato, qui a remplacé la métropole. Jean de Ravenne est acclamé par la foule, proclamé archevêque, et, suivant les règles synodales, il

VUE GÉNÉRALE DE SPALATO, PRISE DU PORT. (Voy. p. 246.)

choisit sa demeure près de la cathédrale devenue le *Dôme*, sous le portique même de l'ancien temple; où habite encore aujourd'hui le prélat de Spalato. Son palais a pour façade les colonnes du portique antique et ses fenêtres (qui s'ouvrent dans l'entre-colonnement comme on le voit dans notre dessin de la place du Dôme) donnent sur l'ancienne place publique du temple. Le *Mausolée* qui fait place au temple dans notre plan est converti en un baptistère; on enlève le sarcophage où reposaient, dit-on, les cendres de Dioclétien, on l'éloigne, et à la même place les catholiques romains mettent la piscine où l'on se régénère par l'eau du baptême. Curieuse substitution dont on touche encore du doigt la trace, et à laquelle on doit l'incertitude qui règne sur la destination primitive de ce petit temple, qu'on désigne sous le nom de Mausolée, mais auquel quelques archéologues donnent aussi le nom de *temple d'Esculape*.

C'est le merveilleux privilége des arts et surtout de l'architecture de corroborer l'histoire avec une telle force. Les périodes les plus confuses s'éclairent d'un jour nouveau quand on étudie les monuments que le temps a respectés. D'abord, au troisième siècle, nous avons à Spalato la marque incontestable de la puissance romaine à son déclin : les barbares du cinquième, du sixième et du septième siècle s'y dénoncent par les traces de leur violence; nous venons de voir le culte des gentils faire place à celui des chrétiens; et enfin, à une ville romaine et païenne, Salone, succède la ville chrétienne de Spalato.

La domination des empereurs romains a été remplacée par celle des empereurs d'Orient : désormais va régner la Rome papale, représentée par Jean de Ravenne, qui réunit les deux pouvoirs (quoique Héraclius, empereur d'Orient, ait encore la souveraineté nominale). Après Rome qui perd le pouvoir temporel et ne garde plus que le pouvoir spirituel, les Croates et les Serbes, tous deux d'origine slave, habitants des Carpathes, vont recevoir droit de cité dans l'Illyrie, à la condition de défendre le sol contre les Avares et de respecter les cités de la côte de l'Adriatique. L'influence italienne date de loin; ces cités étaient des colonies romaines, elles restent sujettes des évêques, sujets eux-mêmes de Rome, elles passeront bientôt aux Vénitiens, et si la campagne tout entière est slave, la côte, qui a subi l'influence latine, retombera bientôt sous le joug des Vénètes et gardera leur marque indélébile.

Les Croates et les Serbes apportent avec eux leurs usages et leurs dynasties de ducs. Ils ont d'abord à lutter contre les Francs qui leur disputent la possession du territoire, puis ils commencent à se gouverner eux-mêmes, donnent des lois au pays et rédigent les *statuts*. Spalato à cette époque a des institutions municipales, elle croît et prospère, déjà même elle s'agrandit et l'enceinte du palais ne lui suffit plus. Mais sa prospérité déchaîne les convoitises : les Croates veulent lui enlever sa liberté, les pirates Narentins qui déjà apparaissent dans l'histoire les fatiguent tellement de leurs incursions que la ville est réduite à implorer le patronage de la république de Venise. Le doge Pierre Orséolo II, dont nous retrouvons le nom dans l'histoire de chaque ville du littoral, débarque à Spalato, bat les Croates, chasse les Narentins; conclut une paix avantageuse avec Crésimir II de Croatie et reçoit les hommages des cités dalmates, qui restent cependant libres et se gouvernent encore avec leurs évêques et leurs propres statuts.

Mais Pierre Crésimir prend le nom de roi de Croatie et de Dalmatie et conteste le droit des Vénitiens; d'autre part, Colman, roi de Hongrie, revendique des droits imaginaires sur le pays, et en 1102 il entre à Spalato avec une armée. Quelque temps après, il se fait même couronner roi des deux royaumes à Belgrade. C'est le temps des incursions des pirates normands : il faut une flotte à Crésimir pour en finir avec ces pirates; mais comme il n'a pas de pouvoir sur mer, il s'allie à ses ennemis les Vénitiens, qui, la côte pacifiée, appellent à leur secours Alexis Comnène, empereur de Constantinople; celui-ci met le siège devant la ville en butte aux prétentions des deux puissances (1143).

On a peine à suivre dans l'histoire ces péripéties qui font passer la ville de Spalato des Croates aux Hongrois, des Hongrois aux Vénitiens, des Vénitiens aux Grecs, tous gênés dans leur revendication par des compétiteurs qui ne rêvent que le pillage : les Normands, les Narentins et les Uscoques.

Après 1143, le doge Vital Faliero regarde les droits de Venise comme effacés et achète de nouveau la possession de la ville, ajoutant à son titre de doge celui de duc de Croatie et de Dalmatie; mais les Hongrois n'acceptent pas le traité consenti par les Grecs, et jusqu'en 1180 la ville est constamment prise et reprise. Elle reste enfin aux Hongrois pendant une période de cent cinquante années, période traversée encore par des drames sans fin, dont le plus cruel est l'invasion des Tartares en 1241.

Ce n'est enfin qu'en 1420, après une période de domination napolitaine, que, fatigués de tous ces changements successifs, passant des mains d'un maître à celles d'un tyran, mal assurés d'ailleurs contre les pirates, les Spalatins acceptent sans contestation le traité signé entre Ladislas, roi de Naples, et le Sénat de Venise, qui cède à ce dernier la ville de Spalato moyennant un payement de cent mille ducats d'or.

LA MURAILLE EXTÉRIEURE DU PALAIS DE DIOCLÉTIEN, PRISE DU QUAI DE LA VILLE.

De 1420 à 1797, c'est-à-dire jusqu'à la chute de la République, Spalato reste aux Vénitiens, malgré les Turcs qui viennent l'assiéger plusieurs fois pendant les longues luttes qu'ils soutiennent contre Venise.

De 1797 jusqu'à nos jours, elle suit le sort de la Dalmatie. Ce fut pendant la période de 1420 à 1797 que la ville prit tout son développement, s'étendit vers le nord et devint la place commerciale la plus forte de toute la Dalmatie. La ville n'est plus contenue dans le palais, elle s'est étendue des deux côtés; sa place des Seigneurs même est en dehors de la vieille ville qui a recueilli les Salonitains. Il y a trois villes : celle en dehors de la *porte de Fer* (*l'église de la Bonne-Mort* de notre plan de l'état actuel), celle du côté de la *porte d'Airain*, et celle en dehors de la *porte d'Or*. Le quai a été élargi ; les pêcheurs, les marchands d'agrès et de tout ce qui dépend du commerce des bateaux et des apparaux sont adossés à la muraille antique, et l'administration vénitienne fonde, en gagnant sur la mer même, ce grand lazaret que nous voyons à notre droite du haut du navire et où toutes les caravanes turques transportaient les marchandises des Indes et de la Perse avant la découverte du cap de Bonne-Espérance.

XVI

Jusqu'ici nous sommes resté sur le pont du navire ; nous descendons à terre, et, longeant le quai au pied de la muraille du palais de Dioclétien, nous nous dirigeons vers la ville neuve qui se porte au nord en suivant la rive, et dont l'aspect régulier, les grandes maisons avec des places à arcades et des magasins d'un caractère moderne, indiquent une construction tout à fait récente. C'est là qu'est situé notre hôtel, assez décent, dont le rez-de-chaussée est occupé par le restaurant où les employés et les officiers de la garnison viennent prendre leurs repas.

Nos fenêtres donnent sur la mer et sur la place Neuve, dont deux côtés seulement sont construits : celui qui regarde la plage, et la partie nord ; l'aile à notre gauche est en attente : on sent une ville en travail de reconstruction. On a creusé un port neuf, on parle de chemin de fer, déjà même on me montre l'emplacement qu'occupera la gare.

Cependant toute cette partie de la ville est presque déserte ; à travers les fentes de nos volets, qui sont clos pour nous abriter contre les rayons d'un soleil ardent, nous voyons les femmes de Spalato étendre sur toute l'aire de la place des draps blancs couverts de grains de blé de Turquie qu'elles font sécher ; ce quartier est peu fréquenté et la vie ne circule pas encore dans ces nouvelles artères.

Notre première visite est pour le palais de Dioclétien et la vieille ville. Pour y arriver, nous traversons les ruelles étroites comprises entre la partie neuve et l'enceinte du palais, et nous débouchons sur la place des Seigneurs, place principale de la ville, d'une assez grande dimension, bordée de cafés, de magasins, de monuments de peu de caractère, ou du moins ayant perdu leur cachet primitif tout en appartenant à l'époque des seizième et dix-septième siècles vénitiens.

C'est le cœur de la cité, la promenade, le lieu de réunion à l'air libre ; il ne diffère pas sensiblement des autres places des villes de la côte ; il n'y reste pourtant pas une de ces belles *loges* italiennes ou un de ces *municipes* d'architecture vénitienne tels que nous en avons trouvé à Pola, à Zara ou à Sebenico. A l'extrémité sud de la place s'ouvre la porte *g*, l'ancienne *porte de Fer* du palais.

Je demande au lecteur attentif de ne lire cette description que le plan de la vieille ville à la main. Cette promenade dans les ruines du palais de Dioclétien lui semblerait trop obscure, si ce plan ne devait pas porter la lumière dans le récit et servir de commentaire au texte. Les dessins qui représentent la place du Dôme et l'intérieur de la cathédrale, devront corroborer aussi notre description. C'est là un sujet de haute importance, car il s'agit certainement d'un des restes les plus imposants que nous ait laissés l'antiquité.

Il semblerait que, comme nous avons vu du haut du pont du navire la muraille, façade principale du palais sur la mer, de même nous devrions du fond de la place reconnaître aussi l'enceinte *cb*, façade latérale, pourvue autrefois, à droite et à gauche de la *porte de Fer*, de deux tours de défense octogones. Cependant il faut un œil prévenu pour reconnaître ces dispositions, tellement la ville s'est fondue dans le monument, et, comme un lierre parasite ou comme ces guis énormes qui, en s'enlaçant aux chênes en font disparaître le tronc et les branches principales sous leur vert feuillage, les maisons ont envahi le palais et en ont caché la structure.

Nous franchissons l'enceinte sous un arc de hautes proportions, très-décoré, et qui donne l'idée d'un ordre superbe et plein de noblesse ; c'est là qu'aboutissait le portique parallèle à la mer, allant de la porte de Fer à la porte d'Airain (actuellement église de la Bonne-Mort). Du portique il ne reste que sa trace à l'intérieur des maisons qui s'y sont adossées, empiétant sur le passage au point de former une rue aussi étroite que les *stradine* de Venise. Le tracé cependant est le même ; l'axe est conservé, puisqu'on a conservé celui de la porte, et la ruelle, partant du même point, aboutit encore aujourd'hui au même débouché : la porte d'Airain. Les maisons sont hautes, les passages très-serrés : le soleil n'y peut jamais pénétrer ; c'est comme un puits aux parois duquel s'ouvriraient des fenêtres à balcon où des plantes maladives tombent en guirlandes et se balancent sur la tête du passant, implorant un rayon de lumière et de soleil.

Suivons notre route ; nous arrivons à la *place du Dôme*, le forum du palais, la place d'honneur, où s'ouvraient le portique du grand péristyle, celui du *Temple* et celui du *Mausolée*.

Là venaient se couper à angle droit les deux voies de communication bordées de deux colonnades. Cette partie noble, la plus importante de l'édifice, nous a heureusement été conservée ; il fallait à la ville que les habitants de Salone fondaient dans le palais, une place publique et un temple, et tous deux se trouvaient au cœur de la cité improvisée ; ils substituèrent au culte des idoles celui du Dieu des chrétiens, firent une église cathédrale du temple antique, et, se bornant à fermer les arcs du portique, construisirent dans la place où s'élevait le Mausolée le palais de leur premier archevêque, en lui donnant pour façade, comme nous l'avons dit, la façade même du portique sur la place. C'est ce qui explique que le petit monument désigné sous le nom de Mausolée, devenu plus tard le *Baptistère*, séparé de l'église, — selon les rites des chrétiens d'alors, — se trouve aujourd'hui engagé dans une ruelle étroite où on manque de recul pour en admirer la façade.

Plaçons-nous sur le premier plan du dessin de M. Deroy : *Vue de la place du Dôme (vieille ville). — Péristyle antique du palais de Dioclétien.* Nous avons en face de nous la loggia ou fronton du péristyle porté par quatre colonnes de granit rouge. Dans l'axe principal de cette façade on a pratiqué un passage souterrain ; il mène par des escaliers aux galeries basses qui communiquent avec la mer.

A notre gauche, nous avons le portique en avant du temple et le *Temple* lui-même dont le toit conique ferme le dessin. En avant s'élève le campanile construit après coup en 1416 par Nicolo Tverde, Dalmate, aux frais de Marie, reine de Naples, et achevé plus tard grâce à la munificence d'Élisabeth de Hongrie.

Du même côté, à l'angle du portique, à l'endroit même où il se coupe avec la voie parallèle à la mer, les Vénitiens ont élevé un corps de garde dont les arcs antiques font la façade, ou plutôt la dominent ; à droite du dessin, dans la partie que l'artiste a dû supposer ouverte pour

VUE DE LA PLACE DU DÔME AVEC LA CATHÉDRALE ET LE CAMPANILE; PÉRISTYLE ANTIQUE DU PALAIS DE DIOCLÉTIEN.

les conditions de la perspective, la façade correspondante devrait montrer entre ses arcs les fenêtres du palais épiscopal, engagé aussi dans l'ancien portique et faisant corps avec lui.

Si nous nous retournons sur nous-même en présentant le dos à la loggia, ayant désormais le temple à notre droite, une rue s'ouvre dans l'axe (l'axe antique conservé pour les deux communications), et elle suit encore le même tracé, celui de l'ancien portique du palais, désormais disparu, qui menait à la porte d'Or. Aujourd'hui un pharmacien occupe l'angle de cette rue, aussi étroite que celle qu'elle coupe, et par où nous sommes entrés sur la place du Dôme.

XVII

Le Panthéon de Rome et le temple du palais de Dioclétien à Spalato sont les deux plus beaux exemples d'édifices antiques restés intacts, où les chrétiens ont substitué le culte du vrai Dieu et celui de la Vierge au culte des idoles.

C'est en l'année 650 de notre ère que Jean de Ravenne, envoyé par le pape pour régler les affaires de l'Église, prit possession du siége archiépiscopal; jusque-là Salone avait été la résidence de l'archevêché. Peu de temps après, le corps de saint Doïmo (Domnius), apporté de Salone, fut déposé dans la nouvelle cathédrale, consacrée sous l'invocation de ce saint, premier évêque envoyé en Dalmatie par saint Pierre et mis à mort, à Salone même, sous le règne de Trajan (107).

Quelles modifications les chrétiens apportèrent-ils à l'édifice antique à l'extérieur et à l'intérieur?

Il faut de nouveau jeter les yeux sur notre plan de la ville antique pour suivre notre description. Le temple, de forme octogonale, s'élevait à l'origine dans une cour fermée du côté de la grande place par un portique de six colonnes, qui existent encore, et par des murs latéraux dont le pan de droite subsiste aussi au point même du plan où est écrit le mot *Temple*.

Le portique d'enceinte extérieure franchi, on accédait à un autre portique de quatre colonnes, partie avancée de l'édifice, surélevée d'un certain nombre de marches. Doublant le plan octogonal, un nouveau portique périptère de vingt-quatre colonnes, les unes de granit oriental, les autres de marbre, régnait tout autour de l'édifice, doublant son plan et relié par des soffites richement sculptés. Toutes les colonnes étaient surmontées de statues, qui sont aujourd'hui dispersées. Le portique en avant a été supprimé et remplacé par un massif qui supporte le Campanile, à la construction duquel on a fait concourir les colonnes antiques de la base elle-même et un très-grand nombre d'autres colonnes de moindre dimension extraites des ruines de Salone.

Le périptère existe, engagé avec son portique, bouché en quelques points et détruit seulement dans la partie qui est derrière le maître-autel et où manquent les colonnes correspondant à celles de l'entrée. On ne peut plus circuler que du côté droit; entre le portique et le temple même et dans les murs, entre les colonnes formant là comme une nécropole, on a encastré un grand nombre de tombeaux antiques, de pierres tombales, et élevé des mausolées de personnages historiques. Si, avant de franchir le seuil, on lève la tête vers le couronnement de la porte du temple, on verra qu'une ornementation très-touffue, très-splendide, quoique d'un goût assez peu raffiné, a dû être mutilée par les Barbares. Ce ne sont ni les Huns, ni les Vandales, ni Alaric, ni Totila, ni Genséric qu'il faut appeler de ce nom. — En 1241, Marguerite, la fille de Béla IV, roi de Hongrie, était morte dans la forteresse de Clissa où son père avait dû se réfugier pour échapper aux Tartares; peu de jours après, sa sœur Catherine avait également succombé:

Spalato avait recueilli leurs dépouilles ; et l'urne sépulcrale, par une coutume familière aux chrétiens de cette époque, avait été scellée au-dessus de la porte du Dôme comme une clef d'arc, dans la partie richement ornementée. Au mois de mai 1818 le monument disparut ; la pierre montre aujourd'hui sa plaie béante, et le voyageur se demande quelles sont les mains qui ont profané cette tombe [1].

L'intérieur du temple est du plus imposant aspect. La religion chrétienne en prenant possession du temple païen n'en a pas effacé la grandeur ; le plan extérieur est octogone, mais à l'intérieur il est ramené à la forme circulaire, et, comme dans un Panthéon antique, nous nous trouvons dans une arène vide, de treize mètres de diamètre et de vingt et un mètres de hauteur, couverte d'une coupole, dont les murs montent de fond sans aucune interruption depuis le sol jusqu'au sommet de la voûte. Tout autour règne un parti de huit colonnes d'ordre corinthien d'un seul morceau de granit oriental de sept mètres de haut, surmonté d'un entablement très-riche, d'une proportion énorme, orné à profusion de frises, de gouttes, d'architraves, de moulures superposées qui accusent le goût de la décadence de l'art antique et l'influence du Bas-Empire. L'entablement, à son tour, supporte un autre ordre, plus petit, sans base (trois mètres cinquante de hauteur compris le chapiteau), dont quatre sont d'un seul morceau de porphyre et les quatre autres de granit. Elles supportent à leur tour un entablement non interrompu sur lequel vient reposer la voûte, faite de briques ; au tiers de sa hauteur, cette voûte est ornée d'arcs pleins, de mêmes matériaux, qui se chevauchent et forment un champ jusqu'à la partie supérieure. On constate l'existence des lettres S. P. Q. R. (Senatus — Populus — Quirites — Roma), figurées sur le champ de la brique.

C'est simple et grandiose : la seule partie qui offre une ornementation recherchée est une frise dont la hauteur est déterminée par celle des chapiteaux du second ordre et qui règne avec eux tout autour du monument, offrant ainsi une succession de médaillons en bas-relief représentant des chars, des chasses, des courses, des cerfs blessés, des amours entourant de guirlandes des médaillons de Diane, domptant des chevaux à la course, ou jouant avec des lions et des boucs. Le temple est obscur, quoique les habitants de Salone en le consacrant au culte y aient pratiqué quelques nouvelles ouvertures ; mais à l'origine il ne s'éclairait que par la porte d'entrée, surmontée, dans cette intention, d'une sorte de lunette. L'effet architectural s'augmente du mystère qu'imprime à l'édifice la demi-obscurité dans laquelle le voyageur se trouve plongé en y entrant.

Nous ne voulons pas entrer ici dans le fond de la discussion qui s'est élevée entre les archéologues en vue de savoir à qui le temple était dédié. Dioclétien était surnommé Jupiter : la tradition veut que l'édifice sacré qu'il avait élevé dans l'enceinte même de son palais ait été consacré à ce dieu. On a dit longtemps que sa statue, qui s'élevait sur l'autel principal, en

---

[1]. Il y a là une enquête à ouvrir et probablement il y a bien des gens qui savent à quoi s'en tenir, sur cette disparition. On détourne un objet d'art facile ou difficile à transporter, cela se voit chaque jour ; mais détourner un tombeau de marbre contenant la dépouille de deux filles d'un roi de Hongrie qui a régné au treizième siècle, tombeau fixé depuis plus de six cents ans à une hauteur considérable, au mur d'une église, au coin d'une ville enceinte de murailles, c'est à coup sûr un rapt original.

Farlati, dans son *Illyricum sacrum* (t. III, p. 262), donne l'inscription qu'on lisait sur la tombe : « La noble Catherine et la brillante Marguerite, filles de Béla IV, roi de Hongrie, et de Marie Lascaris, reine de Grèce, reposent dans ce tombeau ; mises en fuite par les Tartares impies, elles moururent à Clissa et furent transportées à Spalato en 1242. »

L'archéologue italien Lanza dit formellement : « Par malheur cet intéressant monument, confié à la garde de ma patrie par la piété maternelle d'une illustre reine, *et dont moi-même je conserve le souvenir, fut détourné (venice trafugato) dans le mois de mai 1818.* »

D'un autre côté, sir Gardner Wilkinson dit : « Over the door of the cathedral *is* the tomb of Margaret.... » Et il passait à Spalato en 1846 ; mais il est probable qu'il écrit d'après Adams et Cassas, car il n'a pu voir en 1846 la tombe enlevée en 1818.

ÉTAT ACTUEL DU PORTIQUE DU TEMPLE DU PALAIS DE DIOCLÉTIEN TRANSFORMÉ EN CATHÉDRALE.

face de la porte d'entrée, avait été transportée à Venise et faisait partie du musée de la famille Cappello ; mais d'une autre part les seuls attributs qui figurent dans l'ornementation sont ceux de Diane : ces chars, ces courses, ces chasses, ces amours entourant de guirlandes un buste de femme, semblent être en effet des emblèmes de la déesse [1].

Un des documents les plus précieux pour l'histoire, la *Table de Peutinger*, indique près de Spalato un temple de Diane ; c'est l'avis de Lavallée, celui de Cassas, celui de l'archéologue Visconti, et Lanza s'y rallie à son tour. Le professeur Glavinich, l'érudit successeur de Lanza, directeur actuel du musée de Spalato, auquel nous devons beaucoup de reconnaissance pour son parfait accueil et ses doctes entretiens, a émis devant nous, en face même de ces nobles ruines, une opinion nouvelle : il croit que le temple lui-même ne serait autre que le tombeau de Dioclétien, qu'il l'aurait somptueusement bâti de ses mains, préparant lentement sa demeure dernière, se complaisant dans l'idée de la mort avec cette grandeur de caractère qui lui avait fait abdiquer l'empire au moment même de son triomphe.

Il existe aussi au-dessous du temple une crypte souterraine qui règne sous tout l'édifice et qui est très-bien conservée ; il est difficile de se rendre compte de l'usage auquel elle était réservée.

Ceux qui ont consacré le temple au culte catholique ont commencé par ouvrir une baie dans la partie supérieure correspondant à l'axe vertical. Pour placer leur maître-autel, ils ont profité de la *cella* en face de la porte d'entrée où devait s'élever la statue du dieu, et, défonçant la partie qui correspond à l'extrémité de l'axe horizontal, ils ont pratiqué une chapelle latérale dans une petite annexe qui fait corps avec le temple. La chaire, superbe monument du quatorzième siècle, a trouvé place à gauche de la porte d'entrée, et, dans chacune des niches qui s'avancent dans la muraille entre les colonnes, ils ont encore construit un autel. Le sol du temple est resté le même ; mais, à partir de la croix indiquée dans notre plan, ils ont rapporté une marche en bois qui surélève le sol : là sont installés les bancs d'œuvre ; l'espace à droite et à gauche du maître-autel forme le chœur ; en avant et dans les angles, s'élèvent de beaux monuments gothiques en bois sculpté, qui protégent deux autres autels, singulièrement placés dans les deux niches du mur circulaire. A part les objets décoratifs d'un caractère mobilier, c'est la décoration antique faisant corps avec le monument qui constitue l'ornementation de l'église.

A je ne sais quelle époque, sur la partie supérieure des deux entablements, très-saillants comme aux temps de décadence, on a rapporté un plancher de bois et un balcon à pans coupés qui permettent de circuler tout autour de l'édifice et aux deux étages. Il y a un contraste tout à fait frappant entre le luxe déployé par les artistes italiens, luxe chaud, brillant, splendide, sensuel pour ainsi dire ; et cette froide noblesse de la pierre antique vouée au culte d'un dieu païen.

Le temps a noirci les marbres et éteint les reflets des porphyres ; une seule fenêtre, comme on le voit dans notre dessin de l'intérieur du temple (voy. p. 260), en laissant pénétrer un grand rayon de soleil sur certaines parties, laisse les autres enveloppées d'une ombre opaque dans laquelle on distingue à peine les broderies de la pierre. Les lourds entablements portent de grandes ombres sur lesquelles les silhouettes d'or des anges des baldaquins se détachent çà et là ; dans les tabernacles scintillent les lampes qui brûlent devant la statue de la madone ; des

---

[1] Il y a eu bien des hypothèses : on ne peut les citer toutes. Un document manuscrit de 1553 : *Prospetto politico economico statistico geografico della communità nell' anno 1553*, de Gio. Batt. Giustinien, assure que de son temps il y avait une tradition qui disait que la statue s'élevant sur l'autel était celle de *Cybèle*, et il la décrit en ces termes : « Elle a la tête d'une femme et de ses mains humaines tient une colonne qui servait de piédestal à la statue de Jupiter ; la partie de derrière, c'est-à-dire le dos, les jambes et la queue, sont ceux d'un lion. » Or cette statue bizarre que décrit Giustinien, c'est un *sphinx*, qui existe encore à l'entrée du temple où on l'a transporté (voy. la vue de la place) : sphinx de granit de Syène avec une frise d'hiéroglyphes sur la plinthe et provenant sans doute des ruines de Thèbes.

caissons ornés, de grands christs à la Cimabue, des bois sculptés à pleine dorure d'un haut relief à la Brustolone, des lampes d'argent brunies par le temps où tremble la flamme, des émaux de devant d'autel frappés par un reflet, accrochent un point lumineux. L'église semble déserte ; quelque vieille accroupie dans l'ombre trouble seule d'une oraison monotone le silence du saint lieu.

A trois reprises différentes, nous avons passé là de longues heures assis dans la niche à droite de la porte d'entrée, pour exécuter les dessins qui servent à l'illustration de ce récit ; il faisait très-sombre, quoique nous fussions au travail aux plus belles heures du jour. Le sacristain avait dû allumer deux cierges à la lueur desquels nous tracions nos croquis ; des milliers d'insectes, des phalènes, des oiseaux de nuit même, descendant des voûtes, venaient bourdonner à nos oreilles et se brûler les ailes à la lumière ; l'humidité, comme un froid manteau, tombait sur nos épaules. Parfois nous croyions le temple désert, mais peu à peu un grand soupir, une plainte étrange, lamentation ou élan de la foi, nous faisait lever la tête, et nous voyions se dégager des ténèbres d'un tabernacle quelque vieille prosternée la face contre terre, ou bien un vieillard tremblant, plein de tristesse et de misère, comme accablé sous le poids de la vie, venait se dresser devant nous en nous regardant d'un œil fixe sans comprendre nos sortilèges ; il finissait toujours par tendre la main en murmurant des mots slaves. De ces longues stations dans l'église nous avons gardé de cuisants souvenirs : pendant tout notre séjour à Spalato, notre visage et nos mains sont restés comme tuméfiés par les milliers de piqûres d'insectes, *zinzale*, *papataci*, ou moustiques monstres appelés par la lueur des torches ; les lotions habituelles ont été impuissantes à nous guérir de ces morsures véritablement cruelles.

XVIII

Le lecteur ne s'étonnera pas de voir l'archéologie et l'histoire prendre une place aussi considérable dans un récit de voyage ; c'est en effet le souvenir de Dioclétien et la trace de son séjour à Spalato qui donnent à cette ville son importance réelle.

Sortons du grand temple, traversons la place et prenons l'étroite ruelle qui mène, en suivant le petit axe de ce forum, au temple d'Esculape ; il occupait autrefois la partie nord du *Temenos* ou portique correspondant, dans le plan général de l'édifice, à celui où s'élevait le grand temple que nous venons de décrire. Dans notre plan d'ensemble, il porte la légende *Mausolée*, car les archéologues semblent définitivement lui laisser ce nom et reconnaître que ce petit monument n'était autre que le tombeau de Dioclétien. Cependant cette désignation n'a rien de formel et nous ne devons l'accepter que comme une hypothèse qui a rencontré de fermes adhérents.

Une ruelle étroite, longeant le mur latéral du palais archiépiscopal, conduit aujourd'hui à ce monument ; à droite, la trace d'un mur antique qui existe encore, indique le périmètre du *Temenos* ou enceinte sacrée. Le petit temple affecte la forme d'un parallélogramme de huit mètres de largeur (hors œuvre), sur une longueur de onze mètres cinquante centimètres. Il est relativement bien conservé, sauf toutefois les quatre colonnes du portique tétrastyle qui s'élevait en avant, et auquel on accédait par quatorze marches, dont les traces subsistent : le fronton manque complètement.

L'intérieur, la *Cella*, n'était éclairé que par la porte d'entrée ; les murs sont nus, mais une corniche règne des trois côtés, venant buter sur la façade intérieure principale sans se retourner au pourtour, corniche d'une extrême richesse, supportant une voûte à caissons dans un parfait état de conservation et offrant un très-bel exemple de voûte antique. Les bas-reliefs de la frise

INTÉRIEUR DU TEMPLE DU PALAIS DE DIOCLÉTIEN.

représentent des amours, des pampres, des vases de sacrifices, des lions et des léopards. Si on devait s'en rapporter à ces attributs, il est bien évident que c'est plutôt l'idée du dieu du vin que celui du dieu de la médecine qu'éveillent les attributs représentés. La construction est parfaite, l'œuvre est simple, à la fois élégante et noble ; Adams, qui en a tenté une restauration, et Cassas après lui, estiment que c'est là, dans sa petite proportion, un des plus beaux monuments antiques qui existent en Europe.

Avant de pénétrer dans le temple, le voyageur s'arrête à la porte devant un sarcophage antique placé en avant, enrichi de sculptures qui ont un caractère de décadence, et qui appartient certainement à la même époque que le temple. Parmi diverses allégories, on saisit clairement la représentation du combat de Méléagre et du sanglier. Le sarcophage vient probablement de Salone, mais on a supposé longtemps, et ce fut l'avis du professeur Francesco Lanza, qu'il représentait l'action héroïque accomplie par Dioclétien qui, simple général, mettait à mort de sa propre main, devant toute l'armée, Arius Aper, l'assassin de Numérien. La tradition rapporte qu'une prophétie d'une druidesse lui avait promis l'empire quand il aurait tué un sanglier (*aper*, sanglier) ; Lanza a vu là une allusion plausible et même péremptoire, et il en a conclu que le sarcophage était celui de Dioclétien. Une autre circonstance venait corroborer son hypothèse : l'architecte Vandrich et le dessinateur Doïmo Mascocchia découvrirent peu de temps après une couronne impériale sculptée dans le tympan de la façade postérieure du temple.

Malgré ces apparences, la thèse de Lanza n'est pas regardée comme admissible, et le champ reste ouvert aux conjectures. Quoi qu'il en soit de la destination primitive, sur laquelle on saurait à quoi s'en tenir à coup sûr si le fronton existait encore, — car il devait porter une inscription votive comme celle du petit temple d'Auguste de Pola et la plupart des temples de cette dimension, — on a converti l'édifice en un baptistère ; et cette destination l'a d'autant mieux préservé, que sa dimension restreinte, la construction du palais archiépiscopal et l'ouverture de la rue qui longe sa façade latérale, auraient à coup sûr entraîné sa destruction.

Telles sont les parties importantes qui subsistent de cet auguste palais. Nous pouvons encore visiter le *Vestibule* circulaire, étonnante construction qui rappelle les vastes Thermes de Dioclétien. Le temps en a détruit les voûtes, mais il y a dans les lignes générales la grande majesté des choses antiques. Si nous voulons traverser les souterrains, nous pouvons reprendre le quai et sortir sur le golfe même par la porte de Mer. Si nous voulons, au contraire, traverser la place du Dôme et suivre l'axe du palais vertical à la plage, nous sortirons sur la campagne par la porte d'Or.

Le lecteur sera frappé comme moi, en jetant les yeux sur notre plan de la ville, du peu de vestiges qui reste dans la partie opposée au golfe : à peine a-t-on, vers le mur d'enceinte, l'indication des trois arcs correspondant à ceux du portique de ceinture intérieure, et, juste dans la continuation de l'axe vertical, on trouve comme pendant naturel à la *porte de Mer*, cette *porte Dorée* sortant sur la campagne. Tout cet espace est occupé par des rues très-étroites et très-obscures. Il y a trois églises dans l'enceinte outre celle du Dôme, et si on veut suivre attentivement, comme nous l'avons fait nous-même, les vestiges sur lesquels les archéologues ont basé leur restauration, il faut pénétrer dans les cours, dans les maisons, jusque dans les chambres occupées par les habitants.

Le professeur Glavinich, le plan de Lanza et celui d'Adams à la main, voulut bien nous accompagner dans cette excursion archéologique qui a été pour nous du plus haut intérêt. Ici, à un étage élevé, derrière un lit, dans un escalier, dans une armoire même, apparaît parfois tout à coup un chapiteau corinthien ; plus loin, à fleur du sol ou bien débordant dans la chambre, c'est une colonne engagée qui fait saillie dans le mur. Là c'est un bas-relief, ici un mur antique, plus loin un couloir formé par des restes de construction qui offrent cet intérêt considérable (étant donné le respect des axes des architectes antiques) d'indiquer à coup sûr l'emplacement d'un portique ou d'une communication.

Le gouvernement autrichien, depuis plus de quarante années, témoigne d'une grande sollicitude pour la conservation des restes de l'antiquité, et il a donné les ordres les plus formels pour que ce qui reste soit respecté. Personne ne peut opérer un changement sans avertir l'autorité, mais il faudrait une loi formelle pour qu'on pût procéder à l'expropriation au nom des intérêts de l'art, regardés partout désormais comme intérêts publics.

Nous allons sortir du palais par la porte Dorée, à laquelle nous arrivons tout droit en partant de la place du Dôme; un de nos dessins en représente ici l'aspect intérieur dans son état actuel. Elle est aujourd'hui enterrée de plusieurs mètres et, pour revenir au sol de la route que longe le palais, il faut gravir une hauteur. C'était à coup sûr une entrée de belle allure; les niches dont on voit les traces dans le dessin étaient ornées de statues. On dit que c'est le procurateur Diedo qui les a fait transporter à Venise [1].

Quand les Vénitiens gouvernaient sans contrôle à Spalato, ils flanquèrent la porte Dorée de deux tours de défense octogones, à droite et à gauche; on voit les arrachements de ces deux constructions, et, en examinant attentivement la partie supérieure du dessin, il est facile de constater qu'il devait y avoir un riche couronnement supportant des statues.

Aujourd'hui, pendant que nous dessinons la porte d'entrée, une jeune fille montre son joli minois à la fenêtre brutalement percée dans le mur pour éclairer la maison qui vient s'y appuyer, et ce détail indique comment les fugitifs se sont taillé des refuges dans la splendide carapace.

La partie antique de la ville n'est pas la seule qui soit digne d'intérêt. Si l'on veut se reporter à la vue générale prise du golfe, on distinguera à gauche du mur d'enceinte du palais une tour octogone qui s'élève au bord de la mer et qui est encore un monument digne d'attention. La place où se trouve cette tour, qui date de la domination hongroise et s'appelle *tour d'Harvoje*, sert aujourd'hui de marché; elle est des plus pittoresques et, par son caractère architectural, elle a l'intérêt de marquer une transition entre trois époques : l'époque antique, l'époque hongroise et l'époque vénitienne.

J'ai dit les changements divers qu'a subis la ville construite dans l'intérieur du palais, mais à l'extérieur on pourrait aisément, dans cet amalgame de constructions, d'additions et d'appropriations de l'antique aux besoins de ces trois époques, distinguer ce qui revient à chaque siècle. Par exemple, à la porte d'Or, les fortifications adossées (aujourd'hui distinctes, mais dont on reconnaît les traces) sont dues aux Hongrois et datent du commencement du quinzième siècle, quand Ladislas, roi de Hongrie, avait pour compétiteur Sigismond; c'est encore un général au service de la Hongrie, Bosniaque d'origine, Harvoje, créé duc de Spalato par Ladislas, qui construisit la tour qui porte son nom.

Les Vénitiens, eux, n'arrivent qu'après les Hongrois dans leur domination définitive; ils apportent là leurs mœurs, et, comme les Romains dans leurs municipes, leur plan de ville habituelle, avec la place des Seigneurs, les rues étroites y aboutissant, et leur parti pris de

---

[1] On sait le respect que nous professons pour la Sérénissime République, le Grand Conseil, le Sénat, les Provéditeurs et saint Marc lui-même; nous avons donc reçu un coup en voyant de nos propres yeux, dans les archives de Spalato l'autorisation donnée à un citoyen vénitien, qu'on qualifie de *benemerenti*, « d'emporter à Venise deux vaisseaux pleins de *marbres et pierres antiques de Spalato et de Salone.* » D'ailleurs ce n'est que la confirmation, par les archives, d'un fait qui n'est point, hélas! spécial à la République. Où sont les marches de l'amphithéâtre de Pola? celles du Colisée? Où sont les ruines de la Grèce? Et les voyageurs n'ont-ils pas vu, à Cordoue, dans la fameuse mosquée, *huit cents* colonnes antiques supporter les arcs mauresques dont Charles-Quint, à son tour, détruisit une partie pour substituer le culte catholique au culte d'Allah?

défense. En 1645, ils ferment la ville avec une ligne de bastions et de courtines, et élèvent le château fort qui se dressait juste au point où est encore la tour d'Harvoje; puis ils complètent ce système de défense : à douze cents pieds au-dessus des murailles, sur une hauteur qui domine tout le golfe, ils ont érigé plus tard le fort Grippi.

Schulenbourg, le brave défenseur de Corfou, qui est mort en 1745, et qui commandait

LA PORTE DORÉE DU PALAIS DE DIOCLÉTIEN.

pour les Vénitiens, avait déclaré les ouvrages de Spalato indéfendables à cause des progrès de l'artillerie. Ce fut alors qu'on autorisa les Spalatins à bâtir sur le bord de la mer et à s'adosser au château fort comme à la muraille antique. Enfin, en 1807 et 1809, Marmont, qui voulait doter Spalato d'un beau quai sur son golfe, fit jeter bas les vieux murs du château fort vénitien; Spalato, ville neuve, devint aussi une ville ouverte. Marmont avait encore commencé à tracer un jardin public, à l'endroit même où l'on sort de la porte d'Or, mais il n'a pas eu le temps d'achever son œuvre.

Le climat de Spalato est sain, les environs sont fertiles, la chaleur y est modérée et l'hiver y est doux; avec cela pourtant, en dehors de l'intérêt que le palais est fait pour inspirer à ceux qui s'inquiètent de l'âge des vieilles pierres, la ville n'a rien de séduisant, et peut-être même ce progrès qu'elle réalise, ces efforts qu'elle fait pour devenir une ville moderne, contribuent-ils à lui enlever ce je ne sais quoi de piquant qui s'appelle le caractère et qui nous enchantait dans les autres villes de Dalmatie, où la rue nous suffisait, parce qu'elle était un spectacle toujours nouveau et plein d'intérêt.

D'ici à vingt ans, il y aura certainement à Spalato une troisième ville nouvelle, toute moderne, toute régulière, mais froide et sans physionomie; on en voit déjà au nord la place Neuve qui se substituera à celle des Seigneurs; cependant jamais la vieille cité enceinte dans le palais de Dioclétien ne pourra participer à ce mouvement de progrès, et le voyageur n'a rien à craindre de la civilisation, car on ne pourrait changer les dispositions de la vieille ville qu'en anéantissant le palais, ou du moins ce qui en reste; et les efforts de l'administration tendent, au contraire, à respecter ces ruines.

Notre séjour à Spalato, qui été assez long, car nous n'y manquions pas d'objets d'étude, ne nous a pas laissé une impression aussi agréable que celle des autres villes du littoral. C'est une cité triste et sans vie sociale, sans ressource aucune au point de vue des divertissements. Le Spalatin vit concentré chez lui et ne reçoit pas: on se voit peu et seulement en visite; la promenade *in piazza*, cette ressource quotidienne de tout habitant des ports de l'Adriatique, n'a pas même le côté vivant et aimable de celle des autres villes, où l'on a l'illusion de la vie italienne ou espagnole, sous un ciel et dans un décor qui sont en harmonie et qui ne protestent point contre les combinaisons de l'imagination.

Quand il nous est arrivé, à bord d'un des bâtiments de l'Adriatique, de citer le nom de Spalato devant des Dalmates, nous avons toujours constaté une expression de fierté sur le visage de nos interlocuteurs. Spalato, en effet, est regardée comme le joyau de la province. Il n'y a pas à contester que le commerce n'y soit relativement très-développé; il y a du mouvement dans le port, et on sent dans toute la ville une fermentation de travail et de production qui n'existe que là.

Entre autres progrès réalisés, Spalato a une *Société Œnophile*, présidée par un Français, M. Aristide Vigneau, homme d'énergie qui fait honneur au nom français dans ce port de l'Adriatique.

Les vins de la Dalmatie sont susceptibles, s'ils étaient traités comme les nôtres, de s'améliorer au point de constituer pour le pays une industrie des plus fécondes. Jusqu'à présent il fallait les consommer sur place et on ne pouvait les exporter. M. Vigneau, en les traitant par les procédés en usage dans le Bordelais, les a beaucoup améliorés.

La Dalmatie est très-riche en vins; on en compte de bien des sortes, parmi lesquelles les *Prosecco*, terme général pour désigner les vins doux; le *Vugava*, vin blanc de l'île de Brazza, qui ressemble un peu à notre frontignan; le *Malvasia*, blanc, sec, d'une odeur aromatique; le vin de *Rosa*, qui répand un parfum très-pénétrant et se distingue par un goût sucré comme le muscat: on le récolte surtout à Alamssa; le *Spiaggia*, qui se fait à Lesina et est regardé comme un des meilleurs de la contrée; le *Marzemino*, qu'on récolte aux environs de Cattaro. Il y a encore le *Tartaro*, puis le *Maraschino* de Sebenico, etc., etc. On voit ce qu'un homme bien au courant de nos procédés et très-actif peut apporter d'amélioration à cette industrie des vins dalmates. Nous devons dire que partout dans ces régions le voyageur trouve des vins nationaux d'un goût agréable; et si la vie est pénible dans l'intérieur, on a du moins cette ressource d'un pain excellent et d'un vin potable.

Les intérêts français à Spalato sont nuls; bien rarement nos navires abordent dans ces

LA DALMATIE.

ports du littoral de l'Adriatique. Depuis Zara jusqu'à Cattaro nous n'avons même de représentants officiels sur toute cette côte qu'à Raguse et à Spalato.

A Trieste, il y a un consul général, dont le titulaire est M. Favre-Clavairoz, le frère de M. Jules Favre, dont l'obligeance à l'égard de nos nationaux est inépuisable; à Fiume, nous n'avions jusqu'ici qu'un vice-consul, M. le baron de Reyne; mais le poste étant devenu important par suite des mouvements slaves, on vient d'élever récemment le poste au rang de consulat. A Zara nous n'avons personne; à Spalato, c'est un Dalmate qui a reçu l'exequatur comme vice-consul, M. le comte Tartaglia; il nous proposa, à notre passage, de quitter ses terres, où il faisait ses vendanges, pour nous recevoir : mais nous n'acceptâmes point ce sacrifice si obligeamment offert. Depuis Spalato jusqu'en Albanie nous n'avons plus qu'un seul consul, celui de Raguse, M. Jouffroy. La ville, en effet, est devenue très-importante pour nous depuis l'insurrection de l'Herzégovine; mais il est curieux de voir jusqu'à quel point nous nous désintéressons d'un pays qui fut nôtre il y a soixante ans, et où, somme toute, malgré la loi naturelle qui fait qu'on doit bannir le souvenir d'un envahisseur, nous avons véritablement conservé une sorte de prestige. Il nous est arrivé de voir dans les diverses villes de l'Adriatique que nous avons parcourues, des vieillards qui avaient servi sous Marmont et auxquels, par les soins de nos consuls, on a fait parvenir la médaille de Sainte-Hélène. Je n'ai pas besoin de dire que le nombre des survivants est très-restreint; ce sont pour la plupart des Français restés dans le pays; ils s'y sont mariés, ils ont des enfants et des petits-enfants qui sont devenus Dalmates, mais leur nom dénonce leur origine.

PAYSANNE DES ENVIRONS DE SPALATO.

Nous étions à Spalato aux premiers jours de novembre, et le temps était étouffant; un soleil ardent nous contraignait à rester chez nous une partie du jour, ou à chercher un refuge dans le temple où nous dessinions. Le soir, la brise de mer tombait comme un épais brouillard et mouillait les vêtements au point d'en être véritablement incommodé; d'ailleurs les Spalatins m'ont paru beaucoup la redouter, car les rues étaient absolument désertes et sombres. Or il n'y a ni théâtre, ni lieu de réunion où l'on fasse de la musique, la place est absolument vide, les cafés de la ville sont tristes et fort mal approvisionnés au point de vue des journaux : les soirées étaient donc très-mélancoliques. Après des journées consacrées à un travail incessant, nous n'avions d'autre ressource que celle de nous retrouver vis-à-vis de nous-même.

Il y a un petit musée très-intéressant à Spalato, et il est appelé à prendre une grande importance, parce qu'il contient des inscriptions capitales au point de vue de l'histoire. Mais, de même qu'à Naples, au musée Borbonico, il faut se reporter à Pompéi et à Herculanum pour se figurer, au lieu même de leur origine, l'effet produit par les objets d'art ou les vestiges d'architecture qui y figurent, de même à Spalato on pense à Salone en visitant le musée archéologique de la ville.

Ce musée est aujourd'hui sous la direction du professeur Glavinich ; il contient des statues, des sarcophages, des stèles, des monnaies antiques, des pierres gravées, des bijoux, de menus objets trouvés dans les fouilles. Tout son intérêt vient de ce que c'est un musée local, et qu'il y a tel ou tel document, trouvé dans la région, qui jette la lumière sur l'histoire nationale.

Spalato a été de tout temps un foyer de lumière. Siége archiépiscopal, la ville a vu se succéder dans la dignité d'archevêque les hommes les plus éminents. Le célèbre Marc-Antoine de Dominis, précurseur de Newton et de Descartes, a été archevêque de Spalato et y a laissé un grand souvenir; il vivait vers 1590. Après avoir été professeur de philosophie à l'université de Padoue, Clément VIII l'avait désigné comme archevêque de Segna, et en 1602 il fut appelé à Spalato. Philosophe, mathématicien, physicien de génie, c'était encore un homme d'un grand caractère et d'une haute énergie : il avait tenu tête aux Uscoques et s'était dévoué pour Spalato lors de la terrible peste de 1607. Sa vie est extrêmement curieuse, car il fut forcé d'abandonner et sa patrie et sa nationalité à la suite d'une discussion avec la cour de Rome, et il se retira à Venise, d'où il lança des écrits condamnés par l'Inquisition. Sir Henry Wotton était alors ambassadeur d'Angleterre à Venise ; il invita Dominis à l'accompagner, et l'on vit l'ancien archevêque de Spalato, abjurant sa religion, écrire des pamphlets contre le saint-siége : *l'Écueil du naufrage chrétien* et *de la République ecclésiastique.*

Dominis, une fois en Angleterre, trouva un protecteur dans le souverain ; et, étrange destinée ! cet archevêque catholique devint bientôt doyen de l'église protestante de Windsor. Élevé au pontificat, Grégoire XV, qui avait connu personnellement et qui aimait et admirait le génie de Dominis, pensa qu'il était exalté et exaspéré par la persécution ; il lui envoya l'ambassadeur d'Espagne, qui se fit un devoir de ramener à la cour de Rome un esprit aussi élevé. Dominis revint en effet et se jeta aux pieds du saint-père, abjurant son erreur. Mais, le pape Grégoire mort, le sacré collège n'eut pas la même mansuétude. On accusa Dominis d'apostasie ; on déclara qu'il était en correspondance avec les hérétiques, et en 1624, deux ans après son retour à Rome, il fut enfermé au fort Saint-Ange, où il mourut, dit-on, par le poison. Son corps fut brûlé en public au Campo dei Fiori, et on mit un exemplaire de ses pamphlets sur les bûchers.

De nos jours il y a eu à Spalato des hommes très-distingués. S'ils n'y sont point tous nés, ils y ont vécu et y ont laissé leurs traces, et on ne saurait passer sous silence le nom de l'abbé Francesco Carrara et celui de l'archéologue Francesco Lanza.

XIX

Nous avons visité la ville de Spalato, née de l'invasion des Barbares, qui, détruisant Salone, forcèrent les Salonitains à chercher un asile dans cet immense palais de Dioclétien qui devint une cité ; nous allons essayer de retrouver la ville de Salone elle-même. Nous avons exploré cette partie de la Dalmatie à l'époque où, le parlement autrichien ayant voté des fonds pour des recherches archéologiques à opérer dans la région, le professeur Glavinich, directeur du musée de Spalato, commençait ses fouilles. Il nous a convié obligeamment à visiter son champ d'exploration : l'intérêt de l'archéologie et celui de l'histoire vont donc s'ajouter à l'attrait du voyage.

La place où s'élevait la ville est à une heure de Spalato ; le voyageur y arrive par une bonne route qui conduit dans l'intérieur de la province ; il retrouve sur son chemin les conduites d'eau qui approvisionnaient le palais de Dioclétien. Le seul bourg qu'il traverse s'appelle même *Pozzo Buono* (le bon puits). Il faut laisser à droite une habitation carrée, fermée de hautes murailles d'assez fière tournure, que les habitants du lieu désignent sous le nom de la *Zecca* (Monnaie) de Dioclétien. Ce sont là de ces erreurs qui se propagent par une fausse tradition ; on doit plutôt y voir une résidence épiscopale du seizième siècle. Elle fut occupée par un évêque nommé Gubbio, qui joua son rôle dans l'histoire de la ville.

La baie où s'étendait Salone offre encore aujourd'hui un coup d'œil délicieux. La ville était assise sur la rive nord du Giadro, qui va se jeter dans le golfe de Spalato ; la rivière sort toute formée des fentes d'un rocher, et son cours n'a pas plus d'une demi-lieue. Elle produit des truites célèbres ; Dioclétien, qui, selon la tradition, vantait déjà ses laitues de Salone, a parlé

BRANIZZA : LA PETITE VENISE.

aussi de ces truites, qu'il préférait à l'empire. Le pays devient charmant à la sortie de Spalato ; pour la première fois nous trouvons des peupliers ; la plaine est verte et riante ; partout croissent la vigne et l'olivier, dont les fruits sont énormes. Devant chaque porte est établi le pressoir, fait d'une meule posée sur champ. La plaine va mourir à la plage, mais une langue de terre s'avance dans la mer et porte une petite ville qui se reflète dans l'eau comme une *marine* détachée d'une ville plus grande : c'est Branizza, la *petite Venise*, qui semble une île, tant est basse la bande de terre qui la soude à la plaine.

La route qui mène à l'emplacement où fut Salone, traverse la rivière à l'endroit même où du temps des Romains s'élevait le pont antique. Si l'on a la curiosité de s'y arrêter, on reconnaît sous des restaurations successives l'arc primitif contemporain d'Octave. Le voyageur qui foulerait cette terre historique sans être prévenu, ne reconnaîtrait même pas l'emplacement de Salone. Il y a bien çà et là quelques fragments de murs, mais ils se confondent avec les saillies du sol, et, à part quelques arcs d'un aqueduc hors de la portée de la vue, rien ne dénonce au premier abord une antique cité, et l'une des plus grandes de la province. Comme à Pompéi et comme à Herculanum, le sol même de la ville a été recouvert par des envahissements successifs; mais ce n'est point la cendre d'un volcan qui a comblé les monuments : tout a été détruit par la violence et par les incendies répétés des Barbares. Le temps, depuis, a fait son œuvre : la végétation, lentement, a tout envahi ; de grands figuiers, des amandiers ont poussé leurs racines dans ces terres rapportées ; le paysan a construit sa cabane sur l'emplacement des palais de ses ancêtres, et la ville gît en ruine, presque arrasée à la hauteur du plan, sous cette couche qui l'a envahie. Le village qui s'est formé là porte aussi ce beau nom de Salone et en perpétue le souvenir ; mais il n'occupe qu'une très-petite partie de l'antique cité, le coin de sa partie sud-est. Cependant, si rien ne frappe les yeux, il n'en est pas moins vrai qu'à peine effleure-t-on le sol, on reconnaît que là fut Salone. C'est une inscription trouvée sous le fer de la charrue qu'une enfant dalmate apporte à la ville dans l'espoir d'une récompense ; c'est un chapiteau qui s'encastre dans une muraille, un conduit antique qui se montre au niveau du sol, une architrave richement ouvragée qui dans la construction d'un mur se mêle à la pierre vulgaire ; et à deux pas de là, à Spalato, les dieux et les déesses, les tombeaux, les statues, les souvenirs antiques de toute nature exhumés depuis longtemps déjà, portent les témoignages évidents de l'existence de la ville, alors même qu'on ne l'aurait point retrouvée complétement en fouillant le sol. Les poëtes eux-mêmes, Lucain le premier, disent où s'élevait l'antique cité :

PAYSANNE DES ENVIRONS DE SPALATO.

Qua maris Adriaci longas ferit unda Salonas
Et tepidum in molles Zephiros excurrit Iader [1].

Quelle était l'origine de cette ville sur laquelle s'acharnèrent les Barbares et que par trois fois ils livrèrent aux flammes après qu'elle eut été reconstruite ? Avant Jules César tout est ténèbres. Après la destruction de Delminium, elle devient la capitale de la Dalmatie, et Cæcilius Metellus s'en empare pour la première fois ; elle ouvre une seconde fois ses portes à Cneius Cosconius, et, pendant la guerre civile entre Pompée et César, Octavius l'attaque deux fois sans succès. Salone enfin prend parti pour Brutus et Cassius ; C. Asinius Pollion vient l'assiéger, s'en empare et elle devient la possession d'Octavianus. Dès la seconde capture, elle est colonie romaine, et en raison de son importance elle reçoit le titre de *Colonia Martia, Julia Salona*, plus tard celui de *Colonia Claudia Augusta Pia veteranorum*. Sous Auguste, elle atteint tout son développement ; elle est considérée comme le grand boulevard des conquêtes romaines sur ce point de l'Adriatique. Tour à tour république, *Conventus, Colonia, Metropolis, Præfectura*, et

---

[1] « Là où l'Adriatique frappe de ses vagues les longues murailles de Salone, et où l'Iader (le Giadro) roule ses ondes attiédies vers les molles demeures des Zéphyrs. » (*Pharsale*, livre IV, vers 404-405.)

Prætorium, suivant l'importance qu'elle prend et la succession des âges, elle devient dans les temps chrétiens le siége d'un évêché fondé par saint Doïmo; soixante et un évêques s'y succèdent. Sous les derniers empereurs romains elle avait déjà été considérablement embellie; mais quand Dioclétien parvint à l'empire, il se souvint qu'il était Dalmate; il aimait ces régions, il regrettait sa patrie, il avait l'intention d'y finir ses jours : il reconstruisit donc entièrement la cité. Jusqu'au milieu du cinquième siècle, c'est-à-dire près de cent cinquante ans après la mort de Dioclétien, elle subit peu de changements; mais en 481 Odoacre, roi des Hérules, envahit l'Occident, et sur son passage il s'empare de la ville et la ruine. Au sixième siècle, Totila passe à son tour, et voilà Salone au pouvoir des Goths, auxquels l'empereur Justinien la reprend en 535. Elle est encore une fois romaine; on répare ses murailles en brèche, on en augmente les défenses, et, à peine relevée, elle subit et repousse deux siéges de suite, celui des troupes de Vitigès, le roi goth, et celui de Totila. C'est de Salone que Bélisaire et Narsès, les grands généraux grecs, partent en 544 et en 552 pour chasser les Barbares d'Italie, et la ville jouit d'une sécurité relative pendant près d'un siècle; mais les habitants, au lieu de s'exercer aux rudes combats et de se préparer aux luttes ardues qui les menacent, vivent dans la mollesse et sont entraînés dans les désordres du Bas-Empire; leur dernière heure va sonner. Les Avares (639) prennent Clissa, rocher fortifié qui domine Salone; c'est à peine si Salone soutient la lutte : elle est prise, elle est pillée, elle est livrée aux flammes pour la dernière fois; désormais elle ne se relèvera plus de ses ruines. Ainsi donc, de la première partie du septième siècle de notre ère date la complète destruction de la cité, et c'est là la date qu'il faut assigner à l'émigration des Salonitains, qui vont abriter leurs dieux lares dans la colossale ruine du palais de Dioclétien à Spalato. Plus tard nous verrons quelques-uns d'entre eux fuir jusqu'à Raguse.

Il était indispensable de jeter un coup d'œil rétrospectif sur l'histoire avant de visiter, non pas même les ruines, mais l'emplacement de la ville. M. Glavinich, qui nous servait de guide, avait dressé un plan de ce que la cité devait être avant sa destruction. Un archéologue peut faire cette restauration, quoiqu'il y ait là une grande part d'inconnu; quant à nous, nous nous bornerons à une promenade sur l'emplacement de l'antique Salone, en constatant les vestiges antiques que nous rencontrerons sur notre route.

XX

Les fouilles sont commencées depuis dix-sept jours, une quarantaine d'ouvriers sont occupés à creuser le sol, et les femmes du village de Salone transportent la terre dans des paniers, qu'elles portent sur la tête, comme les fellahs d'Égypte creusant le seuil de Ghisèh. En l'absence du directeur, le curé catholique du village dirige le travail. Nous le trouvons sur place; bientôt un médecin qui passe à cheval, nous voyant arrêtés sur le terrain d'exploration, abandonne sa monture et se joint à nous. L'archéologue a du bonheur : à une profondeur de sept ou huit mètres au-dessous du niveau cultivé, recouvert d'une belle terre végétale brune où les arbres fruitiers ont pris racine, il a trouvé une nécropole intacte dans son plan, avec sa partie circulaire formant un petit temple où l'on préparait et lavait les corps. La cuve de pierre, sculptée tout autour d'une corde en relief, gît sur le sol, les bases des colonnes doriques sont intactes, les colonnes sont brisées à un mètre de hauteur. Les sarcophages sont épars çà et là et assez nombreux, tous très-simples de forme. Nous sommes dans un cimetière des premiers temps du christianisme; la plupart portent la croix de forme grecque et la date du quatrième et du cinquième siècle de notre ère; mais nous éprouvons une grande déception, car tous sont écornés aux angles : ils ont été visités par les Barbares et portent les traces de cette violation de sépulture. Presque tous sont donc vides ou remplis de terre. On observe que les habitants convertis au christianisme, et qui vivaient dans la Salone païenne par la tolérance des lois romaines, ne pouvaient prétendre à reposer dans l'enceinte même de la ville : le lieu que nous foulons est donc un faubourg de Salone.

C'est un spectacle très-pittoresque et toujours plein d'émotion qu'une fouille conduite par un homme qui connaît bien le terrain sur lequel il opère : il creuse presque à coup sûr. La scène se compose assez bien pour que nous essayions de la reproduire en un dessin (page 264). Après avoir ouvert quatorze tombes, toutes violées, et qui ne contiennent que des détritus, le pic de la pioche a rendu le son sec qui annonce un rocher ou une pierre, et le directeur donne l'ordre de procéder avec précaution; on met à nu un quinzième sarcophage, intact, et qui a conservé ses plombs et les sceaux datant de 437. « Alors qu'Honorius et Théodosius étaient consuls, le premier pour la septième fois, le deuxième pour la deuxième fois... » tels sont les termes de l'inscription. C'est avec une émotion réelle que nous voyons les ouvriers, un genou en terre, introduire le levier entre le couvercle et le sarcophage. Tous les paysans ont quitté leur ouvrage et assistent à l'opération, groupés sur les tertres, dans les poses les plus variées, et semblables à ces fines figures des bas-reliefs antiques; les Salonitaines, le panier sur la tête, suivent des yeux le groupe qui occupe le centre. Le couvercle a cédé, il est intact; on le dépose doucement sur le sol. Mais les pluies des jours passés se sont infiltrées dans la tombe et elle est remplie jusqu'au bord; on apporte des écuelles pour la vider. Bientôt on voit surnager un squelette et des débris de poteries. Nul trésor inattendu ne nous est révélé; le médecin nous expose gravement ses conjectures sur le sexe, l'âge et la constitution du squelette; un professeur d'anatomie du lycée de Spalato qui nous accompagne, le réclame comme un don pour le cabinet d'étude. Le professeur Glavinich copie l'inscription, mais il la trouve obscure et affirme qu'il n'y a que deux hommes au monde capables de lire ces caractères, Mommsen et Léon Regnier de l'Institut de France.

On continue cependant les fouilles. On a mis à découvert la nécropole tout entière, et nous nous promenons sur l'arène en reconnaissant, d'après les plans connus des autres nécropoles antiques, les attributions diverses de chaque partie du plan : là on lavait les corps avant de les mettre dans la tombe, là on les déposait devant l'autel, et les amis et les parents venaient s'agenouiller. Nous ne sommes pas sûr cependant que sous le sol même du cimetière il n'y ait pas quelque crypte souterraine, car dans un coin de la nécropole les ouvriers ont défoncé une partie voûtée et mis à nu des arcs de construction romaine qui indiquent une excavation profonde. Le trou noir est béant, mais il est encore trop étroit pour qu'on se rende compte de la nature de la découverte, et on a peur, en ébranlant la voûte, de combler le sol souterrain. A-t-on superposé des constructions plus récentes sur des constructions antiques, comme c'est souvent le cas dans ces villes romaines visitées par les Barbares et tour à tour prises et reprises? ou est-ce réellement une crypte funéraire? C'est une hypothèse dont nous n'aurons pas la solution, car, semblable au voyageur de Schubert, nous effleurons le sol « en notre course légère » et nous ne nous posons point; demain nous serons plus avant dans l'intérieur de la province, vers l'Herzégovine. M. Glavinich est très-agité et plein d'espérance.

La ville, au temps où elle était colonie romaine et lors de sa destruction définitive par les Barbares, était défendue par une enceinte continue fortifiée : une petite partie de la muraille est encore visible du côté de l'est, mais vers la rivière on ne peut plus suivre sa trace; en revanche la partie nord est bien conservée, et l'angle saillant des tours et bastions est reconnaissable même pour qui ne possède pas de notions archéologiques. Quel que soit en somme l'état actuel, il offre un ensemble assez complet du système de fortification des villes romaines et explique assez bien l'éloge que César, dans ses *Commentaires*, a fait des travaux défensifs

SALONE : FOUILLES FAITES PAR LE PROFESSEUR GLAVINICH POUR RETROUVER LA VILLE ANTIQUE.

de la ville de Salone. Je dois cependant le faire remarquer, c'est plutôt le plan de ces constructions qu'on retrouve que les constructions elles-mêmes. C'est le cas pour les édifices publics, la curie, la questure, le forum, les différents temples, les théâtres et le gymnase. On sait par les textes que Salone contenait aussi une manufacture d'armes, un trésor, un gynécée, un *baphium*, c'est-à-dire un grand établissement destiné à la teinture. Ces derniers bâtiments dépendaient de l'État et relevaient des officiers appelés *procuratores*, sous le commandement des « comtes des largesses sacrées ». L'établissement de teinture était consacré à l'usage personnel de l'empereur, et une loi lui accordait le très-avantageux privilége de teindre en couleur pourpre; toute infraction commise par d'autres établissements était assimilée à un crime. Il y avait aussi un port de quelque importance, mais il faudrait faire des fouilles à la côte et sous les flots de l'Adriatique pour en retrouver la trace.

M. Glavinich nous a montré avec soin le théâtre et l'amphithéâtre, qui sont très-visibles; déblayés entièrement, ils pourraient être facilement restaurés. Du théâtre il ne reste que le plan et des bases de colonnes, très-bien conservées, et dont les moulures sont d'une assez bonne époque et d'un style assez pur. L'amphithéâtre est beaucoup plus complet : il reste une partie du proscénium et toutes les bases solides des arcs qui devaient porter les assises des gradins : ces derniers ont tout à fait disparu ; mais on sait que c'est la partie des monuments antiques la plus facile à utiliser dans les constructions, et celle qui disparaît la première. En face de toutes les traces de monuments antiques de la ville de Salone, une impression constante nous domine, c'est que l'importance matérielle de la cité a été exagérée : ni le théâtre, ni l'amphithéâtre, ni les nécropoles, ni les temples ne représentent une ville telle qu'on l'a décrite. Quand on voit Pola et Vérone, Nîmes, Arles et

FOUILLES DE SALONE. — LA CHASSE DE MÉLÉAGRE.

Rome, on a le sentiment vrai du nombre des habitants en rapportant la grandeur du contenant au contenu ; ici ce n'est pas le cas : ou le théâtre ne pouvait suffire aux habitants, ou les habitants étaient moins nombreux que ne l'ont dit les historiens.

L'époque de la fondation de Salone est une époque de décadence : le monde romain s'écroule, le Christ est venu, et le Palais de Dioclétien, si splendide dans sa forme générale, assez brutal dans le détail, n'offre pas la grâce exquise de l'antique de la belle période, et il se ressent plutôt de la pompe et de l'abondance ornementales de l'Orient.

C'est par ces dispositions architecturales, qui indiquent des transformations et des périodes, et par des découvertes qui vont éclaircir des points d'histoire, que l'étude de ces monuments nous intéresse. Ainsi à Spalato la place publique en avant du Temple offre le premier exemple de l'arc reposant sur des colonnes employé dans un portique de l'antiquité : jusque-là l'architrave reposait directement sur les chapiteaux. Cependant, si le détail n'est pas raffiné, pur et très-élevé de goût, il est somptueux et très-décoratif. On peut, en somme, trouver dans l'ensemble des statues, bas-reliefs, pierres gravées, vases, inscriptions, sarcophages, fragments d'architecture de toute sorte, provenant de Salone et de Spalato, qui forment aujourd'hui le musée national de cette dernière ville, nombre de pièces d'une grande allure et qui ont une valeur artistique en dehors de leur incontestable valeur historique. Nous avons fait graver quelques sarcophages qui comptent parmi les monuments les plus importants ; tous ne proviennent pas de Salone, et il règne encore quelque obscurité sur leur origine, puisque le docte Lanza, l'ancien directeur du musée national de Zara, si bien renseigné sur tout ce qui concerne la province dalmate, ne peut dire ni l'époque précise de leur découverte ni le lieu exact où ils ont été trouvés. Mais c'est une question de détail : qu'ils aient été extraits des fouilles à tel ou tel point de la baie, ils peuvent être regardés comme salonitains, exécutés par des artistes romains ou dalmates, et ils font presque toujours allusion à l'histoire locale. L'un d'eux même, d'après Lanza, pourrait bien être le sarcophage de l'empereur, parce qu'il représente,

SARCOPHAGES TROUVÉS DANS LES RUINES DE SALONE.

FACE LATÉRALE DU MÊME SARCOPHAGE OUVERT
LORS DE L'INVASION DES BARBARES.

AUTRE FACE LATÉRALE.

sculptés sur les quatre faces, la chasse de Méléagre et le sanglier de Calydon chanté par Homère. Il faudrait peut-être voir là une allusion au fait d'armes de Dioclétien tuant de sa propre main, à la face de l'armée, *Arius Aper* (sanglier), l'assassin de Numérien. Cette sculpture antique est du plus grand relief, très-vivante et d'une bonne exécution.

Un combat des Centaures et des Lapithes, un autre qui se rapporte à la conquête de la Mésie et porte l'inscription *Mesia Capta Temporum Felicitas*, et enfin un dernier, très-important, qui représente le passage de la mer Rouge par les Hébreux, viennent certainement de Salone. Ce dernier bas-relief est admirablement conservé : la matière en est aussi belle que l'albâtre oriental ; on le voit encore aujourd'hui sous le portique d'un cloître, près de la grande place neuve de Spalato ; il a longtemps servi de devant d'autel à l'église des révérends Pères Mineurs.

Ce travail de décadence doit être attribué au quatrième siècle de notre ère ; on raconte dans le pays que le sujet de ce sarcophage restait ignoré (quoique Adam et Cassas, Lavallée et Visconti lui-même en eussent donné l'interprétation), lorsque, en 1818, au moment du voyage de l'empereur François Ier, l'impératrice Caroline-Auguste, à la première vue du monument, en expliqua la signification évidente en attribuant sa valeur à chaque symbole. Nous avons fait

JEUNE FILLE APPORTANT DES INSCRIPTIONS TROUVÉES DANS UN CHAMP A SALONE.

graver les faces latérales de ces tombeaux, parce qu'ils portent encore la trace laissée par les outils dont se servirent les Barbares pour violer les sépultures.

A Salone même, nous avons assisté à une petite scène épisodique que nous avons voulu consacrer par un dessin ; elle se reproduit tous les jours sous une forme différente. Comme nous nous reposions près d'une chaumière dans le mur de laquelle on avait encastré des inscriptions antiques, une jeune fille de Salone, presque une enfant, vêtue de son costume national, vint apporter au professeur Glavinich une inscription qu'elle avait trouvée dans son champ. L'archéologue a habitué ceux qui remuent chaque jour cette terre historique à ne détruire aucun fragment, et, en échange de ce qu'ils apportent, on leur donne une petite récompense en argent. Comme elle avait tendu la main pour recevoir la pièce de monnaie, l'enfant restait là tout interdite ; elle s'enhardit bientôt assez pour demander si l'inscription ne révélait pas l'existence d'un trésor au lieu où elle l'avait trouvée. Et nous, de rire de cette naïveté ; mais nous pensâmes qu'il était bon de laisser le paysan dans cette croyance que chaque inscription peut cacher un trésor : c'est le plus sûr moyen de l'empêcher de la détruire. N'est-ce pas d'ailleurs le plus précieux des trésors que celui qui peut révéler à la science historique l'existence d'un peuple inconnu jusque-là dans une région, et dont la présence est tout à coup révélée par quelques lignes tracées il y a deux mille ans sur une plaque de marbre? C'est le cas d'une inscription trouvée, il y a quelques années, dans les environs de Sign.

SARCOPHAGE TROUVÉ A SALONE : PHÈDRE ET HIPPOLYTE.

XXI

La foire de Salone, célèbre dans toute la Dalmatie, se tient dans la première quinzaine de septembre. Indépendamment du commerce qu'on y fait, elle a pour le voyageur un attrait considérable : il voit là réunis la plupart des costumes de la région méridionale de la Dalmatie depuis Sebenico. De la côte de l'Adriatique à la frontière turque, tous les villages s'y trouvent représentés. C'est d'une variété et d'une richesse incroyables, et l'artiste qui a eu la bonne fortune de voyager en Dalmatie à cette époque de l'année en rapporte une impression profonde. Les Turcs de l'Herzégovine y viennent en foule, car la frontière n'est guère qu'à une journée de marche; mais ce n'est pas l'élément turc qui apporte la note la plus pittoresque; il faut même un œil exercé pour discerner un Dalmate de Sign ou de Knin d'un musulman de Livno ou de Trébigné. C'est le costume des femmes qui donne tout son attrait à cette fête : autant de villages, autant de nuances diverses, de couleurs variées, de formes nouvelles. Entre toutes, celles qui attirent le plus l'attention sont les femmes des Castelli ; c'est le nom de six petits villages qui sont à la côte dans la baie de Spalato, et qui tirent leur origine de seize châteaux construits, aux quinzième et seizième siècles, par des seigneurs auxquels les Vénitiens avaient concédé des terres, à la condition d'y élever des places fortes et des lieux de refuge pour les paysans pendant la guerre avec le Turc. Les villages s'étaient groupés à l'abri des châteaux, et

QUELQUES SCÈNES DE LA FOIRE DE SALONE.

peu à peu avaient prospéré en se créant une industrie ; les troupeaux étaient leur plus grande richesse. Des seize châteaux forts, huit existent encore : Castel Sucuraz, Abadessa, Castel Cambio (qui appartient encore aujourd'hui aux comtes de Cambio), Castel Vetturi, Castel Vecchio, Castel Novo, Castel Stafileo et Castel Papali. Les seigneurs exerçaient des droits féodaux et quelques-uns de ces droits existent encore aujourd'hui ; mais on verra qu'ils n'ont rien d'excessif. Par exemple, le maître a le privilège de recevoir en don la tête de chaque cochon tué sur sa terre, et chaque famille lui offre par année une paire de poules. Il percevait récemment encore une mesure d'olives par chaque douzaine de mesures récoltées, et il avait droit à la langue de chaque bœuf tué sur sa terre. En revanche, il rendait un gâteau de pain à qui lui offrait l'hommage.

J'ai décrit, en parlant de Traü, la position des Castelli ; elle est tout à fait séduisante. La pointe de Spalato et l'île de Bua forment là un golfe bien abrité, et ce sol est très-fertile ; tous les châteaux sont à la plage même : c'est une des positions les plus riantes et les plus heureuses de la Dalmatie.

Les Castellanes, entre autres singularités, ont celle de faire consister la beauté de la femme dans le développement de la poitrine, et je n'ai pas besoin de dire qu'elles sont forcées, pour arriver à gagner tous les suffrages de leurs Castellans, d'employer les plus naïfs artifices. Ce parti pris singulier se complique de la forme bizarre du petit gilet, très-court et collant, qu'elles portent toutes très-ouvert par devant. La jupe est très-collante aussi ; un petit chapeau bas semblable à celui des Mâconnaises et décoré de fleurs, des bas jaunes, de larges boucles sur leurs escarpins noirs, de larges et longues chaînes d'argent portant le couteau qui pend à la ceinture, et toute une garniture de boutons en filigrane à leur corset rebondi, complètent leur costume.

PAYSANNE DES ENVIRONS DE SALONE.

Tout Spalato se rend naturellement à la foire et y apporte un élément pittoresque, car la ville a aussi ses costumes ; les bourgeois particulièrement ont de hautes prétentions à l'élégance ; les femmes de la ville n'ont aucun caractère spécial, comme toutes celles de ces cités de la côte. On se croirait à Livourne, à la Spezzia, ou dans la Pouille, en un point quelconque de la rive opposée de l'Adriatique. La réunion est très-nombreuse, très-tumultueuse et très-animée ; mais je ne saurais dire s'il y a là de très-nombreuses affaires, car les transactions, faites en langue slave, échappent à l'étranger. On voit, réunis en masse, des bœufs, des moutons, des porcs ; la partie industrielle consiste en minimes spécimens des industries locales : bois tournés, poteries qui ont peu de caractère, gobelets, ustensiles de ménage, boutons de corsage, étoffes imprimées en Autriche, et bijoux dalmates. Je ne veux pas dire que la foire soit un prétexte au plaisir, mais on ne manque pas à cette tâche, et c'est assurément un très-joli spectacle, car il offre l'occasion de groupes nombreux, très-variés d'aspect, qui s'installent à leur fantaisie dans les situations les plus inattendues. Quelques-uns encombrent la petite place de l'église de Salone, qui domine les rives du Giadro ; d'autres s'établissent dans les chaumières de leurs amis du bourg ; un certain nombre s'asseyent sur les rives mêmes, le plus près possible de l'eau : ils creusent un trou, allument leur feu et préparent le souper. C'est comme une immense caravane à la halte. Des troupeaux entiers sont mis à la broche, et le mouton est traité à la dalmate, c'est-à-dire qu'on le rôtit comme dans tout l'Orient, entier, mis au feu à l'aide d'une longue perche dont les deux bouts reposent sur un chevalet. J'ai d'ailleurs décrit la scène lors de ma halte à Ostrovitza, dans les anciennes casernes de cavalerie de Marmont. Le soir, on a beaucoup bu, beaucoup parlé, beaucoup mangé ; la surexcitation est grande, mais les discussions sont beaucoup moins nombreuses qu'on ne s'y pourrait attendre, surtout si l'on considère que les acteurs sont pour la plupart des gens ignorants et peu civilisés. Tout se passe en chants un peu bruyants et très-discords, en danses assez curieuses par le caractère, en mélopées très-intéressantes accompagnées sur la guzla, l'instrument national. C'est surtout le soir que les habitants de la ville viennent assister aux divertissements des paysans, qu'ils désignent dans leur ensemble sous le nom de *Morlaques*.

Le gouvernement autrichien, par des répressions fermes, a changé le caractère de cette foire de Salone ; c'était autrefois l'occasion naturelle que la *vendetta* nationale attendait pour exercer ses représailles : on a fait des exemples, et aujourd'hui ces gardes locaux que j'ai dessinés et dont j'ai indiqué l'institution dans la partie relative à Knin et Bencovatz, les *Pandours* et les *Sirdars*, leurs chefs, veillent sans relâche et répriment toute tentative de désordre. J'ai vu là dans son entier développement la danse nationale, le *kollo*, spécial au peuple slave ; je dois dire que je viens de la retrouver, bien autrement curieuse et pleine de caractère, à Gradisca, à Brod, à Kostaïnicza, sur la Save et la Unna, chez les peuplades des Confins militaires et dans l'intérieur de la Serbie.

Le mot *kollo* signifie *cercle* ; on danse en rond, par couples alternés des deux sexes, avec cette particularité que l'homme ne donne pas la main à sa voisine, mais, passant son bras sous celui de la danseuse à côté de laquelle le sort l'a placé, il va chercher la main de celle qui la suit. Toute la chaîne s'entremêle ainsi et frappe le sol en chantant un air monotone, un peu triste, mais qui n'est pas sans charme. A Gradisca, un dimanche, sur une lieue de longueur, toute la rive de la Save était semée de groupes de femmes étrangement parées de verroteries, de grosses couronnes de fleurs artificielles, de perles fausses énormes, de bijoux d'une forme rare et curieuse, de couleurs vives tranchant sur des corsages blancs richement ouvragés : c'était le jour de je ne sais quelle fête locale ; les femmes seules dansaient par groupes, lentement, sans avancer, et sur place, imprimant à tout le corps une sorte de *ménéo* provoquant, qui rappelait et les *jota* et les *boléro* et les *fandango* de l'Andalousie et de la Castille, et même aussi la fameuse *danse du ventre* de Smyrne. Je n'ai rien vu de plus particulier et de plus caractéristique ; j'allais ainsi d'un groupe à l'autre, ivre de couleur locale, avide de voir, oubliant et les Raïas et les Turcs, et sentant au fond du cœur qu'il y a en moi un peintre qui sommeille et n'attend qu'une note colorée pour revenir à ses premières amours.

Mme Dora d'Istria, qui s'est fait une spécialité de l'étude des peuples slaves, a cité dans un article de la *Revue des Deux Mondes* sur les *Poésies serbes* un chant qui montre quelle action le *kolo* (c'est l'orthographe qu'elle adopte, contre l'avis de M. Louis Léger) peut avoir sur le cœur du peuple serbe.

« Cette ronde, dit-elle, change de physionomie suivant l'âge et le caractère des femmes qui y prennent part. Tantôt une jeune vierge n'y paraît que pour faire admirer sa modestie, tantôt l'épouse d'un Bosniaque y trouble les cœurs par l'expression qu'elle donne à tous ses mouvements. Voici un exemple du charme irrésistible que déploie la danseuse dans le kolo.

« Le haïdouk Radoïtza, plongé dans un cachot de Zara, faisait si bien le mort, que Békis ordonne de l'enterrer. La femme de l'aga, peu convaincue de la réalité d'un trépas si soudain, conseille d'allumer du feu sur la poitrine du haïdouk, pour voir si « le brigand » ne bougera pas. Radoïtza, doué d'un cœur héroïque, ne fait pas un seul mouvement. La Turque exige qu'on poursuive l'épreuve; on met dans le sein de Radoïtza un serpent chauffé par le soleil : le haïdouk reste immobile et n'a pas peur. La femme de l'aga conseille alors de lui enfoncer vingt clous sous les ongles; il continue de montrer un cœur ferme, et ne laisse pas échapper un soupir. La méchante ordonne enfin qu'on forme un kolo autour du prisonnier, dans l'espoir que Haïkouna arrachera un sourire au haïdouk. Haïkouna, la plus belle et la plus grande des filles de Zara, conduit la ronde : le collier suspendu à son cou résonne à chaque pas, on entend frémir son pantalon de soie. Radoïtza, inébranlable devant les tortures, ne peut résister à tant de charmes ; il la regarde et sourit ; mais la jeune Serbe, à la fois fière et attendrie de son triomphe, laisse tomber sur le visage de Radoïtza son mouchoir de soie, afin que les autres filles ne voient pas le sourire du haïdouk. L'épreuve terminée, on jette Radoïtza dans la mer profonde ; mais, merveilleux nageur, il revient la nuit dans la maison de Békis-aga, lui abat la tête, tue « la chienne de Turque » en lui enfonçant sous les ongles les clous qu'il a retirés de ses mains, enlève Haïkouna, « cœur de sa poitrine, » l'emmène en terre de Serbie et l'épouse dans une blanche église. »

XXII

L'intérêt et peut-être la nouveauté de ce voyage consistent dans l'itinéraire suivi. Fidèle à notre système, après avoir vu la côte, nous traversons toujours le pays dans toute sa largeur, de la mer à la Turquie, puisque la Bosnie et l'Herzégovine forment l'une et l'autre frontière, suivant la hauteur à laquelle nous abordons. Après un long séjour à Spalato et à Salone, séjour justifié par le grand intérêt qui s'attache aux beaux vestiges du temps de Dioclétien, nous abandonnons encore une fois la côte et nous nous avançons vers Sign.

Parcourant une seconde fois la route qui conduit de Spalato à Salone, nous nous dirigeons vers Clissa, village étagé au pied d'une forteresse singulièrement accidentée et qui rappelle, par les audacieux profils de sa silhouette déchiquetée, les sommets neigeux des grandes montagnes suisses. Clissa part du fond de la vallée, et étage ses maisons sur des séries de parapets ou de terrasses superposés comme les marches d'un gigantesque escalier. Chacun a son petit jardin étroit supporté par une construction cyclopéenne, comme le sont d'ailleurs les terrasses plantées d'oliviers sur la Corniche, de Gênes à Monaco. Au-dessus du dernier échelon se dresse le bastion, très-élevé encore, et dont le mur dentelé se découpe sur le ciel. Ce petit coin de la Dalmatie est véritablement plein d'intérêt : dans l'espace d'une lieue à peine on trouve rassemblés Spalato, Salone et Clissa : l'histoire, l'art et la nature. En visitant ce nid d'aigle et ce pauvre village, nous nous doutions bien que ces murs avaient aussi leurs légendes; quand, revenu au port, nous avons demandé à l'étude l'illustration des souvenirs que nous rapportions de ce voyage fait à tâtons (parce que rien n'est écrit chez nous depuis plusieurs siècles sur ces lieux restés presque inconnus), la lecture des chroniqueurs anciens nous a prouvé que nous ne nous étions point trompé. La forteresse, abandonnée à l'époque où nous y sommes allé pour la première fois, était occupée au printemps suivant, quand nous y revînmes à la suite de la prise d'armes des Raïas de Bosnie. Aujourd'hui, comme autrefois, Clissa commande les passages des Turcs qui voudraient accéder à la mer; la place est autrichienne et au cœur de la Dalmatie, car les frontières ont été reculées. Nous ne citerons qu'un épisode de l'histoire de Clissa, le plus pittoresque et celui qui fait le mieux image.

Vers 1537, après avoir été bosniaque, puis turque, puis vénitienne, Clissa était aux mains des Hongrois et Pietro Crosichio gouvernait comme seigneur du lieu et feudataire du Sigismond d'alors. C'était le temps où les terribles Uscoques, ces pirates de l'Adriatique, infestaient les rivages, troublaient la sécurité du commerce de la République, et ne respectaient pas davantage les caravanes turques qui allaient de l'intérieur aux villes du rivage.

Pietro Crosichio, croyant se donner des alliés fidèles, accueillit dans son château fort cette poignée de brigands, et les Turcs vinrent mettre le siége devant Clissa, après avoir sommé le maître de livrer les pirates.

Pendant les trois cent soixante-cinq jours que dura le siége, chaque matin, on vit une sorte de géant qui figurait parmi les musulmans s'avancer seul au pied des murailles et reprocher aux Hongrois et aux Uscoques de s'abriter derrière des bastions au lieu de venir se mesurer poitrine contre poitrine. Le colosse Ragora — c'était son nom — était devenu célèbre parmi les assiégés et les assiégeants. Un jour, un jeune page de Crosichio, nommé Milosso (j'ignore s'il était épris de la châtelaine et voulait se couvrir de gloire sous ses yeux), déclara qu'au premier défi il ferait mordre la poussière au mécréant ou périrait lui-même. Il y eut grand développement de mise en scène. Milosso, plus modeste que ne le sont d'ordinaire les pages, voua sa vie au Dieu des chrétiens, disant que, s'il succombait, c'était une faible perte pour la garnison, tandis qu'il pouvait vaincre, et alors quelle gloire pour lui ! Il vainquit, en effet, absolument comme David, et Paolo Sarpi, dans l'histoire des Uscoques, raconte tout au long les péripéties de la lutte. Cette victoire du page n'empêcha pas les Turcs de prendre Clissa, qu'ils gardèrent pendant plus d'un siècle.

En 1647, la guerre avait éclaté de nouveau entre le sultan et la république de Venise ; le proviseur de Dalmatie reçut l'ordre d'opérer une diversion et de s'emparer des places fortes des musulmans. On assiégea Clissa, qui redevint vénitienne, et, faisant une base d'opération de cette place forte, on souleva tous les Morlaques de la région, qui devinrent d'utiles auxiliaires. Enlevée de vive force, Clissa devint propriété légitime en 1669, au traité qui mit fin à la désastreuse guerre de Candie, terminée par la cession de l'île aux Turcs. Aux termes de ce traité, les habitants de Candie étaient libres de partir avec la garnison et d'emporter leurs effets ; la République conservait trois ports dans l'île ; elle demanda aussi de garder en toute propriété les places fortifiées qu'elle avait prises en Dalmatie. De ce fait, Clissa resta définitivement aux Vénitiens.

XXIII

Il y a quatorze milles autrichiens (cent six kilomètres) de Spalato à Sign ; je les ai franchis d'une traite en me servant de la poste impériale, qui fait le service une ou deux fois la semaine. On connaît le matériel, je l'ai déjà décrit ; la chaise est relativement confortable.

Au retour, j'ai frété, avec un officier autrichien, une de ces petites voitures à ressorts de bois sur lesquelles on jette un coussin de paille de maïs, et qui est traînée par un petit cheval bosniaque aussi sûr qu'un mulet dans les passages difficiles. Parti dès l'aurore, je suis arrivé, après sept ou huit heures d'un voyage assez pénible, dans la petite ville de Sign, ayant traversé les villages suivants : Clissa, Miovilovic, Diemo, Osoje, Diedovic, Radosoca, Kukusi, Talaja et Arbanas.

Après Salone, c'en est fait de la riante nature, et le désert de pierres que nous avons déjà rencontré de Zara à Knin, et de Knin à Sebenico, recommence plus ardu, plus sévère. Là où s'élève un village, c'est que la nature, un peu plus clémente, offre quelques mètres carrés de terre végétale; il faut croire cependant que dans les fentes des rochers, dans des crevasses, dans quelques vallées échappant aux yeux du voyageur qui ne s'éloigne pas de la grand'route, les paysans récoltent un peu de fourrage et quelques menus légumes qui aident à leur subsistance, car ils vivent sur place; d'ailleurs il y a encore quelque variété dans les aspects, et, selon l'orientation des lieux qu'on traverse, le terrain est plus ou moins propice à l'existence de l'homme. Ce sont des séries de mamelons pendant plusieurs lieues; les agglomérations des maisons sont à la base des collines, et elles s'étagent jusqu'à l'endroit où le vent, brûlant la végétation, ne laisse plus subsister au-dessus qu'un rocher gris d'une grande hauteur.

LA FORTERESSE DE CLISSA.

La terre, sans humus, semble incapable de donner son aliment à la plante. Nous avons traversé quelques carrés de maigres vignes, des champs de sorgho; quelques-uns étaient plantés de froment; assises sur l'aire devant des cabanes de chaume basses et misérables qui rappelaient les huttes des Kabyles, des groupes de femmes battaient leur récolte, hâves, déguenillées, toujours pleines de caractère cependant, et couvertes de lambeaux colorés.

Vers Radosoca il nous fallut changer de cheval; le postillon citadin qui nous conduisait, et qui appartenait à l'administration de Spalato, nous livra à un Dalmate en costume national avec le haut turban et la ceinture bourrée d'armes. Ce nouveau conducteur portait à la main, comme un homme singulièrement embarrassé, le chapeau de cuir bouilli aux armes austro-hongroises, qui est le signe administratif des postes de la Couronne et que tout employé doit porter réglementairement. Gardant avec religion son turban sur sa tête, il finit par suspendre le chapeau à sa ceinture, pour l'arborer probablement dans le cas où quelque fonctionnaire supérieur aurait été témoin de cette infraction, motivée par l'attachement du Dalmate à ses us et coutumes et par son amour du costume national.

Les environs de Sign doivent certainement avoir été autrefois un lac immense, desséché dans la suite des temps.

Après avoir traversé des successions de vallées, opéré de rapides descentes et de rudes montées, nous parvenons enfin en vue de la ville ou plutôt de sa plaine, car elle-même nous échappe derrière un pan de colline à notre gauche. C'est la plus grande plaine que nous ayons vue jusqu'ici ; la surface en est verte, mais elle présente des flaques d'eau qui brillent au soleil, et les arbres s'y reflètent comme dans un miroir.

On nous dit que tous ces villages sont dévastés par la fièvre ; une grande partie des ouvriers qui travaillent le jour aux champs vont dormir le soir à plusieurs lieues de là. Cette immense plaine de Sign est fermée à l'horizon extrême par de hautes montagnes ; quand on avance vers la ville, le terrain se solidifie, et de nombreux troupeaux paissent dans ces espaces verts d'une végétation assez vigoureuse, baignés par les eaux des marais et donnant l'idée d'une terre plus riche que celle qu'on a foulée jusqu'alors. L'échelle générale est énorme, et, comme on arrive par une hauteur pour déboucher presque subitement en plaine, on a le sentiment d'un espace immense où les animaux sont des points blancs ou rouges sur des fonds verts assez gras, et où les peupliers, plantés en longues files, comptent à peine malgré leur hauteur. C'est bien un pays nouveau, et le changement est très-rapide ; on voit bientôt des granges, des fermes, des meules, c'est-à-dire la preuve irrécusable de riches récoltes, bien invraisemblables dans ces régions ; on constate ici pour la première fois tout un mouvement agricole auquel on n'est point habitué dans ces pays déshérités.

XXIV

Sign se présente, à l'arrivée, assise au pied d'un rocher difforme ; sa silhouette n'a rien de pittoresque ; une forteresse du temps des Vénitiens, aujourd'hui démantelée et qui a dû subir des chocs nombreux, n'ajoute pas grand'chose au caractère de l'aspect général.

Des rideaux de peupliers cachent les maisons, qui sont construites comme celles des villages modernes de la côte, et sans les couvents et les églises, on ne reconnaîtrait pas là les traces du passage des Vénitiens. Les rues sont très-larges, démesurément espacées, et la petite ville occupe un emplacement considérable. On ne croirait pas, à l'aspect extérieur des choses, que la frontière turque soit à six heures d'ici ; mais les caravanes sont nombreuses, et elles traversent incessamment la ville, chargées de bois, de ballots, de café, d'épices de toute nature qu'elles ont prises à la côte.

Nous avions rencontré, à bord du bâtiment qui nous avait amené de Sebenico à Spalato, un député à la Diète dalmate, l'avocat Tripalo, qui nous avait fait promettre de visiter Sign et de nous y arrêter. Notre premier soin, en arrivant, fut de nous mettre à sa recherche, et le hasard nous servit assez bien, à l'entrée même du village, en nous faisant rencontrer son frère, qui voulut nous faciliter l'installation sommaire dont nous avions besoin pour passer quelques heures dans la ville.

C'était jour de marché, et il est toujours heureux pour un étranger d'arriver dans une ville un jour de marché ; les paysans des environs posaient devant nous sur la place, et, quoique les lignes générales du costume restent les mêmes, à mesure qu'on avance vers la frontière, il y a quelques particularités nouvelles qui viennent ajouter à l'attrait qu'il a pour nous.

Ce qui nous a frappé ici, c'est l'*okrouga* des femmes slaves : étrange bonnet blanc en forme de boisseau, posé en avant sur la tête, au-dessus des bandeaux de la chevelure, et dont la partie de devant est seule visible, car, par-dessus l'okrouga, toutes les femmes rapportent un grand voile blanc qui retombe jusqu'au milieu du dos et drape aussi les bras, tout en laissant voir la brillante ornementation d'étoiles rouges ou la frise de vertes feuilles de chêne, ou enfin la grecque classique d'un bon caractère antique décorant la chemise. Il est intéressant de suivre les transformations diverses des différentes parties du costume.

L'okrouga à Sign est blanche, en toile, et se porte fort simple ; un peu plus loin, au premier village en avançant vers la frontière, la face de devant est percée à jour comme une guipure et présente de jolis dessins, élégants de forme, où le jeu de la lumière et de l'ombre fait tous les frais, car ce n'est pas une broderie ton sur ton, c'est tout simplement un évidage.

Plus bas, en Herzégovine, cette espèce de cartonnage est rouge et ressemble à un fez plus rigide ; enfin, vers Trébigné, l'okrouga fait place au fez lui-même, et est toujours recouvert du large voile qui retombe sur les épaules des femmes et couvre leurs bras. En Herzégovine, et surtout dans la partie basse, entre le Monténégro et Mostar, ce voile est en soie extrêmement fine, et il ajoute beaucoup à l'élégance ; pour le reste la différence est peu sensible. Les costumes d'homme ne diffèrent pas non plus sensiblement de ceux de la région de Knin ; on prendrait les gens de ce pays pour des Slaves bosniaques, moins le turban qu'ils portent en Dalmatie et qui est réservé dans les provinces turques aux sujets musulmans, aux Osmanlis.

Les églises de Sign sont très-belles d'ornementation et très-spacieuses ; la grande majorité de la population y doit être catholique, car je n'ai pas vu de chapelle du rite orthodoxe. Ce sont les Franciscains qui ont cure des intérêts religieux ; ils sont fort supérieurs du reste aux autres membres du clergé de la province, et nous retrouverons les prêtres de cet ordre desservant toutes les églises catholiques de Bosnie, d'Herzégovine, de Bulgarie et de la presqu'île des Balkans. Ils possèdent une vingtaine de couvents dans la province. Le maréchal Marmont, pendant notre domination, s'était fait l'ami de ces Pères franciscains ; il pensait que leur influence était salutaire, parce qu'ils avaient voyagé et fait leurs études dans les couvents d'Italie, de France et d'Autriche : aussi ne se déplaçait-il jamais que par étape, de couvent en couvent. Comme ils avaient l'habitude depuis les Vénitiens de choisir à Venise un protecteur qui devenait le recours de l'Ordre auprès du pouvoir central, le maréchal accepta ce titre et le porta pendant quelque temps ; le vice-roi d'Italie, Eugène Beauharnais, qui résidait à Milan, vit même là une usurpation de pouvoirs, et Marmont dut résilier son titre.

On se rappellera que nous avons signalé diverses manifestations religieuses de paysans slaves dans la sombre cathédrale de Spalato, l'ancien temple antique consacré au culte catholique ; à Sign, nous avons eu l'occasion, assis sous les voûtes de l'église, d'assister à des manifestations d'un caractère ascétique, qui nous ont rappelé ce que nous avons vu de plus curieux en ce genre dans une église d'Andalousie, où parfois les mendiants semblent plongés dans le sommeil cataleptique.

Le temple était presque désert, la place du marché était abandonnée ; quelques paysannes retardataires entrèrent dans l'église, déposèrent leurs paniers sur les dalles, et, se traînant péniblement sur les genoux, firent le tour des autels privilégiés, alternant leurs prières et frappant du front la dalle en poussant des exclamations qui retentissaient sous les voûtes. Comme un sacristain leur demandait leur offrande en leur présentant une cassette cadenassée, je remarquai que ces pauvres femmes, avant de déposer leur pièce de monnaie, baisaient religieusement l'aumônière. Un vieillard, qui avait gravi les marches de l'autel à genoux, s'avançait pierre par pierre et baisait chaque carré de la frise, composée d'incrustations précieuses ; de temps en temps quelque ardente exclamation adressée au saint Protecteur nous était envoyée par l'écho, et pendant un long espace de temps le pauvre homme disparut derrière l'autel, continuant pieusement son adoration et ne laissant pas une pierre de la frise sans y tracer un signe de croix et la baiser ensuite.

Ces églises de Sign sont pour la plupart du dix-septième et du dix-huitième siècle, elles portent le cachet italien et leur ornementation est évidemment de la période de la domination vénitienne.

Sur la place principale, une jolie fontaine, digne de Trévise, de Monte Belluno, de Padoue ou de quelque ville de terre ferme, rappelle par son caractère et sa date le temps où la République régnait à Sign. A l'heure où nous passions là, les paysannes venaient puiser de l'eau, et ces costumes qui rappellent l'Orient faisaient contraste avec les formes renaissance italienne de ce joli petit monument. Nous avons voulu le dessiner comme un des trop rares

FONTAINE VÉNITIENNE SUR LA PLACE DU MARCHÉ, A SIGN.

vestiges d'une belle époque dans cette région de Sign où nous n'avons recueilli que déception au point de vue des monuments.

D'ailleurs, après Salone et Spalato, nous ne devions plus avoir d'émotion qu'à Raguse, dans l'Athènes slave.

M. Tripalo voulut nous donner l'idée d'une fête spéciale à Sign, fête à laquelle nous ne pouvions malheureusement pas assister ; il nous montra les costumes que les jouteurs revêtent le jour où on la célèbre.

C'est un tournoi populaire appelé la *Sostra*, où, montés sur des chevaux extrêmement vifs, les notables de la ville, habillés comme des cavaliers hongrois, courent la bague et se livrent à un brillant carrousel. C'est un souvenir d'une victoire remportée, en 1715, par les Vénitiens sur les Turcs, qui s'étaient avancés jusqu'à Sign. Aujourd'hui on saisit l'occasion de la fête de l'empereur d'Autriche pour la célébration ; la cérémonie a lieu à l'entrée de la ville, dans la plaine ; les costumes sont très-riches, brodés d'argent sur fonds éclatants ; les chevaux sont brillamment harnachés, et le vainqueur est couronné solennellement. Un gardien d'honneur, dépositaire de tout ce riche matériel, est choisi par la ville ; il eut l'obligeance de nous montrer tous les éléments de cette mise en scène, en nous expliquant les différentes phases de la lutte. Un des assistants, nommé président d'honneur, voulut nous faire hommage de sa photographie dans son costume d'apparat, qui consiste en un haut talpak, une tunique ouverte, collante, chamarrée d'argent, avec la culotte hongroise, le gilet à larges pans et la botte haute à la magyare. Mais ces costumes de carnaval ont rarement du caractère, parce qu'en reproduisant le type d'une époque, celui qui le porte commence par en modifier à son gré les formes, suivant son goût et ses habitudes, tandis que son être tout entier, la coupe des cheveux, celle de la barbe, le geste et la démarche, qui restent naturellement modernes, protestent contre le costume lui-même et font un contraste forcé.

Sign nous a intéressé par les inscriptions et les vestiges rassemblés dans le musée du collége ; cet ensemble cependant est très-loin de constituer un cabinet archéologique : ce sont pour la plupart des fragments de statues brisées, des poteries en mauvais état, et des dalles qui n'attirent nullement par la recherche de la forme ; mais il y a là tel ou tel vestige d'un haut intérêt. Le Père franciscain qui nous faisait les honneurs du collége, nous assura que l'historien Mommsen avait fait là un récent séjour dans le but de prendre des calques de toutes les inscriptions.

Je n'ai passé qu'une journée à Sign, mais j'ai pu y dormir et y manger : c'est un grand compliment à faire à une ville dalmate de la frontière de l'Herzégovine. Plus tard, je puis dire hardiment que j'ai souffert de la faim de l'autre côté de la montagne, et bien des fois même, de ce côté du Vélébit, la pitance a été maigre et le repos du soir bien hasardeux. A Sign au moins il y a une auberge, et on se sent rassuré à la vue de ses environs verdoyants qui promettent des ressources pour la vie.

Après avoir passé la journée en visites, en promenades autour de la ville, où je n'ai rien vu qui fût digne de remarque, je décidai de repartir le lendemain même pour la côte, afin de m'embarquer à Spalato pour Raguse. C'était refaire le même trajet ; mais dans une excursion de cette sorte on est tenu par la loi suprême des moyens de transport : il faut toujours revenir à l'Adriatique pour retrouver la voie maritime et les embarcadères de la compagnie du Lloyd ; il n'y a donc pas à hésiter sur les voies à prendre. Arrivé sans encombre à Spalato, nous levâmes l'ancre le lendemain à six heures du matin et nous entrâmes dans le port de Gravosa, à Raguse, après vingt-six heures d'une navigation paisible, douce et confortable.

Ces voyages par mer d'une ville à l'autre ont assez d'intérêt. Du pont du navire, nous observons le caractère de la côte, et, pendant les séjours qu'on fait dans chacun de ces petits ports (trop courts pour que nous essayions d'en fixer la physionomie par un dessin et par une description), nous allons côtoyer ainsi le rivage, nous arrêtant à Pietro di Brazza, Almissa, Macarsca et Curzola juste le temps suffisant pour déposer des voyageurs, en prendre de nouveaux et faire de rapides croquis.

XXV

Nous levons l'ancre à six heures et nous nous engageons dans le canal de Spalato ; à sept heures nous touchons Brazza. Selon qu'on prend la ligne d'Albanie ou celle de Dalmatie, on suit telle ou telle route : nos escales par ce dernier paquebot sont San Pietro di Brazza, Almissa, Macarsca, Curzola et enfin Gravosa, qui est le port de Raguse. Par l'autre voie on touche Milna, Lissa et Curzola ; c'est dire qu'au lieu de serrer la côte et de desservir les points de terre ferme, on prend le large au sortir du canal de Spalato ; qu'on passe entre l'île de Solta et celle de Brazza, pour aborder à Lissa, célèbre par la bataille navale de 1866, et qu'enfin, se tenant toujours plus au large, on arrive à Raguse par la haute mer.

A neuf heures nous touchons Almissa, très-bien située à l'entrée d'une gorge profonde, couronnée par des montagnes d'un ton noir velouté. Une forteresse qui semble importante, vue du pont du navire, pyramide et se détache au-dessus des maisons. J'ai le temps, pendant l'arrêt du paquebot, d'esquisser un croquis de la ville, qui se présente pittoresquement. Le port est tout à fait médiocre ; j'y compte une dizaine de navires à peine ; les eaux sont peu profondes et d'une extraordinaire transparence.

Après Almissa on trouve presque immédiatement un fond considérable ; les flots sont

PIETRO DI BRAZZA.

limpides comme le cristal. Le navire côtoie le rivage à dix brasses, les plus gros bâtiments peuvent passer au pied même des maisons qui le bordent ; ce n'est cependant pas une côte rocheuse : au contraire, l'olivier au feuillage foncé s'y détache en points noirs, sur la vigne dorée à l'automne, et, à partir d'une certaine hauteur, la montagne s'élance en sommets granitiques et en pics hardis qui montent vers le ciel. Toute cette partie du canal de Brazza, entre Almissa et Macarsca, est très-bien cultivée ; on peut même dire qu'elle est courageusement exploitée, car le sol est ardu et il faut lutter contre la nature. Le canal, du côté de la terre ferme, est assez peu peuplé ; on trouve là Rogosnizza, qui se présente tout à fait blanche, parce que les toitures y sont revêtues d'une couche de chaux : comme les murs crépis sont déjà d'un blanc d'argent, tous ces pâtés de maisons offrent un aspect assez particulier et forment contraste avec les villages situés au-dessus et au-dessous, où la tuile rouge ou brune tranche vivement sur la couleur des murs. Cet usage de blanchir les toits à la chaux m'avait déjà frappé du côté de Dernis, au sortir de Knin vers Clissa, et plus tard, dans certaines parties de la Turquie d'Europe, j'ai vu que les colons ont la même habitude.

Macarsca, qui est un chef-lieu de district, est aussi à la côte, et avec la pointe de San Giorgio, dans l'île de Lesina, cette petite ville ferme le canal de Brazza. A onze heures et demie nous jetons l'ancre devant la ville. On ne voit du haut du bâtiment qu'un rocher blanc très-bas, s'élevant à pic dans la mer et portant une petite église; mais la partie que nous apercevons n'est que la Marine, et Macarsca elle-même apparaît bientôt au fond d'une baie formée par les rochers. Les maisons sont hautes, couvertes en tuiles rouges; les campaniles et clochers sont tous vénitiens de forme; quelques maisons sont peintes en rouge et couleur lie de vin, comme à la pointe de l'Arsenal de Venise; je remarque aussi qu'un grand nombre de maisons sont pourvues de balcons en saillie, décorés de petites colonnettes byzantines. La disposition générale est toujours la même : un rocher blanc, des maisons appuyées aux flancs de la montagne; par-dessus les maisons, des monuments et des clochers; enfin la haute montagne cultivée à sa base, tachée d'oliviers, qui se dénude à mesure qu'elle s'élève, et se termine par de grandes dentelures grises entièrement calcinées par la bora.

Nous doublons San Giorgio et, virant de bord, pour entrer dans le canal de Narenta, nous

LA VILLE D'ALMISSA, A LA COTE, ENTRE SPALATO ET RAGUSE.

gagnons la haute mer entre Lissa et Curzola, laissant à notre droite la petite île de Toscola. Quelques-unes de ces îles, à l'ancre dans l'Adriatique, sont assez fertiles; par leur aspect verdoyant et riche elles forment contraste avec les montagnes arides de la terre ferme. A partir de là, passant entre Curzola et Lagosta, nous nous engageons dans des canaux si étroits, entre Sabbioncello et Melida, qu'on croirait naviguer sur un lac comme celui de Côme. La nuit vient, les côtes s'enveloppent d'ombre et nous glissons silencieusement sur les flots tranquilles. Nous avançons d'ailleurs lentement et avec assez de précaution, en contournant tout le groupe des îles Élaphites, et au matin, par un beau soleil et un temps radieux, nous entrons dans le port de Gravosa, qui est la station maritime de Raguse.

Gravosa est en effet le port de débarquement de Raguse; on y aborde mieux que dans le port de la ville même : la baie est plus profonde, plus sûre et l'exposition de beaucoup préférable. Raguse n'abrite guère que des pêcheurs et le petit cabotage : son port est trop exposé aux vents du sud-est. Il est évident que cette ville, si importante autrefois par son commerce, et qui joua un rôle si considérable qu'elle put un instant éveiller la jalousie de la République de Venise : aurait dû s'élever à Gravosa, au lieu d'être resserrée entre la mer et les montagnes rocheuses qui l'enferment et la condamnent à ne jamais pouvoir s'étendre. C'est par un sentiment de prudence que les premiers Ragusains choisirent un emplacement d'un difficile accès ; plus tard, quand des catastrophes successives forcèrent les habitants à reconstruire la ville, ils se montrèrent assez attachés à leurs foyers et à leurs traditions pour ne pas abandonner un emplacement mal choisi dès l'origine, quoiqu'ils eussent à deux pas de là un lieu sans rival pour y fonder une cité florissante.

De Gravosa à Raguse il n'y a guère qu'une demi-lieue.

Après avoir subi la visite de la douane, on arrive à la ville par une belle route en corniche, resserrée entre la montagne et la mer ; l'escarpement est assez large pour que de chaque côté on ait pu asseoir des villas d'un caractère italien, d'un aspect assez élégant, cachées dans une végétation très-vigoureuse, qui ne le cède en rien à celle des climats les plus riches.

L'aloès et le cactus croissent avec abondance dans les fentes des rochers ; le ciel, la mer, la montagne, la forme des maisons, la nature tout entière rappellent aux voyageurs le rocher de Monte-Carlo et la fière silhouette de Monaco ; les noirs cyprès qui s'élancent, droits et

VUE DE MAGARSCA.

rigides, au milieu des arbustes aux feuilles jaune d'or, aux fruits colorés, rappellent aussi la végétation du midi de l'Italie. Gravosa est un point de quelque importance par son port : c'est là que s'élèvent les chantiers de construction de Raguse, qui n'ont plus leur activité d'autrefois, mais où cependant on a su conserver la tradition. C'est entre Gravosa et l'entrée de Raguse, sur la route même, que les riches citoyens de la République construisaient leurs maisons de plaisance et plantaient leurs jardins, établissant ainsi un riant séjour de villégiature à côté de la ville politique bâtie sur un rocher privé de toute végétation.

Quand on a étudié l'histoire de Raguse, on n'entre dans cette ville qu'avec respect, et on peut dire que sa singulière construction et son aspect extérieur, si caractéristique par suite du lieu choisi par les fondateurs et du plan fatalement suivi depuis eux, n'apportent aucune déception à l'imagination du voyageur qui arrive en vue de Raguse.

Après les jardins et les villas qui bordent la route, on accède au bourg de Pille, où s'élèvent quelques hôtels pour les voyageurs ; en face de la route même se dresse la poterne de la forteresse qui enferme la cité tout entière. Ce ne sont que chemins couverts, ponts-levis, fossés profonds au fond desquels, entre les roches, croissent de larges figuiers ; des esplanades en contre-bas où des soldats font l'exercice ; de hautes murailles crénelées qui suivent la rampe du terrain, avec des tours à mâchicoulis rappellent les constructions du moyen âge. Au-dessus de l'entrée principale on remarque un bas-relief, saint *Biagio* (Blaise), évêque, avec la crosse et la mitre, plaqué contre un château fort. Ce sont les armes de la ville et le sceau de la République ragusaine ; elle choisit le saint évêque pour son patron parce que, dans une circonstance où les Vénitiens tentaient de s'emparer de leur cité par la ruse, un prêtre se présenta au sénat et déclara que saint Biagio lui était apparu en songe et lui avait révélé les desseins de l'ennemi (971). La poterne franchie, il faut traverser encore une triple enceinte avec postes et places d'armes, et on débouche enfin sur le *Stradone*.

Ce Stradone de Raguse (*strada*, rue) traverse toute la ville ; presque à l'entrée se dresse une grande fontaine d'un beau travail, du commencement du seizième siècle ; elle n'est pas terminée ou a été décapitée par quelque cataclysme ; son style rappelle le temps de la domination des Espagnols, lorsqu'ils commandaient à Naples. En face de la fontaine, on s'arrête devant le porche d'une belle église qui dépend d'un couvent de Franciscains ; nous donnons le dessin de sa façade élégante et fine. Imaginez une voie dallée, large de dix à douze mètres, plantée à droite et à gauche de maisons uniformes en granit ; ces maisons sont très-larges, très-simples, sans architecture, séparées les unes des autres par des ruelles qui n'ont pas plus de deux mètres de largeur. Chacune de ces ruelles, qui s'ouvrent sur la gauche, donne accès à des escaliers de plus de cent marches ; les maisons qui donnent sur ces passages suivent naturellement la pente, se superposent, ouvrent leurs fenêtres sur les marches mêmes, surplombent de leurs balcons au-dessus d'elles et forment enfin le singulier ensemble dont nous avons dessiné un des aspects.

Tout au haut de cet escalier, détail presque imperceptible dans un croquis comme le nôtre, se profilent sur le ciel bleu les créneaux d'une forteresse bâtie à une

UNE RUE DE RAGUSE.

prodigieuse hauteur sur le rocher et qui défend ce côté de la cité. Les rues du côté droit, aussi étroites, restent de niveau avec le Stradone et conduisent dans la partie de la ville qui donne sur la mer, ou plutôt sur l'enceinte fortifiée qui l'enserre et dont on peut voir l'aspect dans la vue générale de Raguse que nous reproduisons aussi.

Le Stradone est géométriquement en ligne droite ; il traverse la cité dans toute sa longueur et conduit au bourg de Plocce, porte de sortie de la ville sur la campagne et la route qui conduit en Herzégovine.

Avant de sortir de l'enceinte, arrêtons-nous un instant sur la place principale, la *Piazza dei Signori*, qui s'ouvre à l'extrémité du Stradone. La dernière maison à notre droite a sa façade latérale sur la place, et nous voici devant la cathédrale de la ville, qui ne présente point un caractère particulier et appartient au dix-septième siècle italien. A notre gauche, sur le même plan que la ligne de maisons qui bordent la rue, s'élève un monument exquis de forme et de

PLACE PRINCIPALE DE RAGUSE.

proportion : c'est la *Douane*. On conçoit qu'un peuple qui devait tout au commerce, même sa gloire littéraire et ses arts, ait consacré une de ses plus belles constructions à l'échange, et fait de sa douane un palais. Le caractère de ce monument rappelle le seizième siècle italien ou la fin du quinzième. Le *Palais du Recteur*, ou premier magistrat de la République, s'élève en face de nous sur la même place, et ses beaux piliers, qui portent des voûtes en ogive, rappellent le portique du Palais Ducal de Venise. Entre le palais et la Douane, un corps de garde monumental, surmonté d'une tour à horloge, forme la porte de sortie qui mène à la mer.

LE STRADONE, RUE PRINCIPALE DE RAGUSE.

En dehors du Stradone, qu'on appelle aussi le *Corso*, la ville s'étend sur la droite; on y trouve une *place aux Herbes* assez spacieuse, et nombre de rues étroites formant un pâté de maisons appuyées les unes contre les autres, et qui reçoivent peu de jour.

Le cachet général de Raguse est celui d'une ville vénitienne : les dalles, les balcons, le style

CORPORATION DES COMMISSIONNAIRES DE RAGUSE.

des monuments, le nombre invraisemblable d'églises qui s'y élèvent, tout rappelle l'architecture de Venise. La propreté qui y règne est tout à fait remarquable. C'est vivant, gai ; et malgré le peu d'horizon, on sent qu'il y a encore là de la richesse, en dépit de la longue vicissitude des temps. Dans le Stradone, à chaque pas, s'ouvrent des boutiques de bijoutiers et nombre d'ateliers de tailleurs et de brodeurs qui couvrent les vestes des Ragusains de passementeries d'or du plus riche dessin. Les costumes locaux sont très-caractérisés : ceux de la corporation des portefaix ou commissionnaires ressemblent à s'y méprendre à ceux des commerçants turcs de Smyrne, et cette corporation, spéciale à la région, mérite une mention particulière. A l'instar des forts de la halle et des portefaix de Marseille, les commissionnaires de Raguse constituent une caste qui a ses lois, ses us et coutumes, sa juridiction spéciale. Il est probable que l'institution remonte très-loin ; elle se conserve intacte dans ses règles, et tous ses membres jouissent d'une réputation d'honnêteté parfaite.

Leur costume se compose d'un turban, d'une veste soutachée, d'un gilet brodé d'or et se boutonnant sur le côté, d'une ceinture en cuir contenant les armes et la pipe, et d'une autre ceinture large, en laine, comme celle que portent la plupart des Musulmans, du pantalon large à la turque, d'une paire de bas blancs et de babouches rouges. Les jours de fête, quand ils ont revêtu leurs habits neufs et qu'ils sont assis sur les marches de la cathédrale, leurs groupes forcent l'attention de l'étranger : on croit voir en eux quelque garde d'honneur d'un pays oriental. Toujours à la recherche des costumes qui, en Dalmatie, sont véritablement plus riches et plus pittoresques qu'en n'importe quelle autre partie de l'Europe, je passais ma vie à Raguse sur la place aux Herbes, où les femmes des Canali et celles de Breno, les Canalese et les Brennese, m'ont fourni de nombreux dessins. Ces femmes déploient une certaine coquetterie dans leur mise ; leur linge est d'une blancheur éclatante ; les jupons blancs très-fins sont brodés d'ornements délicats ; un petit mouchoir de fantaisie, qui est pour elles un ornement, se glisse à la ceinture ; les bijoux d'or sont très-nombreux et de très-belle forme ; la coiffe, les fichus aux couleurs éclatantes, les bas d'une blancheur immaculée, les jupons aux mille plis serrés à la hanche, les cheveux, qui sont très-beaux et se tressent avec des rubans de couleur, forment un ensemble qui constitue un des plus séduisants costumes qu'on puisse voir.

J'ai indiqué les monuments ; nous allons maintenant les visiter. Les intérieurs sont entièrement restaurés et ne donnent aucune idée de ce qu'ils étaient jadis, mais l'architecture extérieure est d'un grand intérêt. Raguse, si elle nous avait été conservée telle qu'elle était au temps où florissait la République, offrirait un attrait plus considérable ; mais jamais ville ne fut plus cruellement éprouvée. Le 21 mars 1023, le jour de San Benedetto, presque toute la cité fut détruite par un incendie ; en 1296 et en 1459, le même sinistre se déclara encore et il ne resta debout que le Trésor et les Archives ; enfin, en 1667, un épouvantable tremblement de terre ne laissa subsister que la base des monuments. Ce fut même le signal de la décadence de Raguse ; on peut dire que jamais elle ne se releva de ce dernier sinistre. Il y eut de la part des habitants une incroyable obstination à occuper le même emplacement, et toutes les générations qui se succédaient suivirent les mêmes errements, car toutes furent exposées au même danger. Tous les vingt ans, depuis le dix-septième siècle jusqu'en 1843, le même cataclysme a frappé la ville, mais jamais on ne revit un désastre comme celui de 1667. Le palais du Recteur a conservé son rez-de-chaussée intact, le premier étage et la toiture ont été détruits. La cour est très-élégante et rappelle celle des beaux palais italiens ; on y a dressé la statue de Michel Prazzato, citoyen de l'île de Mezzo qui, vers 1638, offrit en mourant à l'État un don considérable en argent.

La Douane est du style vénitien ; sa façade est décorée d'un portique à rez-de-chaussée, et, au premier, d'une grande baie ogivale à trois vantaux, avec deux autres baies simples de chaque côté. A l'intérieur s'ouvre une cour avec des arcs et des colonnes tout autour, et sous les portiques sont les magasins, qui portent chacun le nom d'un saint. Des inscriptions indiquent l'usage auquel était consacré le monument : « Rendez à César ce qui appartient à César, » et cette autre plus originale : *Pondero cum merces, ponderat ipse Deus.* (Quand je pèse les marchandises, Dieu lui-même tient la balance.) La Monnaie était dans le même local ; c'est là qu'on fondait le métal et qu'on le frappait à l'effigie de la République ; c'est un des rares monuments de la ville qui aient survécu à la secousse de 1667.

Les églises sont innombrables, étant donnée la dimension de la ville. Comme à Venise chaque famille voulait avoir sa chapelle, qui devenait un temple : aussi les Ragusains ont-ils toujours passé pour les champions de la religion catholique, et leur zèle se montre dans tous leurs actes et dans leurs dispositions législatives. Le nombre de reliques contenues dans ces églises est inimaginable ; c'était tout à fait une spécialité de la ville : chaque riche voyageur venu des pays lointains tenait à honneur de rapporter une relique nouvelle, et Appendini, qui est le meilleur

COSTUMES DE CANALESE AU MARCHÉ DE RAGUSE.

historien de la République, a consacré un très-long chapitre à l'énumération de chacune d'elles. Le P. Cerva et le mathématicien Natale, deux autres historiens de Raguse, ont dévotement dressé les catalogues de ces richesses. Ils attribuent cette quantité de reliques aux dons des rois et reines de Bosnie et des illustres protecteurs de la République qui revenaient des Lieux saints ; ils croient aussi qu'après les invasions des Turcs en Bosnie, en Serbie, en Bulgarie, en Albanie et en Grèce, ceux-ci ayant emporté la plupart des reliques qu'ils avaient enlevées dans les temples, les commerçants de Raguse, qui parcouraient le monde entier pour leur négoce, tinrent à honneur de les rendre à un pays chrétien en les achetant aux infidèles.

On a fini par en rassembler le plus grand nombre dans une ample chapelle de la cathédrale, nommée le Reliquaire. Il est difficile de voir ce Trésor qui contient des richesses considérables, car les crânes, les bras, les jambes, les ossements divers, ainsi que les étoffes et menus objets, sont contenus dans des cassettes, des calices, des boîtes, des ostensoirs d'or, d'argent et de cristal de roche ; toutes ces matières précieuses forment un ensemble du plus haut prix. Celles qui sont éparses ou de peu de valeur par leur dimension sont réunies dans une grande urne d'or. On n'ouvre guère la chapelle que les jours de fête, alors que les reliques doivent être portées en procession, et du temps de la République il fallait la présence expresse de deux sénateurs pour assister à l'ouverture. En dehors de cette chapelle, la cathédrale de Saint-Blaise n'a rien de saillant, quoiqu'elle soit assez riche d'ornementation.

FAÇADE DE L'ÉGLISE DES FRANCISCAINS DE RAGUSE.

Les églises et couvents de Franciscains sont spacieux ; j'ai rapporté la vue du plus beau de leurs cloîtres ; la bibliothèque et la collection de manuscrits des moines ont aussi beaucoup d'intérêt. L'église qui dépend du couvent des Franciscains s'appelle église du Rédempteur ; elle fut élevée à la suite d'un vœu fait par les nobles de Raguse pendant le tremblement de terre de 1520.

Si, traversant le Stradone dans toute sa longueur, on sort de la ville par la tour de l'Horloge, on arrive à la *Porte de mer*, après avoir encore franchi des chemins couverts et de nombreuses

LE CLOÎTRE DU COUVENT DES FRANCISCAINS, A RAGUSE.

enceintes fortifiées. Une fois là, on a à sa droite le port de Raguse, très-abrité et très-pittoresque, mais de petites dimensions et bon seulement pour les pêcheurs et le commerce quotidien. Quand je sortis pour la première fois, les filles de la Croma, celles de Breno et celles de Ragusa-Vecchia quittaient le marché et montaient à bord de leurs felouques pour gagner leurs villages ; j'avais vu déjà cette scène à Zara, mais c'est toujours un spectacle séduisant que ces bateaux aux formes antiques, pleins de jolies filles qui se tiennent debout, pressées les unes contre les autres, et voguent presque toujours en chantant.

La *Porte de mer* débouche aussi sur *Borgo Plocce* : c'est l'entrée de la route de Trébigné ; on est à quelques pas de l'Herzégovine, et les femmes de ce pays viennent chaque jour au marché ; elles se distinguent beaucoup de celles de Raguse et de Breno par le costume, et c'est ce que j'ai vu de plus coloré et de plus caractérisé en Dalmatie. A Borgo Plocce s'élève le *Caravansérail des Turcs*, avec une enceinte pour les troupeaux : on prend là quelques soins contre l'épizootie, et, dans une petite baraque où se tient un fonctionnaire autrichien, on vend le sel aux caravanes qui, venues pour apporter leurs produits, emportent les épices achetées à Raguse.

Il faut observer sur la carte le peu de profondeur du territoire dalmate entre Raguse et la mer : c'est absolument une lisière d'étoffe, et on est étonné que la civilisation la plus raffinée ait pu se développer sur ce rocher de Raguse, tandis qu'à quelques pas de là les sujets du sultan vivaient dans une complète barbarie.

On peut, si on le veut, tourner à main gauche et se rendre de Borgo Plocce à Borgo Pille sans traverser le Stradone, en longeant les fossés de la forteresse ; les étrangers doivent même faire ce trajet ; il n'y a pas là un pouce de terre, on glisse sur le rocher gris, granit ou marbre poli par l'usage, et à droite la montagne, qui s'élève à une hauteur énorme, est couronnée par le *Fort Impérial*, bâti par les Français pendant leur occupation.

XXVI

Nous avons visité la ville ; sans en exagérer l'intérêt, disons qu'elle parle à l'imagination par son histoire, la sagesse de son gouvernement, la dignité de ses habitants et l'étonnant spectacle que ce petit coin de terre a donné au monde depuis 656, date de la constitution de l'État, jusqu'à sa chute au commencement de ce siècle.

Je résumerai très-rapidement les faits principaux d'après les meilleures sources et les plus authentiques ; puis, pour apporter ma part personnelle de recherches et de documents historiques, je jetterai un coup d'œil sur les relations de la France avec la République de Raguse, d'après des papiers d'État qui n'ont jamais été compulsés et qui appartiennent aux archives, jusqu'ici secrètes, du ministère des affaires étrangères. Ces papiers consistent en rapports et en dépêches écrits par nos agents politiques et commerciaux accrédités auprès de ce petit État.

J'ai raconté longuement la naissance de Spalato ; l'origine de Raguse est la même : c'est à l'invasion des Barbares qui détruisirent Salone qu'on doit aussi la naissance de Raguse. Une partie des Salonitains se réfugia sur ce rocher, délaissa Gravosa qui est trop au bord de la mer, et chercha la baie inaccessible de Raguse et son enceinte cachée. Déjà l'Épidaure antique avait été saccagée par les Goths (265) ; quelques-uns de ses habitants avaient découvert cette crique et ce plateau au pied de l'immense rocher après plusieurs siècles : ces débris de deux grandes villes s'unirent et formèrent le nouveau peuple de Raguse. Par une singulière anomalie, l'ancien emplacement d'Épidaure fut rebâti, il redevint une ville et s'appela *Ragusa-Vecchia*.

De 656 à 949, la ville recula trois fois ses limites, et jamais il ne vint à l'idée des Ragusains de choisir un lieu plus propice à son futur développement, car la sécurité était leur première loi : née de l'invasion, Raguse redoutait l'invasion. Son agrandissement est attribué surtout à Paulimir, petit-fils du roi de Croatie Radoslas V, détrôné par son propre fils. Paulimir s'était réfugié à Rome, ses sujets le rappelèrent après la mort de son oncle ; il fit un long séjour à Raguse et, pour reconnaître l'hospitalité des citoyens, il entoura la cité d'une enceinte fortifiée, éleva l'église de Saint-Serge, celle de Saint-Stéphane et obtint du saint-père que l'évêque d'Épidaure quittât son siége de Breno pour résider à Raguse.

La ville nouvelle était entourée d'ennemis : sur mer elle avait les pirates, et sur terre, à ses portes, les Slaves de Trébigné ; cependant elle se développait, la nécessité rendait les habitants industrieux, ils se révélaient déjà comme des marins habiles : ils construisirent deux arsenaux, équipèrent une galère et nombre de petits bâtiments armés pour la course, ajoutèrent des tours à leur fortification, et, un jour où l'un de ceux qui les menaçaient le plus vivement, le pirate sarrasin Spucento, mouillait dans leurs eaux, ils l'attaquèrent et s'emparèrent de sa flotte et de sa personne. Ce fut le premier éclat de la célébrité de Raguse ; bientôt cette victoire, remportée en 788, devint tellement légendaire, qu'on l'attribua à Roland, à notre Roland, qui est celui du monde entier, car ce personnage, dans l'Adriatique, est l'Hercule antique qui abat tous les monstres, c'est l'Antar des Orientaux, l'Adamastor et le Thésée, et l'amphithéâtre romain de Pola est souvent appelé *la maison de Roland*. Je ne relate pas ce fait comme une particularité des légendes historiques, mais parce que le vainqueur de Spucento, personnifié dans ce Roland apocryphe, se symbolisa dans une statue énorme armée de pied en cap, qui fut dressée sur la place publique de Raguse, entre le palais et la Douane. Les vicissitudes du temps la firent disparaître ; on la renouvela toujours ; elle subsiste encore dans un petit carré à côté de la sortie du Stradone sur la mer, là où se dressait l'étendard de la République dans les derniers temps de son existence.

Les destinées de Raguse vont devenir plus hautes : en 831 les gens de Trébigné l'attaquent, elle les défait, et le traité de paix, rédigé par des commerçants habiles qui savent ce qu'ils peuvent attendre des conditions imposées à des ennemis vaincus, est certainement la source première de leur incroyable développement. Ils stipulent la liberté du commerce avec la partie aujourd'hui turque de l'Herzégovine, de la Bosnie et des Balkans ; ils se font céder la terre qui leur manque pour y planter de la vigne, du blé et faire paître les troupeaux ; en échange, ils donnent la liberté de commercer avec eux sans entrave. En 867, les Sarrasins saccagent Budua, Pisano, Cattaro, et attaquent Raguse ; la place se défend pendant quinze mois ; Basile, l'empereur d'Orient, envoie cent bâtiments à son secours. Les Sarrasins sont obligés de se retirer à Bari. Le pape, le roi de France et l'empereur d'Orient font alliance, et Raguse, cette ville de quelques mètres carrés, prend place parmi les champions de la civilisation qui vont purger l'Italie des infidèles. On s'assemble à Raguse même, avec une armée puissante, on assiège Bari, qui n'est prise qu'après quatre ans de siége (871).

A la fin du neuvième siècle, on voit poindre la rivalité de Venise et de la République ragusaine. Les pirates narentins, dont j'ai parlé à propos des Uscoques, ravagent l'Adriatique ; Venise les combat et se sert de ce prétexte pour aborder un jour à Raguse, et elle montre d'abord des intentions pacifiques. Une division de galères occupe la baie de Gravosa, l'autre a jeté l'ancre en face de l'île de la Croma. L'amiral descend à terre, rend visite au Sénat ; il vient dans le seul but de se ravitailler ; cependant un prêtre, qui a vu en songe saint Blaise, avertit les sénateurs des projets des Vénitiens ; on court aux armes, la garnison veille aux remparts. Quand l'amiral, au matin, voit les Ragusains prêts à la défense, il lève l'ancre, non sans avoir tenté une attaque qui est repoussée ! Le prêtre s'appelait Stojco, on lui donna la prébende de Saint-Stéphane ; et depuis ce jour-là, comme je l'ai dit, saint Blaise devint le premier protecteur de la République : on lui éleva un temple et l'on plaça son image sur le sceau de l'État et sur la bannière nationale.

Les dissentiments augmentent entre Venise et Raguse à la suite de la saisie d'une galère par les marins du Sénat de Venise. Les envoyés ragusains, chargés de protester, n'obtiennent aucune satisfaction. Alliés de l'empereur grec, ils ont recours à lui; peu de temps après, César III leur offre une alliance offensive et défensive contre l'ennemi commun qui s'arroge impudemment la souveraineté de l'Adriatique. Il demande à Raguse quatre-vingts pilotes expérimentés pour la flotte et trois nobles des plus intelligents qui, d'accord avec le capitaine général des galères d'Orient, dirigeront une expédition dans le but d'humilier l'ennemi commun.

Il est curieux de voir, chaque fois qu'un traité est conclu entre un État quelconque et la république de Raguse, ces hardis navigateurs et ces subtils commerçants, qui ont le génie de l'échange, introduire des clauses qui semblent peu importantes et d'où ils tirent des avantages extraordinaires. Ils acceptent toutes les propositions de César III et lui demandent en retour la faculté de commercer sans entraves avec tout l'Orient. La ligue est dénoncée aux Vénitiens, qui font alors une tentative de conciliation ; le petit État de Raguse accepte avec prudence, mais avec fermeté, les excuses du grand Sénat de Saint-Marc, regrette que l'amiral vénitien qui est venu les attaquer ait été animé de sentiments qui ne sont point ceux des « Magnifiques» ; il proteste qu'il a toujours été l'ami des Vénitiens et n'attend qu'une occasion de le leur prouver, mais en même temps il ajoute qu'il est trop tard pour renoncer à l'alliance avec César. La flotte d'Orient entre dans le port de Raguse, on met à bord les pilotes, on délègue trois des plus illustres sénateurs pour assister l'amiral de César et on vogue vers Venise (983). Cette expédition ne fut pas poussée à fond ; car le Sénat fit une transaction et paya un tribut.

C'est assez dire combien l'orgueil des Vénitiens devait souffrir. Quelques années après, le sort de la République de Saint-Marc était plus florissant : elle venait de remporter une victoire considérable en abattant les pirates narentins ; on vit les deux républiques rivales contracter un traité de commerce favorable aux cités (1001). A cette époque, le territoire de l'ancienne Épidaure prend quelque extension ; c'était un rocher aride, habité par des citoyens virils, industrieux, sages, riches désormais, lettrés déjà ; ils ont le bonheur de recevoir en don, du roi de Dalmatie et de Croatie, Stéphane, un territoire de vingt-cinq milles de longueur, qui comprend la vallée de Breno, Ombla, Gravosa et Malfi. Ce roi Stéphane, pendant une grande maladie, avait visité l'église de Saint-Stéphane et avait recouvré la santé ; ce fut sa manière de montrer sa gratitude aux Ragusains. Dans chacune des villes qu'il donna à la petite République, il fonda une nouvelle église, et il contracta une telle amitié avec les citoyens et plaça en eux une telle confiance, que, lorsqu'il mourut, sa veuve Marguerite choisit la ville même de Raguse pour lieu de sa retraite.

C'est une des grandes particularités de Raguse et son suprême honneur d'avoir servi d'asile inviolable à tous les princes et souverains détrônés de toute race, de tous pays. Souvent elle paya cher la noblesse de sentiments qu'elle avait érigée en loi fondamentale. A peine Marguerite était-elle réfugiée chez les Ragusains, que le successeur de son mari, Radoslas V, demanda qu'on lui livrât la reine veuve. Sa demande fut rejetée : il vint assiéger la ville, elle le repoussa, mais souffrit beaucoup de ses attaques, car ses riches faubourgs furent détruits.

Par un singulier retour des choses d'ici-bas, ce même Radoslas V mort, sa veuve Siva et son fils Sylvestre vinrent demander asile à cette ville à laquelle leur mari et père avait fait un crime de sa généreuse hospitalité ; et, Sylvestre ayant recouvré son trône, Raguse reçut de lui, en don de reconnaissance, les îles de Calamotta, qui vinrent encore accroître son petit territoire. C'est ce groupe des Élaphites, devant lesquelles on passe en arrivant à Raguse.

Nous ne sommes encore qu'au onzième siècle, et déjà la petite République, si elle est sortie victorieuse des difficultés qui l'ont assaillie, a eu cependant à se défendre contre de bien puissants ennemis. Elle touche à une période solennelle de son histoire, et c'est ce magnanime privilége du droit d'asile, qu'elle entend exercer envers et contre tous, qui va la mettre à deux doigts de sa perte.

Des dissentiments profonds avaient armé Bodino, usurpateur du trône de Serbie, contre son oncle Radoslas V et les propres fils de ce dernier. A la suite d'actes de haute trahison contre ces malheureux, tous ceux qui leur tenaient de près cherchèrent un asile où ils pourraient échapper à la haine de Bodino, qui ne se sentait pas sûr de son trône tant qu'il resterait un représentant de la race de son oncle. Ils vinrent donc, comme tant d'autres, échouer à Raguse, où ils jouissaient, près des monts de Lacroma, de quelques possessions provenant de l'infortuné Radoslas et de sa femme Giuliana. A peine y sont-ils réfugiés, que Bodino dépêche un émissaire au Sénat de Raguse et exige qu'on lui livre les parents de son oncle, coupables, disait-il, de haute trahison envers lui. Si le Sénat refuse, le vainqueur de la Bosnie et de la Rascie « volera comme un aigle à la destruction de Raguse ». La réponse du Sénat fut touchante, et je la veux citer tout entière. Agissaient-ils par un sentiment profond de l'équité ou faisaient-ils un calcul reposant sur ce pressentiment si juste qui leur avait déjà tant de fois fait deviner le vainqueur définitif parmi ces victimes momentanées des discordes civiles? Toujours est-il que le droit d'asile est affirmé par eux avec une autorité qui n'aurait sa raison d'être que pour un de ces grands États d'aujourd'hui capables de soutenir leur opinion contre des coalitions armées. La fermeté de la réponse et l'audace des prétentions semblent vraiment disproportionnées avec l'exiguïté du territoire :

« Confiants dans la pensée que nous pourrions un jour, par notre médiation, vous réconcilier avec vos parents, nous les avons accueillis parmi nous, et nous les traitons selon leur rang et selon leur mérite. C'est une tradition de notre cité de ne jamais refuser asile à qui que ce soit. Nous ne demandons à ceux qui nous implorent d'autres droits que leur adversité; et vous ne devez point trouver mauvais que vos parents restent parmi nous jusqu'à ce que vous soyez convaincu de leur innocence. Ils vous reconnaissent pour souverain de tous les États que vous occupez; ils vous demandent la liberté des leurs et le droit de jouir en paix des quelques parcelles de terrain que leur a laissées ici le roi Radoslas V. Nous prions Dieu afin que, comme dans la cause de Siva, dans celle de Sylvestre et celle de Dosbroslav, il nous accorde le bonheur de réconcilier vos familles. »

Dès le jour où ils avaient reçu la communication de Bodino, les Ragusains, bien fermement décidés à refuser l'extradition, avaient averti leurs concitoyens établis en Serbie et en Rascie pour leur commerce d'abandonner les États de ce souverain. A peine la réponse fut-elle reçue, que Bodino s'avança avec une armée considérable, et dressant son camp sur les cimes du mont Bergato, mit le siége devant la ville. Ce siége dura sept ans : les assiégés y firent preuve d'une valeur peu commune. L'armée de Bodino se mutina à la suite d'actes de cruauté et de la sanglante exécution des parents de Radoslav; le roi de Serbie dut lever le siége, mais non sans laisser une forte garnison sur le plateau occupé aujourd'hui par l'église Saint-Nicolas. L'archevêque de Raguse et l'abbé du couvent de Lacroma prirent dans ces circonstances une de ces résolutions héroïques qui ont sauvé parfois des situations désespérées. Ils se rendirent en grande pompe au camp de Bodino et lui reprochèrent au nom du Dieu vivant les meurtres qu'il avait froidement commis. Touché par la grâce, Bodino s'humilia et fit élever à ses victimes, sur l'écueil même de Lacroma, un tombeau dont, après huit siècles, les vestiges sont encore visibles. De tels récits, exhumés des chroniques les plus anciennes, prennent tout d'un coup un singulier relief et un accent particulier de vérité quand ils se corroborent du témoignage

VUE GÉNÉRALE DE RAGUSE.

irrécusable d'un monument. Il est vrai que ce sont ici des ruines informes, mais les écrivains du siècle passé ont vu et décrit minutieusement ce monument d'expiation.

Le siége n'était toutefois pas entièrement levé, car les Serbes occupaient leur château fort; on s'en empara par ruse, le jour de Pâques de l'année 1111, et, pour célébrer l'événement, on rasa la place et on y construisit l'église Saint-Nicolas. C'est la date d'un agrandissement considérable de la ville de Raguse; on combla un canal à l'extrémité du Stradone pour y faire la place publique, et, vers le même temps, la République reçut encore en hommage l'île de Neleda, cédée par le fils d'Ourosh Ier, le fameux roi de Serbie qui émancipa son pays de la suprématie de la cour de Byzance.

L'année 1159 voit encore Raguse assiégée; cette fois, celui qui la menace, c'est Barich, roi de Bosnie, dont les sujets, à la suite d'un schisme religieux, étaient venus se réfugier à Raguse. C'est encore le droit d'asile qui attire la foudre sur Raguse, mais à ce droit hautement réclamé se mêlait l'intérêt de la religion. Barich vient avec dix mille hommes et met Breno à feu et à sang; il se retire momentanément devant la ferme attitude de l'ennemi, annonçant son retour pour l'année suivante. Raguse ne l'attend pas; elle s'allie à Cattaro, à Dulcigno, à Perasto, et, avec une armée de confédérés, marche droit sur Trébigné; elle remporte un tel succès, que Barich signe une paix presque honteuse. Toujours fidèles à leurs maximes, les grands commerçants, devenus de valeureux soldats, inscrivent dans le traité la clause suivante : « Les Ragusains dans la Bosnie, et les Bosniaques à Raguse, pourront commercer et échanger sans douanes et sans impôts. — On indemnisera la République de ses dépenses de guerre. — Tous les ans, à titre d'hommage, le ban de Bosnie enverra au Sénat deux chiens de chasse et deux chevaux blancs (1160). »

De tels succès commençaient à étonner le monde, et on recherchait l'alliance de Raguse. Depuis longues années déjà, la République avait fait un pacte avec l'empire grec; et vers 1172 les villes de Dalmatie, constamment menacées, en avaient aussi appelé à la protection de Byzance : Venise vit d'un œil jaloux cette tutelle qui lui échappait; elle arma une flotte de vingt vaisseaux et de cent galères, et le doge Vitale attaqua les ports. Le tour de Raguse était venu; mais les Vénitiens avaient pour principal objectif les îles de l'Archipel grec; et la résistance de Raguse changeant le caractère de l'expédition qu'on s'attendait à mener plus rapidement, Vitale leva l'ancre pour aller les attaquer. Pour la première fois cependant, l'histoire de Raguse va enregistrer des discordes civiles assez graves pour que le Sénat réclame lui-même la protection que jusque-là il a regardée comme la plus fatale à invoquer. Le chef de la République ou recteur, aux termes de la constitution d'alors, abandonnait ses fonctions tous les ans; Damiano Judas, par des largesses, avait soudoyé les soldats, et il restait au pouvoir depuis deux années, empêchant les réunions du Conseil et assumant la dictature. Un de ses gendres, Pierre Benessa, groupa quelques nobles et proposa d'en appeler aux Vénitiens, malgré le danger de l'entreprise. C'était courir à la servitude; on se résolut pourtant à suivre ce plan, Benessa partit pour Venise; il négocia; on lui donna deux galères, qui portaient en même temps une ambassade à Constantinople. Au retour, il s'arrêta à Raguse comme s'il revenait d'un voyage, convia Damiano à venir à bord des bâtiments pour voir les présents qu'on devait offrir à l'empereur de Byzance : au premier pas qu'il fit sur le pont, on le chargea de chaînes, et il se brisa la tête contre les plats-bords.

Cependant le danger apparut bientôt; le Sénat de Saint-Marc imposa un gouverneur, Lorenzo Quirini, et força la petite République à l'aider dans toutes ses guerres. Il fallut un esprit politique de premier ordre ou des circonstances bien heureuses pour échapper à cette rude tutelle; Raguse avait forgé elle-même ses chaînes. De 1237 à 1316, tout en laissant à ce petit État la forme de son gouvernement, l'élection des magistrats, ses institutions, son drapeau;

le sénat de Venise eut une haute influence et fut presque souverain. Les Ragusains cependant arrivèrent à limiter à deux années la durée du pouvoir du gouverneur, et c'est par la voie des alliances, déclarées ou secrètes, qu'ils échappèrent à la dangereuse tutelle du lion de Saint-Marc. D'abord ils s'allièrent aux Cattarins, à ceux qu'on appellerait aujourd'hui les *Bocchesi* ou habitants des Bouches. Malgré Giovanni Dandolo, successeur du gouverneur Lorenzo Quirini, ils recherchèrent aussi l'amitié des souverains de Slavonie, et celle du roi Louis de Hongrie, dont ils devinèrent le glorieux avenir. Dès l'année 1345, ils lui envoyèrent un ambassadeur, Elias Saraca, leur archevêque, et dès qu'ils eurent signé leur traité, à la première demande de subsides et de contributions de galères des Vénitiens, ils répondirent, non pas par un refus, mais par un attermoiement. En 1358, presque toute la Dalmatie était perdue pour Venise et tombée dans les mains du roi Louis de Hongrie ; en faisant le traité de paix, le Sénat de Saint-Marc imagina de céder à ce dernier le territoire de Raguse, qui ne lui appartenait point ; déjà Saraca avait resserré les liens entre la Hongrie et la République, et l'autorité, qui n'était que nominative, grâce à la demande faite autrefois par Benessa, fut bien reconnue par la Hongrie, mais elle resta maintenue dans ses justes limites.

En 1359, on substitua au gouverneur envoyé par le Sénat et choisi par le grand conseil trois patriciens ragusains, avec le titre de *recteurs*. C'est une date importante dans l'histoire civile de ce pays, car elle coïncide avec le recouvrement de sa liberté. Ce changement se fit avec courtoisie, et la grande République, maîtresse de l'Adriatique, put abandonner sa tutelle sans paraître humiliée par ces politiques minuscules qui occupaient un point du monde imperceptible, mais avaient su déjà se concilier les plus puissantes alliances.

Le lecteur remarquera que jusqu'ici, ni lorsqu'il s'est agi de Venise, ni lorsqu'il a été question de Raguse, nous n'avons parlé du pouvoir des Turcs et de leur ingérence dans les affaires des deux nations ; c'est que ce puissant empire, qui peu à peu va s'étendre par la conquête et dominer bientôt jusqu'aux rives de la Save et de la Unna, jusqu'au Danube du côté de Pesth, et menacer l'empire d'Allemagne sous les murs de Vienne ; cet empire ottoman est encore contenu dans ses limites orientales, et n'a pas fait invasion en Europe. Pour la première fois, en 1341, l'empereur grec qui règne à Byzance, Cantacuzène, appelle à son secours le sultan, et, cent douze ans après, Mohammed II entrera en vainqueur à Constantinople, à la tête de ces hordes qui ne s'arrêteront plus que sous les murs de Vienne. Dès 1358, les Ragusains, eux, comprennent à quel avenir est appelée cette race nouvelle qui apparaît dans les régions voisines de leur pays, et va refouler les Slaves ou les soumettre à l'islamisme ; cette année-là, ils envoient une ambassade à l'émir Orcan[1]. Raguse s'offre à lui payer cinq cents sequins par an, et demande tous les privilèges commerciaux et tous les avantages qu'elle peut obtenir ; non contente d'être l'ennemie de Venise, elle a deviné dans le Turc l'éternel et puissant ennemi de Saint-Marc ; elle va s'en faire un protecteur et sera son premier allié en Europe.

Tour à tour hospitalière à toutes les infortunes, ménageant à la fois le Hongrois et le Turc, la République, tout en développant son commerce et en augmentant sa flotte, ne néglige aucune occasion d'agrandir son petit territoire. En 1427, elle achète, du voïvode Radoslav Paulovich, le district de *Canali*, pour la somme de vingt-quatre mille sequins d'or. Il fallait beaucoup de diplomatie pour se tenir ainsi hors d'atteinte de voisins aussi puissants que les Hongrois et les Turcs ; lorsque ces derniers furent maîtres de toute la Bosnie, ils tentèrent d'englober Raguse, de passer le mont Vélébit et de s'avancer jusqu'à la mer ; mais le Sénat,

---

[1] L'original du traité a été vu par l'historien Appendini aux archives de Raguse. Le doigt d'Orcan trempé dans l'encre servit à le signer. Ce document unique a disparu depuis, probablement à l'époque des guerres de l'Empire.

COSTUMES DU DISTRICT DE RAGUSE.

devant ce suprême danger, invoqua le traité d'alliance fait près d'un siècle auparavant avec Orcan : il représenta quels efforts il avait dû faire pour se déclarer dès lors l'ami et l'allié des Turcs, donna pour preuve de sa loyauté son refus d'acheter Trébigné du voïvode Paulovich, et celui d'accepter Kraina et Almissa des mains de la reine de Hongrie. Une nouvelle difficulté allait naître entre le Grand Turc et Raguse, à cause de la fidélité des Ragusains à cette maxime immuable d'accorder le droit d'asile aux fugitifs. George, roi de Serbie, avait fui d'Antivari et était venu se réfugier chez eux avec tous ses trésors. Le sultan Amurat réclama son ennemi : le Sénat, cette fois, tout en affirmant plus que jamais son droit, usa de subterfuge ; il équipa une galère et envoya George en sûreté à Scardona, et de là il put gagner Budua. A cette occasion, on grava sur une des portes de la ville l'inscription suivante : « Par cette porte, George est entré avec tous ses trésors, » et sur l'autre : « Par cette porte, George est sorti avec tous ses trésors. » Amurat fut désarmé par cette générosité, et se contenta de recevoir les présents du Sénat.

Après des péripéties qui mirent souvent en péril l'existence de la République, nous arrivons à la prise de Constantinople. La Thrace, la Serbie, la Bosnie, l'Herzégovine, l'Albanie et une partie de la Hongrie sont au pouvoir des Turcs ; il leur faut la mer (1460). Mahomet II s'empare des ports de la Dalmatie et sa flotte s'avance jusqu'à Raguse. Les habitants sont terrifiés ; le Sénat n'a pas d'alliés, il ne faut pas essayer de résister à un tel ennemi. Sur le conseil d'un des gouverneurs des provinces voisines, le pacha de Roumélie, Raguse, au lieu d'essayer de combattre, envoie une ambassade au sultan. Celui-ci demande aux ambassadeurs la cession de tout le territoire, déclarant que le siége de la République, c'est-à-dire la ville comprise dans l'enceinte, gardera son indépendance. Nicolo Serafino, l'un des sénateurs les plus avisés, fut d'avis que les magistrats répondissent au sultan qu'il serait fait comme il le désirait, mais que Raguse, privée de son territoire et sans défense, serait obligée de se donner au roi de Hongrie. Le subterfuge réussit, et Mahomet II leva le siége.

De 1461 à 1464, on prend des dispositions nouvelles pour fortifier la ville ; mais un incendie formidable la détruit tout entière, à l'exception de deux monuments, le Trésor et les Archives ; pour surcroît de malheur la peste se déclare : elle dure trois années et enlève deux mille citoyens.

Entourés désormais de toutes parts d'ennemis formidables, les Ragusains ne peuvent plus prétendre à augmenter leur territoire ; ils vont changer de politique, et ne plus demander qu'au commerce, aux arts et à l'industrie l'illustration de leur pays et sa richesse matérielle. Ils tentent un coup de maître : s'appuyant sur leur fidélité envers le saint-siége et sur leur attachement à la religion catholique, ils obtiennent du pape l'autorisation de commercer avec les infidèles, et vers la fin du quinzième siècle (1484), malgré la difficulté de leur situation politique, ils arrivent à une telle prospérité, qu'ils sont les pourvoyeurs de l'Europe. Ils ont des comptoirs en France, en Espagne, en Angleterre, en Italie, dans tout l'Orient, et jouissent d'une prospérité inouïe. Les Vénitiens leur suscitent des embarras en toute occasion ; mais au moment où la Ligue de Cambrai les met eux-mêmes à deux doigts de leur perte, ils rendent aux Ragusains certains avantages qu'ils leur avaient enlevés en 1484. Une nouvelle plaie va fondre sur eux : un marchand d'Ancône leur apporte la peste, et elle sévit avec une telle force, que la ville est officiellement abandonnée. Le Sénat se transporte à Gravosa ; on ne laisse dans la ville que deux cents soldats et six nobles, avec deux galères pour garder le port. Le fléau dure six mois, vingt mille citoyens succombent. A peine Raguse est-elle remise d'une si effroyable secousse, que de nouveaux ennemis paraissent dans l'Adriatique : les Maures, avec vingt-quatre vaisseaux, tentent de s'emparer de la ville ; défaillants, à peine en état de se rallier, les citoyens font bonne contenance et les repoussent.

La première moitié du seizième siècle verra la République aux prises avec Charles-Quint ; mais, fidèles à leurs habitudes diplomatiques, les Ragusains ne heurteront pas de front un pareil ennemi ; ils arriveront même à conclure avec lui une alliance, et on se demande, en voyant ce qu'elle coûte à Raguse, s'il vaut mieux avoir le maître du monde pour allié que pour ennemi. Obligée de lui fournir des galères pour ses guerres incessantes, la République, dans les seules guerres d'Espagne, perd trois cents galères prêtées à Charles-Quint ; l'attaque contre Tunis lui coûte dix-huit galiotes, la tentative contre Alger lui en enlève huit, et celle contre Tripoli six autres. La seconde moitié du siècle est remplie tout entière par la grande lutte de Venise et des Turcs. Au milieu de conflits successifs, à deux pas du théâtre de la guerre, Raguse ne cesse de commercer ; de temps en temps on capture ses navires ; elle réclame hardiment ; mais quand, vers 1571, la ligue du pape, du roi d'Espagne et de Venise contre l'empire ottoman va aboutir à la grande victoire de Lépante, Raguse sent qu'elle est terriblement menacée, et elle dépêche une ambassade à Paul III. On respecte sa neutralité ; il lui est difficile cependant, au retour d'une telle victoire, de ne pas recevoir don Juan d'Autriche et Vittoria Colonna, et le sultan voit d'un mauvais œil les réjouissances qu'on célèbre à Raguse. Cependant la rancune du Grand Seigneur s'apaise, et comme, depuis que les Castillans ont perdu Tunis et la Goulette, les Espagnols et les Turcs ont besoin d'un port neutre sur l'Adriatique pour échanger les prisonniers faits de part et d'autre, ils veulent bien choisir Raguse, ce qui garantit son indépendance.

Le seizième siècle est l'époque de la Réforme ; une cité comme celle dont nous racontons l'histoire, où toute la noblesse se piquait de suivre le mouvement de la civilisation, ne pouvait échapper à ce grand courant d'idées ; le Sénat usa d'une rare énergie pour se préserver du schisme et expulsa durement ceux qui avaient épousé les idées nouvelles. Raguse tout entière resta catholique.

Lorsque nous avons visité Segna, nous avons rapidement esquissé l'histoire des Uscoques. La République, par la situation de son territoire, ne pouvait échapper aux complications que créaient ces pirates : les Turcs, plus d'une fois, les rendirent responsables de leurs méfaits. Les Uscoques descendaient à la côte, pénétraient jusqu'à Trébigné et regagnaient rapidement leur flotte ; vers 1612, ces déprédations amenèrent les Turcs jusque dans le district de Canali, et Raguse dut entrer dans la ligue qui aboutit, vers 1617, à l'internement de ces malfaiteurs dans l'intérieur de la Croatie. Ces nuages entre l'Empire Ottoman et la République se dissipèrent vite ; c'était peut-être un servage pour cette dernière, mais les avantages que retiraient les Ragusains étaient tels, que jamais le Sénat ne songea à s'y soustraire. Les relations de l'État avec les autres pouvoirs de l'Europe étaient également satisfaisantes, et Raguse était arrivée à l'apogée de sa puissance, quand, dans la matinée du 6 avril 1667, un effroyable tremblement de terre ébranla de telle sorte la ville, que 5,000 habitants furent ensevelis sous les décombres ; les maisons et les monuments, hors la forteresse, le lazaret et quelques soubassements de construction massive, furent entièrement détruits. Il faut lire dans Appendini et dans le poëme de Giacomo Palmotta la description du sinistre. En 1580 et en 1639, deux secousses avaient déjà ébranlé le sol et causé quelques désastres ; mais le 6 avril 1667 une tempête se déclara dans l'après-midi, les vagues s'élevèrent à une hauteur extraordinaire, les navires à l'ancre furent broyés les uns contre les autres, presque tous les prêtres de la ville furent écrasés sous les décombres des églises, des colléges de jeunes gens tout entiers disparurent. Le feu se propageait en même temps, et, comme des oiseaux de proie, tous les Morlaques des environs accourus au bruit du sinistre se précipitèrent sur Raguse et se livrèrent au pillage.

Le Sénat cependant, malgré la mort d'un grand nombre de ses membres, et surtout celle du recteur Ghetaldi, ressaisit les rênes du gouvernement ; il fit fermer les portes, chassa

PAYSANS DES ENVIRONS DE RAGUSE.

les Morlaques et donna l'ordre de déblayer les voies. L'archevêque et un certain nombre de moines avaient fui à Ancône, mais quatre familles seulement suivirent leur exemple. L'Europe entière s'émut à ce désastre d'une cité si florissante et d'un peuple si courageux; Clément IX se mit à la tête d'un grand mouvement de sympathie en sa faveur. Mais, quoi qu'on fît, ce fut le signal de la décadence. La République jouit pourtant encore de quelque prospérité jusqu'à la paix de Passarowitz; Kara-Mustapha fut le seul qui ne se laissa pas attendrir par un si formidable événement, et, sous un prétexte imaginaire, il attaqua la cité en ruine : on lui envoya des ambassadeurs pour détourner son courroux, et comme il se proposait d'assiéger

CHATEAU DE LA CROMA PRÈS DE RAGUSE.

Vienne, il dut différer la prise de Raguse jusqu'à son retour; sa mort opportune délivra la République.

Le traité de Carlowitz en 1699 et celui de Passarowitz en 1718 dissipèrent les craintes des Ragusains au sujet de l'alliance de l'empereur Léopold, du roi de Pologne et des Vénitiens, sous les auspices d'Innocent XII. A partir de 1718, il n'y a plus de sujets de conflit, mais la force de vitalité de la nation ragusaine était épuisée, le feu sacré s'était éteint. Sans doute la forme du gouvernement subsiste, les lois sont les mêmes, les arts, les sciences sont en honneur : mais la catastrophe de 1667 a laissé des traces trop évidentes, et au commencement du dix-neuvième siècle, les Français, c'est-à-dire ceux-là mêmes qui auraient dû protéger la petite République, poursuivant des conquêtes qui les mèneront au désastre de 1815, vont décréter qu'elle a cessé d'exister.

Il n'existe pas, que je sache, d'hôtel proprement dit dans l'enceinte même de Raguse; c'est en dehors des murs, au bourg Pille, que les étrangers et même les consuls se logent d'ordinaire. Il est très-facile de trouver dans la ville même un appartement meublé et une bonne figure d'hôte ou d'hôtesse; le voyageur qui a l'intention de faire un long séjour peut généralement trouver à s'arranger pour la nourriture là où il loge, quoique, dans tous ces pays méridionaux, cette affaire du déjeuner ou du dîner, si importante pour des estomacs français, se passe un peu en conversation, surtout pour les personnes de la classe dont je parle. Lors de mon séjour, menant une vie errante, il ne me convenait pas de tenter l'aventure; un

LE CARAVANSÉRAIL DES TURCS A BORGO PLOCCE.

restaurant relativement excellent, dont les murs sont peints à fresque, — ce qui joue un grand rôle pour nous dans le choix d'un restaurant, — reçoit, à l'entrée de l'enceinte, au bourg Pille, les officiers de la garnison de Raguse, la plupart des étrangers, et les employés civils du gouvernement autrichien. Là, chaque soir, nous prenions nos repas; pour le déjeuner du matin, il est facile de le faire dans le grand café de la place.

Notre vie se passait en plein air, sur les places, dans les rues, au marché surtout, en face des beaux costumes des Canalese et des Brennese, venues là de Canali et de Brenno pour vendre leurs produits. Nous avons fait peu d'excursions; celles du Val d'Ombla et de la Croma sont indispensables; outre que ces deux endroits sont historiques, ils sont très-pittoresques; et parfois, enfermé dans cette ville sans horizon, fermée d'un côté par la muraille, de l'autre par le prodigieux rocher du mont Sergio, on éprouve le besoin de reposer ses yeux sur des jardins et de prendre un bain de verdure.

Je ne puis pas dire que la ville soit très-animée ; mais le dimanche, quand la partie de la population qui porte le costume national a revêtu ses habits de fête et que les paysans des environs viennent à la messe dans les nombreuses églises de Raguse, le spectacle est tout à fait séduisant, car le cadre est très-beau. La ville est d'une propreté parfaite ; toutes les rues sont dallées et percées régulièrement ; les maisons, construites en granit, semblent éternellement neuves ; le coin de la grande place, dont nous donnons le dessin, où se trouvent réunis

FONTAINE DU SEIZIÈME SIÈCLE AU CARAVANSÉRAIL DES TURCS, PRÈS DE RAGUSE.

la Douane, le Palais et l'église, est digne d'une très-grande ville et rappelle les belles parties de Vérone ou de Vicence, quoique dans une proportion plus restreinte. Les commissionnaires de Raguse, en costume de fête, ont l'habitude de se réunir sur les marches de l'église, et le tableau prend un singulier relief quand ces personnages en occupent le premier plan.

Un endroit d'une saveur tout à fait particulière à Raguse, c'est la sortie par la Porte de mer, sur le Borgo Plocce, dont j'ai déjà parlé. Ce n'est plus l'Europe, c'est l'Orient, et un Orient plus pittoresque que celui que les Decamps, les Flandin, les Marilhat, les Gérôme, les Berchère, les Mouchot, les Fromentin, les Huguet, les Washington, les Belly et autres peintres orientalistes ont popularisé chez nous. Le Turc n'est pas pittoresque, ou plutôt le pittoresque du Turc nous est si familier, qu'il ne nous offre plus rien de piquant. Des voyageurs plus hardis et plus fortunés pourront avoir plus d'éléments de comparaison, mais j'ai vu la

Turquie d'Asie, la Turquie d'Europe, le Maroc et l'Algérie, et j'estime que le bazar d'une ville africaine de la côte de l'Algérie française, ou celui de Tanger, de Tétuan, de Fez ou de Smyrne, offre les mêmes couleurs, les mêmes formes, les mêmes dispositions : le parti pris et le cadre sont les mêmes, et les personnages ont aussi le même geste et le même accent. Il semble que le mahométisme les marque tous d'un même sceau. Je ne suis nullement familier avec le type des Mahométans indiens et connais peu de documents dessinés qui indiquent nettement leur caractère ethnographique ; mais je serais bien étonné qu'il n'y eût pas quelque corrélation décisive entre ceux-ci et leurs coreligionnaires de la Turquie. Les

COSTUMES TURCS DE TRÉBIGNÉ, AU CARAVANSÉRAIL PRÈS DE RAGUSE.

Slaves du Sud, au contraire, tous grecs ou catholiques, sujets de l'Empire Ottoman cependant, les habitants de la Bosnie, de l'Herzégovine, de la Bulgarie, de la Servie, et les Serbes du Monténégro, offrent une différence très-sensible : aspect extérieur, démarche, geste, teint, habitude du corps et costume, tout frappe très-vivement le voyageur et l'intéresse bien autrement. C'est là le charme principal du voyage que nous écrivons ici. Assister à une halte, à l'heure du midi, un jour de marché, au caravansérail du Borgo Pille, c'est une fête pour un voyageur épris de lumière et de couleur et amoureux du pittoresque. Le Ragusain, la Canalese, la Brennese, l'Herzégovienne, le muletier turc, le zaptié ou gendarme de l'Empire, l'officier ou l'employé autrichien, se groupent, appuyés sous un arbre énorme d'un vert sombre, sur des fonds de murs blancs frappés par un soleil implacable ; les grands toits de brique rouge prennent des tons violents et portent de grandes ombres bleuâtres, épaisses et cependant transparentes; le hasard du désordre compose les groupes comme jamais peintre ne les saurait agencer.

Le sol est un rocher d'un gris rose; on marche sur cette dalle naturelle, qui brûle le pied et le fait glisser à chaque pas. Le fond du tableau est étrange : c'est une montagne énorme, pelée, grise, piquée de petites touffes vertes qui semblent croître dans les interstices des assises de marbre, et cette montagne est si haute que, si sa silhouette ne s'échancrait pas en un coin du tableau pour laisser briller un nuage d'azur foncé, l'œil n'aurait d'autre horizon que le rocher lui-même. Pour faire un contraste plein d'attrait, le petit port de Raguse est au-dessous de cette terrasse; sur les flots de l'Adriatique se balancent les caravelles et les polacres, et les bastions du moyen âge avancent comme des nefs jusque dans les flots; au fond se découpent les sombres verdures des jardins de la Croma, et, au loin, les îles, bleues comme celles de Capri, se superposent et s'étagent les unes au-dessus des autres à l'horizon de l'Adriatique.

XXVII

Une première fois au-dessus de Sebenico, à une halte entre Knin et la ville, dans un cabaret hasardeux; une seconde fois à Raguse, dans une simple boutique d'épicier ou de grainetier; une autre fois enfin à Borgo Pille, dans un pauvre réduit où l'on vient boire, en formant la caravane, la *slivovitza*, eau-de-vie de prunes et boisson nationale, j'ai entendu les *guzlars* chanter les chants nationaux de la Serbie, que je devais depuis écouter avec plus d'intérêt encore à Belgrade et au Monténégro.

C'est un sujet plein d'attrait pour nous, et un sujet hautement littéraire; la première fois que nous avons surpris un de ces rapsodes, son instrument à la main, chantant de sa voix gutturale avec les portées chevrotantes et les notes de tête, nous avons ressenti je ne sais quelle âcre sensation plus vive, plus rare et plus profonde que celle qu'on éprouve quand pour la première fois, dans les montagnes de Ronda, ou dans quelque *huerta* des environs de Jaën, on surprend au milieu de leurs plaisirs un groupe d'Andalous chantant leurs joyeuses *coplas* en s'accompagnant sur la guitare.

L'instrument est plus que médiocre, il est sauvage : c'est une corde à boyau unique sur une sorte de mandoline en peau, à manche d'une longueur démesurée; l'archet est un autre boyau qui fait la corde d'un arc en bois grossier. La guzla est suspendue au mur de l'hôtellerie, comme la guitare ou le *pandero* espagnol au mur de la *posada*, et, parmi ceux qui viennent là s'asseoir, celui qui sait le mieux les chants serbes décroche l'instrument et commence à chanter. Il tient la guzla entre les deux genoux, comme on ferait d'un violoncelle, et prélude par des portées de voix de tête d'un ton très-élevé. Peu à peu la foule se groupe autour de lui; on écoute d'abord avec indifférence, on vaque autour du chanteur aux soins du ménage, on le dérange, on va, on vient, on passe, on entre, on sort. Cependant sa voix s'échauffe et les assistants se recueillent, le cercle se forme, les passants s'arrêtent : s'ils entrent, ils le font avec précaution, et, dans les poses les plus diverses, tous s'installent et se mettent à écouter gravement. Quelques-uns sont debout contre les murs; les autres, étendus sur des sacs, accroupis, assis à la turque, restent immobiles et muets; personne ne prononce un mot; ceux qui, passant par là, ont soif et veulent qu'on leur serve le café ou la boisson du lieu, se contentent de faire un signe. La voix du chanteur cependant s'est élevée, il s'excite et ses yeux flottent; le vers slave est coupé par des hoquets singuliers qui ponctuent chaque phrase du chant : ce n'est certes pas là de la musique; et l'on dirait volontiers qu'il n'y a dans ces chants ni mélodie, ni harmonie, ni forme, ni son; cependant la mélopée très-uniforme a quelque chose d'attrayant, de triste, de sombre, avec des éclairs parfois et des accents de triomphe. C'est comme l'histoire du peuple serbe, plein de tristesse et plein d'espérance ; c'est leur Iliade, leur Odyssée et leur Romancero ; c'est aussi une anthologie parfois et une idylle, un épithalame ou une chanson, le reflet de la vie du Slave, son histoire en vers, le récit de ses légendes et la glorification de ses héros.

Les millions d'hommes qui occupent la Bosnie, l'Herzégovine, l'Albanie septentrionale, la Slavonie, la Dalmatie, une partie de l'Istrie, Batchka, la Sirmie, le Banat, le Monténégro et la principauté de Serbie, ont conservé ces poëmes lambeau par lambeau : on les chante à Belgrade, à Zagreb ou Agram, à Svornick, à Banyaluka, à Knin, à Sign, à Dernis, aux bouches de Cattaro et dans la Montagne Noire. C'est une propagande qui échappe à toutes les polices des souverains, aux édits des gouvernements, aux brutalités des zaptiés, aux hatti-shérifs des sultans : c'est l'arche sainte des peuples, qui trouvent là un reflet de leur grandeur passée, une consolation dans leurs maux présents, une espérance de liberté future.

A l'heure où nous écrivons, sur les bords de la Drina, sur la Morava, sur le Timok avec Serbes, sur les bords de la Narenta avec les Monténégrins, aux derniers feux du jour, à les l'heure du bivouac, quand la nuit soudaine va envelopper les camps dans son ombre, avant de s'endormir sous la voûte du ciel ou sous la toile de la tente, celui qui combat pour sa patrie doit murmurer ces chants épiques, et dans les camps slaves on doit entendre à chaque pas les échos de la guzla, qui a trouvé sa place dans le bagage du soldat.

Ces chants serbes, devenus si célèbres, forment aujourd'hui toute une branche de littérature ; leur bibliographie seule pourrait composer tout un volume ; ils étaient presque absolument ignorés hors des régions slaves il y a quarante ans. En France, c'est Mérimée qui le premier nous les a révélés, et il le fit par un singulier stratagème. Il imagina qu'à la suite d'un voyage dans la Dalmatie, justement aux environs de Knin ou à Knin même, il avait connu un vieux guzlar, et qu'il avait pu, grâce à sa connaissance de la langue serbe, écrire sous sa dictée toute une série de chants héroïques et familiers, qu'il publia sous le titre de *la Guzla*. L'émotion fut grande en France ; on goûta la saveur de ces chants d'un caractère nouveau, et les poésies slaves devinrent à la mode. Quelques années après, l'académicien mystificateur, dans la préface d'une nouvelle édition publiée chez Michel Lévy, déclara que, de complicité avec son docte ami Ampère, il avait inventé ces chants, qui n'étaient que des pastiches de poésies originales dont il avait connu le texte ; et, poussant la raillerie plus loin, il avouait qu'ayant le grand désir de visiter la Dalmatie pour étudier les poésies slaves, et n'ayant pas l'argent nécessaire pour accomplir son projet, il avait d'abord composé son œuvre, vendu son manuscrit et avait consacré la somme à faire le voyage, pour voir si le livre était exact.

La vérité est que ces poésies serbes ont un caractère très-marqué et que, par conséquent, un homme ayant le sentiment de la couleur et de l'ethnographie peut les pasticher. Mais Vouk Stephanovitch Karadjitch est le premier qui ait donné une idée nette et précise de ces chants dans son volume intitulé : *Poésies nationales, Proverbes et Contes populaires serbes*, qui ont servi à madame d'Istria à composer l'étude intitulée : *la Nationalité serbe*. Herder les a connus le premier en Europe ; Gœthe lui-même, d'après une traduction publiée en 1774 par Fortis, dans son voyage en Dalmatie, a traduit de nouveau en allemand le chant connu sous le nom de *la Femme de Hassan-Aga*. En 1823, un Serbe anonyme publia à Leipzig les *Narodné Serbske pesmé* (Poésies nationales serbes) ; mais comme la langue serbe est très-peu connue, on attendit que mistress Robinson, sous le pseudonyme de *Talvi*, eût traduit ces poésies en allemand pour les apprécier à leur juste valeur. Je n'ai pas la prétention de citer tout ce qui a été publié sur

UN JOUEUR DE GUZLA DANS UNE BOUTIQUE DE RAGUSE.

la matière, mais l'éclat fut grand quand, en 1836, Tommaseo, le poëte italien, — qui était Dalmate, — publiait ses *Canti popolari* (Venise, 1839), parmi lesquels il donnait une place très-large aux « Chants illyriens ».

La voie était ouverte. M. Dozon, le consul de Mostar, a traduit en français les *Poésies populaires serbes;* les Anglais, de leur côté, s'en sont préoccupés; M. Cyprien Robert, sir John Browning, etc., etc., le poëte Mickiewicz, nous ont initiés aux beautés de ces chants nationaux.

L'importance que nous attachons à ce sujet se comprend vite quand on pense que, comme les rapsodes de l'antiquité, les guzlars errants ont trouvé dans leur génie poétique un infaillible moyen de transmettre à la postérité les noms de leurs héros, les victoires et les douleurs de la race serbe. Dans sa langue inspirée, Mickiewicz, un des plus grands poëtes de la race slave, caractérise ainsi les chants serbes :

« Chants populaires, arche d'alliance entre les temps anciens et les temps nouveaux, c'est en vous qu'une nation dépose les trophées de ses héros, l'espoir de ses pensées et la fleur de ses sentiments! Arche sainte, nul coup ne te frappe, ne te brise, tant que ton propre peuple ne t'a pas outragée. O chanson populaire, tu es la garde du temple des souvenirs nationaux, tu as les ailes et la voix d'un archange, souvent aussi tu en as les armes! La flamme dévore les œuvres du pinceau, les brigands pillent les trésors, la chanson échappe et survit. Si les âmes, avilies, ne la savent pas nourrir de regrets et d'espérances, elle fuit dans les montagnes, s'attache aux ruines, et de là redit les temps anciens : ainsi le rossignol s'envole d'une maison incendiée et se pose un instant sur le toit; mais si le toit s'affaisse, il fuit dans les forêts et, d'une voix sonore, il chante un chant de deuil aux voyageurs entre des ruines et des sépulcres. »

Pour montrer jusqu'à quel point ces chants se sont réellement transmis par la tradition, sans être écrits, il faut raconter comment Stéphanovitch put en composer le premier recueil un peu complet : il allait de village en village, faisant son enquête et demandant s'il n'y avait pas quelque guzlar ou chanteur errant connu pour son excellente mémoire.

Un jour, a raconté Mickiewicz, il découvre un vieux colporteur dont la mémoire était pleine de chants; il le prend chez lui, le fait asseoir, et peu à peu, en le faisant boire, lui arrache tous ses chants un à un, les écrivant sous sa dictée, en redressant les vers mutilés par l'ignorance du pauvre vieillard. Une autre fois, on lui signale un homme qui savait tout un poëme; pour le découvrir il s'adresse au prince Miloch, un héros qui ne savait pas écrire, mais qui avait le feu sacré et comprenait l'importance de ces chants patriotiques, et le prince ordonne qu'on cherche ce guzlar. Or ce fameux chanteur était un vieux brigand, plein de cicatrices, qui ne s'était pas encore réconcilié avec les pandours et les gendarmes; il ne comprend rien à la fantaisie du prince; il a peur et ne veut pas parler. C'est dans l'ivresse qu'on lui délia la langue, et la littérature slave compta un chef-d'œuvre de plus.

Un des autres guzlars consultés était condamné à mort : il croyait à la magie et avait tué une femme qui, disait-il, était magicienne et avait ensorcelé son enfant.

Voilà les sources auxquelles ont puisé les poëtes qui ont voulu recueillir la tradition.

XXVIII

Quelle a été la forme du gouvernement de Raguse pendant ses dix siècles d'existence? Quelles sont les institutions qui ont pu permettre à un aussi petit État de tenir une telle place dans le monde et d'arriver à un tel degré de prospérité?

L'abbé Mably, dans son *Droit public de l'Europe*, dit, en parlant de Raguse : « Son gouvernement en forme de république est plus ancien que Venise. » Nous nous contenterons de citer un traité de commerce datant de 997, conclu entre la ville et l'empereur grec, et fait au nom du gonfalonier, « président de la cité de Raguse uni à tous les nobles de la même cité. » Ce traité est la preuve de l'existence du conseil des nobles fournie par Coletti et invoquée par Appendini, dans ses « Notices historiques critiques sur l'antiquité, l'histoire et la littérature de Raguse ». A partir de la période où, comme on l'a vu par notre résumé historique, la République, dans un danger pressant, appelle Venise à son secours (1204), et où celle-ci lui impose comme recteur ou président ou chef du pouvoir un comte vénitien, l'influence de Saint-Marc se fait sentir, et la forme du gouvernement, toute proportion gardée, est la même qu'à Venise.

Au commencement du treizième siècle, l'État se compose, à Raguse, de trois conseils, parce que les citoyens sont divisés en trois classes : les nobles, les citadins, les artisans. Les *nobles* ont le gouvernement et la République est aristocratique. Les *citadins* sont divisés en deux confréries, celle de Saint-Antoine et celle de Saint-Lazare : leurs membres sont éligibles à certains emplois ; la nomination appartient au Sénat.

Le *Grand Conseil* comprend tous les nobles : ils y entrent de plein droit dès l'âge de dix-huit ans et ils nomment le président de la République ou *recteur*. Le pouvoir de ce magistrat ne dure *qu'un mois* ; tous les 25 de chaque mois on procède dans le conseil à son élection. On voit le peu d'influence que peut avoir dans l'État un président dont le pouvoir est limité à trente jours.

Tous les ans, le 15 décembre, on nomme à l'élection, dans ce Grand Conseil, les magistrats de la cité, les syndics, qui confirment les lois, connaissent des procès pouvant entraîner la peine capitale, et remplissent quelques autres devoirs de gouvernement.

Le second conseil est appelé, comme à Venise, conseil des *Pregati* ou Sénat ; il se compose de quarante-cinq membres. Ses décisions sont sans appel. Il fixe les taxes et tous les impôts, juge en matière civile, nomme les ambassadeurs, fait la paix ou la guerre, envoie les commissions d'inspection tous les trois ans dans les districts, édicte les lois, et délibère sur toutes les choses de la politique intérieure et extérieure. Il se réunit quatre fois par semaine, plus tard deux fois seulement ; il peut être convoqué, en cas d'urgence, sur l'appel du recteur.

Le *Conseil*, troisième corps politique, composé de sept sénateurs, présidé par le Recteur, représente le pouvoir exécutif, et est absolument copié sur la constitution vénitienne : c'est le *Collége* ou la *Seigneurie*. Il fait exécuter les ordres du Grand Conseil et du Sénat ; chacun de ses membres représente un ministère ou une division ; il a la correspondance avec les États, reçoit les ambassadeurs, l'archevêque, les princes et les étrangers de distinction, et porte les questions capitales qui lui arrivent à la décision du Sénat. Il connaît aussi des affaires civiles ; ses fonctions durent un an. C'est le vrai souverain.

Le *Recteur* (ce fut le nom définitif) s'appelait d'abord *Prieur*, puis *Comte*. Il est nommé pour un mois, et pendant ce temps est tenu de résider au palais. Il ne peut paraître en public que dans certaines circonstances. Il est revêtu, dans les fonctions publiques, d'une robe de damas cramoisi à fleurs, très-ample, et coiffé d'une perruque volumineuse frisée à grandes boucles. Dans le palais, il est servi par les valets de l'État et ne revêt qu'une simple toge de laine rouge ; il est comme prisonnier dans ses appartements et ne peut sortir que pour aller aux cérémonies de l'Église. Ces jours-là, il est accompagné des magistrats du petit conseil et des secrétaires de la chancellerie d'État ; il marche précédé des valets du palais et d'une musique composée d'instruments à vent. Un huissier porte devant lui un parasol couvert d'étoffe cramoisie.

Ce détail est oriental : c'est le parasol des sultans, des émirs, des pachas ; tel est à Venise aussi l'insigne du pouvoir suprême. Quand Henri III vient visiter Venise après sa fuite de Pologne, les quatre procurateurs en charge sont délégués pour l'accompagner, et Marco Antonio Barbaro est désigné pour porter l'*umbrellino*.

Le parasol de Raguse est à bâton tordu, doré et sculpté ; on le porte, qu'il pleuve ou non, qu'il fasse de l'ombre ou du soleil.

Le recteur juge certaines causes dans son palais, mais il n'est qu'un juge de paix, car il faut que ces causes ne dépassent pas la valeur d'un sequin. Ses honoraires ne sont pas supérieurs à un sequin par jour ; il a cependant quelques bénéfices sur le droit d'entrée des comestibles.

J'ai dit que le recteur est esclave dans son palais ; il peut échapper le soir et courir la ville ; mais pour ne pas compromettre la République, il sort incognito et sans la toge. Les règlements lui concèdent de ne point porter la perruque dans ces derniers cas. Personne ne peut être deux fois recteur dans la même année, et chaque sénateur est recteur à tour de rôle.

Les *citadins* ont le privilége de porter la toge et la perruque ; comme les nobles, ils peuvent, eux et leurs enfants, être choisis par le Sénat comme secrétaires de la chancellerie d'État ; s'ils montrent un talent remarquable, ils peuvent être chanceliers.

Cette résolution importante est encore inspirée de la constitution vénitienne, qui réservait aux citadins un des plus beaux postes de l'État, celui de chancelier.

En certaines occasions ils peuvent être investis de missions de confiance extraordinaire, en Turquie auprès des pachas, ou auprès des régences de Barbarie. Ils sont employés enfin dans maintes circonstances où on n'emploie pas les nobles.

Tous les ans, un citadin est nommé par le Sénat pour remplir la fonction de capitaine de l'ordonnance, le jour de saint Blaise, protecteur et patron de la République, fête moitié religieuse et moitié militaire. Les femmes des citadins ont une place au théâtre à la gauche des femmes nobles ; c'est un privilége qui est l'objet de l'envie des femmes du tiers état. Le Sénat nomme les citadins.

Pour avoir la *citadinanza* ou droit de cité, il faut posséder au moins vingt mille francs de biens-fonds, prouver qu'on ne fait pas le commerce de détail et qu'on n'a jamais subi de peine afflictive.

Le tiers état se compose des capitaines de bâtiments, des marchands qui détaillent et ont une boutique, enfin des artisans. Quand les capitaines sont devenus riches à la suite de leurs expéditions, ils demandent la *citadinanza* et l'obtiennent. L'ordre des citoyens s'accroît ainsi considérablement ; il n'en est pas de même de l'ordre des nobles, parce que ceux-ci sont très-jaloux de leurs priviléges et très-vains de leur aristocratie. Le rapport du consul général de France, en 1790, constate qu'il y a cent ans qu'on n'a pas accordé de lettres de noblesse.

Pour compléter en quelques lignes l'esquisse du gouvernement de Raguse, ajoutons que la justice civile, en dehors des grands conseils de l'État, est déférée à un *tribunal de quatre membres* : les *consuls des causes civiles*. Le trésor public est confié à trois administrateurs, les *trésoriers de Sainte-Marthe*, choisis parmi les sénateurs. Parmi les emplois de deuxième rang les plus importants, il faut citer une sorte de conseil qui équivaut à notre Cour des comptes et s'appelle *Delle cinque Ragioni*.

Pendant dix siècles le pouvoir ainsi constitué a fonctionné sans trouble sérieux. On voit que le gouvernement est aristocratique au premier chef. Le patriotisme des Ragusains est digne de servir d'exemple à toutes les républiques. La prudence, le tact et la modération mêlés à une fermeté rare ont permis à ce petit État de tenir tête aux plus puissants souverains ;

mais là, pas plus qu'à Venise, les hommes n'ont donné le spectacle d'une constante harmonie, et dans l'ensemble de cette histoire il y a quelques dates rappelant des discordes civiles.

Il faut noter d'abord l'usurpation de Damiano Judas, recteur, dont nous avons parlé dans l'histoire de la ville, — usurpation qui détermina dans l'avenir la courte durée des fonctions de ce premier magistrat. Une contestation très-vive et très-longue entre la vieille et la jeune noblesse amena la deuxième explosion de discordes.

L'histoire ne peut s'écrire avec vérité et intérêt qu'en puisant aux sources originales. Ce principe est aujourd'hui reconnu de tous; je n'ai donc pas à m'excuser de donner ici des documents authentiques relatifs à ces querelles de 1765. Voici le rapport de notre agent de France à Raguse, le consul Prévost; je l'extrais des archives du Ministère des Affaires étrangères.

« Le Sénat est très-divisé. — Une famille du nom de Sorgo a vu sept de ses membres entrer au Sénat. Ce Sénat se compose de quarante-cinq membres; les séances ne comptent guère que trente à trente-cinq membres, à cause des vieux et infirmes. Les sept frères ont rallié un certain nombre d'adhérents et sont parvenus à former un parti redoutable; ils ont pris pour chef un certain Sébastien Pozza. Assisté de ses parents, de quelques amis et des Sorgo, il s'est emparé de l'autorité, et on peut dire que depuis quinze ans il gouverne en souverain. Un contre-parti (les jeunes) s'est organisé dans le sein du Sénat, et ils se sont entendus pour rédiger des propositions :

« 1. — Exclure du Sénat quatre des sept frères Sorgo, sans cependant les priver du rang ni des charges; on leur enlève seulement le droit de vote, et les exclus succéderont à leurs frères morts.

« 2. — Les magistratures seront tirées au sort, afin d'éviter les brigues et la corruption.

« 3. — Les nobles seront admis au Sénat par rang d'âge, avec les mêmes restrictions que pour les magistratures. »

« Le vieux parti n'a accédé à aucune de ces demandes, les esprits se sont aigris, et pendant les deux derniers mois de 1762 aucune assemblée légale n'a pu se tenir, soit dans le Grand Conseil, soit dans le Sénat, ni pour les affaires publiques, ni pour l'élection des magistrats de l'année 1763.

« Le 31 décembre, le vieux parti voulut se rendre au palais pour nommer un recteur et les membres du *Minor Consiglio*; le nouveau parti s'y rendit aussi, mais *armé*. On fit un arrangement : on convint de nommer un sénateur hebdomadaire et un conseil de sept personnes. On a traîné ainsi quelque temps; puis le 30 janvier, jour fixé pour l'expiration de l'arrangement provisoire qui avait été fait le mois précédent, on n'a pu arriver à rien, et la République s'est trouvée sans magistrats, sans fonctionnaires. Les offices publics ont cessé, les tribunaux se sont fermés et les portes de la ville sont restées à la discrétion de quelques citoyens zélés qui veulent bien les garder.

« On croirait qu'il dût résulter de là une anarchie; loin de là, tout est tranquille, le gouvernement est éteint sans que personne puisse sérieusement être convaincu de l'avoir détruit. Le peuple vaque à ses affaires et ne craint rien; on va plus loin : jamais la paix, l'abondance et le bon marché des vivres n'ont été tels. Il y a quelque temps on n'entendait que la clameur des opprimés, les bruits de disette et de monopole. »

Au milieu des délibérations de l'ordre le plus élevé, j'ai retrouvé, en feuilletant dans les archives, les papiers d'État relatifs aux délibérations du Sénat, le texte de certaines lois somptuaires dont la teneur m'a paru piquante. C'est encore un souvenir et une influence de Venise, où les *Provéditeurs aux pompes* sont très-actifs et réglementent les gondoles, la toilette, les jeux, etc., etc.

Les membres du conseil des Pregati désignés dans l'assemblée du 20 avril 1765, ayant considéré combien il est intéressant, pour le bien de la République, de mettre un frein au luxe, et par là de diminuer les dépenses superflues et extraordinaires absorbant les revenus des familles que cet abus met dans la détresse, et fait soupirer après l'assistance qu'ils attendent de l'administration politique, ledit conseil a présenté le projet de règlement qui suit :

I. Que nos femmes de condition, même les *Antonines* et les *Lazarines* (c'est-à-dire les dames de la confrérie de Saint-Antoine et celles de la confrérie de Saint-Lazare), ne puissent avoir que deux sortes d'habit, l'un de ville ou de cérémonie, l'autre de campagne ou déshabillé.

II. Que l'on ne puisse pas porter d'autre habit que celui de ville ou de cérémonie, et qu'il ne puisse être porté un autre de campagne ou déshabillé dans les grandes églises, c'est-à-dire la cathédrale de Saint-Blaise, les RR. PP. Dominicains et Franciscains, où pourrait se rendre l'Illustrissime et Révérendissime seigneur notre Recteur, sous les peines restrictives énoncées.

III. Que toutes les autres femmes, de quelque condition qu'elles soient, ne puissent porter d'autres robes que de soie unie, de laine, de lin ou de coton dont la couleur sera à leur choix, excepté la noire, et qu'elles ne puissent porter une queue ni d'autres souliers que de peau ; les veuves seulement doivent porter une étoffe de couleur noire, mais de laine seulement, sous peine de perdre le quart de ce qu'elles auront.

IV. Défense à tout homme ou femme, de *quelque état, qualité et condition*, de porter des galons de fil.

V. A *toutes les femmes, de quelque qualité et condition*, de porter sur leurs robes de l'or ou de l'argent fin ou faux.

VI. Le décret est valable pour cinq ans, à commencer du jour de la publication.

VII. Défense à tous hommes, de quelque état et condition, de porter sur leurs habits de l'or et de l'argent fin ou faux.

VIII. Défense aux femmes, de quelque qualité et condition, de couper ou faire couper aucune espèce de robe neuve de brocart d'or ou d'argent, d'étoffe de soie qui ne soit pas unie.

IX. Aucun homme ou femme, de quelque état ou condition qu'ils soient, n'achètera ou ne se procurera ou ne portera de nouveaux galons fins de fil.

X. Aucune femme, hormis nos dames de condition et les Antonines et Lazarines, ne portera dorénavant ni voiles, ni coiffes, ni mantelets festonnés.

XI. Qu'elles puissent porter des coiffes de taffetas noir à leur volonté, et que les habits du Recteur seulement soient exempts de toute prohibition faite ci-dessus.

XII. Que les nobles ne puissent sortir de leur maison pendant le jour, ni marcher sans leur robe.

XIII. Dorénavant les femmes, excepté celles de qualité, telles que sont seulement les Antonines et les Lazarines, ne pourront porter sur leurs habits de faux joyaux.

XIV. *Il est défendu aux hommes d'exercer la profession de coiffeur ou d'enseigner cette profession sous peine de bannissement.*

XV. Défendu à toute personne, de quelque état, qualité et condition, de jouer à la bassette, au pharaon, à la prime, sous peine d'être enfermée trois mois dans le château de San Lorenzo.

Il ne sera permis de porter aucune espèce de joyaux faux, *excepté les grenats*, sous les peines portées, excepté pour nos femmes de qualité, les Antonines et les Lazarines.

Le 13 mai 1773, comme le costume français, élégant et somptueux, faisait le tour du monde et depuis déjà longtemps était devenu la livrée de l'Europe civilisée, le Sénat, constatant que quelques nobles et citadins paraissaient dans les rues en tricorne, en frac pailleté, avec la fine épée d'acier, la culotte courte, le bas de soie et le soulier découvert orné de boucles en strass, crut devoir renouveler son édit de 1765, en y ajoutant cette clause :

Défense à tous sénateurs et nobles de se vêtir à la française et de paraître en public autrement qu'en toge, sous peine aux premiers d'être privés pendant trois ans de leur entrée au Sénat, et aux autres d'être retardés d'un pareil nombre d'années dans leur installation au Conseil.

On voit que, pour les nobles auxquels elle s'adresse, cette dernière pénalité est très-dure.

XXIX

Avant de décréter la chute de la République en 1808, la France eut avec l'État de Raguse des relations qui avaient amené une intervention de notre part, et qui, une première fois, nous avaient portés à menacer son pavillon. Il est juste de dire que le prétexte que nous avions pris n'était pas très-plausible; qu'un agent, peut-être un peu *brouillon*, avait envenimé les choses : en somme on nous avait entraînés dans une entreprise qui manquait de grandeur.

De tout temps les Ragusains avaient paru redouter l'établissement des colonies étrangères dans leur État; ils voulaient se réserver l'exploitation des pays voisins, et tout Français, notamment, surtout s'il était actif et industrieux, leur était suspect. Le premier agent que nous ayons eu à Raguse était un certain capitaine Marco Bayard, qui avait le titre d'*agent du commerce de France à Raguse*; il avait été accrédité comme tel le 30 octobre 1677. Le 30 juillet 1698, un certain Treschi lui avait succédé, et son frère, l'abbé Marin Treschi, avait pris la suite de ses affaires le 31 décembre 1704. De ces trois premiers agents, qui étaient Ragusains, aucun n'a laissé de traces dans les archives des affaires étrangères. Le 30 novembre 1715, M. Scapich leur succède; puis vient, en 1737, un nommé Cepich, enfin M. Lemaire, qui a pour successeur M. Prévost. Ce dernier est Français et appartient à la carrière consulaire. M. Prévost étant mort le 23 novembre 1771, son successeur, le sieur Desrivaux, écrit sa première dépêche le 19 août 1772, et fait l'inventaire de la chancellerie du consulat de France à Raguse; il y constate la présence de tous les documents : le premier en date est de 1716, et les autres suivent jusqu'au jour où il prend possession. Le 13 mars 1776, le consul Desrivaux est accrédité auprès de la République comme *chargé d'affaires*; il avait eu une audience du Sénat comme consul, il présente de nouvelles lettres de créance et on fixe un nouveau cérémonial : la République de Raguse sera assimilée à celle de Hambourg et aux autres républiques de la chrétienté. La France signe un traité de commerce avec Raguse le 2 avril, de sorte que désormais les relations deviennent réciproques, car le Sénat nomme un consul de Raguse en France. Le premier qui reçoit la mission est un abbé, François Favi. Quant à l'Angleterre, à cette époque elle n'a pas encore de représentant officiel auprès du Sénat : ses vaisseaux n'abordent point, et elle n'a nul besoin de protéger ses nationaux.

A dire vrai, nous aussi nous aurions pu nous passer de représentant, car en 1758 il n'y a à Raguse que deux négociants français, un sieur d'Herculez, qui a fait faillite, et dont le commerce s'étend aux laines, aux draps et aux soieries; et un sieur Eydoux, qui s'occupe de fournitures de bois pour l'arsenal de Toulon. Ce dernier a traité avec les Albanais pour la coupe des forêts, d'où il tire d'excellents bois de construction. C'est Mgr de Rouillé, ministre et secrétaire d'État pour la marine, qui a fait la commande, et le consul lui répond en ces termes : « Les Ragusains veulent bien naviguer et commercer chez toutes les régions; mais ils n'aiment pas qu'on vienne voir chez eux ce qu'ils font : c'est là leur plan et le seul pivot sur lequel s'appuie toute leur politique. »

En 1759 commencent les difficultés avec la cour de France. Le sieur Lemaire informe le ministre de la marine (on sait que les consulats étaient autrefois du ressort de ce ministère) que le Sénat a rendu un décret par lequel on condamne à cinquante écus d'amende tout sujet convaincu d'avoir entretenu des relations avec un Français. Peu de temps après, Lemaire, accusé d'être un esprit pointilleux, doit céder sa place, le 8 juillet 1764, à M. Prévost, qui exige un cérémonial sérieux, et prétend se rendre à l'audience de réception accompagné de *ses sujets*. Il exige d'abord un tapis sur le banc du petit conseil ; dès le début, on sent un agent de caractère difficile et destiné à brouiller les deux États.

A cette époque, il n'entre, par année, que quatre bâtiments français dans le port, et le chiffre total d'affaires ne dépasse pas cent trent-huit mille neuf cent quatre-vingt-dix francs ; en 1779, il monte à deux cent vingt-cinq mille quatre-vingt-quatorze francs. Mais la progression s'élève vite, car en 1782 quarante-trois vaisseaux français entrent dans le port de Gravosa.

A peine une année après son installation, M. Prévost, un beau matin (il est vrai de dire que c'est le jour de la Saint-Louis), hisse le pavillon de France en haut d'un mât qu'il a fait dresser à sa porte : de là un grand émoi dans l'État de Raguse.

Le 25 août, le consul de France demande aux religieux franciscains de chanter un *Te Deum* et les prières pour la fête du roi des Français. Le Père supérieur répond que c'est là une innovation ; on porte le conflit au Sénat, qui donne ordre de ne pas célébrer la cérémonie. Le consul, qui a le privilége de la *Réserve*, c'est-à-dire auquel on a concédé une chapelle dans sa villa, y fait dire la messe ; il invite le Sénat à un dîner : personne ne s'y rend, sauf le gouverneur d'armes de la cour de Naples (sorte de fonctionnaire *in partibus*, dont l'institution remonte à l'époque des guerres de Charles-Quint), et, avec lui, deux gentilshommes ragusains sans caractère officiel. Cet épisode vient compliquer la situation ; le Sénat a protesté régulièrement auprès du consul, à l'occasion de la cérémonie du pavillon ; « le chancelier juré public de cette très-illustre et très-excellente République, de l'ordre du seigneur Recteur E. Séraphin Jean de Bona, et du petit conseil d'icelle, se transporte à Gravosa, où est située la maison de campagne du très-illustre seigneur René-François-Auguste Prévost, consul de France, et lui remet l'acte de protestation qui contient cette phrase : « C'est là une innovation contraire aux très-anciennes constitutions de cette république, » et qui porte la signature collective : « Le Recteur et les Conseillers de la république de Raguse. »

Une correspondance s'engage entre le ministre de la marine, et le consul Prévost ne sollicite rien moins que l'envoi d'un vaisseau de guerre *pour intimider* le Sénat.

Le 3 novembre de la même année 1766, arrive en rade le capitaine de la frégate française, M. de Grasse-Briançon. Voici le rapport qu'il adresse au roi et au ministre, monseigneur le duc de Praslin :

« Le 3 novembre 1766 nous mouillons à la rade de Sainte-Croix ou Gravosa de Raguse ; le sieur Prévost, consul, se rend à poupe de la frégate accompagné du magistrat de la Santé. Le commandant fait part au consul de sa mission et de ses instructions. Il expose son désir d'être reçu par le *Minor Consiglio* et le cérémonial dans lequel doit se faire sa réception.

« Le 4, à une heure après midi, un secrétaire du Sénat vient à la poupe de la frégate et annonce la visite de deux nobles députés de la part de la République pour complimenter le capitaine. Celui-ci répond qu'il ne recevra aucune visite avant que deux sénateurs, députés du Sénat, soient venus le complimenter au nom de la République au sujet de son arrivée.

« A deux heures, un chancelier de la République annonce la visite des deux sénateurs. Ils restent à bord une demi-heure et se rembarquent ensuite dans leur felouque. On les salue de neuf coups de canon.

« Le 5 novembre, à deux heures après midi, vient un chancelier du Sénat pour annoncer qu'il doit venir à bord deux sénateurs. Le commandant répond qu'il ne doit point traiter avec deux sénateurs, mais avec le Sénat, et lui exprimer d'abord le mécontentement du Roi.

« Les deux sénateurs demandent quel sera le cérémonial exigé. Le commandant déclare avoir dit ses intentions à cet égard au consul de S. M. T. C. Ils disent qu'ils ont l'intention de rechercher les précédents et proposent le cérémonial en usage pour les ambassadeurs de France déjà reçus par la République.

« Le 6, à une heure, le commandant s'embarque dans son canot, accompagné du chevalier de Tressemanes, commandant l'autre frégate, et des officiers et gardes de la marine des deux bâtiments, pour se rendre à terre ; le commandant, en descendant de son bord, prescrit un salut de vingt-quatre coups de canon par les deux frégates *la Sultane* et *la Chimère*.

« Le consul et la nation les reçoivent sur le bord du quai, où se tiennent aussi deux magistrats de la Santé et huit soldats de la garnison. A la porte de la ville, on trouve la garnison sous les armes et deux sénateurs viennent recevoir en dedans de la porte ; on conduit la mission au palais. Sur la place principale, les troupes présentent les armes, la porte du *Minor Consiglio* est ouverte ; on entre ; le Recteur est debout, ainsi que tous les sénateurs, chanceliers et secrétaires ; la place du commandant est marquée à côté de celle du Recteur par un tapis et un carreau. Le chevalier de Tressemanes est vis-à-vis, à droite, sur un banc avec un tapis, et M. le consul occupe la gauche. On s'assied enfin ; le Recteur invite le commandant à se couvrir : il met son chapeau ; le chevalier en fait autant ; de leur côté le consul et le Recteur mettent leur toque.

« Messieurs, dit le capitaine de Briançon, je suis envoyé ici de la part du Roy de France
« pour déclarer à votre République le mécontentement que Sa Majesté a d'elle depuis long-
« temps, malgré les soins que l'on a pris d'obscurcir la vérité, et pour m'assurer qu'à l'avenir
« les Français n'y seront plus lésés en rien et satisfaits en tout point. Sa Majesté ne s'y laissera
« plus tromper, ni affaiblir le respect qui luy est dû. On ne luy imposera plus désormais par
« des démarches et des surprises dont vous avez abusé à l'excès, et je vous déclare que si
« vous reprenez les mêmes maximes et vos anciennes dispositions au préjudice des Français,
« Sa Majesté ne se contentera pas de priver votre République de la bienveillance qu'elle lui
« a accordée jusqu'à présent ; mais elle traitera Raguse comme une ville dont elle doit se
« défier à tous égards et qu'elle doit punir de ses procédés. »

« La réponse du Recteur est prononcée en italien ; la teneur en est prudente, très-circonspecte, quoique assez humble.

« Questa Repubblica è ripiena di rispetto e di venerazione per Sua Maestà Cristianissima,
« di stima e considerazione per il suo inviato comandante delle sue fregate, di attaccamento per
« la nazione francese, alla quale procurerà tutte le facilità per il loro comercio e riguarderà i
« loro interessi come proprii ; e di più ringraziamo Iddio del felice arrivo in queste acque di
« Gravosa degli suoi legni e speriamo che ciò sarà per la soddisfazione del Re e per il ben della
« Repubblica. »

« Le commandant demande au Minor Consiglio de nommer deux sénateurs pour régler avec eux les affaires qui étaient encore en souffrance, et y faire pourvoir d'une manière précise et non équivoque, et dit qu'ayant appris qu'ils donnaient pratique au bout de vingt et un jours de la partance du dernier port du Levant, il demande à être traité de même.

« La séance est levée ; le commandant va se reposer sous le vestibule de la maison du consul ; les deux sénateurs et les magistrats de la Santé les suivent. Un instant après, un magistrat de la Santé vient annoncer qu'on a donné la pratique.

« Le 8, les sénateurs délégués travaillent avec le commandant, le chevalier de Tressemanes et le consul ; on rédige l'ultimatum du roy de France.

« Le 10, une deuxième conférence a lieu ; on décide que l'ultimatum rédigé sera présenté au Sénat, qui donnera réponse le lendemain. L'ultimatum concerne la délibération à prendre à l'égard de la façon dont à l'avenir on traitera les Français. C'est le point important; puis viennent quelques autres cas litigieux relatifs à des capitaines et des corsaires.

« Le décret qui répond à la première et plus grave préoccupation du Roy est publié et affiché le dimanche 16 novembre dans tous les endroits de la République.

« Le 18 au soir, le commandant reçoit les extraits des décrets. Le 19, à la pointe du jour, le commandant met à la voile et salue de onze coups de canon qui lui sont rendus. »

Le commandant conclut dans les termes suivants, et nous sommes de son avis à un siècle de distance : « Il m'a paru qu'il y avait beaucoup de personnel dans toutes ces tracasseries et de l'humeur de part et d'autre. »

Voici le texte du décret de satisfaction rendu par le Sénat :

« Le Sénat a expressément arrêté et résolu de déclarer que la République conserve et conservera toujours, comme elle l'a fait par le passé, le respect le plus profond et la vénération la plus grande pour S. M. T. C. et l'attachement sincère qu'elle a pour la nation française, et il a ordonné à cet effet aux sujets, de quelque état, qualité et condition qu'ils puissent être, à tous et à chacun, sous peine d'encourir l'indignation publique et de subir d'autres châtiments proportionnés à la grandeur de la faute, de traiter non-seulement les Français établis dans notre État et dans nos possessions, mais encore ceux qui arriveraient par la suite, qui pourraient y passer ou s'y établir, avec l'amitié et la politesse la plus grande et de faire cordialement à leur égard tout ce qu'exige le droit des gens, et que ce décret serait enregistré et affiché dans les lieux accoutumés de la ville, de l'État et des possessions de la République, ce qui a été déjà exécuté. »

Le conflit est terminé, et il apparaît bien que le consul a profité des difficultés créées par les divisions intestines pour envenimer toute cette affaire.

Revenons à ces dissensions intestines, si sérieuses, quoiqu'elles n'aient pas entraîné cependant de troubles profonds parmi le peuple : elles sont l'origine de la grande division des nobles en *Sorbonnais* et *Salamanquais*. Le 17 juillet 1770, c'est-à-dire huit années après, le même agent de France, M. Prévost, écrit à notre ministre des affaires étrangères :

« Il y a deux partis dans la noblesse, les *Sorbonnais* et les *Salamanquais*. Le Sénat est divisé comme dix ans auparavant : les Salamanquais ont le dessus ; les jeunes du parti contraire ont fui Raguse. Les uns sont allés à Ancône, les autres à Curzola ; il manque un quart du Grand Conseil. » Mais en 1771 il devient patriotique de s'entendre, car, le 19 juin, la grande Catherine, voyant les Ragusains garder la neutralité lorsqu'elle a déclaré la guerre à la Porte Ottomane, menace la ville d'un bombardement et impose un tribut énorme. Le Sénat juge prudent d'ajourner ses haines et on siège à peu près en nombre.

Quand Marmont, en 1808, viendra à Raguse et effacera des actes le nom de la République, il retrouvera les germes de ces divisions et écrira dans ses Mémoires : « Les nobles sont divisés en Capulets et en Montaigus, Salamanquais et Sorbonnais (Marmont croit que cette dénomination bizarre date des guerres de François Ier et de Charles V). Les Salamanquais sont plus considérés et plus riches, ils passent pour très-intègres et sont regardés comme des juges incorruptibles. Les Sorbonnais sont assez pauvres ; égaux en droits, ils votent dans la même salle, sur la même question, et ne se saluent pas dans la rue. Un Salamanquais épousant une Sorbonnaise devenait lui-même Sorbonnais, à plus forte raison ses enfants ; tous étaient reniés par leur famille. »

On pourrait intéresser vivement le lecteur en lui montrant encore aujourd'hui, dans la société de Raguse, les traces bien visibles de ces divisions séculaires ; on en tient un compte sérieux dans les alliances, et l'orgueil de caste est poussé aussi loin à Raguse que dans aucun pays d'Europe. Ce n'est pas une exagération du voyageur de dire qu'à l'heure qu'il est, telle ou telle famille ragusaine dont on pourrait citer les noms, ne trouvant pas, pour son héritier, un parti assez noble dans la ville même, ou ne voyant en face d'elle que des rejetons d'une noblesse rivale, se condamne à l'extinction plutôt que d'oublier cette légendaire vendetta.

XXX

Raguse a dû toute sa fortune à son commerce, à son indépendance et à sa neutralité.

Sa position singulière, le peu d'étendue de son territoire, la nécessité absolue, inéluctable, de tout emprunter à l'importation et de tout demander à ses voisins, lui ont fait une loi de l'industrie, du commerce et de l'échange, et dès 868 elle a une flotte assez considérable pour transporter sur les côtes d'Italie les troupes qui vont assiéger Bari. Le premier grief sérieux qu'elle ait contre Venise vient de la capture d'un de ses vaisseaux de commerce qui portait une cargaison estimée 25,000 ducats d'or (908); en 997, on lui capture un second bâtiment d'une valeur à peu près aussi forte. En 1080, elle renforce de deux galères la flotte de Robert Guiscard qui combat contre l'empereur d'Orient et le doge Domenico Silvio. En 1240, elle signe des traités de commerce avec les ports des côtes opposées de l'Adriatique et ceux de Dalmatie.

La perspicacité dont elle fait preuve en devinant l'avenir du pouvoir des Turcs dans l'Europe orientale est pour elle une source incroyable de prospérité. Elle obtient, comme nous l'avons dit, l'autorisation du pontife de commercer avec les infidèles, elle se sauve en même temps de l'invasion des Musulmans qui ont pris Constantinople, la Grèce, la Bosnie, l'Herzégovine et la Bulgarie. Nous l'avons vue, au seizième siècle, perdre plus de deux cents navires qu'elle a prêtés à Charles-Quint pour l'aider dans ses expéditions aventureuses; nous constatons qu'elle lui a envoyé trois cents capitaines avec leurs bâtiments pendant le temps qu'a duré l'alliance contractée avec lui.

Elle a des comptoirs partout, en Turquie, en Asie, dans les Indes, en Amérique dès qu'on la découvre; elle est fermière des mines d'or de Bosnie et d'Albanie; elle a des relations avec la France, avec l'Angleterre, avec la Hollande. Cromwell le Protecteur lui concède des priviléges dans tous les ports de l'Angleterre. A cette époque ces deux derniers pays commencent à prendre un tel développement au point de vue des relations commerciales avec le monde, qu'elle voit baisser ses recettes. En 1667, l'horrible tremblement de terre dont nous avons parlé ayant détruit la ville, tout est compromis; c'est une date néfaste dans son histoire; mais elle va se relever peu à peu, et, grâce à son système de neutralité, elle connaîtra encore la prospérité pendant les longs blocus déterminés par les grandes guerres que se font les puissances qui l'entourent. Cependant, en 1772, elle se brouille avec la Russie, à cause de cette même neutralité qu'elle entend garder entre cet empire et la Porte Ottomane, et l'amiral Orloff capture ses vaisseaux, discrédite son pavillon et lui fait éprouver des pertes énormes. La guerre qui va éclater entre la France et l'Angleterre lui servira à rétablir sa marine et à réparer ses désastres, car sa neutralité, reconnue dans l'intérêt de tous, donne de l'étendue à ses entreprises, et lorsque la Révolution éclate, Raguse est en état de profiter de toutes les occasions que la fortune pourra lui offrir.

L'expédition des Français en Égypte, la prise de Malte par les Anglais, l'anéantissement de notre commerce dans le Levant, doublent l'activité des Ragusains, et leurs succès ne connais-

MULETIERS TURCS DE L'HERZÉGOVINE APPORTANT DES MARCHANDISES A RAGUSE.

sent plus de bornes lorsque les armes françaises, maîtresses de tous les ports du continent depuis Dantzig jusqu'à Venise, donnent à l'Angleterre le droit ou le prétexte de traiter en ennemis tous les vaisseaux qui ont épousé la cause de la France ou n'ont pas gardé une neutralité absolue.

La Raguse commerçante et maritime d'alors resta seule prospère ; encore indépendante, la petite République se livra aux plus vastes spéculations : elle eut bientôt trois cents gros bâtiments de guerre ; la neutralité de son pavillon et les firmans du Grand Seigneur lui donnaient la liberté de naviguer avec sécurité dans les États barbaresques ; elle se fit la pourvoyeuse de toutes les nations belligérantes. On vit alors les capitaines et les propriétaires de bâtiments faire des profits énormes ; la ville prit une face nouvelle, les rochers des environs se couvrirent de jolies maisons de campagne meublées avec élégance, entourées de terrasses et de jardins élevés à grands frais, et de Gravosa à Raguse toute la route devint un parc peuplé de villas. Ses chantiers étaient si florissants au commencement du siècle, qu'il y avait dans le port quarante bâtiments en construction.

Les fortunes y étaient moindres sans doute que dans les grandes villes d'Europe, mais l'aisance était générale ; toutes les classes de citoyens, nobles, prêtres, citadins, artisans, avaient des caisses particulières et des fonds placés à Venise, à Vienne, à Naples, à Milan ; et ces fonds, qui provenaient d'économies anciennes, capitalisées, produisaient plusieurs millions et constituaient une rente à chacune des associations. On secourait la vieillesse, on dotait les filles pauvres, on élevait le niveau de l'éducation, on recueillait les orphelins, on leur donnait des métiers et on leur ouvrait des carrières. Raguse enfin, la première peut-être, créa des caisses de secours pour les artisans. Ici il nous faudrait écrire un chapitre très-développé sur la littérature et les sciences si cultivées dans cette ville qu'on lui donna le nom de l'*Athènes slave*. Telle était la prospérité de la République, quand nos guerres de l'Empire changèrent la situation du tout au tout. Entre les Russes, les Autrichiens, les Turcs et les Français, l'existence devenait précaire ; les longs blocus affaiblirent cette grande richesse ; il y eut des chômages, des inquiétudes politiques considérables ; enfin, prise entre deux feux le 26 mai 1806, Raguse vit entrer le général Lauriston.

Lorsque les Français occupèrent Raguse, les vaisseaux de cette république furent considérés comme français, et, dispersés sur toutes les mers, ils devinrent de bonne prise pour tout ce qui abhorrait alors le nom de l'Empereur, devenu la terreur de l'Europe ; la marine fut perdue et la flotte dispersée ; un certain nombre de vaisseaux se réfugièrent dans les ports turcs.

On a vu la marche ascendante et la décadence du commerce de la République, devenue autrichienne après les traités de 1815. Désormais ce n'était plus un État, mais une ville ou plutôt un cercle avec un gouverneur civil (capitaine du cercle) qui n'avait d'autres fonctions que de rendre un compte exact et journalier de tout ce qui se passait. Il communiquait avec le conseil d'administration de la Dalmatie, résidant à Zara, composé de douze membres ; il expédiait les affaires courantes, mais était tenu de renvoyer à la capitale ce qui semblait sérieux. Le capitaine n'avait même pas le droit de délivrer un passe-port pour Trieste ou Venise. Raguse, État et République la veille, était devenue une simple préfecture de la monarchie autrichienne.

Placée entre des peuples à demi civilisés et les nations les plus cultivées de l'Europe, elle était fatalement devenue l'entrepôt naturel et nécessaire des marchandises que les uns et les autres apportent pour les échanger ; elle pouvait faire des profits quotidiens et qui n'étaient soumis à aucune aléa. Ces Turcs, si puissants alors et si ballottés en ce moment, ont un sol très-étendu, très-fertile, d'une richesse réelle. L'ignorance des habitants de la presqu'île des Balkans avait servi les Ragusains, industrieux, actifs, éveillés et amoureux du gain. Placés enfin entre deux dangers constants, la peste, — contre laquelle ils avaient établi un cordon sanitaire de trente lieues d'étendue, formé par cinq cents hommes de troupes de ligne, — et les tremblements de terre, contre lesquels aucune force humaine et aucune humaine prévision ne pouvaient les défendre, ils avaient pu échapper à ces deux fléaux ; mais ils ne résistèrent point à la ruine du commerce et à la dispersion de la flotte, et l'écrivain français qui vient de vivre dans l'histoire de Raguse et qui, par deux fois, a visité son territoire, tout en reconnaissant que notre souvenir n'a pas laissé de levain de haine dans le cœur des Ragusains, ne peut se défendre d'une certaine tristesse en pensant que c'est une main française qui a signé le décret : « La république de Raguse a cessé d'exister. »

XXXI

J'ai passé le plus rapidement possible sur l'histoire de Raguse ; mais, arrivé à la période de l'occupation française, au moment où l'empereur Napoléon va, par un décret énergique signé par son lieutenant, mettre fin à l'existence de la République, on me permettra de citer quelques documents qui ont un véritable intérêt historique, et qui n'ont jamais été publiés. J'emprunte ces dépêches à la correspondance de M. de Talleyrand, alors ministre des affaires étrangères, avec notre représentant consulaire à Raguse.

Comment étions-nous devant Raguse et quelle raison avions-nous de l'occuper ? C'était l'époque du traité de Presbourg : les provinces d'Istrie, de Dalmatie et les Bouches de Cattaro devaient être remises aux troupes françaises ; les Autrichiens supportaient difficilement la situation née de leurs revers, et, contre la teneur des traités, ils remirent les Bouches de Cattaro à l'amiral russe Siniavin. Cette décision eut un immense retentissement en Europe ; Raguse fut occupée *en compensation* par Lauriston, comme moyen d'observer les Bouches. Cette ville de Raguse était alors, dit le maréchal Marmont dans ses Mémoires, « une oasis de civilisation au milieu de la barbarie ».

Si on voulait justifier Raguse et prouver que l'Empereur portait atteinte au droit des gens, on pourrait dire que la République, comme tant de fois dans son histoire, tenta de rester neutre dans cette circonstance difficile ; mais si on veut essayer de justifier la politique française, il faut lire la dépêche du prince de Bénévent à M. Raymond, le chargé d'affaires de France à Raguse.

C'est le 3 mai 1806 : les Français occupent la Dalmatie, Marmont est à Zara qui est la capitale, et Lauriston arrive à la porte de Raguse. L'amiral Siniavin bloque la ville par terre et par mer, et la pauvre République ne sait quel parti prendre : si elle n'est pas envahie par les Français, elle sera occupée par les Russes.

« L'intention de Sa Majesté, dit le prince, est de prévenir les Russes et de s'emparer de Raguse ; cette mesure doit rester secrète jusqu'au moment où le général Lauriston se rendra dans cette ville, et comme l'époque n'est pas encore fixée, il se pourrait que vous trouvassiez, à votre arrivée à Raguse, le gouvernement encore subsistant ; vous auriez alors à remplir auprès de lui la mission qui vous a été confiée ; vous tiendriez sous le plus grand secret le projet d'occupation, et vous correspondriez avec MM. les généraux Molitor et Lauriston, pour leur faciliter l'exécution des ordres de Sa Majesté. Cherchez à avoir avec eux un chiffre de correspondance, afin qu'il ne puisse rien pénétrer dans le public de tout ce que vous vous serez écrit.

« Si l'occupation était déjà faite à votre arrivée, vous auriez, monsieur, à faire part de vos pouvoirs à M. le général Lauriston, et vous correspondriez avec les ministres de Sa Majesté sur les différentes affaires dont l'examen leur appartient. Je vous prie aussi de m'informer exactement de tout ce que vous avez pu apprendre ou observer sur les mouvements des Russes aux Bouches de Cattaro, aux sept îles et dans les autres parties de l'Adriatique, sur les intelligences qu'ils chercheraient à entretenir avec les Monténégrins et les Serviens, sur les tentatives qu'ils pourraient faire pour entraîner dans leur parti d'autres provinces turques, pour y lever secrètement des recrues, surtout pour gagner les Grecs, sur qui ils ont habituellement exercé trop d'influence . . . .

Vous aurez à faire aimer la France et à habituer les Ragusains à leur nouvelle position. Sa Majesté et la Porte Ottomane ont eu également à se plaindre des facilités qu'ils avaient accordées aux Russes et qui ne peuvent être dirigées que contre la Turquie et la France. Au mois d'août de l'année dernière, un agent anglais débarqua à Raguse pour aller exciter la révolte des Serviens ; on ne pouvait point ignorer sa mission, cependant on l'accueillit et on permit que le bâtiment qui l'avait amené prît, pour compléter son équipage, des matelots ragusains. Cette République a fait de plus un traité avec la Russie ; elle a commis par cet arrangement un acte d'offense et d'hostilité plus directe contre la France.

« Avant ces dernières informations, Sa Majesté hésitait encore sur l'occupation de Raguse, quelque droit qu'elle pût avoir de veiller par cette mesure à la sûreté de ses États et d'aider un pays faible à repousser l'agression dont les Russes le menaçaient ; mais en voyant Raguse d'intelligence avec eux, Sa Majesté a eu de plus à venger sa propre offense.

« Raguse a prouvé elle-même, en traitant avec les Russes, qu'elle ne se croyait liée par aucune obligation de vassalité, ou même de simple déférence envers la Porte Ottomane ; la question des rapports qui subsistaient entre ces deux États, et dont je vous ai fait part dans vos premières instructions, se trouve décidée. Raguse indépendante a dû subir la responsabilité de tous ses actes : elle-même a prononcé sur son sort en attirant chez elle les armes de Sa Majesté.

« Raguse avait eu mille ans d'existence : une si longue durée peut lui laisser des souvenirs ; mais la domination de Sa Majesté doit lui inspirer plus de sécurité et d'espérances. La situation de l'Europe a changé, la plupart des États faibles ont disparu, et Raguse, demeurant seule au milieu des grandes puissances, ne retrouverait plus, pour la conservation de son territoire et de son commerce, ses anciens avantages.

« Le développement de ces observations fera reconnaître à ceux qui pourraient avoir le plus de regrets du passé la nécessité d'un changement, que vous êtes particulièrement chargé de consolider, en le faisant accueillir par l'opinion des habitants et en leur en montrant tous les avantages. »

Le 28 mai, Lauriston s'avance, et voici la dépêche du commissaire impérial qui transmet la nouvelle au prince de Bénévent.

« Monseigneur, j'ai l'honneur de donner information à Votre Excellence qu'il est arrivé hier matin en cette ville un corps de troupes françaises commandé par le général Lauriston. Ce général a fait annoncer ce matin au sénat de Raguse qu'il avait l'ordre de s'emparer de sa République, mais que Sa Majesté Impériale et Royale lui conservait ses lois et son administration, qu'elle ne voulait que la garantir des attaques des Russes, qui ne l'avaient déjà que trop inquiété. Il lui a fait demander en même temps l'entretien de sa troupe. Il a répondu qu'il ferait tout ce qui dépendrait de lui, mais que sa République était très-pauvre. Il lui a fait dire que mes fonctions près de lui de commissaire général et de chargé d'affaires étaient finies, mais que j'allais remplir le poste de commissaire impérial. Il lui a donné la commission d'annoncer au consul russe d'avoir à sortir de ses États dans les vingt-quatre heures. L'ordre a été exécuté, mais ce consul est venu en personne demander au général une prolongation de temps. Il a bien voulu lui accorder deux jours de plus.

« Tous les moments sont employés par le général à mettre les forteresses en règle et à s'emparer des positions importantes. Tout est tranquille, mais il n'en est pas de même aux Bouches de Cattaro. Tout y est en fermentation, et la flotte russe s'en est déjà retournée à Corfou. »

Et, pour que cet épisode soit complet au point de vue des documents, voici la proclamation que le général Lauriston adresse aux Ragusains, le même jour du 28 mai. Elle est signée : « Le général de division, aide de camp de l'Empereur des Français, Roi d'Italie, commandant les troupes de Sa Majesté dans l'État de Raguse. »

« Des concessions multipliées faites aux ennemis de la France avaient placé la République de Raguse dans un état d'hostilité d'autant plus dangereux qu'il se déguisait sous des formes d'amitié et de neutralité. L'entrée des troupes françaises dans la Dalmatie, loin d'empêcher une pareille conduite, n'a été qu'une occasion pour nos ennemis d'exercer davantage leur influence dans l'État de Raguse; et quels qu'aient été les motifs de la condescendance des magistrats de cet État, l'Empereur a dû s'en apercevoir : il lui importait de mettre fin à des menées aussi contraires aux lois de la neutralité.

« En conséquence, au nom et d'après les ordres de l'Empereur des Français, Roi d'Italie, je prends possession de la ville et du territoire de Raguse.

« Je déclare néanmoins que l'intention de Sa Majesté est de reconnaître l'indépendance et la neutralité de cet État, aussitôt que les Russes auront évacué l'Albanie ex-vénitienne, l'île de Corfou et les autres îles ex-vénitiennes, et que l'escadre russe laissera libres les côtes de la Dalmatie.

« Je promets secours et protection à tous les Ragusains. Je ferai respecter les lois, les coutumes actuelles et les propriétés ; enfin, d'après la conduite que tiendront les habitants, je ferai qu'ils n'auront qu'à se louer du séjour de l'armée française dans leur pays.

« Le gouvernement existant est maintenu, il remplira les mêmes fonctions, il aura les mêmes attributions, ses relations avec les États amis de la France ou neutres resteront sur le même pied.

« M. Bruère, commissaire des relations commerciales, remplira auprès du Sénat les fonctions de commissaire impérial. »

L'occupation est un fait accompli, mais la petite armée qui tient le territoire est mise à une rude épreuve : Lauriston n'a que douze cents hommes, les Russes sont dans le port, et les Monténégrins, alliés des Russes, viennent par le chemin de leurs montagnes, inaccessibles à tous autres qu'à eux, incendier Gravosa et harceler l'ennemi. Voici la dépêche du 19 juin (1806) qui fait part de la situation au gouvernement français.

« Avant-hier, 17 de ce mois, la troupe française qui gardait la ligne qui couvrait Raguse a été attaquée d'un déluge de Barbares conduits par les Russes. Il a fallu céder au nombre et se retirer. Nous avons perdu dans la retraite le brave général de brigade Delgorgue, regretté de tous. La flotte russe nous a beaucoup inquiétés. Le général Lauriston n'a craint ni la peine ni le danger, il s'est porté partout, mais il a eu le chagrin de devoir se renfermer dans Raguse, où nous nous trouvons assiégés par mer et par terre. Il n'y a qu'un renfort de troupes qui puisse nous délivrer. La place peut tenir suffisamment pour l'attendre. »

Le 7 juillet, la ville, qui était bloquée étroitement par terre et par mer, est débloquée par Molitor, qui vient au secours de Lauriston avec deux mille hommes. « C'était, dit la dépêche officielle, un spectacle touchant de voir l'allégresse publique à la vue de nos soldats : on s'embrassait, on se félicitait. Dans le cours du blocus le vice-amiral Siniavin a envoyé un parlementaire pour proposer au général Lauriston de rendre la place, lui représentant que ses secours, si on lui en envoyait, ne pourraient lui passer ; il a refusé.

« Le sénat de Raguse de son côté, fortement appeuri (sic) des boulets rouges et du jet des bombes et des obus dans une ville où il n'y a pas de casemates, s'est porté plusieurs fois près du général pour le supplier de capituler ; mais il a de même refusé, donnant des espérances et employant la douceur et la bonté. »

Voici un passage des Mémoires de Marmont qui complète cette dépêche et montre comment la ville avait pu être réduite à cette extrémité :

« Les fortifications de Raguse sont adossées à la montagne dite de San Sergio, haute de quatre cents toises au moins. La ville elle-même est défilée par la pente très-roide du terrain sur lequel elle est bâtie, par la hauteur des maisons et par celle des remparts. Le sommet de cette montagne aurait dû être occupé immédiatement par une redoute. Mais Lauriston n'avait rien préparé à cet effet. Après avoir essayé d'y combattre sans appui, ainsi que dans une première position, il fut chassé de partout. L'ennemi, maître du plateau et des pentes, put bloquer la ville avec facilité ; il l'assiégea, mais sans intelligence ; et, au lieu d'établir des batteries sur le flanc et au pied de la montagne, pour ouvrir la brèche, il amena tout en haut et avec beaucoup de peine une douzaine de bouches à feu, canons et mortiers, avec lesquels il bombarda Raguse. Ce feu ne pouvait effrayer que les enfants. »

Quant aux tentatives des Monténégrins contre Raguse ou plutôt contre les Français, elles se bornèrent, pendant que nous étions bloqués, à des déprédations et à des exactions dont le voyageur allant de Gravosa à Raguse par la route en corniche qui domine la mer peut se rendre encore aujourd'hui un compte exact. Au milieu de cette nature aimable et luxuriante, un nombre considérable de maisons restent encore en ruine comme si l'incendie avait dévoré tout un quartier. « Les Russes et les Monténégrins incendièrent pendant le blocus de cette ville toutes les jolies maisons qui l'environnaient ; le nombre en est de plus de sept cents. Les toitures, les portes, les fenêtres furent brûlées, les ferrures arrachées, en un mot il ne resta plus que les gros murs, les façades et, dans quelques-unes, les enclos des cours et des jardins. »

Après la réunion de Molitor et de Lauriston, les Russes se retirèrent, mais ils n'abandonnèrent les parages de la Dalmatie qu'après le traité de paix de Tilsitt (1807). La convention avec les Russes nous assurait la libre possession de la province ; nous abandonnâmes Raguse, qui redevint indépendante, et nous conservâmes seulement Stagno, afin d'assurer nos communications avec les Bouches de Cattaro. Cette indépendance de Raguse fut de courte durée : la carte de l'Europe était remaniée, les petits États disparaissaient ; tant de sinistres avaient tari les sources de sa richesse, et sa flotte commerciale était détruite. Il est curieux de voir comment, au moment où nous abandonnons Raguse, le prince de Talleyrand essaye de justifier l'occupation française, dans une dépêche de juillet 1807.

« *La paix est conclue avec la Russie*. Raguse redevient indépendante. L'Empereur conserve Stagno pour s'assurer les communications entre la Dalmatie et les Bouches de Cattaro. Le ministre des relations extérieures prescrit de faire les délimitations.

« Les ratifications du traité doivent être échangées avant le 15 août à Pétersbourg, il reçoit déjà son exécution : l'ordre a été donné, aussitôt après la signature de la paix, de suspendre de toute part les hostilités.

« Vous présenterez au sénat de Raguse, aussitôt après la réintégration, vos lettres de créance, et il jugera par la date du temps où elles vous ont été remises, qu'on n'avait eu, lorsque vous avez été nommé, aucune intention d'occuper Raguse, et que les circonstances de la guerre et la nécessité d'une juste défense avaient seules occasionné cette prise de possession temporaire. »

Au commencement de l'année 1808, Marmont revint en vainqueur à Raguse; il rendit le fameux décret : *La République de Raguse a cessé d'exister.* C'est la fin officielle de Raguse comme gouvernement. Le maréchal résidait alors à Zara; il vint s'établir pour quelque temps au siége même de l'ancienne République, et essaya de rallier le peuple et l'aristocratie. « Jamais peut-être pays conquis de vive force ne subit un despotisme plus affable et plus élégant, » dit Charles Nodier, qui eut le singulier sort d'être nommé bibliothécaire à Laybach par la protection de Fouché et qui, par conséquent, fit partie de ce gouvernement des provinces illyriennes, qui fonctionna de 1809 à 1814.

Quant à croire que Marmont, nommé duc de Raguse, emporta au moment de l'évacuation la sympathie de tous les Ragusains, je ne puis m'y résoudre; mais j'ai pu constater par moi-même que notre souvenir n'a pas laissé de haine dans le cœur de la génération d'aujourd'hui.

Au commencement de 1814, l'Angleterre et l'Autriche, liguées contre la France, vinrent à leur tour bloquer Raguse occupée par nos troupes, et la garnison dut capituler. Les traités de 1815 rattachèrent définitivement l'ancienne République au territoire de la Dalmatie, et l'Autriche fut mise en possession de toute la partie de la côte qui s'étend depuis Trieste jusqu'à Budua, au-dessous de Cattaro. Aujourd'hui Raguse est la capitale d'un district autrichien, avec un podestat et un gouverneur sous les ordres du gouverneur général résidant à Zara; la ville, qui ne doit guère compter plus de huit mille habitants, en avait encore trente-cinq mille en 1808, au moment où Marmont y résidait; mais je suppose que le maréchal a compté, pour arriver à ce chiffre, la population des bourgs et même celle de Gravosa.

SCEAU DE LA RÉPUBLIQUE DE RAGUSE.

XXXII

J'ai quitté Raguse à neuf heures du matin, me rendant directement à Cattaro par l'un des paquebots du Lloyd, et je suis arrivé dans cette ville vers quatre heures et demie. Ces sept heures et demie de navigation, par un beau temps d'automne, quand le soleil a perdu un peu de son ardeur et que l'on peut rester sur le pont du navire, constituent un des voyages les plus attrayants qu'on puisse faire, car à partir du moment où, doublant la pointe d'Ostro, on entre dans les Bouches de Cattaro en contournant les bords de tous les golfes, on assiste à un spectacle que quelques géographes regardent comme un des plus beaux qui soient au monde. Les Bouches de Cattaro sont certainement un des plus beaux lieux de la terre; jamais plus singulière fantaisie de la nature, éclat plus terrible, manifestation plus violente de ses forces secrètes, en modifiant sa surface à une période de l'âge du globe, n'a donné à un coin du monde un aspect à la fois plus aimable et plus grandiose. Si je voulais caractériser cet aspect

LES BOUCHES DE CATTARO, VUE A VOL D'OISEAU PRISE DES HAUTEURS DU MONTÉNÉGRO.

par des rapprochements à la portée des voyageurs les plus sédentaires, je comparerais les sinuosités que la Méditerranée forme en contournant ces montagnes aux subits détours du lac de Côme, et, pour la coloration, je rappellerais celle des montagnes du lac Majeur; mais il faudrait ajouter que les proportions sont tout autres; la latitude n'est plus la même, et l'esprit n'a pas plutôt fait ces comparaisons qu'il les regrette.

Les *Bouches de Cattaro*, qui semblent par leur nom devoir représenter à l'imagination l'embouchure d'un fleuve au point même où il se jette à la mer, sont au contraire une violente trouée faite par l'Adriatique dans les hautes montagnes qui la bordent. La trouée n'est point régulière et soudaine, l'escarpement des côtes ou falaises n'est point subit, le flot s'est pour ainsi dire insinué en sapant la montagne; il en contourne les bords, forme tantôt un cirque liquide, tantôt un canal qui conduit à une baie. Chacun des passages étroits qui permettent aux vaisseaux de passer d'une de ces baies dans une autre s'appelle *bouche*, et l'ensemble a reçu le nom de *Bouches de Cattaro*, parce que la ville de ce nom est située au fond de la dernière baie. La carte de notre voyage n'est pas à une échelle suffisante pour qu'on puisse y lire le nom de chacun des points où les larges canaux s'étranglent : la première Bouche est à l'Adriatique, entre la pointe d'Ostro et le rocher de Zaniza; la seconde, entre la pointe de Cobilla et Lustiza; la troisième, à Combur; la quatrième, à Santa Domenica; la cinquième, à *le Cattene* ou aux Chaînes, et la sixième, à Persagno. Depuis l'entrée des Bouches jusqu'à Cattaro, il faut deux heures de navigation. La cinquième entrée est celle où la mer est le plus resserrée, et le passage est assez étroit pour qu'en 1381, quand le roi Louis de Hongrie cherchait à défendre Cattaro contre les Vénitiens, il ait pris le parti de tendre des chaînes d'une pointe à l'autre, d'où le nom de *le Cattene*.

Le paquebot qui fait le service entre Raguse et Cattaro (*ligne de Dalmatie*) ne fait que quatre escales : Castel-Nuovo, Perasto, Risano et Cattaro. De Gravosa, port d'embarquement de Raguse, jusqu'à la première entrée des Bouches, il n'y a rien de remarquable que Ragusa Vecchia : la côte ressemble à celle que nous longeons depuis Trieste. Nous passons d'abord devant l'île de la Croma, lieu d'asile de tous ces souverains dépossédés qui si souvent sont venus demander l'hospitalité aux Ragusains. La ville la plus importante à la côte est la Vieille-Raguse (*Epidaurum* des Romains). Ce n'est pas la *fatale* Épidaure, célèbre par ses oracles — celle-là était située dans le Péloponèse — mais l'Épidaure d'Illyrie, renommée, comme la première, par son temple d'Esculape. Il y a encore un reste de traditions : on montre une grotte et on parle du serpent consacré au dieu de la médecine. La destruction de la cité antique date du troisième siècle : on y trouve quelques inscriptions, des vestiges de murailles et des monnaies. La ville compte de quatre à cinq mille habitants. Après avoir longé la côte où s'élèvent Gilipyri, Popovichi et Poglizza, on double la pointe d'Ostro et on entre dans les Bouches.

La ville adossée au flanc de la montagne et assise au rivage dans la première baie, est la plus importante : c'est Castel-Nuovo, dont nous donnons la vue d'après une photographie. C'était d'abord une forteresse, fondée en 1373 par Tuartko, roi de Bosnie; elle tomba aux mains des Génois, fut livrée par eux aux Espagnols, qui y établirent une garnison et élevèrent une nouvelle forteresse dont le nom est resté : *Spagnuolo*. L'empereur Barberousse, en 1539, attaqua la ville et passa toute la garnison au fil de l'épée. En 1687, elle fut assiégée de nouveau par les Vénitiens; le pacha de Bosnie amena quatre mille hommes pour la défendre, mais il dut battre en retraite. Depuis cette date, Castel-Nuovo a été vénitienne jusqu'à la chute de la République. En 1806, les Russes ayant pris les Bouches de Cattaro et fermé l'entrée avec leur flotte, prirent la place et l'occupèrent jusqu'au traité de Tilsitt, en 1807. Les Français vinrent à leur suite, la gardèrent jusqu'en 1813, où elle tomba aux mains de la flotte anglaise. Enfin en 1814 les Autrichiens s'y installèrent, et les traités de 1815 confirmèrent cette possession. C'est la ville la plus importante des Bouches; elle est beaucoup plus riche que Cattaro la capitale et doit contenir dix mille habitants, dont plus de la moitié appartiennent au rite grec. La fortification a un grand caractère; la campagne au flanc de la montagne est très-riche et d'une végétation luxuriante. Pour la première fois dans ces parages, on repose ses yeux sur des bouquets d'arbres formant comme une forêt : des maisons blanches, riantes villas des riches *Bocchesi*, se détachent sur des fonds de verdure ; puis tout à coup la végétation s'arrête, la montagne s'élève, dénudée, abrupte, blanche d'une blancheur d'argent, et baignée à son sommet dans une brillante vapeur. Après Castel-Nuovo, bien abrités dans ces baies riantes, un nombre considérable de petits villages s'élèvent à la côte même et reflètent leurs jolies silhouettes

VUE DE CASTEL-NUOVO A L'ENTRÉE DES BOUCHES DE CATTARO.

dans les eaux profondes : les chapelles sont très-nombreuses et des clochers s'élèvent sur chaque piton ; on dirait quelque rive de lac italien, depuis Blevio ou Torno jusqu'à la Tremezzina, ou de Palanza à Baveno. Vous voguez sur l'Adriatique, et cependant vous ne perdez plus de vue les deux rives; vous flottez dans un cirque de montagnes qui menacent les cieux, dans des baies qui succèdent les unes aux autres, baies si profondes, si larges, que toutes les flottes des deux mondes pourraient y mouiller à l'aise à l'abri des tempêtes.

Derrière ces cimes commence la Turquie d'Europe : à gauche c'est Trébigné, à droite Grahovo et le Monténégro. Nous venons même, avant de toucher à Castel-Nuovo, de passer devant un lieu qui est turc, *la Sutorina* : c'est la seconde enclave cédée à l'Empire par la République de Raguse, qui voulait s'isoler des possessions vénitiennes, et préférait comme voisins les Ottomans farouches aux Vénitiens ambitieux.

Nous passons Curbilla, puis Combur, enfin Santa Domenica, et nous entrons dans la baie la plus large, la plus régulière, celle qui forme presque un cirque ; nous en sortons par un étroit passage, si petit, que sur les cartes il est à peine perceptible : on dirait que ses deux pointes se rejoignent et ne laissent point place aux vaisseaux ; ce sont *les Chaînes*, dont nous donnons le dessin. Il n'y a qu'un kilomètre d'un promontoire à l'autre, et on sent que ce n'est pas là un nom de fantaisie.

A peine la passe franchie, la nature change et devient moins riante, ce n'est déjà plus le fertile territoire de Castel-Nuovo ; à droite on a Stolivo avec ses sommets encore ombragés, et Stolivo d'en haut, dont les clochers se distinguent à peine au milieu des arbres. Perasto est presque en face des Chaînes, sur la rive même, posé sur une pointe qui s'avance dans la baie et la sépare de la sixième et dernière, celle de Cattaro. Dans cette baie même de Perasto, au sortir des Chaînes, comme deux bâtiments qui seraient en panne au milieu des eaux, émergent deux îles

LES CHAÎNES (BOUCHES DE CATTARO).

très-petites, très-basses, et dont nous donnons le dessin : l'une est l'île Saint-Georges, l'autre la Madone du Scapulaire. La première contient un couvent grec ; et sur l'autre s'élève une chapelle consacrée au culte catholique et vénérée dans toute la région. Comme à Notre-Dame de la Garde, ou comme dans ces sanctuaires bretons vénérés des marins, les hardis navigateurs des Bouches, ces Dalmates si renommés comme explorateurs, viennent en procession suspendre leurs ex-voto à l'autel de la Vierge au Scapulaire.

La peinture de cette madone, d'un caractère byzantin, dans le genre des Vierges de Cimabue ou de celles de Taddeo Gaddi, est attribuée à saint Luc lui-même, et une curieuse légende s'y rattache. On dit qu'en 1452 une main inconnue apporta cette image sainte sur le rocher de l'île et qu'elle apparut une nuit à des pêcheurs, entourée de lumières qui lui faisaient comme une auréole. Ceux-ci la prirent et, en pieuse procession, escortés des barques de tous les Bocchesi qu'ils rencontraient, ils la déposèrent religieusement dans l'église de Perasto : le lendemain, au grand étonnement de tous, la Vierge était revenue dans son île. Trois fois on voulut la replacer sur l'autel de Perasto, trois fois, par un miracle auquel croient la plupart de ces pêcheurs, elle revint occuper sa place primitive. On vit dans cette persistance une volonté divine d'occuper l'île, et les habitants de Perasto bâtirent à l'endroit même une petite chapelle ; chaque habitant possesseur d'un bateau fut forcé de conduire un chargement de pierres, et l'église de la Madone fut bientôt construite. On y vient en pèlerinage tous les ans, le 12 juillet, jour anniversaire de l'arrivée de l'image de saint Luc. Les dimanches de mai et de juin, on célèbre une autre cérémonie commémorative : celle de la victoire remportée sur les Turcs en 1654 par l'intervention de la Madone du Scapulaire.

Le 15 août, jour de l'Assomption, est encore l'occasion d'une procession solennelle : on va prendre en grande pompe l'image vénérée dans la chapelle de l'île et on la porte à Perasto.

ILES DE LA MADONE ET DE SAINT-GEORGES (BOUCHES DE CATTARO).

Nous n'avons assisté à aucune de ces fêtes, qui doivent avoir un caractère extrêmement pittoresque : des centaines de barques pleines d'une foule vêtue des plus beaux costumes suivent la Vierge en chantant des hymnes. Les montagnes, argentées à leur faîte, semées à leur pied de villas, de verdure, de villages qui se mirent dans l'eau, forment à cette procession sur l'Adriatique un décor incomparable.

Je lis dans mes notes écrites sur le navire même les noms de Bellagio et de la Tremezzina. Ce qui veut dire que ces villages m'ont encore rappelé l'aspect de ces jolis pays italiens assis aux rives des lacs ; je vois aussi que le toit de la Madone du Scapulaire est peint en vert, mais il faut dire que, dans cette nature orientale, ces couleurs inattendues, qui détonneraient si vivement ailleurs, ne font qu'ajouter ici un élément de plus au pittoresque.

Risano est à la gauche de Perasto, dans la même baie et tout à fait abritée dans un recoin ;

l'endroit est riant, il a perdu de son importance, car autrefois tout le golfe s'appelait le golfe de Risano : c'est la *Rhizinium* antique. Tous les habitants appartiennent au rite grec ; c'est, dans cette partie des Bouches, l'endroit où le costume des hommes est le plus curieux : il se compose d'un mélange d'albanais, de grec et de turc qui forme un très-bel ensemble. Mais nous reviendrons sur les costumes des Bocchesi, parce que le sujet mérite quelque développement. A Risano, une très-belle église élève ses tours inachevées au-dessus des maisons : un de nos compagnons de voyage, qui descend à Risano même, nous dit qu'il a toujours connu le monument dans le même état. Un riche habitant du lieu avait fait les frais de la construction, à la condition que son nom fût donné au monument ; cette clause n'ayant pas été ratifiée, il abandonna son entreprise à moitié réalisée.

XXXIII

En avançant vers Cattaro, il faut regarder les deux rives : le navire avance lentement pour franchir les passes ; de chaque côté, sur une bande étroite qui forme une sorte de quai gagné sur la montagne, s'élèvent de charmants villages, et au milieu d'eux quelques centres importants : Persagno, qui s'égrène tout le long du rivage et qui n'a presque pas de largeur ; Dobrota, le point le plus riche de la contrée ; Mulla, Verba, et enfin Cattaro. A mesure qu'on avance vers cette dernière ville, située au fond de la baie comme dans un repaire inaccessible, la nature devient plus abrupte, moins clémente. Le grand et charmant contraste des montagnes blanchies au faîte et couvertes à la base d'une riche végétation cesse bientôt et, à part une ligne d'arbres plantés pour abriter les quais de débarquement et faire une promenade, le rocher abrupt se dresse presque perpendiculaire, et l'impression, auparavant toute gracieuse et aimable, devient grave, pénible et sévère.

Le climat des Bouches est sain, le sol très-sec, et il n'y règne pas de fièvre. L'été y est très-chaud, le printemps et l'automne très-agréables. L'hiver est plus dur qu'en aucun point de la Dalmatie, car les montagnes neigeuses sont proches et les pluies abondantes.

Les *Bocchesi*, Bocchais ou habitants des Bouches, sont regardés dans toute la Dalmatie comme des types particuliers ; on vous montre à Zara dans une foule un individu en disant : « C'est un Bocchais, » parce que tous ont leur physionomie et leurs facultés propres. Ils ont réussi à faire de leur pays, dépourvu de terre cultivable et qui n'est qu'une bande et un quai situé au pied de la montagne, un des districts les plus riches de la Dalmatie ; et cela par leur industrie, par leur goût pour la navigation et l'échange, par leur esprit d'économie. Ils sont tous Slaves, même ceux de la côte, et c'est là un point très-particulier à noter, parce que jusqu'ici toute la côte d'Istrie et de Dalmatie est italienne ; mais ceux-ci, enfermés dans les Bouches, ne sont pas dans les mêmes conditions, quoiqu'ils aient aussi subi la loi des Vénitiens. Je n'ai pas, d'après des recensements exacts, les chiffres de la population totale des Bouches, mais il y a vingt ans elle ne dépassait pas quinze à vingt mille âmes. Sur cet ensemble, plus de onze mille appartenaient au rite grec et les autres au rite romain.

Il faut dire sincèrement que ces beaux villages, ces sites séduisants, ont été le théâtre d'animosités cruelles entre les deux communautés, et le temps n'a pas encore apaisé toutes ces dissensions. On s'est naturellement groupé suivant sa foi, et une famille catholique vivrait difficilement dans un centre grec. Les prêtres de ce dernier rite sont d'une ignorance célèbre, qui a malheureusement son reflet dans l'éducation des enfants qui leur sont confiés ; les catholiques, eux, sont dirigés par des franciscains, qui pour la plupart ont fait leurs études en Italie ou en Autriche, et qui parlent presque tous l'italien et le serbe.

Le Bocchais naît marin, c'est sa vocation ; il est hardi, aventureux, très-fort de constitution ; la race est même particulièrement belle. Sa ressource, c'est le commerce maritime; ses principales relations sont avec Venise, Trieste et la mer Noire. Quand il frète un navire, ou plutôt une polacre (un *faluccio*, comme on dit ici, ou un *trabacolo*), il garde à bord le costume du pays natal et pense toujours à revenir à son village. Les Bocchais se font matelots pour le compte d'un armateur ou d'un capitaine, s'ils sont absolument dénués ; et s'ils ont quelques moyens, ils achètent une barque. Malgré sa petite dimension, comme ils sont hardis, ils acceptent une cargaison qu'ils porteront fidèlement au port désigné ; peu à peu ils s'agrandissent et font le cabotage. Mais la tempête, qui les menace constamment, fait bien des veuves et des orphelins. Le capitaine du bâtiment me montre au passage, au-dessous de Perasto, un village où presque toutes les portes sont closes et les maisons vides ; les veuves vêtues de noir errent dans les rues abandonnées. La mer est le champ d'honneur des Bocchesi, et il suffit d'une année fertile en tempêtes pour dépeupler ainsi tout un village. Mais quand ils ont échappé à la fureur des vents, ils reviennent riches, encore jeunes parfois, car j'en ai vu beaucoup qui avaient vogué dans le monde entier, ayant ramassé une fortune convenable, et qui semblaient dans la fleur de l'âge. De retour dans les Bouches, ils vont droit au toit paternel; ils l'embellissent ou construisent une nouvelle demeure, et, s'ils le peuvent, ils y ajoutent un petit espace de terre ; mais le sol est si restreint, qu'ils auront tout au plus deux ou trois petites terrasses superposées où ils planteront quelques oliviers. Ils n'ont nulle vanité, n'essayent point de briller et d'étaler leur fortune aux yeux de leurs voisins ; ils sont durs pour eux-mêmes, concentrés et réfléchis, et ils vivent entre eux. On m'a dit que quelques-uns des plus riches ont des échantillons des armes de tous les pays parcourus par eux et qu'ils en décorent leur logis : l'origine de ce goût fut la nécessité de se défendre à la fois contre les Turcs et les Monténégrins. Il y a bien peu de temps qu'ils sont en sécurité dans leur baie, dominée par ces montagnes ardues qu'aucun être humain semblerait ne pouvoir franchir, mais qui est cependant accessible au pied de chèvre du Monténégrin.

A Dobrota par exemple, qui est le plus riche de tous les villages des Bouches, les habitations sont séparées du Monténégro par un simple rocher; aussi les maisons sont-elles généralement fortifiées par un petit rempart percé de meurtrières. La ligne des frontières est si rapprochée que la crainte était constante, mais les temps deviennent meilleurs; cependant, dans les années de disette, le voisinage d'un lieu aussi riche que Dobrota éveille l'appétit des coureurs monténégrins, qui font bien souvent encore irruption sur le territoire autrichien. Les cordons militaires sont impuissants à empêcher ces incursions ; très-souvent aussi il y a des cas de vendetta nés de quelque collision antérieure, et les habitants sont obligés de s'organiser militairement, de rester sur pied la nuit et le jour, afin de défendre le territoire. Au moment où je passe, l'abondance est énorme; mais en 1874 les Monténégrins étaient obligés de faire cinq jours de marche pour venir chercher du blé ou du maïs à bord des bâtiments, et, sur la route qui mène à Raguse, on les trouvait morts de faim, tellement ce pauvre pays de la Montagne Noire offre peu de ressources.

Entre Risano et la frontière de l'Herzégovine, à une hauteur considérable dans la montagne, et non loin de Grahovo, on peut lire sur la carte le nom d'un village célèbre par le caractère belliqueux de ses habitants : c'est le village de Krivoscjé, lieu mal défini, difficile d'accès, que la loi a évidemment placé sous le gouvernement de l'Autriche, mais qui, à vrai dire, échappe par sa situation à toute règle, à toute administration. Les Krivosciens sont des Bocchais aussi, mais ils sont dans la montagne, et par conséquent n'ont ni les mœurs ni les habitudes de ceux qui sont à la rive. La nature s'accommode mal des divisions conventionnelles des hommes ; elle a elle-même créé des frontières naturelles aux divers pays du globe, et les mœurs de ceux qui

LES KRIVOSCIENS, MONTAGNARDS DES BOUCHES DE CATTARO.

sont ainsi divisés peuvent différer essentiellement en raison des obstacles qui les séparent, que ce soit une montagne ou un fleuve. Mais quand la ligne qui établit la délimitation est tout arbitraire et tracée par des souverains ou des diplomates, comment s'attendre à voir les caractères et les mœurs différer? Les Krivosciens sont donc réellement des Monténégrins : ils en ont l'aspect, le costume, les mœurs, les coutumes, et aussi l'ardeur belliqueuse et l'amour de la lutte. Il est difficile à qui n'est pas du pays de distinguer un habitant de Krivoscjé d'un habitant de Cettigné ou de Rieka.

En 1869, le gouvernement austro-hongrois, qui a assimilé toute la Dalmatie au reste de l'Empire, voulut soumettre les Krivosciens ses sujets au système militaire; l'ordre fut donné aux magistrats civils ; il resta inexécuté. Les Autrichiens sont très-paternels dans leur administration, mais ils usent de fermeté devant la rébellion. Ils durent occuper Krivoscjé ; et la poignée de montagnards qui habitent le village ayant refusé de les recevoir, la lutte commença.

Le récit de cette expédition rappellerait les faits les plus glorieux de nos annales militaires d'Afrique : Zaatcha, la défense de Mazagran, et le dernier combat du colonel Montagnac. On vit trois à quatre cents hommes arrêter des régiments entiers, les tailler en pièces, en faisant pleuvoir sur eux, du haut de leurs défilés abrupts, les pierres qu'ils avaient roulées à l'entrée des gorges. L'armée fut superbe d'énergie, de volonté et de discipline; mais les officiers supérieurs sentaient qu'en voulant escalader ces cimes, ils conduisaient leurs hommes à une mort sans gloire et sans résultat. Pendant toute la campagne, les Krivosciens ne perdirent que onze hommes et n'eurent que soixante-treize blessés, tandis qu'à la seule affaire de Knyesowaz les Autrichiens eurent quinze officiers tués, dont un major. Dans un autre engagement, à Maïna, deux compagnies d'infanterie furent entièrement détruites sans que les assiégés perdissent un seul homme. J'ai rencontré à Spalato un officier qui avait assisté à ces rudes affaires; il me peignait avec une abnégation touchante la situation des Autrichiens. « L'ordre était donné, il fallait avancer. Le seul sentier par lequel on pouvait atteindre l'ennemi était étroit et ardu : on s'élançait au commandement; mais bientôt un lourd fragment de rocher fauchait les compagnies, tandis que des balles lancées par des mains invisibles les décimaient aussi. Vingt fois nous montâmes, et nos officiers supérieurs, à chaque revers, comptaient ce que chaque tentative venait de nous coûter. Nous étions découragés, mais on nous commandait, et nous obéissions. »

Enfin on en référa à Vienne, et l'Autriche arrêta cette boucherie qui déjà lui avait coûté un régiment tout entier et plusieurs millions de florins. La victoire resta aux Krivosciens indomptés; on leur accorda l'exemption du service militaire hors de chez eux et la réduction des taxes.

J'ai dit que le costume du Krivoscien peut être confondu avec celui du Monténégrin; on en peut juger par notre dessin : il est exécuté d'après une photographie. Le jour où un hardi opérateur a gravi la montagne pour soumettre à son objectif ces rebelles habitants de Krivoscjé d'en haut, ils ont cru devoir poser la main sur leurs armes dans les attitudes les plus féroces. Un grand nombre de ces montagnards établis sur le versant oriental sont allés prendre part aux luttes actuelles contre les Turcs.

Deux rites distincts entraînent naturellement deux costumes bien définis pour les habitants des Bouches, mais ce n'est pas assez : chaque village a le sien et la tradition se conserve si pure que j'ai sous les yeux des dessins exécutés avant la Révolution française par un voyageur, dans lesquels je reconnais sans peine chacune des localités où l'artiste a pris ses modèles. Le contraste est parfois très-frappant, et les vêtements diffèrent du tout au tout, dans la forme et dans les couleurs. A Risano, par exemple, les hommes portent un large gilet gris et une veste soutachée de galon avec des boutons dorés, des bas blancs noués par des jarretières rouges et un fez rouge comme celui du Turc, mais dont le gland est en or, au lieu d'être de soie bleu sombre. Les armes passées à la ceinture sont très-riches ; le fusil est souvent damasquiné et a sa crosse incrustée de nacre. Assez près de là, à Dobrota, la veste, la culotte, les bas, la cravate, le bonnet, tout est noir, et le seul point coloré du costume est la légère broderie d'or qui décore le fez et le gilet. Mais il y a une note discordante qui détruit le caractère de l'ensemble : c'est une cravate à l'européenne sur la chemise banale. Du reste, il y a en eux de l'Espagnol, du Grec et du Français ; le pantalon large ressemble beaucoup à la fustanelle. Il va sans dire que dans les villes comme Cattaro et Castel-Nuovo le costume des habitants est celui de toutes les villes d'Europe ; il y a là d'ailleurs un monde d'employés qui sont Allemands, Tchèques, Istriens, etc.

Les femmes se distinguent surtout par la profusion des bijoux qu'elles portent. Des épingles évidées à jour et à têtes énormes sont fixées dans leurs cheveux ; le cou est chargé de triples et quadruples colliers ; elles placent au corsage des pendeloques de toute forme, sans compter la ceinture décorée de grosses plaques repoussées d'argent ou de cuivre, suivant leur état de fortune.

Nous avons déjà signalé la distance que le Morlaque et le paysan slave de l'intérieur de la Dalmatie mettent entre la femme et eux. Ici, dans les villages des Bouches, la différence est plus sensible encore : on sent qu'on approche du Monténégro. On a attribué cette espèce de servage dans lequel ces Slaves du Sud tiennent la femme à l'habitude qu'ils ont de se réserver la défense du sol, aux travaux guerriers dont ils font la grande occupation de leur vie ; ils abandonnent tout le travail à leur compagne, qu'on voit plier sous les plus lourds fardeaux et marchant sans cesse à pied à travers la montagne, quand son maître et seigneur est à cheval ou monte la bête de somme unique bien de la famille.

XXXIV

La ville de Cattaro est la capitale du cercle qui comprend Castel-Nuovo, Cattaro et Budua, la dernière ville de Dalmatie, qui forme presque la limite de l'Albanie. Le cercle tout entier comprend cent quatre communes ; c'est le moins important de la province. Il n'y a guère qu'un mille et demi de Dobrota à Cattaro ; la cité est acculée à la montagne, au fond de la dernière baie du canal, à l'extrême limite de l'Empire. L'espace compris entre la mer et la frontière monténégrine est si étroit, qu'une pièce d'artillerie placée sur les pics de la Montagne Noire peut atteindre les bâtiments dans la baie.

Pour que le lecteur puisse se rendre compte de la singulière position de la ville, il doit jeter les yeux sur la vue de Cattaro. Située à la rive et dominée par une forteresse dont les murs d'enceinte montent en rampant jusqu'aux premiers contre-forts de la Montagne Noire, il semble que, pour asseoir la ville, on ait taillé la montagne et qu'on y ait adossé les monuments et les maisons. Il y a là une église dont la façade principale s'ouvre sur une petite place de niveau avec le port, et qui n'a pas de façade postérieure, parce qu'elle se confond avec la montagne même, qui dépasse ses plus hauts clochers de ses formidables pics. Il est évident qu'à une époque assez rapprochée on a gagné sur la mer pour faire un quai et une promenade ; là s'élèvent d'assez beaux arbres en avant de la fortification qui enferme toute la cité : c'est le lieu de réunion ; les paquebots arrivent et apportent la vie dans ce coin qui n'aurait aucun écho des autres points du monde sans cette route liquide qui le relie à Trieste. Il faut s'imaginer que la dernière baie, au lieu de former un cirque, forme un triangle très-aigu : au sommet même de ce triangle se trouve Cattaro, qui a sur sa droite et sur sa gauche des montagnes très-hautes qui lui interceptent les rayons du soleil. Quand l'astre brille de tout son éclat, il n'atteint que les hautes cimes, qu'il dore de ses rayons. Pendant l'été, Cattaro, placé contre un roc aride, a la température insupportable d'un four ; à partir de septembre, les matinées y sont agréables. Je m'y trouvais pour la première fois en octobre, et déjà la neige blanchissait la montagne ; jusqu'à deux heures de l'après-midi, par les plus belles journées, le soleil ne pénétrait pas dans la ville ; et quand ses premiers rayons venaient apporter

VUE DE LA VILLE DE CATTARO.

la gaieté et vivifier toutes choses, on était déjà près de l'heure où l'astre se couche. Les pluies y sont abondantes ; et comme une sorte de vallée rocheuse s'est formée dans la montagne (le mont Sella) pour l'écoulement des torrents, sur le côté gauche de la ville un grand espace reste vide, constamment menacé par les inondations. Si le massif calcaire qui sépare la baie de Cattaro de l'Adriatique était moins élevé, le soleil luirait pour la ville, les brouillards qui y obscurcissent l'air et forment comme des nuages dans un entonnoir, s'y dissiperaient vite, et toutes les conditions seraient changées. Mais j'ai eu le sentiment, dans un assez court séjour que je faisais là, que c'est un des lieux de la terre où, presque au cœur de la civilisation européenne, on est le plus isolé. Les habitants y sont graves, simples et braves, et somme toute, malgré cette position peu fortunée, le climat y est sain. Le port est excellent ; il est impossible d'en trouver un qui soit mieux abrité : ce serait même un excellent lieu de retraite pour cacher une flotte.

L'aspect de la ville, à l'entrée par le quai, est assez riant, parce qu'on y débarque sur un port très-avenant, ombragé d'arbres ; une fois ces quinconces franchis, la muraille se dresse et l'on entre dans une place forte qui porte les traces des Vénitiens. Il y a là un certain mouvement militaire ; les casernes sont toutes à l'entrée. La ville elle-même est une succession de petites rues d'un dessin contourné, compliqué, bordées de hautes maisons avec des magasins assez nombreux. A mesure qu'on s'enfonce dans la ville, on est plus dominé par la montagne et on sent que l'air et la lumière manquent ; mais on ne saurait aller bien loin, car le rocher vous arrête. On sent la vie cependant ; toutes les autres cités des Bouches sont maritimes et agricoles, celle-ci est industrielle. C'est le magasin et le dépôt de tout le golfe et l'entrepôt du Monténégro, qui est à sept heures de là et fait tout venir par le port. La population est de quatre mille à cinq mille habitants, sur lesquels trois mille sont catholiques. Dans la répartition générale de tout le district, y compris Budua, les grecs surpassent du double le nombre des catholiques. J'ai vu là quelques petites places étroites dont les maisons à balcons trilobés rappellent ceux des *Campi* de Venise ; cette puissante et hautaine République a laissé partout une fière empreinte de sa domination. De temps en temps, sur quelque office public, le lion ailé dresse son aile hiératique et avance sa patte de fer. La cité tout entière est ceinte de murs ; elle a trois portes, dont deux sont fermées au coucher du soleil ; la troisième, celle du quai, la porte de Mer, assez monumentale d'aspect et décorée de beaux écussons et d'inscriptions, reste ouverte jusqu'à minuit les jours d'arrivée du paquebot.

Je suis entré à Cattaro vers quatre heures. J'avais pris une lettre de recommandation pour l'inspecteur du Lloyd et j'avais eu la bonne fortune de faire le voyage, une quinzaine de jours auparavant, de Sebenico à Spalato, avec M. de Radamanovich, un commerçant de Cattaro qui est le correspondant et l'agent du prince de Monténégro dans cette ville. Ce dernier devait m'être très-utile pour effectuer mon excursion dans la Principauté.

Il n'y a pas d'hôtel à Cattaro : on y loge chez certains habitants, qui meublent leurs maisons avec l'arrière-pensée d'en tirer profit en les louant aux étrangers de passage. On me mena, par des détours, dans une ruelle assez sombre, à la maison d'un brave homme qui me donna une chambre convenable. Depuis ma descente du bateau, j'étais suivi par un colosse en costume monténégrin qui avait jeté sur son dos le large plaid brun rayé qui sert à ces montagnards pour toutes les circonstances de la vie : c'est tantôt un lit, tantôt un abri contre la pluie et le soleil, tantôt un sac ou une tente. Il pensait avec raison que je venais à Cattaro pour passer à Cettigné, et, comme c'était son industrie de louer des chevaux pour traverser la montagne, il voulait m'arracher la promesse de le prendre le lendemain matin. J'eus beaucoup de peine à me défendre, je voulais laisser le soin de cette transaction à l'agent du prince, et je finis par lui faire entendre raison. Mon logeur était un personnage à son aise, boiteux, fort petit de taille, avec une barbe épaisse et de longs cheveux, un pifferaro italien d'une certaine tenue, tout de noir vêtu, avec le feutre sombre à larges bords. Il m'accueillit comme un frère, me demanda comment j'avais supporté le voyage, s'enquit des moindres détails avec une bonhomie affectueuse, me tendit la main et serra la mienne avec une telle effusion, que je me demandais ce qui me valait de telles démonstrations d'amitié.

UNE BOUTIQUE MONTÉNÉGRINE AU BAZAR DE CATTARO.

L'agent du Lloyd se mit obligeamment à ma disposition, et m'indiqua les moyens de vivre le mieux possible. Un restaurant assez agréable, situé sur la promenade, et en dehors des murs, reçoit les voyageurs, les officiers de la garnison et les employés autrichiens. A l'heure où je m'y rendis, toute la société prenait le frais sur le port; comme le général Rodich, le gouverneur général de la Dalmatie, venait en inspection à bord du paquebot de Zara, j'eus l'occasion d'entrevoir la physionomie des habitants. Elle diffère peu de celle des autres ports du littoral ; les femmes suivent les modes italiennes, et quant aux hommes, venus pour la plupart des quatre points cardinaux de l'Empire, ils n'ont rien de particulier. Tous se considèrent là comme en exil, et l'arrivée du paquebot est un événement pour eux, sans compter qu'il apporte à chacun des nouvelles des siens. J'ai trouvé une grande aménité chez tous les Cattarins auxquels on m'a présenté, et les gens du peuple m'ont paru doux et agréables de relations.

Le matin, après l'expédition du courrier et de mes dépêches, je courus au Bazar ; on m'avait prévenu que si j'arrivais là un mardi, un jeudi ou un samedi, je trouverais ample moisson de croquis, parce qu'il n'est approvisionné que par les Monténégrins.

Le lieu en lui-même est triste et pittoresque ; c'est une espèce de vallée de pierre brusquement ouverte par les eaux. Les montagnards viennent de Niegous et de Cettigné, et font sept ou huit heures de marche en portant de lourds fardeaux, traversant une succession de montagnes si hautes et si ardues, que le cœur se serre en voyant les malheureuses femmes à moitié nues qui descendent courbées sous le faix. La pitance est maigre : quelques pommes de terre, quelques œufs, quelques poulets maigres, et surtout des fagots, forment toutes les provisions qu'on y trouve. Ce sont les Monténégrines qui ont la dure mission de porter ces fardeaux, et d'habitude elles les chargent sur leur tête. Quelquefois les montagnards chassent devant eux quelques moutons qu'ils viennent vendre au marché, et la halte qu'ils forment à la porte de la ville est un spectacle intéressant pour un artiste. C'est au marché que M. Valerio a dessiné ce jeune Monténégrin qui fait rôtir le mouton à l'albanaise, assis gravement devant le feu et tournant la broche de bois.

Ce marché est très-surveillé par l'autorité, parce que souvent des discussions s'élèvent entre ceux qui y viennent et les habitants. Les femmes ont le droit d'entrer à Cattaro ; mais, pour bien des raisons, le nombre des Monténégrins qui peuvent circuler est limité. Ils doivent aussi déposer leurs armes à leur entrée en ville, et, à cet effet, une garde veille à la porte du Midi, sur laquelle j'ai remarqué une inscription d'une assez belle tournure, qui rappelle la vaillante défense que Cattaro a faite lorsqu'elle était assiégée. Ce bazar est spécial aux Monténégrins, et la porte de la ville débouche sur la voie qui mène au Monténégro ; mais, dans la partie qui longe l'Adriatique, un autre marché s'ouvre, plus abondant et plus varié, fourni par les Bocchesi venus des villages de la rive où la terre est plus fertile et de plus de ressources.

Le contraste est très-frappant entre les paysannes des Bouches et la pauvreté de leurs achats; elles sont couvertes de bijoux, et tirent avec circonspection de leur poche des liards qui leur servent à acheter les mets les plus étranges, des pieds de bœuf bouillis avec leur corne, des pains noirs qui semblent faits de paille mal hachée. Mais les Monténégrins qui viennent vendre un fagot de deux francs, portent à la ceinture des armes qu'ils ont dû payer très-cher et qui constituent souvent toute leur fortune.

Cattaro s'élève sur l'emplacement de la cité romaine *Ascrivium* (*Cattaro*, καταρρεῖν, cataracte?). Les Sarrasins de Sicile s'en emparent en 867 ; les habitants, dispersés dans la montagne, reviennent et construisent la citadelle ; la ville jouit de sa liberté, avec la forme de république, sous la protection des rois de Servie, jusqu'en 1178. Les monnaies cattarines de cette époque s'appellent des *trifoni*, parce qu'elles sont à l'effigie de saint Trifon, le patron de la cité. Les empereurs grecs y règnent à la fin du douzième siècle, puis elle revient encore à la Servie. Les chevaliers Templiers, au moment où ils prennent Clissa, Knin, Novigrad et Vrana, s'emparent aussi de Cattaro ; mais ils ne le gardent que peu de temps, et leur ordre est supprimé en 1312.

En 1367, le roi de Serbie Stéphan Ourosh étant mort, et les Cattarins voyant que leurs suzerains sont inhabiles à les défendre, réclament l'appui de Louis, roi de Hongrie, qui devient leur protecteur jusqu'en 1378, où les Vénitiens mettent le siége devant la ville.

La république de Venise n'y fait que passer ; la ville revient à Louis, qui meurt en 1382.

LE MOUTON A L'ALBANAISE.

A cette date, la cité tombe aux mains de Tuartko Ier, roi de Bosnie, et la cité reste bosniaque jusque sous le règne de Cristich Ostoua. Les Ragusains sont alors à leur apogée et font la guerre aux Cattarins ; de leur côté les Turcs voient leur puissance s'accroître au point de menacer toute la Dalmatie : Cattaro inquiète se donne à Venise. Mais, avant d'appeler la République à son secours, les magistrats de la ville font précéder l'acte de donation d'un traité par lequel les habitants se réservent le droit d'élire leurs magistrats et de conserver leurs anciennes lois ; ils y insèrent même une condition digne de servir de modèle aux autres peuples : ils stipulent que les Vénitiens ne pourront jamais céder leur ville à une autre puissance, et que, s'ils oublient cet engagement, Cattaro, dégagée envers eux, reprendra à l'instant son indépendance primitive.

Cette cession de Cattaro mit le sceau à la puissance de Venise dans l'Adriatique, puisqu'elle en possédait tous les rivages, depuis les bouches du Pô jusqu'à Corfou. Il fallait y ajouter encore Candie, Négrepont, toute la côte de Morée, plusieurs îles de l'Archipel, et des établissements dans presque tous les ports d'Orient.

La ville n'avait pas de lois écrites; ses statuts étaient ceux des anciennes cités romaines. Cette situation se modifia naturellement, et on adopta les règlements et les usages des Vénitiens; mais ceux-ci ne furent point paisibles possesseurs, car en 1538 les Turcs assiégèrent Cattaro; en 1657, ils revinrent et furent encore repoussés. Entre ces deux périodes, en 1567, un terrible tremblement de terre détruisit entièrement la ville; les deux tiers des habitants périrent. C'était jour de marché; un grand nombre d'étrangers furent ensevelis sous les décombres. La situation de Cattaro sous la montagne rendait un tel sinistre beaucoup plus redoutable qu'en tout autre lieu; mais l'activité des Vénitiens fut telle, que la ville fut bientôt rebâtie. Ainsi l'on s'explique que, s'étant donné en 1420 à Venise, Cattaro n'offre que des monuments du seizième siècle.

En 1753, le gouvernement de Saint-Marc viola la convention de 1420, et accorda certains droits nouveaux aux nobles. La ville se révolta; on voulut la punir; mais une partie de la population, très-altière et très-indépendante, émigra sur le territoire ottoman. Deux ans après, en 1755, une nouvelle révolte éclata, et quatre-vingts familles dalmates passèrent sur le territoire ottoman; quelques-unes aussi émigrèrent dans la Russie méridionale, car les bâtiments russes commençaient à fréquenter ces parages. Venise cependant régnait toujours, et il fallut la chute de la République pour que l'Autriche devînt maîtresse de la ville. En 1806, quand la Dalmatie fut cédée aux Français, les Russes mirent la main sur Cattaro; le traité de Tilsitt les força d'évacuer la contrée. En 1813, les Anglais vinrent nous y attaquer; sir William Hoste jeta un corps de débarquement, et, sous les yeux du général Gauthier, qui avait déclaré impossible de gravir la montagne avec du canon, ils dressèrent des batteries au-dessus de la citadelle, et prirent la ville en dix jours. Les Anglais, dans cette position inouïe, à cette prodigieuse hauteur, ne perdirent qu'un seul homme, et toute notre garnison fut faite prisonnière. Toutefois, la discorde ayant éclaté entre les Autrichiens et les Anglais, ces derniers évacuèrent Cattaro, qui tomba aux mains du vladika du Monténégro, très-désireux, alors comme aujourd'hui, de posséder un port sur l'Adriatique; il dut, le 14 juin 1814, rendre la ville à l'Autriche, qui la garda définitivement en partage, avec toute la Dalmatie, par les traités de Vienne.

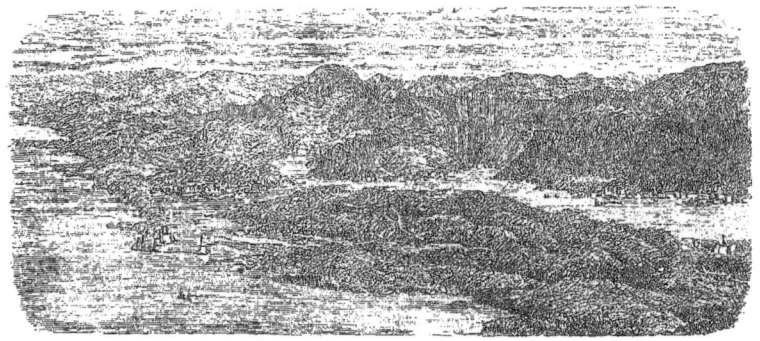

UN INTÉRIEUR DE SÉNATEUR MONTÉNÉGRIN.

CHAPITRE SEPTIÈME

LE MONTÉNÉGRO

Départ de Cattaro. — L'ascension de la montagne Noire. — La route. — Verba. — Arrivée à Niégosch. — Halte à Niégosch. — L'intérieur d'un sénateur. — La castradina. — Le village de Niégosch. — De Niégosch à Cettigné. — Vue du lac de Scutari et de l'Albanie. — De Baïtz à la plaine de Cettigné. — La capitale du Monténégro. — Notre installation au vieux palais. — Détail d'intérieur. — Le sac inépuisable. — La table d'hôte à l'hôtel de Cettigné. — Coup d'œil rapide sur l'histoire du pays. — Le prince Nicolas. — L'exercice du pouvoir. — Le sénat. — Le pays monténégrin. — Division par provinces. — Caractère de chacune d'elles. — L'habitant. — Son caractère. — Ses mœurs. — Le costume. — La femme monténégrine. — Son état social. — La constitution de la famille. — Les communautés (*zadruzna kuca*). — La femme dans la communauté. — La religion au Monténégro. — Les popes. — Le couvent de Cettigné. — L'organisation militaire des Monténégrins. — Leurs mœurs guerrières. — Du rôle des popes dans la guerre. — La campagne de 1876. — Dernière campagne des Monténégrins contre les Turcs en 1876. — L'armée monténégrine sur le terrain. — Prise de Gatsko et de Médun. — Le Monténégro devant la conférence. — Les Mirdites. — Le retour.

I

Une excursion au Monténégro devait être le complément indispensable de notre voyage dans l'Adriatique; nous avions vu l'Istrie tout entière, le Quarnero et ses îles, la Dalmatie depuis Zara jusqu'au fond de la dernière des Bouches de Cattaro, et, quittant la côte, traversé le pays dans toute sa largeur, entrant en Bosnie et en Herzégovine : sept heures de route seulement nous séparaient de la capitale de la principauté! Depuis deux mois que nous avions quitté Venise, le temps, constamment radieux, avait fait de ce voyage sur la côte slave de l'Adriatique une promenade pleine d'enchantement. Nous glissions sans fatigue sur des flots azurés; pas une fois la bora ne s'était déchaînée, — ce qui est rare à l'automne dans ces parages, — et les villes blanches des anciennes colonies de Venise, ceintes de hautes murailles, défilaient devant nos yeux. Les beautés de la nature, les souvenirs historiques, l'attrait de l'art, de l'archéologie, la nouveauté des mœurs et des costumes, tout se réunissait pour nous retenir encore loin de la France. Comment résister à cette dernière séduction : voir au cœur même de la Tzernagora, dans son cirque de rudes collines, — j'allais dire dans son mystérieux repaire, — cette fière race monténégrine que sa valeur a rendue populaire dans le monde entier, et pour laquelle nous autres Français nous avons toujours nourri un certain enthousiasme, alors même qu'elle nous combattait ! Le corps dispos, rompu déjà à la locomotion, l'esprit léger, avec une pointe de gaieté dans le cœur et cette satisfaction avide qui remplit d'espoir un voyageur auquel on a promis des horizons nouveaux, des mœurs pleines de saveur et d'éclatants costumes, nous nous trouvions, le mercredi 28 octobre, à la porte de Cattaro, au rendez-vous fixé par l'agent du prince de Monténégro, le sympathique Pero Radamanovich, et nous mesurions de l'œil la hauteur prodigieuse de la montagne en fredonnant les couplets des *Monténégrins* de Limnander :

> Sur ces monts qui touchent le ciel,
> Dieu fit naître un peuple de braves.

L'avant-veille, à peine débarqué du vapeur de la compagnie du Lloyd qui nous avait transporté de Raguse à Cattaro, un grand diable coiffé de la beretta nationale de la principauté et couvert de la *strouka* (le grand plaid rayé, meuble indispensable de tout montagnard), qui s'était fait malgré moi mon garde du corps, avait voulu me conduire sur l'heure à Cettigné.

Un peu plus de prudence était nécessaire ; ce fut cependant avec lui que, malgré l'avis de l'agent, qui n'y consentit d'ailleurs qu'à regret, nous fîmes l'arrangement pour le cheval et le guide. M. Radamanovich, pour son début, eut un bon point dans mon esprit : il avait secoué la tête en voyant le montagnard comme s'il avait eu peu de confiance en lui : le grand gaillard, qui était du village de Scagliari, contre l'habitude de ses *pays*, qui sont très-honnêtes, très-exacts, très-intelligents et très-hardis, n'était point encore à neuf heures au rendez-vous. Nous commençâmes donc l'ascension sans lui, suivis d'une femme qui portait sur sa tête notre modeste bagage ; un enfant d'une quinzaine d'années marchait en avant des chevaux.

J'ai déjà décrit Cattaro, son quai, la ville et la marine. La porte par laquelle nous sortons est la porte de Terre, qui donne sur un ravin d'un aspect terrible, lit d'un torrent par où s'écoulent à l'Adriatique les pluies qui pendant l'automne tombent sans relâche et descendent en bouillonnant de la montagne. Là se tient le marché monténégrin, resserré entre la mer, la ville et le rocher, au pied même de la barrière qui nous sépare du Monténégro et de la route en échelle qui y conduit en mordant obliquement dans la montagne. C'est la première pente des *soixante-treize* lacets successifs de la route qui ne sont encore que la préface de l'ascension. Nous avons la ressource, pour compléter la description de ce pénible voyage, de nous reporter à la *vue de la ville de Cattaro*, que nous avons publiée et qui nous montre la citadelle de Cattaro dominant la ville à une hauteur énorme, avec ses murs crénelés en zigzags couronnés au sommet par le fort. Cette construction est dominée elle-même par la montagne chauve, à laquelle elle semble soudée dans la perspective, mais dont elle est cependant séparée par un profond ravin qu'on côtoie pendant l'ascension.

Le mont se dresse si subitement et le champ est si étroit entre la mer et les parois des rochers, que l'homme a dû s'ingénier pour les escalader ; il s'est frayé cette route en échelons obliques pris dans le rocher même ; aussi donne-t-on le nom d'échelle, *Scala*, à ces lacets vertigineux. Presque au départ, après une ascension de trente-cinq minutes, nous trouvons un petit village abrité entre la forteresse et la ville, caché dans les anfractuosités, et dont les toits, protégés contre les vents furieux par des quartiers de roche, comme les chalets suisses, sont au niveau même de la route. A mesure qu'on monte, on domine d'abord la ville, puis le golfe de Cattaro, les Bouches, la montagne de la rive opposée qui enferme l'Adriatique et forme un golfe. Déjà on distingue Perasto, la série des petits villages blancs qui bordent les plages et s'élèvent au pied des monts à pic, et tous les petits promontoires formant des échan-

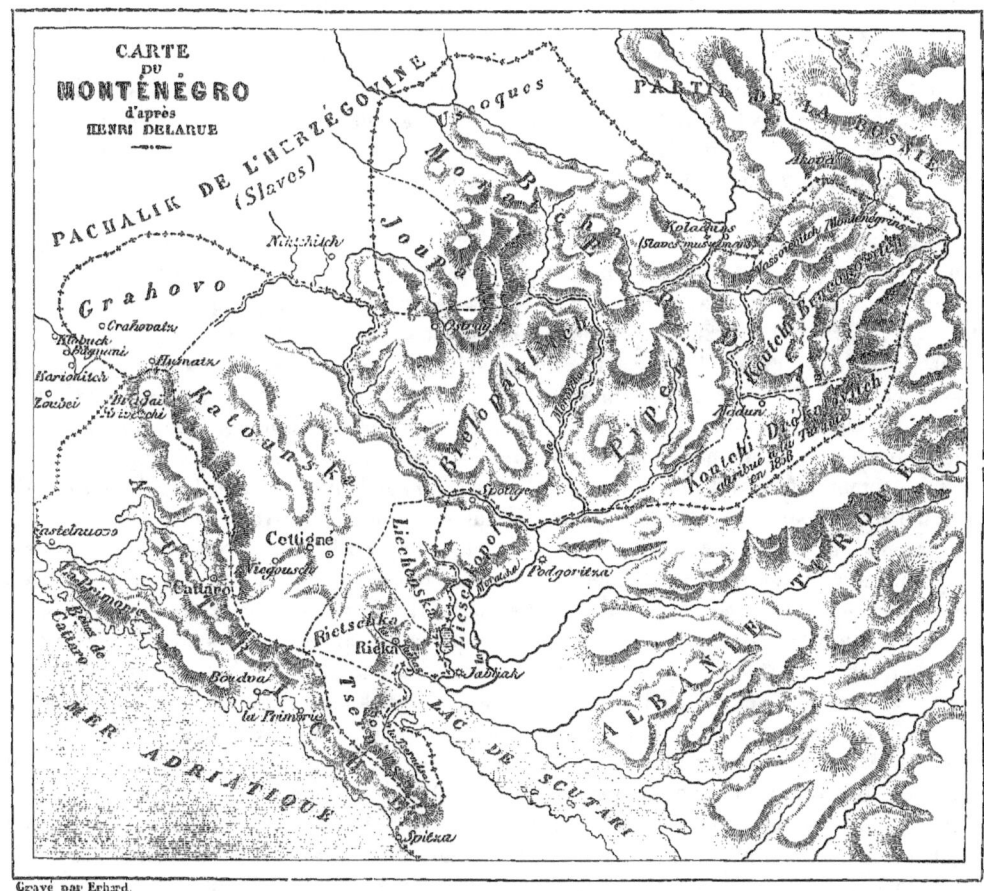

crures d'un ton soutenu dans la nappe bleue tranquille de la mer, avec leurs jardins verts où pointent des clochers.

Bientôt, à mesure qu'on monte, on arrive au niveau du fort, dont on est séparé par un noir ravin ; vous avez dépassé mille pieds d'altitude, et par un effet naturel de la perspective cavalière, plus vous montez, plus le fort se colle au rocher en diminuant la largeur du ravin, et plus la ville de Cattaro semble faire partie de la montagne : vous la voyez à vos pieds mêmes, avec ses places, ses rues, ses cours intérieures, sa marine piquée d'arbres verts, sa baie et ses trabacoli vus en projection, et sa promenade à la rive où vous laisseriez tomber perpendiculairement une pierre détachée du rocher.

Mais si vous relevez les yeux pour les porter à l'horizon; comme sur une carte en relief se découpent, entre l'azur du ciel et l'azur des eaux, les crêtes capricieuses des montagnes qui forment les Bouches. Montez toujours, jusqu'au dernier des soixante-treize lacets; aussi loin que la vue peut porter, dans une poussière d'argent, une brume légère que n'a pas encore dissipée l'ardeur des rayons du soleil, vous devinerez la dernière des six Bouches, au-dessus de Castel-Nuovo, et enfin la pleine Adriatique. C'est de là que, sur le pommeau de la selle, nous avons indiqué à grands traits les lignes essentielles du dessin que M. Riou a réalisé avec son talent habituel : « Les Bouches de Cattaro vues à vol d'oiseau, prises des hauteurs du Monténégro. »

Il a fallu une heure vingt minutes pour arriver jusqu'ici; nous sommes encore en Autriche, et nous sortons du dernier lacet pour entrer dans les défilés de la montagne. Nous voici au sommet, après avoir escaladé la paroi verticale sur l'Adriatique; et c'est ici même qu'est la ligne de démarcation de la frontière. La *Scala*, qui est tout entière autrichienne, est entretenue avec soin par le gouvernement militaire, de tout temps, comme on le sait, très-jaloux de ses routes stratégiques. A peine entré dans les défilés, le chaos commence : c'est comme un seuil symbolique où la nature veut vous avertir; il faut d'abord côtoyer quelque temps le bord d'un précipice tellement profond que mon honorable compagnon, sujet au vertige, s'accroche à sa selle, en descend, et m'avertit qu'il en agit toujours ainsi à ce passage. Il y a quelques années à peine, il fallait se frayer ici un chemin au milieu des quartiers de roches amenés par les torrents d'hiver; mais le prince Nicolas Ier, souverain actuel du Monténégro, après beaucoup de négociations, a obtenu de commencer la route de Cettigné à Cattaro : il l'a attaquée par ses extrémités, au point de raccordement de la Scala sur Cattaro, et au départ de Cettigné, aux premiers étriers de la montagne Noire. Au point où nous sommes arrivés, il faudra la compléter par un parapet; nous sommes forcés de nous coller au rocher qui surplombe, et dans lequel on a entaillé le chemin comme un balcon suspendu sur un abîme. Quelques ouvriers sont occupés à faire jouer la mine, et le conducteur des travaux vient saluer M. Radamanovich; il nous invite à entrer dans une noire et profonde caverne creusée par les eaux qui forme une sorte de haute crypte naturelle, percée circulairement à jour à sa voûte, et d'où les eaux, tombant en chute, s'ouvrent une issue mystérieuse, canal souterrain qui se prolonge sous nos pieds à une grande profondeur et va se déverser dans le précipice que nous côtoyons. Ces durs travaux sont conduits avec une expérience naturelle à ces ingénieurs naïfs nés dans la montagne, et leurs travaux d'art leur font honneur. Il faut une demi-heure à peu près pour arriver du point de départ de la Scala, c'est-à-dire de la frontière autrichienne au plateau de la montagne, d'où l'on aperçoit, dans une plaine relativement belle quoique très-rocailleuse, le village de Niégosch. C'est un des points les plus durs du passage, une sorte de coupe-gorge qui forme la défense la plus impénétrable et la ligne militaire la plus redoutable. Ce passage est formé par les pentes des monts Bucovizza et Glavizza, et les eaux de la petite rivière Ricoviernovich ont sans doute creusé cette coulée effroyable au fond de laquelle on aperçoit un maigre filet d'eau. C'est la première fois depuis Scagliari (le village entre Cattaro et la forteresse) que nous apercevons la trace d'une habitation. Le village s'appelle Verba, les chevaux s'abreuvent à une source pure et c'est généralement là qu'on fait la halte; mais mon compagnon me dit que nous sommes attendus à Niégosch, chez un honorable sénateur qui se fait un plaisir de nous donner l'hospitalité. En une demi-heure, après avoir franchi des passages sans horizon, où de chaque côté se dressent des rochers qui semblent disposés à souhait pour arrêter l'ennemi, nous atteignons enfin le plateau que les défilés nous cachent depuis longtemps. Niégosch, à une demi-lieue devant nous, forme une sorte de cirque entouré de montagnes dentelées.

Jusqu'ici nous avons croisé sur la route des groupes de femmes monténégrines qui se

MONTÉNÉGRINS SE RENDANT AU MARCHÉ DE CATTARO.

rendent au marché de Cattaro par petites caravanes; elles viennent de Niégosch, de Baïtz, de Cettigné et de quelques villages épars dans les rochers. Grises d'aspect dans ces rochers gris, elles s'avancent courbées sous leurs fardeaux énormes; parfois elles poussent devant elles un petit âne chargé de légumes. Les hommes sont rares dans les groupes et marchent solitaires, la main sur la hanche, les armes à la ceinture, comme s'ils éclairaient le chemin ; les pauvres créatures, pliées en deux, causent en marchant, tricotent des bas ou filent la quenouille; quoique pliées en deux sous le poids des fagots, de pâles éclats de rire éclairent de temps en temps ces physionomies empreintes d'une impression de tristesse. On est confondu de voir que dans cette ascension, pénible même pour nos chevaux, elles coupent directement les pentes de la montagne, évitent les détours et lacets, et vont droit devant elles comme des chèvres, choisissant avec sûreté, pour appuyer leurs pas, une série de saillies du sol qui échappent à nos yeux, sorte de route invisible pour tout autre que pour elles, échelle connue qu'elles gravissent avec une incroyable agilité et qui leur évite par quelques échelons presque verticaux, le détour de deux kilomètres que suit notre petite caravane. Notre jeune guide d'ailleurs en fait autant qu'elles, et l'on se demande comment l'*opanka*, cette chaussure des Slaves du Sud, permet au pied monténégrin une telle fatigue et un aussi rude effort. Quand nous passons devant Verba, nous croisons un groupe dont le chef nous jette le bonjour slave avec une sorte de fierté affectueuse qui nous rappelle le *Vaya Usted con Dios* des Andalous de la sierra Nevada. Si le chef de la famille connaît personnellement l'agent, il s'incline, le baise sur les deux joues en courbant légèrement le genou et la main gauche sur la poitrine, tandis que la droite tient en l'air la beretta; toutes les femmes, une à une, viennent nous baiser la main en murmurant d'un même ton monotone : *Oh ! louez Dieu !* Et elles passent devant nous, reprenant leur pénible ascension.

II

Nous voici à Niégosch, dans une plaine relative, sur le premier plateau de la montagne, entre Cattaro et Cettigné, vaste palier où se repose le voyageur avant d'escalader la nouvelle hauteur qui se dresse à l'horizon, lui cachant encore l'Albanie et le lac de Scutari.

Il faut s'écarter un peu de la route sur la gauche pour trouver les premières maisons de Niégosch, tête de district qui comprend plusieurs villages. J'ai dit que partout en Dalmatie, en Istrie et en Herzégovine, les paysans serbes plantent leurs maisons ou leurs cabanes à de grandes distances les unes des autres comme des fermes, et se plaisent dans un isolement qui s'explique par l'association de tous les membres d'une même famille. Ici, à Niégosch, il y a agglomération; les maisons, extrêmement basses (afin sans doute de ne pas laisser de prise aux vents furieux), disparaissent presque au milieu des pierres énormes et des gondolements d'un sol rocailleux et tourmenté, où çà et là, avec une grande parcimonie, la nature a ménagé des parties de terre cultivable très-espacées, très-divisées, et qu'on a eu soin d'entourer d'un petit mur, afin que l'ouragan n'emporte pas la précieuse terre à laquelle on a confié la semence. La maison où nous nous arrêtons est tout à fait à l'entrée, et son aspect extérieur est plus que simple. Je remarque que de grosses pierres fixées de chaque côté à des barres de traverse pressent de tout leur poids sur la toiture, servant à la protéger contre les coups de vent. Glissant sur un sol irrégulier qui semble dallé et où l'on s'étonne que l'homme ait pu asseoir et construire une demeure, nous entrons dans une cour où, comme dans un charnier, le sang ruisselle sur le rocher nu et va se perdre dans une sorte de puisard. Sur le seuil de la demeure, un homme d'une cinquantaine d'années, coiffé de la beretta, vêtu du costume national, reçoit le baiser de notre compagnon ; des jeunes gens tout sanglants sourient aux arrivants et disparaissent dans de petites cabanes, étables ou porcheries, qui s'ouvrent sur la cour ; des quartiers de moutons éventrés reposent sur le sol. Les enfants craintifs, tout barbouillés de sang, coiffés de la petite toque rouge, vont se réfugier dans le giron des femmes, qui se tiennent respectueusement à l'écart. C'est la fin d'octobre, nous avons surpris la famille monténégrine au moment où elle procède à l'importante tâche de la préparation de la *castradina*. On désigne ici sous le nom de castradina la chair du mouton et de la chèvre salée et boucanée, qui forme la ressource économique de la principauté tout entière, la base de son exportation, avec les *scoranze*, poissons du lac de Scutari séchés et fumés. Comme dans les familles patriarcales aux temps primitifs, le chef préside aux travaux ; c'est la première période, la tuerie, qui s'exécute aujourd'hui d'une façon moins répugnante qu'autrefois au moyen de saignées, tandis que les voyageurs qui ont traversé ces régions il y a quinze ans à peine, racontent qu'on voyait les propriétaires eux-mêmes, enfermés dans des enclos où l'on avait parqué les innocentes victimes, se précipiter sur elles le yatagan à la main, abattant à droite, à gauche, en face, à tour de bras, comme dans un combat contre les Turcs, et semant le champ de cadavres, enivrés par la vue du sang et le cri des victimes.

Après les saluts d'usage, nous gravissons quelques marches et nous nous trouvons dans une large pièce propre, basse de plafond, aux murs blanchis à la chaux, à la charpente apparente, au sol dallé, éclairée par deux petits jours mesquins grillés à hauteur d'homme. C'est la pièce unique de la maison. Deux grands lits très-larges, séparés l'un de l'autre par un espace où sont pendues quelques hardes, occupent tout un côté de la pièce ; dans un angle se dresse une grande table basse, couverte d'un tapis, avec des bancs pour siéges, et un fauteuil en bois à la place d'honneur. Entre le lit et la table, au lieu le plus apparent, je remarque, fixé à la muraille, un de ces râteliers peints comme ceux des Kabyles, aux chevilles desquels pendent quatre pistolets albanais à la crosse d'argent, un beau yatagan, un revolver et un fusil damasquiné. A l'autre bout de la table, dans l'angle opposé à celui du lit, brillent dans l'ombre les nimbes en repoussé des saintes images, les icônes grecs aux nimbes d'argent devant lesquels brûle une petite veilleuse. Dans un autre coin, servant à la fois de table et de banc, repose sur le sol un de ces grands coffres grossièrement enluminés, communs à tous les habitants de l'Orient, le *cassone* des Italiens, la *huche* du Breton et du Normand : c'est la commode monténégrine, qui contient les vêtements, les bijoux, l'argent, tout le trésor de la famille. Un autre coffre plus simple, mais de même forme, sépare les deux lits. L'aspect, en somme, est convenable, et, jusqu'à un certain point, empreint d'une noblesse patriarcale ; tout est large de proportion, on vivrait là sans peine au milieu de cette rude nature, et toute l'existence du chef de famille, voïvode ou capitaine, sénateur de la principauté, tient dans ce modeste domaine. C'est son foyer modeste ; là reposent les siens sous son œil vigilant, là sont ses armes brillantes, sa riche ceinture, là il accueille son hôte et lui tend son verre, et dans son cadre éclatant, dans sa panagia mystique, la Vierge mystérieuse, qui s'efface sous la fumée et dont on ne voit plus que les grands yeux caves dans la face brune, protége la maison monténégrine.

On a fait venir toute la famille, la femme d'abord ; d'un aspect sérieux et triste, comme toutes les mères serbes, usée de bonne heure, et qui sourit comme avec un effort. La fille, timide, réservée, craintive, mais gracieuse d'aspect ; les garçons, bambins impétueux qui semblent les maîtres dans la maison, et, sans égard pour la majesté du père, le tiraillent et l'assiégent. M. Radamanovich salue tout ce monde avec affection ; mais quelle réserve chez ces femmes qui viennent nous baiser les mains en courbant le genou ! Le père de famille ne prend pas part à cette effusion de son hôte ; sérieux, grave, on dirait qu'il veut ignorer ce qui se passe, il jette un mot à chacun, et tous disparaissent pour préparer le repas. La table est bientôt mise,

LA PRÉPARATION DE LA CASTRADINA.

et le déjeuner consiste en un mouton grillé à l'albanaise, qu'on coupe en quatre avec un handjar ; le vin est bon : c'est celui de la côte dalmate, rouge, toujours un peu trouble, mais auquel le voyageur s'habitue vite. Nous nous sommes assis tous les trois seulement ; les femmes nous servent debout, ou bien elles se tiennent respectueusement à l'écart. Il nous faut rapidement prendre congé, la route est longue encore et nous devons faire une seconde halte dans le même village, chez le frère de notre hôte, qui demeure à quelques pas de là. La maison est moins spacieuse, mais on sent encore le bien-être ; nous sommes chez les chefs du pays, des seigneurs à leur façon, qui siégent dans les conseils de l'État, et qui aussi, pendant les jours de trouble, conduisent au feu ceux de la Nahiija de Niégosch. Dans une petite pièce où la table est préparée, nous prenons le vin d'honneur, et l'on nous présente encore toute une famille. Partout c'est la même réserve chez la femme, la même tenue modeste, effacée ; mais on voit bien que l'affection n'est pas absente malgré cet aspect rébarbatif du seigneur et maître, et on sent que la mère, au foyer, est révérée, chérie et honorée de ses fils.

Il faut regagner la route, mais je veux examiner de plus près ce grand village de Niégosch avec ses maisons longues et basses qui semblent à peine émerger de terre, éparses parmi les rochers ; çà et là autour des habitations, dans de petits champs entourés de pierres, croissent quelques pommes de terre, et des animaux, moutons et chevaux, cherchent une maigre nourriture dans les interstices du roc. Niégosch est le berceau de la famille des Pétrovitz qui règne aujourd'hui sur le Monténégro, et le prince actuel, qui y est né, y passe généralement une partie de la saison chaude, dans une température beaucoup plus basse que celle de la capitale, car les vents de l'Adriatique viennent rafraîchir l'air. D'ici, je vois se dresser la résidence princière, modeste demeure flanquée de deux tourelles, sur laquelle se dresse, veuve de son étendard, la hampe destinée à porter les couleurs nationales qui indiquent la présence du souverain. Ce village de Niégosch dépend de la province de Katounska, qui contient onze centres appelés ici *plémena* ; c'est le plus riche d'entre eux, d'abord parce qu'il s'élève dans une plaine, ensuite parce qu'il est la résidence d'un certain nombre de propriétaires de bestiaux, qui tous se vouent à l'exportation de la castradina et en tirent un grand profit. Chaque année, la principauté expédie cent mille têtes de petit bétail, abattues, salées et fumées, constituant un fret pour les bâtiments du Lloyd, qui les portent dans chacune des villes du littoral, et surtout à Trieste.

A part cette plaine, où au moins on voit un peu de terre végétale et quelques traces de culture, nous sommes dans la partie la plus rude du pays ; plus tard, nous verrons dans la Berda des prairies montagneuses qui permettent au moins à l'homme de vivre, et qui font comprendre comment cette population déshéritée parvient à ne pas mourir de faim.

Ici, c'est la viande salée et fumée, *la castradina*, qui forme le fond de l'industrie locale, et chaque année l'exportation totale du pays qu'on en fait dans toute la région se monte à six cent vingt mille francs.

III

Niégosch étant en dehors de la route qui mène de Cattaro à Cettigné, il nous faut revenir sur notre droite et traverser la plaine ; nos chevaux nous attendent au pied de la montagne qui nous cache Cettigné, montagne dont l'ascension va constituer la seconde partie de l'excursion. Nous examinons à loisir les pauvres champs et la triste culture de ce district ; ce sont de petits morceaux de terre qui affectent la forme ronde, ou la forme carrée ou triangulaire ; la nature les a ménagés au milieu de ce chaos de pierre. Chacune de ces petites propriétés, qui constituent une fortune ou du moins une ressource réelle pour celui qui en est le maître. est soigneusement entourée de petits quartiers de roches, et on me dit que, quand une famille vient à s'en dessaisir, le prix est relativement très-élevé. Il semble qu'en dehors des hommes employés à faire la castradina, tous les habitants du village soient aux champs et travaillent à la culture ou récoltent la pomme de terre. Je veux juger de sa qualité et je descends dans un petit ravin au fond duquel tout un groupe de femmes sont occupées à creuser un grand trou pour y enfouir toute la récolte, qu'elles vont recouvrir d'une couche de terre mêlée de petites pierres ; elles vont en faire, en le battant, un sol dur comme un macadam ; c'est un mode de conservation que j'ai déjà vu pratiquer du côté de la Bosnie. Le tubercule est sain et d'une belle venue, quoiqu'il pousse dans un sol extrêmement pierreux ; ces petits champs au fond des ravins et des crevasses, si petits que parfois ils ne dépassent pas un diamètre de quatre à cinq mètres, ne sont pas nouveaux pour moi ; c'est la réduction des dollinas de l'Istrie et de la Dalmatie, où la bora souffle avec fureur, et où les seules couches d'humus propres à la culture, abritées entre les anfractuosités du roc, sont précieusement exploitées par les paysans, condamnés à vivre sur un sol ingrat, au milieu d'une nature marâtre, mais qu'ils aiment comme si elle les comblait de ses dons. Depuis Niégosch jusqu'à Cettigné, au train dont nous allons, avec des chevaux très-sûrs comme tous ces chevaux de montagne, mais d'une force ordinaire, il nous faut à peu près trois heures. Nous entrons, en les gravissant avec peine, dans des défilés étroits comme de petits tunnels et ménagés dans le roc qui nous enferme des deux côtés. Quand à notre gauche la paroi s'abaisse, nous longeons un ravin au fond duquel on aperçoit encore quelques paysans qui travaillent la terre, mais la solitude et le silence sont complets. La première

JEUNE FILLE MONTÉNÉGRINE DE NIÉGOSCH.

heure de route est très-rude, les pierres roulent sous nos pieds et nos chevaux glissent et semblent gravir un glacier. Quand l'horizon se découvre, ce ne sont, à droite, à gauche et en avant, que petits pics aigus qui se succèdent pendant plusieurs lieues et que tous les voyageurs, depuis les Vénitiens du quinzième siècle jusqu'à Viala de Sommières, Wilkinson, Tozer, Khol, Delarue, Boulogne, Frilley, et tant d'autres qui ont écrit sur le Monténégro, ont tous comparés à une mer en fureur dont les vagues auraient été subitement pétrifiées. L'impression est juste, et tous ceux qui voudront décrire le pays l'auront ressentie. Un certain découragement s'empare du voyageur et son cœur se serre de tristesse ; plus d'horizons bleus comme dans les plaines arides de la Dalmatie, plus de majestueux décors avec des plans successifs à souhait pour le plaisir des yeux, comme dans nos Pyrénées, où, malgré le chaos, la nature semble avoir ménagé à l'homme, au milieu d'une des plus belles civilisations du monde, un des plus beaux tableaux de la nature. Ici, pas un être vivant ; des montagnes grises et nues succédant à des collines arides, l'homme obligé de se grouper dans une plaine chétive, qu'il travaille à la sueur de son front et qui lui représente un coin béni par la Providence, ménagé par Dieu même au milieu de ces vagues rocheuses. Malgré le spectacle étrange qu'on a sous les yeux et la nouveauté de l'aspect, la route est longue et pénible pour celui qui ne sait point ce qui l'attend au but. Tantôt nous sommes sur le cheval comme sur un plan oblique et nous devons nous tenir au pommeau de la selle pour ne point glisser en arrière, désarçonné par le côté de la croupe; tantôt, au contraire, nous voici rapidement jeté sur l'avant-train, obligé de saisir la crinière pour ne pas tomber en avant. Nous dépassons la fontaine de Danilo, ménagée par les soins du prince comme un point d'arrêt pour le voyageur ; vers quatre heures, à la sortie d'un chaos si terrible, si tourmenté, si singulier par la superposition des quartiers de roches entassés les uns sur les autres comme pour menacer la vie des passants, si singulier, enfin, que le dessin que nous en offrons semble plutôt imaginé que scrupuleusement tracé sur nature, après avoir été absolument contraints de descendre de cheval, aimant mieux nous meurtrir les pieds que subir davantage les heurts que nous imprime la monture, nous voyons subitement se dérouler devant nos yeux un panorama sublime, encadré entre deux lignes austères de rochers déchiquetés comme par un subit cataclysme et formant les coulisses de premier plan de l'étonnante toile de fond que nous avons devant les yeux. C'est une succession de montagnes qui, vues du point culminant où nous sommes, semblent de petites collines que nous dominons de toute notre hauteur ; derrière elles apparaît, comme un grand disque d'argent tombé dans une plaine, le lac de Scutari frappé par les rayons du soleil et découpant sur la plaine les éclatantes échancrures de ses rives. Voici le cours de la Moratcha, filet sinueux qui se dessine en clair sur un fond bleuâtre ;

JEUNE GARÇON DE NIÉGOSCH.

plus loin, les montagnes neigeuses de l'Albanie du sud et le pays des Mirdites. A notre droite, presque sur le plan où nous sommes, entre cette coulisse de premier plan de rochers et la plaine de Cettigné, qui se déroule au-dessous de nous, se dresse, haute d'environ dix-sept cents mètres, la montagne de Lovchen, au sommet de laquelle, comme une pierre pétrifiée, comme un indestructible ex-voto qui échappera longtemps à la rage des hommes, s'élève le tombeau de Pierre II, le dernier vladika du Monténégro. C'est ce mont Lovchen qui nous cache, par son pic grandiose fermant le premier plan à notre droite, la vue des maisons de Cettigné, la capitale du Monténégro; mais l'entrée de la plaine est à nos pieds, formant une vallée relative qui n'est elle-même qu'un plateau de la montagne Noire, dominant de huit cents mètres la mer Adriatique, et d'une hauteur un peu moindre le lac de Scutari. Le piédestal sublime d'où nous découvrons l'un des plus beaux panoramas qu'aient contemplés nos yeux de voyageur, habitués cependant aux merveilleux horizons de la sierra Bermeja et de l'Atlas, s'appelle le mont Kerschmach et s'élève à une très-grande hauteur au-dessus de Cattaro. En même temps que les yeux se reposent sur cette admirable échappée pleine de soleil et de lumière, l'esprit se rassérène, car nous doublons un cap rocailleux au sommet duquel se dresse le poteau télé-

VUE DU LAC DE SCUTARI ET DE L'ALBANIE, DU HAUT DE LA ROUTE DE CETTIGNÉ.

graphique. Ce fil léger suffit pour relier à l'Europe cette capitale, qui se dérobe encore à nos yeux, et qu'on croyait tout à l'heure condamnée à un profond isolement, au milieu de son cirque de monts abrupts et de sévères rochers.

Du sommet du Kerschmach jusqu'à la plaine de Cettigné, nous n'avons plus qu'à descendre, et la pente est si abrupte et si difficile que les chevaux glissent et roulent sur les durs galets. Nous ne remontons pas en selle et ne rencontrons plus que des petits bergers; juchés au-dessus de nos têtes, sur les sommets, leur calotte rouge éclate au milieu des pierres grisâtres; parfois un chant monotone dénonce leur présence, et un léger bruissement de feuilles, que nous entendons à nos côtés, nous fait retourner la tête : ce sont des chèvres qui cherchent en vain leur nourriture dans les maigres taillis poussés dans les fentes du roc solitaire et aride. Au détour du défilé, assis dans une pose naturellement théâtrale, mais qui semblerait aussi voulue que si elle lui avait été indiquée par quelque artiste invisible, nous apparaît un montagnard le poing sur la

MONTÉNÉGRIN EN ARMES DANS LA MONTAGNE.

hanche, coiffé de la beretta, vêtu de la *gougne* blanche avec le *djamadan* croisé sur la poitrine, tout brodé d'or, et le *kolan*, ceinture de maroquin rouge, bourrée d'armes comme un arsenal : il se repose dans cette solitude et nous accorde à peine un regard. Malgré l'or dont est orné son gilet, c'est, au dire de notre compagnon, un homme de la classe moyenne ; ses armes sont très-riches : un beau yatagan à fourreau d'argent repoussé et à poignée incrustée de coraux arrête nos regards. Grave, à peine confiant, il nous laisse cependant mettre la main à cette belle arme, qui représente certainement le prix d'une chaumière ; deux pistolets d'un travail italien et un couteau à poignée d'ivoire dans une gaîne de peau complètent son armement ; un fusil à piston est à portée de sa main. Malgré cet appareil, cet homme n'est point un soldat ; c'est un cultivateur de Baïtz, et il vient de Niégosch, où il a passé la nuit.

En quarante minutes, depuis le point culminant d'où nous avons découvert le lac de Scutari, nous arrivons au petit village construit en demi-cercle, sur la pente au nord de la plaine. Nous passons devant une église d'une simplicité primitive, présentant une façade absolument nue. Dans une anfractuosité de roc, en dehors de la route, sont arrêtées des femmes qui chargent sur leurs épaules de petits tonneaux trapus et des bidons de bois ; il y a là une citerne creusée dans le rocher, assez haut dans la montagne ; elles vont y puiser et descendent au village en longues files. La pente est longue et ardue, et nous avançons plus vite que nous ne le voulons. Nos chevaux sont restés en arrière ; nous avons dépassé le Lovchen, et la plaine qui est à nos pieds se montre dans son étendue de trois milles du nord au midi, fermée de ce côté par des montagnes qui ont repris leur échelle réelle depuis que nous descendons au niveau de Cettigné. Bientôt la route se dessine, la main de l'homme a façonné le chemin et en a adouci les pentes ; c'est l'amorce de la route du côté de la capitale, aussi bien exécutée qu'elle peut l'être et facilement carrossable jusqu'à la petite ville, qui nous apparaît sur la gauche, avec le blanc ruban de chemin qui y mène et la succession des poteaux télégraphiques qui y aboutissent. Voici des traces de culture, des maïs dont on a moissonné le grain et dont les feuilles sèchent sur pied, des champs qui ont dû porter des seigles, de l'orge ou de l'avoine et des pommes de terre. Nous sommes tout à fait en plaine. La masse blanche des habitations est dans le fond, à notre droite. M. Radamanovich nous fait remarquer un long bâtiment, d'aspect très-moderne et qui ressemble à une grange, devant lequel nous passons : c'est l'arsenal ; en face de nous se dresse l'église et, très-près de là, un petit monument d'un caractère religieux surmonté d'une croix. J'en note la forme dans mon carnet, sans savoir à quel usage il est destiné ; il rappelle un peu les santons de l'Afrique. Je lis dans le voyage de MM. Frilley et Vlahovij que c'est un mausolée consacré à la mémoire d'un parti de montagnards des Drobniaks, qui, en 1862, avaient passé la frontière pour y chercher des armes et des munitions, et trouvèrent la mort en essayant de rentrer chez eux par le territoire ottoman. Nous dépassons encore un grand bâtiment sans caractère qui ressemble à un hôpital, et enfin, à cinq heures du soir, ayant quitté Cattaro à neuf heures du matin et nous étant arrêté pendant une heure et demie à Niégosch, nous faisons notre entrée dans Cettigné, après avoir trouvé à moitié chemin un aide de camp de S. A. le prince Nicolas, M. Nicolas Matanovich, qui venait au-devant de nous au nom de son souverain. Cet officier nous souhaite, dans le plus pur français, la bienvenue sur le sol de la Tzernagora. Nous avons employé six heures et demie à faire le trajet de la montagne.

IV

Cettigné, située dans une assez grande plaine entourée de montagnes, sert de capitale à la principauté depuis l'année 1485. Nous verrons, quand nous aborderons l'histoire de ce pays, par quelle suite de circonstances Ivan Tzernoïevizk, qui résidait près des bords du lac de Scutari, dans le château fort de Zabliak, se vit contraint de transférer ici le siége métropolitain et le trône des princes de Zêta.

L'aspect de la petite ville n'a rien de pittoresque ni de grandiose, et il y a trente ans les voyageurs qui y entraient n'y comptaient guère qu'une vingtaine d'habitations groupées autour du couvent. Le plan en est simple : c'est celui de nos grands villages de France et de la plupart des villes de Croatie : une très-large rue bordée de maisons fort basses, coupées dans l'axe, à sa moitié, par une place, au centre de laquelle on a creusé un puits banal ombragé par un mûrier. A droite, perpendiculairement à l'artère principale, s'ouvre une autre rue aussi large que la première, mais beaucoup moins habitée. Sur la gauche se dresse une habitation carrée, ornée d'un balcon, entourée de murs où stationnent quelques Monténégrins en armes : c'est le palais du prince. Un peu plus bas, du côté opposé, une autre construction, plus importante encore comme développement, mais d'un aspect plus simple, précédée d'une cour close de murs fortifiés de tourelles aux angles, représente le vieux palais, abandonné depuis la mort

RUE PRINCIPALE DE CETTIGNÉ.

du prince Danilo. Enfin, en face de nous, appuyé aux étriers du mont Lovchen, s'élève le monastère, résidence de l'archimandrite, avec deux cloîtres superposés, une église et des corps de bâtiments. Un peu plus haut, dans la montagne même, bâtie sur le roc, se dresse la tour du monastère, tour légendaire pour tous les voyageurs, et que Viala et Wilkinson ont rendue célèbre par leurs récits. Aujourd'hui pourvue de cloches destinées à appeler les fidèles à la prière, cette tour, il y a trente années à peine, recevait au pourtour de sa muraille les têtes des Turcs décapités dans les combats incessants dont la frontière était le théâtre, et Wilkinson en a laissé un croquis, tracé sur nature, où l'on compte les sanglants trophées.

Si nous revenons au puits du Mûrier dans l'axe de la rue principale, et si nous regardons droit devant nous, la rue a pour perspective l'hôtel de Cettigné, construction simple, mais d'une certaine ampleur, relativement au reste. L'hôtel a été élevé en 1867 aux frais du gouvernement, qui voulait pourvoir au bien-être des voyageurs. A gauche s'élève l'école des jeunes filles, construite sous le patronage de l'impératrice de Russie et dirigée par une personne tout à fait méritante et distinguée, Mlle N. Patzévitj. Cet ensemble de petite ville est froid et réserve au voyageur le moins exigeant une déception profonde au point de vue du pittoresque, surtout après la grandeur sinistre et l'attrait effrayant de la route suivie depuis Cattaro jusqu'ici ; mais nous n'avons pas été surpris, car nous étions préparé à ce spectacle par notre séjour dans les villages dalmates, dont l'aspect extérieur rappelle, non pas nos villages français, mais nos banlieues les plus banales des grandes villes. L'homme est très-intéressant, le costume brillant, coloré, curieux ; mais la carapace ou la coquille est banale et antipittoresque. Jusqu'en 1870, ces habitations si sommaires, sans aucune forme particulière, ainsi qu'on peut s'en convaincre par nos croquis scrupuleusement dessinés sur nature, avaient encore, comme élément caractéristique, le chaume de leurs toitures ; mais cet usage était extrêmement dangereux dans une ville où les maisons sont accotées les unes aux autres, et où on a pour habitude de ne point construire d'issue pour la fumée ni de foyer pour la flamme. Une prescription, exécutoire pour toute construction nouvelle, ordonne désormais l'emploi de la tuile.

Nous avons déjà dit que la plaine de Cettigné n'est qu'une plaine relative, un plateau de la montagne, et qu'elle règne à sept à huit cents mètres au-dessus du niveau de la mer. Quand, une fois dans cette plaine, on jette les yeux tout autour de soi, on se trouve au centre d'un cirque complétement fermé par des hauteurs ; les plus considérables, celles qui se dressent à l'ouest et au nord-ouest, dominent de trois à quatre cents mètres le niveau où nous sommes et portent à leurs flancs des taillis, des chênes verts, des sapins et des hêtres ; celles du nord et de l'est, moins élevées, sont arides, grises et chauves. Le soleil est couché, c'est l'heure douteuse où il ne fait pas encore nuit et où le jour s'achève ; les horizons montagneux qui forment la plaine, sur lesquels se détache la silhouette de l'hôtel, au bout de la grande rue, ont revêtu une teinte sombre, riche, harmonieuse et très-intense, comme celle d'un velours vineux et violacé, ou comme la riche nuance des collines couvertes de bruyères à la fin de l'automne. En examinant cet effet, nous n'avons plus besoin de discuter avec tous les voyageurs l'origine du nom (*Montagne-Noire*, — *Tzerna Gora*). On se demande encore si le mot *Noir* ou *Terrible* s'adresse à la montagne ou au caractère de ses habitants ; le premier voyageur qui essayait de peindre cet horizon nouveau a pu être frappé par la teinte sombre qu'il revêt à certaines heures et a pu lui donner ce nom de Montagne-Noire. Qu'on discute tant qu'on voudra l'origine du nom, notre première impression doit être la vraie, et elle corrobore l'opinion d'écrivains qui font foi.

V

Nous avons fait notre entrée dans la ville accompagné de l'aide de camp du prince, qui nous invite, de la part de Son Altesse, à accepter l'hospitalité dans le vieux palais ; l'hôtel de Cettigné, paraît-il, n'est pas confortable, et, pour le moment, il n'est même point meublé. Nous prenons possession d'une chambre assez spacieuse au premier ; la porte donne sur un long couloir qui dessert toute une série de pièces uniformes comme celles d'un couvent. C'était la résidence de Danilo, le prédécesseur du prince Nicolas, misérablement assassiné à Cattaro en août 1860. De son temps, on désignait l'édifice sous le nom de *Bigliardo*, le *Billard*, en souvenir de l'ébahissement qu'avait causé aux habitants l'installation de ce meuble dans l'une des chambres habitées par le prince, celle qui lui servait de salle de réception et de salle du conseil. Cinquante hommes avaient dû porter les différentes pièces de ce meuble depuis Cattaro jusqu'à Cettigné, et l'impression causée par l'événement avait été assez profonde pour laisser une très-longue trace. Avant Danilo, c'est-à-dire du temps où les princes du Monténégro assumaient par leurs deux caractères — celui d'évêque ou *Vladika* et celui de souverain — les deux pouvoirs spirituel et temporel, ils n'avaient d'autre palais que le monastère : cependant Pierre II, le dernier vladika, qui fut véritablement un homme remarquable, qui avait beaucoup voyagé et finissait par se trouver à l'étroit dans la civilisation arriérée de ces montagnes, avait abandonné déjà le monastère et jeté les fondements du Bigliardo, qui

UN COIN DE RUE A CETTIGNÉ.

servirait sans doute encore de résidence aujourd'hui, sans le dénoûment tragique de la carrière de Danilo.

On nous donne pour serviteur un Monténégrin silencieux et bien dressé, à l'aspect très-convenable, qui fait partie de la livrée du prince ; il est vêtu de noir, quoique la coupe des pièces de son vêtement rappelle celles du costume national. Avant de nous installer, nous parcourons le bâtiment où nous allons loger. Le corps de logis est entre deux cours, l'une qui regarde la rue où s'élève le palais et mène au monastère, l'autre qui dessert les écuries du prince. Cette première cour est fortifiée aux angles par de petites tourelles qui lui donnent un certain caractère. L'étroit corridor sur lequel donnent les chambres est coupé de distance en distance par des portes massives : il est desservi par de larges escaliers. Tout au bout du couloir, en retour sur la rue du palais, le bâtiment se prolonge ; c'est le prince Danilo qui a fait ajouter cette aile, qui contient la salle du sénat. Le reste du bâtiment sert aux gros ouvrages : c'est une sorte de maison de débarras. Je vois des enfants sortir d'une pièce du bas qui paraît servir d'école. Les étrangers et les envoyés en mission sont logés ici sur l'invitation du prince ; c'est là aussi que loge son médecin particulier, et quelquefois son secrétaire. J'ai pour voisin de chambre un slavophile distingué, un *Prussien libéré* comme il s'appelle lui-même, M. Gustave Rasch, publiciste allemand, l'auteur d'un voyage au Monténégro, *vom Schwarzen Berge*, dédié au prince Nicolas, et le signataire d'un autre volume, publié d'abord à Brunswick en langue allemande, confisqué, déféré aux tribunaux allemands, qui ont prononcé contre l'auteur la peine de quatre mois de prison, et enfin traduit en langue française par M. Louis Léger, sous le titre : *les Prussiens en Alsace-Lorraine, par un Prussien*. Je regrette qu'une réserve mutuelle nous ait privés d'aller l'un à l'autre. J'ai perdu là sans doute l'occasion de profiter de la connaissance approfondie de la langue serbe qui permettait à M. Rasch des observations interdites à mon ignorance de l'idiome.

La nuit vient, me voici entre quatre murs froids et nus ; le serviteur comprend quelques mots d'italien, ce qui me donne la faculté de m'entendre avec lui. Je vais procéder à mon installation et suppléer à tout. Il me faut une demi-heure à peine pour transformer le logement de telle façon que le grave Monténégrin, qui ne s'étonne pourtant guère, n'en revient pas de sa surprise, lorsqu'il me rapporte l'eau que j'ai demandée pour mes ablutions ; il vient toucher chaque objet et m'en demande l'usage. Il faut savoir que j'ai appris à voyager avec un sac de dimension fort restreinte qui pourrait s'appeler le sac inépuisable, et je défie qui que ce soit de me prendre au dépourvu ; car, si je ne puis l'attacher au troussequin ou à la palette de la selle, je le porte sans façon sur mon dos avec deux courroies, comme le sac du soldat, et je n'ai besoin d'âme qui vive. Tout y est jeté au hasard, sans parti pris et sans aucune de ces dispositions ingénieuses des Anglais pratiques, qui combinent longuement les dimensions des objets pour leur faire occuper le moins de place possible.

J'ai d'abord un pagne très-fin, de la soie la plus exquise, très-coloré, bariolé ; — je suis comme les nègres, j'aime les couleurs vives, — je m'en sers comme d'un tapis de table, mais il remplit encore maint autre office. Le miroir de poche, en métal, se dresse aussitôt sur une toilette improvisée, triple planchette qui repose sur un *pinchard*, sorte de canne déguisée, bien connue des peintres, et qui forme trépied pour recevoir la tablette. De chaque côté de ma glace sont mes deux petits bougeoirs, pourvus de leur bougie, se vissant l'un sur l'autre, selon le système des nécessaires, et formant dans le sac une boîte de fort peu d'épaisseur ; puis voici ma machine à esprit-de-vin, bien fourbie, pour le thé du matin, viatique indispensable en ces rudes pays où il est difficile de trouver même une goutte de lait ; j'ai aussi le buvard sacramentel, bureau ambulant où se trouvent le manuscrit commencé et la correspondance courante, et l'encrier inépuisable, fort plat et se vissant hermétiquement. J'ai des conserves de Liebig, bouillon et lait, rangées méthodiquement par grandeur, du sucre, une gourde plate de fine eau-de-vie pour corriger l'eau saumâtre, des crayons, des albums, la boîte minuscule pour l'aquarelle, avec ses godets à eau : assez de matériel pictural enfin pour faire un chef-d'œuvre — *si on avait du talent*. — Je n'oublie pas le livre commencé, de petit format et tout de résistance, un livre de fond ; un Musset fut mon compagnon de vingt à trente ans ; mais désormais je m'aperçois que je change, quelque conversion s'opère en mon esprit, car je me surprends, avant de partir pour des pays où le livre est rare, à prendre sur mes rayons soit un Montaigne, soit un Pascal ; joignez à cela un dictionnaire slave, les *Serbes* de Saint-René Taillandier ; Boulongne, Delarue, Cyrille, Tozer, miss Mackensie, indispensables pour ces régions : voilà tout mon attirail ici. Puis viennent les soins vulgaires : le sac anglais pour la toilette, le cirage dûment empaqueté et la brosse à tout faire, inconnus dans ces parages. — Vous voyez que je vous dis tout. — Le linge de corps est roulé dans le plaid avec la paire de souliers de rechange et le paletot à capuchon pour le cas d'une nuit très-froide passée à la belle étoile. Une fois ainsi pourvu, le plaid au trousseguin de la selle, le sac à la palette si je suis à cheval, et au dos si je suis à pied, le roi n'est pas mon maître, comme on dit, et je brûle la grande route, fort de mon indépendance. L'an dernier, j'avais un lit de voyage qui me gênait fort; j'ai appris à m'en passer, parce que, tous ces pays étant plantés de blé de Turquie et de sorgho, on trouve toujours un gîte sur un bon tas de paille sèche, et je

LE VIEUX PALAIS (LE KONAK), ANCIENNE RÉSIDENCE DU PRINCE DE MONTÉNÉGRO.

dois dire d'ailleurs, à l'honneur de la Dalmatie, qu'en combinant sagement mes étapes, j'ai trouvé partout un lit. On n'en trouverait évidemment point si, au lieu d'aller d'une ville importante à une cité de quelque valeur, on s'arrêtait au village au-dessus ou au-dessous : cela m'est arrivé trop souvent à l'époque où j'étudiais mal mes cartes avant de me mettre en route; aujourd'hui je suis plus expérimenté.

On m'a souvent demandé si je prenais des armes dans ces voyages. Je réponds sincèrement que, même dans les pays les plus dangereux, je n'ai jamais pris un canif autrement que pour tailler mes crayons. J'ai parcouru la Bosnie et l'Herzégovine en pleine insurrection, j'ai été deux ou trois fois dans d'assez mauvaises passes, mais j'ai toujours pensé que j'eusse été un homme perdu si j'avais eu un revolver sur moi; surtout, au commencement de l'année dernière, une première fois à Kostaïnitza, d'où les Turcs m'ont renvoyé l'épée dans les reins, et à Banjaluka, où les rédifs m'ont un peu foulé aux pieds sous prétexte que j'avais la prétention de suivre l'état-major turc à cheval après avoir visité les camps insurgés. — Passons pour un innocent, mais passons, et surtout voyons ! c'est là l'essentiel. Quant à prendre des airs de bravache sur les grandes routes de ces régions, je ne le conseille à personne. Le prince de Joinville, qui — le sait-on ? — est un aquarelliste très-habile, voyageait en 1873 dans les mêmes régions ; un jour qu'il dessinait paisiblement une vue de Banjaluka, il fut assailli à coups de pierres, et c'était en temps de paix : c'est peindre le pays au point de vue des aventures qu'on y peut courir. Que faire en pareil cas ? La prudence de Zadig vaut toujours mieux que la témérité de Guzman. Il est heureux sans doute de voir des pays curieux, d'observer des mœurs peu connues pour les décrire, de se régaler les yeux de costumes rutilants ou bizarres, mais, pour que la chose soit spirituelle jusqu'au bout, il faut revenir ; ma guenille m'est chère, — *mi preme la vita*, — et j'estime que le parti pris de s'armer d'autre chose que d'une résolution achevée, d'un visage calme, d'un ton résolu dans la parole, et surtout de bonnes et innocentes intentions, constitue un danger et peut servir à ne point revenir des excursions difficiles. Si rude lutteur que l'on soit, on aura toujours contre soi le nombre et la brutalité de compagnons peu civilisés.

Je déteste aussi les grands préparatifs et les salamalecs sans fin ; j'essaye de passer tranquillement sans faire claquer mon fouet, mon petit album en poche, où je note sans cesse, et le bruit se répand à peine de l'arrivée d'un étranger que j'ai déjà *croqué* tout le pays, dans le fond de mon chapeau et sans grand étalage. Je trouvai, en décembre dernier, dans les régions des Confins Militaires de Croatie, un capitaine anglais de stature colossale ; pourquoi ne le nommerais-je pas ? il est devenu mon ami : — c'est le capitaine Campbell, qui me proposa, en me voyant tracer mon itinéraire sur une carte, de l'accepter pour compagnon de voyage en Bosnie ; il venait du Monténégro, où il avait pris nombre de lettres pour les chefs insurgés. C'était une bonne fortune, car on se sent plus à l'aise dans une aventure quand on s'appuie sur un soldat loyal doublé d'un gentleman accompli ; mais bientôt mon *life-guard* me demanda d'un air fort sincère combien de chevaux je comptais acheter, et quel était le nombre de mes serviteurs, — surtout s'ils avaient servi dans la cavalerie !... Je l'assurai sans plus tarder, en lui montrant mon petit sac inépuisable, ma valise, mon caoutchouc et mon bâton, que c'était là tout mon bagage, que je n'en aurais pas d'autre, et que je n'avais même pas l'intention d'acheter un âne. — Je fus perdu de réputation au club *Army and Navy*, et je partis seul.

Ne croyez pas cependant que ces procédés sommaires m'attirent toujours du mépris, me fassent dédaigner du vulgaire, ou me privent des avantages indispensables de la société des *honnêtes gens* (comme on disait jadis en France). D'abord, dans le fond de la valise, bien et dûment enveloppé, j'ai glissé un habit noir et un gilet en cœur, et au besoin, le soir, dans la parure la plus virginale, je puis faire un vis-à-vis dans un quadrille ou accepter l'invitation d'un consul, d'un ministre ou même d'un prince régnant, comme ce fut le cas cette fois chez LL. AA. les princes Milan Obrénovich de Serbie et le prince Nicolas Pétrovicz. Quant à ma petite installation de chambre de voyage, lorsque, après m'avoir livré une sorte de grenier vide avec un grabat dans le coin, je hèle la servante pour apporter l'eau et qu'elle voit ma table installée avec les ressources aussi élégantes qu'inattendues que j'ai tirées de mon sac, généralement ces Slaves naïves conçoivent un grand respect pour ma personne ! Je suis même presque toujours sûr qu'à mon retour, après avoir visité la ville, le niveau de mon eau de Botot a singulièrement baissé. J'ai le regret de dire qu'à Dvor, à la frontière de Bosnie, la servante du lieu ne sut pas résister à la fascination qu'exerçait sur elle mon flacon d'eau de Cologne, qu'elle avait prise pour quelque exquise liqueur ; elle paya même son imprudence d'un assez grand malaise.

Cette fois je viens de produire mon effet accoutumé. A la vue de ma table si bien installée, de ma toilette dressée entre les deux blanches bougies de fine cire, de ma bibliothèque portative et de mon bureau ambulant orné de mon éclatant madras, l'austère Monténégrin qui me sert, qui m'avait laissé il y a une demi-heure dans une chambre vide, ouvre de grands yeux d'abord, puis se prend à sourire en me regardant, et enfin touche du doigt chaque objet avec une admiration qui me flatte.

Après un instant de repos, il faut songer à soutenir le corps ; le déjeuner pris à Niégosch était copieux, mais ce n'est plus qu'un souvenir. M. Matanovich, l'aide de camp de Son Altesse, veut bien nous mettre au courant des ressources du lieu ; il nous a précédé à la *locanda* qui sert d'hôtel à Cettigné, et va s'occuper de notre bien-être. On semble avoir ici quelque inquiétude à l'égard des voyageurs que la curiosité pousse à franchir la montagne, et la question du ravitaillement paraît être un objet de préoccupation grave pour ceux qui tiennent à ce que les étrangers emportent une bonne impression de leur pays.

VI

L'intérieur de l'hôtel de Cettigné, où l'aide de camp de Son Altesse nous a précédé, est vide ; l'hôtelier qui exploitait la maison n'avait pas de ressources suffisantes pour le meubler ; son successeur est à peine installé ; nous trouvons cependant une *table d'hôte*, où notre place est marquée, et nous voici au premier étage, dans une grande chambre, au milieu de laquelle on a dressé la table, tristement éclairée par de pâles et rares luminaires, qui laissent dans l'ombre toute la partie vide de cette grande pièce froide. Un à un entrent les convives, presque tous chefs et dignitaires, venus sans doute des tribus voisines et qui n'ont point leur foyer dans la capitale. Une petite servante assez accorte, Dalmate sans doute et de la côte, puisqu'elle parle indifféremment l'italien et le serbe, me désigne la seule place vacante, et je m'assieds, onzième, au milieu de dix Monténégrins d'aspect rébarbatif, presque tous de très-haute taille, aux cheveux longs, à la moustache brune, décorés la plupart de médailles commémoratives et portant tous à la ceinture de véritables arsenaux ! Pas un ne dépose ses armes pour prendre son repas. Quand on passe le premier plat, une sorte de ragoût aux pommes de terre, un des Monténégrins, qui veut certainement me faire honneur, me désigne durement du doigt afin qu'on me serve le premier. Je compte vingt-quatre pistolets à ces dix ceintures. Tous les convives gardent sur la tête leur beretta : ils portent la gougne blanche avec le gilet rouge brodé d'or ; quelques-uns d'entre eux ont des broderies noires sur le fond garance. Ces messieurs chuchotent en m'examinant ; l'un d'eux demande à la fille de service si je parle le serbe ; je comprends qu'elle fait de moi un Italien parce que je communique avec elle en cette langue, et par un mot que je jette, « *Fransouski*, » je réclame ma nationalité. Il me semble que les physionomies s'éclairent ; mais le geste est dur et je me sens assez peu à l'aise. La politesse est rude, l'aspect légèrement féroce, la tenue à table affecte un sans-gêne tout montagnard ; quand je fais quelques façons pour accepter l'honneur d'être servi le premier et que j'insiste trop, on me fait comprendre par un geste d'autorité qu'il ne s'agit pas ici de faire des manières, mais bien d'obéir et de permettre à des voisins d'exercer l'hospitalité à leur façon. Il n'y a pas là le plus petit mot pour rire ; l'attitude est correcte jusqu'au bout, mais reste réservée, froide et presque rude. Le repas suit, on dépèce au yatagan un demi-mouton grillé, et le fromage national complète le repas. Les pipes s'allument, ces messieurs restent à deviser entre eux ; je salue et on me répond par un souhait bref : on sent que ces hauts personnages, dont la plupart sont des sénateurs, ne veulent point paraître accorder leur attention à un étranger et qu'ils ne sont point disposés à s'étonner. Je traverse la grande rue où glissent quelques ombres, toutes enveloppées dans la *strouka*, qui se porte posée sur le dos en laissant les deux côtés balayer le sol. Le long du mur de la résidence du prince, les périaniks font sentinelle et marchent de long en large ; parfois une porte s'ouvre, et une vive lumière projetée par la flamme d'un foyer allumé au milieu de la pièce dessine sur le sol de la rue de grandes silhouettes noires. Je rentre à tâtons dans ma chambre du vieux palais, et, avant de me livrer au repos, je note les impressions de la route suivie depuis Cattaro jusqu'ici. . . . .

Comme la montagne est haute ! Comme la France est loin ! Quelle barrière entre l'Adriatique et ce coin du monde !

Nous touchons le sol monténégrin, et voici la capitale de la petite principauté ; quels sont les peuples qui ont foulé ce sol, à quelle race, à quelle nationalité appartenaient-ils ? A qui ont-ils obéi ? Quelles sont les grandes lignes de son histoire, et au nom de quel principe le prince qui gouverne aujourd'hui exerce-t-il une autorité incontestée sur ces peuples fiers et invaincus jusqu'ici ? C'est ce que je vais essayer de dire en quelques lignes [1].

Cent soixante-huit ans avant Jésus-Christ les Romains occupent ce territoire ; le voyageur trouve encore aujourd'hui leur trace évidente dans une voie conduisant de l'Épidaure antique à la Scutari d'aujourd'hui, la Skodra de l'empire d'Orient. C'était alors la Dalmatie Prévalitaine, qui faisait partie de l'ancienne Illyrie. Les Goths l'envahissent ; puis les Slaves, qui avaient déjà fait de Dioclée leur capitale, l'occupent à leur tour. Vers le septième siècle, le nom d'Illyrie disparaît au milieu de la confusion des invasions successives des Croates, des Bulgares et des Serbes. Le royaume serbe se constitue ; ce grand pouvoir resté comme un idéal des Slaves du Sud et auxquels ils font constamment allusion aujourd'hui sous le nom de « la grande idée », s'exerçait sur la Bosnie, les deux Mœsies, une partie de la Dalmatie romaine, les deux Dacies ; et ces régions restent soumises à la dynastie des rois serbes jusqu'à la date fatale de 1389, anniversaire de deuil pour tous les Slaves du Sud. La bataille de Kossovo, remportée par les Turcs sur les Serbes en cette année 1389 eut pour suite immédiate la dissolution du royaume serbe et son absorption par les Mahométans.

Au moment précis de cet immense désastre qui tient tant de place dans l'histoire de la Turquie d'Europe, le Monténégro faisait partie de la Serbie et était gouverné par un ban qui en reconnaissait la suzeraineté. La journée de Kossovo rompit le lien ; les bans, ducs ou princes de Zéta ne firent point leur soumission, et ce faible rameau de la branche serbe représenta

---

[1] Ceux qui voudront aller plus avant auront recours aux sources ; ils liront le plus récent ouvrage et le plus complet, sur le sujet : celui de MM. Frilley et Wlajovitz, Viala de Sommières, qui fut gouverneur de Castel-Nuovo sous l'Empire et vint ici en mission auprès du vladika, Wilkinson, le grand voyageur anglais, lady Strangford, miss Mackenzie et sa compagne anonyme, les voyages de Tozer, de Köhl, de Vuk Stefanovich Karatchitch, de Krasinski, du docteur Boulogne, celui de Delarue, qui est une autorité réelle sur le sujet, puisqu'il fut le secrétaire du prince Danilo et joua un rôle dans les événements du dernier règne. Ils pourront parcourir les brochures de Cyrille, pseudonyme transparent d'un écrivain qui, sur le sujet spécial, a résumé Delarue et Viala et éclairci quelques origines historiques ; compulser Rasch que j'ai déjà cité, les *Rambles in Istria, Dalmatia and Montenegro*, par R. HR., publiés à Londres en 1875 ; Peaton, plus complet et plus sérieux avec ses *Highlands and Islands of the Adriatic* ; puis les Allemands, très-nombreux, souvent sérieux, et pleins de renseignements, mais un peu difficiles à lire à cause du plan défectueux et du manque de classification des matières traitées ; Stieglitz (Stuttgart, 1844), le docteur Muller (Prague, 1844), Pasl et Scherb (Agram, 1846), Alex. Andric (Vienne, 1853), et enfin les écrivains serbes. Malheureusement nous n'avons pu lire ceux-ci que traduits (quand ils l'ont été, ce qui n'est pas le cas de tous) : Siméon Milutinovic (Belgrade, 1835), Milorad Medakovic (Semlin, 1850). Il ne faudrait pas non plus oublier Ami Boué, Cyprien Robert, Lenormant, Taillandier, Louis Léger, les « classiques » pour ainsi dire, ni M. X. Marmier, le premier voyageur après Viala ; si M. Marmier a été dépassé depuis, on s'est beaucoup appuyé sur ses *Lettres sur l'Adriatique et le Monténégro*, et si le Monténégro d'alors ne ressemble plus à celui d'aujourd'hui, son œuvre n'en est pas moins sincère et intéressante. Il faudrait lire encore les Russes, mais je m'en suis tenu au français, à l'anglais, à l'allemand et à l'italien, et pour cause.

VUE GÉNÉRALE DE CETTIGNÉ. (Voy. page 380.)

l'indépendance de la race en refusant sa vassalité au sultan Amurat II. C'est là le titre éternel de gloire du Monténégro. Cinq siècles bientôt écoulés n'ont pas donné de démenti (définitif du moins) à ce fier rôle de la Principauté et à la mâle attitude de ses princes. Si Agram et Belgrade représentent la tête et le cerveau, Cettigné reste le bras et l'épée de la cause serbe.

Depuis Kossovo, on compte trois périodes historiques distinctes dans l'histoire du Monténégro : la première, qui se termine en 1516, est celle des princes séculiers : elle finit avec Georges V, dernier duc de la famille des Tsernoïevitch, qui, marié à une Vénitienne, abdique et se retire dans la patrie de sa femme, laissant le pouvoir au vladika German. Le fait important de ces règnes successifs, c'est la résolution prise par Ivari en 1467 (après la mort de Scanderbeg, prince d'Albanie, qui l'aidait dans sa lutte contre les Turcs) d'abandonner Jabliak, située dans la plaine au nord de Skodra, et de transporter ses dieux lares dans ce cirque entouré de montagnes où s'élève aujourd'hui Cettigné, plus facile à défendre et où il conservera mieux l'indépendance de sa patrie. Cette période a sa grandeur ; on fonde des monastères, on bâtit des palais dans les villes d'Italie, et des églises pour les Slaves qui résident à l'étranger. Trente ans après la découverte des types mobiles, une imprimerie nationale fonctionne à Rieka !

En 1516, l'élection du vladika German est ratifiée par le peuple, et il désigne son successeur ; les pachas de Scutari entament le pays, les habitants émigrent et se réfugient à leur tour au cœur de la montagne, dans la province de Katounska ; le vladika assume alors les deux pouvoirs spirituel et temporel. C'est une époque de luttes incessantes, d'invasions répétées ; mais jamais la conquête partielle ne prend un caractère définitif, car le peuple reste en armes et lutte toujours. En 1687, les Monténégrins, abandonnés par les Vénitiens, restent seuls en face des Turcs, et Soliman-Pacha pénètre jusqu'à Cettigné, qu'il met à feu et à sang, mais il n'y peut fonder son autorité. C'est le malheur des temps qui cimente l'union des tribus des montagnes et de la plaine. En 1697 se termine la deuxième période, par l'élection au trône d'un membre de la famille Petrovicz, la même qui règne encore aujourd'hui. Les chefs monténégrins de toutes les provinces, réunis en assemblée générale pour l'élection d'un vladika destiné à remplacer Visarion mort en exil, portent leur choix sur Danilo, le chef de cette dynastie, homme énergique et jouissant d'une rare autorité sur ses sujets, tant comme chef militaire que comme évêque. Danilo médite d'en finir avec les Turcs ; un jour, dans cette même Podgoritza dont le nom revient si souvent dans l'histoire nationale, le pacha de Scutari l'engage sur sa parole à venir bénir une église ; à peine arrivé, on le saisit, la mort l'attend, et il n'y échappe qu'en payant une rançon de trente mille ducats. De retour à Cettigné, il prend la résolution de massacrer tous les Musulmans qui résident sur le territoire, et la nuit de Noël de l'année 1702 est celle choisie pour ces nouvelles *Vêpres siciliennes*. On le voit, la lutte est incessante, et il suffit de lire l'histoire de ce pays pour comprendre cette haine traditionnelle que se lèguent les générations des deux pays. Les Mahométans, à leur tour, sont décidés à anéantir définitivement leur ennemi, et envoient contre les Monténégrins cent vingt mille hommes, commandés par le grand vizir Kuprili. Les tribus confédérées sont forcées de se retirer au cœur des montagnes, et le Monténégro est encore envahi ; Cettigné est pillée et incendiée une seconde fois, deux mille hommes sont emmenés en captivité, mais le flot des envahisseurs se retire encore. C'est le moment où, reconnaissantes de l'énergie qu'il a montrée dans la lutte, les tribus rendent héréditaire dans la famille Petrovicz le pouvoir dont elle a revêtu le vladika Danilo ; mais comme le mariage est interdit aux évêques, ils désignent leurs neveux pour leurs successeurs.

Nous sommes en pleine période moderne. Les vladikas qui se succèdent depuis Danilo jusqu'en 1852 réunissent les deux pouvoirs ; le successeur de Pierre II, le second Danilo, prend le titre de Danilo Ier, parce qu'il dépouille son caractère religieux dans le but d'avoir l'hérédité directe et d'éviter les troubles qui accompagnent d'ordinaire la ratification, par l'assemblée des voïvodes, du successeur désigné par le testament du vladika. C'est une ère nouvelle pour le pays; Danilo est le premier prince séculier : sous son règne, fécond à tous les points de vue, une importante bataille, celle de Grahovo, remportée contre les Turcs, sauve la principauté d'une dernière invasion, et à la suite de cette bataille, grâce à l'initiative du gouvernement français, on procède enfin à la délimitation du territoire monténégrin et des provinces turques. Nous dirons plus tard quel grand rôle a joué Danilo Ier, qui mourut assassiné en août 1860. Son successeur est le fils de son frère Mirko ; il a été proclamé par le sénat prince du Monténégro et des Berda, le 2-14 août (1860); c'est lui qui gouverne actuellement la Principauté.

VII

Le prince Nicolas Ier Petrovicz Niégosch, qui dans les protocoles prend le titre de Prince et Gospodar de Tsernagore et Berda, est né en 1841, dans ce village de Niégosch que nous avons traversé. La famille des Petrovicz est originaire de l'Herzégovine : elle habitait dans cette province un lieu appelé aussi Niégosch. Vers 1550, comme ils avaient conservé la foi chrétienne, alors qu'un grand nombre de Serbes vaincus par les Musulmans s'étaient convertis au mahométisme et jouissaient de priviléges dont ils se servaient pour les accabler, tous les Petroviczs, réunis en caravane, se résolurent à passer la montagne avec leurs serviteurs et leurs troupeaux, et plantèrent leur tente sur un plateau où ils pouvaient trouver des pâturages. Donnant au hameau qu'elle fonda le nom de son ancienne patrie, la famille s'accrut, prospéra, s'imposa par l'énergie de ses chefs, par leur autorité et leur richesse, et compta bientôt parmi les plus considérables du pays. Nous avons vu qu'en 1697, après la mort du vladika Visarion, un des Petroviczs, très-jeune alors, mais renommé par sa bravoure et l'ascendant qu'il savait exercer sur les tribus, fut élu vladika par l'assemblée générale des voïvodes de toutes les provinces. Telle est l'origine de la dynastie actuelle, qui occupe donc le trône depuis cent quatre-vingts ans; nous avons dit aussi qu'en raison de la condition de chef spirituel et d'évêque, qui, s'unissant à celle de prince séculier dans la personne du vladika du Monténégro, lui interdisait le mariage, l'hérédité appartenait aux neveux : c'est en vertu de ce principe d'hérédité que règne le prince Nicolas, fils de Mirko Petrovicz, frère aîné de Danilo, archiduc ou vélikivoïvode du Monténégro. Cependant, la renonciation du dernier vladika Danilo au caractère sacré d'évêque lui ayant permis de contracter mariage, l'hérédité directe devait être la conséquence naturelle de ce fait; et, à défaut d'enfants, Mirko Petrovicz, frère de Danilo, aurait dû ceindre la couronne ; mais des circonstances particulières et une renonciation personnelle déterminèrent le choix de son fils Nicolas Ier, septième souverain de cette dynastie.

L'étude consciencieuse de tout ce qui a été écrit sur le prince et sur le pays qu'il gouverne, s'éclaire pour nous d'une lueur nouvelle depuis que nous avons visité le Monténégro : c'est la lueur de la vérité, le reflet de ce qui est, et l'impression personnelle vivement ressentie que rien ne saurait remplacer.

Le jour où dans les journaux de Spalato, occupé aux fouilles de Salone, nous lûmes le récit passionné des massacres de Podgoritza, nous entendîmes l'écho de la terrible commotion qu'en reçurent les Monténégrins, et nous résolûmes de faire une excursion au Monténégro. Il faut voir la Russie en hiver, et le Sahara en été, c'est notre avis; quant au Monténégro, si on peut y aller quand le Turc vient de l'outrager et quand le montagnard rugit, il faut saisir l'occasion ; le peuple se présente alors dans son vrai caractère.

Comme on ne va guère à Rome sans voir le pape, on va encore moins au Monténégro sans voir le souverain ; d'ailleurs on est à Cettigné comme dans un cirque, et, fût-on résolu à passer inaperçu, on ne le pourrait guère, car de son palais le prince lui-même voit toute la ville, chaque démarche est connue, l'arrivée d'un nouveau venu a son importance, quoique le Monténégrin, de sa nature, s'occupe assez peu de l'étranger. Un voyageur qui est du monde ne se risque guère par delà ces monts; il a un but déterminé, l'étude, la géologie, la botanique, etc., ou il vient avec le but de tout homme politique, ou il est écrivain, ou voyageur, et la petite cour de Cettigné aime à se renseigner sur les personnalités qui visitent la région. On flaire volontiers des envoyés secrets dans chaque passant, comme dans toute la presqu'île des Balkans chaque aventurier qui passe peut facilement se donner pour un *agent russe*.

Toutes nos lettres pour la Principauté et les Échelles du Levant, y compris celles personnelles à Son Altesse, étaient restées en Italie par suite d'un malentendu. L'agent du prince à Cattaro, que nous avions connu par hasard à Sebenico, avait annoncé notre arrivée par télégraphe, et comme l'aide de camp, Monténégrin du nouveau régime, ancien élève de Saint-Cyr, parlait le français aussi facilement que nous-même et était un lecteur assidu de la *Revue des Deux Mondes* et de maintes publications françaises, nous fûmes vite présenté. Nous devons dire que tout Monténégrin de la classe élevée est un peu diplomate, et je soupçonne l'aide de camp d'avoir voulu me faire parler un peu plus que je ne le désirais pendant les conversations préliminaires, afin de se mieux renseigner et de faire son rapport. Je pensais à la belle scène du troisième acte d'*Hamlet*, quand le prince de Danemark dit à Guildenstern : « Par le sang bleu ! pensez-vous qu'il soit plus aisé de jouer de moi que d'une flûte ? » Mais quand on appartient comme nous depuis vingt ans à la publicité, il serait difficile, en pays civilisé, de se faire plus grand compagnon qu'on ne l'est en réalité, et en somme il faut croire que le rapport fut favorable, car le lendemain de notre arrivée on nous fit savoir que nous serions admis au palais vers le milieu du jour.

Le palais de Cettigné, résidence des princes, ressemble par ses proportions à une grande villa des environs de Paris ; le soir où nous y fûmes reçu pour la première fois, après avoir traversé une salle d'entrée décorée de panoplies, nous gravîmes un escalier accédant au salon d'attente du premier étage, où de chaque côté de la porte, sur le palier, quatre gardes du corps, en armes et en grand costume, faisaient la haie. Ce ne sont pas, je crois, les *périaniks*, qui sont au nombre de cent vingt et représentent la gendarmerie, mais bien les *kabahadie*, véritables gardes du corps, qui peuvent correspondre, pour le petit État, à ce qu'étaient récemment chez nous les cent-gardes. Ils ne dépassent pas le nombre de dix. Un aide de camp nous reçut à l'entrée, dans ce premier salon orné du portrait du prince Danilo, de ceux de l'empereur et de l'impératrice de Russie et d'Autriche, de l'ex-empereur et de l'ex-impératrice des Français, ceux du vladika Pierre II, de Mirko Petrovicz et des deux princesses Darinka, veuve du dernier prince ; enfin celui de la princesse Milena, la souveraine actuelle. Notre œil de peintre reconnut le faire habile de Cermak, le sympathique Serbe que son talent a naturalisé chez nous, et qui a popularisé en France les scènes de la vie monténégrine.

A peine introduit dans le second salon, le prince vint à nous, et bientôt la conversation s'engagea. Les événements politiques étaient très-graves ; il était soucieux, triste et très-préoccupé. Un habitant de l'Herzégovine, sujet turc, ayant été trouvé mort sur le territoire monténégrin le jour où les montagnards, selon leur habitude, se rendent au marché de Podgoritza, les Turcs s'étaient jetés à l'improviste sur eux, en avaient massacré dix-sept, hommes et femmes, se faisant ainsi justice eux-mêmes avant de savoir si le meurtrier appartenait réellement à la

Principauté. En face d'un tel fait, depuis les gorges des défilés de la Katounska jusqu'au bord du lac de Scutari ; tous les Monténégrins étaient frémissants et ne pensaient qu'à la vengeance. Le prince, d'une main ferme et vigoureuse, s'efforçait de retenir ses fiers montagnards qui

RÉCEPTION CHEZ LE PRINCE.

brûlaient de se venger ; mais la diplomatie avait été saisie du conflit. Entré désormais dans le concert européen depuis la part que les puissances avaient prise à la délimitation de son territoire, et placé naturellement, par la tradition et la communauté de la race, sous la protection amicale de la Russie, Nicolas Ier voulut à tout prix éviter de donner un scandale à l'Europe. Il ne doutait point de son ascendant, il savait qu'il serait obéi ; mais on comprend que sous le prince diplomate, habitué aux transactions politiques et aux atermoiements des chancelleries, le Monténégrin ardent dévorait impatiemment l'injure, et comprenait la sourde colère qui grondait au fond du cœur de ses sujets. Et de fait, mieux au courant des choses, je m'expliquai l'attitude soupçonneuse et triste de mes compagnons de table de la veille, venus sans doute pour conférer sur un tel sujet, humiliés dans leur orgueil national et blessés dans leurs sentiments patriotiques.

Je n'essayerai pas de refaire un portrait du prince ; l'ensemble des décisions et des circonstances que je rapporterai par la suite le feront, j'espère, mieux connaître qu'un croquis littéraire. Mon dessin serait, il est vrai, tracé sur nature, mais il ne saurait avoir toute la maturité qui distingue ceux des honorables voyageurs qui ont eu la bonne fortune d'habiter longtemps le Monténégro. Voici les traits qui m'ont frappé, tels que je les retrouve sur mon carnet de voyage :

De très-haute taille, très-basané, le front bas, les cheveux épais, brillants et bien plantés, les yeux vifs et pénétrants, d'une grande ampleur et d'une simplicité qui a sa grandeur, le prince représente le type accompli du montagnard. Cet homme, qu'on dit ardent et impétueux, a la voix douce et pénétrante, le parler lent et réfléchi, et cache son extrême énergie sous un calme et une douceur qui ont quelque chose de séduisant. Cette force physique, cette adresse et cette agilité célèbres, qui font du prince Nicolas le premier cavalier et le premier tireur de la Principauté, se dissimulent sous un aspect simple et presque tendre. Son allure est bien celle d'un homme de guerre, mais il y a certainement en lui un diplomate prudent, avisé et habile, un temporisateur qui, parvenu au trône dans des conditions politiques extrêmement graves, ayant vu plusieurs fois son pays à deux doigts de sa perte, sait désormais qu'il n'arrivera à son but que par une décision rapide le jour où il faudra frapper, et au contraire par une retenue absolue le jour où l'ennemi, quelle que soit la grandeur de l'outrage, pourra compter, outre ses forces collectives, sur l'appui des circonstances politiques. Aussi Nicolas Ier met-il plus de gloire à maîtriser l'ardeur de son peuple qu'à le voir triompher une fois engagé dans la lutte. Je n'ai pas la naïveté de croire qu'on juge les hommes et surtout les princes en quelques heures d'une conversation réservée, toujours et fatalement banale ; mais il est très-certain qu'on sent une impressionnabilité, une nervosité presque féminine sous cette énergique enveloppe. La voix sympathique, bien timbrée, qui caresse et peint si bien la chaude expansion quand elle parle de l'amour qu'elle ressent pour la France, doit rugir à son heure quand elle commande ; la main qui étreint loyalement, doit broyer celle qui serait tentée de trahir ou de refuser l'obéissance. En un mot, l'homme doit être aimé, et le prince doit être redouté. D'ailleurs il a déjà donné des preuves d'une grande énergie personnelle ; il parle de son petit peuple avec une affection profonde ; il sent ce qui lui manque, et peut juger, par comparaison, de l'état social de son pays avec ceux des autres régions de l'Europe ; mais il apprécie ses qualités natives, il a le don de suivre les grands courants nationaux, et c'est ce qui fait que les Serbes ont les yeux tournés vers lui.

Sa première jeunesse s'est passée au sein de cette nature aride et tourmentée ; enfant, il a gravi ces rochers, il s'est assis au foyer du plus humble, écoutant les chants populaires qu'accompagne la guzla, et qui célèbrent les grands faits de l'histoire du Monténégro ; la Muse serbe qui dit les hauts faits, pleure les morts et exalte les vainqueurs, l'a touché de son aile, et il chante à son tour. C'est d'ailleurs la tradition du trône, car l'un de ses prédécesseurs compte parmi les plus grands rapsodes de la Serbie ; mais c'est aussi un élan du cœur, une inspiration qui demande à s'épancher. Par tous ces liens, l'amour des armes, le goût des exercices violents, l'agilité, la force, il se fait peuple et il reste prince, parce qu'étant le premier par le pouvoir, il est encore le premier dans ces luttes qui rappellent les combats antiques. Son éducation est européenne ; son père, Mirko, l'a laissé jusqu'à dix ans courir en liberté dans la montagne; puis on l'a envoyé à Trieste, où, dans une famille serbe, il a reçu l'instruction nécessaire à la position qui l'attendait, sans substituer au caractère et au génie du Serbe ces tendances trop cosmopolites qui, à son retour dans sa patrie, font souvent d'un prince un étranger parmi les siens.

L'espèce de protectorat moral exercé par la France, qui était décidée à prendre en main les intérêts de la Principauté, et qui faisait alors entendre sa voix en sa faveur dans les congrès, et aussi les relations personnelles de Danilo I*er* avec Napoléon III, eurent pour résultat d'amener le jeune Petrovicz à Paris, au collége Louis-le-Grand. C'est une raison analogue qui fait que ses enfants reçoivent leur instruction à Saint-Pétersbourg. Mais le jeune homme passait du moins ses vacances dans sa patrie, et il n'y revenait qu'avec une ardente émotion; il étouffait dans ces grandes ruches administratives où on ne voit ni le ciel ni les horizons, où la plante humaine ne se développe point à l'air libre. A l'automne de 1860, comme il n'avait que dix-neuf ans à peine, le meurtre subit de son oncle, qui ne laissait qu'une fille, la princesse Olga, fit de lui le prince souverain de la principauté.

Mirko, le père du prince, était l'incarnation du Monténégrin âpre et rude, tel que l'ont peint les voyageurs du commencement de ce siècle, Viala de Sommières, puis plus tard Wilkinson et M. Marmier; c'est une figure historique d'ailleurs; son nom, qui revient souvent dans les chants héroïques des Serbes de la Principauté, fut la terreur des Turcs, et il mérita son surnom, *l'Épée du Monténégro*. Danilo I*er*, esprit élevé, trop avancé peut-être pour la nation qu'il était appelé à gouverner, au courant des réformes nouvelles, développé par les voyages, le frottement des peuples divers, la lecture et la connaissance des langues étrangères, représentait plutôt dans l'État l'administrateur, le législateur qui devait réformer les mœurs et les adoucir. Mirko, son frère, était le soldat, et le soldat de la montagne, qui se soucie peu des atermoiements de la politique et de la diplomatie; il a été pendant toute sa vie le chef militaire le plus redouté : c'est lui qui, avec Stephanow, Kersto et Radonich pour lieutenants, commandant en chef à Grahovo, infligea aux Turcs, guidés par Hussein-Pacha, cette terrible défaite qui reste encore célèbre dans tout l'Orient, et que les Turcs ne sauraient oublier. La vengeance de la Sublime-Porte s'exerça rudement contre lui; vers 1862, quand, encore sous le coup de la défaite et résolue à frapper un grand coup, l'armée ottomane, divisée en trois corps, franchit la frontière sur trois points, à Zagaratz, à Kokoti, à Liechanska, et dans la Rieka-Nahia, et, après des fortunes diverses, menaça pour la troisième fois la capitale, força l'Europe à intervenir, l'article 5 du traité de paix signé entre Omer-Pacha et le jeune prince Nicolas stipula le bannissement de Mirko. C'était cruel pour un fils de mettre sa signature au bas d'un tel traité; mais il faut avouer que c'était reconnaître le prix qu'on attachait à la perte d'un tel chef pour les Monténégrins. On doit dire que cette stipulation spéciale resta lettre morte, et Mirko, pendant les cinq années de paix relative qui suivirent, put s'occuper de réorganiser les forces militaires de la Principauté. C'est dans cette période que la France donna au pays une marque de sa sympathie, en organisant une loterie dont le profit fut employé à acheter douze mille carabines pour armer les forces monténégrines. En 1867, au moment où le prince Nicolas visitait la France, le choléra éclata à Cettigné, exerçant ses ravages dans presque toutes les provinces de la Principauté; le prince revint à la hâte; personne ne put l'empêcher de reprendre sa place au milieu de ses sujets terrifiés par l'apparition du fléau, et il eut la douleur de voir son père, Mirko, mourir dans ses bras, atteint de ce mal implacable.

Le prince a épousé, en 1860, Milena Voukotitj, fille du voïvode Petar Stephanow : cette union a eu le caractère de la plupart de celles qui se contractent au Monténégro, où les enfants sont souvent fiancés au berceau. Mirko Petrovicz et le voïvode Petar Stephanow, unis sur les champs de bataille, s'étaient juré amitié et devaient la resserrer par les liens de ce mariage,

LE PRINCE ET LA PRINCESSE DE MONTÉNÉGRO.

qui avait le grand intérêt de ne pas amener dans cette petite cour une étrangère dont les mœurs, les goûts et les relations pouvaient être contraires à ceux du pays. Le portrait que nous publions donne une idée juste des traits de la princesse Milena : elle porte habituellement le costume national, rehaussé par l'éclat d'une beauté faite de charme et de dignité majestueuse. Elle est représentée dans la toilette qu'elle portait le soir où nous eûmes l'honneur de nous asseoir à la table du prince ; elle y figurait à côté de la mère du souverain. Rien de plus gracieux que ce costume national, déjà très-attrayant chez les plus pauvres, et susceptible d'une grande richesse quand il est porté par des personnes de haut rang : tout en conservant le caractère dans toute sa pureté de coupe et de type, elles peuvent y ajouter la richesse que comporte leur situation. Grande, digne et noble, paisible dans le geste et d'une beauté mâle et fière, assez silencieuse et presque timide, comme la plupart des femmes de cette région, la princesse, au lieu de la coiffe noire des femmes du peuple, portait sur la tête un de ces foulards orientaux aux vives couleurs, encadrant ses beaux cheveux noirs. Le teint, très-mat, est animé par de grands yeux vifs ombragés de sourcils épais et de longs cils. Une perle énorme, entourée de rubis, fixée au milieu de la coiffure et complétée aux oreilles et au cou par le reste de la parure, ornait ses cheveux. Elle portait ce jour-là une de ces fines chemises de gaze brodée, lamée de soie blanche, qui laissait voir le corsage coupé par la *libada* blanche brodée d'or, sorte de caraco large comme un dolman, ne descendant pas plus bas que la taille et laissant jouer la manche du dessous, bouffante, et serrée au poignet par de riches attaches. La mère du prince, au visage très-caractérisé, aux traits pleins de relief comme une belle médaille, plus austère dans sa tenue, portait la libada noire, richement brodée d'argent.

La princesse a sept enfants, six filles et un garçon, et l'empereur de Russie a tenu l'un d'eux sur les fonts de baptême, ce qui a été pour tout le pays l'occasion de cérémonies et de réjouissances, dont une photographie, que nous avons trouvée à Cattaro, a conservé le souvenir. Nous revoyons là les horizons connus, le Monastère et le Palais vieux, et, au centre des groupes armés, le prince lui-même, sa mère tenant le nouveau-né dans ses bras, l'envoyé de l'empereur de Russie chargé de le représenter au baptême, le consul de Russie à Raguse, chargé d'affaires du Monténégro, M. Ionine, dont il a été beaucoup question dans ces derniers temps. Un autre dessin montre, groupées ensemble, les têtes graves de toute cette petite famille des Petrovicz, avec leurs yeux vifs éclatant dans des visages pâles, presque graves et comme effrayés devant l'objectif.

La princesse Milena parle correctement le français et elle tient sa place même dans les conseils, encore que ce privilége ne soit point d'ordinaire celui de la femme dans ces régions où la mère seule a droit aux véritables égards, et où l'épouse et la sœur sont d'ordinaire dans une situation inférieure, en raison même de leur sexe. Dans une circonstance solennelle, Nicolas Ier, qui souvent a frappé l'imagination de ses sujets par des décisions énergiques qui n'étaient pas toujours conformes aux coutumes nationales, a affirmé sa volonté d'appeler la compagne de sa vie à la direction des affaires politiques. C'était en décembre 1868 ; reconnaissant envers l'empereur de Russie des marques de bienveillance constantes qu'il avait reçues de lui, le prince entreprit un voyage en Russie, et il notifia aux consuls de Raguse, à ceux de Scutari, ainsi qu'aux pachas des provinces voisines, qu'il remettait en son absence la régence du pays à la princesse Milena. Il y a là un pas de fait dans une voie nouvelle. Le prince Milan de Serbie affecte la même attitude, toute conforme à nos usages européens, et c'est un contraste frappant avec les mœurs presque orientales de ce pays, où leurs adversaires éternels, campés depuis plus de quatre siècles dans les mêmes régions qu'eux, relèguent la femme au harem, n'accordant des droits de cette nature qu'à la sultane validé.

On comprend le sentiment qui m'arrête en retraçant les souvenirs de l'hospitalité reçue à Cettigné. Si un voyageur veut se montrer digne de l'honneur qu'on lui fait, aussi loin de la mère patrie, en l'introduisant sans arrière-pensée au foyer du souverain, il faut qu'il se garde d'imiter ceux qui estiment le prix de l'argenterie des dressoirs et discutent le menu ; mais je puis dire que, dans sa dimension modeste, ce palais de Cettigné a grand air ; peut-être même le confort et la recherche sans prétention de l'intérieur font-ils plus vivement sentir tout ce qui manque aux Monténégrins des villes et des campagnes.

L'étiquette de la cour est digne, sans minutie ; tout y conserve, à l'extérieur, le cachet national qu'augmente encore la tradition du costume observée dans tout son caractère ; mais la conversation, toute parisienne, proteste contre ce pittoresque élégant. Il est toujours curieux pour un étranger qui parcourt depuis plusieurs mois des régions arides et dépourvues de tout centre de société, de retrouver tout d'un coup, derrière les hautes montagnes péniblement franchies, dans un pays légendaire (un des seuls de l'Europe dont l'habitant ait gardé son prestige et reste encore mystérieux), un milieu presque parisien où il n'a aucune définition à faire ; où il parle sans préparation et sans intermédiaire de tout ce qui lui est familier ; où on l'entend, alors que rien de ce qui l'entoure ne ressemble à ce qu'il voit dans sa patrie ; où on lui répond dans sa langue et on le comprend comme si on habitait la même patrie intellectuelle. Que ce soit un vernis et que le fond des mœurs reste intact, je le crois ; que ce soit une contrainte et un masque posé pour une heure, ou encore le résultat d'un effort momentané, c'est possible ; mais le fait est là, et, à part la mère du prince, qui, je le crois, ne comprenait pas la langue française, tous les convives parlaient notre idiome comme nous-même, et aucun ne se privait d'une observation piquante.

Outre le prince et sa mère, la princesse sa femme et l'institutrice chargée de l'éducation de la jeune famille, Son Altesse avait convié ce soir-là à sa table M. Ionine, le chargé d'affaires de Russie ; le président du sénat, M. Dieudonné Petrovicz, son cousin, Stanko Radonich, sénateur, et le ministre de l'Instruction publique. Rien ne m'a frappé dans les usages comme ayant un caractère spécial, et je n'ai pas besoin de dire que, malgré la barrière que la nature a élevée entre Cettigné et le reste du monde, les raffinements de la civilisation ont pénétré jusqu'ici. La seule consolation offerte à mes yeux avides de pittoresque, c'est la livrée du palais : le service était fait par des Monténégrins vêtus de la gougne blanche, qui ne me firent pas regretter ces valets de pied de nos dîners anglais, français ou italiens, si graves, si bien rasés, si bien cravatés, qu'on se demande, en les croisant dans les couloirs, si ce ne sont pas des maîtres des requêtes de la cour des comptes invités comme vous.

Le soir on nous permit la cigarette, et quelques officiers se joignirent à nous ; de temps en temps on apportait des dépêches pour Son Altesse, et elle disparaissait pour répondre aux communications. Nous devisions de toutes choses, des romanciers, des peintres, du boulevard, de la guerre, hélas ! la nôtre, si cruellement ressentie dans ces montagnes par tous ces guerriers avides de nouvelles, et qui en suivaient les péripéties avec un si vif intérêt. Le jeune président du sénat, élevé à Paris, où nous l'avions vu passer dans des salons amis, vivant, nerveux, actif, vif dans le geste et dans le propos, si jeune d'aspect qu'on lui aurait donné vingt ans, nous reportait aux boulevards et parlait de notre ville avec un enthousiasme sincère. M. Radonich, plus mûr, avait accompagné le prince Danilo dans ses voyages à la cour de France, et rapporté dans son pays la notion exacte des progrès à réaliser. Le ministre de l'Instruction publique nous énumérait les réformes qu'on s'efforçait d'introduire. M. Ionine, qui a joué depuis un rôle si actif dans toutes ces affaires d'Orient, nous parut réservé et boutonné comme un diplomate ; mais, comme la plupart des Russes, plus au courant que nous-même de la France, de Paris et de son personnel.

La princesse regrettait que nous ne vissions d'abord du Monténégro que cette province de Katounska, si âpre et qui est une rude préface au voyage. Enfin nous avons conservé de cette soirée un vif souvenir, et en pensant à la rudesse de la nature qui nous entourait, à cette humble capitale de la Principauté, cachée dans une plaine entourée de hautes montagnes et séparée du monde par des barrières qui semblent infranchissables, nous avons senti plus vivement la distance qui sépare la cour du peuple, et la disproportion réelle qui existe entre la tête et le corps de la Principauté.

Dehors tout était sombre ; les gardes marchaient de long en large devant les murs du palais ;

LES ENFANTS DU PRINCE.

quelquefois un Monténégrin attardé glissait comme une ombre dans la grande rue : un serviteur de la maison du prince nous précédait, une lanterne à la main, et nous ramenait à notre logis du Palais Vieux au milieu du silence et des ténèbres.

Il n'y a pas d'intermédiaire entre le prince et ses sujets, et c'est peut-être un des plus curieux spectacles réservés à l'étranger que celui de cette simplicité patriarcale qui amène le dernier des Monténégrins, respectueux, affectueux même, mais tout à fait libre dans son attitude et dans sa parole, en face de son souverain. Ce n'est point qu'il n'y ait du faste extérieur et une mise en scène digne et presque grandiose dans la façon dont Nicolas Ier se présente à ses sujets, car l'appareil et le prestige qui entourent le souverain sont aussi dans le caractère local ; mais il y a cependant là un reflet des mœurs antiques et une certaine bonhomie dans les usages. Le lendemain de notre arrivée, comme nous étions en train de dessiner le type d'un pope dans la chambre basse de l'hôtel de Cettigné, par une fenêtre ouverte à la fois sur le palais et la plaine qui s'étend derrière la résidence, nous vîmes sortir le prince, entouré d'un nombreux état-major composé du président du sénat, des sénateurs, des ministres, des voïvodes, des gardes et des périaniks, en tout une trentaine de personnes de la suite, tous dans leur costume national. La plupart d'entre eux, les plus qualifiés, portaient la botte à l'écuyère ; les autres, cette guêtre albanaise qui s'ouvre sur le pied et qu'on appelle *dokolienitsé*. Le prince marchait seul à quelques pas en avant, une cravache à la main et sans armes ; les premiers dignitaires le suivaient, et derrière eux les chefs, groupés selon leur rang. De temps en temps, Nicolas Ier s'arrêtait pour interroger un passant, qui, la beretta à la main, répondait à ses questions après avoir légèrement incliné le genou. Arrivé dans la plaine, il s'assit sur un tronc d'arbre ; quelques individus l'avaient suivi, et l'un d'eux, marchant droit à lui, s'arrêta à quelques pas et engagea la conversation. Le prince était silencieux ; il écoutait, répondait parfois par monosyllabes, très-bref, très-sérieux ; d'autres se succédèrent, et le colloque dura ainsi un certain temps. C'est ainsi que parfois il rend la justice, termine un différend, étouffe à son origine une vendetta prête à naître, empêche un forfait, ou prévient un malheur ou console une disgrâce. Ce soir-là, Son Altesse nous dit elle-même qu'un paysan de Riéka n'avait pas craint d'aborder la grave question des meurtres de Podgoritza, et, avec une faconde propre aux Serbes en général et aux Monténégrins en particulier, lui avait représenté l'émotion produite par le massacre. Il avait confiance dans son souverain, il ne doutait pas que son cœur n'eût été déchiré comme celui de ses sujets ; mais, employant ces aphorismes, proverbes et dictons populaires communs à tous les Serbes, il lui rappelait que pendant que la diplomatie délibérait, le loup fondait sur les brebis.

C'est vraiment un des traits spéciaux de ce petit gouvernement que cette communication directe entre le prince et les siens : il reçoit directement les plaintes ; il correspond avec tous, depuis le voïvode jusqu'au pâtre, si ceux-ci ont eu recours à lui ; il ne refuse jamais audience, et un Serbe de la Principauté, si humble qu'il soit, n'a jamais recours à un plus habile pour exposer son cas et se défendre. La plupart du temps, alors que la saison est belle, c'est sous le grand mûrier, près du puits de la grande rue, ou sous l'arbre qui s'élève à la porte du Monastère, où l'on a disposé un banc circulaire, que se tiennent ces lits de justice qui rappellent le chêne de saint Louis. Dans les grandes occasions, l'arbre peut aussi être témoin de scènes d'un caractère épique qui peignent bien le caractère de ce peuple belliqueux. En 1861, le prince, âgé de vingt ans, assistait impassible à la lutte que soutenaient les Serbes d'Herzégovine ses voisins, soulevés contre les Turcs par Luka Vukalovicz : les démonstrations de deuil public causées par la mort de Danilo Ier duraient encore, quand un envoyé d'un voïvode de la frontière arrive au palais en annonçant que l'ennemi foule le sol monténégrin. Nicolas ordonne de déployer sur le palais l'étendard qu'on avait retiré en signe de deuil ; on prépare les chevaux, les armes, les munitions ; on envoie de toutes parts des messagers, et le soir, au coucher du soleil, le prince vient s'asseoir sous le grand arbre de la plaine : tous les habitants de Cettigné l'entourent ; et là il proclame la lutte en entonnant les *Pesmas*, ces beaux chants de guerre, hymnes patriotiques destinés à enflammer le courage des moins intrépides.

VIII

Le pouvoir, il y a quelques années encore, était autocratique ; les lois consistaient dans le droit coutumier, qu'on se léguait par tradition. Danilo Ier, qui fut un souverain très-éclairé,

LE PRINCE RENDANT LA JUSTICE.

d'accord avec les chefs et les vieillards, a promulgué un code général dont le protocole dit qu'il a été constitué afin que « pour toujours soient jugés tous Monténégrins et Berdianis, petits ou grands, pauvres ou riches, chacun ayant des droits égaux à ce qu'il lui soit rendu justice. » Ce code, promulgué le 23 avril 1855, tiré à un nombre d'exemplaires assez grand pour que chaque habitant pût en posséder un, est composé de quatre-vingt-treize articles; il embrasse tous les sujets et semble avoir prévu tous les cas, sauf ceux qui sont purement litigieux et se rapportent à la propriété. Plus tard, quand nous parlerons de la constitution de la famille au Monténégro, et que nous indiquerons les réformes introduites dans ces derniers temps, nous verrons que le prince actuel a senti la nécessité de mettre le code de la Tsernagora en rapport avec celui des différents États de l'Europe. Un légiste très-distingué, qui n'est plus désormais un étranger pour nous, et que nous avons souvent coudoyé dans nos archives d'État, M. Bogisic, de Raguse, conseiller d'État et professeur à l'université d'Odessa, a été chargé en 1871 de rédiger le code définitif du Monténégro et de présenter dans une série de tableaux parallèles les différentes interprétations de la loi dans chaque cas prévu par chaque article. Son œuvre est très-avancée, et nous en suivons l'exécution avec l'intérêt qu'inspire une œuvre aussi ardue.

C'est de 1851 que date la grande réforme politique opérée par Danilo Ier; jusque-là, nous l'avons dit, le pouvoir civil, religieux et militaire est concentré dans une seule main. Le *vladika* est évêque, prince, généralissime; et si l'on compare les deux États, on voit que le vladika peut être appelé avec plus de raison encore que dans l'empire du Nord l'autocrate de la Principauté. Le fait important de la renonciation de Danilo à son caractère religieux modifie profondément et l'essence du pouvoir et la forme dans laquelle il s'exerce; aussi dès ce moment on peut dire que la forme du gouvernement de la Principauté est une forme monarchique absolue, et de plus héréditaire. Une question grave se pose au début; je la résoudrai par une affirmation, sans donner les raisons qui entraînent de ma part cette conviction, que j'ai acquise par l'étude de l'histoire et la lecture des documents diplomatiques turcs [1] et monténégrins depuis les traités de Carlowitz et de Passarowitz, jusqu'aujourd'hui. — Oui ou non, les Turcs, qui prétendent avoir incorporé le Monténégro à leur empire par les conquêtes du sultan Mourad Ier dès le quinzième siècle, et plus spécialement à la province d'Albanie par celles de Mahomet II, sont-ils — en droit comme en fait — les seigneurs suzerains de la Principauté?

On voit où nous conduirait la discussion du fait; nous ne l'abordons même pas, et nous répondrons hardiment : Le Monténégro est bien un pouvoir indépendant de la Porte. On a fait autrefois un mystère de la rédaction d'une note célèbre qui parut au *Moniteur officiel* le 11 mai 1858, et qui éclata comme une bombe dans tout l'Empire Ottoman [2]. Cette note est très-catégorique, très-décisive, et elle oppose aux subtilités orientales la logique implacable des faits. « La Porte Ottomane ne saurait invoquer des droits incontestables ni des motifs d'urgente nécessité. Il y a deux questions : l'une, qui est de savoir si la Porte a un droit de suzeraineté sur le Monténégro; l'autre, si certains districts, occupés et régis tour à tour par l'autorité ottomane et par celle du prince de Monténégro, doivent faire partie du territoire de ce petit pays, ou être rattachés aux provinces turques. Sur le premier point, la Porte invoque le droit de la conquête; et c'est en effet le seul qu'elle pourrait invoquer avec quelque vraisemblance, car il n'existe entre elle et le Monténégro aucune convention qui consacre à son profit un droit

---

[1] *Recueil de documents diplomatiques relatifs au Monténégro*, publiés en 1876, à Constantinople, chez M. S. H. Weiss, libraire à Péra, par Benoît Brunswick.

[2] Voir le numéro du *Moniteur universel de l'empire français*, 11 mai 1858. — Ce n'est aujourd'hui un secret pour personne que cette note, extrêmement nette, et dont la rédaction trahit une plume tout à fait autorisée, est due à M. Faugère, actuellement directeur des archives au département des affaires étrangères, et qui, si je ne me trompe, était alors sous-directeur à la politique.

quelconque de suzeraineté. Reste donc la conquête; mais le fait de la conquête ne se transforme en un véritable droit qu'à certaines conditions, dont la plus essentielle est l'occupation permanente et continue du pays conquis, ou du moins sa sujétion attestée par des actes d'administration souveraine, tels, par exemple, que le payement d'un tribut, la présence d'une garnison, etc. Or l'histoire atteste que si les Turcs ont quelquefois attaqué avec succès le Monténégro, ils n'ont jamais pu se maintenir dans ce pays; et c'est un fait incontestable que, depuis bientôt un siècle, le Monténégro leur est demeuré entièrement fermé. »

Voilà le fait. Nous le relatons comme un historien, sans autre parti pris que celui de voir clair dans une question à laquelle tous les documents diplomatiques, toutes les prétentions n'enlèveront pas sa valeur effective. Donc, passons! — Le prince Nicolas Ier, souverain d'un pays *indépendant*, dans les premières années de son gouvernement, avait encore l'autorité absolue; depuis il a volontairement délégué, en théorie, une partie de son pouvoir en instituant un ministère, et il a appelé des chefs à la direction des différentes branches qu'il a créées dans l'administration. Jusque-là il avait la libre disposition, sans contrôle, de tous les revenus de l'État, et même des revenus de l'Église. Il existait bien à côté de lui, ou plutôt au-dessous de lui, une assemblée générale ou *skouptchina*, mais elle n'était convoquée que dans des circonstances tout à fait extraordinaires et pour résoudre un cas spécial. Il existait aussi un Sénat, il existe encore; c'est le cas de définir cette institution: on verra qu'elle n'est pas faite pour entraver l'autorité du prince.

Le Sénat (en serbe *soviet*) a été créé en 1831 par le vladika Pierre II; c'était alors la *Skouptchina* ou assemblée du peuple qui nommait les douze membres dont il se composait; le vladika avait un droit de *veto* et pouvait récuser les personnalités qui l'offusquaient; peu à peu, et dès les premières années du règne de Danilo, le choix des membres fut laissé au souverain, et la Skouptchina nommait toujours ceux qu'il désignait: c'était le triomphe de la candidature officielle. Bientôt on ne convoqua même plus l'assemblée, et le prince, après avoir désigné personnellement les seize titulaires, donnait la présidence à son frère ou à un proche parent. C'était disposer absolument de cet aréopage. Dès le principe, on avait inscrit dans une sorte de constitution flottante (qui ne fut véritablement fixée qu'en 1868) que le Sénat discuterait les lois et les soumettrait à la ratification de la Skouptchina; mais comme en somme l'attribution de la justice est le plus grand privilège pour ces races un peu primitives, et que c'était surtout le danger créé par l'influence que prenaient peu à peu les chefs de tribu chargés de juger les différends qui avait déterminé le vladika Pierre II à constituer le Sénat, le rôle de ce corps, dès le règne de son successeur Danilo, devint purement judiciaire. Quand il a tenté de sortir de ses attributions, le prince l'a brisé net, en vertu du droit de dissolution que lui confère la constitution. Ce fut justement le cas peu de temps avant mon séjour au Monténégro.

Sous Danilo, la présidence du Sénat était dévolue à Mirko, le père du prince actuel; après sa mort, elle a été confiée à un cousin du prince, qui a fait son éducation en France, Bozidar Petrovicz, extrêmement jeune alors, car plus de sept ans après, quand nous avions l'honneur de le rencontrer, nous nous étonnions encore de lui trouver un aspect aussi juvénile. Nous aurons bientôt à revenir sur cette personnalité quand nous nous occuperons des qualités militaires des Monténégrins. La vice-présidence du Sénat a été confiée à Petar Stephanow Voukotitj, beau-père du prince. On voit que les avenues du pouvoir sont bien gardées; et depuis la promulgation de l'étonnante constitution turque, les Monténégrins pourront passer pour rétrogrades vis-à-vis de la Sublime-Porte.

On sait les droits et les priviléges du Sénat; les membres de ce conseil ne portent pas de costume particulier, mais ils déploient dans leur tenue le luxe que comporte leur haute situation relative: quelques-uns chaussent la botte haute à la hongroise, et quand, par les temps froids, ils mettent par-dessus leur costume la belle pelisse rouge à fourrures, dont les manches pendent comme celles d'un dolman (*tchinteratz*), pelisse que le prince Danilo mit à la mode au retour de ses voyages dans le Nord, ils ont grande allure et pourraient lutter comme pittoresque avec les brillants Magyars. Au moment où je suis arrivé à Cettigné, il est probable que le Sénat était en permanence à cause des circonstances créées par les massacres de Podgoritza, car on

UN SÉNATEUR MONTÉNÉGRIN.

me montra tous les sénateurs réunis; les personnages avec lesquels j'avais dîné la veille appartenaient pour la plupart à ce corps de l'État.

Les sénateurs monténégrins sont au nombre de seize, dont un président et un vice-président : le budget du Sénat pour les appointements de ces seize personnages s'élève à la somme de quinze mille neuf cents francs. Le président reçoit trois mille cinq cents francs ; le vice-président, trois mille ; cinq sénateurs, qui sont choisis parmi les plus influents de la capitale, touchent annuellement quinze cents francs, et les autres neuf, pris parmi les plus riches des diverses provinces, perçoivent sept cent cinquante francs. La somme est modeste, mais le budget général n'est pas non plus très-élevé, et d'ailleurs c'est plutôt une indemnité qu'un traitement.

Le siége primitif des séances du Sénat était une sorte de hangar qui s'élevait à Cettigné près du couvent, et se composait de deux parties : l'une servant d'écurie commune ; l'autre, de salle des séances. Dans la première, chaque sénateur, venu de sa tribu ou de sa résidence dans la plaine, attachait, en arrivant, à un clou le cheval ou la mule qui l'avait porté ; dans l'autre, on siégeait sans façon, en fumant autour d'un foyer, après avoir accroché les fusils aux râteliers, mais en gardant toutefois les pistolets et kandjars à la ceinture. Ce temps n'est plus. Lenormant, Wilkinson, Marmier et les premiers voyageurs ont décrit cette salle sénatoriale, où il paraît que souvent, quand la discussion se prolongeait, on mettait sans façon un mouton au palan de bois qui sert de broche, puis on le faisait rôtir et on le dépeçait tout en discutant : de sorte qu'entre deux discours un sénateur se levait gravement pour aller retourner le rôti ou couvrir de cendres le feu trop violent. C'était un souvenir des temps homériques, et cela devait avoir une grande couleur locale ; pendant ce temps-là, un secrétaire, sorte de *kodja* assis à la turque, écrivait sur ses genoux le procès-verbal.

Vers la fin du règne de Danilo, on avait ajouté une aile au château du Palais Vieux, où nous sommes déjà entré, afin de loger les sénateurs, et depuis 1873 c'est encore là que se réunit le Sénat. J'ai vu cette salle, mais il n'y a point à la décrire, car elle est absolument nue. Une division est établie entre les membres de l'assemblée et ceux qu'elle est appelée à juger ; cette barrière représente la barre du tribunal suprême. Il est assez remarquable que lorsque le prince veut siéger, et cela arrive souvent, une sorte d'étiquette respectée exige qu'on lui réserve un banc sur lequel on pose un sac de laine, comme pour le chancelier de l'Échiquier. Les Serbes de Belgrade qui font partie de la Skouptchina (à part ceux qui logent dans la ville et sont citadins) ne m'ont point paru moins rustiques que les sénateurs du Monténégro ; mais j'ai assisté à de nombreuses séances, et le lieu où elles se tiennent est tout à fait dans le goût moderne. J'ai assisté aussi aux séances de la diète d'Istrie à Parenzo, et à celles de la diète de Dalmatie à Zara, comme aussi aux medzlis de Bosnie et aux réunions du konak de Banjaluka : de toutes ces régions du Sud, c'est encore le Monténégro qui a le mieux conservé le caractère primitif, et là où ce caractère frappe le plus vivement l'étranger, c'est dans la réunion à l'air libre des membres qui composent le conseil. On m'a dit que d'ordinaire les sénateurs se réunissaient sous le grand mûrier, près du puits, dans l'artère principale de la ville ; mais je crois que ces réunions-là n'ont pas un caractère délibératif, tandis que parfois, par un beau temps, il leur arrive de tenir conseil à la porte même du Monastère, sous le bel arbre qui se trouve là, groupés tous sous les vertes ramures, dans leurs éclatants costumes, les armes à la main, discutant à l'air libre et offrant un tableau de la vie militaire qui est tout à fait typique de ce pays et fait penser aux scènes de la vie antique.

C'est en 1873 que le prince créa un ministère, mais je n'ai pas besoin de dire que la bureaucratie n'envahit pas encore l'État. Le Monténégrin, de sa nature, n'est pas porté aux fonctions sédentaires. En 1871, on avait remplacé les capitaines, chefs de tribus, voïvodes à la tête de chaque *Nahia*, par un fonctionnaire qu'on n'ose appeler ni gouverneur ni préfet, mais qui tenait des deux pouvoirs. En même temps, développant à outrance l'instruction primaire, adoptant avec une précipitation louable les innovations, le télégraphe, le système des courriers, adhérant sans retard aux conventions internationales et suivant autant que possible les progrès réalisés par les Autrichiens ses voisins, le prince semblait n'avoir qu'un objectif, la transformation du pays. Le gouvernement avait même fondé un journal, *Tsernagorats*, journal officieux s'il en fut, qui comptait assez peu d'abonnés et dut suspendre sa publication, mais qui reparut peu de temps après sous le titre *Glas Tsernagorski*, « Voix du Monténégro ». La première de

LES GARDES DU PRINCE DE MONTÉNÉGRO.

toutes les réformes, celle qui s'imposait avant tout et devait influencer la réussite de toutes les autres, c'était la construction des routes. Quels que soient les efforts du prince, il n'est pas encore arrivé à mettre en communication les divers points de son territoire, et on ne peut vraiment voyager qu'à pied ou à cheval dans toutes ces régions ; c'est même un grave effort que de franchir certains passages.

IX

La grande amélioration tentée, celle qui doit amener les résultats les plus immédiats, c'est l'achèvement de la route qui mène de Cattaro à Cettigné, et met le plus directement le territoire en communication avec l'Adriatique. J'ai raconté dans quelle mesure ce travail est effectué ; mais il est juste de dire qu'on a fait de ce projet une question politique, que le labeur est rude, et qu'il faudrait des ressources autrement considérables que celles de la Principauté pour l'achever. En 1869, on a voulu relier Rieka à la province des Bielopavitz ; le tracé est fait, la route est même terminée ; mais avec les intempéries elle présente de graves obstacles, et c'est une véritable entreprise pour un voyageur que de partir de la Zéta pour gagner les Piperi, les Koutchi, les Vassoïevicz. On ne trouve d'autre abri que les cabanes, nulle ressource, si ce n'est le pain de maïs, le lait et le fromage ; et, quand on voyage en caravane, il est nécessaire de porter tout avec soi.

La superficie totale du territoire est de deux mille neuf cent kilomètres carrés, et le nombre des habitants s'élève à cent quatre-vingt-treize mille trois cent vingt-neuf (chiffre donné par le prince lui-même dans sa lettre au Grand Vizir, en avril 1877). Tout le pays, partagé en deux grandes parties, le Monténégro et les Berda, comprend huit provinces ou *nahije*; celles du Monténégro sont au nombre de quatre : la *Katounska*, la *Tsernitsa*, la *Rietchka*, la *Liechanska*; celle des Berda sont les *Bielopavitz*, les *Piperi*, la *Moratcha* et les *Vassoïevicz*. Administrativement, les *nahije* se divisent à leur tour en *plemenas*, qui représentent nos cantons, et les *plemenas* se composent des villages, qui ne sont parfois qu'une réunion de quelques cabanes.

Nous sommes entrés par le sud-ouest, par la Katounska ; c'est une province importante, parce qu'elle comprend la capitale, Cettigné, et Niégosch, berceau de la famille régnante. Mais si le voyageur jugeait de l'ensemble du territoire par cette région, il aurait une idée fausse de la Principauté, car elle ne présente sur ce point que le spectacle le plus aride, et le cœur se serre à la pensée d'un peuple condamné à disputer sa vie à une nature aussi marâtre. La plaine de Grahovo, où eut lieu la déroute des Turcs en 1858, appartient aussi à cette province montueuse. On rencontre des plaines à l'ouest, vers l'Herzégovine, et le plateau de Niégosch, que nous avons traversé, offre quelques traces de culture.

La *Rietchka Nahia* s'étend entre la plaine de Cettigné et le lac de Scutari, à une heure et demie de la capitale ; le climat y est très-doux ; l'aspect est beaucoup moins aride que celui de la Katounska ; on y cultive la vigne et le grenadier. La province emprunte son nom, qui signifie « fleuve », au cours d'eau qui, à trois lieues de Rieka, se jette dans le lac de Scutari. La région voisine du lac, qui est au même niveau que lui et par conséquent assez marécageuse, est assez sujette aux fièvres.

La *Tsernitsa Nahia* est pressée entre le lac de Scutari et le district dalmate-autrichien ; c'est la province la plus riche et la mieux cultivée ; son climat est celui de l'Italie, et les fruits y sont abondants et très-savoureux.

La *Liechanska Nahia* va de la pointe du lac de Scutari jusqu'à la frontière de l'Herzégovine.

Cette partie est cruellement désolée, les villages y sont épars et se dissimulent aux yeux du voyageur; la seule industrie est celle de l'élevage; il n'y a pas un centre qui ne respire la misère et la tristesse. C'est, avec les passages de Cattaro, la partie la plus abrupte et la plus sauvage du pays.

Les *Bielopavitz* s'étendent entre Niksich et Podgoritza; le chef-lieu est Danilograd, situé entre l'Albanie et l'Herzégovine. Cette province est très-fertile, couverte de forêts, arrosée de nombreux cours d'eau, et d'un aspect séduisant qui rappelle la nature de la Suisse; c'est l'ancienne Zéta, qui donnait autrefois son nom aux ducs suzerains de Serbie. A Danilograd est l'avenir du pays : on a fait là quelques efforts pour améliorer le sol, le gouvernement a fait jeter sur la Rieka-Zéta un pont de bois qui a plus de deux cents mètres. La plaine offre de grandes ressources à la culture, mais on conserve dans un but de défense les bois et taillis, qui sont des citadelles naturelles pour les défenseurs menacés du côté de Niksich comme du côté de Spouz. C'est le point le plus étroit du territoire, à cause de cette échancrure de l'Albanie qui s'enfonce au cœur du Monténégro. Un corps d'armée turc qui à Niksich, en Herzégovine, voudrait donner la main à un autre corps parti de Spouz, pourrait le faire par une marche hardie. Ce fut toute la stratégie des Turcs en 1862; aussi, au risque de perdre les avantages qu'offre la culture, laisse-t-on sur pied des forêts qui offrent des ressources pour la défense.

JEUNE MONTÉNÉGRINE DE LA BIETCHKA NAHIA.

A Orza-Louka, dans cette Nahia des Bielopavitz, le prince Nicolas possède une petite villa où il vient passer quelques jours pendant l'été, et dans la même Nahia, à Ostrog, s'élève le monastère le plus célèbre du pays. Adossé à la paroi d'un rocher et dominé par la montagne à une grande hauteur, une de ses chapelles a été creusée dans le roc. C'est un lieu de pèlerinage pour les Serbes; ils viennent de tous les points du territoire prier sur la tombe du vladika Basile, tour à tour moine et guerrier, qui vivait dans une retraite ascétique d'où il sortait pour conduire au feu contre les Turcs les bandes monténégrines.

Les *Piperi*, ou habitants de la *Piperska Nahia*, occupent les bords de la Moratcha; ils sont pasteurs, et par la délimitation de 1858 ils ont perdu la ressource des pâturages chez les Kutchi; leur pays est très-montueux, et ils sont extrêmement pauvres.

Jusqu'à la mer le pays est enfermé dans un corset de fer, et le Monténégro étouffe, car s'il a un débouché sur l'Adriatique par Cattaro, il faut considérer que ce débouché est tout à fait à la merci du gouvernement autrichien; et selon qu'il est ou n'est pas sympathique au mouvement qui part de Cettigné, cet État peut ouvrir ou fermer le passage. Ensuite, la nature s'est chargée de rendre ce débouché presque inaccessible en élevant entre les Monténégrins et la mer cette prodigieuse barrière que nous venons de franchir.

Tout ceci est indispensable pour bien saisir la situation de la Principauté. Pour son commerce, pour l'écoulement de ses produits, elle n'a d'autre débouché que celui de Cattaro, dont l'accès est presque impossible malgré le grand effort qu'on tente en perçant la route en voie d'exécution; et si elle cherche à gagner l'Adriatique par le pachalik de Scutari, elle est naturellement de ce côté à la merci de son ennemi. Un tel état de choses serait encore possible pour un pays fertile; on le cultiverait, on consommerait sur place, et, si l'on avait un excédant qui permit l'exportation, on ferait péniblement des échanges par Cattaro; mais chacun sait qu'il est loin d'en être ainsi.

La statistique établit sans doute que, malgré la pauvreté du sol et la lutte que l'homme doit engager avec la nature pour en triompher, le pays, pris dans son ensemble, peut suffire à sa consommation; mais, outre que le cas est contesté, si la récolte du maïs et celle de la pomme de terre manquent, la Principauté est affamée. De là une question vitale pour le pays, qui est au plus haut degré une question d'actualité, c'est-à-dire la demande de concession par l'Empire Ottoman d'un port sur l'Adriatique. C'est une question que la conférence réunie naguère à Constantinople devait être appelée à résoudre.

Nous ne devons pas trop ici nous laisser entraîner à aborder ces questions d'économie; mais nous pouvons résumer en quelques mots la discussion qui a eu lieu à ce sujet dans la conférence des puissances qui résolut autrefois la question de délimitation du Monténégro, donnant ainsi une existence légale à un pays dont jusque-là le territoire était toujours contesté par ses voisins.

MONTÉNÉGRIN DE LA BIETCHKA NAHIA.

Nous avons pu, chez deux puissances différentes, au siège même des archives de l'État, compulser les comptes rendus secrets des séances de la conférence. M. de Barteneff, qui représentait la Russie, avait pris, d'accord avec la France, l'initiative de demander à la Porte la concession du petit territoire de Spitza, dont on trouvera le nom sur la carte, au-dessus d'Antivari, à la rive même de l'Adriatique. M. le comte de Luddolf, qui représentait l'Autriche, avait reçu des instructions contraires aux intérêts des Monténégrins, et, dans cette circonstance, il concluait non-seulement contre la cession de Spitza, mais même contre la délimitation nouvelle. L'Angleterre, elle, suivit sa politique traditionnelle, dont nous venons de voir une confirmation solennelle au congrès de Constantinople de 1877; ses deux représentants, sir Henry Bulwer et M. Churchill, différaient d'avis : le premier voyait dans la concession du territoire de

Spitza un accès sur le territoire ottoman pour les Russes, protecteurs des Monténégrins; le second, plus conciliant, proposait de canaliser la Boiana, qui est le déversoir du lac de Scutari, et de mettre la Principauté en relation avec l'Adriatique par cette voie nouvelle. — Que répondait le grand vizir? « Nous sommes vis-à-vis du Monténégro, par rapport à nos possessions de la Turquie d'Europe, dans une situation tout aussi grave que le Monténégro vis-à-vis de ses communications avec l'Adriatique. Si nous voulons passer du pachalik d'Albanie dans notre pachalik d'Herzégovine, ou de Scutari à Mostar, il nous est impossible de le faire sans contourner tout le territoire, sans nous engager dans le passage difficile où nous sommes toujours attaqués, entre la Serbie et la Principauté. Qu'on nous concède donc une route de Scutari à Mostar! »

Ce que demandait la Turquie, c'était entamer la Principauté et ruiner le pays. Les négociations n'aboutirent point; la France dut se borner à réclamer la délimitation définitive, et du reste elle l'obtint. Le dernier congrès de Constantinople a franchement abordé la même question, et la réponse de la Porte a été identiquement la même. Aujourd'hui, la guerre étant déclarée, la solution est reculée pour longtemps.

Le territoire de la Principauté se compose de deux parties distinctes, le Monténégro et les Berda, ce qui explique le titre que prend le prince dans les protocoles; les deux cartes qui me semblent les plus exactes, parmi toutes celles que j'ai consultées sur place, sont celles de Wilkinson et celle d'Henri Delarue, qui fut secrétaire du prince Danilo Ier, de 1856 à 1859. J'ai pu constater que notre compatriote a laissé un vif souvenir dans le pays; c'est d'après ses relevés que nous avons fait graver la carte qui accompagne notre récit. On comprend, en jetant les yeux sur ce territoire et en voyant comment il est borné, l'état de guerre permanent dans lequel les Monténégrins vivent vis-à-vis des Turcs, malgré les traités et les conventions. A l'ouest, les montagnes séparent le pays des provinces dalmates de l'Autriche que nous venons de parcourir; mais à toutes les autres orientations la Turquie enserre le Monténégro et l'étouffe, ne lui laissant aucun accès à la mer. Un peu au-dessus de Podgoritza, à Spouz (que Wilkinson appelle Spuss), le territoire turc vient s'enfoncer dans les flancs de la Principauté comme une lame. Si l'on veut chercher avec moi les quatre ou cinq noms que je vais citer, on s'expliquera clairement les récents faits de guerre qui ont tenu l'Europe en éveil. A la limite de la ligne frontière qui sépare le Monténégro du département ou plutôt de la province de Cattaro, on lit le nom de *Grahovo* : nom qu'il faudrait écrire avec du sang, car sur ce champ de bataille on peut dire que, toutes proportions gardées, les Serbes ont pris la revanche de Kossovo. En 1857, une insurrection éclata en Herzégovine, dans les districts frontières du Monténégro, et les insurgés comptaient naturellement sur leurs voisins; c'était le moment où le prédécesseur de Nicolas Ier, Danilo, cherchait à délimiter exactement la Principauté pour éviter les luttes constantes. Le 13 février, à la suite d'incursions des Turcs sur son territoire, Danilo déclara la trêve rompue et entra en lice. Vers le mois d'avril suivant, comme un commissaire de la Sublime-Porte pour les affaires du Monténégro, Kemal-Effendi, était venu s'établir à Mostar, le prince lui envoya demander une dernière fois de limiter exactement les frontières pour éviter les conflits. La réponse fut ce qu'elle sera toujours de la part des Turcs vis-à-vis des Serbes : « Reconnaissez d'abord l'autorité du sultan ! » Le 4 mai, les Musulmans brûlèrent quelques villages et s'établirent à Grahovatz. Danilo envoya son frère Mirko avec quatre mille hommes pour faire face à l'ennemi, puis les autres contingents des provinces le rejoignirent. On se rencontra le 11 mai; le 12 mai, on conclut un armistice pour enterrer les morts; le 13, un corps d'armée turc, s'étant placé dans une position dangereuse, essaya de rejoindre le corps principal : le combat recommença et se termina par un véritable massacre des forces de Hussein-Dahim-Pacha. Les Musulmans perdirent trois mille hommes, tous leurs convois, huit canons, trois mille fusils, leurs munitions de guerre et leurs provisions de bouche. Il faut insister sur cette date de Grahovo, parce que le résultat politique de cette journée fut considérable. C'est en effet de ce jour que date la constitution territoriale définitive de la Principauté, légalement délimitée par une commission européenne. Le but évident des Turcs, ce jour-là, était l'invasion et

PAYSANS SLAVES DES FRONTIÈRES VERS GRAHOVATZ.

probablement la soumission du pays, — solution périlleuse qui fut conjurée par la victoire des Monténégrins; — mais Danilo Ier fut très-habile : au lieu de se donner la facile supériorité d'entrer en Herzégovine après Grahovo, et de s'emparer de quelque lambeau de territoire turc, il obéit à la voix de la France qui lui disait de s'en remettre à l'intervention des puissances et d'attendre leur décision. En mai parut au *Moniteur* l'article qui faisait prévoir l'attitude de la cour de France dans la question, et, presque en même temps, l'amiral Jurien de la Gravière arrivait à Raguse avec deux bâtiments. La Sublime-Porte, quelques années après la guerre de Crimée, ne pouvait refuser d'adhérer aux propositions de la France; le 8 novembre 1858, les représentants des cinq grandes puissances signaient le protocole de délimitation définitive. La possession de Grahovo, de la Joupa et de la vallée de la Béla fut assurée au Monténégro; on laissa aux Turcs une partie de la Nahia de Koutchi-Drakalovitch. De cette façon, les Monténégrins avaient des positions avancées sur l'Herzégovine, et, dans le cas d'un conflit, la Principauté, de ce côté, était facile à défendre.

Après Grahovo, si l'on remonte vers la Bosnie, on trouve le fort de Niksich, qui garde la frontière; ce fort est si singulièrement accoté à la Principauté, que, par trois fois dans leur dernière lutte, les Monténégrins ont dû ravitailler leurs ennemis par leur territoire, à la suite des armistices conclus avec les insurgés de l'Herzégovine. La Moratcha est gardée, du côté de la Bosnie, par de rudes montagnes; mais, depuis Spouz jusqu'à Jabliak et de l'autre côté du lac de Scutari, le pays devrait se limiter par une frontière naturelle, celle de la rivière, tandis que c'est là que le territoire de Lieschkopol entre au cœur de la Principauté comme un coin de fer.

La *Moratcha* emprunte son nom au cours d'eau qui la traverse et qui forme la partie la plus reculée du territoire. Elle est enfermée entre la Bosnie et l'Herzégovine, et son peuple représente le type monténégrin dans ce qu'il a de plus pur et de plus caractéristique. Ce sont des patriotes ardents, des sujets dévoués et désintéressés, très-attachés à leurs traditions, très-loyaux et pratiquant la vieille hospitalité serbe. Ils vivent de leurs troupeaux et ne cultivent pas leur terre, conduisant leurs moutons de pâturage en pâturage, et ne s'occupant que de pourvoir aux besoins les plus élémentaires de la vie. On dit que c'est là que se conservent dans toute leur pureté primitive les chants des rapsodes qui disent l'histoire nationale du pays. La Moratcha offre certaines ressources au point de vue des bois de construction, car toute une région est plantée en forêts, et il y a là des bois de haute futaie sur lesquels, dès 1861, le consul britannique de Scutari avait jeté son dévolu, afin de les exploiter pour la marine anglaise. Le prince Nicolas crut devoir offrir à la France de profiter de cet avantage au lieu de le laisser à l'Angleterre; mais la question n'était pas encore résolue en 1873, et les habitants du district, s'appuyant sur une compagnie étrangère, ont voulu entreprendre eux-mêmes l'exploitation, afin d'en tirer tout le profit possible.

Près de la source de la Moratcha s'élève le cloître de la Moratcha, construit, si l'on en croit la tradition, par Douchan, le fameux roi de Serbie; on y montre encore une corne de buffle qui, du temps de ce souverain, servait à la communion, et un grand nombre de tombes restées intactes qui prouvent que le sanctuaire a échappé à la dévastation des Turcs.

Les *Vasoïevicz*, limités par la Bosnie et l'Albanie, ressemblent un peu, comme nature, à la Moratcha et sont riches en forêts qu'on n'a pas encore exploitées; on sent le voisinage de l'Albanie, d'où les Vénitiens tiraient leurs bois pour les galères et les approvisionnements de leur grand arsenal.

Les voyageurs qui traversent le Monténégro sans en faire un but tout spécial d'études, entrent ordinairement par Cattaro, effectuent le passage de la montagne, séjournent à Cettigné, de là vont à Rieka et, descendant le cours de la Moratcha, arrivent au lac de Scutari, où ils s'embarquent sur de grands canots à douze rameurs appelés des *londras*, et s'échappent par Antivari. Ils ont ainsi traversé le pays, de la frontière dalmate à la frontière turque d'Albanie. Pour se lancer chez les Piperi ou dans la Moratcha et les autres *nahije*, il faut organiser une caravane, et c'est une véritable aventure qui demande beaucoup de temps, à cause de l'état incroyable des routes à franchir. On doit prendre des guides à Cettigné, porter avec soi ses vivres, se munir de chevaux ou de mulets, choisir la saison favorable et, dans ce cas, pour peu qu'on se soit présenté à Cettigné avec des lettres de recommandation ou des lettres de créance, le prince accorde gracieusement le concours d'un ou deux périaniks qui servent d'escorte. A part les médecins qui ont vécu dans le pays, à part les ingénieurs et les secrétaires du prince qui ont écrit sur le Monténégro, c'est une bonne fortune que n'ont pas eue beaucoup de voyageurs que celle de parcourir toutes les provinces; mais se borner à voir Cettigné, c'est n'avoir du pays que l'impression la plus rude et la moins avantageuse; il faut au moins aller jusqu'au bord du lac, si l'on veut concevoir du pays une idée plus juste et plus consolante. Le passage de la montagne qui mène à Rieka et qui, entre Cettigné et le lac, nous apparaissait relativement peu élevé du haut des rochers au sortir de Niégosch, est peut-être aussi tourmenté que ceux qu'on a traversés pour arriver à la capitale. En se dirigeant de Cettigné vers l'Albanie, si l'on se retourne, entre le lac de Scutari et la plaine qu'on vient de quitter, pour jeter un regard sur le Lovchen et la plaine où s'élève la capitale, on jouit encore d'un prodigieux panorama. Il ne faut guère que cinq heures pour aller de Cettigné à Rieka, mais on monte toujours jusqu'à Granitza. C'est le point d'où il faut embrasser l'ensemble : on aperçoit devant soi la vallée et le cours de la Rieka, les eaux brillantes du lac avec la citadelle de Jabliak, l'ancienne résidence des princes de Zéta avant qu'ils se fussent réfugiés à Cettigné, les îles turques de Vranina, Monastir et Lesendria ; à gauche, les montagnes de l'Albanie et le pays des Mirdites, et, comme on prend le lac dans sa plus grande longueur, la nappe de ses eaux bleuâtres s'étend jusqu'aux extrêmes horizons.

MONTÉNÉGRIN DE GRAHOVATZ.

A partir de Granitza, on commence à descendre, et le passage est très-difficile, les chevaux glissent à chaque pas dans ces gorges désolées et l'on éprouve véritablement une sorte de découragement en face d'une aussi rude nature.

X

Si le Monténégro n'offre aux voyageurs ni monuments ni ruines, à peine une trace visible des siècles passés, quelques dalles brisées, qui furent une voie romaine, et des vestiges du moyen âge tout à fait frustes vers la Moratcha, l'homme y est un intéressant sujet d'études et les mœurs du pays y ont conservé leur caractère primitif.

Dans ce petit État, constitué comme nous l'avons dit, tout le monde a le droit de porter des armes et de donner sa voix dans les assemblées populaires. Les sujets sont tous égaux devant la loi ; ils ne reconnaissent pas de classes, malgré la différence qu'une longue tradition de commandement peut mériter à telle ou telle famille, ou malgré le prestige qui peut rejaillir sur tel ou tel citoyen par suite des honneurs que lui a conférés l'élection. Nulle charge n'est héréditaire, sauf celle de la couronne, et le dernier du peuple peut aspirer à tout, à trois conditions : d'abord si son activité, son industrie particulière et son ingéniosité l'ont amené à la fortune, il se désigne naturellement au choix de ses concitoyens ; ensuite, si son courage personnel, une inspiration subite, un trait de bravoure ou un bonheur particulier dans l'attaque ont appelé sur lui l'attention et l'ont fait considérer comme un chef digne d'être choisi par tous, il arrivera par le suffrage aux rangs élevés ; enfin (et c'est la preuve du prestige de l'éducation) des connaissances un peu plus étendues que celles du commun, la supériorité que donnent les voyages, l'étude, la connaissance des idiomes étrangers, feront de lui le candidat inévitablement choisi par ses concitoyens.

Je crois qu'on peut établir d'une façon à peu près générale que l'habitant de la Tsernagora est brun d'aspect, tandis que l'habitant de la Berda est blond, comme certains Slaves du Sud. En général, tous deux sont minces, élancés, bien pris dans leur taille, souvent très-élégants d'allure et d'une démarche fière et un peu théâtrale. Ceux de la Tsernitsa et des Bielopavicz se distinguent entre tous par leur haute taille et rappellent ces beaux types dalmates des environs de Knin, que M. Valerio a dessinés pour les précédentes parties de ce voyage. Comme ils ne s'allient jamais entre eux (car leur religion proscrit les unions entre parents au degré le plus éloigné), le type se renouvelle sans cesse, et le peu de soin que reçoivent les enfants en bas âge, la rudesse du climat, l'absence absolue des précautions les plus élémentaires déterminant une grande mortalité chez les enfants, ceux qui sont nés robustes survivent seuls. Cependant, quand on s'attache à la beauté du type et à son uniformité, l'observation donne souvent des démentis à cette règle : nous avons beaucoup dessiné d'après nature, et souvent nous avons fait poser, non pas les types que nous choisissions, mais ceux qui voulaient bien s'offrir ; à côté de modèles d'une rare perfection de formes, admirablement équilibrés, nous avons constaté la présence d'un certain nombre d'individus assez frêles, hâves et de constitution débile. Les uns, certainement, étaient minés par la fièvre ; mais chez les autres, mieux constitués, on constatait un manque d'identité dans la race. Il n'y a pas lieu de s'étonner d'une telle variété des types : le Monténégro a été longtemps un lieu d'asile où tout ce qui se trouvait compromis ou gêné dans sa liberté sur le territoire ottoman, venait se réfugier avec ses biens, sa famille et son troupeau, ou simplement avec ses armes pour toute fortune.

Quelques hommes distingués, auxquels il faudra toujours recourir quand il s'agit du Monténégro, des médecins surtout, MM. Tedeschi, Boulongue, le docteur Frilley, le docteur Feuvrier, et aussi M. Vlahovitz, ont consigné leurs observations fondées sur un long séjour dans le pays, et ils ont constaté, entre autres traits physiques, que chez le Monténégrin, si fort qu'il soit d'allure, le ventre est souvent excavé ; c'est au port de la ceinture toujours chargée d'armes fort lourdes qu'il faut attribuer cette particularité, qui nous a frappé nous-même.

Très-habiles aux exercices du corps, marcheurs infatigables, habitués à une lutte constante contre la nature, les Monténégrins sont dans un état d'*entraînement* permanent ; ils peuvent supporter les plus grandes fatigues, et simplifier la vie comme l'Arabe du désert. Cependant, lorsqu'ils en trouvent l'occasion, ils arrivent assez facilement à l'intempérance, et ce montagnard qui vit habituellement de pain, de pommes de terre, de riz ou de froment, et qui s'abreuve à la source la plus proche, mange jusqu'à la pléthore lorsqu'on tue un mouton, et, quand il s'adonne à l'eau-de-vie, il le fait avec un véritable excès.

Sur la frontière de l'Herzégovine et du Monténégro, près de Grahovo, j'ai eu l'occasion de loger chez un Dalmate qui avait joint à sa maison un petit débit d'eau-de-vie ; il me disait qu'il s'était trompé dans sa spéculation en prétendant donner une boisson moins frelatée et de meilleure qualité que celle qu'on débitait partout ailleurs, et sur laquelle il gagnerait cependant encore assez ; il avait calculé qu'il devait doubler sa vente en offrant un véritable avantage au point de vue de la qualité : mais, au contraire, son voisin, qui donnait une liqueur plus rude,

MONTÉNÉGRIN DES ENVIRONS DE CETTIGNÉ.

plus vitriolique, et qui l'obtenait par les mélanges les plus artificiels, resta le plus achalandé. Ces gosiers peu délicats veulent qu'on réveille en eux le sens atrophié par l'habitude des épices incandescentes, et même par les huiles rances dont ils ont l'habitude.

Le Monténégrin, plein de vigueur et de santé, respire l'air salubre de la montagne et entretient l'harmonie de toutes ses facultés physiques par un exercice continuel, par des jeux qui rappellent les combats et les luttes antiques, et par des tournois de force et d'adresse. Il jouit aussi d'une certaine gaieté et est doué d'un esprit vif et d'une imagination mobile. C'est un être changeant et inconstant, il n'a ni la patience, ni la persévérance dans l'effort ; son esprit conçoit vite, son imagination envisage le but, escompte le résultat et s'en exagère l'avantage. Il y a de l'enfant dans ce soldat si téméraire dans l'attaque ; lorsqu'il ne réussit pas d'emblée, il devient tout à coup timide et plein de défiance en lui-même. Dans la vie habituelle, il passe aussi très-rapidement de la joie au découragement, du calme à la colère, et sans qu'on puisse dire qu'il soit facile à désarmer, on triomphe cependant assez vite de ses passions.

Son goût dominant est celui des armes, et les plus pauvres font les plus grands sacrifices pour porter à leur ceinture un handjar de prix ou des pistolets d'un beau travail. La plupart ont encore des pistolets à pierre et s'en servent avec dextérité ; les plus fortunés se procurent en Albanie ces armes à clous d'argent qu'on appelle *ledenitze*, et depuis quelque temps il n'est pas rare de leur voir des revolvers à la ceinture. Dès que pour la première fois on a importé chez eux cette arme au tir rapide, les plus riches se sont empressés d'en acquérir de semblables. J'ai vu arriver dans un village un fusil à aiguille, le premier peut-être qu'on importait dans ce petit centre ; celui qui le possédait fut pendant la journée entière obsédé par ses voisins, qui venaient voir l'arme, la manier, et qui voulaient l'essayer à tour de rôle ; ce fut pendant plusieurs heures un tir sans interruption, et une expression d'envie se lisait sur les traits de chacun des assistants. L'armement du Monténégrin a beaucoup changé dans ces dernières années : réglementairement les fusils distribués par l'État sont tous des fusils des différents systèmes récemment employés dans les armées européennes, et qui ont été réformés ; mais en général chacun s'arme selon ses moyens et son goût personnel. Ceux qui sont les plus proches de la frontière d'Autriche ont la carabine et le fusil Martini ; plus on avance, plus l'arme prend de caractère et perd en précision. On voit à l'épaule du montagnard depuis le petit tromblon carré incrusté de nacre, qui rappelle celui des bachi-bozouks, jusqu'au long fusil albanais à crosse courte, fin comme une canardière, orné de plaques repoussées comme les espingardes du Maroc. Malgré l'imperfection de leur arme, les Monténégrins sont des tireurs remarquables. Les Turcs ont le sentiment de la distance et la mesurent avec une rare précision : c'est ce qui les rend si aptes à faire de bons artilleurs ; les Monténégrins ont la même qualité, et, de plus, ils savent très-bien rectifier leur tir ; d'ailleurs ils s'exercent constamment, et, dans la plaine qui s'étend derrière le palais, on voit fréquemment le prince, entouré des siens, lutter avec eux au tir à la cible. La sœur du prince, qui représente beaucoup mieux que sa femme le type de la Monténégrine classique apte aux fatigues guerrières, suit parfois ces exercices les pistolets à la ceinture, tenant compte des coups qui portent juste et faisant les fonctions de juge du camp.

Déjà, dans la haute Dalmatie, sur la limite de la Bosnie, entre Knin et Sign, nous avions vu des colosses faisant partie de cette garde provinciale des *Pandours*, tout brillants d'argent, portant toute leur fortune sur la poitrine, chamarrés de chaînes, de médailles, de hausse-cols repoussés, qui affectaient une dignité froide, se pavanaient dans leur éclatant costume et se laissaient complaisamment retourner sur toutes les coutures, pourvu qu'on les admirât. Ici ce désir de briller est aussi très-frappant, et c'est un signe de la race. Nous avons vu des montagnards notoirement pauvres qui portaient habituellement des broderies d'or sur leurs vêtements, et des armes dont le prix était un contre-sens avec leur position.

Le Monténégrin marche complaisamment : il a naturellement un aspect digne et fier, mais il se *campe* volontiers et ses attitudes semblent être étudiées. Il est très-orgueilleux par nature, et le sentiment exagéré qu'il a de sa valeur, de son courage et de ses facultés, tourne en somme à son avantage, car il le pousse à des entreprises téméraires qui réussissent parfois. La race offre, après tout, un singulier mélange de qualités et de défauts. L'homme parle haut, son abord est dur, hautain, silencieux ; s'il marche seul dans la rue, et si on le regarde, il s'enfle volontiers et redresse sa taille ; à côté de cela il a de la bonhomie et montre de l'humilité à l'égard de ses supérieurs. Il a ce que nous appelons de « l'aristocratie » dans le port, et il est démocrate dans le fond, car il donne le baiser de paix à plus humble que lui, et fait preuve à l'égard du dernier de ses clients d'un sentiment d'égalité qui est touchant dans la forme qu'il revêt.

FEMME DE LA BERDA.

On dirait que son costume national le porte à se faire valoir, et ce goût de briller qui se révèle dans sa tenue est considéré comme si nuisible à son état économique, que le prince Nicolas, la deuxième année de son règne, essaya, par son propre exemple, de réagir contre cette tendance, et de faire abandonner l'usage des costumes pompeux, des riches broderies d'or, des fourrures de prix, qui emportent parfois le plus clair de la fortune de celui qu'ils ornent. C'est depuis ce temps que le prince substitua à ces belles torsades d'or du *djamadan* (gilet croisé sur la poitrine) les simples soutaches de cordonnet noir, qui ont aussi leur caractère. Nous avons vu déjà à Raguse la corporation des commissionnaires, qui, à coup sûr, ne représentent pas une couche sociale bien fortunée, déployer dans leur costume un luxe encore plus grand et plus coûteux. C'est, du reste, une des principales industries des centres les plus riches de la Turquie, de la Serbie, de la Bosnie, de la Dalmatie et de l'Herzégovine, que ce travail de soutaches d'or dont on orne le djamadan. Dans tous les bazars de Seraïevo, de Belgrade, de Banjaluka, de Mostar, des villes d'Albanie, et même dans la plupart des villes de Dalmatie, une rue entière est réservée à ces tailleurs qui, accroupis tout le jour, préparent ces somptueux vêtements, destinés la plupart du temps à des gens pauvres.

L'habitant de la Principauté est peu actif et montre un certain dédain pour tout travail manuel ; son oisiveté lui semble la consécration de sa dignité personnelle. Dans les dernières années du règne de Danilo, frappé du peu d'industrie du paysan et de sa résignation à cet état végétatif, qui est la négation du mouvement et l'obstacle invincible à tout progrès, le prince avait envoyé à l'étranger quelques jeunes gens intelligents qui auraient appris des métiers et les auraient enseignés aux autres. Cette tentative a échoué ; mais le niveau moral s'est beaucoup élevé, le pays est très-sûr, et le voyageur n'a rien à redouter dans ses excursions solitaires. On a mis fin à nombre d'exactions élevées jusque-là à la hauteur d'institutions et qui semblaient œuvres pies à ces rudes montagnards. Ils pratiquaient naguère les razzias sous le nom de *tchétas*, et cette forme d'excursion à main armée chez les voisins d'Herzégovine, de Bosnie et d'Albanie était tout à fait passée dans les mœurs. Déjà le prédécesseur du prince Nicolas avait posé en principe que la tchéta était un crime et un vol ; il a fallu beaucoup d'énergie pour réformer ces mœurs-là. Il est un autre point plus délicat à traiter, et un reste de barbarie qu'on voudrait voir effacer des mœurs des Monténégrins : c'est cet usage horrible de mutiler les cadavres et de couper la tête, le nez ou les oreilles de l'ennemi tombé. Il est très-difficile de pénétrer l'idée qui présidait à cette sanglante mutilation, qui n'est pas d'ailleurs la spécialité des Monténégrins, et qui tend beaucoup à disparaître des mœurs. Les derniers souverains du Monténégro, hommes éclairés, qui avaient voyagé et rapportaient dans leurs montagnes les idées civilisatrices des grandes cours d'Europe, ont commencé par montrer le dégoût que leur inspirait cette odieuse habitude : bientôt ils ont proscrit les sanglants trophées, et enfin rendu des édits sévères contre tous ceux qui seraient surpris mutilant les vaincus. Le voyage de Wilkinson date de 1840, et, sur la tour qui s'élève au-dessus du couvent de Cettigné, il compta, lors de son passage, vingt têtes desséchées dressées sur de petits palans. Depuis ce temps tous les voyageurs qui ont traversé le pays parlent bien de la réputation qu'on a faite à un individu pour avoir coupé un nombre plus ou moins grand de têtes, et il est certain que dans les grandes luttes qui ont signalé les dernières années de Mirko et les premières années du prince Nicolas, on n'avait pas renoncé à cette sanglante coutume ; mais depuis quelques années on n'ose plus parler de ces prouesses et s'en faire un titre de gloire.

Dans la dernière insurrection, et pendant la guerre de 1875-1876, le fait s'est renouvelé, parce qu'entre deux ennemis aussi implacables que les Monténégrins et les Turcs il ne peut y avoir de merci ; mais, du côté où le combat prenait le caractère d'une bataille régulière, sous des capitaines qui n'étaient point des chefs de bande, on a au contraire fait le plus possible de prisonniers, et ils ont reçu les mêmes traitements que dans nos guerres d'Europe. En Herzégovine, il y a eu beaucoup d'infractions à cet usage des peuples civilisés, et en Bosnie j'ai vu de mes yeux, sanglantes, livides, accrochées aux deux palans d'un *karaula*, poste avancé des Turcs sur les frontières serbes, deux têtes de raïas pendues par les cheveux noués en nattes à l'extrémité desquelles pendaient de menues monnaies et des amulettes. J'ai même couru un réel

INTÉRIEUR DE FAMILLE MONTÉNÉGRINE DANS LA MONTAGNE.

danger en voulant faire un rapide croquis du karaula orné de ce singulier appendice, et les Turcs m'ont reconduit jusqu'à la frontière autrichienne pour le fait seul d'avoir ouvert mon album en face de cet odieux trophée.

On sent bien que c'est un sujet difficilement abordable avec les nationaux que celui que je traite ; mais je me rappelle encore que dessinant, dans un village aux environs de Cettigné, d'après un Monténégrin d'un aspect martial, qui portait trois médailles sur la poitrine et posait complaisamment, une assez jolie fille qui parlait quelques mots d'italien vint à moi, puis regardant mon dessin, m'apprit que mon modèle était un pope, et que les médailles qu'il portait sur la poitrine correspondaient au nombre de têtes qu'il avait coupées.

L'ÉCOLE DES JEUNES FILLES A CETTIGNÉ.

Un voyageur anglais, Tozer, pense que le montagnard coupe la tête de son ennemi tombé dans le seul but de donner une preuve irréfragable de sa victoire à ceux qui n'y ont pas assisté. « Mais c'est le Turc qui a commencé, » dit le Monténégrin, et notre propre expérience nous a appris que sur tout champ de bataille où nous avons vu des mahométans engagés avec des chrétiens, où que ce fût, en Afrique ou en Asie, les premiers ont constamment pratiqué l'horrible usage de la décapitation.

Comme trait particulier de caractère, il faut encore citer la facilité du Monténégrin à garder les notions qu'on lui inculque, et s'il applique à l'instruction le respect humain et l'amour-propre qui le distinguent, il arrive très-vite à un résultat. Les écoles ont beaucoup réussi ; Cettigné possède une école de jeunes filles très-bien tenue, qui ne le cède point à nos écoles primaires ;

mais si les écoles sont nombreuses, elles ne sont pas assez suivies en dehors de la capitale. Doué d'une faconde naturelle et éloquent sans étude, jamais un habitant de la Tsernagora n'a besoin du secours d'un avocat pour se défendre et débattre ses intérêts.

XI

L'étranger qui, ignorant l'idiome serbe, privé par conséquent du moyen de pénétrer les mœurs intimes et de s'introduire au foyer, ne fait que passer dans le pays monténégrin ou y séjourne quelque temps seulement, se fait certainement une idée fausse de la situation et du rôle de la femme dans la Principauté. S'il en juge par ce qu'il voit, il dira sans doute d'elle que sa naissance est le premier de ses malheurs. En effet, ces longues files de femmes hâves, prématurément fatiguées, qui portent de lourds fardeaux, gravissant péniblement la montagne, comme si elles représentaient dans le ménage et dans la famille la bête de somme vouée aux durs labeurs, n'éveillent dans l'esprit qu'une idée de servage; en même temps, l'attitude de l'homme vis-à-vis d'elle, son dédain apparent (ou pour être plus juste, son indifférence) lorsqu'il affecte de ne pas la voir et d'ignorer sa présence, indiquent son infériorité sociale. Si l'on pénètre plus avant, si on se renseigne chez les Serbes instruits, ceux qui ont toute autorité pour connaître l'état exact des choses, on constate, dans le sein même de la famille, des compensations à cette position pénible, qui leur pèse d'ailleurs beaucoup moins que nous ne le supposons avec nos sentiments d'habitants des grandes villes de l'Europe.

Il est certain que la naissance d'une fille dans une famille est considérée comme un malheur, ou tout au moins comme une grande déception; on en a vu un curieux exemple en haut lieu, au Monténégro. Le prince, dont la famille est nombreuse, ne compte qu'un rejeton mâle parmi ses sept enfants, et l'empereur Nicolas ayant accepté de tenir l'un des enfants qui allaient naître sur les fonts du baptême, le représentant du tsar reçut un accueil assez froid dans le pays, parce que le nouveau-né était une fille.

Dès qu'on a constaté, dans une famille, que l'enfant est du sexe masculin, c'est une joie délirante dans la maison; l'écho des détonations se répercute dans la montagne; la table est mise, et tous les voisins viennent s'y asseoir : tout respire l'allégresse, et chacun apporte son vœu; l'un des plus étranges, celui qui révèle les instincts guerriers de ce peuple, c'est celui qui souhaite au nouveau-né *de ne pas mourir dans son lit*. S'il est né une fille, le père s'avance sur le seuil, et baisse les yeux en demandant pardon à ses voisins et amis; il s'excuse, il n'ose même l'avouer, mais on devine sa déception. Si enfin plusieurs fois de suite, au lieu d'un héritier et d'un soldat de l'avenir, la mère de famille n'a donné à son mari que des filles, elle doit, selon une superstition populaire, rassembler sept prêtres qui vont bénir de l'huile, la répandre, et enlever, pour le changer, le seuil de la porte de la maison qui a été ensorcelée le jour des noces.

La fille est née; elle est élevée au foyer et à la dure; mais, il faut cependant le dire, elle reste l'objet des soins constants de sa mère, — car les femmes slaves sont les plus tendres des mères. — La jeune Monténégrine n'aura pas d'autre fonction, jusqu'à ce qu'elle soit mère de famille et femme d'un chef d'association, que celle d'accomplir les plus vulgaires soins du ménage, dans cette vie simple, primitive et rude, près de la nature. Elle a trois soins quotidiens : elle va à la fontaine, qui est souvent très-haut dans la montagne, et elle rapporte l'outre ou le baril sur ses épaules; elle va au bois, dans les taillis, aux fentes des rochers, ou dans les forêts lorsqu'elle habite au midi; enfin elle prépare le dîner de son seigneur et maître, qui se prélasse au soleil, ou qui se promène, ou qui chasse. En dehors de ces fonctions habituelles du ménage, elle tricote des bas et des vêtements chauds pour l'hiver ; elle brode aussi et elle file, mais ses travaux de broderie sont beaucoup moins intéressants que ceux que j'ai signalés avec quelques détails dans les régions de la Dalmatie ; car son costume, tout gracieux qu'il soit, n'a pas le charme de couleur des costumes dalmates. Devenue jeune fille, à l'âge nubile, la galanterie n'existe pas pour elle, et l'hommage que nous accordons si naturellement aux femmes ne leur est jamais rendu. Je ne dis pas que la nature perde là ses droits, il serait naïf de le croire ; mais cette coquetterie innée qui fait qu'une femme, se sentant l'objet de l'attention et de l'admiration d'un homme, est flattée au fond du cœur, — alors même qu'elle se dérobe pudiquement

JEUNES MONTÉNÉGRINES AUX CITERNES DE CETTIGNÉ.

au secret hommage qu'on lui rend, — est un sentiment que la Monténégrine du peuple ne connaît point. Comme elle ne se sent pas humiliée par la condition de servage qu'on lui impose, il semble qu'elle ne soit pas fière de l'attention dont elle peut être l'objet ; il m'a même semblé parfois que les plus belles éprouvaient une réelle frayeur en face de cette insistance toute platonique que met un galant homme étranger à fixer ses regards sur un beau visage dont il ne détache qu'à regret les yeux. La Monténégrine ne comprend pas l'amour sans la consécration du mariage, et le séducteur devient une victime, s'il n'est prêt à réparer sa faute. D'ailleurs la femme est très-respectée, et quels que soient son âge, sa beauté, sa faiblesse, on la rencontre dans les solitudes des forêts, ou sur les hauteurs inaccessibles des montagnes, isolée et sans défiance, car elle n'a jamais à redouter l'insulte.

Modeste dans sa tenue, si le travail et la peine l'ont vieillie de bonne heure et si sa beauté s'est vite flétrie, elle est susceptible pourtant d'une grande grâce. A côté de la Monténégrine basanée, à l'œil noir, vif comme un charbon ardent, être insensible et dur, masculin dans son allure, animal dans son geste, endurci à la fatigue, sorte de portefaix hommasse, — comme l'être étrange et infatigable qui nous a servi de guide pendant toute notre excursion, portant nos sacs sur son dos et coupant verticalement les lacets de la montagne, — que de types gracieux, délicats et flexibles! Que de physionomies douces, un peu tristes, allanguies, au teint pâle des Orientales si séduisant, teint rose-thé auquel les grands yeux voilés par des cils épais et abrités sous d'épais sourcils donnent un charme incomparable! Que de beautés majestueuses, grandioses, aux traits épiques, comme ces Cérès aux gestes amples et larges, qui se devinent encore aux fresques effacées des murs antiques de Pompéi! Il faut avoir vu les cartons d'aquarelles faites sur nature par M. Valerio, — devenus la propriété de l'État et classés à l'école des Beaux-Arts, — pour se faire une idée de la beauté des types qu'on peut rencontrer là.

Les générations qui ont précédé la nôtre avaient la coutume de fiancer deux enfants encore au berceau, perpétuant ainsi dans deux familles, dont les chefs étaient des amis de cœur, une amitié héréditaire rendue plus forte encore par les liens de ce mariage. Cette coutume, au dire d'observateurs serbes, tend beaucoup à disparaître. Les noces sont précédées de fiançailles, et les filles monténégrines se marient de seize à vingt ans; les garçons, malgré le proverbe monténégrin qui dit qu'ils « prennent femme quand ils ceignent l'épée », s'unissent entre vingt et vingt-cinq. Si le garçon choisit sa future, les parents réunis en conseil de famille doivent ratifier ce choix; cela fait, on va de très-grand matin demander la main de la jeune fille, car les Monténégrins, comme tous les Serbes, sont fort susceptibles, et ne voudraient pas que le refus eût de la publicité dans le village; mais, avant de demander l'autorisation du père, on s'est assuré secrètement du consentement de la fiancée. On se fait alors de mutuelles visites; mais ce n'est qu'à la troisième que le fiancé peut rencontrer celle qui sera sa femme et échanger directement avec elle les cadeaux d'usage. La jeune fille reçoit des pantoufles, et le jeune homme a en échange une chemise brodée et tissée par celle qu'il a choisie. Jusqu'au jour des noces, il ne peut plus entrer dans la maison de sa future, et ce jour est fixé dans une fête de famille qui s'appelle *la soie* (*svila*); elle a lieu d'ordinaire trois semaines avant le jour de sa consécration; on y arrête aussi le nombre des convives, et la somme qu'il convient de donner pour les cadeaux de noce. Le fiancé est absent, mais il sait que la *svila* a lieu, et pendant ce temps il doit envoyer deux petits tonneaux de *raki*: l'un reste chez la jeune fille, l'autre va chez ses parents. Quand la svila est finie, trois personnes déléguées en avisent la fiancée, en apportant chez elle de la toile pour faire des chemises, de la soie à broder et une petite pièce d'or; on débouche alors le raki, et les trois parents du jeune homme boivent avec ceux de la jeune fille. Tout cela est réglé comme un ballet : les anneaux s'échangent, et la foi est engagée. Dans certaines parties du Monténégro, le fiancé présente une pomme à sa fiancée, et il suffit qu'elle la prenne pour qu'elle soit liée; dès lors elle ne danse plus dans aucune réunion, elle ne peut plus sortir seule et vit dans la retraite, vouée aux travaux de l'intérieur.

Si, par hasard, une jeune fille fiancée rompait avec cet usage et continuait, dans sa nouvelle condition, non pas à coqueter avec les jeunes gens, mais simplement à prendre part à leurs jeux, ce serait un cas de rupture. Il y a quelques cas prévus, comme la cécité, par exemple, qui peuvent dégager la parole donnée sans entraîner de vendetta; mais dans ce cas-là, c'est la personne qui est frappée qui dégage l'autre, et il y a certainement quelque chose de noble dans le silence que garde celui ou celle qui devrait tenir sa parole même au prix d'un si grand sacrifice.

De tous les pays serbes où ces usages sont à peu près les mêmes, à part des détails de pure

MONTÉNÉGRINES : UNE MARCHANDE DE CETTIGNÉ.

mise en scène, le Monténégro et l'Herzégovine sont ceux où l'on prend le moins patiemment la violation de la foi jurée. J'ai passé un certain temps dans les Confins Militaires, et je sais que là on taxe en argent les dommages causés à la famille par la rupture de la foi; mais, depuis Grahovo jusqu'aux Bielopavicz, si l'homme refuse de tenir la parole engagée, on recourt aux armes, et bien souvent les représailles sont sanglantes et terribles. Dans la Dalmatie, aux régions que nous avons traversées, vers Knin, la solution est assez curieuse et, selon nous, assez immorale. Si c'est la jeune fille qui a trahi sa foi, on la tient quitte en lui faisant rendre le double de la valeur des cadeaux qu'elle a reçus, de sorte qu'il y a une compensation d'argent pour le fiancé trompé.

On sait que l'Église orthodoxe défend le mariage entre parents jusqu'au quatrième degré; les Monténégrins sont beaucoup plus scrupuleux que leur Église, et, dans l'usage, ils vont jusqu'à proscrire l'union au neuvième degré. Si l'on appartient à la même association de famille, au même clan, on ne peut pas s'unir, même alors que la parenté serait au vingtième degré.

Il faut tenir compte à ces peuples, si en dehors du mouvement de notre civilisation, de la pureté et du désintéressement de leurs sentiments pour tout ce qui regarde la famille, le mariage et les enfants. Les Serbes, en général, ont des proverbes et des dictons pour toutes les circonstances de la vie, et rien ne traduit mieux leur façon de sentir et de penser à cet égard que les formules populaires qu'ils emploient. Ils disent par exemple : « Si tu prends le diable à cause de sa fortune, la fortune s'en va, mais le diable reste. » — « La beauté est vantée dans le monde, mais la maison ne se glorifie que de la bonté du cœur de la femme. » Les cérémonies du mariage sont très-compliquées, très-longues, et le peuple y attache la plus grande importance; elles ont un caractère extrêmement curieux, tout y est symbolique, et ces usages se conservent intacts depuis bien des siècles. Le récit minutieusement détaillé de ces cérémonies nous entraînerait un peu loin et ferait d'ailleurs double emploi, — car les lecteurs qui nous ont suivi jusqu'ici se rappelleront peut-être qu'en passant à Péroï, petite colonie monténégrine près de Fasana, aux rives de l'Adriatique, en Istrie, nous avons assisté à un mariage célébré selon la coutume du Monténégro. Nous citerons seulement quelques traits symboliques d'un caractère antique, qui font de ces fêtes comme un souvenir vivant des traditions les plus reculées. Au moment où la mariée franchit le seuil de sa nouvelle demeure, on lui offre une petite gerbe de froment et une assiette pleine de miettes de pain qu'elle pose sur la table de la salle à manger; à son tour, elle apporte un pain, symbole de la richesse qui doit entrer avec elle dans la maison qui l'adopte. Une coutume commune à tous les Serbes, et à laquelle on se conforme dans tout le Monténégro, est celle qui consiste à choisir un très-jeune garçon que la mariée prend par la main pour lui faire franchir le seuil de la demeure du mari; elle le soulève au-dessus de sa tête et le fait tourner trois fois: cela fait, la prospérité et la force entrent dans la maison avec l'enfant mâle.

Tandis que les fêtes du mariage durent longtemps dans quelques provinces du sud, la cérémonie ne dure qu'un seul jour au Monténégro: elle ne diffère pas sensiblement des rites pratiqués chez les Slaves du Sud; mais, une fois le côté officiel de cette cérémonie accompli, de singuliers usages qui se pratiquent à l'intérieur, et qui échappent à l'observation du voyageur, constituent des mœurs très-spéciales à la Principauté monténégrine.

XII

Les Monténégrins, comme tous les Slaves du Sud, vivent en communauté, en groupes de parents à tous les degrés, tous issus d'un même aïeul, et un village se compose d'un ensemble de ces groupes. Dans un ouvrage publié par M. Perrot, l'auteur a montré ces associations fonctionnant dans la Slavonie et la Croatie, sous le nom de *zadruga*, qui signifie *association* en langue serbe. Le nom n'est pas le même pour toutes les parties de la presqu'île des Balkans. Ainsi, par exemple, en Herzégovine, au lieu de dire « l'association » ou la « maison associée », *zadruzna kuca*, on dit *le foyer, la cheminée* ou même *la fumée*, prenant alors le contenu pour le contenant. Nous ne nous occuperons ici que de ce qui est spécial au Monténégro, où l'ensemble de la communauté s'appelle *dom* (maison), le chef de la famille *domacin*, et sa femme la *domacica*; mais il faut faire observer tout d'abord que la domacica peut ne pas être la femme du domacin, si celle-ci n'a pas les qualités requises.

Quand une jeune fille se marie et quand elle entre dans une nouvelle communauté, celle de son mari, la communauté d'où elle sort n'est plus *dom* (maison), mais *rod* (parenté). Ces communautés comprennent un nombre d'individus qui varie suivant les régions. M. Bogisic, dont nous avons déjà cité le nom, et auquel on doit des observations extrêmement intéressantes à ce sujet, estime qu'au Monténégro la moyenne des familles se compose de vingt à vingt-cinq individus.

La vie en commun n'entraîne pas de la part du chef une autorité absolue; il faut, pour que les résultats soient efficaces, que la soumission de chaque individu au domacin élu par l'association soit toute volontaire. Comme le Monténégro n'a jamais été soumis aux Turcs, il en résulte que ces associations y sont restées intactes; elles ajoutent d'ordinaire à l'ancien nom de famille le nom du chef du groupe, et c'est là qu'on peut le mieux étudier la constitution de la famille serbe soumise aux usages anciens.

La communauté a pour premier intérêt la mise en jouissance du bien de tous par tous, et pour le plus grand intérêt de tous et de chacun. Les champs, les prairies, les jardins, les instruments de labourage forment le bien commun et inaliénable de la famille. Le chef ou domacin est élu par la communauté; il n'est pas indispensable que ce soit le plus âgé, parce que, malgré le respect dû à la vieillesse — respect que les Serbes pratiquent plus que toute autre race — il faut de la vigueur et de l'énergie pour assumer la responsabilité ; mais si un fils aîné très-intelligent a pris par l'élection la direction effective, la dignité apparente et le pouvoir officiel restent l'apanage du plus vieux. En un mot, c'est la capacité évidente qui désigne le chef. Généralement, s'il y a un frère aîné, c'est lui qui succède au frère décédé; on peut même élire une femme, si on lui a reconnu un esprit administratif, et si une fille montrait ces qualités à un haut degré, malgré l'infériorité apparente de son sexe elle pourrait exercer ces fonctions; mais dans ce cas-là elle n'a pas le titre, et c'est le fils, l'héritier direct, qui le porte, fût-il au berceau.

L'élection d'un chef se fait toujours avec solennité ; l'Église est appelée à la consacrer, et c'est généralement le jour de Noël qu'on accomplit la cérémonie.

Le chef préside les assemblées de famille et représente les intérêts de la communauté, il administre, il surveille et réprime. Il gère l'emploi de l'argent et fait les approvisionnements; dépositaire de la masse, il ne peut rien en distraire, même pour son entretien ni celui de ses enfants. L'honneur de la maison lui est confié, et, s'il est habile, il faut aussi qu'il soit brave; car nous sommes dans un pays où les haines de famille entraînent parfois de sanglants résultats.

Cependant il doit maintenir la paix, calmer les différends, protéger les veuves et les orphelins. On l'entoure de vénération, il a la chaise haute au bout de la table et sert chaque convive ; lorsqu'il entre dans la maison, tout le monde se lève. Si l'on veut se distraire au foyer, ou chanter en s'accompagnant de la guzla, on lui demande son assentiment ; on ne peut même pas fumer devant lui sans qu'il ait fait un signe. Sa juridiction au foyer est toute restreinte à la famille ; il n'a pas le droit de réprimande sur une femme en puissance de mari, et il faut qu'il se garde d'adresser des reproches à un homme devant une femme, afin de ne pas porter atteinte au principe d'autorité. S'il y a crime ou délit dans l'association, une première décision dans le sein de la famille exclut le coupable (qui n'en reste pas moins d'ailleurs sous le coup de la loi monténégrine). C'est l'assemblée de ces chefs, électeurs au second degré, qui nomme les candidats aux hautes fonctions de l'État, quand on convoque l'assemblée générale du peuple.

Le domacin ne peut prendre aucune décision importante ; mais s'il a une très-grande autorité comme administrateur, il peut à la rigueur aliéner et ne rendre compte qu'après. Pour le destituer, il faut l'unanimité absolue. L'incapacité évidente, la caducité, l'ivrognerie, enfin l'abandon des intérêts qui lui sont confiés, seraient des causes inéluctables de destitution. Cet acte doit s'accomplir avec une certaine solennité, afin de ne pas porter atteinte au caractère de l'institution. C'est le soir après souper, en présence de tous, que l'aîné de la famille, se faisant l'organe des griefs de tous, fait le procès public du domacin et le somme de se démettre avant qu'on procède à l'élection.

XIII

La *domacica*, femme du domacin, conserve sa dignité même après la mort de son mari et jouit d'une grande considération à son foyer ; elle a la haute main sur le ménage et recueille les produits de la laiterie et de la volaille, dont elle fait une masse à part qu'elle remet aux mains du domacin ; elle dispense le travail, le répartit, assigne à chacune sa fonction et son lot. Elle a aussi la direction de l'éducation, enseigne les prières aux enfants, les guide dans la voie du travail et du devoir, les rassemble les soirs d'hiver autour du foyer, leur transmettant la tradition des récits merveilleux qu'elle a reçus de sa mère, les contes populaires, les chants nationaux, l'histoire en vers du peuple monténégrin dont chaque chef est un barde, chaque prince un rapsode qui ajoute au fonds national des *Pesmas*. Les devoirs de la domacica s'étendent aussi aux morts : tous les samedis, elle va au cimetière ou à la messe des trépassés, et c'est elle qui fait la *Prière des morts*, une des scènes les plus dramatiques dont nous ayons conservé le souvenir pendant nos divers séjours chez les Slaves du Sud.

Nous allons voir à quoi s'engage chacun des membres de cette association de famille et quels sont les avantages que rapporte la coopération. Tout individu a sa quote-part des bénéfices, il a droit à la nourriture, au logement et à l'habillement, fournis par le fonds social. Il n'y a ni privilège ni degré dans l'association, mais l'âge et le sexe peuvent restreindre l'étendue de ces droits. A partir de dix-huit ans, un jeune homme peut voter ; par conséquent il acquiert le droit de partage. Les femmes n'ont pas voix délibérative dans les circonstances habituelles : on les consulte seulement dans les cas exceptionnels, par exemple s'il s'agit d'émigrer, de vendre ou de changer du tout au tout l'exploitation. Les conseils se réunissent le soir après le repas quand tous les travaux sont finis ; l'été on les tient en plein air, et le domacin rend compte de sa gestion ; c'est d'ordinaire assez bref et toujours calme : les majorités sont constantes et ne se déplacent presque jamais, les minorités n'affectent aucune turbulence et se soumettent toujours ; il arrive même le plus souvent qu'on n'a pas recours au vote : les comptes présentés sont ratifiés et les propositions faites pour l'avenir de l'exploitation sont approuvées par un simple acquiescement et sans opposition. A côté de cette confiance évidente et constante, le domacin ne devra jamais engager la communauté sans son consentement s'il s'agit d'une vente ou d'un achat de bétail ou d'instruments dont le prix est élevé, ou enfin d'un emprunt à une autre communauté. Comme les mariages au Monténégro sont soumis à un certain ordre (par exemple, l'union de la fille aînée avant celle de la fille cadette, et l'union des filles d'âge nubile avant celle des garçons), le domacin doit faire observer ces règles, et ne procéder aussi à des unions que d'une façon discrète, parce que tout groupe uni est un fardeau pour l'association.

Tout gain fait par un associé, de quelque façon qu'il ait été réalisé, doit profiter au bien-être de tous; et celui qui voudrait frauder de ce chef pourrait être rayé de la communauté. En un mot, le *pécule* n'est pas admis, il n'est autorisé que pour des cas très-limités; ainsi le butin de guerre appartient au vainqueur; les popes, dans une famille, gardent les dons personnels, mais ils versent leurs appointements ou taxes annuelles à la masse. Si pourtant un membre de la communauté voyage (et c'est un droit qu'on leur reconnaît), il est considéré comme ne faisant pas momentanément partie de la communauté, et les bénéfices qu'il a faits pendant son expatriation lui appartiennent. Comme tout musulman doit une fois dans sa vie aller à la Mecque, tout Monténégrin reçoit de la communauté l'autorisation de faire un pèlerinage au mont Athos, dans ces fameux couvents grecs fondés par les rois de Serbie, qui ont été récemment étudiés et décrits dans un excellent volume par le vicomte Eugène Melchior de Vogüé. Les règles relatives à la situation des membres absents varient suivant les provinces et sont presque toujours l'objet de conventions spéciales. Si jamais, une communauté ayant été ruinée ou éprouvée par un fléau ou par des circonstances exceptionnelles, un de ses membres pourvu d'un pécule particulier lui fait une avance, il doit renoncer à recouvrer cette somme, car la charité à l'égard du prochain est une des vertus des Serbes; mais quand la communauté a prospéré, elle acquitte presque toujours sa dette, et souvent elle la rembourse avec les intérêts.

XIV

En dehors de la domacica, quelle est la position de la femme dans la communauté? Comme nous le disions en commençant ce chapitre, il faut pénétrer dans la vie intime du Monténégrin pour se convaincre que l'être frêle condamné au dur labeur et qui représente dehors la bête de somme du ménage, est cependant l'objet d'égards relatifs : il voit son sort assuré et ses intérêts sauvegardés par la communauté avec une touchante sollicitude. Si la femme porte les lourds fardeaux sur les routes, on lui réserve la tâche la moins pénible dans les travaux des champs; c'est l'homme qui laboure, qui fauche, qui bat le blé; elle fane ou elle glane. A l'intérieur, dès qu'elle a l'âge du travail, elle en prend sa part; on se divise les travaux : les femmes tirent au sort pour savoir lesquelles d'entre elles iront aux champs, et lesquelles auront les soins de l'intérieur. Chacune a charge d'âmes à l'égard des siens propres; le mari passe le premier, puis les enfants; après eux viennent les frères et les orphelins non mariés. Une jeune fille doit absolument avoir une dot, si mince qu'elle soit, et, pour y arriver, on lui laisse la faculté de consacrer un certain nombre d'heures par jour au travail. Les résultats de ces heures de travail accumulées lui permettront de constituer cette dot. Dans aucun cas le mari ne peut s'emparer de ce pécule. Elle garde aussi l'héritage de ses parents, qui jamais ne va à la masse. Ces monnaies brillantes qui ornent leurs poitrines, ces bijoux en repoussé, incrustés parfois de cabochons, ces lourdes boucles d'oreilles

LAMENTATIONS ET PRIÈRES SUR LES MORTS.

ces ceintures bizarrement ornées, leur appartiennent en propre et iront à leurs enfants. Quand elle travaille dans la communauté, tout va à la masse; mais si l'on chôme et qu'elle se loue au dehors, elle ajoute son gain à son pécule. On constate généralement dans les familles une certaine indulgence à l'égard des femmes au point de vue de l'observation des règles de la communauté, et la domacica peut profiter de l'autorité de sa position pour accorder aux filles quelques avantages, leur donner des douceurs, fournir à leur toilette. L'association leur doit la chaussure, la coiffure et le manteau, qui d'ordinaire est un don du mari; mais en dehors de cela tout se fait à la maison, depuis le tissu jusqu'à la broderie, et ce qui est parure et ornement est à la charge de chacune.

Ainsi donc, dans la famille, égalité des droits pour la femme, tolérance et indulgence à son égard : voilà ce qui résulte de l'étude des coutumes monténégrines et des faits observés par des hommes aussi compétents que M. Bogisic; grande tendresse pour les enfants et dévouement touchant du frère pour la sœur : c'est ce que nous apprennent aussi tous les chants serbes, les *Pesmas*, qui reflètent si exactement les mœurs du pays et sont l'expression la plus parfaite de cette société. L'étranger cependant ne voit et n'observe que des faits et des tendances qui sont en désaccord avec ceux que nous constatons dans la vie habituelle de la communauté. En premier lieu, si les chants sont des témoignages irrécusables, les dictons nationaux ont leur prix en fait de mœurs nationales, et, malheureusement, on dit couramment au Monténégro : *Le nostre donne sono nostre mule* (Nos femmes sont nos mules). Delarue, qui est certainement un des hommes les plus compétents, et qui a fait une étude plutôt politique que sociale, dit d'elles en deux mots : « Elles sont considérées par tout le monde et bien traitées par leurs maris. » C'est ce que nous venons de dire quand nous avons parlé de la communauté; elles sont pourtant spécialement chargées des transports à dos, et, pour un franc soixante-dix centimes, elles portent vingt-cinq kilogrammes à une distance de vingt kilomètres dans la montagne. Voilà le tarif, et le fait seul que ce genre de travaux leur soit réservé établit déjà la situation cruelle qui leur est faite. La même chose, si on se le rappelle, nous a frappé à Fiume, où nous avons dessiné ces pauvres femmes slaves descendant du haut du Terzato et disparaissant littéralement sous le poids de leurs énormes fardeaux de fourrage. C'est ce qui a si souvent offensé nos regards chez les Kabyles, dans les régions de l'Atlas, et les observateurs attentifs pourraient peut-être établir une grande similitude entre les habitudes de ces deux tribus si éloignées l'une de l'autre.

L'étranger qui, en voyage, se trouve tout d'un coup en face de mœurs aussi différentes des siennes, doit se garder de juger sur des apparences, et la recherche de la vérité en pareille matière est très-difficile, parce qu'il faut dire hardiment que d'ordinaire on ne pénètre pas bien avant au foyer intime d'aucun habitant, même quand il est hospitalier et cordial. Un homme qui a la mesure exacte des choses, Wilkinson, a résumé son opinion dans ces termes, à la suite de son séjour : « En Turquie comme au Monténégro, l'homme est un despote et la femme une esclave; mais la différence entre les deux contrées, c'est que chez l'une elle est un objet de caprice, un des éléments de sa maison, comme un des chevaux de son écurie, tandis que chez l'autre elle est sa bête de somme et le remplace dans ses tâches les plus difficiles. Mais la femme monténégrine a l'avantage de vivre dans une société chrétienne, et, si durs que soient ses devoirs, elle est la compagne de son mari et n'est pas abaissée à la condition de femme de harem. Elle est son associée, la seule mère de ses enfants. Elle trouve une grande compensation à la rigueur de sa situation dans l'amour que lui témoignent ses fils, qui sont peut-être plus attachés à leur mère, dans cette partie du monde, que dans toute autre société civilisée. »

MM. Frilley et Johan Wlahovitz, qui ont vécu longtemps dans le pays et ont écrit un livre plein de renseignements intéressants sur le Monténégro, disent sans périphrase : « L'histoire de la femme monténégrine peut se résumer en deux mots : travailler et souffrir. » Lady Strangford, elle, pousse un long cri de douleur, miss Mackensie s'indigne, Tozer fait de même. Si je dois résumer mon impression, j'établirai un système de compensation, parce que j'ai voulu apprendre ce qui se passe au foyer et dire avec impartialité comment le droit coutumier des Monténégrins considère la femme et la protège. Si je m'en étais tenu à ce que j'ai vu dans la basse classe, mon cœur se serait ému comme au pied du Terzato quand ces meules ambulantes gravissaient péniblement les montagnes ; mais j'ai voulu observer plus loin, entendre les deux cloches et les deux sons. — Oui, le fait qui saute aux yeux du voyageur et qui l'afflige, a des compensations dans le sein du foyer ; et plusieurs fois, passant de longues heures dans des chaumières serbes, au sein d'une pauvreté réelle, j'ai assisté au spectacle d'une franche effusion entre de jeunes époux, j'ai vu des faces épanouies, des joies franches, une liberté entière, une union sans contrainte. Après ces manifestations consolantes, je voyais la femme monténégrine, l'heure venue, reprendre son dur labeur sans sentir une humiliation dans l'accomplissement d'une tâche que nous trouvons trop lourde sans doute, et qu'il nous semble impie de lui imposer, surtout parce que le labeur des hommes est moins dur. J'insiste beaucoup sur ce point, car c'est le côté neuf de la question : il y a incompatibilité ou plutôt contraste entre la condition sociale de la femme monténégrine et sa condition physique. Fille, sœur, épouse et mère, *sa situation est plus sauvegardée que celle de la femme française et de la femme anglaise*, par conséquent plus que celle de toute autre personne de son sexe, dans la société des pays d'Europe. — Et je le prouve : épouse, quand elle est sortie de la communauté où elle est née pour entrer dans celle de son mari, jamais l'association qu'elle a quittée ne se désintéresse d'elle. Si ses droits étaient méconnus dans sa nouvelle famille, elle aurait pour avocats, pour tuteurs et pour vengeurs les membres de son ancienne communauté. Veuve, elle peut revenir dans son ancienne famille, et on l'y reçoit avec joie. Dans aucun cas elle ne reste sans soutien et ne devient une étrangère ; le droit lui-même, le droit écrit, étant désormais contraire, l'usage prévaut contre lui et les sentiments du peuple sont plus humains que cette loi même. Tout outrage à une fille, à une veuve, réclame le *prix du sang* ou la réparation exigée par la famille qui, je le répète, n'abandonne jamais et ne perd jamais de vue celle qui est née à son foyer. Orpheline, elle trouve un père dans tout père de famille qui vit dans la communauté ; son frère la mariera, sinon ne se mariera pas lui-même, afin de lui rendre la vie plus douce. Je pourrais aller plus loin encore dans cet ordre d'idées et dire des faits tout à l'honneur de cette race serbe, où cependant, en nommant sa femme, le mari dit, à notre grand scandale : *Da prostite moja xena* (Ma femme, sauf votre respect!), comme dirait un paysan normand qui nomme l'hôte de sa porcherie.

Voilà la vérité, et je ne cacherai pas non plus le côté regrettable de ces mœurs, puisque j'ai dit celui qui est digne d'admiration. Les hommes qui semblent les mieux informés n'ont même pas signalé cette tendresse de cœur, cette prudence et cette prévision du législateur anonyme et patriarcal. Nous devons tenir compte de ces tendances-là, car elles sont consolantes, humaines, conformes à la doctrine chrétienne et à la philosophie. En lisant les études des Serbes et des Russes qui ont colligé tous ces renseignements épars constituant le droit coutumier des Monténégrins, on sent passer dans ces mœurs comme le souffle de ces idées humanitaires qui ont inspiré les rêveurs célèbres, depuis Babeuf jusqu'à Saint-Simon, Fourier, Cabet, Victor Considérant, et tant d'autres esprits, qui ont pu se tromper, qui étaient loin d'être pratiques, mais dont il faut parler avec respect, parce qu'ils aimaient l'humanité et la voulaient heureuse.

Si j'ai touché à des questions si hautes, c'est qu'il est toujours permis à un voyageur de tenter de s'instruire au contact des peuples divers et de transmettre à ses lecteurs le résultat de son enquête désintéressée ; mais je n'ai pas renoncé, puisque j'ai parlé de deux cloches et de deux sons, à étonner et peut-être à émouvoir celui qui lit. Nous allons nous trouver maintenant dans l'observation des mœurs ou plutôt des manifestations extérieures du peuple monténégrin ; quelques-unes d'entre elles revêtent un caractère absolument bizarre.

Malgré la protection touchante que l'usage lui accorde au sein de la communauté, la femme monténégrine ne pourra jamais s'immiscer dans les affaires de son mari : il ne parlera jamais d'elle, elle ne parlera jamais de lui ; ne prononcera jamais son nom propre et l'interpellera comme un étranger : « Oh ! viens ! » et lui, répondra : « Oh ! toi ! » Elle cachera ses effusions, même les plus innocentes, à un tel point qu'on ne saura jamais, en entrant dans une communauté, quel degré de parenté unit les différents individus qu'on a sous les yeux. L'homme pourra être violent, et il le sera quelquefois ; il devra même affecter à son égard une indifférence rude : cela fait partie de son costume, de sa dignité d'homme. Jamais il ne sort à son côté que quand la communauté tout entière s'assemble. Chose très-singulière, il ne devra pas la rencontrer sur son chemin, et si, sortis tous deux chacun de son côté, le cas se présente, le mari fera semblant de ne pas la voir, prendra un prétexte, plausible ou non, pour se dérober ; il rattachera l'opanka, rajustera sa ceinture ou soulèvera sa strouka. Tandis qu'un voyageur inconnu recevra d'elle des soins vulgaires, qu'elle lui présentera l'eau pour laver ses pieds fatigués d'une longue route et lui parlera avec une certaine affection pour l'accueillir au foyer, il lui sera interdit de donner de tels soins à son propre mari. Malade, à son lit de souffrance et même à son lit de mort, elle ne le soignera pas, elle ne s'approchera pas de sa couche ; à peine, le moment fatal venu, pourra-t-elle manifester sa douleur, et, en tout cas, ce n'est point à elle qu'il appartient de faire retentir l'air de ses lamentations.

C'est un spectacle qui ne s'effacera jamais de ma mémoire que celui de ces *Lamentations;* il m'a fait comprendre la profondeur de l'émotion qui a dicté aux grands tragiques grecs leurs immortelles inspirations.

C'était près de Grahovo, un jour de marché ; je logeais chez un Dalmate, qui m'avait prévenu que je devais sortir le matin de bonne heure, si je voulais voir réunis sur la place du marché les paysans serbes des environs dans leurs costumes de fête. Je m'étais installé au bazar, sur un de ces petits tréteaux à un demi-pied du sol, devant le maigre étalage d'un pauvre diable qui vendait des opankes, des oignons, des gousses sèches et du bois en fagot ; je fixais les silhouettes au vol, à mesure que passaient les groupes, notant une couleur, précisant un détail d'ajustement, fixant enfin ces précieuses observations faites sur nature. Bientôt je fus frappé par un bourdonnement, monotone comme une prière dont les mêmes versets reviendraient fréquemment. Un groupe assez compact s'était formé à l'angle de la place, et peu à peu, du centre de ce groupe, le même bruit, plus persistant, plus plaintif, coupé de vifs éclats et de cris gutturaux, arrivait à mes oreilles avec une insistance fatigante. Le Serbe que j'interrogeai ne détourna même pas la tête ; il ne répondit à mes questions que par ce geste indifférent des Orientaux, qui consiste à lever la main et la tête sans mot dire.

Une femme jeune encore, complètement vêtue de noir, la tête recouverte d'un lambeau de la même étoffe, avait fixé sur un poteau qui se trouvait là une beretta monténégrine, d'où pendait (exactement comme une barbe de dentelle attachée à un masque) une chevelure humaine cousue tout autour, et là, debout, les bras en avant, avec de grands gestes épiques, elle s'adressait à ce symbole.

Elle était venue là en public, au bazar, à la face de tous, rendre hommage à un des siens qui n'était plus, et elle exaltait sa mémoire dans une lamentation dramatique en se lacérant le visage et le labourant de ses mains nues. Ce n'était ni un chant, ni une prière, ni un récit; un même refrain revenait sans cesse, et, rapidement répété, sans repos, sans trêve, déterminait chez elle une sorte de râle qu'on croyait devoir amener un épuisement et le silence. Mais bientôt elle retrouvait de nouvelles forces, et les sanglots succédaient aux sanglots avec des hoquets de douleur, et ses cris frappaient l'air. Autour d'elle, au lieu de la consoler, de l'arrêter, de mettre un terme à cette scène déchirante, la foule parlait doucement, gravement, et paraissait la louer et l'admirer. Quelques hommes passaient, s'approchaient, écoutaient un instant et s'éloignaient; d'autres s'avançaient dans le cercle et lui parlaient avec une certaine affection et une grande

LAMENTATIONS DEVANT LES MURS DU MONASTÈRE.

réserve. Et je ne comprenais rien à cette scène navrante, et personne ne pouvait me l'expliquer. Pendant une grande demi-heure, elle ne cessa pas un instant ses lamentations; elle arriva enfin à un tel épuisement, qu'elle se laissa tomber assise sur ses talons, murmurant encore faiblement des mots que je ne saurais écrire, mais qui, pour mon oreille, répondaient aux sons bizarres de *ku ko e ko, ku ko e ko*.

Froidement et cruellement attaché à mon observation, je vis qu'au commencement de cette lamentation les larmes ne coulaient point; puis, graduellement, à mesure qu'elle s'exaltait et qu'elle meurtrissait son visage, ses paupières se mouillaient et des pleurs abondants sillonnaient ses joues. Enfin, elle était tombée là, prostrée, ramassée sur elle-même, épuisée; la voix éraillée pouvait à peine émettre encore des sons perceptibles, et le son *ku ko e ko*, entrecoupé de sanglots, s'entendait comme une plainte touffée. Un homme âgé, qui n'avait pas assisté à la scène et qui jusque-là faisait ses provisions au marché, vint à nous, portant à la main le sac de tapisserie bariolé des femmes serbes rempli de légumes ; il fendit la foule en traînant un enfant par la main et, sans mot dire, emmena de force la pauvre créature épuisée qui voulait rester sur la place.

J'ai revu la même scène une seconde fois à Belgrade, dans un cimetière ; mais cette fois c'était une mère qui, debout sur une tombe, appelait son fils et accusait la mort, « l'oiseau de malheur, » qui le lui avait ravi. De temps en temps elle se couchait sur la pierre, appelait le mort, et collait son oreille comme si elle attendait sa réponse. Elle avait apporté des gâteaux pour son bien-aimé, avec quelques pâles fleurs d'automne qu'elle avait répandues sur la tombe. Ma patience se lassa avant que ses lamentations eussent cessé ; une heure tout entière s'écoula avant d'arriver à la prostration complète, qui la laissa presque inanimée sur le sol humide détrempé par la pluie. Une heure ! toute remplie de ces plaintes cruelles improvisées, de ces chants de douleur dont les mères serbes trouvent la poésie dans le fond de leur cœur ! Nous étions absolument seuls dans ce grand cimetière qui commence aux portes de la ville et, sans clôture et sans limite, va s'affaissant au versant d'une colline d'où le voyageur découvre le cours du Danube et de la Save, avec Semlin, Baziach et les plaines inondées jusque vers la Hongrie, tandis qu'il foule aux pieds les tombes turques des vainqueurs de Kossovo, proscrits aujourd'hui du champ des morts, comme ils le sont de la Ville Blanche où ils régnaient naguère en maîtres, et où se dressent encore les minarets de leurs mosquées à côté des coupoles dorées des temples orthodoxes. Et en face de ce panorama de la Servie où allait couler tant de sang, où deux armées allaient se ruer l'une contre l'autre, renouvelant les anciennes luttes des Chrétiens contre les Ottomans, nos yeux se mouillèrent en pensant à ces pauvres mères qui, par milliers, n'auraient même plus de tombes pour se lamenter sur leurs fils tombés aux champs de bataille autour d'Alexinatz.

Afin que le lecteur ait une idée de la forme littéraire de ces improvisations, je donne ici, en l'empruntant à la traduction de MM. Frilley et Wlahovitz, le texte d'un chant funèbre qu'une jeune fille privée de sa mère vient réciter sur sa tombe.

« Ma mère, mon âme ; ma mère, mon trésor ; ma mère, ma défense ; ma mère, mon ornement ; ma mère, ma joie ; ma mère, ma vie ; ma mère, ma mère !

« Trois jours je t'ai assistée, trois jours je t'ai soignée ; trois jours je t'ai consolée ; je t'ai servie toute ma vie, et tu as été assez cruelle pour m'abandonner. Seule tu me laisses ici, comme une pauvre orpheline !

« Hélas ! ils me l'emportent, ils la conduisent à son éternel repos ; ils me l'emportent ! ils me l'emportent ! — Allez doucement, allez doucement, attendez ; n'allez pas si vite, attendez, n'emportez pas si vite ma mère ! — Oh ! regarde-moi, ma mère ; regarde cette malheureuse qui pleure ; regarde cette pauvre infortunée. Ah ! tu ne la regardes plus, tu continues ton chemin.

« Oh ! j'étais née pour le malheur ! Mon frère, mon frère, maintenant finit la sixième année, depuis que tu m'as abandonnée ; mais ma mère me restait ; et maintenant elle aussi m'est enlevée, il ne me reste plus personne. Je suis une pauvre délaissée, trop malheureuse !

« Je donnerais tous les trésors, je donnerais l'univers entier ; je sacrifierais ma vie, ma vie et mon âme ; mais en vain je délire, on me l'emporte. Oh ! infortunée ! oh ! vraiment infortunée !

« J'ai tout perdu, j'ai perdu mon trésor, j'ai perdu ma vie, j'ai perdu mon âme, j'ai perdu ma mère, ma mère !

« Comment retournerai-je à la maison ? Que ferai-je seule ainsi ? A qui adresserai-je mes paroles ? Personne ne me répondra, je resterai délaissée, pleurant sans cesse. Toujours j'appellerai ma mère, et elle ne me répondra plus...

« La cloche t'appelle, le moine prie pour toi, et nous, nous te pleurons. La tombe est ouverte, ah ! ils vont te mettre en terre ! Je vous prie, ne partez pas si vite ; je veux encore pleurer sur elle ; je ne peux plus embrasser ma mère. »

XV

La religion professée par les Monténégrins est la religion des Grecs orthodoxes; il y a quelques musulmans du côté de l'Albanie, mais ils sont à la frontière des Kutchi, et la dernière délimitation de territoire en a même rattaché le plus grand nombre au pachalik de Scutari.

Le chef spirituel des Monténégrins est désormais le *Vladika, métropolitain du Monténégro, des Berda, de Scutari et des Primoré*, qui occupe le siége épiscopal de Cettigné, et réside au couvent principal, seul monument de la ville. Le mot *vladika*, sinon dans sa signification directe, au moins par l'idée qu'il éveille dans l'esprit, désignait le chef spirituel et temporel des Monténégrins à l'époque où les deux pouvoirs se confondaient dans la personne des princes, plutôt que l'évêque purement spirituel. Le titulaire actuel, Hilarion Ragouovitch, qui occupe le siége depuis 1863, n'exerce que cette dernière juridiction, et se renferme absolument dans ses fonctions épiscopales. Il ne reçoit pas de traitement de l'État, et prélève une somme de cinq mille francs sur les revenus des terres appartenant aux monastères de Cettigné et d'Ostrog. L'Église du Monténégro est indépendante; elle ne reconnaît pas de chef, et plusieurs fois elle a protesté contre les prétentions du patriarche grec de Constantinople et celles du synode russe; mais quand un évêque doit se faire consacrer, il est obligé de se rendre à Moscou. Ce fut le cas pour les deux derniers métropolitains. Dans la ville d'Ipek résidait le patriarche des Slaves du Sud qui habitent entre la Slavonie, la Save et la Drave; ce patriarche recevait autrefois l'hommage librement consenti du métropolitain du Monténégro. Dans une assemblée générale du peuple, le 3 juillet 1804, les Monténégrins revendiquèrent en ces termes l'indépendance de leur Église, dans un document adressé au représentant de la Russie, Ivelitch :

« Le synode russe ignore peut-être que les peuples slavo-serbes avaient un patriarche dans leur Église gréco-orientale-illyrique (résidant à Ipek), duquel les évêques du Monténégro relevèrent jusqu'en 1769. Durant la guerre de la Russie contre la Porte, qui avait éclaté alors, le patriarche serbe, Basile, se rendit par notre pays en Russie, à cause de la persécution des chrétiens, et parce qu'il était menacé d'un grand danger. Il mourut à Saint-Pétersbourg. Il fut le dernier patriarche de la ligue slavo-serbe. Le siége des patriarches d'Ipek resta vacant jusqu'aujourd'hui. Par conséquent notre évêque est resté indépendant plus que tout autre prélat. Selon l'histoire ecclésiastique, nous reçûmes la foi des Grecs, et non pas des Russes... Nous n'avons jamais su, jusqu'à présent, que le synode russe ait exercé un pouvoir quelconque sur les peuples slavo-serbes qui vivent en dehors des confins de l'empire russe [1]. »

Comme le Monténégrin est extrêmement attaché aux pratiques extérieures de la dévotion, il semblerait à tout étranger qu'une foi ardente anime son cœur; on le voit s'agenouiller fréquemment, faire le signe de la croix, se découvrir quand la cloche sonne. Pour le voyageur qui n'est pas prévenu, ces milliers d'individus, réunis dans une plaine ou sur une place, se signant tous à la fois au premier son d'une cloche dont le bruit ne l'aurait pas frappé sans cette manifestation, c'est assurément là un de ces spectacles qui doivent lui faire supposer que le Serbe du Monténégro est très-religieux. Il l'est sans doute dans une certaine mesure; mais les meilleurs observateurs regardent les Monténégrins un peu comme les libres penseurs de la race slave du Sud, car les églises sont à peu près vides aux heures des offices, et c'est justement la pratique extérieure et le côté superstitieux de la religion qui les intéressent plus que le fond même. Là encore, on est forcé de constater une grande inconséquence entre le fond et la forme. Ainsi, les églises sont très-nombreuses; on en compte quatre cents dans une principauté où il

---

[1] *La souveraineté du Monténégro et le droit des gens moderne de l'Europe*, par Jean Vaclik. Leipzig, 1858.

LE COUVENT DE CETTIGNÉ, RÉSIDENCE DE L'ÉVÊQUE DU MONTÉNÉGRO.

n'y a pas tout à fait deux cent mille âmes ; les prêtres sont au nombre de cinq à six cents, les aumônes sont abondantes, les jeûnes très-observés, on ne permet pas la construction d'une église consacrée à un autre culte que le culte orthodoxe, et cependant on ne peut pas dire que ces démonstrations correspondent à une conviction profonde et à une foi effective et sincère.

Les popes sont d'une ignorance profonde, et toutefois ils jouissent d'une autorité considérable sur le peuple, parce qu'ils sont du peuple, et qu'ils prennent part à ses luttes, la croix d'une main et la bannière de l'autre. Il existe quelques monastères : l'un, dans la Moratcha, dont j'ai déjà parlé, et qu'on croit fondé par Douchan, le roi de Serbie ; l'autre à Ostrog, c'est le plus célèbre, celui où, depuis 1873, on a transporté le séminaire ou *bogoslavia*; et enfin à Kern, là même où s'élève l'église dont le vladika Pierre II était l'archimandrite, mais il n'y a que fort peu de moines, et ce sont surtout des popes qui desservent ces différents édifices.

TYPE DE JEUNE POPE MONTÉNÉGRIN.

Le pope monténégrin a l'allure du pope russe et du pope serbe de la Croatie, de la Bosnie et de la Serbie ; on le reconnaît à sa barbe flottante, à ses longs cheveux et à son vêtement ample d'un port assez noble ; mais il n'en est pas moins très-difficile à l'étranger de savoir à quoi s'en tenir sur le caractère sacré de celui qui est le représentant de la religion, car on rencontre dans la Principauté une quantité considérable de prêtres vêtus comme les autres Monténégrins, les cheveux courts, les armes à la ceinture, ayant l'allure militaire de tous les montagnards, et qui sont cependant consacrés. Tout popes qu'ils sont, ils restent assis dans les auberges ou les cabarets, fumant leur pipe en buvant de l'eau-de-vie, ou au besoin raclent la guzla, comme celui dont j'ai fait le portrait dans l'auberge de Cettigné, et dont la servante me vantait le courage en me montrant les médailles qu'il avait méritées sur le champ de bataille.

Toutes les églises que nous avons visitées sont d'une simplicité primitive. Il y a un type général qui rappelle l'église de *Sbandati*, que nous avons publiée dans la première partie de notre voyage ; la disposition intérieure est celle de l'église grecque, avec la division habituelle ; l'iconostase, qui cache l'officiant, s'ouvre à certains moments, et laisse arriver jusqu'aux assistants, avec les rayons d'une vive lumière, les parfums de l'encens et de la myrrhe. Le peuple se tient debout pendant tout l'office, et les princes eux-mêmes sont tenus de le faire. On doit laisser les armes à l'entrée des églises et les confier à quelque vieille femme, comme la *Gardeuse d'armes* dessinée par M. Valerio. Les frais du culte sont payés par le peuple, qui est taxé suivant ce qu'il possède. A Ostrog, au monastère où l'on va chaque année adorer la châsse de saint Basile, on recueille jusqu'à dix mille francs pendant le pèlerinage. Les fêtes sont très-nombreuses dans le calendrier grec, et c'est une des plaies du peuple que l'habitude qu'il a contractée, au lieu de se recueillir ces jours-là, de les chômer et de les fêter avec un excès de dépense qui est une cause réelle de misère. Dans les pays voisins du Monténégro, là où la population est catholique, les franciscains ont pris le parti de flétrir ceux qui, en ces occasions, dépensent en un jour un mois des revenus de la famille. Ces fêtes d'Église, qui n'ont rien à voir avec les solennités obligatoires, telles que les saints jours de Pâques, de l'Ascension, de la Pentecôte, de la Toussaint, de l'Assomption et de la Noël, entraînaient d'ordinaire de tels désordres, que le prince Danilo a cru devoir agir par l'organe de tous les popes de la Principauté. D'ailleurs c'est un des grands vices du peuple que cette tendance à la dépense en réjouissances et en banquets sans fin ; le jour de la fête du chef de la communauté la table est mise parfois pendant huit jours, et l'on voit une famille gaspiller ce jour-là le gain de toute une saison, et se préparer de la sorte la misère pour l'hiver. L'article quatre-vingt-six du code de Danilo a prohibé définitivement ces usages, et il est interdit d'échanger des présents qui ne sont point en rapport avec l'état de fortune de ceux qui les donnent ; la peine encourue de ce chef s'élève à quelques jours de prison, ou à deux talaris d'amende.

A côté de cela, pour montrer la bizarrerie de ces mœurs, le Monténégrin est si rigoureux observateur des jeûnes (très-nombreux, comme chacun sait, dans la religion orthodoxe), qu'il fait maigre cent quatre-vingt-onze jours pendant l'année, que son carême dure dix-neuf semaines, pendant lesquelles il ne doit manger ni œufs, ni beurre, ni poisson. Dans le cours de l'année il compte quinze jours pendant lesquels il ne lui est même pas permis de boire du vin ; en cela il imite son voisin le Turc, si rigoureux observateur du Ramazan. Les Monténégrins sont assez tolérants, et ne font point de propagande dans les marchés où viennent les Turcs ; il n'y a jamais de rixes qui aient pour origine première la persécution au point de vue des idées religieuses, et les hauts dignitaires n'ont point de fanatisme de cette nature.

Le couvent de Cettigné, par suite de cette indépendance du métropolitain, est le quartier général, le Vatican de la Principauté. Nous en donnons deux vues, prises, l'une en temps ordinaire, l'autre un jour de grande fête, au moment du baptême du fils du prince actuel par le métropolitain, cérémonie qui fut surtout remarquable par sa pompe toute militaire. L'édifice est assez pittoresque, mais son aspect n'a rien de monumental. Destiné en principe à être une forteresse autant qu'un monastère, il se compose de deux étages percés d'arcs très-bas comme des cloîtres, reposant sur des piles trapues, adossées au rocher. Il contient une église, la principale école du Monténégro, et aussi une prison. Il sert de résidence au métropolitain et à son coadjuteur. Tout y est relativement moderne, car ce palladium de Cettigné a été brûlé deux fois : on peut même dire qu'il ne reste rien de la troisième reconstruction, à cause des tremblements de terre et du passage des Turcs ; le seul vestige qu'on montre du premier couvent serbe mis à feu et à sang par l'ennemi, c'est une sculpture où se voit encore l'aigle de Servie. On peut passer du couvent et de l'église dans une sorte de jardin en terrasse où sont disposées les ruches ; on pratique là le même système qu'en Grèce et sur l'Hymette, c'est-à-dire que les abeilles font leur miel dans des troncs d'arbres creusés qu'on recouvre, à la partie supérieure, d'une écorce d'arbre aplatie ; cette série de gradins, partant de la terrasse et montant jusqu'aux parois du rocher, avec les troncs d'arbres de soixante centimètres de haut, placés comme des statues sur un piédestal, offre un singulier spectacle à ceux qui ne sont pas habitués à ce mode d'apiculture.

L'église est très-simple, mais le culte est assez pompeux : les ornements, assez riches, sont tous modernes et dus à la munificence des souverains. Il ne reste absolument rien des joyaux et des objets sacrés composant le trésor dont parlent les anciennes Chroniques des

GARDEUSE D'ARMES A L'ENTRÉE D'UN MONASTÈRE.

voyageurs vénitiens, trésors donnés par les rois serbes aux princes et aux primats de Zéta et dispersés lors des invasions turques.

Cette chapelle, car c'est plutôt une chapelle qu'une église, est intéressante parce qu'elle contient, avec les tombeaux des deux princes, le corps du vladika Pierre Ier, considéré comme un saint par tous les Monténégrins et vénéré comme tel. L'Église monténégrine se regardant comme indépendante et ne relevant ni du Saint-Synode russe, ni du Phanar de Constantinople, ni même de Diakovo, on doit en conclure que ce sont les Monténégrins eux-mêmes qui ont canonisé leur vladika Péter, quatrième descendant de la ligne directe des Niégosch. Cependant on m'a

CETTIGNÉ : LES RUCHES DANS LE JARDIN DE L'ARCHIMANDRITE.

dit qu'on en avait référé au Synode en cette occasion. Péter Ier est le vrai fondateur de la dynastie, quoique le quatrième du nom, et c'est en considération des services qu'il a rendus à sa patrie que la dignité de vladika est devenue héréditaire dans cette famille. On raconte dans le pays que, son corps ayant été déposé au couvent de Stanjevitch, un jeune voyant parcourut la région en chantant des chants religieux, s'arrêtant dans chaque village pour raconter la vision qui lui était apparue. Le vladika mort, rayonnant de lumière, le labarum en main, était venu à lui dans sa pompe et sa gloire. Ce jeune illuminé rallia un certain nombre de partisans et, après sept années, on ouvrit le cercueil, qui montra le corps dans un état parfait de conservation. Cet événement fit une très-grande impression dans le pays, on canonisa le vladika et la relique fut transportée dans la chapelle du couvent de Cettigné, où tout le pays se rend en procession pendant le mois de juillet. A droite et à gauche de la porte, on s'arrête devant les tombes des deux frères : Danilo Iᵉʳ, le prédécesseur du prince, mort assassiné, et Mirko, le Vaillant, l'Épée du Monténégro, père du prince actuel. Avec les écoles, l'église, et le prestige qui s'attache à l'idée religieuse, voilà certes de quoi faire du couvent de Cettigné le palladium du Monténégro. Il ne faut pas oublier un détail caractéristique : c'est que l'évêque jouit du droit d'asile, basé sur la coutume et la tradition, et que tout fugitif qui se réfugie sous les voûtes du cloître est regardé comme sacré.

J'ai eu tout le loisir d'errer dans le couvent sans que personne songeât à s'inquiéter de moi ; sous un portique surbaissé dont je donne le croquis, Mgr Hilarion Ragonovitch, dans son beau costume, grave, avec ses longs cheveux et sa barbe soyeuse flottant sur sa poitrine, y fumait tranquillement son chibouk en se chauffant au soleil. A deux pas de lui, des habitants

GALERIE SUPÉRIEURE DU MONASTÈRE : INTÉRIEUR DU VLADIKA.

de la ville faisaient jouer les batteries de leurs mousquets en réparant leurs armes, assis sur le plancher de la galerie. Ce personnage important, très-populaire dans le Monténégro, est de proportion colossale : il a joué le rôle important dans cette cérémonie du baptême du prince dont j'ai déjà parlé précédemment et dont je donne ici la reproduction. Malgré son saint ministère, c'est un guerrier fameux ; il a pris, quoique jeune encore, une part très-effective à la lutte de 1862 contre les Turcs, et comme il est né en Herzégovine, on lui confia alors le commandement des montagnards dont le district borde ce territoire. Les appartements du métropolitain sont assez confortables, mais je dois dire qu'ils sont dépourvus de caractère ; ils sont meublés comme les maisons des villes dalmates de la côte, c'est-à-dire à l'italienne.

Si, sortant du couvent par le petit jardin où s'élèvent les ruches, on s'engage dans la montagne du Lovchen à laquelle le monument est adossé, on arrive, au premier étrier, à la tour qui domine et couronne le monastère. Élevée sans doute comme un ouvrage défensif qui devait dominer la plaine et surtout l'éclairer (puisque le mont Lovchen est là pour les passages des Bouches de Cattaro); cette annexe n'a jamais été terminée, et on ne sait comment y pénétrer, puisqu'il n'y a pas même de porte; la construction a changé de caractère et sert aujourd'hui de clocher. Il est plus que probable que la tour primitive datait de la puissance serbe et que les fondations sont de cette époque; mais au-dessus du sol les matériaux sont modernes, car Pierre II l'a reconstruite. Jusqu'en 1848, cette défense recevait, au pourtour

LE VLADIKA, MÉTROPOLITAIN DU MONTÉNÉGRO.

de sa muraille, les têtes des Turcs coupées dans les combats. J'ai déjà dit que Wilkinson a laissé à Londres un croquis dessiné sur nature, où l'on pouvait compter les sanglants trophées. Ces temps sont passés, et malgré l'amour de la couleur locale, nous ne saurions les regretter.

Quand on gravit péniblement le Lovchen, si l'on parvient à dépasser les assises du roc aux flancs duquel poussent les taillis où broutent encore les chèvres, on découvre une vue admirable en regardant vers Rieka. Les montagnes, au midi, s'abaissent à mesure qu'on s'élève; la plaine s'enfonce, et on revoit sous un aspect plus intime, moins panoramique, avec des premiers plans qui la rendent plus accessible à l'homme et plus vivante, l'admirable scène qu'on découvrait du haut de ces rochers où, à notre arrivée, nous avons découvert dans la brume argentée le lac de Scutari. Bien haut, plus haut encore, presque dans les nuages, comme s'il avait voulu reposer dans le sein de Dieu même, le poëte national de la Servie, Pierre II, le grand vladika, le cinquième des Petrovicz, a demandé à ses neveux de creuser sa tombe au sommet du Lovchen, dans les lieux hantés par la *Vila*, la fée du Yeserski-V'rh, dont le nom revient si souvent dans les contes populaires des Monténégrins. Je n'ai point fait l'ascension jusqu'en haut; on la dit très-dure, et il eût fallu pour la tenter y consacrer au moins tout un jour. Je me suis borné à monter jusqu'aux auges d'Ivan Tsernoïevicz, Ivan le Noir, qui, dit-on, découvrit la fraîche source dont l'eau nous parut délicieuse après l'ascension. C'est une oasis dans la montagne; l'endroit forme un plateau abrité du vent du nord par la hauteur qui reste encore à franchir. Pour la première fois depuis longtemps, j'ai pu m'asseoir sur le gazon, à l'ombre d'un arbre. La source a été captée à sa sortie de la montagne, elle est recueillie dans des conduits en troncs d'arbres creusés portés sur de petits chevalets; l'eau est délicieuse au goût, mais, comme si elle venait des neiges éternelles des sommets, elle est glaciale; et le voyageur doit combattre le désir qu'il a d'y porter ses lèvres après une pénible ascension.

XVI

Le Monténégrin est essentiellement guerrier, il est né pour la lutte, il n'admire rien tant que le courage, et ambitionne avant tout d'être réputé le plus brave; ses armes sont le plus cher de ses biens, toute son histoire n'est qu'un long récit de combats, qui commence à Kossovo et qui dure encore.

On aura compris désormais les sentiments de haine qui animent ces deux rivaux, le Turc et le Monténégrin, haine sans trêve et sans merci, que les traités, les conventions et les armistices n'ont fait que suspendre sans jamais y mettre fin. Nous allons voir comment la Principauté est organisée au point de vue militaire, quelles sont ses ressources, quelles sont ses habitudes de combat et ses mœurs guerrières; mais quoi que nous disions à ce sujet, malgré les progrès réalisés et les importations étrangères, malgré les tentatives faites par le gouvernement pour arriver à régulariser la lutte et lui imprimer cette précision qui tourne au profit des armées modernes : à peine est-il besoin de dire que le naturel du Monténégrin ne saurait se plier à toutes nos habitudes de discipline, à la régularité de nos mouvements, à la muette obéissance qui font de cent mille bras une armée unique, souple et passive, à la disposition d'un cerveau bien organisé pour la stratégie.

Je ne remonterai pas plus loin qu'au voyage de Viala de Sommières : il était, comme on sait, colonel de l'armée française, gouverneur de la province de Cattaro, chef de l'état-major de la deuxième division de l'armée d'Illyrie à Raguse et, comme tel, il habita le pays de 1807 à 1813. On doit à Viala deux volumes sur le Monténégro, dont il faut tenir compte malgré les notions qu'on a acquises depuis; il était regardé comme un officier de grande distinction, et, se confiant à la loyauté des Monténégrins, il était venu chez eux seul, sans aucune escorte, pour étudier le pays et ses ressources. Les choses militaires ont dû par conséquent le frapper vivement; voici le résultat de ses observations personnelles et de ses renseignements à la date de 1812.

Le nombre d'hommes d'armes inscrits dans tout le territoire de la principauté s'élevait en 1812 à treize mille trois cents; mais, comme tout ce qui peut porter un fusil, depuis l'enfant jusqu'au vieillard, accourt sur le théâtre de la lutte, ce nombre pouvait en vingt-quatre heures

LE BAPTÊME DU FILS DU PRINCE PAR LE MÉTROPOLITAIN, A CETTIGNÉ.

s'accroître jusqu'à vingt mille. Les plus actifs marchaient en avant, les vieillards gardaient les défilés, assuraient les communications, le service des vivres et observaient les mouvements de l'ennemi; les enfants portaient les ordres ou épiaient les marches; les femmes enfin, dans les replis de la montagne, traînaient les blessés pour les secourir et venaient apporter la nourriture à ceux de leurs villages. Les derniers rapports des provéditeurs de la République de Venise à Cattaro, et des documents inédits que nous communique M. Armand Baschet (*Rapport de Basilio Petrovicz, métropolitain du Monténégro, au comte Woronzoff, vice-chancelier de S. M. l'Empereur de toutes les Russies. — Archives de Venise*) montrent que vers le milieu du dix-septième siècle l'ensemble des combattants qu'on pourrait dire *inscrits* (si toutefois on les inscrivait alors), ne dépassait pas huit mille, dont le huitième seulement était armé d'arquebuses : les autres avaient la lance et l'épée.

La division des forces est restée la même depuis les temps les plus reculés jusqu'à ces dernières années ; la commune est l'unité, et la réunion de plusieurs communes forme une compagnie sous la conduite d'un capitaine. L'ensemble des compagnies de toute une province ou *nahia* forme le régiment (quoiqu'il ne porte pas ce nom tout moderne). Ces forces groupées sont commandées par le voïvode, qui réunit sous ses ordres tous les capitaines, et, enfin, la réunion de toutes les nahije et de tous les voïvodes est sous le commandement général du prince.

Le vladika Pierre II est le premier qui ait constitué un corps de soldats réguliers; jusqu'à lui il n'y avait pas, à proprement parler, d'armée permanente. La guerre éclate, on appelle aux armes, on se groupe autour du plus brave, du plus ancien, du plus heureux ou du plus riche, et on court au combat. Là chacun lutte pour son compte et tire de son côté, sans cohésion, sans but préconçu ; il s'agit de faire le plus de mal possible à l'ennemi : on le harcèle, on le divise, on le fatigue, et, en somme, cette guerre disséminée, cette guérilla incessante, facilitée par la nature du champ de bataille, est peut-être la plus efficace et la plus meurtrière pour l'ennemi, tandis qu'elle est presque sans danger pour le Monténégrin. Les progrès modernes, la stratégie ingénieuse, l'artillerie meurtrière, les longues portées, sont sans action et sans profit dans de telles circonstances, et il faut bien le dire, à part les récentes améliorations apportées par les conseils et l'appui des Européens, on ne croyait pas jusqu'à l'étonnante campagne du Danube de 1877 que les ennemis fussent mieux armés que les Monténégrins eux-mêmes, excepté pour l'artillerie. Pierre II a créé le corps des *Périaniki*; mais ce corps ne dépasse pas cent hommes, qui portent le costume national et ne se distinguent des autres que par une sorte de plumet, aigrette fixée au bonnet (*périaniza*) : c'est à la fois une garde pour le prince, un corps de police et une force qui reste à la disposition de la loi. Après Pierre II, Danilo, son successeur, l'oncle du prince actuel, se constitue une garde personnelle plus restreinte et composée aussi d'hommes d'élite. C'est en 1853 que, pour la première fois, Danilo, préoccupé d'organiser l'armée, ouvre dans chaque province les registres d'inscription; là sont écrits les noms de tous ceux qui ont atteint l'âge de dix-huit ans et qui n'en ont pas dépassé cinquante ; ce n'est pas à dire pour cela qu'à partir de cet âge, où le Monténégrin est encore plein de vigueur, il renonce au service des armes; mais son action devient seulement facultative.

On procède à la constitution des cadres, et on remonte de la commune à la province : il y a dans chaque commune un décurion, dans chaque réunion de communes un centurion qui commande une compagnie de cent hommes, et la réunion des compagnies est aux ordres des capitaines, qui, à leur tour, obéissent aux serdars et aux voïvodes. Cette organisation n'a pas été immédiatement complétée par une instruction militaire solide; le véritable but que poursuivait Danilo était d'apprendre à chacun sous quel drapeau il devait se ranger, le nom de son chef immédiat et la marche à suivre pour le groupement : ce que nous appellerions aujourd'hui la mobilisation. Quant à l'armement en usage alors, il est resté le même jusqu'au règne du prince actuel : le yatagan ou *handjar* et le fusil albanais ou *douga pouchka*, avec les pistolets ; le gouvernement distribuait la poudre, mais ce que nous appelons la manutention et l'intendance n'existait pas. Chaque homme était tenu de pourvoir à sa subsistance, et comme compensation il avait droit au butin.

C'est l'organisation sommaire de Danilo qui, mise en œuvre par son frère, le vaillant Mirko, a valu aux Monténégrins l'éclatant succès de Grahovo. En 1862, la campagne difficile soutenue par la Principauté contre Omer-Pacha a fait comprendre la supériorité des armes modernes employées par les Turcs, mais c'est une question difficile, dans un pays aussi pauvre que celui-ci, que celle de la réforme de l'armement : aussi, profitant d'un mouvement de sympathie qui s'était éveillé en Europe à la suite des derniers événements, le Monténégro obtint-il du gouvernement français d'organiser à son profit, à Paris, une grande loterie dont le but avoué était l'achat de douze mille carabines Minié ; ces armes furent distribuées dans toute la principauté à ceux qui semblaient les plus dignes de s'en servir. C'est encore aujourd'hui le fond de l'armement de l'armée ; on a pu depuis opérer encore de nouvelles réformes, mais il serait facile de retrouver ces armes dans l'ensemble du territoire, chaque citoyen étant habitué à les conserver avec le plus grand soin. Jusque-là, chaque Monténégrin était son propre armurier et son propre artificier : il réparait ses armes, il fondait ses balles. M. Xavier Marmier a raconté une scène tragi-comique dont il a été témoin à Niégosch, dans une chaumière qui servait d'hôtellerie : les hôtes, groupés près du feu d'un brasier, fondaient des balles, le chibouk aux lèvres, pendant qu'une jeune fille, à côté d'eux, versait la poudre dans les cylindres de cartouches sans paraître se douter qu'une étincelle pouvait faire sauter toute la maison avec les voyageurs et les hôtes. L'introduction des armes de précision dans la Principauté eut naturellement pour corollaire la fondation de deux établissements indispensables, un arsenal et une fabrique de poudre. Il était absolument indispensable de s'affranchir de la contrainte que la nature impose à ce pays en le forçant à soustraire par la contrebande aux deux pays qui l'enclavent l'entrée de ses munitions de guerre. Je puise dans les renseignements assez complets recueillis par MM. Frilley et Wlahovitz les détails relatifs aux différentes missions données à des officiers étrangers pour aider le prince actuel dans l'organisation et l'armement de l'armée. Dès 1866, le prince Michel, qui régnait en Servie et qui est mort assassiné, avait envoyé auprès du prince Nicolas un mécanicien chargé de monter un arsenal à Obod. Le Monténégrin est ingénieux, surtout en matière d'armement : on créa vite un petit corps d'ouvriers spéciaux destinés à l'entretien et à la réparation ; on en arriva même à trouver une ressource dans les vieilles armes enlevées aux Turcs, qui semblaient ne devoir figurer que comme des trophées aux murs des chaumières. J'ai visité la poudrière de Baïts, à l'entrée de la plaine de Cettigné, et le Laboratorium, petit arsenal destiné aux réparations urgentes, situé à quelques pas de la rue principale de la ville ; on était en plein travail, à la veille de la dernière guerre, et l'activité était grande ; mais le grand centre de travail est toujours Obod, à la source même de la Rieka-Tsernoïevitza.

Ce n'était pas tout d'avoir des armes, il fallait des instructeurs : ce fut encore le prince Michel de Servie qui aida le prince Nicolas dans cette tâche ; la petite armée serbe, qui n'a pas été heureuse dans la dernière guerre qu'elle a soutenue contre les Turcs, avait cependant pour noyau un corps de six à huit mille soldats réguliers admirablement instruits et dont nous avons souvent admiré la précision et la solidité dans les manœuvres ; elle compte aussi des officiers instruits aux grandes écoles des armées de l'Europe, qui auraient mérité de n'être pas noyés dans des masses confuses et peu préparées à d'aussi rudes assauts. Trois de ces officiers furent envoyés à Cettigné pour organiser les établissements, et la mission portait avec elle le matériel nécessaire pour leur installation. A l'époque où nous étions au Monténégro, tout était préparé pour soutenir la lutte et l'armée était approvisionnée à cinq cents coups par homme. Vers 1869, le prince Nicolas, qui revenait de Russie, frappé des progrès de l'armement et sous le coup de l'impression produite en Europe par les rapides victoires de l'armée allemande, acheta deux mille fusils à aiguille et introduisit dans ses arsenaux les procédés destinés à confectionner les cartouches de ce système.

Enfin en 1870 une nouvelle mission, confiée au capitaine Johan Wlahowitz (le même auquel nous empruntons ces détails), amena l'organisation actuelle de l'armée, celle qui vient d'être mise à l'épreuve dans la guerre de 1876. On a divisé l'armée en deux corps de dix mille hommes, armés chacun d'une batterie de montagne, la seule d'un usage facile sur un tel terrain. Chaque corps comprend deux brigades, et chacune de ces brigades cinq bataillons de mille hommes. Quatre de ces bataillons ont reçu pour armement la carabine Minié, le dernier a le fusil à aiguille du système Sederl. Il va sans dire qu'on a confié ces armes aux plus habiles tireurs.

Les cadres sont constitués de la façon suivante : le bataillon a à sa tête un commandant assisté d'un capitaine adjudant-major, et se divise en huit compagnies de quatre-vingt-dix hommes, commandés par un chef de compagnie (*tchetnik-stotinatchi*), un porte-drapeau (*bariaktar*), deux sous-officiers, dix caporaux et un clairon.

Pour l'artillerie, on a adopté le système du général Dufour : quatre pièces par batterie servies par quarante-huit hommes, commandés par trois officiers. On voit que le bataillon, plus fort que le nôtre (huit cent cinquante hommes), correspond, toute proportion gardée, à notre régiment. Mais, étant donnée la nature du terrain, les officiers qui correspondent à nos capitaines, c'est-à-dire les chefs de compagnie, gardent l'initiative et l'importance, parce que, dans un terrain aussi tourmenté, il est presque impossible de faire mouvoir avec profit sur un seul point des forces supérieures à l'effectif d'une compagnie.

L'état-major général de l'armée, placée tout entière sous les ordres du prince commandant en chef, se compose d'un voïvode, le sénateur Elia Plamenatz, qui remplit les fonctions de chef d'état-major et auquel sont attachés un certain nombre d'officiers, de deux généraux de division qui ont dix mille hommes à peu près sous leurs ordres avec le titre de voïvodes, et de quatre autres voïvodes généraux de brigade.

Les officiers ont été pris naturellement parmi les chefs de l'ancienne organisation, qui ont dû se mettre au niveau de l'instruction nouvelle en venant se concentrer pendant deux mois à Cettigné, depuis le chef de bataillon jusqu'aux sous-officiers ; ils ont été soumis à des exercices, à des appels réguliers, ils ont pris part à des manœuvres couronnées par des examens, et, une fois pourvus de l'instruction, ont reçu à leur tour mission d'instruire les sous-officiers ; enfin on a pris soin de dresser un tableau d'avancement. C'était substituer au courage personnel, qui dicte les actes d'héroïsme et fait souvent un chef d'un hardi soldat d'aventure, la marche lente et régulière adoptée dans les armées d'Europe ; mais on a créé en même temps des distinctions honorifiques qui ont conservé un grand prestige et excitent l'émulation des troupes. Ce qui est très-caractéristique du Monténégrin, c'est que le jour où l'on a voulu procéder au recensement indispensable pour établir les registres de l'armée dans chaque commune, au moment où il a fallu retirer à des vieillards débiles l'arme qui devait être plus utile aux mains d'un enfant devenu jeune homme, ces vieillards ont protesté hautement, et, les yeux pleins de larmes, le cœur plein d'indignation, on les a vus supplier et venir jusqu'aux genoux du prince demander comme une faveur qu'on les considérât toujours comme dignes de mourir les armes à la main.

On s'étonnera peut-être de m'entendre parler de la cavalerie monténégrine et on se demandera comment, dans une contrée comme celle que j'ai essayé de décrire, la cavalerie peut jouer un rôle. Cependant il existe un effectif qui figure sur les états de l'armée de la principauté. Après la guerre de 1870, on a constitué à Cettigné un escadron, à vrai dire un escadron *in partibus*, très-bizarre d'allures, très-pittoresque, un peu dépareillé, curieux assemblage d'espèces et de types divers : les cavaliers appartiennent aux diverses provinces de la Principauté et les harnais fantaisistes viennent de toutes les provenances. Le commandement de cet escadron, qui fait partie de l'armée actuelle, appartient en ce moment à un ancien officier de la cavalerie autrichienne, Steva Radonich. Les frais qu'entraîne l'entretien des chevaux ne sont d'ailleurs pas en proportion avec les services que l'arme peut rendre, car dans la Tsernagora les fourrages sont tellement rares, qu'on estime à plus de cinq cents francs par an la nourriture d'un cheval; dans les Berda, au contraire, on pourrait assez facilement pourvoir à cet entretien; mais jusqu'aujourd'hui, faute de routes, il est impossible de transporter les fourrages d'un bout à l'autre de la Principauté. C'est pour la même raison que l'artillerie occupe une place aussi restreinte dans la défense; le pays d'ailleurs manque de vues et le champ de tir est trop loin ou trop près : trop loin s'il s'agit de canonner du haut des montagnes, trop près si l'on doit opérer dans les défilés qui font des zigzags à l'infini et paralysent l'action. Les obusiers de montagne portés à dos de mulet, ceux que toutes les armées de l'Europe emploient dans les défilés, sont les seuls dont on puisse attendre des services réels. Il a donc fallu s'exercer à l'usage de ces obusiers; le commandant Yovanovitz a dirigé les exercices lors de sa mission; aujourd'hui l'un des officiers les plus distingués de la Principauté, Macho Verbitza, élevé dans nos écoles, a la direction de l'arme et son commandement.

Nous venons de dire les ressources de la guerre *officielle*, pour ainsi dire; il était indispensable de donner au lecteur une idée exacte des forces, de leur organisation et des effectifs : il nous faudra désormais parler de l'initiative individuelle, qui joue un si grand rôle chez les Monténégrins, et essayer de peindre leurs mœurs guerrières. On a bien fait sans doute de suivre, dans la mesure du possible, les progrès modernes; de modifier en l'améliorant l'armement des masses, de les grouper, de les organiser, d'apprendre à chacun à connaître son chef et à se rallier à lui : mais c'est l'avis de l'un des organisateurs, M. Wlahovitz, que ce serait un danger de parquer le Tsernagorste dans une discipline trop étroite, car il deviendrait, à sa place dans le rang, une unité qui n'aurait même plus la valeur réelle du simple soldat d'Europe. Il faut au Monténégrin l'air libre et la décision rapide du champ de bataille, un lieu d'action sans autres limites que celles de son courage et de sa valeur individuelle, une certaine élasticité enfin et une grande tolérance dans la discipline qu'on lui impose. C'est au chef à savoir fermer les yeux, si, sans compromettre le but qu'il veut atteindre, un de ses hommes s'est laissé entraîner au delà de la limite fixée à ses efforts.

XVII

La mort sur le champ de bataille est regardée par le Monténégrin comme la réalisation d'un idéal, et nous avons dit qu'à la naissance d'un fils on ne trouve pas de meilleur souhait à lui faire que celui de ne pas mourir dans son lit. Son corps est resté dans un défilé de la montagne ou dans la plaine, à la place même où il est tombé; ses compagnons l'ont enseveli. La veuve, de retour au village, ne se regarde pas comme quitte envers sa mémoire; elle convie ses compagnes; elle a gardé ses armes, ses vêtements, sa *strouka*, ce plaid qui lui servait à la fois de manteau, de sac et de lit pour reposer : elle l'étend devant la porte de sa chaumière comme un tapis, y jette son béret et ses armes, et, les mains levées au ciel, commence ses lamentations. Elle entonne ses louanges ; elle ne le plaint pas ; elle ne loue ni sa douceur, ni sa bonté, ni son grand cœur, mais son mâle courage, sa beauté, sa force, son mépris de la mort. C'est la scène des lamentations que j'ai déjà décrite, mais rendue plus grandiose et plus touchante par le trépas sur le champ de bataille et par l'image de la patrie qui plane au-dessus du tableau.

Danilo Ier, qui dans ses voyages avait contracté une sorte de respect humain à l'égard des coutumes caractéristiques de sa patrie, avait voulu effacer des mœurs cet usage des lamentations, et dans le code qu'il avait promulgué, à l'article 87 il avait statué ainsi :

LA CAVALERIE MONTÉNÉGRINE DANS LA PLAINE DE CETTIGNÉ.

« Les barbares coutumes qu'ont les hommes et les femmes, lorsque quelqu'un meurt, de se tailler les cheveux, de s'égratigner, de se déchirer et de se défigurer pour longtemps, sont défendues à partir d'aujourd'hui, et tout montagnard ou berdiani qui le fera, payera, la première fois, deux sequins d'or d'amende, qu'il soit homme ou femme, indistinctement. »

A côté des chefs officiels, d'autres chefs existent dont l'influence est indiscutable pour les soldats : ce sont les *popes*, simples prêtres, ou archiprêtres, ou même métropolitains. Quand nous avons visité le couvent de Cettigné, j'ai montré le caractère de l'évêque brandissant tour à tour le labarum ou la croix et l'étendard de la guerre, et, de la même main qui bénit et qui absout, frappant vigoureusement l'ennemi et portant la mort dans ses rangs. M. Valerio a représenté un *pope en tenue de combat;* j'ai eu l'occasion de voir maintes fois, en Croatie, en Bosnie, en Herzégovine et en Servie, l'action singulière que ces prêtres exercent sur leurs ouailles : ils vivent de leur vie ; comme eux ils ont une famille, des enfants, des intérêts et des soucis temporels. Ils ont les mêmes enthousiasmes, les mêmes passions, les mêmes haines, et, le jour venu, ce sont des officiers tout trouvés qui lèvent l'étendard de la révolte contre le Turc, et se mêlent aux troupes, comme ils l'ont fait l'année passée dans la campagne des raïas de l'Herzégovine.

Le nom du pope Zarko est resté célèbre dans la dernière guerre ; ce fut le plus prudent et le plus heureux des chefs. Sa résidence habituelle était le monastère de Banja, dont il était l'archimandrite ; il leva le premier l'étendard de la révolte, et avec cent soixante hommes assez bien équipés et armés aux frais du culte, — ce qui est caractéristique, — il s'embusqua dans le défilé de Thérina, au-dessus du village de Rahodina. Son premier fait d'armes fut de mettre en déroute un régiment de cavalerie envoyé de Constantinople en Albanie et d'Albanie en Bosnie. Pendant les deux premiers mois de la lutte il ne subit pas un seul échec, se donnant toujours pour principal objectif d'interrompre les communications des Turcs entre la Roumélie et la Bosnie, et de tenir ouvertes les voies qui mènent de Serbie au Monténégro. Zarko fut même assez audacieux pour menacer un instant la forteresse de Vichgrad, et, dans ce but, il était parvenu à grouper autour de lui plus de deux mille hommes. Joignant à l'audace, au courage et à un rare sang-froid une mâle éloquence, il enflammait les paysans serbes par ses proclamations enthousiastes. Je veux citer ici, pour donner une idée de la forme biblique que prennent ces proclamations des popes, quelques passages de celle qu'il lança avant de lever l'étendard, alors qu'il fermait derrière lui la porte de son monastère de Banja. Cela peint vivement le pays et le caractère du peuple ; ce sont de ces documents qu'on ne recueille malheureusement pas toujours, mais qui devraient appartenir à l'histoire.

« Que tous les peuples sachent et que tout le monde apprenne que la nation serbe est faite pour vivre libre. Frères, il y a longtemps qu'a été livrée la bataille dans les plaines de Kossovo ; mais depuis ce moment la nation endure incessamment des injustices, le pillage et le mauvais traitement de la part des Osmanlis dépravés : chaque pied de terrain est trempé du sang et des larmes de nos ancêtres. Les Turcs foulent toujours aux pieds la foi, la liberté, l'honneur et les biens des descendants des Nemantchij, à la honte de la nation tout entière. L'heure de la vengeance a sonné. Écoute, mon peuple ! prends les armes, car le prix de la lutte est la liberté de la nation tout entière. Nous respecterons la foi, les droits, l'honneur et la propriété de tout le monde. Mais quiconque nous montrera de l'hostilité dans la lutte payera de sa vie sa trahison. Levez-vous, Serbes et Monténégrins ! arrosez les foyers de nos ancêtres du sang des tyrans ; le pays est à nous, le droit est avec nous, Dieu est avec nous ! »

On sent combien de telles paroles, prononcées avec emphase par un archimandrite, devaient avoir d'action sur des catholiques grecs, nés belliqueux, pleins d'imagination, passionnés, qui voyaient dans le prêtre un soldat, et dans le soldat un dignitaire de l'Église orthodoxe. Ce n'était pas le seul, du reste, qui échangeât alors la croix pour l'épée. Le pope Milo et l'higoumène Melantaja combattaient dans les rangs, et parmi les Monténégrins pas un prêtre ne voulut rester inactif. C'est surtout dans la partie voisine de l'Albanie, où les mœurs se sont conservées plus intactes que dans celle voisine de l'Adriatique, que l'ancien Monténégrin apparaît dans tout son caractère. Là, le costume, les usages, les superstitions ont conservé leur caractère primitif ; cependant ce caractère belliqueux n'empêche pas les popes de vaquer à leurs fonctions religieuses ; ils sanctifient les prières sur les morts et assistent aux lamentations des funérailles : scène dramatique qui est bien faite pour inspirer un peintre et que M. Valerio a vue se renouveler souvent dans son voyage. Un peintre slave d'un grand mérite, M. Cermark, qui s'attache à reproduire les scènes de mœurs monténégrines, a souvent exposé en France des toiles inspirées par divers épisodes de la guerre du Monténégro, scènes aux-

POPE MONTÉNÉGRIN EN TENUE DE GUERRE PORTANT LA BANNIÈRE DE L'ÉGLISE.

quelles il a assisté en soldat, et qui sont presque toujours empreintes d'une certaine grandeur épique dont le caractère n'est pas une inspiration particulière du peintre, mais un reflet exact des mœurs du pays. Les *lamentations* et les *prières sur les morts*, les différentes scènes auxquelles peut donner lieu l'intervention des femmes pendant la guerre, leur fonction habituelle, qui consiste à ravitailler les compagnies, à apporter les vivres aux combattants, à charger les armes, cachées ou abritées derrière une anfractuosité de roche, à suivre en espions les marches de l'ennemi, ou à porter des dépêches d'un corps à l'autre lorsqu'elles sont plus hardies, tout prête, en effet, au pittoresque et à l'épique dans une telle série de tableaux. Toute femme jeune ou même dans la force de l'âge se sent assez brave pour prendre part à la lutte, sinon le fusil à la main, — ce qui d'ailleurs arrive bien souvent, — au moins en apportant chaque jour aux troupes, à de grandes distances, des vivres et des munitions, en traînant les blessés derrière des abris et en leur donnant les premiers soins; elles constituent ainsi une armée auxiliaire qui permet de ne pas distraire un seul homme des bataillons organisés. Aussi, dans les *Pesmas* (ces chants nationaux dont nous avons parlé plus haut, dans le chapitre intitulé *la Guzla*), on rend justice au courage de la femme, et chaque lutte, chaque nouvelle campagne soutenue contre les Turcs, ajoute à ce livre d'or des rapsodes le nom d'une guerrière qui s'est illustrée dans les combats et dont le souvenir devient légendaire. Il n'y a plus aujourd'hui de luttes personnelles et d'attaques locales; le prince Nicolas, et déjà même son prédécesseur, ont imposé un nouvel ordre de choses; le Monténégro est entré dans le concert européen; dans l'habitude ordinaire de la vie, toute tentative audacieuse d'une bourgade ou même d'une famille contre un village au delà de la frontière turque ou autrichienne serait regardée, non plus comme un acte de turbulence individuelle, mais comme une violation de frontière d'État à État, et entraînerait la guerre. Autrefois, par exemple, on pratiquait l'usage des razzias sous le nom de *tchetas*; à un moment donné, sans aucun prétexte, mais poussés souvent par le besoin et la misère, à la suite d'une épidémie ou d'une récolte insuffisante, plusieurs villages groupés ensemble, armés jusqu'aux dents, franchissaient la frontière, fondaient sur le territoire turc, faisaient main basse sur les troupeaux, sur les habitants même, et revenaient se réfugier dans les montagnes, où il était difficile de les poursuivre. On voit que c'est absolument la *razzia* des Maures et des Kabyles qui se retrouvait encore, au commencement du siècle, chez ces Monténégrins des frontières, dont nous donnons le type reproduit par M. Valerio. Danilo avait déjà proscrit sévèrement cet usage et lui avait donné son vrai nom: « le vol à main armée ». Le prince Nicolas n'a jamais eu à le réprimer d'une façon grave, et l'envahissement à main armée du territoire ennemi n'a plus le caractère d'une incursion, mais simplement d'un vol individuel.

Toutes les prescriptions faites par le prince sont respectées dans l'intérieur de la Principauté, mais dans les villages de la frontière il n'en est pas toujours ainsi. Comme il y a la *Vieille* et la *Jeune Turquie*, il y a nécessairement les vieux Monténégrins, qui estiment que toutes ces réformes ne sont pas orthodoxes. Ainsi, les lois et arrêtés qui concernent les lamentations restent souvent lettre morte dans des régions où les représentants de la loi eux-mêmes trouvent cette loi impie, puisque, au nom d'un cosmopolitisme qu'ils ne sauraient encore comprendre, on leur ordonne de manquer à un usage que tous regardent comme sacré. C'est surtout dans les régions voisines de l'Albanie, près des Mirdites, aux lieux mêmes où M. Valerio a dessiné la *Bergère de la frontière d'Albanie* et le *Monténégrin des frontières*, et aussi dans les Berdas, que le voyageur peut contempler dans tout leur caractère les scènes de mœurs qui rendent le pays monténégrin si curieux pour le voyageur et qui font encore de la Principauté une région à part dans l'Europe.

XVIII

Nous allons voir comment, au jour de la lutte, vers juillet 1876, les forces monténégrines se sont comportées devant les Turcs, quels résultats elles ont obtenus, comment ce petit peuple a soutenu l'effort des armées que la Porte lui a opposées, et comment le soldat tsernagorte, fidèle à son génie naturel et secouant la tactique moderne à laquelle on essayait de le soumettre, est revenu à la stratégie qui lui est particulière.

Nous n'avons pas à retracer ici les événements qui avaient réuni autour des drapeaux monténégrins tous les hommes valides de la Principauté dès les premiers jours de 1876. Dès 1875, au mois de juillet, l'insurrection avait éclaté en Herzégovine ; des collecteurs turcs du district de Nevesinjé s'étant présentés chez des Serbes de la province, — *raïas*, c'est-à-dire sujets chrétiens de la Porte, — dans le but de percevoir des contributions déjà acquittées quelque temps auparavant, ces derniers se refusèrent à payer. Des commissaires turcs furent envoyés pour faire une enquête ; et comme ils étaient escortés de *zaptiés* ou gendarmes turcs, les habitants attaquèrent l'escorte, le sang coula, et les chrétiens coururent aux armes. Les Turcs ont expliqué autrement l'origine du conflit : ils disent qu'à la même époque, des habitants de Nevesinjé ayant attaqué une caravane appartenant à des négociants de Mostar, les marchandises et les vivres furent pillés, les gendarmes massacrés, et les coupables se réfugièrent dans les défilés du Monténégro. En demandant un refuge à leurs coreligionnaires de la Montagne-Noire, ennemis acharnés des Turcs, les coupables, au dire des Musulmans, n'avouèrent pas leur méfait ; ils alléguèrent pour prétexte à leur fuite les exactions des fermiers de l'impôt et demandèrent au prince Nicolas d'intercéder en leur faveur auprès de la Porte afin qu'ils pussent rentrer dans leurs foyers sans crainte de représailles. Les pillards, réintégrés dans le district et forts de leur impunité, se seraient refusés alors à payer tout impôt et auraient soulevé quatre villages.

Quelles que soient les causes réelles de la révolte, la basse Herzégovine, et surtout la partie limitrophe de la province de Katounska, depuis Grahovo jusqu'à la Moratcha, fut bientôt en proie à l'insurrection ; les bandes s'organisèrent ; les Serbes, ennemis traditionnels des Turcs, se soulevèrent à leur tour ; enfin, circonstance terriblement aggravante, le bruit se répandit des exactions et des massacres de Bulgarie. L'année 1876 vit donc se développer encore la rébellion, qui trouvait un appui dans la déclaration de guerre de la Serbie. En juillet 1876, le Monténégro, à son tour, entrait en lice, et comme la lutte était constamment portée sur les limites de ses provinces, le prince Nicolas partit pour la frontière le 2, et lança le 4 juillet sa proclamation de guerre.

L'armée de la Principauté, suivant l'organisation que nous avons décrite, fut divisée en deux corps : le corps d'armée du Nord, composé d'une forte division à deux brigades de cinq bataillons, et le corps d'armée du Sud, exactement de la même force.

L'artillerie comptait sept batteries de campagne. Toute cette armée était composée de fantassins ; les batteries étaient des batteries de montagne ; un petit escadron de trois à quatre cents cavaliers formait la réserve, pour évoluer suivant les rares circonstances où la nature du terrain pourrait s'y prêter. Le prince eut le commandement en chef des deux armées et se porta d'abord au nord avec le voïvode Pétar Vukotitch, son beau-père, investi du commandement du corps d'armée de cette région. L'armée du Sud était aux ordres de Bojo Petrovicz, cousin du prince et président du sénat. Le chef d'état-major général était Stanko Radonich, ancien élève

UNE BERGÈRE DES FRONTIÈRES DE L'ALBANIE.

de notre école de Saint-Cyr, l'agent habituel de Nicolas Ier, chargé maintes fois de négociations importantes. L'artillerie était commandée par Élia Plamenatz et l'escadron de cavalerie par Stern Radonich, ancien officier de cavalerie dans l'armée autrichienne. L'ensemble de l'effectif ne dépassait pas vingt mille hommes; mais on formait une brigade sur la Moratcha, et à Cettigné on organisait un corps étranger, composé de Dalmates, d'Herzégoviniens, et de quelques indi-

MONTÉNÉGRIN DES FRONTIÈRES DE L'HERZÉGOVINE.

vidus, écumeurs cosmopolites que la poudre attire et qui viennent volontiers s'enrôler sous les drapeaux des nations soulevées.

Depuis longtemps on sentait venir la guerre au Monténégro et, dans la mesure des ressources de ce petit pays, on la préparait. Au lieu de ces moyens sommaires, nés de la nécessité, qu'on emploie ordinairement pour soigner les blessés dans ces pays Slaves du Sud, on avait dès le principe adhéré à la convention de Genève, centralisé des fonds versés par les Russes sympathiques à la cause et par les patriotes de tous les pays, organisé enfin des hôpitaux. L'un de ces établissements, soutenu par les Russes, était sous la direction de M. Panioutine, ancien gouverneur de Vilna sous Mourawiew lors de l'insurrection de Pologne; l'autre était celui de Cettigné; un troisième s'élevait à Grahovo, l'*hôpital de Sang*, destiné à évacuer les ambulances portatives de l'armée du Nord; le dernier enfin était à Joupa. C'était là beaucoup plus de régularité et de précautions qu'on n'en prend d'ordinaire dans ces régions; mais le pittoresque ne perdait pas ses droits, car, forcés cette fois de traîner avec eux des vivres et des *impedimenta* contre la coutume des Monténégrins, les femmes et les vieillards incapables de soutenir la lutte s'étaient chargés du soin de constituer le train des équipages.

Le Monténégrin se groupe autour du drapeau, et l'étendard pour lui est un cher symbole; chaque compagnie avait sa bannière, et dans chaque compagnie, par une innovation, deux soldats remplissaient l'office d'infirmiers, portant le brassard de Genève et munis de linge de pansement, d'une petite boîte de médicaments et de charpie, avec une petite civière très-légère et très-pratique. Dès que le prince passa la frontière, les insurgés vinrent se présenter à lui, ne voulant pas d'autre chef. Mais on conçoit que Nicolas Ier, qui poursuit un but pour lequel il lui faut la sanction de certaines puissances, voulait échapper à cette protection ouverte, quoiqu'il fût pratique et politique de profiter des éléments qui venaient s'offrir. On organisa donc les volontaires des frontières en bataillons; on leur donna des armes, des munitions; on leur nomma des officiers; il y eut même une distribution de drapeaux, et Mgr Hilarion, le métropolitain dont nous avons parlé au chapitre *Couvent de Cettigné*, bénit les étendards dans une cérémonie d'un assez beau caractère, où le prince parut revêtu de ses ordres, en grand costume de généralissime, assisté de son état-major et du général en chef Vukotitch. Tous les porte-drapeaux de l'armée s'étant groupés, on passa les forces en revue.

L'objectif de Vukotitch, au début de la campagne, était évidemment de donner la main aux Serbes de l'autre côté de Novi-Bazar; bien des circonstances firent abandonner ce plan; la lutte, du côté du nord, se localisa dans le triangle formé par la pointe de Grahovo, Mostar et le sommet du Dormitor jusque vers Priepolie. Les environs de Trébigné furent le théâtre de luttes incessantes, de marches et de contre-marches; on avait en face de soi dans cette région un homme de guerre, Mouktar-Pacha, qui depuis a pris sa revanche, mais perdit là, par de sanglantes défaites, une réputation, bien assise, de soldat valeureux. Deux grandes victoires furent successivement remportées par les Monténégrins.

Il faut toujours être en garde contre les dépêches slaves; elles ont un caractère d'exagération tel, qu'on se prend à sourire, au milieu des tristesses de la guerre, en supputant le nombre des morts et des blessés, car la plupart du temps il est égal, sinon supérieur, à celui des forces engagées. Pour rendre hommage à la vérité, il faut dire que, soit au nord, soit au sud, quand les Monténégrins ont eu l'avantage, il y a eu une disproportion considérable entre leurs pertes et celles qu'ils ont infligées au Turc. C'est évidemment à la stratégie personnelle du Monténégrin et à son initiative sur le champ de bataille qu'est due cette circonstance.

Il y eut quelques échecs, sans doute, et même des déroutes qui ne sont pas dans le caractère du soldat monténégrin; mais les Turcs ne furent vraiment pas heureux dans cette campagne.

L'armée du Nord s'illustra dans deux batailles dont les noms resteront: l'une amena la prise de Gatsko, l'autre est la défaite d'Urbitza entre Trébigné et Bajnani. Mouktar-Pacha s'était avancé sur un terrain difficile, entouré d'ennemis presque accotés à leur frontière, ayant une ligne de retraite toujours ouverte; il paya cher cette imprudence. Ce fut un désastre pour son corps d'armée; on constata trois mille hommes manquants, tant tués que blessés et prisonniers. Osman-Pacha, l'un des généraux à l'insubordination desquels Mouktar attribua sa défaite, fut fait prisonnier et envoyé à Cettigné, où on le traita avec humanité. Osman n'est pas mahométan; c'est un Hongrois dont le nom en magyare signifie « loup » : comme un grand nombre de ses compatriotes, il s'est fait musulman et a atteint le grade de général dans l'armée turque. Trois cents nizams furent capturés avec lui; l'armée turque perdit aussi dans cette rencontre Selim-Pacha, Ali-Hussein-Aga, Kurchid-Bey, Hadji-Nouri-Aga et trois colonels; on lui enleva cinq canons Krupp, plusieurs drapeaux et des munitions. Les Monténégrins

PÉTAR VUKOTITCH, COMMANDANT EN CHEF DE L'ARMÉE DU NORD.

comptaient dans leurs rangs quatre parents du prince qui firent vaillamment leur devoir, et l'un d'eux fut blessé.

Mouktar, légèrement atteint à l'oreille, s'était comporté avec une grande énergie au moment de la déroute; mais il avait échoué dans ses efforts pour ramener ses troupes au feu; désarçonné et poursuivi l'épée dans les reins, il avait dû fuir à pied jusqu'à Bilek; là, sans perdre un instant courage, il avait rallié ses troupes pour aller s'enfermer un jour dans Trébigné et y prendre des vivres et des munitions, avec la ferme intention de ne pas laisser Bilek tomber au pouvoir des Monténégrins. Mustapha-Pacha lui amena bientôt trois mille hommes de secours, et le projet du prince Nicolas de marcher droit sur Mostar fut abandonné, d'autant plus que Djaleddin-Pacha, au bruit de la défaite de Mouktar qu'on savait engagé depuis quelques jours, avait formé en toute hâte une nouvelle division de rédifs, pour l'amener au secours du général.

Pendant que ceci se passait au nord, Mahmoud-Pacha, qui commandait l'armée d'Albanie, avait en face de lui l'armée monténégrine du Sud, aux ordres de Bojo Petrovicz, cousin du prince et président du Sénat (dont nous avons parlé au chapitre consacré à la petite cour de Cettigné); il voulut, par une marche hardie qui avait pour objectif l'invasion du pays, attirer tout l'effort des Monténégrins et dégager ainsi Mouktar. La position devint critique pour le prince Nicolas, car il était pris entre deux feux. En effet, Djaleddin et Mustapha avaient groupé du côté de Grahovo quarante et un bataillons, y compris ceux de Mouktar qui allaient tenir l'Herzégovine, mal défendue jusque-là par les Turcs, mais où en somme toutes les places fortes étaient en leur pouvoir. Les Turcs avaient repris l'offensive de ce côté, par Klobuk, et menaçaient Grahovo, tandis qu'au sud Dervich-Pacha et Mahmoud avec l'armée d'Albanie se préparaient à envahir la Principauté. Le prince résolut de quitter l'armée du Nord : il la laissa aux ordres de son beau-père, Pétar Vukotitch, et se porta sur Niksich.

Bojo allait soutenir l'effort de Mahmoud et de Dervich; le dernier avait appris la guerre avec Omer-Pacha; il connaissait la tactique des Monténégrins et le pays dans lequel il allait opérer; voulant pénétrer dans le pays et piquer droit sur Cettigné, il concentra ses forces vers Spouz et Jabliak, à la pointe nord du lac de Scutari. Bojo avait compris son plan et coupait les communications entre Medun (place forte qui allait être vivement attaquée et bien défendue) et Podgoritza, village important au point de vue stratégique, de l'autre côté de la Moratcha. Ces forts turcs de Medun et Podgoritza sont situés sur la frontière sud du Monténégro, dans un pays entièrement dépourvu de routes ; il en résulte qu'ils sont très-facilement bloqués, et que chaque fois qu'on veut les ravitailler, il faut livrer combat ; c'est ainsi que s'expliquent pour nous les nombreuses dépêches se rapportant, tantôt à Gatsko, tantôt à Niksich, tantôt à une autre place, dépêches qui ressemblent à des redites et nous parlent constamment de blocus et de ravitaillements. Pour entreprendre ces opérations difficiles, les colonnes qui portent les vivres doivent s'avancer avec la plus grande précaution dans des défilés souvent inextricables, où elles sont exposées à des surprises ; ce fut ce qui détermina l'affaire de Medun, qui fournit à Bojo l'occasion de la terrible défaite de Mahmoud-Pacha. Décidé à secourir cette dernière place depuis longtemps tenue en échec par Bojo, le général turc avait mis en mouvement toutes les forces groupées à Podgoritza : réguliers, irréguliers bosniaques, bachi-bozouks de l'Asie Mineure. Afin de se défendre contre toute surprise et pour se garder une ligne de retraite, il avait élevé une ligne de retranchements le long de la route, et laissé derrière les épaulements nombre de tirailleurs destinés à les défendre. Bojo se disposa à attaquer les colonnes avec quatre mille hommes et quelques Albanais ; il se jeta sur les avant-postes, qui se replièrent vers la première tranchée, où, bien armés, bien épaulés et bien abrités, les Turcs reçurent très-bravement leurs ennemis. Le succès enhardit les Musulmans ; ils escaladèrent leur tranchée et se précipitèrent en avant, bien massés et offrant une forte résistance. Si les montagnards avaient suivi cette fois la nouvelle tactique qu'on leur avait imposée en leur enseignant la discipline des troupes européennes, ils n'auraient évidemment pas résisté, car le soldat musulman fuit rarement et tient ferme; mais, revenant instinctivement à leur nature, on vit les Monténégrins se séparer, se fractionner à l'infini en abandonnant le fusil pour le yatagan, et se jeter sur l'ennemi un à un, corps à corps, luttant avec une fougue irrésistible : en même temps une force de montagnards qui se tenait en réserve de l'autre côté de la Moratcha, voyant l'impétuosité de l'attaque de leurs compagnons, se lança dans la rivière, très-guéable sur ce point, et prit les Turcs en

LES SOLDATS MONTÉNÉGRINS PENDANT L'ACTION.

flanc. Ceux-ci durent regagner leur première ligne de défense, puis la seconde, puis la troisième : ce fut une effroyable mêlée; les irréguliers d'Asie Mineure furent écharpés. Mahmoud, vieux soldat habitué aux hasards de la guerre, battit solidement en retraite sans laisser entamer ses réguliers; mais la déroute des premiers prit des proportions considérables; tout homme à terre devenait un cadavre, et un cadavre mutilé; on commit ce jour-là des atrocités sans nombre des deux côtés. Le surlendemain, Mahmoud, rentré dans ses lignes, télégraphia au consul anglais de Scutari d'Albanie de se rendre avec ses collègues à Podgoritza, pour voir dans les hôpitaux le nombre de soldats turcs dont on avait coupé le nez et les oreilles, afin de constater *de visu* sur les Musulmans les mutilations qu'on accusait les Monténégrins de pratiquer sur leurs ennemis; mais de son côté Bojo Petrovicz pouvait faire les mêmes constatations dans ses lignes sur ses propres soldats.

Mahmoud avait eu le sort de Mouktar, et la campagne était fatale aux Musulmans; mais le Turc est tenace et ses généraux ont de l'opiniâtreté. Dervich, qui opérait plus haut dans la même région, essaya de reprendre l'offensive et voulut, en s'emparant de Piperi, couper les Koutchi du Monténégro. Ce fut encore Bojo qui soutint le choc. Là, deux rivières, la Zeta et la Moratcha, forment un triangle dont la pointe est entre Spouz et Podgoritza. Une moitié des Turcs avait passé la Zeta, une moitié se tenait en réserve sur l'autre rive. Dervich eut le même sort que Mahmoud, et c'est la même tactique, c'est-à-dire la dispersion et la lutte individuelle, qui amena le même résultat : la fuite et le désordre du corps d'armée musulman. Les Turcs laissèrent plus de huit cents hommes dans la Moratcha; un grand nombre perdit la vie dans le combat, le reste se retira en désordre dans Podgoritza. La Moratcha franchie dans cette chasse à outrance, Medun était enveloppé, bloqué sans retour possible de l'ennemi; la forteresse capitula. La garnison comprenait cinq cents nizams ou réguliers, cinq officiers supérieurs et un certain nombre d'officiers de rang subalterne; on se rendit à discrétion. Dervich était encore menacé même dans sa fuite; il évacua les positions de Malja et de Visocica. Les Turcs avaient envahi le territoire de ce côté et porté la guerre dans la Principauté; les Monténégrins les poursuivirent jusqu'en Albanie, et ne s'arrêtèrent que dans le Liechopol, au delà de Spouz, entraînés par l'idée de conquérir le territoire et de faire du butin. Voici la dépêche que Bojo Petrovicz adressa au prince de Monténégro le jour de la capitulation de Medun : « Depuis quatre mois vos héroïques troupes assiégent Medun; sous ces murs, notre armée a dû supporter deux attaques, dans lesquelles elle est restée victorieuse; sous ces murs, sont tombés dix mille Turcs, mais aussi beaucoup des nôtres ont trouvé la mort. Oublions ces sacrifices; Medun est tombé aujourd'hui en notre pouvoir. Cinq cents prisonniers de la garnison turque, les canons, toutes les munitions, sont entre les mains de nos troupes. Vive le prince! vive la princesse! vive le prince héritier Danilo! »

L'échec de Dervich-Pacha termina la campagne de 1876; il retira ses troupes jusqu'au delà de Mala-Hotti, dans l'Albanie, ne laissant à Spouz et à Podgoritza que les garnisons habituelles. L'armée d'Albanie fut même dissoute et une partie des forces dirigée vers la Bulgarie et le Danube, tandis que quinze bataillons rentraient à Constantinople. De ce côté, c'est-à-dire au sud du Monténégro, l'action, de la part des Turcs, avait été offensive : Bojo n'avait fait que défendre les passages qui mènent à Cettigné, objectif de l'armée turque d'Albanie, décidée à envahir la Principauté. On avait ainsi gagné la fin de la saison; les Serbes, du côté d'Alexinatz, avaient été moins heureux et s'étaient vus forcés de demander l'armistice; les Monténégrins allaient donc se trouver seuls en face des Musulmans, et supporter toute l'action de forces considérables qu'on aurait rappelées des frontières de Serbie. C'est pour cela qu'on résolut dès le principe de marcher d'accord sur les questions de traité de paix et de suspension d'armes, et de n'opérer que simultanément et collectivement; mais l'entente avait été interrompue par deux circonstances : la première, par l'issue des combats soutenus par les Monténégrins, toujours favorable, et qui ne faisait pas de la suspension d'armes une chose nécessaire ; et la seconde, par le mécontentement qu'avait causé dans les rangs de l'armée tzernagorste la nouvelle de la proclamation du prince Milan comme roi de Serbie.

Une convention sérieuse, faite au moment de l'échauffourée de Tchernaïef, avait débarrassé

BOJO PETROVICZ, PRÉSIDENT DU SÉNAT, COMMANDANT EN CHEF DE L'ARMÉE DU SUD.

la Porte des dangers dont la menaçait l'armée serbe : la Turquie n'avait désormais en face d'elle qu'un seul ennemi, de force bien inférieure aux siennes, quoiqu'il suppléât au nombre par un courage et une opiniâtreté extraordinaires, et aussi par les terribles difficultés du sol monténégrin. Le prince Nicolas crut donc de son intérêt de signer un armistice et se chargea de ravitailler les forteresses. On forma une commission de délimitation internationale, composée d'officiers pris dans les diverses armées d'Europe, et on établit la ligne de démarcation. Le prince Nicolas avait la mission de ravitailler Niksich, les Turcs devaient transporter les vivres depuis Gatsko jusqu'à l'entrée du défilé de Douga ; là, les Monténégrins étant dans leurs lignes, ils se chargeraient d'escorter eux-mêmes les convois. Le ravitaillement consistait en deux mois de vivres pour trois mille hommes.

XIX

Depuis ces événements (2 novembre 1876), deux chefs monténégrins dont nous publions les portraits, Bojo Petrovicz et Stanko Radonich, ont reçu la mission de se rendre à Constan-

STANKO RADONICH, CHEF D'ÉTAT-MAJOR GÉNÉRAL DE L'ARMÉE MONTÉNÉGRINE.

tinople pour obtenir une rectification de frontière et la cession de certains points destinés, les uns à faciliter la vie des Monténégrins et à améliorer leurs conditions économiques, les autres à mettre un terme, par une délimitation plus naturelle, à un état presque constant de discussions avec la Turquie.

La conférence des puissances ayant été ouverte le 22 décembre 1876, la question a été portée, devant les ministres de la Porte d'abord, puis devant la conférence elle-même ; voici les termes dans lesquels était conçue la réclamation de Nicolas Ier :

« La mer nous est fermée, dit le prince dans sa lettre au sultan, nous n'avons pas de campagnes fertiles, nous n'avons pas de stations pour notre commerce, et les froides montagnes oppressent le pauvre peuple. La plus grande partie de la Zéta et des Berdas ne peut absolument pas nourrir la population. Sur les cinquante-quatre milles carrés que mesure le Monténégro, quarante seulement sont à peu près habitables ; cette surface ne peut absolument pas nourrir cent quatre-vingt-treize mille trois cent vingt-neuf personnes. En outre, en 1862, lorsque Omer-Pacha assaillit sans motif les Monténégrins, non préparés, la Porte nous a imposé des frontières impossibles à conserver. Votre Majesté ne nous donnera pas tort, si nous déclarons, dans de telles circonstances, remettre à notre épée le soin de régler notre sort. »

Les délégués monténégrins avaient remis à Savfet-Pacha une note exposant leur demande ; ils réclamaient pour leur pays le port de *Spitza*, entre Antivari et Budua, à la côte de l'Adriatique (voy. la *Carte du Monténégro*), et trois des îles du lac de Scutari. Par la Tsernitsa, le pays pourrait accéder à la mer et ne serait plus ainsi tributaire de l'Autriche, qu'on est obligé de traverser pour arriver à Cattaro et recevoir les marchandises et approvisionnements de toute nature qu'il faut forcément demander aux grandes villes du littoral. Le bon vouloir des Autrichiens fût-il à jamais assuré, la nature a mis entre la capitale et Cattaro une de ces formidables barrières dont le génie de l'homme ne saurait facilement triompher, quoique nous vivions dans un siècle qui a vu le percement de l'isthme de Suez et celui du Mont-Cenis. On fera des routes de Cettigné à Cattaro ; nous verrons là un jour peut-être des services réguliers et les moyens de locomotion en usage dans nos villes ; mais quel est le Lesseps ou le Sommelier qui supprimera les *soixante-treize* lacets du chemin qui mène de Verba à Cagliari et à Cattaro ?

La conférence a donc eu à connaître de ces propositions et demandes du Monténégro et on a vu s'ouvrir la même discussion que celle déjà relatée plus haut ; mais le 13 mars 1877 le conseil des ministres de la Porte a notifié aux délégués son refus formel de céder Spitza, Spouz et Niksich ; tout au plus a-t-il proposé, dans ses résolutions les plus généreuses, d'ouvrir au commerce des Monténégrins la petite rivière de la Boïana, qui sort du lac de Scutari à sa pointe nord, près de la ville même, et aboutit à la mer Adriatique. Mais traverser un pays turc par la voie d'une rivière très-étroite, c'est être à la merci de la Porte. On s'est alors rejeté sur des rectifications de frontières plus ou moins avantageuses au Monténégro, mais qui ne compensent même pas les territoires que des attributions antérieures leur ont enlevés (comme la pointe des Koutchi-Drukalovitch, donnée à la Turquie en 1858). C'est sur cette négation que, le 26 mars 1877, le grand vizir a clos la discussion avec les envoyés du prince dépêchés à Constantinople pour faire succéder à l'armistice un traité de paix définitif ; quelques heures après, le prince Nicolas aurait reçu le télégramme suivant : « L'armistice arrêté entre la Sublime-Porte et le Monténégro a expiré aujourd'hui. Les négociations pour amener le rétablissement de la paix étant restées malheureusement sans résultat, je crois devoir prévenir Votre Altesse que la Porte a décidé que la suspension d'armes ne serait ni renouvelée ni prorogée. »

C'est donc la guerre entre le Monténégro et la Turquie, et les deux implacables ennemis se retrouvent en présence dans des conditions qui ne sont pas faites pour rendre la lutte moins cruelle, car la fameuse circulaire de la Porte en réponse à la notification du protocole du 31 mars 1877, fidèle à cet esprit de suite qu'il faut hautement admirer chez les Turcs — qui sont, après tout, les premiers diplomates du monde, — maintient, dans un de ses articles, que « *le Monténégro fait partie intégrante de l'Empire* ». Voilà de quoi faire tressaillir les fiers montagnards depuis les Koutchi jusqu'à Grahovo, depuis les sommets du Dormitor jusqu'au mont Lovchen.

XX

Nous avons essayé de faire comprendre la question dans son ensemble, de peindre le pays, les mœurs, de dire les ressources de la Principauté ; on suivra peut-être désormais avec plus d'intérêt les événements qui vont se dérouler. Avant de clore cette relation, nous voulons dire un mot d'une tribu voisine des Monténégrins, dont le nom revient fréquemment, depuis quelque temps, dans les télégrammes datés de Raguse ou de Cattaro, et dans les dépêches des consuls de Scutari d'Albanie : nous voulons parler des Mirdites, Albanais catholiques habitant, au nombre de près de vingt-deux mille, au-dessus de Scutari, dans le territoire de l'Albanie turque. Ces Mirdites seraient, à en croire certaines correspondances, décidés à se joindre aux Monténégrins et à entraver l'attaque de leurs frontières par l'armée d'Albanie, qui cherchera encore cette fois à s'ouvrir la route menant à la vallée de Cettigné ; mais, à l'heure où nous écrivons, il semble évident que la Principauté ne saurait compter sur eux, car ils sont bloqués dans leurs montagnes par les forces turques.

Toute l'Albanie, depuis Scutari jusqu'au mont Kom et jusqu'aux Mirdites, est habitée par des tribus soumises nominalement à la Porte, mais indépendantes de fait, et jouissant de droits, de privilèges et d'immunités auxquels la Porte ne pourrait toucher sans danger. Ces Albanais sont les voisins les plus immédiats du Monténégro ; ils appartiennent les uns à la religion musulmane, les autres au catholicisme, quelques-uns sont grecs. Les *Hotti*, situés sur le lac même, sont au nombre de quatre mille et comptent à peine parmi eux une centaine de musulmans, tandis que tous les autres sont catholiques ; les *Kastrati* sont tous catholiques et au nombre de trois mille six cents ; ceux de *Gruda* sont trois mille, dont deux mille catholiques et mille musulmans ; ils sont encadrés entre Podgoritza et les *Clementi*, tribu qui compte six mille quatre cents catholiques. Puis viennent les *Poulati*, six mille cinq cents catholiques ; — les *Skreli*, trois mille catholiques et douze cents musulmans ; ceux de *Coussimé*, entre Ipek, siège de l'ancien patriarcat serbe, et Sakovar ; les derniers, vers Novi-Bazar et au pied des monts Kom, sont Slaves et du rite grec, ou Slaves convertis au mahométisme.

Les *Mirdites*, eux, occupent l'Albanie du Nord et ils s'élèvent à plus de vingt mille ; ce nombre est très-supérieur à celui que donne M. Élisée Reclus dans sa *Nouvelle Géographie universelle* ; mais c'est le chiffre indiqué par Delarue, qui a visité la région, et c'est celui que je lis dans les rapports du regretté Hecquard, consul de France à Scutari d'Albanie, qui avait fait de cette question sa spécialité. La tradition fait descendre la famille de leurs chefs des princes de Dukadjini, qui, après la mort de Scanderbeg, roi d'Épire et d'Albanie, quittèrent la plaine pour conserver leur indépendance en même temps que leur liberté religieuse, et se réfugièrent dans les montagnes avec ceux des compagnons de Georges Castrioto qui n'avaient pas voulu abandonner l'Albanie pour suivre son fils dans le royaume de Naples. Les Turcs firent de vains efforts pour les réduire ; ils étaient réfugiés là dans des défilés, à des hauteurs inaccessibles ; on en vint à une capitulation et on reconnut leur chef. Il fut stipulé qu'ils se gouverneraient comme ils l'entendraient, ayant droit, avec la liberté de leur culte, à l'exemption de tout impôt. Mais on convint aussi qu'ils fourniraient en temps de guerre un contingent formé à raison d'un homme par famille, contingent d'ailleurs conduit ou par leurs chefs ou par un des leurs, sous leur propre drapeau. Suivant les Mirdites, ces privilèges et capitulations datent du temps d'Amurat, qui les ratifia ; ils prétendent que c'est au lendemain de Kossovo qu'ils reçurent le firman, et qu'on l'a conservé longtemps écrit sur une plaque de fer-blanc.

C'est de ce moment qu'ils auraient pris leur nom de *Mirdites* (braves). Le matin même de la bataille, le sultan aurait accueilli leur chef, en vantant leur courage, et l'aurait salué du mot *Mir-Di*, qui est un salut et un bonjour. C'est la légende courante dans la tribu; mais M. Hecquard, dans son *Histoire et description de la haute Albanie*, fait justice de ces assertions et établit que la Guégaria ne fut soumise que sous Mahomet II, puisque Georges Castrioto affranchit son pays, dans lequel il revint après avoir été l'otage du sultan. C'est une légende historique des plus curieuses et des plus dramatiques que celle de ce Castrioto; elle reste vivante encore chez les Albanais et les Mirdites.

On ne peut pénétrer dans la *Mirditie* que par trois gorges difficiles; et lorsque la guerre éclate entre les Turcs et les Monténégrins, la Porte fait les plus grands efforts pour se concilier les montagnards, auxquels, tout récemment, elle a concédé encore de nouveaux priviléges, en reconnaissant d'anciennes prétentions auxquelles les Mirdites ne renoncent jamais. Encore qu'elles soient chrétiennes, ces tribus se défient des Monténégrins; il est possible qu'à un moment donné elles se déclarent pour eux, mais les Mirdites ne prennent conseil que de leurs intérêts. Jusqu'à ce jour, en somme, ils ont combattu dans les rangs turcs; mais en ce moment leur attitude est tout autre.

Toute la Mirditie forme une république oligarchique; les lois sont celles du droit coutumier, qui se conserve intact par la tradition; un conseil des anciens assiste le prince, les délégués représentent les intérêts de chaque tribu ou *bannière*. Quand on prend les armes en masse, on marche sous dix bannières : deux de la plaine, trois de la montagne et cinq autres qui, sans faire partie de la Mirditie, s'allient à elle en temps de guerre; ce sont celles de Lech. Le prince d'Oroch est le premier des chefs par son titre.

Les mœurs du pays sont empreintes du double caractère des mœurs slaves et des mœurs orientales; c'est là qu'on retrouve ces scènes qui ont inspiré les poëtes et les peintres, ces enlèvements de jeunes filles ravies aux tribus musulmanes de la plaine, qu'on emporte palpitantes sur la selle des coursiers jusque dans les repaires de la montagne; c'est là que les scènes de la fiancée d'Abydos ou celles des ballades des *Orientales* pourraient trouver leur théâtre. Là règne encore l'inflexible vendetta, et l'hospitalité se réfugie dans une retraite inviolée; la femme adultère y est lapidée par la tribu tout entière, tandis que le guerrier ne craint pas d'enlever une fille à sa mère ou une fiancée à son fiancé pour en faire sa compagne.

XXI

Nous avions mis sept heures pour franchir la montagne au départ; en revenant nous ne mîmes que cinq heures et demie, malgré le détour que nous voulûmes faire pour mieux voir, sur le plus haut sommet du mont Lovtchen, le tombeau du dernier vladika.

Le merveilleux panorama des montagnes d'Albanie et du lac de Scutari, qui nous avait charmé quand nous traversâmes pour la première fois les défilés, nous retint aussi un instant et nous apparut plus séduisant encore à la pleine heure de midi, alors que le soleil, dans toute sa force, à la moitié de son cours, « tombait en nappes d'argent des hauteurs du ciel bleu ».

Nous fîmes halte dans ce même village de Niégosch où nous avions déjeuné chez le sénateur; mais, comme nous étions seul et que, malgré le caractère hospitalier des Serbes, nous ne désirions point nous présenter sans le compagnon de route qui nous avait servi d'introducteur, nous laissâmes à notre guide le soin de choisir le lieu où nous mettrions pied à terre pour nous reposer et nous restaurer un peu. Le *han*, ou caravansérail modeste où il nous conseilla de nous arrêter, était assez pittoresque pour tenter notre crayon. C'était une sorte de hangar en planches reposant sur des pierres posées comme celles des murs cyclopéens, sans ciment et sans joints, adossé à une cabane peu profonde et sans autre jour que la porte qui y donnait accès. Séparée en deux parties par une cloison, dans l'une d'elles on avait installé un foyer et dans l'autre une soupente. Une vieille femme silencieuse et d'un aspect craintif sortit de cette habitation de troglodyte; portant un fauteuil de bois très-bas et une petite table turque plus basse encore et à trois pieds, elle m'installa sous le hangar : un chat familier vint prendre place sur un banc en pierre qui formait soubassement à la muraille; on me servit deux œufs durs, un flacon de vin et un peu de fromage. Je ne sais rien de ridicule comme la nécessité où se trouve un voyageur de ne pas échanger un mot dans un pays où tout l'intéresse. Seul au retour et sachant à peine quelques mots serbes, j'eus toutes les peines du monde à faire entendre à l'hôtesse que je la priais de saluer la famille de Niégosch qui m'avait si bien accueilli lors de mon passage. Je compris cependant que l'opération de la castradina était finie et que mon hôte avait envoyé *trois mille* moutons à Trieste, ce qui peut passer partout pour une affaire assez sérieuse.

Je passai la nuit à Cattaro, que j'eus le temps de revoir à loisir, n'ayant plus hâte désormais de quitter la ville, attiré par le mystérieux pays monténégrin. Toute la soirée s'écoula sur la *Riva* au Giardinetto, en compagnie de l'aimable représentant du Lloyd, qui, dans ce coin perdu, est la Providence des voyageurs. Le gouverneur général de la Dalmatie, le baron Rodich, était arrivé le soir même; cette circonstance donnait un peu plus d'animation à la promenade publique. Nous considérions notre voyage comme terminé en ce qui concernait la rive orientale du golfe Adriatique et nous ne devions songer au départ que le lendemain.

RETOUR A NIÉGOSCH : LA HALTE.

SUR LA PLACE MAJEURE, A RAVENNE.

CHAPITRE HUITIÈME

LA CÔTE MÉRIDIONALE DE L'ITALIE

RAVENNE

Physionomie de la ville. — Les monuments de la période romaine : Classis, Cæsarée, Ravenne antique. — Période gothique. — Le tombeau de Galla Placida. — Le palais de Théodoric. — Son tombeau. — Ravenne sous les exarques grecs. — Ses monuments. — San Apollinare. — San Apollinare in Classe. — San Vitale. — La Pineta. — La forêt de Dante. — Les Vénitiens à Ravenne. — Gaston de Foix. — La bataille de Ravenne. — Byron à Ravenne. — Rimini. — Le temple des Malatesta. — Pesaro. — Urbino. — Fano. — Sinigaglia. — De Pesaro à Urbino. — La ville. — Son aspect. — Les monuments. — Autres monuments d'Urbino. — La maison de Raphaël. — Fano. — Sinigaglia.

I

Nous avons, depuis Venise, accompli consciencieusement le voyage des bords de l'Adriatique. Il nous reste à suivre sur la rive opposée le rivage des Marches, celui de l'Apulie et des Abruzzes, depuis Comacchio et les bouches du Pô jusqu'à la pointe extrême de la rive italienne. Nous sommes là sur le bord et la brume nous cache l'horizon ; s'il nous était permis, comme à un prince en voyage, de fréter un steamer pour traverser le golfe, en douze heures nous aborderions en Italie. Mais il n'en est pas ainsi, et de Cattaro il nous faudra revenir par le même chemin jusqu'à Venise. En effet, la côte dalmate n'est point reliée à la côte méridionale de l'Italie par une ligne de paquebots, et il faudrait courir une véritable aventure pour aborder directement d'un point quelconque de la Dalmatie ou même de l'Albanie, à Lecce, à Otrante, à Brindisi, à Ancône ou un autre point des Marches ou à de la Pouille ; ce qui serait cependant le désir de tout voyageur qui, une fois à Brindisi, passerait à Naples, à Rome, à Florence, et rentrerait par le Mont-Cenis, à moins qu'il ne préfère s'embarquer à Naples pour Marseille ou Gênes. Mais, pour aborder à Lecce ou en un point quelconque de la Botte italienne, il faudrait confier ses jours et sa fortune à un *faluccio*, ou aux Uscoques et écumeurs de mer de la côte, dont les *trabacoli* se balancent dans le port : cela deviendrait de la haute fantaisie ; on ne mangerait plus, on ne dormirait guère, et il faudrait le tempérament d'un pirate pour résister à cette navigation pleine de périls de toute sorte.

Le seul moyen pratique, — autre que ce dernier, — serait d'attendre à Cattaro le vapeur de la compagnie du Lloyd (*ligne dalmate-albanaise*), d'y monter un *mardi* à quatre heures, en direction de *Corfou*, et de débarquer à Corfou le *vendredi* à deux heures du matin. On visiterait Corfou, et le jeudi soir, c'est-à-dire six jours après seulement, on pourrait quitter cette dernière ville ; on toucherait alors, en une douzaine d'heures, à Brindisi. Mais ce seraient *neuf jours de voyage* pour traverser le golfe Adriatique, qu'on peut franchir en quinze heures à la hauteur de la Dalmatie avec les pêcheurs de Chioggia venus dans les ports ou avec les petits caboteurs qui rentrent dans les villes des Marches ou de la Pouille, et en six ou sept heures avec les caravelles des Albanais qui croisent plus bas, entre Otrante et Valona.

C'est la réelle et presque insurmontable difficulté du voyage que nous avons entrepris. Il nous faut donc revenir par le même chemin, nous embarquer à Cattaro pour Trieste, à Trieste prendre le chemin de fer ou le paquebot pour Venise, et de Venise reprendre la côte opposée à celle que nous venons de parcourir.

On comprendra donc que nous ayons préféré quitter Cattaro un samedi par les vapeurs de la ligne *Fiume et Cattaro*, et arriver tout d'une traite, à Fiume le lundi dans la nuit, c'est-à-dire quarante-cinq heures après. Reparti le mardi par la voie ferrée, sept heures après nous nous trouvions en gare de Trieste, c'est-à-dire à six heures de Venise.

Comme je ne fais que développer ici les notes de notre carnet de voyage et que je ne me permets même pas de *composer* un récit à l'aide d'éléments vrais, je dirai au lecteur que ce grand voyage, qui consiste à parcourir toutes les rives du golfe depuis Venise en revenant au point de départ, j'ai cru devoir le couper en deux. Rentré en France après l'excursion au Monténégro, au printemps de l'année suivante, j'ai repris l'itinéraire au point où je l'avais laissé : résolu à faire, pour la côte méridionale de l'Italie, ce que je venais d'accomplir pour la rive dalmate.

Je ne sais par quel hasard, quel concours de circonstances, quelle *combinazione*, — comme disent les Italiens, — je n'ai jamais passé les Alpes qu'en hiver ou en automne. Mai est charmant à Paris ; l'hiver finit à peine, on se sent pris dans le doux engrenage des relations du monde, et le boulevard a des séductions indicibles : les arbres, depuis la Madeleine jusqu'aux théâtres, sont d'un vert tendre qui va au cœur ; le bois est tout en feuillée ; les Parisiennes arborent des étoffes claires, les amazones passent rapides dans les halliers ; on va courir le grand prix ; l'été est venu sans qu'on y pense et il est déjà trop tard pour aller au pays du soleil. Cette année, j'entre en Italie aux premiers jours du printemps, et c'est une fête pour les yeux : les neiges immaculées couvrent les pics ; de tous côtés, sous la douce chaleur d'un soleil bienfaisant, mille ruisseaux et mille chutes ruissellent en blanches écumes aux flancs de la montagne sombre ; dans les vallées, tous les arbres sont en fleur, et les plaines sont bariolées comme de riches tapis. Les berges de la voie ferrée semblent des allées fleuries, dans les plaines les avoines sont hautes, les épis des blés verts sont lourds et se courbent sous une douce brise; le soir, par milliers, les lucioles voltigent à fleur du sol, et les champs ressemblent aux flots phosphorescents d'une mer tranquille. Il y a dans l'air je ne sais quelle ivresse : c'est la fête de la nature : c'est le mois de mai et la saison des fleurs.

Mon plan est de reprendre le voyage de l'Adriatique au point où je l'ai laissé, c'est-à-dire au-dessous de Chioggia et de Comacchio; je suivrai le rivage du golfe depuis Ravenne jusqu'à la pointe du talon de la botte italienne, au delà d'Otrante; je verrai Ravenne, Rimini, Pesaro, Urbino, Fano, Sinigaglia, Ancône, Bari, Barletta, Pescara, Brindisi, Foggia, Lecce et Otrante, « la Città dolente ». Je m'arrêterai dans chacune de ces villes pour en étudier l'histoire, peindre le côté pittoresque et visiter les monuments comme je l'ai fait jusqu'ici. J'essayerai de dire quelles grandes personnalités ont honoré la région, quelle cour brillante l'illustrait autrefois. Je fixerai le caractère de la population; je fouillerai les bibliothèques et m'efforcerai de réunir toutes ces brochures, si précieuses pour l'histoire locale et si difficiles à retrouver, qu'on doit aux savants modestes, bibliothécaires, archivistes, archéologues, amateurs et lettrés, qui se dérobent, dans ces villes peu visitées, à la publicité bruyante, et qui restent la plupart du temps confinés dans une obscurité conforme à leurs goûts et à leur caractère.

Si je suis prêt à reconnaître que la moyenne de la population cultivée (je dis cultivée) des nations de l'Europe, du nord et du centre, est souvent supérieure en connaissances générales et particulières à celle des villes de l'Italie qui sont en dehors des grands centres, je dois dire aussi, et j'en ai fait souvent l'expérience, qu'il n'y a pas un coin de la patrie italienne, si désert, si lointain, si dépourvu qu'il puisse être, qui n'ait son historien et son archéologue, son Visconti, son Rosa, son Mommsen ou son Schlieman, et, si l'on veut, son Léon Renier, son Renan ou son de Saulcy. Ils sont là discrets, obscurs, modestes souvent, et, quelquefois aussi, âpres à la polémique : — j'en atteste, dans la région qui va nous occuper, les Bottini et *monsignor* Marini, ardents et pleins de feu sur la question de savoir où Paolo et Francesca de Rimini furent méchamment mis à mort par le cruel *Zoppo* Malatesta. — Ils creusent leur sillon, font leurs fouilles et leurs investigations, construisent dans le silence et l'ombre quelque monument tout local, éclaircissent un point resté obscur jusque-là, assignent une origine, redressent une erreur, confirment une tradition, restaurent, commentent, sauvent de l'oubli ou de la destruction, sans avoir jamais pour récompense cette éclatante publicité que de grands moyens d'action, la fortune d'être né et de se mouvoir dans un centre important comme Rome, Paris, Londres, Vienne, Berlin, Florence, Leipzig, New-York, Madrid, Pétersbourg ou Moscou, nous apportent parfois à nous autres. Ils ne se sentent jamais réchauffés, ou dorés seulement par les reflets de ces feux de la gloire dont parle Vauvenargues. Ceux qui, plus tard, prennent leur butin pour en faire leur miel, et mettent en œuvre avec une habileté plus ou moins grande les documents qu'ils ont péniblement découverts et amassés, recueillent de faciles lauriers, trouvent souvent honneur et profit dans un labeur relativement aisé, et leur nom est sauvé de l'oubli, tandis que celui de ces savants anonymes ne franchit pas toujours l'enceinte de leurs murailles. — Qu'il me soit donc permis de leur rendre à tous un hommage bien sincère!

L'aspect de Ravenne n'a pas ce caractère sombre dont l'imagination se plaît à la revêtir : les rues sont désertes, il est vrai, la proportion des maisons est colossale; on sent que la vie s'est retirée d'un centre autrefois florissant et riche; mais la cité est claire, saine, propre, nette et bien tenue. En quittant Bologne, on y arrive par un petit chemin de fer d'intérêt local, qui se soude, à Castelbolognese, à la ligne des chemins méridionaux, et quand on veut continuer sa route vers le Midi, il faut revenir sur ses pas pour reprendre la grande voie.

Autrefois située dans les marais au bord de l'Adriatique, Ravenne avait près de ses portes un grand port militaire qui, pendant quatre cents ans, depuis Auguste jusqu'à Honorius, reçut la flotte romaine. A ses portes et sur ses rivages s'élevaient de grandes forêts de pins qui servaient aux constructions navales. Depuis, la mer s'est, dit-on, retirée peu à peu, mais ce sont les rives qui se sont solidifiées et soulevées ; les alluvions sont devenues terre ferme et l'enceinte de la cité romaine se trouve aujourd'hui à six kilomètres de l'Adriatique. On en peut juger par les ruines des murailles antiques et par celles du port, très-visibles encore à Classe. Quant aux forêts de pins, elles existent toujours ; sur une longueur de vingt-cinq milles s'étend, jusqu'aux anciennes salines de Cervia, la fameuse *selva*, devenue classique, qui n'a pas non plus d'ailleurs le caractère que l'imagination du voyageur prête volontiers à la sombre forêt chantée par Dante.

Ravenne est encore ceinte de murailles ; on a éventré les bastions entre la Rocca, forteresse d'angle du côté de la mer, et la porte Alberoni, l'une des six qui servent d'entrée à la ville, pour asseoir à portée de la Darsena ou du bassin du port la station du chemin de fer qui fait tête de ligne. Le stradone della Stazione mène droit au cœur de la cité, à la place Majeure, qui a tout le caractère des places vénitiennes, avec ses deux belles colonnes de granit dressées sur des piédestaux faisant gradins richement décorés de sculptures, et supportant les statues de saint Apollinaire et de saint Vital. Cette place principale de Ravenne prévient tout de suite le voyageur en faveur de la ville ; elle est ample, noble, et malgré la restauration moderne de la maison municipale, qui ferme la place, on sent déjà qu'on est en plein dans l'histoire. Le portique à colonnes de granit qui figure sur notre croquis, et qui clôt un des bas-côtés du rectangle, est du temps de Théodoric et porte son monogramme très-lisible et sculpté avec art ; des frises d'un beau travail ornent le pourtour de ces arcs, précieux vestiges historiques, et les deux colonnes dont nous avons dessiné les bases parlent de la domination des Vénitiens : elles ont été élevées par eux en 1483, et sont fièrement signées sur le piédestal du nom d'un des plus admirables artistes qu'ait produits l'Italie du quinzième siècle, Pietro Lombardi. Le grand Pietro s'est plu à sculpter dans chacune des faces des polygones qui leur servent de base, de charmants bas-reliefs qui ont toute la finesse et la grâce de la sculpture antique, et, par une fantaisie qui est bien de la Renaissance, l'un des saints de marbre qui se dresse sur la colonne porte en tête un casque de bronze d'un beau travail, et brandit une arme de même métal digne de figurer dans quelque riche *armeria*. Une belle statue en bronze de Clément XII adossée aux murs de la maison commune complète cet ensemble. Une telle place est toujours le Forum de la ville, si restreint qu'y soit le mouvement, et c'est là que celui qui vient à Ravenne pour la première fois, et qui ne sait encore rien des mœurs du pays, peut surprendre les manifestations de la vie locale. Les jours de marché, le concours est assez grand ; mais on ne peut voir là que le populaire, car, sur toute la côte, une femme, même celle de la société moyenne, ne saurait se permettre d'aller au marché ; il y a même certains endroits (un peu plus bas, vers Brindisi) où la présence d'une dame à l'étalage d'un vendeur causerait une surprise extrême : aussi en est-on réduit à la population des contadini, foule noire d'aspect qui ne diffère en rien de celle des paysans italiens du Nord, vers la Brianza ou les villes du Lombard-Vénitien. Quant aux physionomies, elles présentent à qui les observe un caractère très-nettement défini ; les femmes des Marches sont célèbres par leur fière allure, et il y a de l'Antoine de Messine dans le type de quelques-uns des personnages les plus qualifiés de la société de Ravenne. La coiffure des jeunes femmes de la ville, celles qui ne copient pas les modes françaises ou milanaises (comme c'est l'habitude dans la classe élevée qui bannit volontiers tout caractère local), rappelle d'une façon très-frappante, à ceux qui connaissent le cachet des grandes physionomies de la numismatique et de la peinture italiennes, les Pomedello, les Pisanello et les Piero della Francesca.

Douze mille habitants dans l'enceinte des murs, et huit mille répartis dans deux faubourgs, occupent une surface qui est certainement faite pour contenir cinquante à soixante mille habitants. Il en résulte que la ville paraît vide et déserte, et que les rues sont tristes et solitaires malgré leur aspect clair et propre. Les monuments, couvents, cloîtres et palais, sont énormes comme plan, et leurs proportions sont colossales; si on veut errer à l'aventure, comme doit le faire tout voyageur, entrer sans honte ici et là, sous les grands porches, dans les cours, dans les casernes, pénétrer dans les jardins, en un mot, percer tous les mystères des rues et ruelles de la ville, on se trouve parfois écrasé par cette immense proportion des constructions, qui fait penser à certains de ces édifices romains du seizième et du dix-septième siècle qui ne sont plus en rapport avec l'être humain. Quelques palais simples de lignes ont la plus magnifique tournure, et leur beauté consiste beaucoup plus dans cette proportion énorme que dans le goût de l'ornementation ou sa richesse. Là vivent encore quelques-uns des représentants des grandes familles dont on lit les noms à chaque page des *Chroniques de Ravenne*. On m'a dit qu'il y avait à Ravenne un certain mouvement de société; mais je n'ai pas pu le constater : je n'ai pas vu le monde, les théâtres mêmes étaient fermés : ils sont assez beaux cependant ; mais on conçoit que Ravenne ne peut pas alimenter toute l'année une troupe dramatique ou lyrique. On allait inaugurer, sur la place de la Station, la statue de Farini, qui est un enfant du pays, et pour cette circonstance le théâtre devait ouvrir ses portes. Le seul casino de la ville, où j'ai été introduit avec la plus parfaite courtoisie par le comte Cesare Rasponi, et où j'ai rencontré une société fort restreinte, mais extrêmement choisie, consiste en une très-petite chambre au rez-de-chaussée, au fond d'un étroit couloir, et est desservi par le café voisin. Cette simplicité n'a rien qui doive étonner ; elle est même un des grands charmes de l'Italie, où on vit à la *buona*, et là elle faisait contraste avec la splendeur des noms historiques des hôtes. La haute distinction et la parfaite aisance des membres habituels du petit cénacle savent mettre à l'aise, dès la première heure, l'étranger de passage auquel on donne une marque d'estime en l'introduisant dans cette intimité.

A Ravenne, comme partout en Italie, le café joue un grand rôle, et celui de la place Majeure est très-suivi; les jours où la musique joue, la promenade est assez vivante : les officiers italiens, toujours bien tenus, d'une belle prestance, font la haie et assistent au défilé des groupes qui vont et viennent pendant une heure à peine. Les jeunes filles s'en vont en avant, trois par trois; on se salue ou on s'arrête : c'est là le spectacle qu'offrent la plupart des places italiennes, et il ne faut pas y insister : je ne sais quelle similitude d'aspect ou d'atmosphère m'a fait penser à une soirée passée dans les mêmes circonstances à une table de café de la petite ville dalmate de Sebenico.

Excepté à Loreto, où la mendicité est tout à fait une carrière qu'on se transmet de père en fils, je n'ai jamais vu autant de pauvres qu'à Ravenne. La ville, par son aspect extérieur, ne semble pas cependant comporter une telle pénurie : tout y est décent, propre et bien tenu. Il est vrai qu'il n'y existe que fort peu d'industrie et de commerce, et que le pays n'est pas agricole comme la Pouille et les Romagnes. L'étranger, littéralement assiégé, se munit de menue monnaie et fait chaque jour la part du pauvre ; mais on se demande comment cette partie de la population peut vivre sur le commun, si cette pénurie est aussi réelle qu'apparente. J'ai visité des hôpitaux civils et des *Case di ricovero* dotées de rentes et de legs accumulés où, en dehors de ces mendiants de la rue, on pourvoit encore aux besoins d'un grand nombre d'indigents.

Il y a deux hôtels à Ravenne : l'*Aquila d'oro* et *San Marco*. J'avais choisi le dernier. Peu de temps auparavant, l'empereur du Brésil y avait passé quelques jours, et déjà, suivant la mode italienne, on avait accroché dans l'escalier, à côté d'une suite de blasons de souverains, les armes du Brésil avec une inscription pompeuse faisant allusion aux rares mérites et à la science du noble visiteur. L'hôtel, malgré le grand concours d'étrangers qui se rendaient alors au Vatican pour le jubilé, était tout à fait vide, et je n'eus là pour toute compagnie qu'un Anglais, un parfait gentleman, que le garçon d'hôtel, qui me protégeait fort et m'expliquait l'histoire de la cité, s'obstinait à me présenter comme un amiral du plus haut renom. Comme je collectionnais des brochures, photographies et dessins, l'insulaire, lui, collectionnait des kilomètres : et il était si extraordinairement *entraîné* qu'il rentrait frais et dispos après des courses d'une longueur de quarante et cinquante kilomètres. Un soir, comme il était venu souper un peu tard et qu'il était parti dès la première heure, il m'avoua qu'il avait dépassé son maximum, et avait fait vingt lieues dans sa journée. Je rentrai en moi-même, j'eus quelque honte de mon indolence, et le lendemain je fis avec quelque effort une course de trois lieues dont je suis encore fier aujourd'hui.

A part les réunions du petit club et sa société sympathique, dont je voulus d'autant moins abuser que l'intimité était plus grande, les soirées ont été longues à Ravenne. J'errais longuement dans les rues; jamais je n'avais vu tant de perruquiers : le nombre en est tout à fait hors de proportion avec la population, et chaque boutique ressemble à un salon où chaque soir se réunissent les clients. Comme dans un club, on y épuise tous les sujets de conversation; de longs divans de cuir, disposés *ad hoc*, permettent aux assistants de se grouper, et l'artiste, debout, les ciseaux à la main, gesticule souvent avec effervescence, laissant là le patient pour allonger un argument sans réplique à un partisan de M. Nicotera ou du général Mezzacapo. Cette observation n'est pas neuve, car elle peut s'appliquer à la plus grande partie des villes de l'Italie et de l'Espagne méridionale; mais Ravenne est privilégiée de ce côté-là. Les officines des pharmaciens sont aussi des centres de réunion, comme dans nombre de villes du Nord; et quelques-unes de ces boutiques ont un certain caractère par la belle installation des boiseries des dix-septième et dix-huitième siècles, et par leur collection de vases de faïence sortis des anciennes fabriques de Faenza, de Pesaro et de Gubbio.

Si Ravenne offre assez peu de ressources à l'étranger habitué au séjour des grandes villes, la cité est d'un prodigieux attrait pour ceux qui s'intéressent aux choses historiques. Ce n'est pas trop de dire que dans ce colossal musée italien où chaque ville a son épopée, chaque pierre son souvenir et son enseignement, elle reste une des plus fécondes pour l'étude, car elle a joué un rôle politique qui lui constitue dans l'histoire une place à part à côté des cités les plus augustes, et elle apporte le témoignage de cette suprématie par ses monuments bien conservés et ses nombreux vestiges. On y rencontre à chaque pas les traces de la puissance des empereurs d'Occident et des rois goths, à cette époque intermédiaire qui prend place entre l'époque antique et le moyen âge.

Fondée d'abord par les Thessaliens, Ravenne fit partie de la Gaule cispadane, et devint sous les Romains un poste militaire d'une haute importance à cause de sa situation au bord de la mer et de son port de Classe, le premier qui s'ouvrit dans l'Adriatique de ce côté des rives de l'Éridan. Pendant quatre siècles rien ne troubla la sécurité des Romains, qui jouirent en paix du prix des grands travaux qu'ils avaient effectués dans le port; mais cette importance était toute militaire et non politique. Quelles sont les circonstances qui déterminèrent le choix des derniers Césars, et comment une ville ainsi isolée sur les bords de l'Adriatique fut-elle tout à coup choisie pour capitale de l'empire d'Occident? Rien n'est intéressant, selon nous, comme ces régions où les civilisations se superposent, où des races diverses s'établissent, fondent, embellissent, détruisent ou substituent leurs œuvres à celles des races qui les ont précédées. Avec quelque connaissance des styles, de l'épigraphie et de l'archéologie, on fait aisément la part de chaque domination, l'histoire s'éclaire d'une vive lumière, un voyage de plaisir devient un sérieux enseignement, car tout ce qui n'a qu'une valeur hypothétique, lu dans les chroniques et rapporté par les historiens, devient un article de foi indéniable s'il est attesté par un monument contemporain, pierre, marbre, bronze ou porphyre. Faisons donc de l'histoire animée, énonçons rapidement les faits, et, période par période, touchons du doigt les monuments contemporains en montrant les dessins que nous avons rapportés de ces rivages.

L'empereur Constantin, sur les derniers rivages de l'Europe, au point où elle confine avec l'Asie, a fondé la métropole qui porte son nom (*Constantinopolis*); et il y a transporté sa cour. Rome est détrônée et du même coup l'empire est profondément affaibli. Théodose est mort, laissant pour successeurs deux fils sans énergie, Arcadius et Honorius, qui permettent aux maîtres de la milice de gouverner l'État. Ils vont détruire de leurs propres mains l'ouvrage de leurs prédécesseurs et se partager l'empire : Arcadius aura l'Orient, Honorius l'Occident. L'armée est composée en grande partie de mercenaires habitués jusque-là aux largesses de ceux qui les commandent et au butin que leur ont laissé généreusement ceux qui savaient les mener à la victoire : les mercenaires visigoths se révoltent et, par acclamation, se donnent pour chef et pour roi le vaillant Alaric, qui envahit l'Italie et poursuit Honorius. Celui-ci croit trouver un sûr abri dans Ravenne, entourée de marais, protégée par deux fleuves, défendue par le port de Classe, où des flottes à l'ancre permettent de fuir vers la rive opposée, et Stilicon, son général, repousse l'invasion d'Alaric et va jusqu'à Florence au-devant de nouvelles hordes qu'il bat à outrance et qu'il disperse après avoir fait de nombreux prisonniers. Mais Stilicon paye de la mort les immenses services rendus au faible Honorius et Alaric relève la tête; il ravage encore l'Italie (408), entre à Rome et la met à feu et à sang, puis revient sur Ravenne, d'où il est encore repoussé. Il tente alors de faire la paix avec Honorius et n'y parvient pas; on le voit entrer une seconde fois dans Rome, y répandre la terreur, et passer les habitants au fil de l'épée. Cependant on a fait le vide autour de lui et son armée meurt de faim; comme il sait que la Sicile est le grenier de l'Italie, il y mène ses troupes; mais il y trouve la mort et son beau-frère Atolphe lui succède.

La propre sœur d'Honorius, Galla Placida, la fille de Théodose, captive du roi barbare, devient la femme du vainqueur épris de ses charmes. Honorius, lui, reste à Ravenne et ne s'occupe même plus de chasser les barbares d'Italie; il semble que l'armée romaine a cessé d'exister : toutes les folies du Bas-Empire et tous les forfaits déshonorent cette cour avilie; le poison, la trahison, les révoltes, le désordre et l'indiscipline sont à l'ordre du jour. Cependant il y a encore des hommes : un capitaine de l'armée d'Honorius, Constance, se révèle comme un soldat de génie; il devient généralissime, et l'empereur, qui s'abrite sous son épée, songe à lui donner en mariage sa propre sœur, cette Galla Placida, épouse du roi goth qui vient de mourir. La veuve du barbare abandonne Rome et entre à Ravenne au moment où Constance, de retour des Gaules, y vient jouir des honneurs du triomphe et d'un second consulat; bientôt l'union se consomme (417). Deux ans après naît Valentinien, auquel Placida, ambitieuse et habile, saura frayer un chemin au trône d'Occident malgré les intrigues d'Arcadius et de Théodose, empereurs d'Orient, qui, sachant leur frère sans enfants, espèrent, à sa mort, réunir encore une fois les deux empires. Constance, s'il ne fut pas souverain de droit, fut du moins associé au pouvoir : il ajoutait Auguste à son nom; il portait la pourpre et le diadème, et Galla Placida, fille d'empereur et femme d'un roi goth, était devenue l'épouse de ce vice-empereur. Ce second mariage dura peu de temps : Constance l'avait épousée l'an 417; il la laissa veuve pour la seconde fois en 421.

J'esquisse à très-grands traits, car l'histoire ne doit trouver sa place ici que comme le commentaire des monuments de la ville. Honorius gouverne pendant un long règne, il meurt en 423 ; Galla Placida réclame alors le trône impérial et l'obtient pour son fils après de longues compétitions. L'empereur d'Orient lui-même croit de son intérêt de confirmer le pouvoir aux mains de ses neveux. Galla Placida meurt à Rome en 450 et Valentinien III reste seul maître. En 455, le 27 mars, Pétronius Maximus, un sénateur dont il a outragé la femme, assassine l'empereur dans un soulèvement qu'il a fomenté, et se fait couronner à sa place. Maxime, tué à son tour, est remplacé par Avitus, bientôt déposé ; enfin, de 457 à 487, on voit se succéder Sévérien, Anterne, Olibrius, Glicerius, Julius Nepos, Oreste, Romulus et Augustule : tristes successeurs des Césars, et derniers empereurs d'Occident. Les barbares, qui depuis si longtemps déjà ravagent l'Italie, vont s'y fixer comme souverains, et Odoacre, dans cette forêt de Classe, aux portes de Ravenne, défait les troupes impériales, s'empare de la ville, y fixe sa résidence et de là commande à toute l'Italie. L'empire d'Occident a vécu, la période de la domination des barbares commence, avec Odoacre pour premier souverain.

II

Il est difficile de trouver dans Ravenne ou à ses portes des témoins authentiques de cette période romaine qui commence avec Auguste et finit avec Augustule. J'ai fait avec un cicerone aimable et érudit, le professeur Dato Marini, une excursion à Classe pour chercher la trace de ce grand port militaire des Romains, le second de l'empire (le premier était celui de Misène), où se réunissaient, au dire des historiens contemporains, deux cent cinquante vaisseaux de guerre qui pouvaient à un moment donné lever l'ancre et se diriger vers l'Épire, la Macédoine, l'Achaïe, la Propontide, le Pont, les îles de Crète et de Chypre, et enfin les colonies de l'Orient. On peut se figurer ce qu'était cette station navale, à la description circonstanciée qu'en a laissée Strabon ; mais à part l'emplacement exact du phare, décrit par Pline, en venant de la haute mer, on ne retrouve ni les arsenaux, ni les magasins, ni les casernes des troupes et le plan des grands établissements maritimes fondés par Auguste. Il y avait trois villes à l'embouchure du Ronco, le fleuve de Ravenne : Classis, Cæsarée et Ravenne qui, communiquant l'une avec l'autre, ne faisaient qu'un vaste ensemble défendu par des fossés profonds alimentés par le Ronco (alors le *Bedesis*), et augmenté des eaux du Pô, qu'Auguste y avait amenées par un canal qui traversait la ville et qui prenait le nom de *Fossa Augusti*. De tout cela il ne reste nulle trace ; le Ronco lui-même a été détourné de son cours, et comme les mouvements de terrain ont changé, que les lits anciens ont été comblés et les plaines creusées pour opposer des digues au débordement des deux fleuves, le Roncone et le Montone, il faut s'en tenir aux noms qui sont restés et qui perpétuent la tradition de l'existence en ces mêmes lieux des anciens établissements des Romains. Comment s'étonner, d'ailleurs, de ce que l'aspect de tout le pays ne soit plus le même, puisqu'on a constamment tendu à changer la nature de la ville et à solidifier son sol ? C'était au début de l'histoire, au dire de Strabon, une ville bâtie sur pilotis et traversée par des canaux ; la marée y montait à une grande hauteur comme dans la lagune. Déjà au sixième siècle, quand Jornandès décrit la ville, le port n'existe plus. « Au lieu où s'ouvrait ce port, dit-il, on voit de vastes jardins remplis d'arbres. » Le mouvement rétrograde de l'Adriatique a naturellement aussi modifié toute chose, et ce fait de l'atterrissement n'est pas nouveau, il est accompli déjà au sixième siècle, puisque Jornandès et Procope se confirment l'un l'autre et parlent des bas-fonds qui s'étendent à trente stades en plaine, obligeant les navigateurs à faire un très-grand circuit.

Il n'y a donc que la tradition qui nous puisse guider, et les descriptions de Strabon, de

Jornandès et de Procope ; mais si on veut des traces visibles et des témoins irréfutables, il faut déchiffrer quelques-unes des inscriptions réunies dans un des couloirs de la *Classense,* bibliothèque de Ravenne où nous entrerons à notre heure. C'est au milieu des constructions postérieures, engagées dans la masse architecturale à l'état d'éléments jouant leur rôle dans l'ensemble, sous la forme de colonnes, de chapiteaux, de bases, de fragments ornementés, qu'on peut reconnaître les restes épars des trois cités romaines, Classis, Cæsarée, Ravenne, comme nous avons pu reconnaître les restes d'Altino et ceux d'Aquilée détruites par les barbares, dans la basilique de Saint-Marc et dans le Lapidario aquilense de Trieste.

Deux monuments cependant, debout encore dans une solitude où ne s'élève pas une seule habitation, et respectés par ceux qui vont saccager Ravenne, indiquent nettement la place de *Classe :* c'est la grande basilique de San Apollinare in Classe, et la petite église de Santa Maria in Porto Fuori. La première s'élevait à Classis, une des trois villes détruites par Luitprand le Lombard en 738 ; la seconde, à Cæsarée. Ce sont bien là les témoins que nous cherchons ; mais comme nous nous attachons ici à suivre l'ordre chronologique, disons tout de suite que ces deux constructions religieuses sont postérieures à d'autres qui existent encore admirablement conservées dans l'enceinte de Ravenne ou qui ont subi moins de transformations.

Je prie le lecteur, avant d'aborder l'étude des monuments, d'observer un fait capital qui expliquera l'architecture et les arts de cette période, en même temps que la conservation d'un si grand nombre de constructions des Goths sur le sol italien.

Il y a eu *fusion* entre ceux qu'on appelle les *Barbares* et les Romains de la fin du cinquième siècle. Le mariage de la sœur d'un empereur d'Occident avec Atolphe, beau-frère d'Alaric, est déjà un fait qui le prouve ; de plus, Odoacre, le premier *Roi d'Italie* qui siége à Ravenne et supprime l'empire d'Occident, n'est pas un de ces conquérants venus de lointaines régions à la tête de ses hordes pour ravager un empire ; il est *commandant des gardes de Romulus Augustule,* le dernier empereur. Hérule ou Scythe de naissance, au lieu de mettre à mort celui auquel il enlève la couronne, il lui donne avec la liberté une terre en Campanie et une pension considérable. D'ailleurs, entre Attila et Odoacre il y a cette différence que l'un vient en conquérant farouche, tandis que l'autre pousse les soldats qu'il commande à déposer leur souverain, et se fait, par eux, décerner le pouvoir. De sorte qu'en lisant attentivement l'histoire, on en arrive à regarder ce fait énorme de la domination d'un barbare à Ravenne et la chute de l'empire d'Occident comme le résultat d'un véritable *pronunciamiento*.

A l'une des extrémités de la ville, enfermé par la muraille qui lui sert d'enceinte fortifiée (*Mura di Porta Serrata*), dans les jardins mêmes de l'ancien couvent de San Vitale, s'élève le *mausolée de l'impératrice Galla Placida,* monument construit par elle en 440, et aussi bien conservé qu'on peut l'espérer quand il s'agit d'une construction qui date de plus de quatorze siècles, et que sa petite proportion ne pouvait sauver de la rage des hommes et des outrages du temps.

On visite d'ordinaire la basilique de San Vitale avant d'entrer dans le tombeau de Placida ; le custode vous fait longer un mur étroit et pousse une porte qui donne dans un vaste enclos planté, qui servait de jardin au couvent. Avant de passer ce seuil, on voit à droite de la ruelle une église abandonnée, Santa Croce, fondée aussi par l'impératrice, mais reconstruite plusieurs fois de fond en comble depuis cette époque. Nous espérions trouver quelque fragment d'un intérêt archéologique dans Santa Croce ; mais elle n'offre véritablement plus aucune trace de sa curieuse origine. Un petit *pronaos,* dont on n'a découvert qu'en 1865 le plan et deux des colonnes, s'élevait autrefois en avant du mausolée de Placida et complétait le monument. Aujourd'hui on y entre de plain-pied ; la forme est celle d'une croix, les murs sont lisses, la voûte centrale à l'intersection est en anse de panier, celles des bras sont en berceau. De petites barbacanes étroites éclairent la partie supérieure ; au-dessous du bandeau d'autres fenêtres s'ouvraient qui permettaient à l'air et à la lumière de pénétrer ; mais entre le sol actuel et celui du pavement du cinquième siècle la différence est de *un mètre quarante-trois centimètres*, ce qui, naturellement, change complétement la proportion du monument. Le sol du pronaos était lui-même plus bas que celui de l'intérieur du tombeau de trente centimètres, afin sans doute d'éviter l'infiltration des eaux, qui est la plaie des monuments de Ravenne, situés souvent au-dessous du niveau de la mer.

Le sarcophage de l'impératrice est disposé dans le bras vertical de la croix, parallèlement au mur, mais il ne le touche point et on peut tourner tout autour. La face principale du sarcophage est cachée par un superbe autel d'albâtre oriental, maître-autel arraché à San Vitale, et qui supportait à ses quatre angles des colonnes de vert antique restées dans la basilique. Ce sarcophage est de très-haute proportion et d'une masse imposante ; il dépasse de beaucoup l'autel. Fruste aujourd'hui et relevé simplement par quatre petits frontons d'angle, il était autrefois couvert de lames d'or et des plus riches ornements ; mais déjà du temps d'Odoacre il en avait été dépouillé. Il reste encore aujourd'hui une tradition, justifiée par la proportion du tombeau, qui dit que le corps de l'impératrice, paré de ses vêtements royaux, reposait comme en une châsse, assis sur un trône, dans l'intérieur même du sarcophage : aux jours de San Nazario et de San Celso on venait en prière au tombeau, et c'était pour le peuple un spectacle de voir cette momie impériale, peinte, dorée et revêtue de bijoux, enfermée dans sa cella de porphyre. En 1577, un diacre imprudent aurait brûlé la relique en approchant un cierge ; mais sans accepter cette légende que nous raconte le custode, les péripéties de l'histoire de Ravenne au seizième siècle sont telles qu'il n'y a pas à s'étonner que la tombe soit vide aujourd'hui. Ce qui est plus curieux, c'est que la domination des Hérules et celle des Lombards aient laissé debout cette tombe, que la majesté de la mort et le souvenir de l'union de Placida avec un roi visigoth auront protégée sans doute.

A droite et à gauche deux autres sarcophages, massifs, mais d'un beau caractère qui rappelle encore l'art romain, renferment ou renfermaient les restes de l'empereur Honorius, frère de Galla Placida, et ceux de Valentinien III, son fils. Son second mari, Constance Auguste, repose à l'entrée dans un quatrième sarcophage plus fruste. Tous les murs, sans aucun relief ni moulures, sont ornés de magnifiques mosaïques figurant un voile semé d'étoiles et relevé dans la partie centrale de la voûte. De grandes figures de saints, des frises éclatantes, des fonds d'or et des combinaisons décoratives d'un luxe admirable font de ce tombeau, restauré il est vrai mais bien conservé cependant et pieusement et habilement entretenu, un véritable sanctuaire de l'art des premiers temps chrétiens. Le caractère de ce monument a certainement quelque chose de barbare, mais tout y est riche, ample et brillant ; le luxe de la matière est substitué à la pureté de la forme ; il n'y a plus rien de ce merveilleux goût des Grecs antiques et des Romains, leurs élèves, qui savaient tirer une Vénus d'une pierre inerte et sans valeur, et imprimer à une vile matière une forme exquise qui la rendait sacrée pour les générations. Cependant c'est encore de l'art, et, — ce qui nous touche, — c'est un art qui reflète une époque où les derniers Romains sont unis aux premiers rois barbares.

Indépendamment de sa valeur intrinsèque comme monument, ce tombeau de Galla Placida est important encore par son unité. C'est, aux premiers siècles de notre ère, le seul exemple peut-être d'un monument funèbre où sont réunis tous les membres d'une famille impériale, à deux pas du temple construit par l'un d'eux : comme à Constantinople les tombes impériales reposaient à deux pas de l'église des Saints-Apôtres. La vie de cette Galla Placida, fille femme et mère d'empereur, est à la fois un drame et un roman ; on nous permettra d'y revenir en face de sa tombe.

Venue de Constantinople à Rome, elle était deux fois de suite tombée aux mains des Visigoths qui l'avaient retenue prisonnière ; la seconde fois, elle était au pouvoir d'Atolphe, beau-frère d'Alaric et son successeur. Séduisante et noble dans sa démarche, elle fas-

TOMBEAU DE GALLA PLACIDA.

cina le roi barbare, qui lui offrit de l'épouser ; et elle introduisit dans cette cour d'Atolphe le luxe de l'Orient et les façons civilisées des cours romaines. Son mari mort à Rome, elle fut sollicitée par son propre frère de s'unir à Constance, général d'Honorius, associé à l'empire : le mariage s'étant effectué en 417, en 418 elle donna le jour, à Ravenne même, à une fille, Honoria, et, en 419, à un fils, Valentinien, qui devait succéder à son oncle Honorius. Pendant quelques années, Galla vécut à la cour de son frère dans une profonde union ; mais elle avait conservé une sorte de garde d'honneur de chefs barbares attachés à son mari

Atolphe, et, Constance étant mort, encore une fois veuve, elle s'entoura aussi des familiers de son second mari : ce qui porta ombrage à Honorius. L'empereur la chassa de Ravenne et la bannit d'Italie ; elle se réfugia alors à la cour de Constantinople, préparant ainsi, par un séjour auprès de l'empereur d'Orient, la confirmation de ses droits. Honorius mort, elle favorisa le clergé, qui prit parti pour elle, et, après bien des luttes, elle finit par voir son fils monter sur le trône sous le nom de Valentinien III, gardant pour elle la tutelle de ce prince, âgé de sept ans. Sa fille fut une courtisane royale, son fils un souverain sans énergie. Au milieu des débordements des barbares, affirmant le nom romain, elle représentait la civilisation, protégée qu'elle était par son rang, son caractère, son énergie, et le souvenir du beau-frère d'Alaric. Galla mourut à Rome en 450, le 27 novembre ; Valentinien, pour obéir au vœu de sa mère, fit embaumer son cadavre et ordonna de l'ensevelir dans le petit monument funèbre qu'elle avait élevé de son vivant. Nous sommes donc en face d'un monument qui appartient à la première moitié du cinquième siècle, et vraisemblablement élevé vers l'année 430.

Un autre monument existe, antérieur à celui-ci, et qui a la même origine ; mais il est tellement défiguré par la main des hommes, qu'on a peine à reconnaître la date de sa construction. Entre la strada Sant'Elia et celle des Teatini, nous nous arrêtons devant une construction de caractère religieux ; c'est l'enceinte d'un couvent dont la porte gothique, d'une grande richesse, donne accès dans une première cour : au fond s'élève la basilique de San Giovanni Evangelista, qui n'a pas de façade, et qu'on ne découvrirait point, si ce joli portail n'invitait le passant à pénétrer dans l'intérieur.

Le plan est celui de la basilique antique à trois nefs avec vingt-quatre colonnes d'origine romaine ; tout est fruste et badigeonné au lait de chaux ; mais quelques détails de chapiteaux et d'ornementation dénoncent la date de 420, et il n'y a point à douter que la basilique n'ait été fondée par l'impératrice. Dans une chapelle abandonnée, dont le custode va nous chercher la clef, nous reconnaissons sur les murs la représentation grossière, en mosaïque du commencement du cinquième siècle, de la scène de la tempête essuyée par Galla Placida dans le golfe Adriatique, alors luttant que, pour conquérir à son fils le royaume d'Honorius, et montée avec Valentinien et Honoria, ses enfants, sur les galères d'Ardabrerio, elle dut se réfugier dans une île de la Dalmatie, faisant vœu, si elle échappait au naufrage, de construire une basilique à saint Jean l'Évangéliste. La mosaïque est du plus haut intérêt pour l'histoire, parce que les inscriptions sont admirablement conservées ; mais le dessin est d'une sauvagerie sans pareille, et, en le comparant à celui des mosaïques du tombeau que nous venons de visiter, on s'étonne que le même siècle et la même ville aient pu produire deux œuvres aussi différentes. Le portail qui donne accès dans la cour a été construit à une époque où la tradition de la fondation était encore très-vivante, car les artistes de la fin du treizième ou du commencement du quatorzième siècle qui l'ont orné de revêtements de marbre, y ont sculpté aussi la scène de la tempête, attestée par tous les historiens et confirmée par ces représentations plastiques. A gauche, en sortant, s'ouvre un autre portail auquel le premier est relié par un mur : c'est l'entrée du cloître ; le long des murs, assis sur des bancs, je vois nombre de vieillards qui attendent l'heure de la visite des médecins et la distribution des secours. Là s'élève l'ancien couvent, entouré encore de grands jardins, et transformé aujourd'hui en hôpital.

III

Le règne d'Odoacre, ou plutôt le gouvernement des mercenaires, ne dure que dix-sept ans (476-493). Quatorze ans après le couronnement du chef barbare comme roi, Théodoric, chef des Ostrogoths, entre en Italie avec le consentement de Zénon, empereur d'Orient, et entreprend la conquête du royaume d'Odoacre. Il met trois ans à s'emparer de Ravenne, il la domine enfin et y règne en 493. C'est la période gothique, qui va durer jusqu'en 553, c'est-à-dire pendant soixante ans seulement. La dynastie des rois goths comptera huit rois dont on sait à peine les noms, à part ceux d'Alaric, de Vitigès et de Totila. Tous résideront à Ravenne, et le chef de cette dynastie nouvelle des rois barbares d'Italie laissera une telle empreinte dans la ville, qu'on l'appelle encore parfois la cité de Théodoric.

De Théodoric nous avons, à Ravenne, trois souvenirs palpables, trois témoignages encore debout : son nom rayonne d'un vif éclat dans cette cité où ses successeurs les Lombards fonderont une dynastie qui durera plus de deux siècles sans parvenir à effacer la trace du passage des Ostrogoths. Nous avons d'abord le portique de la place principale, la *Piazza Maggiore*, dont les arcs surbaissés forment le fond de notre dessin. Au siècle dernier, huit colonnes de granit formaient là sept arcs d'un beau caractère ; mais quelque légat pontifical, jaloux de doter la ville d'un palais qui servît de résidence au gouvernement, a jeté bas les trois premiers. Ces arcs remplissaient probablement l'office des portiques des forums romains ; c'était l'expression des usages romains traduits en langue gothique avec des formes empruntées à l'art grec, et qui faisaient pressentir l'époque des Byzantins. Théodoric pouvait facilement devancer les Grecs, puisqu'il avait vécu à Constantinople, et que ce barbare de génie avait emprunté à Byzance son luxe, le goût de ses artistes, et même ses architectes qu'il allait employer à Ravenne. Le dernier arc sur la droite, celui qui sert d'appui à l'angle de la façade de la maison municipale, est d'un plan oblique ; il donne accès à la rue qui mène au bourg par la porte Sisi ; mais du temps de Théodoric la foule se rendait par cette voie au temple d'Hercule, restauré par ce roi goth, qui conservait les monuments romains au lieu de les détruire. Le monogramme de Théodoric se lit dans les chapiteaux sculptés à grand relief, et de riches frises pourtournent la partie extérieure de l'arc, encore bien conservé, mais dont les ornements sont alourdis par les badigeons successifs.

Le Palais de Théodoric existe aussi, mais ce qu'on donne pour la construction elle-même n'en représentait que les abords, les *aranées* (*aranzi del palazzo*). Converti en couvent par les Franciscains, ce palais occupe l'angle de la voie qui conduit à la porte Alberoni, où s'étendent d'immenses vergers, sur lesquels donnent le couvent de San Giovanni Evangelista, l'église de San Apollinare Nuovo et les Franciscains. Ces jardins recouvrent de leur sol actuel les restes du plan, qui devait être immense. Si le voyageur s'en tient à ce qu'il voit, c'est-à-dire à ce que nous donnons ici, un mur assez banal avec huit petites colonnes antiques en façade sur le Corso Garibaldi, juste en face du palais du sympathique comte Cesare Rasponi, notre consul à Ravenne, il éprouvera certainement une déception. L'archéologue cependant peut suivre le périmètre, retrouver çà et là des traces de la riche mosaïque du pavement, et se rendre compte des destructions opérées par les moines. D'ailleurs Charlemagne, lorsqu'il entra à Ravenne, enleva les marbres précieux et les ornements et les transporta en France ; plus tard, en 1500, sous la domination vénitienne, on encastra dans le mur une magnifique vasque de porphyre, baignoire de quelque therme ou palais des Romains, et les provéditeurs de Venise (ce qui est inexcusable chez des patriciens de la Renaissance), la considérant comme le sarcophage de Théodoric, propagèrent cette erreur et la couvrirent de l'autorité de leur nom par une inscription qu'on lit encore sur la partie droite de la façade, au-dessous de la vasque.

La plupart des églises élevées par Théodoric ont vu ses successeurs substituer des constructions nouvelles à celles qu'il avait consacrées à ses saints de prédilection : mais le monument unique qui lègue son nom à la postérité, c'est celui qu'on désigne aujourd'hui sous le nom de *Santa Maria della Rotonda*, et qui n'est autre chose que le Tombeau de Théodoric.

Ce monument s'élève dans un verger, à quelques centaines de mètres du port ou *darsena*, perpendiculairement à la voie ferrée qui mène à Castelbolognese ; il est isolé dans les champs, et le niveau du sol a tellement changé, qu'au lieu de dominer la plaine, malgré sa hauteur, il disparaît presque caché par les arbres fruitiers qui ont poussé çà et là. Il est aujourd'hui au fond d'une cuvette ; on s'appuie à une balustrade pour regarder la fosse du sol de son rez-de-chaussée, et, pour comble de malheur, des restaurations peu intelligentes l'ont défiguré. Il fallait creuser le sol autour de la tombe sur un pourtour de cinquante mètres de diamètre, et arriver par des pentes au sol du rez-de-chaussée. Quant aux deux contre-forts qu'on voit dans le dessin, ils semblent faits autant pour servir d'accès à la partie supérieure que pour retenir une masse architecturale qui tiendrait par son propre poids et sans ce secours. Une simple tige de fer portant les marches aurait suffi et n'eût pas changé les lignes de l'architecture.

Le plan intérieur est circulaire ; le plan extérieur offre la forme d'un décagone régulier : dix arcs dentelés correspondant à chacune des faces supportent une saillie de la partie supérieure vide aussi à l'intérieur, mais où on a rapporté dans le fond un autel du quinzième siècle, en pratiquant une ouverture dans une des faces du décagone pour laisser entrer la lumière. La coupole qui forme la toiture est la partie importante au point de vue architectural : elle est formée d'un monolithe qui, par sa masse, rappelle les prodigieuses constructions égyptiennes. Il mesure plus de dix mètres de diamètre, et pèse plusieurs milliers de kilogrammes. On se demande par quel moyen de telles masses pouvaient être mises en œuvre à une telle hauteur sans le secours des puissantes machines inventées de nos jours, et quelles carrières les pouvaient fournir. C'est de l'Istrie sans doute, sur la rive opposée, qu'on a dû tirer cette pierre, dont le cube, avant le déchet de la taille, devait présenter une masse beaucoup plus considérable. Le document historique contemporain qui établit l'authenticité de cette tombe (*Anonymo Valeriano*) ne laisse subsister aucun doute. « Rex Teodoricus fecit sibi monumentum ex lapide quadrato et *saxum ingentem* quem superponeret inquisivit. » Nous sommes en face du *saxum ingentem*.

L'échelle du dessin ne permet pas de juger de la recherche qu'on a apportée à la décoration. D'abord, l'appareil de l'arc d'entrée, et de ceux qui lui correspondent à chacune des faces du décagone, est extrêmement intéressant ; chacune des pierres de l'arc est taillée à *dent de scie*, et toutes s'emboîtent l'une dans l'autre ; ensuite, à l'étage supérieur, chacune de ces faces portait autrefois une série de colonnettes supportées sur des consoles engagées et destinées à former sur chaque partie du décagone une petite voûte abritant quelque appendice décoratif autour du balcon. Enfin, une frise très-riche règne au pourtour du monolithe et couronne le monument. Ce couvercle colossal est taillé de telle sorte qu'à tous les angles du polygone qu'offre le pourtour, à l'extrados, on a dégagé de la masse un petit fronton circulaire sur lequel on lit le nom d'un des apôtres. Ce dessin de la frise est tout à fait oriental de goût, et nous signalerons tout à l'heure une analogie, qui n'étonnera personne, entre les formes ornementales du dessin et celles employées dans une armure trouvée à quelques pas dans le champ.

Où était le sarcophage ? On a supposé qu'il était placé à l'extérieur, sur la coupole même, et cette hypothèse a été suggérée par cette circonstance qu'on a laissé au centre même de la coupole extérieure une saillie qui forme un piédestal et semble attendre un couronnement. Quelques-uns ont même admis pendant un certain temps que l'urne ou vasque de porphyre encastrée dans la muraille du palais de Théodoric reposait là, au sommet, et contenait les cendres. Cette hypothèse n'est même pas discutable. Comme la partie inférieure du tombeau porte sculptée à l'intérieur la croix grecque, il en faut conclure que c'est là que devait reposer le sarcophage, qui n'est peut-être pas encore détruit, et qui pourrait bien être dans quelque musée à l'état anonyme ; dans ce cas-là l'épigraphie ne peut le restituer à Théodoric, faute d'inscriptions ou d'emblèmes. On dit souvent que dans la construction de son tombeau Théodoric s'était inspiré de la forme du tombeau d'Adrien ; mais la proportion du célèbre môle est si imposante à côté de la *Rotonda*, qu'il faut renoncer à la comparaison.

Les autorités de Ravenne et la commission actuelle des monuments, auxquels il faut rendre hommage pour le soin qu'ils apportent dans la conservation des restes antiques de la ville, ont fait les plus grands efforts pour protéger la *rotonda* contre l'envahissement des eaux ; mais si on considère que le monument est dans un trou et que le sol du rez-de-chaussée est plus bas que

RESTES DU PALAIS DE THÉODORIC, A RAVENNE.

la marée moyenne, on comprendra qu'à certains jours l'eau triomphe de tous les obstacles qu'on lui oppose, grès de Sile, ciment de Bergame ou Portland.

Théodoric mort en 526, sa fille Amalasonte, accomplissant la volonté de son père, fit porter ses restes dans le monument qu'il avait préparé. Son règne avait été glorieux et utile ; il avait protégé les lettres et les arts et donné de sages lois. Ravenne, sous lui, avait recouvré le calme et la splendeur et, par un prodige de souplesse, ce souverain barbare était arrivé à une fusion du peuple conquérant et du peuple conquis. Quatorze années après, sous le règne de Théodat et d'Amalasonte, les dissensions qui éclatèrent entre la fille de Théodoric et son neveu eurent pour résultat l'exil d'Amalasonte dans l'île de Bolsena, puis son meurtre par son propre parent. Justinien, empereur d'Orient, s'armant de ce prétexte, déclare la guerre aux Ostrogoths ; Bélisaire, son général, assiége Ravenne ; Théodat, déposé par ses soldats, est remplacé par Vitigès, mais c'en est fait de la domination des Ostrogoths : Ravenne est prise en 540, les Goths en sont chassés, une colonie italienne vient peupler la ville, et sous la domination des empereurs d'Orient commence cette forme de gouvernement qui a pris dans l'histoire le nom d'*Exarchat*.

IV

Indiquons en quelques lignes la situation de Ravenne sous l'exarchat avant de visiter dans la ville les monuments qui sont contemporains de cette période. Ravenne, prise en 540 par Bélisaire, est devenue grecque. L'Italie ne forme plus un royaume; les Vénitiens au nord se sont déjà constitués; les Lombards, appelés en Italie par Narsès, général et gouverneur des Grecs, vont régner depuis les Alpes jusqu'à l'entrée de la campagne romaine, prenant Pavie pour capitale, et fondant une dynastie qui durera deux cent six ans; Rome devient un duché, qui reste fidèle aux empereurs d'Orient.

Ravenne n'est donc plus la capitale d'un grand royaume plus ou moins uni. Il n'y a plus à vrai dire de roi d'Italie, malgré la suprématie des Lombards. Ravenne est le siége d'un exarque, vicaire impérial, gouverneur envoyé par l'empereur d'Orient, qui a la haute main sur le territoire de l'exarchat, sur la pentapole de Romagne (composée des *Légations* qui existaient encore récemment) et sur les villes situées au rivage depuis les bouches du Pô jusqu'à Ancône, Rimini, Pesaro, Fano, etc. Au-dessous, dans la région que nous allons visiter tout à l'heure, celle qui forme l'Italie méridionale, dans la Calabre, les Grecs gouvernent encore; enfin un prince lombard presque indépendant des rois de sa nation, s'est établi au centre des provinces qui forment aujourd'hui le royaume de Naples et prend le titre de duc de Bénévent.

C'est une possession extrêmement contestée. Dans la première période de la domination grecque, Narsès ayant appelé les Lombards, ceux-ci établis désormais en Italie viennent rançonner, piller, faire des tentatives de domination. Tout le champ autour de Ravenne a vu des combats, Classe et Césarée sont constamment menacées; un duc de Spolète, chef lombard, s'empare du château fort de Classe, un exarque le reprend, on achète la paix, on paye des tributs, — trois cents livres d'or payées annuellement au roi lombard par la caisse de l'État; — mais malgré tant de péripéties et un pouvoir aussi contesté Ravenne garde sa suprématie politique avec la forme de son gouvernement sous *dix-huit* exarques, depuis la conquête de Bélisaire en 540 jusqu'à la domination d'Astolphe, roi des Lombards en 749.

C'est donc deux siècles de période byzantine, et c'est pendant ces deux siècles-là que Ravenne prend ce cachet byzantin qu'elle a gardé, au dire des écrivains les plus autorisés, à un degré plus haut que Constantinople elle-même. L'écrivain érudit auquel les guides de tous les pays ont emprunté les éléments de leurs descriptions, M. Noël des Vergers, est de cet avis, et après lui tous les écrivains et voyageurs qui ont décrit Ravenne; mais il faut s'entendre à ce sujet. Si on veut parler de ce cachet d'unité, de ce caractère constant, conséquent, indéniable, dont une ville est imprégnée parce qu'à chaque pas, ses rues, ses places, ses maisons, l'air même qu'on y respire, exhalent, si on ose parler ainsi, le parfum d'un temps ou d'une époque, comme par exemple Moscou, Grenade, Cordoue, Tolède, Venise, Sienne, Nuremberg, Bologne (pour un tout autre temps, mais à un degré extrêmement marqué), non! Ravenne ne les possède pas; et si la ville a un caractère, elle est italienne et non pas byzantine. A part sa place Majeure, toute vénitienne, la rue y est droite, large, blanche, claire, régulière, moderne, bien percée après tout et d'une allure qui n'a rien de sombre, de grave et de triste comme il conviendrait à une cité qu'on appelle tour à tour la *cité de Théodoric*, la *cité byzantine* ou la *vieille cité lombarde*. Les dénominations mêmes sont devenues banales, et elles sont ce que dans la langue moderne on appelle un *cliché*. Mais si on est artiste, historien, archéologue; si on cherche l'âme des choses, si on pénètre dans leur intimité; si surtout on fait ce que nous faisons en ce moment, c'est-à-dire si on demande aux pierres leur histoire et leur secret, en classant par âge, par époque, par domination, Ravenne reste une ville extraordinaire, et nulle déception n'attend le voyageur. Derrière les

SANTA MARIA DELLA ROTONDA : TOMBEAU DE THÉODORIC.

façades en briques frustes, sans ornements et sans revêtements, comme les églises de Milan et un grand nombre de celles de Florence, on trouve les traces évidentes du passage de chaque génération.

Je ne range la cathédrale de Ravenne (*la basilica Ursiana*) dans aucune des catégories historiques : elle a, il est vrai, été élevée au quatrième siècle, par saint Ursus, évêque de Ravenne, et sa forme rappelait celle de Saint-Martin de Rome, mais il faut presque croire l'historien Agnello sur parole, car en 1734 l'église, extrêmement riche, et tout à fait splendide, a été entièrement refaite, et dès le onzième siècle son type primitif était profondément altéré. Une vierge en mosaïque encastrée dans le mur de la chapelle de Saint-Pierre Chrysologue, quelques fragments du parement, deux ambons et une merveilleuse chaire en ivoire sculpté du plus étonnant travail, datant du sixième siècle et ayant appartenu à l'évêque saint Maximien, un crucifix d'argent de la même époque outrageusement refait, un cycle pascal, sorte de calendrier destiné à indiquer le jour de Pâques depuis l'année 532 jusqu'à 626 ; et enfin des morceaux de bois de vigne d'une grande largeur réappliqués sur la porte moderne : voilà tout ce qui reste de l'église primitive. En 1867 on a mis à jour la crypte, mais comme elle était constamment sous l'eau, on en a de nouveau muré l'entrée.

Je n'en dirai pas autant du baptistère de la cathédrale (*battistero della basilica Ursiana*), qu'on appelle aujourd'hui San Giovanni in Fonte, et qui s'élève à quelques pas de là. Sous Galla Placida on le restaurait déjà ; qu'on juge donc de son antiquité. Il est de forme octogonale, décoré de deux rangées d'arcades superposées dont les colonnes sont de diamètres différents, avec des chapiteaux variés. Une seule coupole le recouvre, ornée de la base au sommet d'admirables mosaïques du sixième siècle. Au milieu même s'élève la piscine formée de marbres grecs, et de porphyre d'énorme dimension. On y baptisait par immersion. Quatre belles inscriptions sont restées à peu près intactes : ce sont des versets faisant allusion au miracle de Jésus marchant sur les eaux. Je ne veux pas m'appesantir sur un monument dont je ne donne pas le dessin, mais tout ce que je connais en mosaïques des premiers siècles est dépassé et, malgré des additions faites par des évêques peu soucieux des choses de l'art, et surtout malgré une différence de *trois mètres* en plus entre le plan antique et le plan actuel, ce qui ne peut que défigurer complétement l'édifice — dont les bases restent ensevelies à plusieurs mètres de profondeur sous le pavement actuel — le baptistère de la basilique est un admirable monument, où on peut lire sans conteste le monogramme en mosaïque de l'évêque Néon qui vivait dans le premier quart du cinquième siècle. Indiquons encore pour mémoire un petit sanctuaire exquis servant de chapelle privée au palais archiépiscopal et construit par saint Pierre Chrysologue, évêque de Ravenne, où des mosaïques de 450 sont admirablement conservées. On a réuni là dans un petit lapidaire un grand nombre d'inscriptions païennes des premiers temps chrétiens, dont le texte a été publié par Buonamici et le Spreti ; elles jettent pour la plupart une grande lumière sur les origines de Ravenne.

V

Trois des monuments les plus considérables de Ravenne, monuments célèbres dans le monde entier, la basilique de San Vitale, celle de Saint-Apollinaire et celle de Saint-Apollinaire in Classe, représentent avec la plus haute majesté la trace qu'ont laissée, de 540 à 749, les empereurs d'Orient représentés par les exarques.

Pas plus que les monuments du temps d'Auguste, ou ceux du temps de Dioclétien que nous avons rencontrés sur les côtes de Dalmatie, ceux-ci ne s'offrent au voyageur dans leur entière conservation ; loin de là : le plus ancien des trois, San Apollinare Nuovo, auquel on a donné ce nom pour le distinguer de l'église dédiée au même saint, qui s'élève hors les murs de la ville, à Classe, doit son origine à Théodoric ; mais il a été renouvelé depuis, considérablement augmenté et changé dans son caractère par les empereurs d'Orient et les exarques. Un historien du neuvième siècle qui fait foi pour l'histoire de Ravenne, Agnello, dit que de son temps on lisait sur la tribune : *Theodoricus Rex hanc Ecclesiam a fundamentis in nomine Domini Jesu Christi fecit*. Saint-Apollinaire s'élève à deux pas du palais de Théodoric, dans le *corso Garibaldi*, et on peut supposer que sous les rois goths l'église devait être consacrée au service de la cour et du souverain. D'ailleurs il est certain que le grand changement opéré au sixième

INTÉRIEUR DE SAN APOLLINARE NUOVO.

siècle l'a été à l'occasion de la consécration au culte catholique par l'évêque Agnello. Jusquelà le monument appartenait au culte arien, et dans ce temps-là il était sous l'invocation de saint Martin; à ce nom de *San Martino* on a ajouté *In cœlo aureo*, parce que le plafond, carré comme celui des basiliques, était orné de caissons dorés, restaurés depuis, et qui sont d'une extraordinaire richesse.

Toutes ces basiliques, à part San Vitale, étant construites sur le même plan, je ne m'attarderai pas à les décrire minutieusement. On en connaît les éléments : trois nefs séparées par des colonnes; la nef centrale très-large, les deux autres beaucoup plus étroites. La plupart du temps les colonnes sont enlevées aux anciens temples romains, et c'est le cas pour toutes les basiliques de Ravenne. Ici les colonnes, au nombre de vingt-quatre, sont en marbre grec veiné. Au-dessus de l'ordre d'architecture se déroulent deux processions de martyrs, exécutées en mosaïque du sixième siècle. Ces figures, plus grandes que nature, se dirigent toutes vers le cul-de-four de l'autel, où sont représentés le Christ, la Vierge et les prophètes. D'un côté sont les saints, de l'autre les saintes, selon l'ordre du rite primitif chrétien où, dans les basiliques, les hommes occupaient la droite (*a parte virorum*) et les femmes la gauche (*a parte mulierum*). Il faut remarquer que la procession de droite sort d'un palais représenté aussi en mosaïque, et dont on peut reconnaître jusqu'à un certain point le parti pris architectural. Ceux qui connaissent à Saint-Vincent de Paul de Paris les frises peintes par Hippolyte Flandrin, auront une idée complète de la disposition de cette superbe décoration qui a servi de type à tous les peintres religieux. Les figures portent des palmes et des couronnes comme celles de Saint-Vincent ; elles sont à la fois vivantes, réelles et monumentales, grandioses d'aspect par le geste hiératique qu'affectent ces représentations peintes des premiers temps chrétiens : c'est déjà une renaissance. Depuis l'antiquité dont le souvenir s'est effacé, jusqu'au réveil de l'art en Italie, jusqu'aux primitifs touchants et pleins de foi qui succéderont à Cimabue et à Giotto, on ne verra rien de semblable ; plus tard la lumière se fera encore une fois dans l'art, mais au neuvième et au dixième siècle c'est l'âge de fer de la peinture. La date précise de ces belles œuvres est 560 ; l'évêque Agnello les a fait exécuter, il a consacré et son temps et le règne, et n'a pas oublié de dire à la postérité la part qu'il a prise à cette magnifique œuvre. A droite de la porte principale, à l'endroit où la frise se retourne sur le mur d'entrée, il avait fait représenter sa propre image ; à gauche on voyait celle de l'empereur Justinien. Quelque évêque des temps passés — un saint homme peut-être, mais un dernier iconoclaste oublié par le temps dans cette ville des iconoclastes — a détruit toute cette partie pour y appuyer des orgues. Le portrait de Justinien a cependant été conservé. Dans une petite chapelle à gauche du maître-autel, chapelle consacrée à saint Apollinaire, et où on a cru longtemps qu'était son tombeau, le Justinien a été encastré, avec des *formelle* en marbre byzantin de la plus grande richesse, représentant, comme celles de Saint-Marc de Venise prises à Altino et à Aquilée, des paons qui boivent dans des coupes. Les murs de ce petit sanctuaire sont ornés aussi de grands revêtements de porphyre antique pris çà et là ; j'y ai admiré une chaise épiscopale du cinquième siècle qui fait penser à celle de Saint-Pierre et devait venir du *presbyterium* primitif.

Nous avons eu pour compagnon dans cette visite à Saint-Apollinaire, à Classe et à San Vitale le professeur Dato Marini, le plus obligeant des cicerone. Il nous fit remarquer que les colonnes n'ont pas de base, et qu'elles sont enfoncées dans le sol à une assez grande profondeur. Le quinzième siècle a marqué sa trace en faisant une belle façade à la basilique et en y élevant une tour de brique ronde, d'un beau caractère. La porte principale est peut-être romaine, et pour sûr un portique carré s'élevait en avant. Un curieux détail à ne pas oublier, c'est que les Sarrasins, autres envahisseurs qui vont fondre sur l'Italie, ayant volé au neuvième siècle les vases sacrés de Saint-Apollinaire in Classe, l'archevêque Jean prit deux corps de saints dans l'église hors les murs, les transféra à San Martino et répandit le bruit que désormais les restes de saint Apollinaire reposaient dans la ville à l'abri des incursions. On fit une chapelle spéciale, on y mit l'un des corps, et l'église changea de nom pour prendre celui du saint. Ce nom, elle le garde encore aujourd'hui, mais le cardinal Hildebrand Grassi, en 1173, retrouva le corps à sa place dans la basilique de Classe, et la supercherie fut découverte. Le pieux évêque aura voulu protéger à la fois les deux églises, celle hors les murs, en faisant croire que saint Apollinaire n'y reposait plus, et celle de Ravenne, en laissant croire qu'elle était devenue plus sacrée par la présence de cette nouvelle relique.

VI

Il faut sortir de la ville par la Porta Nuova, traverser le bourg et s'engager sur la voie Romea pour aller visiter la basilique de Classe. On passe d'abord le Ronco et le Montone sur un beau pont; puis la plaine commence, semée surtout de froment; à mesure qu'on avance vers la mer le sol devient marécageux, tout en rizières qui présentent leurs fonds boueux ou couverts de petits joncs. Cette route est celle qui mène à Rimini, dont on aperçoit à droite les horizons bleus fermés par les hautes montagnes de Saint-Marin; le pays est plat, mais il a son caractère; de chaque côté du chemin coulent deux étroits canaux bordés d'iris jaunes, et dont les eaux sont littéralement cachées par les larges feuilles vertes des nénuphars aux blancs calices piqués d'or. De temps en temps s'élève une cabane couverte en chaume, simple abri pour les paysans des rizières, et un pin parasol isolé rompt la monotonie de la ligne; à gauche, une longue ligne sombre ferme tout l'horizon depuis les portes de Ravenne jusqu'à la mer : c'est la Pineta, la célèbre forêt illustrée par Dante. Enfin, à cinq kilomètres de la ville, dans un champ à gauche de la route et à cent mètres, s'élève la basilique de Classe, dernier vestige de la ville romaine de *Classis*, ou plutôt du district de Classis, détruit de fond en comble en 728 par Luitprand le Lombard.

La basilique a été consacrée dans les dix premières années de la conquête des Grecs. L'inscription de la fondation et celle de la consécration existent encore : *Julianus Argentarius* l'a *ornée* et *dédiée;* saint Maximien l'a *consacrée* en 549. On a bâti un couvent à droite de la façade, défigurée et dépouillée de son portique primitif; Sigismond Malatesta de Rimini, fils de Pandolphe, qui voulait consacrer à Dieu ce magnifique *Tempio Malatestiano* que nous visiterons à Rimini, a enlevé les marbres des revêtements pour en orner la superbe façade de son église (1450).

Le lieu est absolument désert et il semble qu'il ne se peuplera jamais; mais si on sonne la cloche à la porte du couvent abandonné, le custode vient ouvrir les portes du temple, et en même temps, de derrière la haie d'un verger, sort une jolie petite fille effarée qui tend au voyageur un gros bouquet de fleurs de nénuphar.

L'aspect général est celui de San Apollinare Nuovo, mais avec plus d'ampleur; en y entrant nous avons pensé à Saint-Paul-hors-les-murs de Rome. Le système d'ornementation est aussi celui décrit à San Apollinare Nuovo; seulement, au lieu d'une Procession, la frise contient une série de médaillons en mosaïque représentant les évêques, et dans la demi-coupole au-dessus du maître-autel se déroulent des scènes de l'Écriture : les Sacrifices d'Abel, de Melchisédech et d'Abraham, et la consécration et dotation de l'église par Constantin. Une crypte contient la tombe de saint Apollinaire, avec de belles inscriptions du quinzième siècle. Au centre même de l'église s'élève un petit autel antique dédié à la Vierge par saint Maximien, et le long des murs des deux petites nefs, une série de magnifiques sarcophages du sixième, du septième et du huitième siècle contiennent les restes des archevêques de Ravenne, qualifiés dans les inscriptions de *sanctissimi ac ter beatissimi*.

Le quinzième et le seizième siècle ont laissé là leurs traces en des morceaux de sculpture

BASILIQUE DE SAN APOLLINARE IN CLASSE.

d'une si extraordinaire perfection, que nous nous sommes demandé s'ils appartenaient à la plus belle époque de la Grèce ou à la renaissance italienne ; et l'art byzantin y est représenté par un baldaquin d'autel du neuvième siècle, placé dans un angle, qui est un des plus admirables spécimens qui existent. Le voyageur s'arrête aussi avec émotion devant une large inscription en caractères du quinzième siècle, sur une grande plaque de marbre encastrée dans la basse nef de gauche, qui rappelle que l'empereur d'Allemagne et de l'Occident, Othon III, en l'an 1001, vint ici pieds nus pour faire pénitence. Cet empereur de vingt ans, déjà souillé de crimes, qui avait torturé l'évêque de Plaisance, Jean XVI, le mutilant avec férocité, fait trancher la tête de Crescentius assiégé dans le môle d'Adrien, dont il s'était engagé sur sa parole royale à respecter la vie s'il se rendait, avait sans doute été pris de remords, et parcourait en humble pèlerin les sanctuaires d'Italie; nous avons trouvé sa trace plus bas, au Monte Gargano, en cette même année 1001. Plus tard, comme il était revenu malade de ce pèlerinage, Stéphanie, la veuve

CLOITRE DE SAN VITALE.

de sa victime Crescentius, superbe encore sous ses habits de deuil, se présenta à lui comme un habile médecin, lui prescrivit de s'envelopper dans une peau de cerf empoisonnée, tunique de Nessus dans laquelle il expira à vingt-deux ans, au milieu des plus atroces douleurs, à Paterno, près Citta Castellana.

VII

En entrant dans le jardin fermé d'un portone qui conduit à San Vitale, on croirait qu'on va visiter quelque couvent de Venise ou de Pavie, ou quelque cloître de l'époque de San Marco de Florence, tellement les additions successives des générations qui se sont succédé ont défi-

INTÉRIEUR DE LA BASILIQUE DE SAN VITALE.

guré le monument byzantin qui sert de type dans tout l'Occident, et qu'on oppose à Sainte-Sophie de Constantinople. Si elle n'a plus en aucune façon son cachet primitif, l'entrée n'en est pas moins d'un pittoresque charmant. A l'une des extrémités de la ville, à deux pas du bastion et à l'un des angles de l'enceinte qui protége un vaste ensemble de constructions religieuses converties aujourd'hui en caserne, on franchit le portone. Une sorte de square moderne précède ; à gauche s'élève un grand pignon du couvent, avec un petit portique exquis de la plus belle époque de l'art vénitien, sous lequel, par une chaleur de trente-cinq degrés, la femme et la fille du custode travaillent à l'ombre. La porte de la basilique est au fond, dans un coin, sans façade et tout à fait engagée dans la masse. Dès qu'on a franchi le seuil, malgré les restaurations, les additions, les suppressions, les autels rococo ou Renaissance, et les *affreschi* peints avec une *maestria* qui méritait une place plus opportune, par des artistes des siècles derniers, successeurs du Guide et prédécesseurs des décorateurs habiles de la décadence, malgré la différence entre le sol antique et le sol moderne, l'intérêt qu'offre l'édifice est considérable, et c'est un problème qui a son charme que de restituer à chaque siècle sa part dans les changements accomplis. Ici nous ne sommes plus en face de la basilique antique à trois nefs qui s'inspire directement du temple païen des Grecs et des Romains : c'est la basilique orientale, à plan octogone et à coupole centrale reposant sur des piliers faisant tout autour galerie circulaire, avec tribunes à l'étage supérieur pour les dignitaires de l'empire. Même dans ces tribunes la division des sexes est toujours observée. Il faut remarquer que l'entrée principale est fermée ; ce jardin qui précède, que nous avons traversé en entrant, donne accès par un des côtés de l'octogone qui était clos dans le plan primitif.

Sous cette décoration toute moderne, avec ses fresques ronflantes et ses trompe-l'œil d'architecture, tout est byzantin. La coupole, autrefois couverte de mosaïques avec des monogrammes entre chaque arc des tribunes, est même formée de vases de terre cuite, des amphores emboîtées les unes dans les autres. — C'est d'ailleurs notre système moderne des briques creuses. — Il n'y a plus trace de l'art romain dans le plan ; si on trouve quelques éléments antiques, ce sont des fragments enlevés à des temples, appropriés ou encastrés dans les murs. Dans les basiliques que nous avons visitées, si l'origine est gothique, la forme est romaine, car les Goths de Théodoric n'apportent pas un art avec eux ; plus tard, les Grecs du Bas-Empire viennent, ils s'approprient des monuments qu'ils trouvent en construction et les décorent selon leur mode. On est cependant ici en face d'un problème : la toute première origine n'est pas grecque, elle est véritablement gothique, car on pose la première pierre en 543, mais c'est encore Julianus Argentarius qui préside à la construction et l'évêque Maximilien qui consacre le temple deux années avant celui de Classe. L'empereur Justinien vient ; il envoie des dons précieux pour l'embellissement ; et l'impératrice Théodora, sa femme, doit avoir déployé une grande générosité dans cette circonstance, car dans le chœur de l'église (ornement du plus haut prix, incomparable document pour l'histoire) les mosaïstes grecs du sixième siècle, sur les deux faces à droite et à gauche du presbyterium, vont déployer deux compositions qui représentent : l'une, l'empereur Justinien et toute sa cour, suivi de l'archevêque Maximilien et de son clergé ; l'autre, l'impératrice Théodora, suivie de ses femmes portant des offrandes au temple. Ces mosaïques brillantes sont certainement une des plus hautes curiosités de ce genre : costumes, armes, coiffure, objets de l'époque, rites et cérémonial de la cour de Byzance au sixième siècle, tout est aussi précis que le peut être la représentation par ce procédé ; et le charme d'une couleur éclatante s'ajoute ici à la forme. L'impératrice Théodora, cette reine de théâtre passée des coulisses d'un cirque sur un trône impérial, s'avance entourée du chœur de ses filles et dames d'honneur ; elle tient à la main les vases qu'elle offre au temple. Le cul-de-four de l'abside, dont les deux côtés sont aussi décorés, représente Jérusalem et Bethléem, et de nombreuses scènes de l'Écriture que je ne m'attarderai pas à décrire. Tout ce côté est intact et peut passer pour une des reliques les plus précieuses de l'art; mais à l'entrée de l'abside, à droite et à gauche, le quinzième siècle a laissé sa trace. Épris de l'antiquité, n'ayant plus déjà la ferveur des premiers temps chrétiens, les Vénitiens, — car je reconnais là leur main, — ont pris au temple de Neptune un admirable bas-relief en marbre de Paros : des génies et des petits dieux de la mer portant des conques et le trident au pied du trône de Neptune; et ajustant ici et là des débris antiques : d'abord les quatre admirables colonnes du maître-autel de San Vitale dont nous avons vu la base devant le mausolée de Galla Placida; puis des revêtements massifs de porphyre et d'albâtre, des chapiteaux et des fragments qu'ils taillent selon

L'IMPÉRATRICE THÉODORA : MOSAÏQUE DE SAN VITALE, A RAVENNE.

les besoins de leur composition, ils composent deux monuments qu'ils placent à droite et à gauche de l'entrée de l'abside, dans l'épaisseur de l'arc principal. Le motif principal de l'un est le bas-relief antique; mais, comme il lui fallait un pendant de l'autre côté, quelqu'un de ces habiles *pasticheurs* de l'antique, si fréquents sous la Renaissance, copie l'Hommage à Neptune, et il faut un tact particulier pour reconnaître le ciseau du quinzième siècle et celui de l'artiste classique. Un prêtre, qui était peut-être un saint homme, mais dont nous aurions demandé la tête avec une conviction profonde, a mutilé ces bas-reliefs sous le prétexte que les enfants étaient nus.

Jamais plus grand désordre n'exista au point de vue de l'unité d'un monument; mais qu'on ne s'y trompe pas, c'est l'image de l'histoire et de la vie, ces contrastes et ces superpositions, et c'est ce qui fait que l'architecture est un si grand art. Le custode, voyant l'intérêt que je prends à toute chose, m'entendant rectifier ses dates et rétablir des assertions erronées, me demande de le suivre dans un petit couloir étroit, sacristie de rencontre où je me trouve en face d'un bas-relief d'une très-belle époque, représentant l'apothéose d'Auguste. Voici Rome debout sous les traits d'une figure symbolique; voici Claudius César; voici Jules César imperator, l'étoile au front; voici Livie en Junon, qui tient l'Amour par la main; Auguste lui-même s'avance sous les traits de Jupiter. A deux pas de là enfin, sortant par la porte opposée à celle qui sert d'entrée, dans un petit couloir où s'ouvre dans la muraille une cella pleine de fragments d'inscriptions et de restes antiques, on me montre le tombeau d'un exarque, l'Arménien Isaac, et je sors dans le jardin du couvent pour revoir ce tombeau de Galla Placida que j'ai déjà décrit.

Comment voulez-vous que mon imagination ne s'éveille pas en face de toutes ces opposi-

L'EMPEREUR JUSTINIEN ET SA COUR : MOSAÏQUE DE SAN VITALE, A RAVENNE.

tions historiques rendues palpables par ces monuments? César, Auguste, Livie! C'est le monde antique et son cortége de grands souvenirs. Justinien l'empereur; Théodora, lascive, pompeuse, surnaturelle et fardée comme il convient à une Impératrice d'Orient, qui fut une comédienne et une courtisane, c'est le Bas-Empire. Cet Arménien, Isaac, qui repose dans la tombe que me montre ce custode, je le vois dans l'histoire, il ne m'échappe pas; je lis ici son nom en caractères grecs sur le marbre : « Isaac, grand exarque et chef de l'armée italienne. » C'est le digne successeur de l'eunuque Éleuthère, envoyé d'Orient à Ravenne comme exarque, âme vile et basse qui se fit le complice des Lombards pour percevoir la moitié du tribut que leur payait la ville. C'est lui qui pilla Saint-Jean de Latran à Rome, qui fit trancher la tête du cartulaire Maurice, près de Cervia, et qui la fit exposer dans le théâtre de Ravenne; et si j'approche de plus près pour déchiffrer la seconde inscription tracée sur la pierre sépulcrale, je vois que ce monstre fut sans doute un époux aimé, si la mort antique n'a pas connu l'hypocrisie, car sa femme Suzanne chante ses louanges dans son épitaphe.

Plus tard, en avançant sur la côte, nous irons d'un pas plus léger; mais cette ville de Ravenne a quelque chose d'austère dans ses monuments, et si le voyageur passe rapide, sans dire les origines, il perd tout le fruit d'un pareil voyage. Nous ne sommes encore arrivés qu'au commencement du septième siècle; la faute en est aux monuments si nombreux pour la deuxième période.

Si les Lombards ont été des suzerains, ils n'ont pas encore régné à Ravenne même; Luitprand leur roi va s'emparer de la ville en 727, à la faveur des troubles suscités par la grande querelle des iconoclastes, et cette domination durera jusqu'au jour où, ayant voulu aussi soumettre le duché de Rome, où les papes sont déjà puissants, Grégoire II appelle les Français à son secours. Nous apparaissons en 774 dans l'histoire d'Italie avec Pépin et Charlemagne, qui la sauvent des Lombards et investissent le pontife de la suzeraineté de l'Exarchat.

Le grand empereur est venu à Ravenne, et il y a séjourné; il a réuni les Barbares et les Romains, et fondé par sa seule vertu et son seul génie cette monarchie presque universelle; mais il n'a eu que de faibles successeurs, car dès 888 le dernier des Carlovingiens est déjà déposé.

De cette période des Lombards et de Charlemagne la trace n'est plus visible à Ravenne. L'empereur a fait transporter à Aix-la-Chapelle les ornements du palais de Théodoric; il a copié le plan des basiliques et orné des dépouilles des monuments gothiques et byzantins les constructions qu'il a fait élever au siége de sa puissance. S'il a détruit dans l'Exarchat, il n'a pas fondé. La donation de Pépin, confirmée par Charlemagne, est réelle; mais elle n'a pas été effective. Le lecteur remarquera que ce droit temporel des papes sur les Marches, si discuté de nos jours, n'a pas une autre origine. Après bien des vicissitudes, cette suzeraineté, symbolisée, au dire d'*Anastase le Bibliothécaire*[1], par le dépôt sur la confession de saint Pierre des clefs des fortifications des villes concédées, redeviendra un fait, et, en tout cas, le pontife, malgré les atteintes portées à son pouvoir, percevra les fruits et la rente de la terre de l'Exarchat: l'influence de l'élément religieux y deviendra considérable; le pouvoir des archevêques y sera presque égal enfin à celui des rois.

Il me faut encore expliquer, le plus brièvement possible, comment se fit à Ravenne la transition entre ces premiers siècles chrétiens et ceux qu'on appelle le moyen âge; comment on a pu passer du pouvoir des empereurs d'Orient et de la domination des Lombards et des Francs au pouvoir d'une famille seigneuriale où le pouvoir est héréditaire, pendant cette période de l'histoire générale d'Italie qu'on a appelée *Période des Républiques italiennes*.

Les Lombards, pendant leur longue domination, avaient institué dans leur monarchie trente fiefs principaux avec le titre de duchés. Peu à peu le nombre de ceux-ci avait été réduit; celui-ci avait absorbé celui-là: ce fut l'origine des petits États qui divisèrent l'Italie en comtés, duchés, marquisats. Naturellement les plus puissants voulurent hériter de la domination lombarde, après que les Français eurent vaincu à Pavie Desiderio, le dernier roi, et l'un d'eux, Bérenger, marquis de Friuli et de la Marche Trévisane, parvint à régner trente-six ans, d'abord comme roi d'Italie, les neuf dernières années comme empereur. Mais ce fut l'occasion de soixante ans de guerre civile, et ce fut un temps calamiteux pour toute l'Italie: on vit les Hongrois s'avancer jusqu'à Pavie, et les Sarrasins mettre le siège devant Rome. Dans cette cruelle extrémité, les peuples italiens appelèrent à leur secours l'empereur d'Allemagne Othon le Grand, vain-

---

[1] Cette origine du droit temporel sur les Marches est assez importante pour donner ici le nom des villes, citées dans le *Liber pontificalis*, sur lesquelles les papes exerceront la souveraineté: Ravenne, Comacchio, Rimini, Pesaro, Fano Cesena, Sinigaglia, Jesi, Forlimpopoli, Forli, Castel-Sussubro, Montefeltro, Accerragio, Monte di Lucaro, Cerra, Castel san Mariano, Bobbio, Urbino, Cagli, Luceolo, Gubbio. C'est une grande partie des possessions perdues en 1861, lors de la campagne des Marches et de l'Ombrie.

queur des Hongrois et qui leur fermait l'Occident. Othon entra en vainqueur en Italie, et à la monarchie d'Allemagne il ajouta celle des Lombards. Othon fut couronné à Pavie par l'archevêque de Milan Walpert, qui lui mit sur la tête cette fameuse couronne de fer, précieux souvenir historique qu'on conserve encore aujourd'hui dans la cathédrale de Monza, à la porte de Milan. L'autorité d'Othon fut celle d'un suzerain, mais le pouvoir féodal était fondé en Italie. C'est à cette époque, à la fin du dixième siècle, que les diverses villes du royaume, gouvernées par des comtes, qui souvent aussi étaient des prélats, archevêques et évêques, tous Italiens, s'affranchirent effectivement de l'autorité impériale, tout en ne la contestant point cependant en principe. On vit poindre à Ravenne l'aurore des libertés municipales. Le pape était souverain, Othon le Grand séjourna même un instant à Ravenne ; mais divers chefs ou gouverneurs, des *Vicaires* tour à tour représentants de l'autorité impériale ou pontificale (suivant qu'au milieu des luttes entre la tiare et le sceptre l'une ou l'autre prévalait), exercèrent l'autorité immédiate. C'est bien là l'origine des *Républiques italiennes* dont Sismondi a écrit l'histoire, et c'est, pour l'Italie, le temps des petits États. Le treizième siècle vit donc un Polenta, seigneur de Ravenne, confirmé dans ses droits par le pontife, garder le pouvoir dans sa famille pendant cent quarante-six ans. C'est une période nouvelle très-importante ; elle commence en 1275 et finit en 1441.

Il reste assez peu de traces matérielles des Polenta dans la ville, et il ne faut pas s'en étonner, car, le 24 février 1441, les Vénitiens s'étant emparés de Ravenne, et le dernier des Polenta, Ostasio, ayant été conduit par eux à Trévise, on détruisit tout ce qui rappelait le nom des Polenta, et leurs biens furent vendus à l'encan. Les témoins historiques de cette époque sont quelques bastions abrupts construits suivant le système des ingénieurs militaires d'alors, et dont on reconnaît l'âge au plan qu'ils affectent ; encore ont-ils été modifiés par les Vénitiens, qui ont remanié tout le mur d'enceinte et construit la forteresse. Mais, au point de vue historique et littéraire, ces cent quarante-six années de domination des Polenta ont une importance considérable. Il est touchant de voir que, dans l'imagination des hommes, ce sont deux noms, celui d'un poëte et celui d'une amante, le Dante et Françoise de Rimini, qui symbolisent ce pouvoir et le recommandent à toutes les mémoires.

Après ces excursions dans le domaine de l'histoire, reprenons notre promenade dans la ville en suivant pas à pas la trace des générations.

A l'un des angles de la place Majeure s'ouvre en ligne droite la Via Dante, qui mène à l'ancien couvent et à l'église de San Francesco. Là s'élève le tombeau de Dante, appelé à Ravenne par Guido Polenta, seigneur souverain, et là s'élevait la maison qu'il lui donna pour résidence depuis l'année 1317 jusqu'au 14 septembre de l'année 1321, jour de la mort de l'auteur de la *Divine Comédie*. Tout au plus pourrons-nous nous borner à regarder le lieu où on suppose que s'élevait la maison où Guido Novello Polenta, seigneur de Ravenne, donna l'hospitalité au poëte. Chassé de Florence par les factions, Dante s'était réfugié dans les Romagnes depuis l'année 1307 ; il y connaissait Scarpetta Degli Ordelaffi, et s'était rendu auprès de lui à Forli, où il vécut quelques années en lui servant de secrétaire. Vers 1317, Guido Polenta, ayant appris que le poëte avait l'intention de se diriger vers Ravenne, où il avait des parents, les Alighieri, lui écrivit personnellement en lui offrant une paisible retraite jusqu'à la fin de ses jours. Ce Guido Novello dei Polentani était un amant des muses ; il a laissé des poésies estimées ; il tenait à honneur de recevoir dans la ville où il régnait en maître le chantre de Paolo et de Francesca de Rimini, la fille des Polenta.

Le voyageur a besoin de faire un effort pour reconstituer dans ses dispositions primitives ce coin de Ravenne où s'élèvent encore aujourd'hui le couvent de Saint-François et le tombeau de Dante. Un écrivain contemporain, habitant de Ravenne, et qui y est né, Gasparo Martinetti Cardoni, correspondant de l'Institut impérial de Berlin, auquel nous sommes redevables des renseignements d'archives qui jettent quelque lumière sur le séjour de Dante à Ravenne[1], croit que la maison du poëte, qui n'existe malheureusement plus, s'élevait à la porte même du couvent, sur l'emplacement de celle qu'habite aujourd'hui par la famille Fabri. Quoi qu'il en soit, nous verrons plus tard que Dante se réfugiait souvent chez les Franciscains, que ceux-ci le réclamaient même comme un des leurs, et on verra le rôle extraordinaire que joua la communauté dans la question du tombeau de Dante.

L'ensemble de la place est extrêmement romantique, quoique la façade extérieure du tombeau du poëte, dont nous donnons le dessin, ne soit pas, à vrai dire, très-pittoresque. Quand on débouche de la strada Dante sur la petite place, on a en face de soi la tombe, et, derrière elle, un petit enclos appelé *Braccio Forte*, où on a réuni, comme dans un *campo santo*, entre la place et l'église de Saint-François, nombre de sarcophages trouvés çà et là, et dont quelques-uns sont du plus beau caractère. On ne s'imagine pas la richesse de Ravenne au point de vue de ces sarcophages des premiers siècles; nos souvenirs de Spalato sont dépassés sur ce point. Le nom de *Braccio Forte*, qui est celui d'un illustre guerrier de Ravenne, a été donné à ce petit square funèbre, parce qu'il remplace la chapelle des Braccio Forte, aujourd'hui détruite. Le fond du tableau est fermé par la façade latérale de Saint-François. C'est un asile de paix, et, au point de vue de l'histoire et des souvenirs, c'est un coin de Ravenne plein de poésie.

En jetant les yeux sur les dessins qui représentent le tombeau de Dante, le lecteur, reconnaissant les formes architecturales de la Renaissance, en conclura que je ne suis pas le plan que j'ai adopté, et que je présente un monument du quinzième siècle à l'appui d'un épisode du treizième ou du commencement du quatorzième. Le fait est que le tombeau date de la période qui succède à celle des Polenta, la période vénitienne, et que le sépulcre dantesque est l'hommage personnel du célèbre Bembo, qui représentait, en 1483, à Ravenne, comme podestat, le gouvernement de la république de Venise.

Dante mort, Guido voulut lui rendre les derniers honneurs; il le fit porter à Saint-Pierre-Majeure (plus tard Saint-François) sur les épaules des citoyens les plus marquants de la ville, et, *provisoirement*, fit déposer son cercueil sous le portique du couvent. Il fit célébrer un deuil public, lut une oraison funèbre qu'il avait composée, le loua hautement d'avoir, dans ses chants divins, substitué la langue italienne à la langue latine, et déposa sur sa tombe, devant tout Ravenne assemblé, le laurier consacré aux poëtes. Il se réservait de lui élever un monument digne de lui, quand les dissentiments soulevés par sa propre famille changèrent le cours de sa fortune, l'appelèrent à Bologne, et l'empêchèrent de réaliser ses projets.

Dante reposa donc pendant des siècles, selon la croyance publique, sous le petit portique en avant du couvent; on a à ce sujet le témoignage de Giovanni Boccacio, et aussi celui de Benvenuto d'Imola, qui écrit en 1389 les *Commentaires sur Dante*. Mais on va voir ce qu'il advint de ces précieux restes; l'histoire est extrêmement curieuse et elle est peu connue. En 1480, par le vœu testamentaire d'un certain Girgio Fabri, on fut amené à rééditer la chapelle des Braccio Forte, et on dut supprimer le petit portique qui réunissait cette même chapelle à une autre. Il devint nécessaire de déplacer la tombe; on enleva le cercueil, il y eut exhumation solennelle et, dit Boccacio, on le déposa dans le couvent des frères Mineurs, « en una arca lapidea, nella quale ancora giace. » Sur ces entrefaites, en 1483, Bembo, père de ce fameux cardinal, l'admirateur passionné de Lucrèce Borgia, préteur de

---

[1] *Dante Alighieri in Ravenna*, Memorie storiche con documenti di Gasparo Martinetti Cardoni Ravennate. — Ravenna, preso Gaetano Angeletti.

Ravenne pour les Vénitiens, juge le lieu de la sépulture peu digne d'une si grande mémoire, et il appelle le fameux Pietro Lombardi, l'inimitable sculpteur vénitien, celui dont le nom rayonne à chaque pas dans la cité des doges. Lombardi élève le monument que nous voyons, simple, il est vrai, mais noble et sévère. C'est une chapelle étroite, carrée; le sépulcre est en

LE TOMBEAU DE DANTE, A RAVENNE.

marbre, décoré de belles moulures. Bembo y fait graver les six vers latins dictés sur son lit de mort par Dante lui-même :

« Jura monarchiæ, superos, Phlegetonta lacusque
Lustrando cecini, voluerunt fata quousque :
Sed quia pars cessit melioribus hospita castris,
Actoremque suum petiit felicior astris,
Hic claudor Dantes, patriis extorris ab oris,
Quem genuit parvi Florentia mater amoris. »

Au-dessus du sarcophage, Leopardi sculpte l'image de Dante dans l'attitude de la méditation, la main sur un livre et couronné de laurier. Bembo, selon la mode du temps, consacre le souvenir de cet hommage personnel rendu à Dante à ses propres frais, « ære suo, » dans une seconde inscription, qui a son importance au point de vue de l'histoire du monument.

En 1692, sous le légat du pape Domenico Maria Corsi, on restaure encore la tombe, mais toujours dans le même caractère, et les frères Mineurs font un procès au légat, en réclamant pour eux le droit et le devoir de veiller à la conservation de ce monument et de ces restes. Le légat envoie des sbires et restaure de force. En 1780, le cardinal Valenti Gonzague restaure encore, mais cette fois c'est toute une construction : il fait une enveloppe au monument, et élève un petit temple carré surmonté d'une coupole ; Morigia, architecte de Ravenne, est chargé des travaux à exécuter, et fait sculpter dans les tympans des voûtes les médaillons de Virgilio Brunetto Latini, de Can Grande della Scala et de Guido Novello da Polenta, les maîtres, les protecteurs et les amis de Dante. Enfin, arrive le centenaire de Dante, et l'année 1865. Pour le célébrer dignement, la ville prépare quelques embellissements ; on fera quatre faces au monument qui figure dans le fond de notre dessin, le *Braccio Forte*. Pendant le cours des travaux, à peine a-t-on creusé, on trouve l'eau stagnante (comme partout à Ravenne) et on veut mettre une pompe dans un angle, au point où le Braccio Forte touche la chapelle Rasponi. Il y avait là une porte murée depuis longtemps, et comme le mouvement du bras de la pompe exigeait un certain recul, on appelle pour trouer la muraille un ouvrier dont on a gardé le nom : Pio di Luigi Feretti. Ce Luigi donne les premiers coups de pioche ; il sent un obstacle, et voit apparaître l'angle d'une caisse de bois. Il continue alors avec précaution, et dégage une boîte en vieux bois fruste d'un mètre de longueur à peine, sur laquelle on lit ces mots écrits à la main sur un papier collé sur le couvercle : « Dantis ossa denuper revisa die 3 Junii 1677. » On ouvre, et on trouve un squelette complet ! — Les restes de Dante ne reposaient pas dans le beau mausolée que lui avait élevé Bembo, et depuis plus de deux siècles l'hommage des générations s'adressait à un sarcophage vide !

C'est une rumeur énorme dans la ville et dans toute l'Italie lettrée. On télégraphie à Florence ; on nomme des commissions ; on demande à la famille Torrigiani de Florence, qui possède l'original du masque moulé au moment même de la mort, l'autorisation de confronter le précieux masque avec le crâne trouvé dans la boîte ; on va plus loin : on ouvre le tombeau lui-même ; il est vide, et dans le fond quelques fragments d'ossements qui sont restés confirment le rapt qui a été commis.

Par quelle bizarre combinaison ces os sont-ils là, dans cette boîte grossière ?

L'histoire est vraiment étrange ; j'ai là sous les yeux tous les rapports et tous les procès-verbaux qui s'y rattachent. Les frères Mineurs, auxquels, dans le principe, Guido da Polenta a confié les os, regardent ce dépôt comme sacré. La mémoire de Dante est à l'Italie et au monde, sans doute ; mais ses restes sont à eux. Les Florentins, dès 1396, ont demandé qu'on leur rende les os de celui qui a presque dit dans un de ses vers latins : « Ingrate patrie, tu n'auras pas mes os, » et qui, en tout cas, a écrit : « Parvi Florentia mater amoris. » En 1429, ses compatriotes les ont redemandés encore, et Michel-Ange, plus tard, a écrit au gonfalonier de Florence en réclamant l'honneur d'élever de ses mains un sépulcre au poëte de la *Divine Comédie*. — Quel rêve d'artiste ! Michel-Ange pétrissant le marbre du tombeau de Dante ! — Les Pères Franciscains ont déjà peur ; le pape a été saisi d'une demande directe des Florentins, le légat règne à Ravenne ; peut-être l'ordre va-t-il être donné de restituer les précieux restes ? Bref, une nuit, subrepticement, tout seul, sans aucun témoin même choisi parmi les moines, un secrétaire de l'ordre, un certain Santi, crève le mur mitoyen avec celui du tombeau, pénètre dans la chapelle, et, à tâtons, dérobe les ossements qu'il emporte dans la communauté.

En 1677, assez longtemps après, quand le danger semble passé, le Chapitre, embarrassé de ce dépôt et préoccupé cependant de lui donner un asile inviolable, fait défoncer une porte murée depuis longtemps, et dans l'épaisseur de cette porte cache la boîte qui contient les

INTÉRIEUR DU TOMBEAU DE DANTE, A RAVENNE, PAR PIETRO LOMBARDI.

ossements dont on a auparavant constaté une dernière fois l'identité : « Denuper revisa, » dit l'inscription.

Cette boîte, je l'ai tenue dans mes mains, et tout le monde peut la voir aujourd'hui à la bibliothèque de Ravenne : elle est faite d'ais mal joints; on voit que le secrétaire Santi n'a pas voulu de complice, et l'a fabriquée lui-même. Le 7 juin 1865, après toutes constatations, rapports de médecins, investigations, confrontations, on ouvrit le sarcophage de marbre élevé par Bembo : il était vide. On reconnut les traces de l'effraction, et, afin qu'il ne restât aucun doute, on trouva même dans le fond des fragments d'ossements que le pieux voleur avait oubliés, dans sa précipitation à s'emparer du précieux dépôt.

VIII

Le souvenir de Dante est lié aussi d'une façon indissoluble à la *Selva* ou forêt de Ravenne, — *la Pineta*, comme on l'appelle communément, qui s'étend depuis les portes de la ville jusqu'à la mer. Il l'a célébrée dans ses chants; il a peint les effets du soleil levant dans ce beau passage du XXVIII° chant du *Purgatoire,* où il rencontre Mathilde. Une tradition respectée veut que le Giotto ait été appelé par Dante à Ravenne vers 1319; accompagnés de leurs disciples et de quelques poëtes dont on conserve les noms, ils auraient eu, Dante et lui, l'habitude

LA CABANE OU S'EST RÉFUGIÉ GARIBALDI POURSUIVI PAR LES AUTRICHIENS.

de porter leurs pas vers la partie ombreuse, au bord du canal, à l'endroit qu'on appelle aujourd'hui *Viale dei Poëti*.

La route qui mène à la forêt est celle que nous avons décrite en visitant la basilique de Classe. On dépasse le monument, puis on incline vers la gauche en remontant le cours du canal qui relie le port à l'Adriatique. La Pineta n'a rien de sombre ni de terrible, elle ne fait penser au génie de Dante que parce qu'elle rappelle quelques épithètes exquises et des épisodes pleins de sentiment. J'y suis venu au printemps, par une de ces matinées radieuses où un air plein de douceur vous enveloppe et vous caresse; les tapis de mousse, épais sous le pied, étaient émaillés de fleurs; les aubépines blanches étaient pleines de chants d'oiseaux et l'air plein de parfums que nous apportaient les vents de l'Adriatique en passant sur ces fourrés épais formés de genévriers et d'herbes aromatiques; la solitude n'était troublée que par quelques chèvres enfoncées au plus épais des buissons et par le cri des corneilles. Un seul arbre, toujours le même, le pin parasol, croît sur une longueur de plusieurs lieues, sans laisser de ces larges clairières qu'on trouve dans nos forêts du littoral au bord de la mer. Cependant la forêt n'a

LE « VIALE DEI PONTI » DANS LA PINETA DE RAVENNE

rien de monotone, il y a un certain inattendu dans l'aspect ; de point en point des *ventes* où sont disposées des bois coupés régulièrement, et à quelques pas de là des tas de cendre circulaires indiquent une exploitation régulière. Nous faisions encore l'excursion avec le professeur Dato Marini ; il voulut nous montrer, au retour, la cabane, historique désormais, où Garibaldi, fuyant Rome qu'il venait de défendre, et traqué comme une bête fauve, après avoir traversé une partie de l'Italie, se cacha pendant plusieurs nuits avec sa femme Anita mourante, et parvint, avec la complicité des contadini, à échapper aux Autrichiens, qui fusillèrent son compagnon, Hugo Bassi. Le cocher qui nous conduisait avait joué un rôle dans cet épisode, et s'échauffait au récit de ces incroyables aventures, devenues si vite légendaires et si vivantes dans la mémoire du peuple en Italie. L'inscription qu'on lit sur cette cabane est trop caractéristique pour que je ne la cite point ; elle est d'un caractère oriental et elle est comme un écho des passions qui agitaient toute l'Italie frémissante à l'heure de ces luttes patriotiques :

> QUESTA SACRA CAPANNA
> CHE NEL 1849 TOLSE ALLA STRAGE
> DELLE ERODIANI AUSTRIACI E DI ROMA
> GARIBALDI LIBERATORE
> I BATTEZZATI ITALIANI
> ONORERANNO
> COME QUELLA
> DI BETLEMME DI NAZARET.

IX

La domination vénitienne fut très-féconde à Ravenne ; elle commence en 1441 et finit en 1509 : voici en deux mots les péripéties qui amenèrent ce changement de gouvernement. C'est la rivalité entre le duc de Milan et la république qui détermina l'entrée des Vénitiens dans la ville. La tradition des Polenta les portait à rechercher l'amitié de la République ; mais le duc de Milan avait des partisans dans Ravenne ; le fameux Piccinino s'était mis en campagne pour forcer Polenta à se détacher de l'alliance vénitienne : déjà maître de toute la campagne et de la Pineta, il menaçait la cité, qui dut payer un tribut de trois mille écus d'or. Les habitants humiliés se retournèrent alors contre Ostasio Polenta, qui avait traité ; il y eut un soulèvement ; on chassa Ostasio. Revenant à la rescousse, il rentra cependant dans sa ville et recouvra un instant l'autorité ; mais les Vénitiens usèrent alors de ruse : ils recherchèrent l'alliance d'Ostasio, l'invitèrent à venir visiter Venise avec Ginevra Manfredi, sa femme, lui rendirent de grands honneurs, et l'étourdirent dans les plaisirs et les fêtes. Pendant ce temps-là leurs partisans s'agitaient dans Ravenne ; le 24 février 1441, les conjurés coururent aux armes sur la place Majeure, aux cris de : *Vive la République!* et *vive saint Marc!* Le Sénat, qui voulait la ville et le territoire, mais qui ne nourrissait pas de noirs projets contre les Polenta, retint Ostasio, sa femme et son fils prisonniers pendant deux mois dans la forteresse de Trévise ; puis, leur ayant fait une pension de huit cents écus d'or, leur donna pour résidence l'île de Candie.

Il est impossible de n'être pas frappé de la persistance et de la force de l'empreinte que les Vénitiens laissent partout où ils passent dans l'histoire. A Ravenne, à l'intérieur, si la ville a un caractère spécial, c'est le caractère vénitien. La place, les couvents, les puits, les monuments du quinzième siècle, les fortifications, cet incroyable nombre de magnifiques cloîtres qu'on découvre un à un en visitant la ville, et qui se dérobent d'abord aux regards derrière l'enceinte des couvents, tout affecte un cachet vénitien. Si la note dominante est byzantine avec les monuments des dix premiers siècles, l'impression qui reste de l'ensemble des autres monuments est celle de l'influence de saint Marc. Il est extraordinaire qu'une domination, qui n'a duré en somme que *soixante-huit ans,* ait laissé une trace aussi profonde. Cependant les hommes sont partout les mêmes, et le jour où, en 1509, les armes pontificales triompheront des armes vénitiennes, on verra les fils de ceux qui ont effacé les armoiries des Polenta, détruit leur palais et tout ce qui rappelle leur domination, mutiler partout le lion de saint Marc et effacer tout ce qui est un souvenir de la République. Seulement les Vénitiens étaient si pratiques, que détruire toutes leurs œuvres, c'était porter un immense dommage à une cité qui leur doit beaucoup à tous les points de vue ; aussi le cachet resta-t-il ineffaçable.

La forteresse de Ravenne, *la Rocca,* entre la *Strada Serrata* et le chemin de fer, est l'œuvre des Vénitiens : ils ferment la porte de ce côté (ce qui lui donne son nom, *Porta Serrata*) et appellent leurs grands ingénieurs militaires, qui reprennent toute l'enceinte et construisent la forteresse. Ils en jettent les fondements avec solennité l'an 1457, et pour la circonstance font frapper des médailles où le lion de saint Marc symbolise d'un côté leur domination, tandis que saint Apollinaire, de l'autre, représente le patron de Ravenne. Ils appellent la forteresse *Brancaleone*; la disposition en est très-ingénieuse : elle est pourvue de citernes, de magasins, d'arsenaux, de moulins, de fabriques de poudre et de fonderies. Des batteries circulaires commandent trois côtés de la place, et les marais la défendaient alors de deux côtés contre toute atteinte. Le tombeau de Théodoric est à deux pas de là, et on peut visiter les deux monuments en même temps. En 1482, nous avons vu que le podestat Bembo donne un asile digne de ce grand nom aux restes de Dante. Ce même Lombardi qui a sculpté l'image de Dante restaure le palais du préteur et élève les deux belles colonnes de cette place Majeure que nous avons déjà décrite. Sur l'une se dresse encore aujourd'hui la statue de saint Apollinaire ; sur l'autre le lion de saint Marc déployait ses ailes et avançait ses griffes en tenant le livre saint. Si on a substitué la statue de san Vitale au lion symbolique, heureusement la fureur des hommes a respecté les deux magnifiques colonnes.

En errant dans les rues, tout entier aux études que je venais de publier sur les Lombardi dans mon travail sur *Venise, l'art, l'industrie, la ville et la vie,* il me semblait trouver à chaque pas leur signature à San Vitale, dans cet incomparable cloître dont j'ai donné ici le dessin ; il faut admirer l'ingénieuse disposition des colonnes d'angle, la fermeté des arcs et la noblesse des moulures. J'ai cru la reconnaître aussi dans le petit square à l'entrée de la basilique de San Vitale, au petit portique charmant que j'ai signalé à gauche de l'entrée. L'étude des documents m'a confirmé dans ces prévisions : non-seulement Pietro Lombardo a été appelé à Ravenne par les provéditeurs, mais il a amené ses fils Antonio et Tullio. « E con loro condusse altri lavori per chiese, per monasteri, per publici e privati edificii, » dit M. Gasparo Martinetti Cardoni dans sa *Ravenna antica* (lettera settima).

Le pont, sur le fleuve Lamone, entre Ravenne et Bagnacavallo, est dû aussi aux Vénitiens ; si ingénieux dans l'art des canalisations, ils devaient pourvoir aux moyens de donner l'eau potable à la ville, et on leur doit de nombreux puits d'un beau caractère. Ce sont encore les Vénitiens qui ont fondé le palais splendide du Mont-de-piété, et tout le mur d'enceinte qui entoure la ville est de leur temps ; ils avaient même trouvé moyen d'en faire payer les frais aux quatre abbayes de Classe, de San Vitale, de Maria del Porto et de Saint-Jean-l'Évangéliste.

Leur œuvre est énorme pour une aussi courte domination, et, avec la résolution et la générosité qui leur sont habituelles, on les voit en 1496 donner l'ordre de détruire les énormes constructions qui s'élèvent près du monastère de Santa Maria in Porto, de peur qu'elles ne servent de fortification à l'ennemi ; en compensation, ils élèvent dans Ravenne même, pour les Camaldules, l'énorme ensemble de bâtiments conventuels — où ils ont certainement employé les Lombardi, car on les reconnaît à la noble simplicité des lignes qui les décorent. Le dôme aussi a été restauré et embelli par eux, et comme on coupait sans discernement les bois de la Pineta, ils ont rendu des édits et pourvu à une exploitation utile et régulière. L'agriculture enfin éveilla leur sollicitude : ils avaient besoin de chanvre pour leur grand arsenal de Venise, ils en ont favorisé la plantation, et elle est encore aujourd'hui une des ressources du district.

C'est la fameuse Ligue de Cambrai qui mit fin à leur domination à Ravenne. Le pape les attaqua dans leurs possessions des Romagnes; ils durent s'enfermer dans la ville, où le duc d'Urbin, neveu de Jules II et son général, ne pouvant les prendre par force, vint les investir en établissant son camp autour du tombeau de Théodoric, sous la forteresse même. Ravenne aurait pu résister longtemps grâce à ses fortifications, mais au dehors les affaires des Vénitiens allaient de mal en pis; Pietro Lando et Francesco Marcello, les provéditeurs de la République, rendirent la cité. On brûla les Archives sur la place Majeure et on brisa le lion de saint Marc (1509).

Ravenne, comme Vérone, a son *Volto Barbaro*. Je me dirige vers San Vitale pour visiter le beau couvent des Bénédictins qui est contigu à la basilique; au coin de la rue qui mène au couvent, aujourd'hui converti en caserne, une de ces inscriptions d'un beau caractère où excellent les Italiens attire mes regards :

QUI FERITO A MORTE DA
F° MARIA DELLA ROVERE DUCA D'URBINO CADDE
F° ALIDOSIO CARDINALE
IL XXIV MAGGIO DEL MDXI FREMENTE DI SDEGNO
GIULIO II P. M.

Qui était Alidosio? A quel sombre drame digne du temps des Borgia cette inscription commémorative fait-elle allusion? « Ici, frappé à mort par François-Marie de la Rovère, duc d'Urbin, le cardinal F. Alidosio tombe le 24 mai 1511, le souverain pontife Jules II frémissant de colère. »

Nous sommes en 1511, et Ravenne est au pape Jules II.

Le pontife, depuis quelques jours, est venu résider à Ravenne; il loge au monastère des bénédictins de San Vitale. (Ainsi s'explique le luxe splendide de ces monastères des Marches où les pontifes descendaient comme dans une résidence pontificale.) C'est le moment où Bologne est attaquée par les Français; la ville vient d'être surprise, et les troupes du roi de France y sont entrées. Le cardinal Francesco Alidosio, légat de Sa Sainteté, s'est échappé; il ne s'arrête qu'à Ravenne, court à San Vitale, et informe le pontife : sa belle ville de Bologne est à l'ennemi; les partisans de Bentivoglio ont pactisé avec lui et livré les portes; Francesco Maria della Rovere, duc d'Urbin, propre neveu de Jules II, a montré, dit Alidosio, autant de faiblesse que d'impéritie; le cardinal le regarde comme la cause du désastre.

A peine le prélat a-t-il fait son récit que le duc se présente : il est venu de Bologne à franc étrier battant en retraite, il vient à son tour informer le pontife. Jules II à sa vue entre dans une grande fureur, il ne veut même pas l'entendre et lui ordonne de sortir. Le duc a vingt ans, il est d'un caractère emporté; en traversant les salles, quelques-uns des assistants lui disent que c'est à Alidosio qu'il doit un tel accueil. Il court incontinent chez le cardinal, qui loge chez Brunoro Zampeschi au fond de cette rue qui de San Vitale mène à la place Majeure. Pour le malheur d'Alidosio, Urbin le trouve sur sa route, venant souper chez Sa Sainteté.

Alidosio est en robe noire sans la pourpre; coiffé du chapeau à l'espagnole, il est monté sur une mule et vient à peine de franchir le seuil de sa demeure. Il s'avance au milieu de la rue étroite, à côté de lui chemine Guido Vaina, son beau-frère, chef de cent hommes d'armes au service du pontife. Urbin est à cheval, entouré de sept à huit de ses familiers. Dès qu'il aperçoit Alidosio, il met pied à terre, fond sur lui, prend la mule par la bride en l'arrêtant de la main gauche; de la droite il porte un coup de dague à son ennemi, le pousse à terre et frappe encore. Vaina terrifié n'a pas osé bouger, pas plus que ses gardes : Urbin remet la dague au fourreau, remonte à cheval et fuit par la porte Julia. On porte le cardinal chez Antonio Cavalli, gentilhomme de la cité, et il expire à midi. Le pape à cette nouvelle ne se contient plus, il écume de fureur et excommunie son neveu.

Quelle fenêtre ouverte sur les mœurs de la Renaissance qu'un tel récit!

Le cadavre du cardinal a été enseveli dans la cathédrale; vers 1745, comme on exhumait ses restes pour faire quelques changements au dôme, Gasparo Desiderio Martinetti a pris le crâne et l'a déposé au musée des bénédictins de San Vitale; depuis il a passé à la bibliothèque de Classe où nous venons de tenir dans la main le *teschio* du cardinal.

X

Je veux aller chercher au lieu même où il est tombé enseveli dans son triomphe, les traces de ce jeune héros qui s'appelait Gaston de Foix. Je pars à pied par la porte Sisi à l'heure où les feux du jour sont un peu apaisés, car malgré le voisinage de l'Adriatique la chaleur est ardente. Je passe d'abord les bourgs et m'engage sur la route, très-surélevée; la plaine, des deux côtés, est à six mètres au-dessous du niveau de la chaussée : le premier pont qui se présente sert à franchir le Ronco, un peu plus loin un second s'élève sur le Montone. Le pays est plat, mais assez riant, bien cultivé, planté de chanvre et, malgré l'humidité du sol, assez propice à la vigne, qui s'enlace aux arbres et retombe en guirlandes, comme dans la Lombardie. Le second pont passé, les deux fleuves, détournés de leur cours, s'unissent (*fiumi uniti*). Je tourne à gauche en passant un troisième pont, à une lieue de Ravenne, et continue de suivre la rive opposée du fleuve sur une chaussée très-élevée, haute berge qui encaisse les eaux à une profondeur de plus de dix mètres. Enfin, après une heure et demie de marche, je m'arrête au bord même du fleuve, devant la *colonna dei Francesi*. Malgré ce nom ce n'est point une colonne, mais un pilier carré surmonté d'un chapiteau, sur les quatre faces duquel on a sculpté de beaux rinceaux dans le goût des Lombards, et de nombreuses inscriptions qui indiquent la destination du monument, autour duquel on a ménagé une demi-lune plantée de cyprès.

Ce pilier, d'un goût très-pur et d'une perfection de sculpture qui rappelle les œuvres de Leopardi, est de 1557; il a été élevé par Pietro Donato Cesi, sous Jules II, et restauré par Paul IV. Les inscriptions sont toutes en latin, et elles indiquent que le monument a été élevé sur le lieu même où la bataille fut livrée.

Je les donne ici, car elles sont très-importantes au point de vue historique.

Voici celle qui, gravée sur la face, dit au voyageur quel sol sanglant il foule aux pieds :

HEVS . VIATOR
ILLIC . TRĀS . FLVMEN . CASTRAMETATVS . OLIM
GASTO . FOINSEIVS . GALLORVM . DVCTOR
RAVENĀ . OPPVGNAT
MVRVM . APERIT . TORMENTIS . ET . CONATVR . IRRVPERE.

Une autre dit le sort de la bataille :

> HINC . POST . CRVENTA . GALLORVM . VICTORIA
> GASTONE . F . EREPTO . HISPANOR . RELIQVIAE
> EVASERVT . POSTREMO . CAPITVR . RAVENNA
> A . VICTORIBVS . AC . DIRIPITVR . AB . IIS.

Sur la base on lit :

> VIDEBIS . HOSPES . HVC . PAR . ATOLLES . CAPVT
> INSCRIPTVS . ISTE . QVID . VELIT
> LAPIS . SIBI . RECINIT . ILLAM . NEPE . CLADE . MAXIMA
> GALLI . ATQVE . IBERI . EXERCITVS
> AEMILIAM . QVAE . PENE . TOTAM . MACVLAVIT . SANGVINE.

La date de l'érection du monument est donnée par celle du pontificat de Jules II :

> JVLIO II . PONT . MAX . CHRISTIANORVM . REMPVBLICAM . GVBERNATE.

Celle de la restauration est indiquée par la ligne suivante :

> PAVLO IIII . PONT . MAX . SEDENTE.

Enfin le nom de celui qui fit élever le monument est connu par cette dernière inscription :

> HAC . PETRA . PETRVS . DONAT . DONATVS
> IBEROS . GALLOSQVE . HIC . CAESOS . CAESIVS . HAEC . MEMORAS.

Bologne prise, Gaston de Foix, fils d'une sœur de Louis XII, roi de France, capitaine général du roi en Italie, était arrivé sous Ravenne. Marc-Antoine Colonna, général des troupes pontificales, défendait la ville avec le vice-roi d'Espagne, Fabrice Colonna, le cardinal Jean de Médicis (plus tard Léon X), Pietro Navarro et le marquis de Pescaire, mari de cette fameuse Vittoria Colonna qui inspira une passion si pure au grand Michel-Ange. L'artillerie tonnait du haut des murs ; les troupes pontificales s'étaient retranchées entre le Ronco et la ville, à trois milles en avant, à l'endroit dit *la Mulinaccia*.

Gaston de Foix avait une armée composée de Français de diverses provinces, d'Italiens, de mercenaires allemands, de lansquenets, de Suisses, de Grecs, de Dalmates et d'Espagnols de la Navarre. Alphonse d'Este, duc de Ferrare, combattait avec lui. Gaston disposa ses troupes et ne se réserva pas de place spéciale : entouré de trente valeureux gentilshommes, il se portait partout suivant qu'il avait besoin d'animer les siens de sa présence ; on le voyait en tous lieux revêtu de sa brillante armure damasquinée d'or, beau, jeune, vaillant, d'une ardeur invincible, donnant à tous l'exemple d'une héroïque valeur. La lutte avait été si sanglante qu'une première fois déjà, couvert du sang de ses ennemis, Gaston, sur la prière de ceux qui l'entouraient et qui le croyaient blessé, avait dû s'arrêter à l'abri d'un bosquet. A peine rassurés sur son sort, ses officiers le virent changer de cheval, et, pour précipiter la déroute de l'infanterie espagnole, s'élancer sur elle avec une généreuse et imprudente impétuosité, frappant d'estoc et de taille, et criant que pas un ne devait échapper. Les Espagnols, vaincus, mais toujours intrépides, firent un retour en arrière, enveloppèrent le prince et s'acharnèrent sur lui en le criblant de coups de pique : déjà mourant, les siens le virent lever les mains vers l'ennemi en murmurant : « Arrêtez, je suis le fils de votre reine ! »

On ramassa son corps à côté de celui de son cousin Odet de Lautrec, percé, lui aussi, de vingt blessures. Gaston était mort à la fin de la journée, quand il avait déjà gagné la victoire ; il mourut donc enseveli dans son triomphe. Plus de vingt mille hommes restèrent sur le champ de bataille. Le cardinal Jean de Médicis, le marquis de Pescaire, Pietro Navarro et Fabrice Colonna furent faits prisonniers. La nuit suivante, les bandes des Gascons de l'armée de Foix, conduits par un certain Jacquin, entrèrent par la brèche faite à la porte San Mammante et firent le sac de Ravenne. Tous les temples furent pillés, tous les palais saccagés; et vraiment on s'étonne qu'une ville tant de fois livrée aux fureurs des hommes et au pillage des Barbares offre encore autant de richesses à l'admiration des voyageurs.

Dans cette nuit du sac de Ravenne par les Gascons, le monastère des Camaldules de San Apollinare in Classe fut dévasté, et l'abbé Secchini fut mis à mort : les Ferrarais, dit l'histoire, furent les plus acharnés au pillage et volèrent le trésor du mont-de-piété et celui de la cathédrale. Le général français, seigneur de La Palisse, indigné de voir les troupes de Gascogne ternir la victoire par d'odieux attentats, fit pendre aux fenêtres du monument trente-quatre des leurs qui saccageaient un couvent de nonnes. Cet acte de vigueur mit fin au carnage. Le duc Alphonse d'Este se fit aussi gloire de sauver le palais Rasponi de la rage des pillards, mais personne ne se fit faute de porter le butin jusqu'aux barques du canal pour le mettre à l'abri. Les Ravennais, malgré la protestation de La Palisse, se vengèrent cruellement des Français. Devenu général de l'armée autour de Ravenne, le sieur de La Palisse s'étant éloigné de la ville en y laissant une faible garnison, l'évêque Giulio Vitelli la réduisit à capitulation et, malgré les traités faits au moment de la reddition de la place, les quatre chefs français les plus importants furent enterrés vivants dans une fosse par la populace.

COLONNE DES FRANÇAIS, ÉLEVÉE A LA MÉMOIRE DE GASTON DE FOIX SUR LE CHAMP DE BATAILLE DE RAVENNE.

J'en ai fini avec les grands épisodes, l'histoire de Ravenne ne se confond plus désormais avec celle du monde. Les Barbares, Charlemagne, Dante, Gaston de Foix et la bataille de Ravenne, ce sont là des légendes de l'humanité tout entière. Après le seizième siècle, nous rentrons dans l'histoire locale, la ville est aux pontifes qui gouvernent par leurs légats, et les monuments de ces époques portent tous la marque pontificale ; c'est dire qu'ils se distinguent par le goût et la grandeur.

L'immense ensemble qu'on appelle *Classe* ou *San Romualdo* est un des plus admirables souvenirs de ces premiers temps de la domination, incontestée, des pontifes. Ancienne chartreuse au cœur de la ville, avec deux cloîtres d'une proportion noble et grandiose, une église, des chapelles, des salles capitulaires peintes à fresque; une bibliothèque splendide et des bâtiments sans nombre entourés de jardins : on a réuni là, depuis la suppression des couvents, le collége, les écoles techniques, les beaux-arts, le musée, la bibliothèque, etc., etc.

Il y a peu de chapelles plus grandioses que celle qui sert actuellement au collége; on y voit un sarcophage d'une extraordinaire richesse, qu'on avait fait d'abord pour recevoir les restes de saint Apollinaire, et des autels d'un luxe fou, en lapis-lazuli, avec des bronzes du plus beau caractère du seizième et du dix-septième siècle.

L'étranger doit visiter ce monument et s'arrêter longuement dans la bibliothèque, riche en manuscrits et qui possède un *Aristophane* célèbre dans le monde entier; il faut demander aussi le petit livre d'heures à figures de Marie Stuart, donné au couvent par son confesseur, qui était un camaldule : je crois que les miniatures doivent être attribuées à l'auteur du *bréviaire Grimani* de la bibliothèque de Saint-Marc. La boîte où le P. Santi avait déposé les os de Dante enlevés de son tombeau est là aussi, avec tous les souvenirs qui se rattachent au chantre de la *Divine Comédie*. On peut voir encore le crâne de l'Alidosio, assassiné par le duc d'Urbin. Le médaillier est célèbre, mais j'y ai vainement cherché les beaux spécimens des médailleurs de la Renaissance; en revanche on m'a montré un Cicéron frappé dans la ville de Magnésie. Cette bibliothèque, qui contient le musée, est d'un style rococo qui n'est pas sans grandeur. L'abbé Conuetti de Crémone l'a fondée en 1714, et un bon moine, dont on voit là le portrait, a donné le dessin des boiseries, qui font regretter le goût des Lombardi de la domination vénitienne.

XI

Le dernier souvenir vivant qui nous sollicite ici est celui de lord Byron, attiré par la mémoire de Dante, et aussi, chacun le sait, par un sentiment qui domina sa vie tout entière : son amour pour la comtesse Guiccioli.

Nous voulions acheter les photographies des monuments de la ville, et le hasard nous a conduit dans la maison même où le poëte établit sa demeure; elle est habitée aujourd'hui par un photographe. La façade est extrêmement banale, et l'intérieur a un cachet Directoire ou Empire qui étonne et détonne dans une ville comme Ravenne. Une plaque commémorative, portant la suscription suivante, consacre le souvenir du séjour du poëte dans la vieille cité :

IL X GIUGNO MDCCCXIX [1]
COME APPENA GIUNSE IN RAVENNA
ENTRAVA QUESTA CASA
ALLORA GRANDE ALBERGO
E QUI OTTO MESI ABITAVA
GIORGIO BYRON
POETA INGLESE
LIETO DELLA VICINANZA AL SEPOLCRO DI DANTE
IMPAZIENTE
DI VISITARE L'ANTICA SELVA
CHE INSPIRO QUEL DIVINO
E GIOVANNI BOCCACCIO.

[1] Le 10 juin 1819, à peine arrivé à Ravenne, entrait dans cette maison, alors grande auberge, et y habitait huit mois George Byron, poëte anglais, heureux d'être près du tombeau de Dante et impatient de visiter l'antique forêt qui inspira ce divin poëte et aussi Jean Boccace.

On voit que cette inscription ne fait aucune allusion à cet amour qui nous a valu *la prophétie de Dante* et tant de pages qui sont dans toutes les mémoires. L'histoire a des hypocrisies nécessaires; d'ailleurs la famille Gamba vivait encore, mais nous avons tout su de cette époque du séjour de lord Byron à Ravenne : Thomas Moore a publié la correspondance et il y a toute une bibliographie à ce sujet. Dans les dernières années de sa vie, devenue en secondes noces la femme de ce Français inoubliable, le marquis de Boissy, l'orateur humoristique du sénat de l'Empire, celle dont on voulait respecter le nom, la Guiccioli, est revenue avec une complaisance particulière sur cet épisode de sa vie, et a réclamé hautement dans des lettres qui sont le dernier mot de l'information, la célébrité que lui donnait la passion qu'elle avait su inspirer au grand poëte. Nous nous souvenons aussi qu'un jour, vers 1866, comme nous rédigions depuis plusieurs années une chronique hebdomadaire qu'on suivait alors avec quelque assiduité, et qui nous apportait régulièrement une assez curieuse correspondance, ayant parlé incidemment du poëte et de la Guiccioli, nous fûmes étonné de voir entrer un matin dans notre cabinet de travail, portée dans les bras d'un énorme chasseur, une grande femme blonde dont les traits conservaient encore les restes d'une beauté remarquable. A peine sur pied, elle s'annonça elle-même comme la Guiccioli et nous remercia avec effusion au nom de lord Byron (mort déjà depuis quarante-deux ans) et en son nom propre.

Byron, lorsqu'il vint à Ravenne, venait de faire un long séjour à Venise, où on trouve encore sa trace au Lido, au palais Nani, aux Arméniens; il voulut visiter *la Pineta*, qui avait inspiré Dante et s'en inspirer à son tour.

Son journal de voyage nous dit la vie qu'il menait à Ravenne : il avait fait venir ses chevaux, et chaque jour il se perdait dans la forêt ou descendait dans quelque clairière pour tirer le pistolet. Il a résidé là depuis juin 1819 jusqu'en novembre 1821, faisant à deux reprises un séjour à Bologne et un autre à Venise.

Voici les faits dans leur simplicité. C'était en avril 1819 ; la comtesse Guiccioli, fille du comte Gamba de Ravenne, avait *seize ans,* et elle venait d'épouser un vieillard, le comte Guiccioli. Elle voyageait à Venise, la comtesse Benzoni lui présenta le poëte dans son salon.

« La comtesse le pria de se laisser présenter à moi : il refusa et n'y consentit que par pure complaisance. La noblesse et l'extrême beauté de sa physionomie, le son de sa voix, ses manières, les mille charmes qui l'entouraient (*i mille incanti che lo circondavano*), en faisaient un être si différent de tous ceux que j'avais vus jusque-là et si supérieur, que je ne pus me défendre de ressentir la plus profonde impression. Depuis ce moment, tous les soirs de mon séjour à Venise, nous nous sommes vus.... » On pense, en lisant ces derniers mots du journal de la belle comtesse, au récit de Francesca : « *Quel giorno più non vi leggemmo avanti.* »

Juin la ramena à Ravenne, et elle y tomba dangereusement malade; Byron accourut. Qu'on lise *Don Juan*, on y trouvera le souvenir de son séjour dans la ville et de ses longues promenades à la Pineta. Voici ce qu'on lit dans les lettres intimes de la Guiccioli, publiées depuis :

« Durant ma maladie à Ravenne, comme il était privé de ses livres, de ses chevaux et de tout ce qui l'absorbait à Venise, je le priai d'écrire pour moi quelques vers sur Dante, et, avec sa facilité et sa rapidité habituelles, il écrivit la *Prophétie de Dante.* »

On a, par ses lettres à Murray, son éditeur, et par Moore, le nom des œuvres qu'il a écrites dans cette ville ; il rêva d'y composer une *Françoise de Rimini* sur l'emplacement de la maison des Polenta. C'est aussi à Ravenne qu'il reçut d'un jeune étranger, un Français, un inconnu, une ode aujourd'hui immortelle et qui resta sans réponse :

> Toi dont le monde encore ignore le vrai nom,
> Esprit mystérieux, mortel, ange ou démon,
> Qui que tu sois, Byron, bon ou fatal génie,
> J'aime de tes concerts la sauvage harmonie.

L'inconnu s'appelait Lamartine, et vingt-deux ans après, quand Lamartine à son tour était devenu le grand poëte des *Méditations* et des *Harmonies*, il recevait d'un autre inconnu de génie les vers qui chantent dans toutes les mémoires de notre génération :

> Lorsque le grand Byron allait quitter Ravenne.....

Celui qui, rappelant que lord Byron n'avait pas retourné la tête à ces accents si fiers, avouait qu'il n'attendait pas non plus de réponse :

> Pour être proposés, ces illustres échanges
> Veulent être signés d'un nom que je n'ai pas...

devait devenir le poëte des *Nuits* et le chantre de *Rolla* : il n'était encore que l'*Enfant du siècle*.

Nous savons la vie de Byron à Ravenne, jour par jour, par ce petit journal bref et rapide, où il y a tant d'ironies concises. J'ai vu les chambres qu'il occupait : elles donnaient sur une rue étroite, et on s'étonne qu'un poëte — dans ce pays italien, si riche en beaux horizons, — ait pu se contenter d'une vue aussi mesquine. Il est vrai de dire que le travail et une douce pensée absorbaient lord Byron ; il avait fait venir ses chevaux ; chaque jour il se perdait au plus épais de la forêt ou laissait la trace de ses cavalcades effrénées sur le sable de l'Adriatique entre Ravenne et Rimini ; il tirait au pistolet, écrivait un fragment de poëme, lisait la correspondance de Grimm, le *Dictionnaire philosophique*, et allait chaque soir dans le monde ou au théâtre, surtout quand on jouait de l'Alfieri. Un jour, pendant un acte de *Philippe à Ravenne*, profondément remué par le jeu de l'actrice, il sanglota si fort qu'il dut abandonner la loge de la Guiccioli.

Il quitta la ville en octobre 1821 pour aller résider quelque temps à Pise. Déjà l'idée d'un trépas sublime avait germé dans son cerveau : il conspirait avec Naples ; il allait mettre en action son plus beau poëme, celui dont le dénoûment devait être sa mort pour l'indépendance de la Grèce, à Missolonghi, à l'âge de trente-six ans, le 18 avril 1824.

C'est le dernier souvenir à évoquer à Ravenne depuis les grands épisodes de la Renaissance ; d'année en année la décadence s'est prononcée. La ville est encore la résidence d'un légat, mais la vie politique s'est retirée : quand Bonaparte, après la conquête, divise l'Italie supérieure en départements français, il place le chef-lieu à Forli : celle qui fut la capitale de l'empire d'Occident n'est pas jugée assez importante pour qu'on en fasse une préfecture. Rendue au pontife après le départ des Français, elle forme une des cinq légations et est réunie à l'Italie au moment où Fanti et Cialdini, à la tête de l'armée des Marches et de l'Ombrie, font la conquête des États du pape. Aujourd'hui c'est un grand souvenir, un musée vivant, un nom grandiose et auguste ; et je n'ai pu voir dans une excursion à Ravenne qu'un prétexte à évoquer les morts illustres et les empires réduits au néant.

XII

Est-ce le souvenir de Françoise qui a rempli ma pensée ou celui de ces Malatesta, si durs aux hommes et aux villes, et si cléments aux lettres, aux sciences et aux arts? Je ne saurais le dire : toujours est-il que de tout ce voyage où j'ai résidé dans plus de vingt villes, la gracieuse cité de Rimini m'a séduit plus que toutes les autres.

Je suis parti de Ravenne par chemin de fer, à une heure de l'après-midi; j'ai fait un arrêt d'une demi-heure à Castel-Bolognese, une ville grande comme la main, une miniature de missel italien, carrée, enfermée dans sa fortification bien conservée, avec des tours d'angle et des bastions circulaires, une place d'une belle allure, des églises de marbre et des arcades comme à Bologne. Je n'ai fait que traverser Forli, entrant par une porte et sortant par l'autre, et je me suis borné à voir de loin Cesena, avec sa forteresse imposante et ses deux collines bien défen-

PANORAMA DE LA VILLE DE RIMINI.

dues : à sept heures, j'étais à Rimini. Avant de commencer, je dois faire un aveu : tout est à voir sur cette côte, il y a de l'histoire partout, des monuments à chaque pas, et chaque ville du littoral vaudrait un volume. Il m'a fallu faire un choix, car je suis ici aux prises avec des nécessités pratiques ; mais que de regrets le long de ma route !

C'est seulement un peu avant Rimini qu'on découvre l'Adriatique ; jusque-là on a dû revenir sur ses pas dans l'intérieur pour prendre la voie de Bologne, et on n'emprunte la ligne qui suit le rivage qu'à Rimini même. Déjà j'aperçois au large ces voiles couleur de rouille qui me rappellent Chioggia et la lagune. Rimini a un port-canal qui rejoint la mer, et les barques stationnent le long de ses quais depuis l'embouchure jusqu'au faubourg de la Marine. C'est le plan de la plupart de ces villes; quand elles ne côtoient point le rivage, c'est qu'il y a eu atterrissement, le sol sablonneux et marécageux les a éloignées de la rive ; elles vont donc à la mer par un canal artificiel assez étroit, ou souvent encore par une rivière faisant port. Il n'y a même pas de bassin ; une petite flottille de pêcheurs et quelques trabacoli qui viennent de la Dalmatie ou de l'Istrie, constituent tout le mouvement maritime ; mais cela suffit pour vivifier un peu ces cités qui ont ainsi un essor vers l'Adriatique, et cela suffit pour donner une physionomie à ces cités, car la ligne bleue de la mer ferme l'horizon et achève le paysage.

Ces villes, toutes fortifiées, sont généralement percées de grandes rues qui mènent d'une porte à l'autre ; c'est le cas de Rimini. La grande rue, qui est le Corso, sort sur le Borgo Adriano en passant sous une admirable porte romaine. Les monuments sont importants ; l'arc de

LA GRANDE PLACE DE RIMINI AVEC LE PIÉDESTAL DE CÉSAR.

Jules César d'abord, deux places de grandes dimensions : l'une qui sert au marché ; l'autre, où s'élèvent les bâtiments publics, la statue en bronze d'un pape, le théâtre, l'hôtel de ville, la *Pescaria*, à deux pas de là la forteresse des Malatesta ; un temple, unique peut-être, le temple des Malatesta ; de vivants souvenirs de César au lendemain du passage du Rubicon, le *pont d'Auguste* sur la *Marecchia*, et une autre petite église exquise, celle de *San Michele*, constituent un ensemble plein d'intérêt pour le voyageur. Par-dessus tout cela, des souvenirs tout littéraires d'une époque très-fertile pour les arts et les lettres, la tradition de l'existence d'une cour très-cultivée, très-raffinée et bientôt rayée de la carte politique de l'Italie ; la légende aimable et touchante de Paolo et de Francesca planant sur le tout ; une bibliothèque très-riche, la *Gambalunga*, l'accueil courtois d'un bibliothécaire lettré, M. Tonini, le fils du savant historien de Rimini, et quelques découvertes que nous avons pu faire, qui ne seront pas inutiles à l'histoire de l'art italien au seizième siècle : c'était plus qu'il n'en fallait pour nous retenir huit jours à Rimini.

J'ai fort scandalisé mes aubergistes en allant régulièrement prendre mes repas, matin et soir, dans un *osteria* de la place, où venait le menu peuple. Ce sont là, si on veut me croire, les restaurants les plus confortables de ces pays, cent fois préférables aux faux hôtels anglais et à la fausse cuisine française, prétentieuse et détestable. Le vin *nostrano* est parfait. — Il est excellent sur toute la côte, et vers Lecce il devient *épique*. — Le poisson sort des flots, les pâtes sont toujours recommandables, et si vous demandez un *macaroni al sugo* (au jus), sur lequel on jette soi-même le beurre frais et le parmesan délectable; *una bracciola* (sorte d'entrecôte grillée), *una sfoglia* (la sole blanche et pleine) et des fraises des bois, le tout est exquis, sans nulle exagération, préparé sous vos yeux dans une grande salle propre, blanchie à la chaux, où trois cuisiniers qui ressemblent à des ténors, partent tout d'un coup en chantant *Aïda*, avec une parfaite innocence et avec une bonhomie insouciante du public. On entre, on sort, on va, on vient; à la table du milieu la famille travaille, le vieux père, les belles filles vous sourient discrètement et poliment; le gendre fait le monsieur; entre un client qui vient de Loreto et qu'on n'a pas vu depuis un mois; ce sont des cris de joie, on s'embrasse, les enfants sautent, on oublie que vous êtes là : si vous revenez trois fois de suite, on vous appelle *signor Carlo*, et la maîtresse de la maison vous parle de votre mère ; — le tout pour un franc cinquante par repas. C'est charmant, et je ne donnerais pas mes seize repas de Rimini pour une *pension* gratuite au Café anglais. Il est toujours rassurant d'ailleurs de savoir qu'on peut vivre confortablement ; ceci dit, lançons-nous dans la ville.

S'il faut en croire une inscription, Rimini posséderait une véritable relique historique ; un simple piédestal qui s'élève sur la place du marché et qui ne serait rien moins que la pierre sur laquelle César, ayant passé le Rubicon, aurait harangué ses troupes. J'ai fait photographier la place, mais le piédestal est d'une proportion telle qu'il se perd un peu dans l'ensemble du dessin ; voici ce qu'on lit gravé sur une des faces :

C . CAESAR . DICT
RUBICONE . SVPERATO . CIVILI . BEL . COMMILIT . SVOS
HIC . IN . FORO . AR . ADLOCVT.

Quel monument plus précieux, s'il était authentique ! Cela semble irréfutable ; mais j'imagine qu'il y a là quelque mystère. Une inscription du seizième siècle constate qu'en novembre 1560 on a dressé la pierre sur la place. — Elle n'était donc pas là? — Est-ce une restitution? est-ce la constatation d'une légende conservée, d'une tradition consacrée? Est-ce la même pierre, celle qui servait dans son temps à lire les édits et sur laquelle César aurait monté pour prononcer sa harangue ? Ou est-ce enfin une simple copie de celle qui avait existé quelque part et qu'on aurait détruite? — Elle paraît antique cependant, mais les archéologues secouent la tête. Quoi qu'il en soit, l'inscription du seizième siècle mérite d'être citée :

SVGGESTVM — HVNC — VETVSTATE — COLLAPSVM — COSS — ARIMIN
MENSIVM — NOVEMBRIS ET DECEMB — MDLX — RESTITVIT.

On l'appelle encore aujourd'hui le *piédestal de Jules César*. Dion Cassius et Suétone disent qu'en effet le grand capitaine harangua ses troupes dans la ville ; mais ce qui jette le trouble, c'est que Jules César lui-même, si précis dans ses Commentaires, n'en parle pas.

Nous avons ici un arc admirable, l'*Arc d'Auguste*, élevé en 727 par le sénat et le peuple l'année même où Octave César fut salué du nom d'Auguste. C'est là qu'aboutissait la *Via Flaminia* qui menait de Rome à Rimini, et l'arc était précisément un hommage de reconnais-

L'ARC D'AUGUSTE, A RIMINI.

sance pour la construction de toutes les voies d'Italie. Le dessin permet de voir l'ampleur de l'ouverture : c'est l'arc le plus large que les Romains aient fait jusque-là, il enjambe fièrement la rue et encadre admirablement la vue. On ne peut plus juger du dessin de la partie supérieure, détruite par les Barbares et à laquelle, dès le douzième siècle, on avait substitué, pour en faire une défense, un couronnement de créneaux qui défigurent l'édifice, autrefois surmonté de la statue d'Auguste triomphalement portée sur un quadrige. Quatre médaillons magnifiques décorent les tympans, Junon, Neptune, Vénus et Pallas, et, aux clefs de voûte, deux têtes de vache et de taureau indiquent que la cité était colonie romaine.

LE PONT D'AUGUSTE, A RIMINI.

Il reste aussi un très-beau pont romain, le pont de Tibère, sur la rivière de la Marecchia, tout en travertin blanc, à cinq grands arcs d'ordre dorique, qui n'ont pas moins de dix mètres cinquante de diamètre. Les inscriptions gravées dans un grand cadre au milieu même du parapet donnent l'origine : il est élevé par un décret d'Auguste et il est fini sous Tibère. Il y a là une disposition très-ingénieuse : le pont n'est que la prolongation de la voie consulaire et, comme elle arrive obliquement, les piles sont obliques. Quand les Goths, en 522, voulurent empêcher le passage de Narsès, ils rompirent l'arc du côté du bourg ; il avait été refait depuis avec plus ou moins de précipitation, mais en 1680 Agostino Martinelli de Ferrare le restaura par ordre d'Innocent XII. La sortie immédiate par la voie Émilienne est assez triste, le lit de la rivière est extrêmement large et mal défini ; quelques rares courants d'eau se frayent une voie au milieu des sables. Ce pont magnifique semble remplir une sinécure, mais les riverains m'ont dit que parfois les torrents des Apennins viennent grossir les eaux, qui montent alors à des hauteurs énormes.

Il ne reste rien du temple de Castor-et-Pollux ; mais on se rend parfaitement compte de la construction de l'amphithéâtre, curieusement engagé aujourd'hui sous la fortification, découvert en 1844 et composé de soixante arcs, de plan ovale, d'un axe de cent vingt mètres sur soixante. Clementini en attribue la construction au consul Sempronius.

On sent bien que le souvenir de Françoise de Rimini devait nous poursuivre dans la ville où s'accomplit le drame terrible consacré par le chant impérissable de la *Divine Comédie ;* mais il y a là bien des brumes, bien des nuages, et ce n'est vraiment que dans les chartes, les parchemins et les documents d'archives que j'ai pu retrouver les traces certaines de l'existence de Francesca, de son mariage, de son amour et de son trépas. Les traces probantes des monuments n'existent plus à Rimini.

Ce qu'il y a de plus net et de plus clair à ce sujet, c'est le commentaire de Boccaccio sur le passage de Dante qui rapporte le fait. Boccace est contemporain à peu près (1313-1375).

Messer Guido Vecchio de Polenta, seigneur de Ravenne et de Cervia, était en guerre avec le seigneur de Rimini, Malatesta ; on fit la paix, et pour la mieux cimenter il fut convenu que Gianciotto, fils de Malatesta, épouserait Francesca, fille de Messer Guido.

Gianciotto était un grand guerrier, un vaillant homme ; mais il était contrefait (*zoppo*). Paolo son frère, *déjà marié*, qui était beau comme un prince de conte de fées, fut chargé de venir à Ravenne et d'épouser la jeune fille *par procuration*. Il vint en effet ; Francesca le vit à son insu, le trouva séduisant, et, le prenant pour l'épouseur effectif, en devint éprise. On fit le contrat ; l'épouse vint à Rimini et découvrit sa cruelle erreur quand Gianciotto se dressa devant elle. Paolo et Francesca se voyaient tous les jours ; Gianciotto guerroyait par les chemins : un serviteur du mari dénonça les rendez-vous, et Gianciotto, revenu un jour à l'improviste, surprit les deux amants. La scène du meurtre est connue : Francesca fait signe à Paolo de fuir ; il ouvre la fenêtre et va sauter dans la cour ; il reste suspendu à une saillie. Francesca le croit sauvé ; elle ouvre. Gianciotto, furieux, sonde la salle d'un coup d'œil, et l'épée à la main court au balcon ; il aperçoit son frère suspendu, l'attire à l'intérieur et s'apprête à le frapper. Francesca se précipite sur le corps de Paolo, et le même coup les transperce. *Furono poi li due amanti con molte lacrime la mattina seguente seppelliti, ed in una medesima sepoltura.* On les pleura et on les ensevelit dans la même tombe : — et voilà un fait historique qui se fait légende et traverse les siècles.

Je pourrais écrire longuement, et j'espère le faire, en établissant les faits historiques en regard de ceux de la légende, et fournissant tous les documents à l'appui. Il m'eût fallu de longues recherches pour les rassembler dans les Archives : je les dois à l'obligeance du bibliothécaire de la bibliothèque *Gambalunga*, le fils du savant docteur Luigi Tonini.

Le lieu du meurtre est encore contesté. Il y a une école qui prétend que Gianciotto vivait alors à Sant'Arcangelo ; une autre, qu'il vivait à Pesaro (parce que Malatesta était seigneur de Pesaro). Le docteur Luigi Tonini a prouvé que c'est à Rimini, et sûrement dans la Rocca Malatestiana, la forteresse dont nous donnons ici la vue, que le fait s'est passé.

Cette Rocca est cependant postérieure ; elle date de 1446, et on la doit à Sigismond, fils de Pandolphe, seigneur de Malatesta, très-habile aux choses de fortification et qui avait appelé à lui le fameux Roberto Valturio, l'auteur du traité *de Re militari*. Ce que nous en voyons dans le dessin ne peut donner une idée de ce qui existait alors. C'était le corps ; mais le sol sur lequel nous marchons tout autour de la Rocca était un fossé profond fermé par une première enceinte, et un pont-levis donnait accès à la porte que nous voyons en façade. Avant 1446, date donnée par la belle inscription placée au-dessus de la porte, s'élevait là le palais des

Malatesta, palais fortifié, château fort (*castello*), qu'on appelait *Gattolo di San Colomba*, à cause d'une église qui s'élevait dans la partie nord-est, et plus tard, *Gattolo dei Malatesti*. C'est dans ce castel que se serait passé le fait du meurtre de Paolo et Francesca. Il y avait six tours de quatre-vingts pieds de haut, un fossé de cent pieds de large et profond de trente-cinq. En 1625, le pape Urbain VIII le fit réparer, et on lui donna son nom : *Castello Urbano*. En 1826, par un acte de barbarie à jamais regrettable, on détruisit la première enceinte, on combla les fossés, et naturellement on détruisit le pont-levis. On en a fait des prisons pour les méfaits vulgaires, et, à travers les grilles, nous voyons la casaque rouge d'une détenue qui vient regarder un coin de ciel bleu.

AVANZI DELLA ROCCA : FORTERESSE DES MALATESTA SEIGNEURS DE RIMINI.

XIII

En errant, comme j'ai l'habitude de le faire, sans plan préconçu, me bornant à ma seule connaissance des styles pour reconnaître les monuments et les ruines, je tombe littéralement en arrêt, cloué sur place par l'admiration, devant un monument que je regarde comme l'un des plus beaux de toute l'Italie. Il est malheureusement inachevé ; la date est superbe (1450), et l'inscription du fronton a quelque chose de grandiose : *A Dieu immortel, Sigismond Pandolphe Malatesta, fils de Pandolphe.*

C'est l'église de San Francesco, assez peu connue en somme, très-peu reproduite, si peu, que nous avons dû renoncer à en trouver les photographies dans toute l'Italie, et faire faire à Rimini même dix clichés différents par M. Trevisani, afin de pouvoir un jour l'illustrer, après avoir cherché les documents d'archives. On a donné le nom de *Tempio Malatestiano* à cet édifice.

Qu'on imagine une église du treizième siècle à laquelle un prince puissant, riche, ami des arts, a fait une enveloppe (*une chemise*, pour mieux me faire comprendre) dont le dessin est de Léon Battista Alberti, de Florence. Je donne la façade, mais elle est inachevée ; c'est par les médailles du temps qu'on apprend ce qu'elle devait être. C'est le style, à la fois classique et plein de noble fantaisie, de la deuxième moitié du quinzième siècle qu'Alberti a adopté. C'est très-simple à l'extérieur, d'une grande unité et d'un goût tout à fait exquis. Les moulures, les frises, les rinceaux sont de cette époque fortunée où tout ce qui sortait des mains des artistes atteignait une perfection qui ne sera pas dépassée.

Sigismond, fils de Pandolphe, a fait de ce temple l'œuvre de sa vie. Pour l'embellir il a a pillé San Apollinare in Classe de Ravenne. Il a voulu réunir dans les chapelles de l'intérieur les tombeaux de sa famille et celui de sa femme Isotta, dont le monogramme, uni au sien, court dans tout le bandeau des trois façades. Par une pensée pleine de grandeur, et qui ferait

SAN FRANCESCO, LE TEMPLE DES MALATESTA, A RIMINI.

aimer ce Malatesta chargé d'imprécations dans l'histoire, il a voulu que sous chacun des arcs des façades latérales, dans un sarcophage noble et simple et de forme antique, reposât un des poëtes, des philosophes et des savants qui vécurent à sa cour.

L'intérieur est plein de révélations pour l'étude des arts. Les plus grands artistes italiens du quinzième siècle ont concouru à l'orner, et, même après les prodigieuses tombes des Frari et de San Giovanni e Paolo, on peut être étonné de la perfection des œuvres sculptées qui ornent chacun de ces sanctuaires d'art. Singulière appréciation à porter sur une œuvre de ce temps, où l'architecture retournait aux sources antiques : celle-ci est originale et romantique comme un système ornemental né d'hier et qui n'aurait emprunté à aucun temps ; il y a là des audaces de composition qui frapperont vivement ceux qui s'occupent d'art. J'espère avoir retrouvé les noms des artistes qui ont collaboré à ce précieux monument, et pouvoir prouver qu'il ne s'agit de rien moins ici que de Luca della Robbia, Pisanello, Matteo da Pasti, Sperandeo Sperandei, Simone Donatello, Piero della Francesca, Lorenzo Ghiberti et Bernardo Ciuffagni.

Bien avant la cour de Ferrare, avant l'apogée du règne des Urbin, dès 1350, cette cour de Rimini était un centre intellectuel. Sigismond, fils de Pandolphe, fit de Rimini une petite Athènes, et nombre de grands artistes ont vécu à sa cour et sont morts à son service. Il avait ses savants, ses philosophes, ses peintres, ses graveurs en médailles; il était poëte, et on a conservé ses vers à la belle Isotta, sa femme. Il avait aussi la spécialité de la fortification, et on lui doit le dessin de nombre de châteaux forts des villes environnantes. La souveraineté des Malatesta à Rimini datait des premiers jours du treizième siècle, et Othon III, qui succéda aux Lombards dans cette souveraineté, avait fait un Malatesta *vicaire de l'Empire*. Un des pontifes

PORT-CANAL DE RIMINI.

reconnut Galeotto, l'aïeul de Sigismond, pour souverain de Rimini, et la même famille régna à la fois sur Rimini et sur Fano depuis l'année 1200 jusqu'au jour où un Malatesta céda la ville aux Vénitiens, qui la perdirent en 1528 dans la bataille de Gera d'Adda, que leur livrèrent les troupes pontificales. A partir de ce moment, un légat gouverne au nom du pontife, et la ville a le sort des autres cités des Marches.

Il y a fort peu de mouvement commercial à Rimini. Les campagnes environnantes viennent s'y pourvoir, mais l'industrie est nulle. La ville est devenue une station balnéaire importante, et on y vient de tous les points de l'Italie. Une ville nouvelle s'est formée à la plage, et rappelle beaucoup, toute proportion gardée, ces villes modernes de Deauville ou de Villers, où les Parisiens affluent pendant l'été. Les familles riches ont là des pavillons qu'elles viennent habiter pendant la saison des bains, et quelques habitants de Rimini, plus aventureux que les autres, ont spéculé sur les terrains et construit des maisons de location. La plage est très-belle, mais très-découverte et sablonneuse. L'établissement ou Casino est à la droite du petit port, qui, nous l'avons dit, n'a guère que le mouvement de la flottille de pêche. Comme toutes les îles du golfe de Venise ne sont habitées que par des pêcheurs, ceux-ci sont forcés, tant la concurrence est grande, d'abandonner la lagune et le golfe pour venir jusqu'ici exploiter un fonds moins recherché que le leur. Comme nous les avons retrouvés sur la côte opposée et en Dalmatie, nous retrouvons ici les Chioggiottes, reconnaissables à la forme de leur barque avec la proue en bec d'oiseau et les grands yeux à l'avant, les voiles couleur de rouille, les grandes madones peintes, et ces singulières girouettes de paille tressée et ornée qu'ils portent à l'extrémité du mât. Les Chioggiottes se rangent de chaque côté du quai et ont leur quartier à eux. Les pêcheurs de Rimini débarquent le poisson à l'entrée du port sur des brouettes plates, dans des paniers plats qu'ils posent avec dextérité les uns sur les autres, et ils doivent faire plus de deux kilomètres ainsi chargés pour porter leur pêche à la grande place où s'élève la *Pescaria*. Tout à l'entrée du port, du côté de la ville, se trouvent les bateaux d'un plus fort tonnage, ceux qui viennent de Fiume, des îles du Quarnero et de l'Istrie.

Aujourd'hui on n'apporte de là que du bois de chauffage et du charbon pour le chemin de fer. En temps ordinaire, avec ce genre de barques montées chacune par une famille (*trabacoli*), il faut deux jours et demi pour aborder dans le Quarnero.

Le port est pittoresque comme dessin, mais c'est à peine un port-canal ; il n'y a pas de bassin, le radoub se fait dans le lit même, à marée basse, et la chaussée, assez large d'ailleurs en quelques endroits, sert de chantier pour les sept à huit barques qu'on construit. Le croquis représentant le port est pris en tournant le dos à l'Adriatique et regardant la ville à l'horizon. Le pont qui coupe le canal est celui du chemin de fer, qui suit son parcours le long de la plage et sépare le port de la ville.

XIV

La première étape intéressante après Rimini est la petite ville de Pesaro. La route est très-agréable ; elle longe constamment le rivage, et on suit des yeux les voiles jaunes bordées de grecques ou semées d'étoiles qui sillonnent les flots bleus.

A distance égale de Rimini et de Cattolica, à une lieue et demie dans l'intérieur, se dresse un pic élevé que le voyageur ne perd pas de vue pendant tout le parcours, et qui mériterait une excursion : c'est la roche du mont Titan, un des pitons des Apennins, d'une hauteur de près de huit cents mètres, sur lequel s'élève la petite ville de Saint-Marin, la dernière des *Républiques italiennes*. Riccione est un village de peu d'importance ; la Cattolica est tout à fait à la côte, et doit son nom à un contre-concile qui s'y est tenu lorsque, les évêques ariens se réunissant à Rimini, les évêques orthodoxes choisirent cette petite cité pour protester.

Parti à onze heures et demie de Rimini, nous entrons à Pesaro à deux heures. A la gare même, dans un petit square d'un caractère tout moderne, entourée d'arbres et de fleurs et protégée par une grille de fer, se dresse la statue du *Cygne de Pesaro*, de ce vieillard au fin sourire, que nous vîmes pendant tant d'années passer sur le boulevard des Italiens, hôte populaire de notre Paris : l'auteur du *Barbier de Séville* et de *Guillaume Tell*. Une inscription indique que ce monument est dû à la munificence de deux étrangers bien connus de tous, un Français, M. Delahante, et un Espagnol, le marquis de Salamanca. Le soir, comme notre promenade autour de la ville nous avait ramené vers la gare, tout le petit square semblait phosphorescent ;

des milliers de lucioles voltigeaient sur les fleurs, vives et lumineuses comme les notes brillantes des pizzicati et des broderies de l'orchestre de Rossini.

A Pesaro, nous avons descendu à l'hôtel Zongo, un palais de l'ancienne famille de ce nom, éteinte aujourd'hui. La proportion des salles est véritablement écrasante, et la construction semble faite pour des géants. La ville, à part sa place, *Piazza dei Duchi*, n'a pas beaucoup de caractère, et les églises n'ont de vraiment remarquable que des fragments de façade. Comme Pesaro dépendait du Saint-Siége et que la ville n'avait pas l'autorité des centres comme Ravenne, Rimini et Urbino, si riches en souvenirs, on a laissé aliéner en faveur du Vatican un certain nombre d'œuvres d'art qui devaient constituer un attrait pour le voyageur. Ce qui nous a le plus intéressé ici, c'est la bibliothèque et la collection des médailles; mais nous regrettons toujours que ces villes du littoral, pour la plupart assez riches en médailles antiques, soient presque toutes dépourvues des beaux spécimens du quinzième et du seizième siècle, qui sont tout à fait spéciaux à leurs princes. La belle série des Pisanello, des Camelio, des Matteo da Pasti, des Sperandeo et tant d'autres, qui sont le commentaire le plus direct de leur histoire et pour ainsi dire des monuments de famille, n'est représentée que par des pièces peu nombreuses et de peu de valeur. On pourrait évoquer à Pesaro le souvenir du Tasse, qui a écrit une partie de son beau poëme dans les jardins du palais du cardinal, sur lesquels donnent aujourd'hui les fenêtres de l'Hospice des Fous, où trois cents *Malinconici* sont l'objet des soins du savant docteur Michetti, auquel M. Vitali avait bien voulu nous recommander.

Le plan de la ville est un pentagone irrégulier, entièrement ceint de murs, avec bastions et larges fossés que pouvaient remplir les eaux de la Foglia.

PESARO : LE MONUMENT DE ROSSINI.

Les murs élevés sont flanqués d'un terre-plein planté d'arbres qui offre une jolie promenade. Toutes ces villes fortifiées ont de nombreuses portes monumentales; elles empruntent leurs noms à ceux qui les ont construites, ou aux routes auxquelles elles donnent accès. Là aussi il y a eu atterrissement, car il y a deux siècles à peine les murs, dans la partie où le fleuve se jette à la mer, venaient presque jusqu'au rivage.

On sent plus la vie industrielle et commerciale à Pesaro qu'à Rimini; les filatures de soie y sont nombreuses : il y a des fabriques de plomb de chasse, des fonderies; l'ancienne renommée des fabriques de majoliques n'est pas encore entièrement perdue, et les carrières de soufre y sont exploitées avec profit. La ville et le territoire, c'est-à-dire les faubourgs, comptent à peu près vingt mille âmes. La plaine est riche, mais le petit port est très-restreint; on compte une centaine d'habitants adonnés à la pêche.

La ville a trois places : *Trebbio*, *Piazza Maggiore* et *Piazza del Porto*; c'est sur la seconde, qu'on appelle aussi la place des Ducs, que s'élève le palais des Ducs d'Urbin (*la Corte*, comme on dit ici). Le monument a sa grandeur; mais les restaurations successives en ont beaucoup changé le caractère. On a restreint la dimension des fenêtres, auxquelles on a ajouté naïvement les plus modernes des persiennes et un balcon à la baie centrale, afin que Pie IX, lors de son voyage de 1857, pût bénir la population. La façade sur la place fut construite par les Sforza, qui ont été seigneurs de Pesaro; malgré les fureurs révolutionnaires de 1797, il reste encore quelques écussons de la famille. Tout le monument est occupé aujourd'hui par les administrations, les postes, les finances, les bureaux de la préfecture; mais on a respecté la grande salle qui correspond à la façade sur la place, où furent célébrées, en 1475, les noces de Constance Sforza et de Camille d'Aragon. Les ornements qui restent intacts ne sont point cependant

LE PORT DE PESARO VU DE LA TERRASSE DES ORTI GIULII.

de cette époque; ils ont subi, du temps du duc François-Marie, une restauration conduite avec goût par Girolamo Genga, qui fit, sur la façade en retour sur la rue des Marchands, une série de logements pour le duc. On voit encore là de belles cheminées, des portes, des escaliers et de belles frises, qui préparent l'œil aux merveilles du palais des Ducs, à Urbino. La proportion de ces palais de petite ville est énorme; celui-ci a deux cours : la première, avec quatre façades simples, mais où on lit, dans les frises des fenêtres et au-dessus des belles portes monumentales, les initiales de *Guido Ubaldo secondo, quarto duca d'Urbino*, dont nous reconstituons facilement le nom en voyant les armes et attributs de leur maison : les trois bornes, la flamme renversée et les deux W, qui signifient *Vittoria* et *Vbaldus*. La seconde cour est tout à fait abandonnée; son nom, *la Caccia*, indique que le duc l'avait fait construire pour y donner des combats de taureaux. En cherchant s'il existait encore quelques vestiges de l'époque des ducs, nous avons remarqué, dans une écurie, des traces de fresques d'un certain intérêt et des bois sculptés qu'on pourrait encore restaurer.

Il était naturel de chercher à Pesaro les traces de ces fameuses fabriques de majoliques qui furent sa gloire, comme elles furent aussi celle de Gubbio, de Faenza et d'Urbino; il est à peine

PESARO : LA PIAZZA GRANDE.

croyable que je n'aie pu parvenir à reconnaître même l'emplacement sur lequel elles s'élevaient. Mais la tradition existe encore, et j'ai visité les fabriques modernes, qui, étant donné ce que nous connaissons aujourd'hui, ne m'ont offert aucun intérêt ; et cela pour la première de toutes les raisons : c'est que le caractère des œuvres qui sortent de ces établissements ne constitue pas un caractère original, et qu'en dehors de ce qu'on appelle les *terraglie* pour l'usage vulgaire, on se borne à reproduire les formes anciennes et les dessins des maîtres, sans que ces œuvres modernes aient le mérite de l'invention, et sans qu'elles égalent ni le brillant des émaux, ni la solidité et la légèreté de la matière. Je dois cependant signaler à Pesaro un émail solide et brillant dont l'établissement de M. Pietro Gaï possède le secret.

Après avoir admiré quelques éditions rares dans la Bibliothèque Olivieri, examiné quelques manuscrits et tenu de précieux autographes, comme ceux du Tasse, de Castiglione, l'auteur du *Courtisan*, de l'Arétin, du Genga, du Baroche et de Palma, j'ai fait une promenade aux jardins appelés *Orti Giulii*, lieu pittoresque et romantique fondé par le comte François Cassi sur le Bastion même, et faisant terrasse sur l'Adriatique. C'est de là que j'ai dessiné le petit port de Pesaro et l'embouchure de la Foglia. On a érigé là un monument à Giulio Perticari, un des hommes illustres de la cité, et avec un goût qui rappelle celui des villas italiennes des environs de Rome : le fondateur a disposé çà et là des pierres et des restes antiques qui, en se mariant à une nature noble et pittoresque, font de ce lieu une retraite pleine de poésie.

XV

Je devais, au sortir de Pesaro, continuer ma route en suivant l'Adriatique ; mais j'avais depuis longtemps le désir de voir la ville du divin Sanzio et le fameux palais des ducs d'Urbin ; une invitation du président de l'académie de Raphaël à venir prendre à Urbin même le diplôme de membre de cette assemblée me décida à abandonner mon itinéraire pour faire une pointe dans l'intérieur.

Urbino est tout à fait *hors de main* (*fuori di mano*), comme on dit ici ; il faut cinq heures de diligence pour s'y rendre. Alors que Florence fut la capitale de l'Italie, on espérait voir réunir la ville au centre par une voie ferrée ; tout espoir est aujourd'hui perdu, et Urbino est une ville très-peu connue des étrangers, très-peu visitée, et qui cependant mérite de l'être. Nous sommes au rivage même ; nous allons nous avancer à quarante kilomètres dans l'intérieur, vers les Apennins. La sortie de Pesaro est intéressante par un certain nombre de villas et de châteaux historiques qui s'élèvent, entre la route et la mer, sur le mont Accio : Castel di Mezzo, l'Impériale, Novilara, la villa Mosca, la villa Vittoria. Situées sur les hauteurs, toutes ces villas sont pourvues de tours de défense ou d'observation, et il résulte de cette construction une silhouette pittoresque et imposante. Castel di Mezzo servit de résidence aux archevêques de Ravenne. L'Impériale doit son nom au séjour qu'y fit Frédéric III, qui revenait de prendre à Rome la couronne impériale. La construction primitive est de 1464, et date des Sforza, comme le palais de Pesaro ; Girolamo Genga l'a restaurée, et après lui François-Marie della Rovere. Je n'ai pas visité l'intérieur ; mais la masse, vue du bas de la route, est imposante ; il y aurait là quelques toiles historiques et des stucs intéressants d'Ambrogio Barocci ; les habitants de Pesaro m'ont dit que le lieu est très-abandonné et en triste état. La villa Mosca est transformée aujourd'hui en école d'agriculture ; elle rappelle beaucoup ces grandes villas historiques du lac de Côme, où l'architecture est combinée avec la nature. Ce ne sont que stucs, statues, jeux d'eaux, œuvres d'un sculpteur romagnol du nom de Trentanove. La fameuse princesse de Galles s'y était fixée vers 1817.

A partir de la villa Mosca, dont l'entrée est sur la route même, le pays devient montueux, sans être autrement pittoresque ; à la gauche, la vue est assez étendue, et offre des séries de collines basses ; les horizons de droite sont fermés par les monts San Bartolo (Accio), boisés et semés d'habitations. Les villages sont rares et très-peu importants ; la culture consiste en sorgho et en blé. Le premier centre que nous traversons s'appelle Moniechio ; le second, à moitié route, est Cappone. Nous faisons halte dans une pauvre osteria, où l'on change de chevaux : quelques passants, rassemblés autour d'une table sur laquelle l'hôtesse a jeté une poignée de fèves de marais, les mangent à belles dents en buvant un vin aigre. A peu de temps de là, on entre dans la montagne, et le chemin devient difficile : les collines se succèdent, surmontées çà et là de tours en ruine. Après quatre heures de route, nous découvrons Urbino sur la hauteur. On voit la ville de très-loin, et sa silhouette est du plus beau caractère ; elle est construite

URBINO : VUE GÉNÉRALE DE LA VILLE.

si haut sur le sommet, qu'on passe et repasse sous les murs en parcourant les lacets des pentes. L'entrée est étonnante ; on se sent en plein quinzième siècle, et on reconnaît les fonds familiers aux peintres de l'école ; la fortification, aux lignes imposantes, aux glacis d'un ferme profil, regarde la route de Pesaro, et protège la cité du côté où elle est accessible, la divisant en deux parties. Un viaduc très-élevé sur lequel nous passons forme le premier plan ; sur les deux pentes de deux collines séparées ainsi par le Metauro se groupent les édifices ; la partie qu'on laisse à sa gauche est dominée par une immense fabrique du quinzième siècle, carrée, massive, simple, mais d'une grande noblesse de lignes, et celle dans laquelle on entre est couronnée par l'admirable palais des ducs d'Urbin, une des plus belles résidences que jamais prince ait construites pour en faire sa cour.

Urbino ne compte guère plus de cinq à six mille habitants, et tout le territoire n'en a pas plus de quatorze mille ; on croit que du temps des ducs la ville devait être plus peuplée. Sa position élevée dans la montagne indique un climat extrêmement rude, et la neige, tombant avec abondance, fermait parfois toute communication aux villageois. On raconte qu'un jour les moines de San Bernardino, interceptés depuis plusieurs jours et privés de vivres, eurent l'idée de sonner les cloches à toute volée, pour avertir les habitants d'Urbino. Leur excellent prince se mit à leur tête, donna l'exemple du travail, et la population, déblayant les routes, vint au secours des bons Pères, leur amenant un convoi de vivres. *Faire la route (far la rotta)* est une expression usuelle à Urbino, même encore aujourd'hui, malgré les progrès du génie moderne. Pendant l'été, la chaleur n'a rien d'excessif ; elle est toujours tempérée par les vents de l'Adriatique.

L'histoire d'Urbino se confond avec celle de Ravenne dans ses grandes lignes ; romaine, gothique, lombarde, franque enfin avec Pépin et Charlemagne, elle fut comprise dans la donation faite au saint-père par le premier et confirmée par le second. Au temps des factions italiennes, elle échut à la maison de Montefeltro, puis à celle des Della Rovere, et eut cette rare bonne fortune d'avoir pendant quatre siècles pour souverains des princes excellents, très-dévoués à leur peuple, et dont quelques-uns furent des hommes hors ligne, qui firent de ce petit coin du monde une cour polie, lettrée et d'une illustration égale à celle des plus brillantes cours d'Italie, qui ont été en Europe les initiatrices des arts, des lettres et des sciences.

D'un génie subtil et d'un esprit prompt, dures à la fatigue comme tous les montagnards, habituées à la lutte contre les éléments, les troupes d'Urbin, guidées par leurs princes, tous vaillants capitaines et qui s'étaient fait une spécialité du commandement des armées au service des grandes républiques italiennes, étaient regardées comme invincibles. Les habitants de ce petit duché étaient aussi fidèles qu'ils étaient vaillants, et alors même que, écrasés par les puissants et abandonnés par la fortune, leurs princes se voyaient dépossédés de leurs États par les pontifes ou par les ligues des États, ils leur restaient fidèles dans l'infortune. Indépendamment de la douceur de la domination exercée par les princes, douceur inhérente au caractère des meilleurs d'entre eux, la constitution qui régissait le duché était libérale. A côté du prince il y avait le pouvoir municipal où tous les ordres de la cité étaient représentés par quatre personnalités, et les ducs régnants veillèrent avec un soin jaloux à la conservation des priviléges que les pontifes avaient concédés et qu'ils tentèrent souvent de leur reprendre. Animés d'un grand sentiment de justice et le cœur bien placé, les habitants d'Urbin, s'ils estimaient et chérissaient leurs princes, se soulevèrent avec unanimité, et se prononcèrent avec énergie contre tout abus de pouvoir et contre toute tyrannie ; ils en donnèrent un terrible exemple contre le seul de leurs maîtres qui se laissa entraîner par sa luxure et ses passions.

Sans entrer dans l'histoire de la ville d'Urbin, nous aurons l'occasion, en visitant le palais, de donner une idée du spectacle que donnait au monde cette petite cour qui mérita le surnom d'Athènes de l'Italie ; voyons ce qui reste aujourd'hui des monuments témoins de cette grande époque.

XVI

Une ville située comme Urbin sur deux collines (*Urbs bina*) doit nécessairement présenter l'aspect le plus pittoresque, et si on considère qu'à la plus belle époque de l'art, des princes artistes ont mis toute leur gloire à l'orner de beaux monuments que d'ingénieux architectes ont su construire de manière à ménager d'heureux effets et à découvrir des horizons à souhait, on conçoit que le voyageur garde de son passage à Urbin le plus vif souvenir.

La ville tout entière, à part la rue tracée dans le fond de la vallée, présente de larges rampes et de rapides détours ; il faut le pied d'un montagnard pour gravir dix fois le jour les pentes opposées de la cité et y vaquer à ses affaires. Il résulte de cette disposition un grand inattendu dans l'aspect et de véritables surprises. Au détour d'une rue étroite où on se sent encaissé entre de hautes parois, la voie tourne brusquement et on bute sur un parapet qui domine à des hauteurs énormes les vastes horizons des montagnes des Apennins, couronnées par quelque fabrique d'une belle ligne due au Bramante ou à Antonio Viviani. On sent une préoccupation de l'ornementation extérieure dans les petites places ornées de colonnes votives surmontées de jolis groupes de bronze, et les grandes places ont été composées comme des tableaux. Les palais n'ont ni la grandeur ni la fière tournure des palais italiens des villes situées en plaine, le plan est plus intime et les besoins d'ailleurs ne sont plus les mêmes ; on sent qu'on ne peut circuler qu'à pied ou à cheval dans cette cité construite au haut d'une montagne. L'impression est austère sans tristesse, il règne un silence monacal dans les parties hautes de la cité et les rues sont désertes ; le mouvement se concentre au fond de cette vallée dont les deux rampes sont couvertes de maisons et de monuments.

Je n'ai pu trouver sur les lieux mêmes une photographie de la vue extérieure du palais des ducs d'Urbin, et j'ai dû, à mon grand regret, consacrer deux matinées à dessiner la vue que je présente au lecteur : elle est prise au niveau de la cour intérieure, et présente à la fois la perspective des deux collines sur lesquelles Urbin est construit. Le dessin gagnera peut-être en pittoresque ce qu'il perdra en minutieuse fidélité de détail ; la photographie, si précieuse dans nos voyages, ne peut cependant jamais remplacer complétement le crayon, et la position du palais est si particulière, qu'il échappe à l'objectif. Le duc a choisi pour emplacement de sa demeure, la moins ardue des deux collines ; la façade principale, dont le lecteur voit les deux tourelles énormes, plonge au fond de la vallée, supportée par de solides soubassements qui donnent à la construction tout son caractère : elle regarde l'autre partie de la ville et les horizons des montagnes vers la Toscane. L'entrée principale est au sommet du mont, sur un plateau assez considérable pour qu'on ait pu ménager en avant une place d'une assez belle dimension, de sorte que la façade aux tourelles n'est pour ainsi dire que le balcon du palais. L'architecte a habilement utilisé l'énorme différence de niveau entre le sol des appartements et les soubassements indispensables qui les portent, en y logeant tous les services, très-nombreux alors : les écuries, les cuisines et communs. Cette partie inférieure, d'un profil oblique assez escarpé afin de mieux buter la construction, se termine par un cordon solide : à partir de là, la façade ornée monte à plomb jusqu'au couronnement.

L'effet est puissant, la masse est gigantesque et très-imposante, et ses proportions sont telles, qu'on pense aux énormes masses architecturales de l'antiquité. Cependant la construction est en brique, et la pierre n'est employée que dans les intérieurs. Deux magnifiques cours d'un jet hardi et superbe donnent un cachet de véritable grandeur à l'édifice. L'ornementation n'a pas été distribuée à profusion, et les seules parties vraiment fouillées sont les chambranles, les fenêtres, les frises, les cheminées, les nombreux chapiteaux et quelques voûtes. Le premier architecte s'appelait Luciano di Lausana, il était Dalmate ; celui qui termina le monument s'appelait Baccio Pintelli.

En débouchant sur la place du Palais où s'élèvent la cathédrale et la charmante église abandonnée de San Giovanni, on accède de plain-pied à la première cour, d'une architecture classique, simple et grandiose. Dans la frise de l'ordre on lit, aux deux étages, de grandes inscriptions dans le goût antique à la gloire de Frédéric, duc d'Urbin, duc de Montefeltro, gonfalonier de la sainte Église. L'escalier est célèbre : un Frédéric en marbre d'une tournure héroïque, dû au ciseau du fameux Girolamo Campagna, de Vérone, décore l'arrêt du premier palier. C'est là que les sculpteurs d'Urbin se sont donné carrière dans la décoration des chambranles et frises qui ornent les fenêtres. Il y a là un des plus beaux exemples de la fantaisie de la Renaissance dû à des ciseaux à la fois sévères, habiles et consciencieux dans la recherche du détail. Il faut signaler une particularité qui a son importance : ces beaux exemples de décoration, qui servent de modèle dans toutes les écoles d'art du monde, et qui rappellent les

URBINO : LE PALAIS DES DUCS.

plus gracieuses conceptions des Leopardi et des Lombardi (avec plus de relief, mais presque autant de goût), sont exécutés en carton-pierre, et c'est, à la fin du quinzième siècle, un exemple d'un procédé qu'on croit trop généralement dû à l'ingéniosité de notre époque.

Il faut signaler un parti pris d'ornementation qui est assez dans le goût du temps et qui, par suite de changements apportés en 1756, n'existe plus à sa place primitive : c'est une série

URBINO : LA PREMIÈRE COUR DU PALAIS DUCAL.

de soixante-douze bas-reliefs qui décoraient le mur extérieur à l'entrée, et qui représentaient tout le matériel des machines de guerre en usage au quinzième et au seizième siècle : des balistes, des catapultes, des bombardes, des scies pour les estacades. Ces sculptures sont dues à un aïeul du célèbre peintre d'Urbin, Federico Barocci, Ambrogio da Milano, grand-père du Baroche, et dont nous avons retrouvé le nom en bas du testament du père de Raphaël. Le cardinal Stoppani les a fait transporter dans les corridors supérieurs du palais, qui correspondent à la galerie de cette première cour intérieure dont nous donnons le dessin.

Par-ci par-là, cachés dans les recoins et échappant aux investigations de ceux qui ne sont point familiers avec le plan de l'édifice, se dérobent quelques chambres secrètes, joyaux de sculpture d'un prix infini, restes incomparables de la plus belle époque de l'art italien.

Les salles sont nombreuses et elles sont immenses. Absolument vides aujourd'hui, les murs en sont nus. Une belle frise qui règne autour, quelque admirable clef de voûte sculptée avec recherche, des chambranles exquis, des stucs remarquables dus à Francesco di Giorgio et à Ambrogio, et parfois une cheminée du plus beau caractère, dont la frise représente une danse d'enfants grandeur nature, mais d'un faible relief, ou des enroulements où se jouent des animaux, tel est le parti pris. Les murs sont plats, aucun avant-corps ne rompt la ligne; le sol parfois montre encore quelques restes d'un beau carrelage dont chaque pièce serait aujourd'hui un objet de musée, et qu'on devait alors, couramment et comme objets d'usage, aux grandes fabriques de majoliques d'Urbino. Des étoffes de soie, des cuirs gaufrés et des tapisseries décoraient les murailles; on a la liste, pièce par pièce, des belles tapisseries faites pour le duc d'Urbin dans le but d'orner ces salles; elles représentaient des épisodes de la guerre de Troie. Une autre particularité de la décoration, — et il est entendu que je ne parle ici que de ce qui a un cachet tout à fait local, — c'est le parti pris adopté pour les boiseries des portes, représentant des perspectives d'architecture exécutées au moyen d'incrustations de bois de diverses essences (*intarsiature*). Nous n'avons vu nulle part des spécimens plus complets de cet art-là que dans la petite pièce secrète qu'on appelle *Studio di Federico*. Ce cabinet de travail du duc est revêtu de panneaux sur tout le pourtour, à la hauteur de deux mètres et demi, simulant en trompe-l'œil des armoires ouvertes, sur les rayons desquelles sont déposés des volumes dont on peut lire les titres : la Bible, Homère, Virgile, Tacite, Sénèque et Cicéron; des armes, des emblèmes, des instruments de musique, des clepsydres, l'ordre de la Jarretière, dans les intervalles des panneaux, quelques figures allégoriques d'un beau dessin, et un portrait du duc dont Sandro Botticelli aurait, dit-on, dessiné les cartons, sont exécutés par le même procédé. Une quittance de *sept florins*, signée *Giacomo di Firenze*, reçu motivé *per acconto di lavori in tarsia fatti per la Sala di udienza*, trouvée par Pungileoni, fait supposer que tous les travaux de ce genre faits dans le palais sont dus à un artiste de ce nom. Perkins, dans ses *Toscan Sculptors* les donne à Gondolo Tedesco.

Relisez Castiglione, *il Libro del Cortegiano* : c'est sous ces voûtes, où règnent désormais en maîtres un sous-préfet aimable et une sous-préfète charmante, mais incontestablement très-moderne, que le Tasse a chanté les noces de Francesco Maria ; là se tenait la fameuse cour d'amour où les preux, les poëtes, les illustres de tous les coins de l'Italie, sous la présidence de la belle duchesse d'Urbin, Élisabeth Gonzague, ou bien de la sage Emilia Pia, se réunissaient chaque jour à l'heure où le prince Guido Ubaldo, courbé et torturé par les douleurs, se retirait solitaire. Le jour, c'étaient les tournois, les luttes, les travaux de la guerre; le soir, on posait des énigmes galantes et on discutait, comme dans une académie galante, les vertus qui font le parfait courtisan. Les assistants étaient Ottaviano Fregoso et son frère Frédéric, le magnifique Julien de Médicis, Pietro Bembo, l'amant de Lucrèce Borgia, César Gonzague, Louis de Canossa, Gaspard Pallavicino, Lodovico Pio, Morello d'Ortona, Robert de Bari, le cardinal Bibbiena, Arétin, surnommé *le Divin*, comme on dit aujourd'hui *la Diva*, et que la duchesse d'Urbin, elle, appelait *l'unico Aretino*, parce qu'il était incomparable; Pietro Monte, Terpandro, Nicolo Fusco. Bien avant dans la nuit, on récitait des sonnets ; on écoutait un chant nouveau ; on posait des questions subtiles auxquelles, à tour de rôle, chacun devait répondre. Parfois quelque musicien venu de Florence, un Barletta, *musico piacevolissimo*, se faisait entendre, ou les dames, madama Costanza Fregosa et madonna Margherita, sur l'ordre de la duchesse, dansaient une *bassa* ou une *roegarze* aux applaudissements de la cour.

C'était un monde que ce palais ; un manuscrit du Vatican, qui l'a décrit minutieusement, dit que trois cent trente-cinq personnes étaient attachées au service du duc, sans compter la maison de la duchesse et celle du prince héréditaire. Quarante-cinq comtes du duché d'Urbin, cinq chevaliers de l'Éperon d'or, dix-sept gentilshommes, sept ambassadeurs et secrétaires, vingt-deux pages et sept dames d'honneur avaient là leurs appartements. Le prince, qui avait construit le palais, a laissé un petit livre manuscrit où il avait indiqué à chacun, depuis les comtes jusqu'au dernier des écuyers, quels étaient les devoirs de sa charge. Outre tous ceux que nous avons cités, autour du prédécesseur de Guido Ubaldo, le duc Frédéric, — qui était réputé dans le monde entier pour le premier capitaine de son temps, et que Mahomet II lui-même appelait le *Grand chrétien*, car il n'avait jamais perdu une seule bataille, et la république de Venise l'avait tellement enrichi, que c'est sur le trésor vénitien que le palais d'Urbin fut payé, — venaient se grouper tous les jeunes seigneurs qui, attirés par son renom dans l'art de la guerre, voulaient pouvoir se nommer ses élèves et apprendre à sa cour le métier des armes. C'était Giovanni della Rovere, Gentile de Varano, Ranuccio et Angiolo Farnèse, le fameux André Doria, le premier amiral de son temps, Giulio et Francesco Orsini, les deux Colonna, un Trivulce, les comtes de Gambaro, d'Aversa, de Capri, de Montecchio, de Sassoferrato, de Gattaya : presque tous devenus célèbres dans l'histoire d'Italie. Dans la cour du Palais-Ducal de Venise, au pied de la petite façade Renaissance, du côté de la basilique de Saint-Marc, là où se trouvent les célèbres puits de bronze de Nicolo Conti et de l'Alberghetti, se dresse encore la statue de ce Frédéric, hommage rendu au duc d'Urbin, qui pendant plus de vingt ans conduisit à la victoire les troupes de la Sérénissime. Pour rappeler l'origine de sa fortune, dans une des grandes salles du palais d'Urbin le duc a fait sculpter le lion de Saint-Marc avec l'inscription : *Ære Veneto*, qui ne laisse aucun doute sur l'origine de ses richesses. C'était un grand prince, un souverain plein de bonté et de justice, un rude guerrier en même temps qu'un artiste et un lettré. Il en donna une singulière preuve au siége de Volterra : alors que toute son armée dilapidait les trésors entassés dans les églises et les palais, il ne réclama pour sa part qu'un livre, trésor inestimable aujourd'hui, la Bible polyglotte du Vatican. Sa bibliothèque était l'une des plus riches de l'Italie, et il avait à sa solde trente ou quarante copistes à Urbin, Florence et autres lieux, pour lui envoyer des doubles des manuscrits des poëtes latins, des orateurs et des historiens grecs. C'était le moment où Sixte IV formait la bibliothèque du Vatican, Mathias Corvin celle de Pesth, les Médicis celle de Florence, et, comme les miniaturistes et les calligraphes étaient rares alors, recherchés par des princes riches et puissants, et largement rétribués par eux, le duc avait dû dépenser des sommes considérables pour arriver à son but. Le dernier duc, François-Marie, avait stipulé dans son testament que cette précieuse bibliothèque ne devait jamais sortir d'Urbin ; mais le pape Alexandre VII la fit passer au Vatican, et le palais des Ducs a perdu ainsi une partie de son intérêt.

Il faut insister sur le côté lettré et artiste de cette célèbre petite cour. Le duc Frédéric y avait mis le grec à la mode, et cent ans après sa mort cette étude y était encore en honneur ; aussi Urbin donna-t-elle naissance à toute une école d'hellénistes : Andrea et Tito Cornea, Livio Guidalotti, Silvestro Girelli, Giovanni Francesco Passionei, Giannantonio Turoneo et les Galatei. On a une lettre de Francesco Giorgio Martini, l'architecte du prince, écrite à la république de Sienne, où il s'excuse de ne pouvoir retourner dans sa patrie, parce que le duc ne lui avait pas confié moins de *cent trente-six* constructions qui s'élevaient à la fois dans le territoire : à Castel Durante, à San Angelo in Vado, à Gubbio, à la Pergola, à Mercatello, à Sasso Corbaro. C'étaient des palais, des forteresses, des couvents, des maisons de secours.

La terre féconde entre toutes, la Toscane, était proche d'Urbino, et les arts devaient bientôt fleurir dans une petite cour aussi lettrée, sous un prince généreux, et dont l'esprit était ouvert à tout ce qui pouvait orner l'intelligence, embellir la vie et policer les mœurs. Giovanni Sanzio, poète et peintre qui devait donner naissance à l'un des plus grands génies de la peinture moderne, le divin Sanzio, était d'Urbin ; le Corradini, frère dominicain connu dans les arts sous le nom de *Fra Carnevale*, dont on place les œuvres à côté de celles du fameux Pietro della Francesca, était de la même ville ; le Bramante serait né dans la campagne, et en tout cas il a couvert la région de ses ouvrages. Gentile Veterani était l'ingénieur militaire du duc Frédéric, avec Bartolomeo Centogatti et Giambattista Commandino.

C'en est assez pour montrer quel était ce centre intellectuel vers 1443, au moment où Frédéric d'Urbin succédait à son père Oddantonio, à la veille de la Renaissance, de ce grand réveil qui devait secouer la torpeur du monde, civiliser les esprits, leur faire oublier la rudesse du moyen âge, et préparer le plus grand mouvement du génie humain depuis le siècle de Périclès.

XVII

Nous avons reçu l'hospitalité à Urbino chez le président de l'Académie de Raphaël, le comte Pompeo Gherardi, dans un palais dont la terrasse domine, à des hauteurs énormes, de beaux horizons couronnés par les fabriques du Bramante. Accueilli avec une bonté touchante dans une famille où nous étions un étranger, mais à laquelle nous attachaient ces liens de confraternité artistique qui font des amis des inconnus qui tiennent une plume ou un pinceau, nous devions, quelques jours à peine après notre rentrée à Paris, recevoir la terrible nouvelle de la mort subite de l'honorable président de l'Académie.

C'est le comte Pompeo Gherardi qui a pris à Urbino l'initiative de l'achat de la maison où est né Raphaël ; elle est située dans la partie de la ville opposée au palais, dans une rue tellement en pente, qu'elle s'appelait d'abord *Via del Monte*. Une décision récente a fait donner à cette rue le nom de *Via Raffaello*.

C'est là que, le 6 avril 1483, est né celui que la postérité devait appeler le *Divin Sanzio*. La maison est très-simple, mais elle a cependant son cachet ; les moulures sont d'un beau profil, et son architecture se distingue par je ne sais quoi de noble dans la simplicité qui est le caractère des moindres constructions de la Renaissance. Un aimable abbé, habitant de la maison qui s'élève en face, nous a laissés nous installer dans sa chambre pour nous permettre de faire le croquis de la façade.

Jusqu'en 1872 cette maison passa de main en main, sans qu'il vînt à l'idée de personne d'en faire ce qu'elle devait être : un lieu à jamais consacré, une sorte de temple où ceux qui ont le goût des arts n'entrent qu'avec recueillement. Dès le seizième siècle cependant, un architecte célèbre et un mathématicien, Muzio Oddi, avait placé sur la façade, au-dessous même de la fenêtre de la chambre où Raphaël vint au monde, une inscription d'un beau caractère qui consacrait le souvenir du grand artiste.

En 1872, le comte Gherardi ayant résolu de fonder une académie sous le patronage du nom de Raphaël, et de se vouer à la glorification de la mémoire du peintre, on lui attribua une salle dans le palais des Ducs pour les réunions et la fondation d'une petite bibliothèque spéciale au maître. Le complément de cette fondation fut l'ouverture d'une souscription pour acheter la maison, et on consacra une somme de vingt mille francs à cette acquisition. Un Anglais généreux, dont le nom est gravé sur une plaque de marbre incrustée dans le mur d'une des salles, fit à lui seul un tiers de la somme.

L'habitation est très-simple, mais, je le répète, elle est décente; elle indique même une certaine aisance, justifiée en somme par le talent de Giovanni Sanzio le père. La forme à l'intérieur est assez architecturale, et les chambres sont spacieuses. Il y a tout lieu de croire que la partie de la façade où est incrustée la table qui porte l'inscription appartenait seule à Giovanni Sanzio. Plus tard, Raphaël lui-même aura peut-être acheté la maison voisine et réuni les deux intérieurs, car on remarquera qu'il y a deux portes distinctes, et il n'y a point à douter qu'il n'y ait eu là deux maisons parfaitement séparées; celle où se trouve la chambre de Raphaël est beaucoup plus simple. Réduite à cette proportion, — que nous croyons la vraie, — la demeure a quelque chose d'humble qui frappe vivement notre imagination, quand nous nous rappelons que le cardinal Bibbiena offrait sa nièce en mariage au peintre d'Urbin, que le grand pontife le comblait d'honneurs et venait s'asseoir dans son atelier avec un cortége de princes de l'Église, et que les plus grands souverains posaient devant lui. Ainsi d'ailleurs se trouvent appliqués, avec plus de convenance, les deux vers qui terminent la belle inscription de Muzio Oddi :

LA MAISON OÙ EST NÉ RAPHAËL.

Ludit in humanis divina potentia rebus.
Et sæpe in parvis claudere magna solet.

Il ne reste absolument rien de l'état primitif en dehors de la façade; on a rapporté après coup, dans la chambre même où Raphaël est né, une petite fresque charmante représentant une madone à mi-corps enlevée à la petite salle du rez-de-chaussée, qui était sans doute la *boutique* (*bottega*) de Giovanni Sanzio. Un écrivain nommé Aleardo Aleardi n'a pas craint de dire qu'il fallait voir là la mère de Raphaël portant son fils dans ses bras : *Magia Ciarla col suo Raffaellino dormente*. Au-dessus de la fresque, appuyée contre le mur, on voit une pierre à broyer les couleurs qui pourrait avoir appartenu à la famille. Le mur est décoré d'un portrait de Raphaël, de couronnes déposées par l'Académie et de nombreuses gravures des fresques du Sanzio. Dans une assez belle salle à côté, on a rassemblé les dessins et photographies des œuvres du maître. Un petit cabinet, qui forme la deuxième chambre, conserve encore les traces d'une décoration architecturale d'une très-jolie forme qui nous confirme dans l'idée que la première maison seule est celle de Raphaël, et que la seconde n'est qu'une annexe.

On sait que Raphaël n'a pas vécu à Urbin, mais son père, Giovanni Sanzio, était très-aimé du duc, et quand, avec une intelligence qui honore sa mémoire, il se décida à l'envoyer à l'école du Pérugin; le jeune Raphaël partit avec des lettres de la duchesse dont on a conservé la teneur. Plus tard, il vint à la cour peindre le portrait d'un des Borgia, qui faisait partie du cénacle; mais on comprend que les ducs d'Urbin, en voyant celui qu'ils désiraient voir faire l'ornement de leur cour porter jusqu'au trône pontifical l'éclat de son nom, et se rendre indispensable à des pontifes dont ils pouvaient tout redouter ou tout espérer, n'insistaient point pour que leur sujet abandonnât Rome et le Vatican pour un centre plus aimable, mais naturellement plus restreint.

Les monuments sont nombreux à Urbin, on n'y compte pas moins de trente églises et oratoires. Le *Dôme* ou cathédrale, dont on voit la façade dans une vue d'ensemble de la place Ducale, est un monument tout moderne qui s'est élevé sur l'emplacement de celle construite par les ducs d'Urbin. L'extérieur est d'un architecte de Ravenne, Camillo Morigi, l'ornementation de l'intérieur est de Joseph Valadier. Malgré le luxe déployé dans chacun des nombreux autels, il n'y a là pour l'étranger qu'à constater une impression de grandeur et une ampleur de conception qui font honneur à un artiste auquel on ne rend pas assez justice.

Un peintre d'Urbin, Federico Barocci, se montre là dans tout son avantage, et on peut étudier aussi quelques artistes locaux peu connus, et qui ne sont pas sans mérite. Nous nous sommes arrêté avec le plus grand intérêt dans la sacristie, devant un tableau signé *Pietro Burgo*; c'est le nom du fameux Piero Della Francesca. Le panneau est du plus grand prix pour l'histoire d'Urbin : il représente dans leur costume du temps le premier duc Oddantonio se concertant avec les protonotaires Manfredo et Tommaso da Rimini, les envoyés de Malatesta.

Les tombes des ducs sont éparses çà et là dans les églises, couvents et oratoires, et ils n'ont pas une chapelle spéciale à la famille : à Santa Chiara reposent François Marie Ier Della Rovere et Éléonore Gonzague, sa femme. A San Francesco reposent Magia Ciarla, la mère de Raphaël, Giovanni Sanzio son père, les peintres Timoteo Viti, et Federico Barocci, les écrivains et savants Baldi Comandino et Muzio Oddi. A San Giuseppe le sculpteur d'Urbin, Federico Brandani, a exécuté son chef-d'œuvre dans une chapelle souterraine où on va adorer son *Præsepio*. San Giovanni n'est qu'une chapelle, mais, après le palais des ducs d'Urbin, c'est peut-être le plus grand attrait qu'offre la ville au point de vue de la peinture. La construction est du commencement du quatorzième siècle, le plafond est intact avec sa charpente ornée, et les murs sont entièrement couverts de fresques d'une très-belle conservation, dues à deux frères, Lorenzo et Giacomo Salimbeni. Ce sont des scènes de l'Écriture, dont les personnages ont tous le costume du quatorzième siècle admirablement indiqué dans ses plus minutieux détails. C'est un document d'un rare intérêt, et nous ne connaissons pas d'exemple d'une fresque de cette importance exécutée dans ce parti pris; des légendes gothiques expliquent chacune des scènes. La ville d'Urbin devrait faire des sacrifices pour conserver ce petit sanctuaire, qui n'est pas aussi soigné qu'il le devrait être. Déjà à une époque antérieure on a effacé une partie des fresques pour leur en substituer d'autres d'un intérêt très-discutable. Sur cette même place du palais s'élève une église aujourd'hui abandonnée dont le porche, dans le goût des Lombards, est décoré d'un fronton circulaire où Luca Della Robbia a encastré une admirable majolique d'une très-belle conservation. L'herbe pousse sur les marches de ce petit temple aujourd'hui désert, la lèpre du temps a rongé la pierre du monument finement sculpté. Il faut citer encore quelques places charmantes, romantiques, où les légats du saint-père ont dressé de petites colonnes votives surmontées de groupes de bronze dignes de figurer sur une étagère; et un musée local où on peut étudier l'école des peintres d'Urbin et admirer deux très-beaux Titiens. Il y a aussi quelques galeries particulières dignes d'être visitées : le palais Albani, le palais Staccoli-Castracane, et les demeures des familles Nardini, Leoni Antinori, Belenzoni-Cesarini, Viviani, Antaldi, Ubaldini. Chez les Castracane il faut voir un des plus beaux plats de la fabrique d'Urbin, exécuté par Orazio Fontana sur un dessin de Raphaël ; il représente le *Jugement de Pâris*.

La ville, même indépendamment du palais des Ducs, offre un grand intérêt : on y pourrait faire une suite de jolis croquis d'architecture à la Piranèse ; les pentes sont si considérables, que tous les aspects en sont pittoresques. J'ai passé une soirée au théâtre ; on y jouait deux pièces traduites du français, l'une, *le Feu au couvent*, de Théodore Barrière, et l'autre, *les Suites d'un bal masqué*, de Bayard. La société m'a paru élégante, et cette ancienne cour des Montefeltro, aujourd'hui

URBINO : LA CATHÉDRALE ET L'ANGLE DU PALAIS DES DUCS D'URBIN.

devenue sous-préfecture, doit présenter encore quelque charme au point de vue du séjour. Il est à remarquer que la plupart de ces anciens centres sont encore habités par les descendants des familles dont le nom se retrouve à chaque pas dans l'*Histoire des ducs d'Urbin*, de Filippo Ugolini ; cependant la cité est restée en dehors du mouvement. Lorsque Florence fut un moment la capitale, on projeta de relier Urbin au centre de la Toscane ; depuis que Rome est devenue la capitale du royaume, la solution est indéfiniment ajournée.

XVIII

D'Urbino on pourrait se rendre à Fano sans revenir à Pesaro ; mais, ayant laissé mes bagages dans cette dernière ville, je dus y retourner et prendre la voie ferrée, qui en une heure conduit à Fano.

Toutes ces villes du littoral ont beaucoup d'unité : on sent qu'on se rassemblait autour d'une forteresse, à l'abri de fortifications faites pour résister aux ennemis sans cesse menaçants. La mer devait autrefois baigner les murs de Fano ; elle s'élève aujourd'hui à mille ou douze cents mètres de la plage, et elle la domine à une assez grande hauteur. Je viens m'accouder au rempart pour comprendre le plan de la cité. L'espace entre la fortification et la plage est occupé par des jardins maraîchers bien entretenus, où de grandes norias destinées à l'arrosement (qui m'ont rappelé les norias serbes) dressent leurs palans au-dessus des arbres fruitiers : entre les vergers et la ligne d'argent du flot adriatique qui vient mourir sur la plage, règne une grève où sont couchés quelques enfants nus. Sur notre gauche, du côté de Sinigaglia, reliant la ville à la mer, on voit les eaux du canal formé par une saignée faite au Metauro. Une soixantaine de barques et de bâtiments de petite dimension forment la flottille de Fano, et la population compte à peu près trois cents marins et pêcheurs.

Je me lance à l'aventure dans la ville, après en avoir fait le tour par le boulevard fortifié intérieur. La forteresse, la *Rocca Malatestiana*, a été érigée par Sigismond, fils de Pandolfe, celui-là même dont nous avons trouvé la tombe à San Francesco de Rimini. Jules III a confié plus tard au fameux Luca da San Gallo la construction du boulevard qui enveloppe Fano de tous les côtés, et qu'on peut suivre constamment en dominant sans cesse les maisons à une assez grande hauteur. Nous comptons quatre portes, la *Maggiore*, *San Leonardo*, *Giulia* et *Marina*.

Les monuments sont nombreux et la ville, peu peuplée, est gaie d'aspect, propre et sympathique. Les couvents abandonnés offriraient un asile à une population considérable. Les palais ont des proportions écrasantes : celui des Montevecchio, attribué à Vanvitelli, rappelle les grandes masses des palais de la place Navone ou de la place Colonna. Tibaldi Pellegrini a construit celui des Martinozzi, et d'autres familles illustres de Fano, les Bertozzi, les Alavolini, les Marcolini, les Ferri, habitent des demeures dignes de princes régnants.

J'ai eu la déception de ne trouver à Fano aucune des personnes sur lesquelles je comptais : le comte Ubaldini était absent et j'ai dû errer à l'aventure et aller à la découverte. C'est encore le moyen le meilleur quand on a du temps à soi ; à chaque détour de rue vous attend une nouvelle surprise, et les rencontres les moins inattendues prennent les proportions d'une grande découverte.

Si Fano est une cité moins importante que celles que j'ai visitées jusqu'ici, j'en conserve un excellent souvenir. Les monuments romains y sont restés debout, le moyen âge offre de beaux spécimens, la Renaissance y triomphe, et surtout les restaurations n'ont pas trop transformé les choses. La vie n'y est pas trop brillante, l'hôtel est plus que modeste et la nourriture est pénible, mais enfin la bonne *Maruccia* qui vous loge a toute la bonhomie de ces populations de la rive.

De tous les monuments de la période romaine, il ne reste ici que l'*Arc d'Auguste*, mais on a la notion d'un grand nombre d'autres : la *Basilique de Vitruve*, le *Temple de la Fortune*, les *Cloaques*, dont on voit encore les bouches, et les *Aqueducs*, qui servent encore à amener les eaux d'une distance de trois milles.

Sans être à la hauteur de celui de Rimini, l'Arc d'Auguste est très-intéressant ; les habitants de Fano l'ont élevé et dédié à l'empereur en signe de reconnaissance. A la fin du quinzième siècle, on a eu l'idée d'élever sur le côté droit de ce monument et de lui adosser une petite église, *San Michele*, due à Matteo Muti, un architecte du terroir, auquel on doit la bibliothèque des Malatesta à Cesena. Cette petite façade de San Michele est un bijou d'architecture. L'architecte du monument, par une inspiration dont la postérité doit le remercier, a fait sculpter sur un des murs extérieurs un bas-relief représentant l'arc romain tel qu'il était

FANO : PORTE DE L'ÉGLISE SAN MICHELE.

avant sa destruction; et c'est par les médailles et par cette représentation plastique qu'on a conservé la notion de ce qu'il était à l'époque de Constantin. Comme tous les monuments romains de tous les pays, cet arc a perdu son aspect primitif, car il est enterré de plus d'un mètre.

En 1463, Frédéric de Montefeltro, faisant le siège de Fano, détruisit la loge supérieure soutenue par des colonnes de marbre grec; le souvenir du fait était encore très-vivant quand Matteo Muti construisait San Michele, et nous ne conservons plus aujourd'hui de notion exacte sur la forme et l'inscription que par le bas-relief dont nous venons de parler. C'est sous le gouvernement d'un certain Tureius Apronianus, curateur du Picenum et de la Flaminie, résidant à Fano, qu'on ajouta à la construction primitive la loggia aujourd'hui détruite, dont les colonnes antiques ont servi, à deux pas de là, à ériger le charmant portique de l'hospice des *Trovatelle* (Enfants trouvés).

J'ai dit déjà que j'avais eu le regret de ne pas rencontrer les personnes pour lesquelles j'avais pris des recommandations; mais, dans ces petites villes italiennes où la vie, comme on le comprend aisément, est moins pressée que dans nos grandes cités de France, il n'est pas rare que la première personne à laquelle vous demandez un renseignement devienne sur-le-champ votre *cicerone* obligeant et, avec une bienveillance et une bonhomie que j'aurai souvent encore l'occasion d'éprouver, qu'elle consacre au voyageur qu'elle ne doit jamais revoir, et son temps, et ses connaissances, et son expérience de la localité.

Ce fut mon cas à Fano, et grâce à un passant dont je ne sais même pas le nom et qui me parut appartenir au petit commerce, j'ai pu en quelques heures visiter la ville tout entière et faire cette première excursion, qui permet de déblayer le terrain et de faire le choix des sujets les plus dignes d'étude. Plus tard, grâce au bibliothécaire Evaristo Francolini, l'un des auteurs du *Guide de la cité de Fano*, j'ai pu retrouver les origines des choses que je venais de voir.

Historiquement, Fano eut à peu près le sort de Rimini et de Ravenne : romaine d'abord, illustrée par le séjour de César, embellie par Auguste et Constantin, elle a été la proie des Barbares et détruite par Vitigès. C'est à cette période que disparurent la plupart des monuments antiques et, perte irréparable, la Basilique de Vitruve. Bélisaire chasse les Goths, conduit Vitigès prisonnier à Constantinople, et revient à Fano, qu'il entoure d'une muraille et fortifie de tours de défense dont on voit encore des vestiges. Les Lombards s'en emparent, puis Charlemagne : avec lui Fano échoit au Saint-Siége. Viennent les Sarrasins et les Francs, puis les empereurs d'Allemagne; enfin, à la paix de Constance (1183), les villes italiennes se constituent en républiques, et Fano se gouverne par ses propres statuts. Au milieu des luttes des Guelfes et des Gibelins, Innocent VI investit les seigneurs de Rimini, les Malatesta de Verucchio, du vicariat de Fano, et pendant cent dix ans cette famille y règne sans conteste. Mais Sigismond Malatesta est rebelle au Saint-Siége. Pie II le dépouille de ses priviléges. Ce Frédéric duc d'Urbin, dont nous venons de parler longuement, assiége la ville et elle revient au pape. Alexandre VI la donne à César Borgia, son fils, en 1496; il y demeure jusqu'en 1504, sous Jules II. A partir de ce moment jusqu'à l'invasion française elle reste à l'Église; elle lui est rendue en 1814; et pendant les événements de 1848 et de 1859, présents à la mémoire de tous, elle a le sort des villes des Marches et de l'Ombrie.

Fano était si célèbre par son temple de la Fortune (dont il ne reste cependant pas de trace), que jusqu'au treizième siècle les armes de la ville représentaient la façade de ce temple avec un lion et la devise : *In Fani portis custos est hic leo Fortis*. Plus tard, la ville prit pour écusson le râteau rouge et le râteau blanc des Guelfes et des Gibelins, dont l'apaisement avait rendu la sécurité à la ville. En souvenir de la réconciliation des deux familles des Cassero et des Carignano, on inscrivit la légende *Ex concordia felicitas*.

Je n'ai pas visité moins de vingt-trois églises à Fano. Quelques-unes sont intéressantes sans doute et mériteraient d'être étudiées, mais il n'y a rien là de transcendant; ce qui m'a frappé le plus, encore plein de l'émotion ressentie à Rimini, en face des tombeaux de Sigismond, fils de Pandolphe Malatesta, ce fut de trouver sous le porche de San Francesco de Fano le tombeau même de ce Pandolphe, élevé en 1460 par Sigismond à l'auteur de ses jours, avec une belle inscription qui le constate. Le sarcophage de granit oriental noir, de la plus noble et la plus simple forme et qui rappelle le style de San Francesco de Rimini, occupe la droite du porche, abrité sous un avant-corps et fermé par une belle grille. A gauche, appuyé aussi à la muraille, s'élève le tombeau de Paola Bianca, de la famille Orsini, femme de Pandolphe Malatesta; ce monument, qui est très-riche et qui porte une très-longue inscription rappelant les vertus de cette Orsini, porte la date de 1398 et appartient au style gothique, tandis que le monument de Pandolphe, élevé un peu moins d'un siècle après par son fils, est de la belle époque de la Renaissance. A une certaine hauteur dans le mur latéral en retour, on a scellé le sarcophage d'un certain Bonetto de Castelfranco, médecin des Malatesta, mort en 1430.

On conçoit facilement que quand on a vu et étudié la plupart des grands musées d'Europe et vécu dans l'intimité des grands chefs-d'œuvre de la France, de l'Italie, de l'Espagne, de l'Angleterre et de l'Allemagne, on ne s'arrête désormais que devant les peintres qui ont un caractère local : Fano a cet attrait-là. J'avais vu déjà à Urbino de belles peintures de Timoteo

LA LISCIA : CHUTE D'EAU DE PORTO JULIO.

Viti et de Giovanni Sanzio, le père de Raphaël, qui est un peintre dont on a trop médit en le comparant à son incomparable fils; Santa Maria Nuova et Santa Croce offrent de beaux spécimens de ce maître. C'est aussi à Fano qu'on voit le fameux *David vainqueur de Goliath* du Dominiquin. Le Guide et le Guerchin y sont aussi bien représentés; mais quand on a vu les fresques du palais Rospigliosi et l'*Aurore*, on ne s'attache guère à ces œuvres, qui ne montrent en somme que le côté le moins intéressant de l'artiste, et on étudie le caractère d'une ville plutôt que le détail qui n'a rien de transcendant. C'est par ce caractère que Fano m'a séduit; la place est d'un excellent effet avec son *Palais de la Raison*, malheureusement défiguré par tous ceux qui ont successivement régné à Fano depuis le podestat Barnabo di Lando qui le construisit en 1299. Une cour, à laquelle on accède par un arc qui s'ouvre à l'angle de la place, mène au *Palais de la Commune*, ancienne résidence des Malatesta de la plus jolie architecture du quinzième siècle. Le Palais de la Commune, sous son charmant portique, contient de très-belles inscriptions antiques.

Tout en visitant chaque monument, mon obligeant cicerone déplorait la stagnation des affaires à Fano et l'apathie de ses concitoyens; l'esprit industriel n'existe pas, chacun vit de ce qu'il a, le petit commerce lui-même est timide; admirablement située à quelques pas de la mer avec un port-canal qui l'y réunit, douée de cours d'eau puissants et magnifiques, personne ne songe à utiliser ces forces qui se perdent et pourraient vivifier le pays et lui apporter la richesse.

C'est une chute d'eau, en effet, qui est la grande curiosité du pays; on la doit à Paul V, qui était un Borghèse. Le pontife a saigné le Metauro et l'a amené à faire, à quelques pas de la Porte Julia, une superbe cascade artificielle appelée la *Liscia*, qui se précipite de vingt mètres de haut, offrant à l'industrie, qui la laisse perdre, une force considérable.

Ce pontife a laissé sa fière empreinte sur les murs de la ville; en y arrivant par le chemin de fer, le bastion d'angle présente son escarpement couronné d'un énorme écusson reposant sur une console et couronné par la tiare et les clefs de saint Pierre.

XIX

Dans mes études sur Venise, j'avais si souvent rencontré le nom de Sinigaglia à propos de la fameuse foire qui s'y tenait autrefois, que j'avais une véritable curiosité à l'égard de cette ville.

De Fano il ne faut qu'une demi-heure pour s'y rendre par la voie ferrée et, sur la côte adriatique, un seul village, Marotta, la sépare de cette dernière ville. Je suis arrivé à la nuit à Sinigaglia (on écrit aussi *Senigallia* et *Sinegalia*). L'hôtel de la Poste était absolument plein; je n'ai pu y trouver de chambre que grâce à l'obligeance d'un voyageur qui me céda un petit salon dépendant de son logement. C'était le 1ᵉʳ juin, et la foire n'a lieu qu'en juillet; il était difficile de s'expliquer une telle affluence dans une ville qui est aujourd'hui une puissance déchue. Au retour d'une longue promenade dans la ville à la nuit noire, je trouvai la salle à manger de l'hôtel brillamment éclairée et la table mise; les voyageurs soupaient: j'en fis autant. Le public me parut assez bizarre et je surpris des conversations étranges qui s'échangeaient en langue anglaise. Je comptai quarante personnes, dont plusieurs enfants hâves et pâles; des jeunes filles d'une maigreur extrême, coiffées de cheveux roux tombant sur les épaules, les yeux cerclés de bistre, avec un je ne sais quoi de nerveux et d'automatique dans le geste et dans le rire, et quelque chose de flamboyant, de décousu et de prétentieux dans le costume. Les hommes étaient pour la plupart d'un teint blême, d'une face glabre, Américains sans doute, car ils étaient plus *en dehors* que les Anglais ne le sont d'ordinaire: c'étaient en tout cas d'étranges voyageurs; leurs lazzis convulsifs, leurs allusions incompréhensibles, je ne sais quoi d'extravagant à froid, d'épileptique, un comique sinistre dans le propos, m'amenèrent à penser que j'avais affaire à une troupe d'acteurs en voyage. Le lendemain soir, comme j'entrais au théâtre sans avoir regardé l'affiche, m'attendant à entendre quelque opéra de Verdi, je retrouvai la plupart de mes hôtes de la veille, vêtus du caleçon pailleté, coiffés de la perruque rouge et la face poudrée à blanc, faisant la pyramide sur la scène; une pyramide humaine au sommet de laquelle la jeune première, en maillot, en jupe rose et en corsage décolleté vert-chou, exécutait des grâces sur un pied en envoyant des baisers à la salle. C'était un cirque américain en voyage qui avait accaparé l'hôtel.

La ville de Sinigaglia est assez ample et régulière; elle contient plus de monuments que les cités que j'ai visitées jusqu'ici; mais elle a conservé peu de traces de monuments historiques. Sa grande illustration c'est sa foire annuelle, qui se tient encore aujourd'hui dans la rue principale de la ville et sur les quais de son port, depuis le 28 juillet jusqu'au 10 août. On y venait autrefois de toutes les parties de l'Italie et de toutes les villes des rivages opposés de l'Adriatique, depuis Trieste jusqu'à Durazzo d'Albanie. Le principal commerce du pays c'est la vente du grain ; mais à part ce fond toujours le même, la foire n'avait pas, à vrai dire, de spécialité, et tous les genres d'industries et de fabrications nouvelles, la bimbeloterie, la vannerie, le cuir, la toile, les étoffes de toute sorte, tous les menus objets manufacturés y étaient aussi représentés. Le Corso traverse la ville de part en part : c'est une rue assez large qui va de l'une des portes fortifiées au port-canal; autrefois les boutiques s'installaient de chaque côté, dressées sur un faux plancher dont tout le parcours était muni afin de faciliter le roulement des grains sur de petits chariots. On défendait le passage des voitures sur cette voie et le service des chevaux se faisait par des rues détournées. A la hauteur du premier étage on suspendait d'un côté à l'autre de la rue des *tende* qui permettaient de circuler à l'ombre, et la ville tout entière était ainsi transformée en un immense magasin.

SINIGAGLIA : LE PORT ET LE PONT-LEVIS.

Un peu plus tard, un légat du Saint-Père construisit une série d'arcades en façade sur le port, faisant soubassement à toute une série de grandes constructions, et tout l'espace compris entre le canal et les arcades devint le centre le plus bruyant et le plus affairé; la foule circulait ainsi à couvert sous les arcs, et les grandes tentes projetées en avant abritaient les magasins. C'était une date et une échéance pour toute la Dalmatie, l'Istrie, la Styrie, la Gallicie, toutes les provinces italiennes et même pour les provinces de la Turquie d'Europe. A l'abri des commotions politiques depuis qu'elle était aux mains des pontifes, la ville, tout en obéissant aux légats du Saint-Père, avait un caractère neutre et cosmopolite en raison des immenses affaires qu'y faisaient les représentants du commerce de toutes les nations. Comme pour Nijni-Novogorod, Beaucaire et Leipzig, tout le monde était intéressé à trouver là un champ neutre pour des transactions énormes dont dépendait la prospérité de chacun.

Indépendamment du commerce et de l'échange, comme dans toutes les villes où on vient ainsi exceptionnellement une fois l'an la bourse bien garnie en prévision d'achats nécessaires, ou par suite de bénéfices qu'on vient de réaliser, tous les baladins, les acteurs, les musiciens ambulants, les charlatans, les industriels hasardeux des provinces, s'y donnaient aussi rendez-vous. Ceux-là mêmes qui n'avaient aucun intérêt effectif et spécial y venaient pour se divertir, et c'était pour la municipalité une tradition, qui existe encore aujourd'hui, de voter des subventions pour offrir à cette énorme concours d'étrangers des plaisirs qui devaient contribuer à jeter dans la ville des sommes énormes en y retenant les visiteurs.

On ne peut plus avoir aujourd'hui une idée du spectacle qu'offrait cette foire célèbre ; elle a toujours lieu cependant ; mais les circonstances ont bien changé : des débouchés nouveaux se sont créés, la marine s'est développée, les chemins de fer ont apporté de telles modifications, que l'industrie humaine qui produisait facilement est allée au-devant du consommateur, afin de le pourvoir aux lieux mêmes où il réside ; et Sinigaglia est devenue aujourd'hui une foire purement italienne. La position était commode, c'était un moyen terme entre l'Orient et l'Occident, à proximité d'Ancône, un grand port à mi-chemin entre Venise et le promontoire de Gargano, indépendant de tout souverain autre que le Saint-Père représenté par son légat, et, avant toute chose, déclaré port franc par un privilége qui n'existe plus aujourd'hui ; la tradition s'était formée, confirmée, consacrée ; le commerce s'était développé à un point inouï, et on devait avoir là, vers 1600, un incomparable spectacle, qui fait penser à celui qu'offre encore aujourd'hui la foire de Nijni. Il est résulté de ces circonstances que la ville est matériellement très-grande, que les constructions sont de proportion considérable, comme toute ville de quinze mille âmes qui à un moment donné est appelée à en loger cent mille.

Sinigaglia est entourée de murailles avec un fossé et communique avec la mer, comme toutes ces villes du littoral, par un port-canal sur lequel on a jeté un pont tournant afin de faciliter à la fois, et l'arrivée des bâtiments jusqu'aux quais de la Foire, et le passage des habitants sur la rive opposée, où sont élevés les docks, magasins, dépendances et le bourg de la Marine. Il y a bien un certain caractère monumental dans l'ensemble de la ville, surtout au point où nous avons représenté la vue de la foire, près du marché et de la pêcherie, construits sur un plan régulier, mais prodigieusement sales ; mais, en somme, à part quelques palais du dix-huitième siècle et la place de la Municipalité, où se dresse une fontaine avec une statue de Neptune dans le goût de Jean de Bologne, le voyageur ne conserve pas de souvenir bien caractéristique. Il faut faire exception pour un singulier monument, beaucoup plus étrange qu'il n'est beau, qui s'élève presque dans le centre. C'est une forteresse trapue, bizarre, avec de grosses tours d'angle très-basses, crénelées, peintes en rouge, plongeant leurs murs à fruit très-épaté dans un large fossé converti en verger. On lit au-dessus de la porte d'entrée des initiales qui rappellent l'origine de la construction, due à un Odescalchi, préfet et gouverneur pour le pontife. Les églises sont très-froides et d'un style sec: un classique moderne sans saveur et sans grandeur. J'ai visité quelques palais, et entre autres celui des Mastaï Ferretti, c'est-à-dire la résidence de famille du pape Pie IX. Il n'y a rien là que de banal ; mais le peuple est poète et aime les contrastes, et au lieu d'entourer de son respect et de sa vénération ce palais des Mastaï Ferretti, il les porte avec attendrissement vers une petite cabane de métayers à la sortie de la ville, où s'éleva le Saint-Père, confié à une nourrice prise parmi les fermiers des comtes Mastaï Ferretti, qui allaita celui qui devait être un jour le chef de la chrétienté et surveilla ses premières années.

Un obligeant libraire, chez lequel je cherchais vainement un *Guide de Sinigaglia*, se proposa pour être mon cicerone, comme quelques jours auparavant à Fano, et il voulut me mener dans la chaumière où Pie IX a fait ses premiers pas. Elle est située au bord de la route, dans un verger, à deux pas d'une fontaine renommée pour la pureté de ses eaux. Une inscription la désigne aux voyageurs. Elle est plus que modeste, cette petite maison où s'abrite un si grand souvenir, et elle fait déjà contraste avec la noblesse du palais des Ferretti ; mais quelle distance entre l'humble cabane et les splendeurs du Vatican ! La vieille nourrice était morte depuis longues années quand son cher nourrisson, déjà prélat de l'Église, ceignit la tiare ; et c'est alors qu'une main pieuse, pour rappeler le souvenir *qui devait à tout jamais appeler l'attention des hommes sur la petite maison au bord de la route*, y gravait la touchante inscription qu'on y lit aujourd'hui.

Comme un certain nombre de villes du littoral, Sinigaglia est devenue une station balnéaire, et pendant la belle saison on y vient des grands centres de l'Italie pour passer quelques mois au bord de l'Adriatique. C'est un goût qui peu à peu se répand : Venise a ses bains du Lido, qui sont en train de rendre à la ville une importance qu'elle perdait chaque jour ; Rimini s'est

SINIGAGLIA : LA FOIRE SOUS LES PORTIQUES DE LA PLACE.

beaucoup développé de ce côté-là, et, jusqu'en bas de la côte, j'ai constaté un grand progrès dans ce sens. A Sinigaglia, on a la ressource de logements amples et confortables ; et comme la ville est assez riche, elle fait des sacrifices pour avoir un opéra pendant la saison des bains et subventionne l'impresario.

Les fondations de bienfaisance, maisons de *Ricovero*, hospice pour la vieillesse, asiles, établissements de toute nature, sont nombreuses à Sinigaglia ; le pontife actuel a beaucoup fait pour sa ville : il a contribué à l'embellir et à adoucir le sort des pauvres. Son nom figure sur la plupart des établissements modernes consacrés aux indigents. Cependant, comme mon cicerone me montre un passant d'un assez grand air qui n'est autre que le propre neveu de Sa Sainteté, je lui indique à mon tour, à chaque pas, imprimées sur les murs, les marques évidentes de l'enthousiasme des populations pour le mouvement unitaire : « Vive l'Italie une !

— Vive le Roi galant homme! — Vive Garibaldi! — Vive Cialdini! » Mon cicerone m'assure que néanmoins, en dehors des *italianissimes*, les Sinigaliens sont très-fiers de leur pontife et se souviennent avec reconnaissance des marques de souvenir et des preuves de bienfaisance que le Saint-Père a données à sa ville natale. Tout le monde s'accorde à dire que le Saint-Père, au milieu de ses tribulations sans nombre, ne prononce jamais sans attendrissement le nom de Sinigallia, et lui conserve dans son cœur le plus tendre des souvenirs.

SINIGAGLIA : LA MAISON OÙ PIE IX A ÉTÉ ALLAITÉ.

LE PALAIS APOSTOLIQUE, A LORETTE (Voyez p. 590).

CHAPITRE NEUVIÈME

ANCONE ET LORETTE

Le pays, de Sinigaglia à Ancône. — Panorama de la ville. — Son port. — Les rues. — Les monuments, les portes de ville, la Cathédrale, l'Arc de Trajan, la bourse, le Palais des Communes, les églises, les places. — Coup d'œil sur l'histoire d'Ancône. — La ville moderne et la ville ancienne. — La vie à Ancône. — Lorette. — Le pays depuis Ancône jusqu'à Lorette. — L'arrivée. — La ville. — La place. — La basilique. — La *Santa Casa*. — La tradition religieuse. — Le mouvement autour du sanctuaire. — Le trésor du sanctuaire. — Le palais pontifical. — La pharmacie.

I

Nous quittons Sinigaglia à deux heures et demie, par le train mixte. Deux stations seulement et vingt-cinq kilomètres nous séparent d'Ancône : le trajet se fait en une heure et demie à peine. C'est d'abord un village au nom dramatique : *Case Bruciate* (Maisons brûlées), puis Falconara, ville plus considérable située sur la hauteur et qui emprunte son importance à sa position : là est l'embranchement de la voie qui mène directement à Rome. D'Ancône à la capitale il faut une dizaine d'heures, et comme nous faisons ce voyage à l'époque des grands pèlerinages, les convois sont très-suivis. Le personnel des voyageurs est assez pittoresque : la station est encombrée de Belges, d'Irlandais, d'Américains et de prêtres italiens ; les Français sont assez rares. Le pèlerin américain est un personnage assez nouveau pour moi, et l'échantillon que j'ai devant les yeux mérite quelques traits de crayon. Un entre tous se distingue par sa haute taille : c'est un homme jeune, d'un beau visage, pâle, à cheveux longs et longue barbe, tout de noir vêtu comme un clergyman anglais ; il porte à la boutonnière une petite croix de cuivre comme tous ses compagnons. Ses yeux bleus flottent dans le vide ; il a déjà descendu aux deux stations, comme s'il cherchait quelque chose qu'il ne trouvait point, et semble très-inquiet. A Falconara, il a été plus heureux : un cantinier ambulant vient de lui verser une large lampée d'eau-de-vie blanche dans le fond d'une chope à bière ; il l'a vidée d'un trait. Il vient de retrouver d'autres pèlerins venus de Lorette et qui retournent à Rome. Mais comme il ne parle ni l'italien ni le français, et que ses compagnons sont Belges, il en est réduit, pour leur prouver les bons sentiments qui l'animent, à leur envoyer des baisers. Cependant les trains se croisent ; celui qui se dirige sur Ravenne va partir, et celui qui emmène à Rome les pèlerins de Lorette siffle sur la voie. Mon Américain veut monter dans le train de Rome, mais il en vient et on s'aperçoit de sa méprise : de vive force, titubant, l'œil hagard, avec les cheveux qui tombent en longues mèches sur le devant des yeux, on l'enlève, et deux hommes le fourrent dans le train déjà en marche sur Ravenne. Il envoie toujours des baisers dans la direction de Rome ; il a l'eau-de-vie tendre, et son cœur se fond en tendresse pour ses amis d'une heure.

Depuis Sinigaglia la voie ferrée est presque au niveau de la mer, dont la sépare seulement une grève étroite et aride ; la flottille des pêcheurs se voit en panne au large. On entre à Ancône par les faubourgs, et la station est assez loin de la ville. Une magnifique porte (*Porta Pia*), élevée à la fin du siècle passé par le pape Pie VI, sur les dessins de Filippo Marchioni, servait autrefois d'accès à la cité ; depuis qu'on a agrandi l'enceinte, c'est plutôt un arc triomphal qu'une porte effective. A quelques pas de ce monument se dresse le lazaret du Vanvitelli, d'un beau plan régulier et d'une superbe proportion ; on le doit à la munificence de Clément XII. Les temps sont changés : au lieu d'être à distance du centre comme il convient à un établissement de ce genre, il est aujourd'hui dans la ville même et ne peut plus remplir son objet. Nous verrons d'ailleurs qu'Ancône n'est plus, entre l'Europe et l'Orient, le point intermédiaire qu'il était autrefois ; le lazaret n'a plus sa raison d'être. Aussi, depuis que le port a perdu sa franchise, a-t-on pris des dispositions pour convertir ce superbe bâtiment en magasins et en entrepôt : ce sont les docks de la ville. Nous l'avons visité en compagnie de M. Grassini, le vice-consul de France à Ancône, et nous y avons constaté peu de mouvement ; quelques camions venaient y déposer du fer ou en prendre. Un chemin de fer établi autour de la construction pentagonale facilite les transports. Comme à Livourne, à Gênes et à Venise, et sur les ports directement en relation avec les cités orientales d'où on pouvait apporter la peste en Italie, cette nécessité de construire un lazaret s'est immédiatement imposée, et, apportant dans la construction le goût et l'ampleur qui caractérisaient ces époques où l'art était en honneur, les gouvernements faisaient de véritables monuments de ces établissements sanitaires. Le Vanvitelli n'y a pas manqué : la construction est à la fois pittoresque, solide, élégante, et d'un noble aspect.

La Porta Pia s'ouvre sur la *Via Nazionale*, qui coupe en deux une grande partie de la ville et accède à la *Piazza dei Cavalli*. L'arrivée par terre n'a rien de séduisant, et il ne peut en être autrement, car Ancône est une ville d'un plan très-particulier, et, pour bien juger de son aspect, il faut y arriver par mer, ou alors gagner immédiatement le port et s'avancer dans une barque assez au large pour embrasser l'ensemble. Dans ces conditions-là, la ville peut rivaliser avec les plus belles de la Péninsule, Gênes, Naples, ou même avec Lisbonne et les belles cités orientales. C'est un superbe amphithéâtre en arc de cercle, avec son môle en avant, son arc de triomphe de Trajan, magnifique préface à son port, sa cathédrale qui se dresse superbe sur le piton du Monte Marano, et, derrière son Dôme, d'autres hauteurs avec le Sémaphore, le Monte dei Cappuccini et le Monte Gardetto. Plus loin encore, et au centre, dans le fond de l'horizon, deux autres collines, Monte Pulito, Monte Marino, laissent passage à une vallée creusée par un cours d'eau. La seule partie plane de la ville, à son centre, mais à droite, se relève encore en un nouvel amphithéâtre et étage ses habitations sur le San Stefano jusqu'à la rude forteresse

ANCÔNE.

construite au sommet de l'Astagno, qui fait un pendant majestueux au dôme de Saint-Clément. Çà et là surgissent les dômes, les tours, les aiguilles gothiques, et, baignant leur base dans l'eau par un effet de la perspective qui supprime la largeur des quais, se déroulent les façades de premier plan, toutes monumentales et juchées sur des arcs d'une construction aussi hardie que les aqueducs des Romains, offrant leur suite non interrompue sur le grand poste circulaire du port, depuis la pointe de la digue avec son phare jusqu'au lazaret et à la Porta Pia. Tout est combiné ingénieusement dans ce grand plan d'ensemble pour offrir aux navires qui arrivent de l'Orient un noble pendant à l'arc de Trajan, qui marque les deux points extrêmes des quais du port, aux deux extrémités de l'arc qui forme l'anse où les flottes vont jeter l'ancre.

Si vous n'arrivez pas par là, vous n'aurez que déception et vous pourrez imaginer que vous vous promenez dans le chemin couvert d'une forteresse.

Les rues sont si étroites dans la partie vieille, après tout la seule intéressante pour nous, que vous n'avez jamais de recul pour regarder une façade, et que rarement vous percevez un horizon ou une perspective, et cela par une raison toute simple, c'est que vous êtes sur une route en corniche bordée de hautes constructions des deux côtés, de sorte qu'à droite la ville se continue en échelons ascendants, tandis qu'à votre gauche, au contraire, elle descend en pente à la mer et que ses maisons s'étagent sur des gradins.

Il y a bien çà et là quelques places qui offrent des échappées, mais elles sont rares, et vous êtes tout étonné, étant entré de plain-pied par la voie *Nationale*, et n'ayant fait que gravir assez faiblement parce que la route est longue et la pente par conséquent très-douce, de vous trouver sur une terrasse à une prodigieuse hauteur au-dessus de la mer, avec une ville à vos pieds et une autre ville qui se continue au-dessus de votre tête.

Je voudrais pouvoir me flatter que le panorama d'Ancône que j'ai fait dessiner pût donner une idée de la ville ; mais ce n'est pas chose facile. Il faut errer dans ses rues et s'y perdre, jeter les yeux à sa gauche, à sa droite, pour découvrir, entre deux maisons, des ruelles d'un mètre de large avec des marches sans fin qui se superposent et évitent les détours pour passer d'un quartier dans un autre. Il en résulte naturellement une ville très-pittoresque si on la visite à fond, et aussi une disposition très-monumentale qui ajoute singulièrement à l'effet de l'architecture quand on a fait le sacrifice de ménager une place et un recul pour jouir du coup d'œil. Tout monument qui s'élève sur la haute ville est pourvu d'un soubassement et d'escaliers qui lui font une noble base et doublent l'effet de son aspect. C'est, en effet, la plupart du temps, ce piédestal qui manque aux plus riches et aux plus belles constructions des villes qui s'élèvent en plaine. Au contraire, dans les édifices qui s'élèvent dans la partie basse d'Ancône, on entre de plain-pied, et lorsqu'on se met au balcon de ces rez-de-chaussée, on s'aperçoit qu'on domine la mer à une hauteur qui donne le vertige ; la base cachée, et inutile à l'habitation puisqu'elle n'est qu'un soutènement, atteint sans aucune exagération la proportion des plus écrasantes constructions de l'antiquité.

Je vais pendant plusieurs jours travailler au Palais Communal, où sont les Archives et la Bibliothèque. J'y entre sans gravir une seule marche, depuis l'*albergo della Pace* où je suis logé, et quand, appuyé au balcon, je jette les yeux devant moi sur l'Adriatique, je me sens suspendu sur l'abîme à une prodigieuse hauteur. Je parlais de l'ampleur audacieuse des constructions antiques à propos de ces soubassements qui portent le Palais des Communes : je ne croyais pas si bien dire. Je lis en effet, dans les descriptions d'Ancône du seizième siècle, que le Palais des Communes, quoiqu'il soit l'œuvre de Margaritone d'Arezzo, qui vivait au treizième siècle, a probablement conservé ses soubassements contemporains des Goths. Il n'est pas improbable que la fameuse Galla Placida ait fait tailler ces prodigieux arcs en entamant le rocher sur lequel s'étage la ville d'Ancône. Plus tard, chacun vint à son tour, selon son temps et son goût, restaurant, corrigeant, ornant à sa façon, substituant à un palais gothique une façade moyen âge ou renaissance. Les discordes civiles, les incendies ont fait de ce Palais des Communes d'Ancône, qu'on appelait autrefois le *Palais de la Farine*, une œuvre assez peu harmonieuse ; mais nous avons l'habitude de lire l'histoire d'un monument dans ces différences de style, et de retrouver les origines dans les diverses formes architecturales.

La *Loge des Marchands* d'Ancône est dans la même condition comme situation : élevée dans une rue étroite, de plain-pied avec la rue que j'habite, si je traverse l'immense *Hall* qui sert de point de réunion et de *Bourse* aux marchands, aux financiers, aux armateurs, pour aller m'accouder à la terrasse, je domine encore le vieux port et toute la Marine, embrassant la rade jusqu'aux montagnes de Pesaro. C'est un des beaux monuments de la ville, mais il faut faire des restrictions ici ; le gothique d'Ancône n'est point classique, il est d'un *flamboyant* qui manque d'élégance et de cette pureté relative qu'on peut trouver dans le style de la bonne époque. Il y a d'ailleurs là une incompatibilité flagrante. La façade est attribuée à Giorgio di Sebenico (1459), et cependant elle est gothique, ce qui indiquerait que Giorgio n'a fait que restaurer, en la modifiant à sa façon, une construction qui lui était antérieure d'au moins un siècle. Mais, comme en 1580 et en 1758 on a exécuté des restaurations, il est encore plus probable que les architectes ont conservé le style primitif, faisant un gothique de leur façon. C'est un certain Moccio de Sienne qui avait eu la haute main sur l'édifice. En 1556, un incendie l'ayant détruit, on appela le Tibaldi pour décorer le superbe vaisseau, l'unique pièce dont se compose le monument. Ce plafond du Tibaldi, composition d'ensemble ronflante et superbe, a toute la tournure des grandes œuvres de la Renaissance ; le souffle de Michel-Ange anime ces grandes figures nues, et l'effet est très-imposant.

Ancône est assez riche en monuments ; mais un grand nombre d'entre eux sont convertis en casernes ou en établissements publics, et naturellement l'usage auquel on les a destinés aujourd'hui les voue à une conservation bien hasardeuse. Je ne me suis attaché à reproduire que deux de ces monuments, et les plus importants : l'*Arc de Trajan* et la *Cathédrale*, dédiée à saint Cyriaque.

Dans ce voyage sur les rives de l'Adriatique, nous avons vu déjà bien des arcs romains : celui de Pola, celui de Fano, celui de Rimini ; l'Arc de Trajan d'Ancône est presque sans rival, bien qu'il ait été privé par les Sarrasins de ses ornements de bronze et de ses statues équestres, qui devaient singulièrement en augmenter l'effet. Il s'élève en façade sur la mer, à l'extrémité du môle, au point de départ de la digue. On l'appelle l'Arc de Trajan parce qu'il lui est dédié ; mais c'est à l'initiative du sénat et du peuple romain qu'il est dû, et c'est un hommage de reconnaissance à l'empereur qui avait construit le môle et soutenu par de gigantesques contre-forts le rocher du Guasco, promontoire sur lequel se dresse aujourd'hui la cathédrale. C'était au temps des guerres contre l'Illyrie : près de Ravenne, on avait le port de Classe, quartier général de la flotte d'Orient ; plus bas, on avait Brindes ; mais il fallait au peuple romain un port intermédiaire capable de contenir vingt vaisseaux. Il avait choisi Ancône, à mi-chemin entre l'Istrie et la Dalmatie, dont il allait s'emparer. Trajan, revenant de Germanie (99 après J.-C.), débarqua à Ancône pour prendre la voie qui le menait à Rome ; il admira cette situation unique, et ordonna les superbes travaux qui allaient faire de la ville un grand centre maritime. Quelques années après, les Anconitains appelèrent le fameux architecte de Trajan, Apollodore de Damas, et le chargèrent d'élever le monument, signe impérissable de reconnaissance. Apollodore en jeta profondément les bases, et, pour laisser un libre cours aux eaux, l'appuya sur des arcs colossaux dont on découvrit l'existence en 1450, alors qu'on détruisait la tour Gamba, qui s'élevait près de là. La plupart des monuments romains sont enterrés dans le sol ; celui-là a sa base entière, encore que tout autour de lui le niveau général se soit exhaussé. Destiné à être

L'ARC DE TRAJAN SUR LE MÔLE D'ANCÔNE.

sans cesse battu par les flots, et regardant magnifiquement les horizons liquides au delà desquels s'étendent l'Illyrie, la Dalmatie, le pays des Daces, soumis par les Romains, Apollodore avait voulu qu'il dominât le môle : le haussant sur un piédestal, il l'avait couronné de la statue équestre de l'empereur, entre l'auguste Plotine, impératrice, et la divine Marciana, sa sœur. Des guirlandes de bronze décoraient le marbre blanc des montagnes de Grèce, et sur l'attique une superbe inscription rappelait la consécration. On conserve aujourd'hui dans la bibliothèque du Palais Communal un doigt de la statue et un fragment du cheval de Trajan, retrouvés le 15 novembre 1678. Il est facile de restaurer le monument par la pensée. Aujourd'hui il est entouré d'une grille, et la partie de la base est modifiée ; un escalier en marbre de douze marches accède au niveau du deuxième soubassement.

La cathédrale ou *Dôme de Saint-Cyriaque*, au sommet du Monte Guasco, occupe à peu près, sur son plateau dominant l'Adriatique, la même position que Notre-Dame de la Garde de Marseille au-dessus de la Méditerranée. Ne soyons pas ingrats pour notre pays : le spectacle est plus splendide encore du haut de Notre-Dame.

J'ai essayé de faire comprendre comment on peut se promener dans une partie de la ville d'Ancône sans cependant voir l'édifice qui la domine à une énorme hauteur ; mais si on arrive par la mer, le monument joue un grand rôle décoratif dans la vue d'ensemble, avec sa coupole et sa tour isolée. On peut monter de la partie basse d'Ancône jusqu'au plateau du Guasco sans gravir une seule marche, par de longues rampes accessibles aux voitures ; les piétons coupent d'ordinaire par une série d'escaliers beaucoup plus directs, qui se dérobent entre les maisons, abrégeant singulièrement les distances. Si on vient de la station du chemin de fer, ou simplement du lazaret de la porte Pie, on décrit, presque sans s'en douter, la courbe que forme le port, et on monte ainsi graduellement, perdant de vue le haut sommet à mesure qu'on arrive au centre de l'arc, enfermé, comme je l'ai dit déjà, dans les deux lignes de maisons qui bordent les rues.

Avant d'entrer dans la cathédrale, arrêtons-nous sur le plateau et examinons le lieu où nous sommes. Cette plate-forme est assez spacieuse ; la façade de Saint-Cyriaque regarde la ville à ses pieds et le port. A notre droite s'étend une petite place fermée par une terrasse à pic sur l'Adriatique, et un peu en recul de la façade latérale du monument s'élève un bâtiment, couvent ou abbatiale, qui servait autrefois de palais épiscopal, et qui communique avec l'église dont il dépend. Au moment où nous sommes debout devant le porche, le lourd carrosse d'un prince de l'Église s'est arrêté à l'entrée de la plate-forme, et un cardinal accompagné de l'élégant abbé son secrétaire, et suivi à distance de deux domestiques échappés d'un tableau d'Heilbuth, portant le parapluie, le manteau et les coussins, se dirige vers la *Scuola*. Les petites filles viennent baiser l'anneau consacré, les mères demandent la bénédiction pour les nouveau-nés : c'est un groupe à souhait pour animer cette page d'architecture. De ce côté droit on ne peut pas faire le tour de la cathédrale, puisque l'appendice du bâtiment qui y est soudé va jusqu'au bord du rocher même ; mais si on veut longer la façade latérale sur le côté gauche, on peut à la rigueur tourner derrière le chœur et arriver au chevet de l'édifice, si on ne craint pas le vertige. La falaise cependant s'escarpe sans garde-fou ni barrière ; à nos pieds le flot bleu qui vient se briser contre le promontoire en le minant chaque jour, met une frange blanche sur le sable de la plage. Si haut que nous soyons, le Monte dei Cappuccini, second plan de cette série de mamelons, nous domine encore avec son sémaphore et ses signaux.

La cathédrale est construite sur le plan des anciennes basiliques, à croix grecque régulière, rappelant à la fois la disposition de Saint-Marc de Venise et de Sainte-Sophie de Constantinople. La coupole est une des plus anciennes et des plus belles de l'Italie. Par une disposition singulière, dont on trouve d'ailleurs d'autres exemples, le plan du grand bras de la croix est de niveau avec le maître-autel, mais les deux autels à l'extrémité des deux petits bras sont exhaussés de douze marches pour donner accès à deux cryptes souterraines auxquelles on descend par des escaliers latéraux.

On voit le caractère de la façade avec son porche en atrium, dont les colonnes reposent sur le dos de deux lions colossaux en marbre rouge de Vérone, dévorant un oiseau et un serpent. C'est le parti pris de la plupart des constructions du temps, le symbole consacré par l'Église et qui se retrouve si fréquemment à Vérone : nous l'avons notamment vu répété à chacune des églises de Pesaro. Quoique la construction primitive soit du neuvième siècle, le fond du style de la façade est du treizième, et Margaritone d'Arezzo, qui, au dire de Vasari, a été chargé de la restauration, a conservé la silhouette primitive en y mêlant des ornements dans le goût de son temps. Il n'y a plus d'unité dans la décoration intérieure : le Vanvitelli et la décadence pompeuse y coudoient l'architecte Giovanni de Traü et la fine et pure Renaissance italienne. Les autels sont ruisselants d'or, faits des marbres les plus précieux. Ils sont du dix-septième et du dix-huitième siècle, et les tombeaux du quinzième et du seizième, élevés à Lando Ferretti et à Francesco Nobili de Fermo, et la sépulture en plein relief élevée à Girolamo Gianelli, montrent quatre styles différents accouplés les uns aux autres dans un vaisseau très probablement antérieur de six ou sept siècles aux additions de la partie décorative. L'ensemble cependant est d'un grand intérêt, justement à cause de tous ces styles qui se superposent ; mais, après la coupole, les *confessions,* les cryptes ou chapelles souterraines, doivent arrêter longtemps le visiteur et lui apporter la certitude de la haute antiquité de l'édifice. La plus intéressante des deux cryptes est incontestablement celle qui est à la droite du maître-autel : elle est dédiée à Notre-Dame des Larmes ; elle est précieuse pour l'histoire ecclésiastique d'Ancône, car on y a réuni toutes les inscriptions, bas-reliefs, urnes, sarcophages et fragments des premiers temps chrétiens. Le cardinal Lorenzo Basili a fait une savante dissertation sur le cénotaphe de Gorgonius, qui en est le principal ornement. La crypte de gauche est tout à fait splendide par la profusion des ornements et des marbres précieux dont elle est décorée ; elle est peinte à fresque par Schiavoni da Filottrano, et contient les sarcophages de saint Cyriaque, ceux de saint Marcellin et de saint Libérien. C'est un véritable sanctuaire où les fidèles vont en pèlerinage, et depuis des siècles les pontifes, les rois, les princes et les grands se sont plu à l'enrichir.

Je n'ai pas visité moins de onze églises intéressantes dans Ancône. J'avais la bonne fortune d'arriver la veille de la Fête-Dieu : tous les autels disparaissaient sous les fleurs, mille lumières éclairaient les plus humbles sanctuaires, le peuple se portait en foule dans les édifices sacrés, et jusque sur les dalles, à l'extérieur des temples, le peuple recueilli s'agenouillait en chantant les psaumes sacrés. Un petit temple abandonné, consacré à Notre-Dame de la Miséricorde, a vivement attiré mon attention, par le rapprochement qu'on peut faire entre sa façade exquise et celle du fameux Temple de Malatesta, qui avait excité mon enthousiasme à Rimini. Santa Maria della Piazza, une des plus petites constructions religieuses de la ville, est peut-être aussi l'une de celles qui offrent le plus d'intérêt, car le corps des façades est du dixième siècle, et, après Saint-Cyriaque, c'est le plus ancien monument de la ville. Mais la merveille architecturale, c'est San Francesco delle Scale, converti avec son couvent en hôpital civil. C'est un Hongrois, évêque d'Ancône, qui en posa la première pierre en 1323. George de Sebenico en a fait la façade longtemps après qu'on l'avait consacré, et c'est lui qui y a ajouté les beaux escaliers et la balustrade qui font une noble base au monument. Ce parti pris des soubassements avec doubles rampes contribue beaucoup, je l'ai déjà dit, à l'effet architectural. Une heureuse disposition à peu près semblable a adossé une fontaine, dite *Fonte di Piazza,* au soubassement qui portait l'église de San Domenico. Au centre du soutènement, et par conséquent au-dessous du balcon d'appui qui forme palier ou double escalier, se dresse une belle statue de marbre de

LE DÔME DE SAINT CYRIAQUE, CATHÉDRALE D'ANCÔNE.

Clément XII, due au Comacchini. J'aurais beaucoup à faire, si je voulais parler de tous les monuments d'Ancône, qui se présentent ainsi un à un, plus ou moins cachés par la pittoresque disposition de la ville. Je mettrai au premier rang, après ceux que j'ai cités, la *Préfecture* ou *Palais de la Province*, avec sa belle cour Renaissance, d'un goût ferme et noble, qui est un peu une exception à Ancône où le gothique flamboyant abonde.

Ancône, il ne faut pas l'oublier, est une cité militaire, une base d'opérations stratégiques qui a été prise pour objectif à toutes les époques de son histoire, depuis les Romains jusques aujourd'hui ; nous verrons tout à l'heure combien de fois la ville a été assiégée. Les constructions militaires y jouent donc un grand rôle : on s'est attaché à la défendre par terre et par mer, et tandis que sa citadelle, au sommet de l'Astagno, pouvait surveiller le port et en défendre les approches, de nombreuses constructions, fossés, parapets, forts détachés, tranchées, chemins couverts, et casernes pouvant contenir jusqu'à cent cinquante mille hommes, complètent un des plus importants points de défense du littoral italien. Les parties modernes de ces constructions qui regardent la campagne sont banales et de ce caractère froid et sec qui est la marque de nos ingénieurs militaires ; mais le fameux Antonio de San Gallo, Giovanni Battista Peleri de Sienne, Paccioto d'Urbino, Tibaldi de Bologne et, plus récemment, Giacomo Fontana d'Ancône, ont imprimé leur cachet d'artiste à ces bastions aux fiers profils où s'étale l'écusson d'Ancône, représentant un cavalier armé qui fond sur son ennemi.

II

Voyons quelles furent les destinées de ce port d'Ancône et quel rôle a joué cette ville dans l'histoire d'Italie, à quelles circonstances elle doit sa renommée de vaillance et l'esprit d'indépendance qui caractérise ses habitants.

Des assertions incertaines et contradictoires des premiers historiens, une vérité incontestable se dégage : c'est que les Sicules d'abord, puis les Ombriens qui s'étaient joints à eux, vinrent s'abriter près de San Stefano pour échapper aux Étrusques, et que là, dans une position commode, ayant d'un côté pour défense une montagne et des collines, de l'autre un port pour la pêche et la navigation, ils furent rejoints par un certain nombre d'émigrés grecs et par des Syracusains, et fondèrent Ancône. Confédérés avec les autres cités de l'Ombrie à Capo Ascoli, les habitants du territoire compris entre le mont Montagnolo et le promontoire de la Volpe se gouvernèrent d'abord en république, ayant leurs magistrats, leurs monnaies, et leur armée assez forte pour repousser les Gaulois Sénonais qui voulaient les envahir.

Pour parvenir plus sûrement à repousser l'invasion, Ancône accepta l'alliance des Romains, qui leur firent payer cher un tel service : en effet, à peine les avait-elle aidés dans leur guerre contre les Samnites, qu'elle eut à se défendre contre ses propres alliés. Devenue romaine par force, elle combattit Annibal, défendit la Ville éternelle contre Marius et, dans la grande lutte entre César et Pompée, prit parti pour la République. L'Empire s'établit, Octavien lui envoie une nouvelle colonie ; Trajan, qui trouve son port utile pour y embarquer ses troupes lors de son expédition contre les Daces, l'amplifie et l'embellit ; il y élève ce magnifique arc de triomphe qui se voit encore à l'entrée, sur la mer, et qui passe pour un des plus beaux de l'Italie.

Sous les Goths, Ancône soutient tour à tour le choc d'Alaric, puis celui d'Attila et de Genséric. Quand Odoacre se fait couronner roi d'Italie, la ville donne le premier signe de cet esprit d'indépendance qui est la marque caractéristique de sa personnalité dans l'histoire, et, ne pouvant échapper à un maître, elle se réclame de l'empereur grec d'Occident. En 539 et en 551, elle acquiert encore des droits à l'admiration de l'Italie tout entière en repoussant Vitigès d'abord, puis Totila, et on peut dire qu'elle a puissamment contribué à délivrer le sol du joug des Goths.

Sous les Lombards, rebelles aux empereurs d'Orient à cause de la grande querelle des Iconoclastes, qui joue un si grand rôle dans le monde à cette époque, elle fait partie de la Pentapole et relève des ducs de Spolète; comme telle, Ancône commence à payer à l'Église un tribut annuel. Les Francs viennent après les Lombards : Pépin et Charlemagne font hommage au Saint-Siège des villes dont ils se sont emparés, et Ancône fait partie de la donation, d'où dérivent dans l'histoire les droits temporels de la papauté. Les Francs partis, les Sarrasins leur succèdent, qui saccagent la ville, comblent le port et détruisent les monuments : dans ce désastre, le bel arc de triomphe est dépouillé de ses marbres et de ses ornements de bronze, mais sa masse architecturale nous est conservée, comme si les Barbares avaient reculé devant un sacrilége. Les Anconitains étaient des hommes énergiques, ils avaient le don de la vie; vingt ans après, la ville était déjà reconstruite, et ils faisaient une nouvelle soumission à l'Église, dans le but de bénéficier de ses secours en cas d'attaque. L'histoire enregistre bien alors des tentatives de domination locale par des familles nobles et riches, mais Nicolas II excommunie la ville, et les habitants, après avoir assassiné les prétendants, font leur soumission au Saint-Père.

Nous arrivons à la période de l'invasion ou plutôt de la domination normande, car c'est par le génie de ces chevaliers d'aventure, plutôt que par la force et le nombre des assaillants, que les Guiscard, les Roger, les fils de Tancrède arrivèrent à fonder des dynasties dans une partie de l'Italie. Robert Guiscard a dominé les Marches et il est difficile de dire exactement s'il a soumis Ancône à son pouvoir; mais sous Urbain II, au temps des croisades, les habitants ont fourni des navires et des subsides pour l'entreprise de Terre sainte.

Un nouvel ennemi va menacer Ancône, ennemi ambitieux, implacable, puissant sur la mer : c'est le Vénitien, contre lequel les habitants vont implorer le secours de leurs anciens protecteurs les empereurs d'Orient; mais Frédéric Barberousse, empereur d'Allemagne, furieux de voir les Grecs s'immiscer dans les affaires de la Péninsule, va passer rapidement les Alpes et mettre le siége devant Ancône (1167). Déjà célèbre par ses vertus civiques, celle-ci va montrer dans cette lutte une vigueur, un patriotisme sans égal ; elle résistera jusqu'à la famine, et finira par triompher de celui devant qui tout tremble. Sept années à peine après ce formidable siége, le ministre des vengeances de l'Empereur, l'archevêque de Mayence, viendra encore l'assaillir du côté de la terre, avec une armée de mercenaires de tous les pays, tandis que, du côté de la mer, les Vénitiens (avec lesquels il a eu soin de faire alliance) la bloqueront et fermeront ses communications avec le reste du monde.

Ancône, dans ce second siége, a dépassé en valeur toutes les cités assiégées ; l'histoire a consacré quelques épisodes qui ont revêtu un caractère légendaire, et dont la peinture, la sculpture et la poésie se sont emparées. C'est à Ancône qu'on vit une mère refuser le sein à son fils, pour soutenir un guerrier défaillant qui voulait encore combattre ; c'est encore là qu'une femme s'ouvrit les veines pour donner son sang à ses enfants. Le siége durait depuis six mois et demi, quand Guillaume, duc d'Este, et Aldruda, comtesse de Bertinoro, vinrent prendre à revers l'armée de l'archevêque de Mayence et débloquer la ville. Cette date mémorable de la levée du siége d'Ancône est aussi celle de son indépendance. La grande lutte entre le pontife Alexandre III et Frédéric Barberousse venait de se terminer par la soumission du grand empereur fléchissant humblement le genou devant le pape à l'entrée de la basilique de Saint-Marc. (*Non tibi, sed Petro! — Et mihi et Petro!!*) Ancône méritait une récompense pour avoir si bien soutenu les droits de la papauté, tout en sauvegardant sa liberté propre : elle fut déclarée *République libre et indépendante,* et cessa de payer tribut à l'Église.

Le spectacle de la liberté sans licence et sans dissensions intestines ne dure jamais longtemps dans l'histoire; cependant Ancône se maintint à peu près libre de 1177 à 1351, soit cent soixante-quatorze ans. C'est pendant cette période que les armes de la ville s'enrichissent de la fleur de lis des rois de France. Ce détail nous avait frappé; partout, sur les fortifications, sur les clefs de voûte, dans les chapiteaux, au fronton des palais, nous retrouvions la fleur symbolique, sans nous expliquer l'origine de ce blason : Ancône le gagna à la pointe de son épée, le jour où, appelé par Innocent IV (dont Manfred avait envahi les États à la tête des bandes sarrasines), le roi Charles d'Anjou chassa l'envahisseur jusqu'à Bénévent. Les habitants d'Ancône, jaloux de venger les outrages qu'ils avaient reçus, s'étaient joints au roi Charles et avaient eu leur part de la victoire; celui-ci voulut qu'ils gardassent à jamais dans leurs armes le blanc lis de la Maison de France.

L'indépendance avait été proclamée en 1177; en 1351 Ancône revenait à l'Église, après des luttes féroces avec les villes voisines Jesi et Osimo, luttes compliquées de dissensions intestines. Le 15 mai 1347, Malatesta de Rimini l'avait prise d'assaut; en 1348 la peste avait éclaté, et un incendie avait détruit les deux tiers de la ville. C'est à ces Malatesta, grands preneurs de villes et grands ingénieurs, qu'on doit la forteresse de Santa Caterina sull' Astagno, et celle de San Cataldo. Mais le pape, ne pouvant souffrir cette domination dans une ville qu'il regardait comme sienne, envoya contre Ancône le fameux cardinal Albornozzo, à la fois ministre et guerrier, qui s'empara de Galeotto Malatesta à San Paterno, et fit un arrangement avec un frère de Galeotto, Malatesta dei Malatesti, en le reconnaissant comme vicaire de l'Église.

Albornozzo s'établit à Ancône, et, pour consoler les habitants de la perte de leur liberté, il donna à la ville le titre de capitale des États-Pontificaux et y appela le vice-trésorier des Marches, le tribunal suprême des maléfices et le tribunal d'appel, enfin tout l'état, civil et militaire.

Cet état de choses dura peu : le peuple d'Ancône était fier et turbulent; l'Église lui refusant l'indépendance, il se révolta, élut des magistrats et fit des alliances. Ancône se gouverna encore en république depuis 1380 jusqu'à Jules de Médicis, qui, pressé par le besoin d'argent, vendit la ville au cardinal Pietro Accolti de Florence. C'était une vente qui ne pouvait être effectuée qu'à la condition de posséder Ancône, sur laquelle le pape n'avait, après tout, qu'une suzeraineté : le pontife exagéra le danger que les Turcs faisaient courir à la ville en venant constamment l'assiéger; il annonça sa ferme volonté de la défendre, et pour cela y fit pénétrer des forces et construisit, sur l'emplacement même de la forteresse des Malatesta, un grand bastion et des forts dont l'érection fut confiée au fameux San Gallo. Pendant ce temps-là, Bernardino della Barba, évêque de Ravenne, légat du saint-père dans les Marches, endormait la vigilance du peuple en lui donnant des fêtes. Le 19 septembre, l'évêque ayant réuni des troupes et les ayant introduites par surprise dans les forts, fit une sorte de coup d'État, se rendit au palais du gouvernement et déclara la cité occupée par le saint-siège. Ainsi finit encore une fois la république d'Ancône. Le pape Clément s'empressa d'en enlever la possession à l'Accolti auquel un de ses prédécesseurs l'avait vendue, et il la donna à son neveu, Hippolyte de Médicis (1532).

C'est une période de rénovation et de développement; les papes se succèdent, et peu à peu Ancône retrouve ses droits communaux sous Paul III, Sixte-Quint, Pie IV, Grégoire VII et ses successeurs. On y fonde des institutions; on forme des bibliothèques, des collections; on élève des monuments. Clément XII et Pie VI l'ornent chaque jour; le Vanvitelli est appelé pour construire le magnifique lazaret qui sert aujourd'hui de dock; le port est port franc, et on y ajoute une digue, on creuse le bassin, on ouvre des routes le long du rivage jusqu'à Sinigaglia; enfin les Anconitains s'habituent à ce pouvoir dominateur qui leur apporte le bien-être; ils élèvent même des statues aux pontifes sur leurs places et leur décernent des arcs de triomphe.

Nous arrivons ainsi à l'époque de la première République française et de la campagne d'Italie. Le 26 juin 1796, le général Bonaparte demande au pape la cession de la forteresse d'Ancône, et il l'obtient. Le 8 février 1797, le jeune général y entre, proclame la République démocratique sous la protection des Français. Incorporée à la République romaine et devenue chef-lieu du département du Metauro, elle est assiégée, du 8 août jusqu'en novembre 1799, par trois armées ; celles des Russes, des Autrichiens et des Turcs ; et pendant quinze ans, jusqu'en 1815, les papalins, les Français, les Napolitains et les Allemands en font un champ de bataille. La Sainte-Alliance la rend en 1815 au pouvoir pontifical. C'est une cité ardente et passionnée que cette cité d'Ancône ; alors que la plupart des villes d'Italie se soumettent à la décision des congrès, celle-ci ne peut se résoudre à dépendre du saint-siége : la première fois en 1818, la seconde en 1820, elle se révolte, et enfin, sous Grégoire XVI, en 1831, le 17 février, avec l'appui des libéraux de la Romagne, elle proclame son indépendance et décrète la liberté de la presse. Le 26 mars, les Autrichiens répriment le mouvement et terrifient la ville. C'est dans ce mouvement que fut engagé le frère de l'ex-empereur Napoléon III, et que Louis-Napoléon Bonaparte lui-même fut gravement compromis pour avoir fait partie des conspirations carbonaristes qui avaient fomenté le soulèvement.

De 1832 à 1849, il y eut encore des tentatives insurrectionnelles ; les pontifes ne pouvaient maintenir un peuple si turbulent. La révolution de 1848 eut naturellement là son contre-coup ; les Autrichiens revinrent mettre le siége devant Ancône, bientôt battue, démantelée et occupée au mois de juin 1849. Dix ans après, les Autrichiens, battus à Magenta et à Solferino (où nombre d'habitants d'Ancône s'étaient mêlés aux troupes italiennes), durent abandonner la cité, qui se donna un gouvernement provisoire dont les membres, divisés en deux partis, voulaient, les uns faire hommage au saint-siége, les autres se soumettre à celui qu'on appelait déjà *le roi d'Italie*. Le 3 septembre 1860, l'amiral Persano avec la flotte, et le général Cialdini à la tête de l'armée des Marches qui venait de défaire les troupes pontificales à Castelfidardo, faisaient leur entrée à Ancône, trois cent vingt-huit ans après le jour où l'archevêque de Ravenne Barba l'avait rendue à l'Église ; et la ville, par un vote plébiscitaire, faisait hommage à Victor-Emmanuel.

III

Je suis descendu, à Ancône, à l'*hôtel de la Paix* (*albergo della Pace*), dans la rue principale de la ville. L'hôtel était plein de pèlerins se rendant à Rome ou en revenant, et la table d'hôte n'était composée que de Belges, de Flamands et d'Irlandais, au milieu desquels quelques prêtres français et deux ou trois Italiens voyageurs du commerce. L'hôtel est décent et bien tenu ; c'est le plus confortable que j'aie trouvé sur toute cette côte. Sa situation est à peu près celle que j'ai décrite en parlant du Palais Communal ; au niveau de la rue principale d'un côté, les chambres qui sont sur la façade postérieure regardent la mer et la surplombent à une hauteur énorme ; on jouit donc de là d'une vue magnifique sur le port et sur le large. La vie n'est pas particulièrement chère à Ancône, et j'ai pu échapper aux ennuis de la table d'hôte en prenant mes repas dans un des restaurants ouverts aux officiers ; mais il m'a semblé que la ville offrait fort peu de ressources aux étrangers. Les deux théâtres sont fort beaux (*teatro delle Muse* et *teatro Vittorio Emmanuele*) ; ils étaient fermés ; et comme il n'y a pas de jardin public avec musique ni divertissement, la grande et seule ressource était la promenade du Corso, pleine de charme pour tout ce monde italien, mais peu piquante pour celui qui passe solitaire et ne voit là qu'un défilé banal dans un cadre extrêmement froid et banal.

Il n'est que trop certain que les embellissements modernes nuisent la plupart du temps à l'aspect pittoresque de ces anciennes villes ; le corso Vittorio Emanuele s'ouvre dans la Cité Neuve (*Citta Nuova*), et forme une très-large voie perpendiculaire au croissant du port. Il devait déboucher sur la mer et donner à la ville le splendide spectacle de la baie et de la pleine mer, mais le projet n'est pas encore complet. C'est la seule partie plane, entre le mont Astagno, couronné par la forteresse, et les monts Gardetto, Guasco, et les Capuccini, couronnés par la cathédrale et le sémaphore ; c'est une vallée creusée par une rivière (*valle di Panochiara*), la partie la plus commode de la cité, parce qu'elle est au niveau de son port et de la voie ferrée. On peut donc charger et décharger les marchandises et les conduire à destination. Ce large Corso, bordé de grandes maisons banales sans architecture et sans caractère, après avoir traversé une large place (*piazza Calamo*) où s'élèvent les bâtiments de la Poste et le palais de la Province, débouche sur la place Cavour, immense square où de jeunes arbres, plantés de manière à abriter un jour les promeneurs, leur donneront d'ici à quelque vingt années une ombre propice. Les constructions, faites sur un plan unique, s'élèvent peu à peu tout autour ; mais le projet n'est encore qu'ébauché. Si nous traversons le square dans la prolongation du Corso, nous voyons se dresser au milieu la statue de Cavour, élevée au grand homme d'État par la ville et la province ; l'œuvre est d'Aristodème Costoli de Florence. Chaque ville de la Péninsule tient à rendre hommage, à son tour, à l'incomparable homme d'État qui a fait l'unité italienne.

La place une fois traversée, on peut sortir sur la campagne en franchissant la porte Cavour et la *muraille Castellane*, enceinte fortifiée qui se relie, d'un côté au fort de San Stephano et de l'autre à celui du mont Gardeto, protégeant la ville contre toute attaque du côté de la terre. Une immense caserne destinée à abriter les troupes au lieu même où elles seraient nécessaires en cas d'attaque, la caserne Villarey, se relie à ces travaux de défense.

Chaque soir, pendant huit jours, je suis venu m'asseoir mélancoliquement au café de la place Cavour, sous des arcades qui rappellent celles de la rue de Rivoli, regardant passer la foule et écoutant la musique. Toutes les personnes pour lesquelles j'avais pris des lettres étaient déjà dans les villas des environs ou dans les petites villes de bains de la côte ; deux d'entre elles, des commerçants importants de la ville, venaient le matin à leurs affaires, et le soir retournaient dîner à la campagne. A vrai dire, j'étais un peu isolé après mon travail de la journée. La foule est grande ; les femmes sont jolies, très-bien mises, et n'ont pas dans leur toilette cette exagération si frappante dans les villes les plus avancées de l'Italie. Ce monde semble heureux, paisible et facile à amuser ; une bande qui joue des morceaux d'opéra, ou quelque troupe de musiciens ambulants qui jettent aux échos une phrase du *Trovatore* ou d'*Aïda*, suffit au charme d'une soirée. Je n'ai jamais résidé dans une ville italienne sans être frappé de la bonne tenue, du *comme il faut* et de l'élégance des officiers de l'armée. On voit à Ancône qu'il y a de nombreuses relations entre ces derniers et les habitants de la ville ; on s'aborde, on se traite, et il y a fusion complète entre les deux éléments civil et militaire.

A Ravenne, on se réunit le soir dans les boutiques des parfumeurs et les salons de coiffure ; ici on choisit volontiers les pharmaciens pour aller s'asseoir et deviser au sortir de la promenade. Il en est du reste ainsi à Venise et dans les provinces de terre ferme.

Le commerce de détail est prospère, et les maisons les plus puissantes sont presque toutes israélites ; ces dernières ont monopolisé les transactions et l'échange. Soumise autrefois à des mesures répressives, la colonie était confinée cruellement dans un quartier spécial, comme dans les villes d'Orient et la plupart des grandes cités italiennes. Le *Portone* du *Ghetto* s'est écroulé lors de la révolution de 1831, qui a mis fin aux odieuses tribulations imposées à cette race intelligente et active ; mais il y eut encore quelques tentatives d'oppression auxquelles mit un terme le mouvement de 1848. Pendant le siége de 1860, le général de Lamoricière détruisit l'école levantine, et voulut la soumettre encore à l'autorité de l'évêque d'Ancône, à celle de l'Inquisition et du délégué pontifical ; mais bientôt le commissaire royal Lorenzo Valerio appliqua à l'université israélite d'Ancône les lois libérales votées par le parlement subalpin et sanctionnées en juillet 1859 par le roi. Ce fut l'émancipation définitive, en échange de laquelle les israélites apportèrent à la ville la prospérité qui naît du développement de l'esprit de transaction.

L'histoire d'Ancône se révèle dans l'étude de ses monuments ; son esprit d'indépendance est symbolisé dans son Palais des Communes ; la libéralité et la magnificence des pontifes ses protecteurs se lisent dans ses portes monumentales, arcs de triomphe pompeux et d'une masse grandiose ; dans ses églises, ses fontaines et ses statues des pontifes ; dans ses palais aux noms retentissants, les Ferretti, les Pilestri, les Benincasa, les Liberotti : on conserve encore des galeries d'œuvres d'art et des souvenirs qui attestent la puissance des familles anconitaines, dont le nom est inscrit à chaque page de son histoire. Quelques-unes de ces demeures sont splendides et peuvent lutter avec celles de Gênes, dont elles rappellent beaucoup la noble disposition, ayant pour la plupart des balcons sur la mer et des escaliers de proportions grandioses ; mais il faut dire qu'un grand nombre de ces anciennes demeures, qui portent encore le nom des familles qui les avaient fait construire, ont changé de propriétaires, et sont transformées en maisons de commerce, en agences maritimes, ou sont occupées par les services publics.

IV

Loreto n'est qu'à une heure et quelques minutes d'Ancône ; on pourrait certainement rendre le voyage plus pittoresque et plus attrayant en suivant les grandes routes et voyageant en *retturino* ; mais ce chemin de fer qui borde l'Adriatique rend le voyage facile et épargne un temps précieux, sans qu'on perde pour cela l'avantage de voir le paysage, la voie suivant presque constamment le bord de la mer. On se laisse donc facilement aller à préférer la voie rapide, sans compter qu'il y a économie réelle à le faire. Parti d'Ancône à trois heures vingt-cinq minutes, on traverse Osimo et on arrive à la station de Lorette à quatre heures et demie.

Le train nous dépose au bord de la mer ; la petite ville nous apparaît sur la hauteur à une demi-lieue. C'est certainement le plus séduisant paysage que nous ayons vu jusqu'ici. Tout s'y réunit pour charmer la vue : la campagne est fraîche et riante, très-fertile, assez ombragée ; elle monte en pente douce par une belle route en lacet jusque sur la colline où s'élève le sanctuaire, et à mesure qu'on gravit, si on se retourne, on a devant les yeux un panorama charmant, qui a pour horizon les flots de l'Adriatique, d'un bleu beaucoup plus intense que jusqu'ici, d'un ton soutenu, très-brillant, et qui se marie harmonieusement avec la coloration puissante de la verdure. Lorette, sur la haute colline, nous montre la façade extérieure du palais épiscopal, de la maison apostolique, celles des immenses dépendances du sanctuaire, et la belle coupole de son église vénérée. La colline sur laquelle elle est construite s'escarpe en falaise presque à pic, et ces façades monumentales reposent sur cet énorme piédestal, ce qui crée l'illusion d'une agglomération de constructions beaucoup plus grande qu'elle ne l'est en effet, car elles se présentent parallèlement au rivage. Nous avons pris place dans une petite voiture à un cheval, ayant pour compagnon de voyage un *orfèvre* du *Ponte Vecchio* de Florence, qui couve des yeux sa caisse de bijoux destinée à ravitailler les orfèvres de la ville. Avec lui se trouve un médecin qui regagne son foyer. Dès le départ nous sommes littéralement assaillis par une nuée de mendiants, assez singulièrement vêtus de longues blouses de toile blanche qui leur tombent jusqu'aux pieds. Toute une cour des Miracles composée d'aveugles, de paralytiques traînés dans de petites voitures, de manchots, de bossus, d'enfants qui les guident et de vieilles femmes édentées, souvent aussi, hélas ! de grands gaillards solidement bâtis, et qu'on voudrait voir se vouer à un métier plus honorable, nous assourdissent, nous assiégent et nous importunent à un tel point que mon compagnon le Florentin se dresse dans la voiture, les repousse et les invective, en employant les mots les plus verts du dictionnaire italien. C'est une préface très-pénible au pèlerinage; on sent que la paresse a fait élection de domicile dans cette superbe campagne, qui peut récompenser au centuple les efforts de ceux qui voudraient lui consacrer leur labeur.

La petite ville de Lorette ne se compose guère que d'une seule rue, qui aboutit à la place monumentale où s'élève le sanctuaire. La population tout entière vit de l'autel, et à droite et à

PANORAMA DE LORETTE.

gauche de la voie les rez-de-chaussée de toutes les maisons, sans exception, sont occupés par des marchands de chapelets, de médailles, de rosaires, d'objets de piété, de gravures, livres ou photographies relatifs à la *Santa Casa*. Le pèlerinage est incessant, le monde catholique tout entier s'achemine tour à tour vers Lorette; aussi, dès que les étrangers s'engagent dans la rue principale, sont-ils assiégés des deux côtés par la population des marchands et des étalagistes. Ayant appris, dans chaque idiome, les seules phrases nécessaires à leur commerce, les dames et demoiselles de magasin, avec l'accent le plus singulier et le plus comique, suivant qu'elles ont reconnu dans ceux qui s'avancent le type de telle ou telle nationalité, les leur répètent à satiété, avec une insistance qui va jusqu'à l'audace et à l'inconvenance; elles vont jusqu'à porter la main sur les pèlerins et leur barrent le passage : c'est une de ces scènes qui rappellent les assauts que subissent les étrangers au débarquement des navires dans quelques ports de l'Orient.

A moins d'un but spécial d'étude ou de quelque vœu particulier à accomplir, les pèlerins ne font que passer; une journée leur suffit pour faire leurs dévotions à Notre-Dame de Lorette, visiter la Santa Casa, admirer les richesses du trésor et s'agenouiller à chacun des autels. Aussi nul sentiment et nul intérêt de la part des industriels qui les logent, qui les reçoivent ou font avec eux quelque transaction : c'est une exploitation rapide et résolue, une piraterie effrontée et sans aucune compensation.

L'hôtel (*le Campane*), qui est d'un aspect honorable, et où de grandes tables sont préparées pour recevoir les nombreuses caravanes qui remplissent la ville tout entière, offre si peu de ressources au point de vue de la nourriture, on s'y préoccupe si peu de sa qualité, que pendant une longue journée notre estomac, habitué aux longs jeûnes du Maroc, de la Bosnie, de l'Herzégovine et aux plus dures privations dans les plus rudes pays, a dû reculer trois fois le jour devant ce qu'on lui offrait.

Hâtons-nous de dire que nous jetons l'ancre en haut et que nous regardons le ciel, la mer et toute la nature, quand l'homme nous opprime et nous blesse ; nous avons donc trouvé des compensations dans le pèlerinage lui-même. D'abord le pays est délicieux; cette mer bleue à l'horizon avec les voiles blanches; cette route qui descend doucement à l'Adriatique entre deux rives fleuries, immenses jardins aussi verdoyants que fertiles; la mer, avec ses richesses pour le pêcheur et son chemin toujours ouvert au commerce; la terre fertile et douce; le ciel pur et clément; une voie rapide offerte à l'industrie humaine, toutes les bénédictions de Dieu répandues sur ce coin du monde : quel contraste avec l'avidité des hommes, leur inertie, leur abandon et l'effroyable scepticisme religieux de tous ces petits commerçants groupés sur le Mont-Royal, dont l'impudeur a fait rougir notre front et attristé notre cœur chrétien!

On conçoit que le sanctuaire de la Santa Casa prime tout intérêt pour le voyageur; cependant les fortifications de la ville sont du Bramante; ses couvents, ses hospices ont de l'intérêt; la place et la belle fontaine des Coqs mériteraient aussi d'être illustrés. Traversant la ville dans toute sa longueur par cette rue du Mont Royal, on arrive sur la place de la Madone, où s'élève la basilique.

Elle se dresse en face de nous, occupant le fond tout entier: à droite, c'est le collège illyrien, qui ne fait pas partie de l'ensemble architectural; à gauche, le palais pontifical, magnifique monument dessiné par le Bramante, et qui se continue en retour, fermant la place et faisant face au sanctuaire. Une fontaine de bronze occupe le milieu et reçoit les eaux d'un aqueduc construit par Paul V; les belles sculptures qui l'ornent sont de Tarquin et de Pierre-Paul Jacometti.

Notre vue de la façade de la basilique nous dispensera de la décrire minutieusement. Commencée par Pie V, elle a été achevée sous Sixte-Quint. Les armoiries qui s'étalent au-dessus de la porte principale sont celles de Grégoire XIII; au-dessus, Jérôme Lombard a sculpté une superbe statue de la Vierge, et au fronton Sixte V a fait écrire en lettres d'or, sur une plaque de marbre : *Dei para Domus in qua Verbum caro factum est.* « Maison de la mère de Dieu où le Verbe s'est fait chair ». Le clocher qui domine, aux quatre ordres d'architecture superposés, est du Vanvitelli. Un peu en avant de l'édifice, sur la gauche, pour ne pas gêner le mouvement des fidèles, un monument a été élevé à Sixte-Quint, portant la statue du pontife avec celle du cardinal Peretti, son neveu, et du cardinal Gallo, zélé protecteur de la sainte maison; aux angles de ce monument, quatre allégories de bronze, la Justice, la Charité, la Religion et la Paix, complètent l'ensemble, très-somptueux, dû à Antoine Calcagni, élève du Lombard.

L'ensemble architectural de cette place est imposant et grandiose, et sans l'addition du Vanvitelli qui, toute monumentale qu'elle soit, vient rompre l'harmonie, première loi de ce grand art de l'architecture, l'effet serait complet. Quelques détails de cette façade, dont on ne peut juger qu'en les étudiant de fort près, accusent toute la magnificence des pontifes qui se sont plu « à parer la madone » : trois portes de bronze dans le goût des inimitables portes de Lorenzo Ghiberti de Florence, celles dont Michel-Ange a dit qu'elles seraient dignes d'être les

ÉGLISE DE LA SANTA CASA, A LORETTE.

portes du Paradis ; divisées en nombreux panneaux représentant des scènes de l'Écriture, sont signées des noms les plus illustres de la sculpture italienne : ceux des quatre fils de Lombardi, de son élève, Jacques Tiburzio Vecelli de Camerino, et des trois artistes dont est fière la ville de Recanati : Bernardino Calcagni, Tarquinio Jacometti et Sebastiano Sebastiani.

V

L'église a la forme d'une croix latine; elle est à trois nefs, avec une coupole au centre. Dans la seule nef principale s'ouvrent douze chapelles. C'est sous la coupole que s'élève le tabernacle de marbre qui recouvre la maison de la Vierge, transportée par les anges depuis Nazareth jusqu'au sommet de cette colline, et derrière ce sanctuaire se trouve l'autel du Saint-Sacrement; le trésor et les sacristies sont dans le bras gauche de la croix. Les voûtes de la grande nef sont peintes par Lucas Signorelli.

Il est entendu que je ne peux parler ici que du côté pittoresque des choses; pour les origines de la sainte tradition, je m'appuierai sur le récit accepté par l'Église [1]. Toute la ville de Lorette gravite autour de cette petite cabane de brique reposant *sans fondement* sur le sol du temple, recouverte d'une carapace de marbre, au-dessus de laquelle s'élève à son tour la basilique. Le palais Épiscopal, le collége Illyrien, les couvents, les établissements de toute sorte ne sont que le complément de la *Santa Casa;* la ville elle-même est sa résultante. Tout un monde de prélats, chanoines, bénéficiers, chapelains, clercs, pénitenciers, moines, diacres et sacristains, vit sur la sacrée colline, voué au culte de la Vierge. La plupart des souverains de l'Europe ont là des chapelains chargés de prier pour eux et pour leurs États. Le duc de Joyeuse avait jeté quatre mille écus d'or dans le tronc des aumônes; son frère, le cardinal de Joyeuse, archevêque de Rouen, légua six mille écus de rente pour l'entretien à perpétuité de trois chapelains français chargés de dire la messe chaque jour; et, en vertu d'une fondation royale qui remonte à Anne d'Autriche, au nom du jeune Louis XIV; le jour de la Saint-Louis on célèbre une messe solennelle. On ne dit pas moins de *cent messes* par jour aux vingt-trois autels de la basilique; comme à Saint-Pierre de Rome on confesse dans toutes les langues, et le nom de chaque nation est écrit sur les trente confessionnaux adossés aux murs et encombrés de pénitents.

Le dimanche le mouvement est incroyable et des plus curieux; Saint-Pierre de Rome ne m'a pas plus intéressé un jour de grande fête : la foule est très-caractéristique, car de tout le littoral, depuis Ravenne jusqu'à Otrante, Lorette, Recanati et Osimo sont les seuls pays où les paysans aient un costume fait pour tenter le pinceau des peintres. Ajoutez à cela les habits religieux du personnel des prêtres, des mineurs conventuels, des capucins et sacristains. Des priviléges spéciaux accordés à tel ou tel ordre religieux, ou à telle nation, correspondent à des détails de costume extrêmement frappants et du plus haut pittoresque. Des rangées de sacristains, tout à fait bizarres d'allure, à camails rouges et à étoles blanches, décorés de grandes plaques, sont groupés par vingtaines sur des bahuts de chêne aux portes des sacristies; à chaque instant la cloche retentit appelant à la sainte messe, et, houleuse, sans discipline et sans recueillement, une masse de paysans hâlés, de paysannes aux jupes éclatantes, aux couleurs bariolées, chargées de bijoux, en jupes courtes qui se balancent singulièrement portées par la *cage* en cerceaux qui les soutient, abandonnent un autel pour passer à un autre. Tout à coup un moine à longue barbe, devant lequel on porte un large parasol jaune, insigne de quelque dignité, fend le flot. C'est un mouvement incroyable, un bruit incessant qui nous étonne et ne peut que nous distraire. Dans la grande nef, monté sur un tréteau, en avant même de la chaire, comme s'il n'avait pas le droit d'y entrer, et comme si sa fougue ou la turbulence de ses gestes lui faisaient préférer la liberté de ses mouvements, un révérend capucin, de taille colossale, basané, rude et violent, s'adresse en patois des Marches à tout ce monde

---

[1] *La Sainte Maison de Lorette*, par M. l'abbé A. Milochau, chanoine honoraire de Rennes.

PAYSANNES DE LORETTE ET DE RECANATI.

de fidèles debout devant lui, et fait résonner les voûtes sonores de ses accents emphatiques, passionnés, violents, accompagnés de grands gestes frénétiques.

VI

Pénétrons dans le sanctuaire ; exhaussé de quelques marches, il occupe la place au-dessous de la coupole, à l'intersection des bras de la croix. L'extérieur de la Sainte Maison nous est caché par le revêtement de marbre qui l'enveloppe ; on y entre par le côté, par trois portes de bronze d'un merveilleux travail, dues au Lombardi. Extérieurement on ne voit donc que le revêtement, monument de marbre d'une richesse extraordinaire, dont le dessin est dû au Bramante et l'exécution au Sansovino, qui passa près de vingt ans à en sculpter les innombrables bas-reliefs et les statues. La carapace de marbre n'est pas adhérente aux murs de brique de la Santa Casa : on a laissé une certaine distance entre les saintes murailles et les assises qui l'enveloppent.

Nous entrons dans la maison de la Vierge, cabane de brique fruste, formant un parallélogramme de neuf mètres et demi sur quatre mètres de large. Les murs ont une épaisseur de cinquante-huit centimètres. Il n'y a plus de toiture : c'est la voûte de marbre du revêtement qui en tient lieu ; au centre, une ouverture circulaire laisse échapper la fumée des lampes d'or suspendues sur plusieurs rangs, offrandes des princes et des grands qui ont visité le sanctuaire. Une cloison à jour en bois doré laisse voir au fond, dans une partie réservée, la statue de la Vierge, objet de la vénération des fidèles et les riches offrandes fixées au mur du fond ; à cette cloison est adossé un autel dont le tableau est figuré par la fenêtre qui laisse voir la statue. A droite et à gauche s'ouvrent deux portes qui donnent accès à ce saint des saints qu'on appelle *Santo Camino*. Dans le mur au couchant, en face même de l'autel, est percée l'unique fenêtre qui éclairait la maison ; aujourd'hui elle s'ouvre sur l'autel principal de la basilique.

Le Santo Camino est le saint des saints de cette chaumière ; il tire son nom de la cheminée placée dans l'axe formé de deux jambages appliqués sur la muraille et faisant saillie. Dans la partie supérieure s'ouvre la niche qui reçoit la statue de bois de cèdre d'un seul morceau, et haute de quatre-vingts centimètres. On ne voit que les deux têtes couronnées d'or de la Vierge et du divin bambin ; le reste est caché par un riche manteau criblé de perles et de pierres précieuses : colliers, rivières de diamants, énormes rubis. Le foyer de la cheminée a été converti, dans toute sa longueur, en un vaste tronc pour recevoir les aumônes. A droite et à gauche on a appliqué deux armoires. Dans la première, on conserve, enchâssée dans l'or, la *scodella* (écuelle de terre) qui a servi à la sainte famille ; dans l'autre, on dépose les objets à bénir. On ne pénètre dans cette partie réservée que pour les offrandes et les bénédictions ; les murailles sont protégées par des lames de métal. On entre aussi de l'intérieur de l'église dans le Santo Camino par une porte spéciale qui fait pendant sur la même face à celle par laquelle on pénètre dans la Santa Casa.

En franchissant le seuil, on est ébloui par les lampes d'or qui scintillent au plafond, et le contraste entre les murs de brique et les magnificences des offrandes frappe vivement l'esprit. Cependant, depuis les révolutions et l'envahissement des Marches, vingt-trois lampes d'or massif, quarante-sept lampes d'argent et un candélabre en argent du poids de quatre-vingts livres romaines ont disparu. Douze statues d'anges en or pur, deux chérubins en or, six autres en argent et de grandes cornes d'abondance en argent massif, fixées à la muraille pour recevoir les offrandes, ont été fondus. Tous les diamants de la Vierge et un tableau de

Raphaël ont été aussi enlevés ; mais le fond même de l'humble cabane disparaît encore sous des revêtements d'une grande richesse, additions que, de siècle en siècle, y ont faites les pontifes et les princes.

Les grands-ducs de Toscane avaient recouvert toute la partie qui cache le Santo Camino de bas-reliefs d'argent et de mosaïques de pierres précieuses sur fond de lapis-lazuli. La guerre a passé par là ; nous-mêmes, Français, avons emporté à Paris la Vierge miraculeuse au temps du Directoire ; elle fut restituée à Pie VII par ordre du Premier Consul, le 11 février 1801. A la fin du siècle dernier, les lames d'argent et d'or qui recouvraient la brique fruste ont été remplacées par des lames de cuivre.

Pourquoi tant de vénération, et quelles sont, selon l'Église, les origines de cette humble maison de brique qui reposerait sur le sol sans fondations ? L'inscription suivante, gravée par ordre de Clément VIII sur une plaque de marbre placée dans le mur oriental de la Sainte Maison, répond à cette question :

« Chrétien étranger, que le vœu de votre piété a conduit en ce lieu, vous voyez ici la maison sacrée de Lorette, célèbre et vénérée dans l'univers entier à cause des mystères divins qui s'y sont accomplis et de la gloire de ses miracles. C'est ici que la très-sainte Mère de Dieu a vu le jour ; ici qu'elle a été saluée par l'Ange ; ici le Verbe éternel de Dieu s'est fait chair.

« Transportée par les anges, d'abord de Palestine en Illyrie, auprès de la ville de Terzato, l'an du Sauveur 1291, sous le pontificat de Nicolas IV, trois ans plus tard, au commencement du règne de Boniface VIII, elle a passé dans le Picenum, auprès de la ville de Recanati, et la main des anges l'a déposée dans un bois voisin de cette colline, où, après avoir, dans l'espace d'une année, changé trois fois de place, elle s'est enfin fixée par un décret du ciel il y a trois cents ans. Un prodige aussi inouï frappant d'admiration les peuples voisins, et la renommée de ses miracles se répandant au loin, toutes les nations ont conçu la vénération la plus profonde pour cette sainte maison, dont les murailles, bien que reposant sans aucun fondement sur le sol, demeurent toujours solides et inébranlables après une aussi longue suite de siècles.

« Le pape Clément VII l'a revêtue tout entière d'un ornement de marbre, en l'année 1525.

« Clément VIII, souverain pontife, a donné l'ordre de graver sur cette pierre l'histoire abrégée de cette merveilleuse translation, en l'année 1595. »

Le mouvement qui se fait autour de ce sanctuaire un jour de fête religieuse est indescriptible, et la sainteté du lieu, qui comporterait le plus profond recueillement, n'impose cependant nulle retenue à ces masses de fidèles venus de tous les points du territoire, les uns transportés par une foi vive et une ardente piété, les autres par un sentiment de curiosité et l'espoir d'un spectacle. Le tumulte est très-vif à la porte du sanctuaire, et les gardes spéciaux, le sabre au poing, placés aux portes de bronze, gardes qui rappellent beaucoup par le costume les invalides de Chelsea illustrés par le peintre Kerkomer, ont peine à contenir le flot des paysans qui déferle contre les saintes murailles. On sait que la Santa Casa repose sur deux degrés de marbre au-dessous du niveau général de la basilique ; ces marches, dont les fidèles font le tour à genoux, les uns derrière les autres, sont tellement usées par les pieuses démonstrations des paysans, qu'on les renouvelle fréquemment. En 1874, elles n'existaient pour ainsi dire plus, et déjà, deux années après, elles s'effritent sous les baisers des pèlerins et au contact de leurs genoux. Beaucoup d'entre eux, les plus pieux, — presque toujours les plus humbles, — s'agenouillent dès le seuil même de la basilique et se traînent ainsi jusqu'à la Santa Casa, dans une muette extase. Je ne veux pas peindre trop vivement et d'une façon trop *réaliste* cette scène de l'adoration des paysans des Marches et des Abruzzes, et je ne me souviendrai que de la foi qui les guide et de l'ardeur de leur croyance. Comme les habitants des nécropoles, gardiens des cimetières, qui vivent jour et nuit dans l'intimité de la mort, ont perdu le respect terrible et ne ressentent plus l'impression auguste que sa majesté nous inspire : les gardes du sanctuaire, qui vivent dans l'intimité de la Santa Casa, ne sentent plus en eux cette terreur religieuse qui nous dit qu'un Dieu va venir. Lorsqu'un voyageur de marque, ou simplement un *gentleman*, ou un *monsieur*, essaye de fendre la foule pour porter son aumône ou bien s'agenouiller au Santo Camino, les bons gardes mettent le sabre au poing et fondent sur les *contadini*, dont la sainte Vierge ne peut attendre que des prières, tandis que celui qui vient d'une lointaine région laissera peut-être un peu d'or dans le tronc du Santo Camino.

VII

Le Trésor de la Santa Casa est célèbre ; il occupe à gauche du sanctuaire, à l'angle d'un des bras de la croix, une vaste salle d'une belle architecture, avec une voûte où le Pomerancio a peint les Prophètes et les Sibylles. Un autel s'élève sur l'une des faces, et soixante-neuf hautes armoires, vitrées au pourtour, contiennent les ex-voto, vases sacrés, diamants, bijoux, objets d'art et autres offerts par la piété des fidèles. Il ne faut considérer que l'état actuel ; mais si l'on interroge les inventaires, ce devait être encore au milieu du siècle dernier l'amoncellement le plus prodigieux de richesses de toute nature. Tout ce que nous avons sous les yeux date surtout de ce siècle.

Le traité de Tolentino, signé par un général français, commença la ruine des États de l'Église et porta la première atteinte au pouvoir temporel ; bientôt nous entrâmes en armes dans Lorette, et la dispersion du Trésor fut complète. Chaque pontife avait tenu à honneur d'offrir à la Vierge un don précieux, et un grand nombre d'entre eux étaient venus en pèlerins à la Santa Casa ; chaque souverain catholique, depuis le seizième siècle, s'était fait représenter par quelque magnifique envoi ; Montaigne y avait accroché son portrait, celui de sa femme et celui de sa fille unique, dans l'attitude de la prière, aux pieds de la Vierge ; Descartes y était venu ; Juste Lipse y avait envoyé sa plume ; Jules II, le boulet qui avait failli le tuer, et Érasme avait composé une messe spéciale. La statistique de 1791 porte à *cent mille* le nombre de pèlerins annuels, à une époque où les voyages étaient longs, difficiles, dangereux parfois. Dans le seul mois de mai 1791, les pères capucins chargés de préparer les hosties dans la basilique en avaient donné *cinquante mille*, et en septembre *soixante mille* ; en septembre 1780 ils avaient eu soixante-trois mille communiants. On éprouve le désir de savoir si la foi est plus vive aujourd'hui, et si la facilité du pèlerinage, avec l'amélioration des voies et la rapidité des communications, a compensé la dureté des temps pour l'Église, au sein même du pays où on lui a porté le plus rude coup. On conçoit bien que ces statistiques ne se relèvent pas toutes les années ; la dernière est de 1863, où, en septembre, on donna la communion à quarante mille étrangers venus en pèlerinage. Au dire des pénitenciers de Lorette, les fidèles sont moins nombreux qu'au siècle dernier, et les nations qui comptent le plus de visiteurs sont la France, la Pologne, la Belgique et l'Allemagne. Henri III avait donné un saint ciboire, dont la description, qui rappelle les belles œuvres de Cellini ou du Caradosso, fait rêver les amateurs. Montpensier, Condé, Conti, Lorraine, Guise, d'Aumale, Épernon, Joyeuse, avaient rivalisé de magnificence dans leurs présents. Louis XIII, après vingt-quatre ans d'une union stérile avec Anne d'Autriche, le jour de la naissance de Louis XIV, avait envoyé au Trésor un enfant d'or massif, du poids de vingt-quatre livres, couché sur un coussin soutenu par un ange d'argent pesant trois cents livres romaines, et deux couronnes d'or enrichies de pierres précieuses. Le Père Anges, en 1581, au nom de la ville de Lyon, ravagée par la peste, avait apporté un calice en cristal de roche orné d'or et de rubis ; la ville de Paris, assiégée, avait aussi fait un vœu à Notre-Dame de Lorette, et dédié, en souvenir du *Fluctuat nec mergitur*, un navire d'argent, voguant à pleines voiles, du poids de trente marcs. Le catalogue des objets qui existaient alors, sobre comme un inventaire, ne contient pas moins de trente-sept pages in-quarto dans la description de Murri.

Tout a disparu; mais soixante-dix années ont suffi pour constituer une collection nouvelle d'ex-voto, d'un goût moins élevé sans doute et moins précieux au point de vue du travail, mais aussi somptueux et aussi magnifiques.

Dès 1804, Pie VII avait pu restituer une perle d'une prodigieuse grosseur, offerte jadis par un pêcheur des rives d'Asie, où on voit comme ébauchée une Vierge tenant son fils entre ses bras; et chaque pontife et souverain, chaque grand de la terre, chaque fidèle opulent et pieux, selon sa fantaisie, avait voulu parer l'autel de la Vierge. On ne décrit pas les objets, au nombre de trente à quarante mille, contenus dans soixante-neuf énormes vitrines; ils sont quelquefois bizarres cependant, car le roi Antoine de Saxe a imaginé d'y consacrer la culotte jaune et l'habit zinzolin qu'il portait le jour de ses noces. Beauharnais, Murat, la reine Amélie de Bavière, la duchesse de Lucques, Joseph Napoléon, Marie-Caroline de Sardaigne, les Zamoïski, les Narishkine, les Czartoriski, l'aristocratie de tous les pays enfin y est représentée.

Estimer le Trésor serait une tâche impossible; à côté d'un diamant comme le Régent, de colliers, de rivières, de bagues, bracelets, étoffes, armes, coffrets, pierres précieuses à l'état brut, lingots même, couronnes, cœurs de métal, monnaies, médailles, mille menus objets, on voit une croix de la Légion d'honneur, une médaille de Crimée, une montre d'argent. Le tout est peu pittoresque, mais il est touchant de voir que l'ex-voto et le don du pauvre sont à côté de celui des pontifes et des souverains, et si on n'oublie ni Tolède, ni Moscou, ni même le Trésor de Saint-Marc de Venise, où l'art et la forme règnent en maîtres dans les trésors des sacristies, on peut dire cependant que celui de la Santa Casa est plus riche par la somme qu'il représente, sinon plus intéressant, et qu'il atteste un concours plus imposant de fidèles.

Le Palais Apostolique, résidence des chanoines, de l'évêque et du légat administrateur de la Santa Casa, est remarquable surtout par l'ampleur de la conception architecturale, et sa façade extérieure nous a plus intéressé que les salles intérieures, peintes cependant à fresque ou décorées de toiles religieuses du Schidone, de Crespi, de Foschi, de Simon Vouet, de Damiani de Gubbio, de Taddeo Zuccari, de Baglioni, de Gherardo delle Notti, du Pomerancio. On y distingue l'appartement dit *des Princes*. La vraie curiosité, c'est la *Sala degli Arazzi*, qui emprunte son nom aux magnifiques tapisseries tissées d'or exécutées sur les cartons de Raphaël, aussi précieuses que celles du Vatican, et dont les dessins, autrefois à Hampton-Court, figurent aujourd'hui au Kensington-Museum. Charles Ier d'Angleterre, sur le conseil de Rubens, avait acheté ces cartons dans les Flandres; quant aux tapisseries elles-mêmes, elles sont un don du cardinal Sforza Pallavicini, dont on voit l'écusson dans les bordures.

Le Pénitencier Apostolique sert de résidence aux Pères Mineurs-Conventuels de Saint-François, auxquels Clément XIV a confié la Santa Casa. Seize Pères de l'ordre y demeurent, dont huit Italiens et huit appartenant à des nationalités différentes, chargés d'entendre la confession des fidèles en diverses langues: l'allemand, le français, le polonais, l'espagnol, le slave, le flamand et le grec.

La Pharmacie (*Spezieria*) est célèbre par une admirable collection de cent cinquante vases d'Urbino offerts au sanctuaire par Francesco Maria, duc d'Urbino, collection, sans rivale au monde, de superbes spécimens si étonnamment conservés, et d'un émail si brillant et si frais, qu'on hésite à les croire contemporains des ducs d'Urbin. Les compositions sont de Jules Romain, et quelques-unes de Raphaël; mais la plupart sont de l'école d'Orazio Fontana. Ils n'ont d'ailleurs jamais servi pour l'usage auquel ils étaient destinés, et sont devenus, à juste titre, des objets de musée. On en a volé quelques-uns il y a quelques années, et aujourd'hui ils sont dans une salle spéciale, où on ne les voit qu'en remplissant certaines formalités. Un grand-duc de Florence en offrit une somme égale à leur pesant d'or, et Christine de Suède, après avoir visité le trésor, déclara qu'elle préférait la collection des faïences d'Urbino à celle des ex-voto que renferme le sanctuaire. Quelques-uns de ces vases, si neufs qu'ils semblent sortir des mains des céramistes, sont déjà brisés et n'ont pas un cadre digne de leur précieuse exécution.

Lorette, y compris le personnel religieux, compte à peu près huit mille habitants.

NOTRE-DAME DE LORETTE : L'IMAGE DE LA VIERGE DANS LE TABERNACLE.

LES CROCE A LA SORTIE DE FOGGIA, VERS SAN SEVERO.

CHAPITRE DIXIÈME

FOGGIA

Le pays, de Lorette à Foggia. — Pescara. — Foggia. — La ville. — Les fosses à grains. — Les Croce. — Le Tavoghere de la Pouille. — Excursion dans les environs de Foggia. — Ruines sarrasines et normandes. — Manfredonia. — Lucera. — Le Monte Gargano.

I

De Lorette je me dirigeai vers Pescara. Une circonstance que je relaterai plus loin m'a décidé à pousser jusqu'à Foggia; je n'ai donc pas fait de halte entre Lorette et Foggia, les trains mixtes s'arrêtant assez longtemps aux endroits de quelque importance pour permettre de jeter un rapide coup d'œil sur les localités qu'on traverse.

Pendant dix heures nous côtoyons encore la mer Adriatique sans la perdre un instant de vue; et c'est décidément un des grands attraits de ce voyage. Parti de Lorette à dix heures trente-huit du matin, nous ferons notre entrée à Foggia à dix heures du soir.

Nous traversons d'abord Porto Recanati, détruite par Lautrec, Porto Civitanova, San Elpidio a Mare, Cupra Marittima, Grottamare, dont les noms seuls indiquent des petits ports de pêcheurs. Le premier arrêt un peu long s'effectue à San Benedetto; nous constatons trente-cinq degrés de chaleur; le temps est étouffant, le ciel est bleu, la mer paisible; la brise marine rafraîchit cependant un peu l'air qu'on respire.

C'est un grand anniversaire politique, une date importante dans l'histoire de l'Italie moderne : la fête du *Statuto;* partout sur notre passage on célèbre le jour où, légalement, par la ratification plébiscitaire, a été accomplie l'œuvre de l'unité italienne. Toute la petite flottille des pêcheurs de San Benedetto est à l'ancre à la plage, et des troupeaux d'enfants nus jouent sur le sable, où la vague les roule en les faisant disparaître dans la blanche écume. Les barques de pêche et de cabotage, qui avaient beaucoup de caractère au-dessus de Ravenne, entre Comacchio et Chioggia, avaient perdu tout cachet spécial depuis Pesaro jusqu'à Ancône; celles que nous voyons ici portent une belle frise colorée comme les galères grecques antiques, et la forme des voiles rappelle celles du Nil ; de très-longues flammes blanches, agitées par le vent, flottent aux mâts de la flottille groupée au rivage.

Après San Benedetto, la nature du pays se transforme et l'aspect change ; voici quelques pâles oliviers. Le pays se mouvemente, surtout vers Silvi et Montesilvano, dont les noms indiquent aussi la conformation géographique. Les rives ont perdu leur aspect vert, et les dunes ont succédé aux vergers de Lorette et de Recanati. Nous faisons halte à Pescara, à quatre heures.

Notre résolution première était de nous y fixer pour deux jours au moins ; nous avions fondé des espérances sur cette ville et pris notre billet seulement jusque-là. A peine en gare et nos bagages dégagés, nous avisons un voyageur d'un aspect élégant et qui doit être en villégiature dans quelque villa de la côte ; nous lui demandons si nous avons des chances de trouver ici une bibliothèque, des archives, un vieux savant ou un jeune érudit. On nous dira sans doute où fut le château de la belle marquise de Pescaire, celle que Michel-Ange a rendue immortelle par son immortel amour, cette grande Vittoria Colonna, dont le nom traversera les âges, parce qu'un artiste inspiré a écrit son nom dans ses vers ; l'impérissable beauté, sur le front de laquelle, alors que son corps était déjà refroidi par la mort, Buonarroti regretta toute sa vie de n'avoir pas osé coller ses lèvres, « chaste baiser dont il aurait, disait-il, gardé le funèbre souvenir jusqu'à son heure dernière. »

L'élégant jeune homme connaît bien Michel-Ange de réputation, mais quant à Vittoria Colonna, il doute qu'elle habite ici, et ne connaît pas de famille de ce nom à Pescara, où il n'y a ni château, ni bibliothèque, ni archives, ni quoi que ce soit qui, de loin ou de près, me puisse intéresser. On m'indique une autorité du lieu, syndic ou coadjuteur du syndic, qui ouvre de tels yeux en entendant mes propos étranges, que je renonce à l'interroger ; enfin un jeune abbé à lunette, tout grelottant de fièvre, à la face spirituelle et pleine de caractère, nous assure que nous ne devons pas consacrer plus d'une heure à Pescara, où rien, pas même une ruine, pas même une charte, un manuscrit, une conversation, ne nous attachera et ne pourra nous retenir. La fortification est rasée, rien ne reste de la ville ancienne ; un port-canal, sans quais, la relie à la ville, on passe le fleuve sur un pont de bateaux, et tout du long de son cours s'élèvent des casernes pour la garnison. Pescara se compose de trois rues, le chemin de fer s'arrête au bourg. C'est une ville assez misérable, carrée, sans commerce autre que celui des bestiaux ; trois fois l'an s'y tient une foire assez suivie. Des groupes de paysans vêtus de blanc et coiffés de chapeaux de feutre, portant tous un sac sur le dos et une faucille en bandoulière, encombrent la gare et vont partir avec nous pour faire la moisson dans la Pouille : ils se réunissent pour remplir un wagon destiné aux chevaux, et on les transporte pour un franc jusqu'à Foggia ; c'est un trajet de cent soixante-seize kilomètres.

A Pescara, un tronçon de chemin de fer mène à Aquila dans l'intérieur ; nous repartons donc pour Foggia, traversant Ortona, Vasto, Campo Marino, Poggio Imperiale, San Severo et Motta. Nous suivons encore la mer, et s'il est possible, nous la côtoyons de plus près ; Ortona devrait avoir un port, mais c'est un pays rocheux tout remué par des cataclysmes, et qui rappelle les bords de la Méditerranée vers Cannes. Ce ne sont que petites baies dominées par des roches rougeâtres très-déchiquetées, et la voie, qui jusqu'ici n'offrait aucun travail d'art et dont les rails reposaient sur un sol au niveau de la mer, s'engage de temps en temps sous des séries de petits tunnels qui nous font passer de baie en baie. Les contre-forts du chemin s'escarpent à mesure que nous avançons, la terre se colore et le paysage prend du ton : les oliviers reparaissent.

Vasto est un petit port de pêcheurs assez fertile ; nous prenons des paniers fermés comme des boîtes à couvercle, tout humides et qui contiennent le poisson encore vivant pour alimenter Foggia. De longues escouades de moissonneurs se joignent à notre train, partant pour recueillir les riches moissons du Tavogliere de la Pouille. Si le port est petit, le pays est assez important; il est joliment situé sur la hauteur, et, en pensant au marquis del Vasto illustré par le pinceau du prince des peintres, je regrette de traverser aussi vite un pays où peut-être je trouverais des souvenirs historiques.

Campo-Marino se présente aussi d'une façon très-pittoresque, et j'ai le temps d'y faire un croquis dont la disposition tenterait un aquarelliste : le pays est sur la montagne et s'encadre à souhait entre deux superbes groupes de grands peupliers d'Italie, dont les troncs s'élèvent en plaine, et dont les cimes, dans la perspective, arrivent à la hauteur des clochers de la ville. Un dernier point, Chienti, présente un aspect assez caractéristique, la grève s'y fait lande, le pays devient maquis, puis le Tavogliere commence, et nous apercevons Foggia, où nous arrivons à la nuit close. J'entre dans la ville aux éclairs d'un feu d'artifice tiré pour les fêtes du *Statut*.

Les rues sont d'une largeur démesurée, et les maisons, extrêmement basses, ont toutes des terrasses à l'italienne; la ville flamboyait tout à l'heure; à l'extrémité de la longue rue qui part du chemin de fer, les grandes baies du théâtre, encore illuminé, éclatent dans la nuit qui nous entoure. On dirait que tous les habitants de la ville dorment à la belle étoile; car nous nous avançons entre deux interminables files de dormeurs couchés dans leurs manteaux sur les trottoirs convertis en dortoirs. Le trajet de la station à l'hôtel est encore long, et partout dans les rues que nous traversons le spectacle est le même : quelques rares groupes de promeneurs encore debout se dispersent pour venir se ranger, eux aussi, le long des murailles, et chacun dresse son lit pour la nuit sous la voûte étoilée. On nous explique que ces lazzaroni inattendus campent ici depuis trois jours au nombre de plus de deux mille; ce sont les paysans des Abruzzes venus pour faire la moisson. Notre train leur amène un renfort de trois cents compagnons; la ville leur doit depuis leur arrivée une animation extraordinaire; dès le jour ils sont debout et bivouaquent sur les places : là les fermiers de la Pouille, les intendants, les petits propriétaires et les grands possesseurs des terres viennent à la ville faire leurs contrats et les embaucher pour la moisson. De longues charrettes, où ils se tiennent debout en chantant avec un accent plaintif et guttural, les conduisent dans le Tavogliere. C'est le nom de ces immenses plaines qui sont le grenier d'abondance de l'Italie; depuis Annibal elles ont nourri les armées des envahisseurs, elles alimentent encore toute la région méridionale et celle du nord. J'ai eu le temps d'examiner à mon aise ces moissonneurs : ils sont maigres et hâves, bien découplés, très-bronzés de peau; un grand nombre grelottent la fièvre et sont d'un teint verdâtre; ils n'ont pour tout bagage qu'un petit sac et une grande faucille usée et à lame très-mince. Ils errent tout le jour par les rues, tristes, sans chaleur et sans vie, l'œil éteint et, comme les fellahs d'Égypte, le regard vague. De temps en temps, quelques-uns font retentir l'air de cris et de chants singuliers. Ils n'ont ni la vivacité du Napolitain ni l'ampleur des contadini de la campagne de Rome, mais les attaches sont fines, et quelques-uns, nerveux et bien pris, sont faits comme des statues antiques.

Foggia me semble une ville intéressante par de tout autres raisons que celles qui recommandent les villes que j'ai décrites jusqu'ici. L'art ne vient qu'en dernière ligne, et je ne constate qu'un seul monument de quelque intérêt : encore est-ce une ruine engagée dans une maison moderne, et surtout remarquable par une inscription qui consacre la présence des empereurs d'Allemagne dans cette cité qui fut *ville royale et résidence illustre de l'empereur*. La cité est neuve, bien disposée, d'un abord très-ouvert, d'un aspect très-large, et d'une circulation très-facile; mais elle a un caractère très-tranché et très-écrit. L'impression qui reste, c'est celle produite par ces maisons basses, qui n'ont pour la plupart qu'un rez-de-chaussée et qui contrastent par leur peu de hauteur avec la largeur des voies. Tout a sa raison d'être en voyage ; Foggia est victime de tressaillements du sol, qui ont souvent ruiné la ville : le tremblement de terre de 1731 en a fait un centre tout moderne ; de plus l'habitude qu'on a de passer toutes les maisons au lait de chaux, donne à la ville un cachet tout oriental. Ce qui est neuf ici est conçu dans des proportions assez grandioses, et nulle part l'espace n'a été ménagé ; on sent une ville riche et prospère. On pense beaucoup à Naples en regardant le ciel, et au coin des rues, des marchands de *bebite*, glaces, limonades, boissons fraîches et fruits de toute nature, installés dans des constructions en bois à jour, ornées de miroirs et curieusement décorées, rappellent les *trink-hall* imités par les Allemands avec leur goût et leur tempérament, mais dont les exemples les plus caractéristiques s'élèvent dans la via di Toledo, à Chiaja et sur la place de San Carlo de Naples.

Les petits palais aussi me frappent par leur disposition. Ils ont un rez-de-chaussée et un premier sur la rue, avec une très-large porte donnant accès à une cour dallée qui fait vestibule ; dans le fond, deux escaliers assez monumentaux accèdent aux appartements principaux, et, ce qui est un motif très-singulier, des vaches ou des chevaux au repos, dans ce vestibule d'une assez belle tournure architecturale, y sont couchés sur la litière entre les deux départs d'escaliers menant au palier principal. La différence est grande entre la région d'où je viens et celle-ci : je suis en Orient, l'Italie méridionale s'affirme par son ciel, son climat, la couleur de son paysage ; la chaleur est intense, trente-sept degrés à mon thermomètre. Je travaille tout le jour à la bibliothèque, qui est riche, et où je suis accueilli par un bibliothécaire d'une affabilité charmante et pleine de courtoisie. Là du moins on respire et tout est clos avec soin, mais il m'est impossible de dessiner en plein air avant l'heure du coucher du soleil. Je n'ai ici aucune ressource au point de vue de la photographie, pas une vue n'existe, et tout ce dont j'ai besoin pour illustrer la ville, je le devrai à mon crayon.

L'hôtel est plus que simple : on sent que les voyageurs qui viennent ici ne veulent qu'un lit pour dormir et un coin pour s'abriter ; ils ont à faire au dehors et circulent tout le jour. On voit rarement un voyageur venir pour son plaisir ou pour un motif d'étude. Déjà je constate l'habitude de faire la sieste : tout se ferme à partir de une heure, et les rues sont désertes, tous les magasins sont clos, pour ne se rouvrir qu'à la fin de la journée, et il est impossible d'acheter un timbre ou un cigare pendant quatre heures de la journée. On vit bien dans cette ville, et on oublie la famine qui règne à Lorette ; si on connaissait à fond les coutumes locales, on vivrait mieux encore, car les magasins sont admirablement approvisionnés, surtout ceux qui fournissent les comestibles. Les grasses mortadelles, les pâtés appétissants, les saucissons violacés parés d'argent, les fromages d'une blancheur rassurante, les conserves de toute nature, les bouteilles coiffées de cires variées et soigneusement étiquetées, montrent le souci qu'on a du bien-être de la table. Au restaurant de la *Picella* on se nourrit à bon compte, proprement, dans un local large, commode et bien servi.

C'est la première fois depuis les villes d'Afrique et celles du Maroc que je constate *de visu* l'habitude qu'ont les habitants des pays méridionaux fertiles en grains de les conserver dans des silos. Une des portes de la ville donne sur une vaste place (*Piano della Croce* ou *Piazza delle Fosse*), sous le sol de laquelle s'ouvrent plus de mille *fosses* ou puits à grains, en forme de cuves, dont l'ouverture est au niveau du sol et se recouvre d'un plancher et, sur le plancher, d'une couche de terre, se raccordant ainsi, se confondant à un tel point avec le plan de toute la place, que les voitures y stationnent, les chevaux et bestiaux la foulent, et qu'il serait impossible d'en soupçonner l'existence sans la petite borne pourvue d'un numéro qui la désigne.

J'ai eu la chance de voir ouvrir un de ces silos, et j'ai pu représenter la scène d'après nature. Celui qui achète le grain et celui qui le vend se tiennent au bord de la fosse, et le chariot qui portera les sacs est arrêté. Les *sfossatori*, armés d'outils, enlèvent la terre qui recouvre les planches fermant l'entrée et la rassemblent en un tas. Cela fait, ils lèvent le couvercle planche par planche et lancent dans la profondeur un seau muni d'une corde, exactement comme dans un puits. Un des *misuratori* assermentés, accroupi au bord, verse le contenu du seau dans une mesure appelée *tomolo*; chacun de son côté, acheteur et vendeur, munis d'une sorte de chapelet dont les grains sont assez espacés, et qui rappelle la *patience* des Arabes, comptent un

OUVERTURE D'UNE FOSSE A GRAINS, A FOGGIA.

grain par chaque *tomolo*. Les vendeurs sont tout à fait des messieurs ; ils sont généralement accompagnés d'un homme de confiance ou d'un intendant. La quantité vendue une fois livrée, on recouvre, on étend la terre, on piétine, et, sans la borne, ceux qui ne connaissent point l'usage ne reconnaîtraient certainement pas la place. J'ai dit qu'il n'y a pas moins de *mille* fosses à grain sur cette place, et dans le dessin les petites saillies des bornes sont presque invisibles. La plus grande de ces fosses contient trois mille *tomoli*, la plus petite deux cents environ. La profondeur de la plus grande est de trente-trois palmes italiennes, et la plus petite n'en mesure pas plus de douze. Toutes sont admirablement cimentées à l'intérieur, et le grain s'y conserve de la façon la plus complète. C'est le dépôt de la richesse publique ; cette curieuse institution repose sur la foi de tous, et sa sécurité résulte de l'intérêt général.

C'est le 19 mars 1725 qu'on a réglementé l'usage des fosses; il est général en certaines parties de l'Orient; nous l'avons constaté, pour notre part, dans tout le Maroc, et on sait que dans l'Algérie le même usage est suivi. A Foggia, à la suite d'un accord entre les *Massari di Campo*, qui labourent et récoltent, et les négociants de la ville, qui trafiquent et achètent leur blé, on a constitué une corporation spéciale qui jouit d'une grande considération. Il existe deux compagnies de *sfossatori*: celle de San Rocco et celle de San Stefano. Chaque compagnie a à sa tête deux *caporaux* (*caporali*), deux *sous-caporaux* et un secrétaire (*scrivano*). Vingt-quatre *misuratori* sont chargés de constater la quantité enfouie et celle qu'on extrait. Les négociants intéressés nomment par an trois députés commissaires, et, de tous les points du territoire, on apporte dans ces silos la richesse publique des grains. Les fosses sont propriétés privées; on les fait construire pour son usage ou on les loue.

Cette place, qu'on appelle *Piazza delle Fosse* ou *Piano della Croce*, emprunte son premier nom aux silos, ou *fosses*, et le second à la croix qui forme le premier plan à gauche du croquis. Une légende s'attache à cette croix. Elle fut plantée par un fils qui aurait retrouvé son père à cet endroit même, après avoir été séparé de lui depuis plus de vingt ans, engagés qu'ils étaient dans les croisades en Terre-Sainte, et séparés par les vicissitudes du temps. La joie du vieillard aurait été telle qu'il serait mort sur la place.

Le Croce, les croix, à la sortie de la ville, vers San Severo, ressemblent beaucoup à un calvaire en plaine. C'est un long jardin étroit et clos de murs auquel on accède par une belle porte monumentale, et dans lequel s'élèvent des pavillons en perspective, tous dans l'axe, et couronnés de coupoles. Il y a quelque chose d'indien dans la silhouette de ce monument; tout au fond s'ouvre une église ou chapelle, et le tout, dans le style rococo particulier à la région, est blanchi à la chaux comme les *santons* du Maroc. J'ai fait là un croquis d'un singulier effet, à l'heure où se couchait le soleil. Sur cette plaine de la Pouille, le moindre accident prend une valeur énorme: le soleil était à l'horizon et les coupoles, qui se superposaient dans la perspective, se détachaient dans une ombre bleuâtre sur un fond d'or pur. J'ai pensé au peintre de Nittis en face de ces colorations étranges; ces terrains blanc d'argent, ces blés jaunes, ces montagnes bleues ou couleur d'améthyste, ces bœufs gris-poussière, qui se marient en une harmonie puissante, composent des tableaux d'un cachet napolitain qui nous rappelleront souvent ce peintre estimé.

Foggia, capitale de la province de Capitanate (*katapan*, gouverneur), est avant tout agricole. J'aurais beaucoup à dire sur cette ville au point de vue de l'histoire, mais c'est dans les plaines de la Pouille même, l'ancienne *Apulie*, qu'on trouve surtout les traces d'origines historiques. Ce sont les Grecs qui les premiers ont rendu le pays florissant par l'agriculture. Célèbre sous les Romains comme *grenier de l'Italie*, la province fut le principal théâtre de la guerre punique. Affaiblie sous les Goths, divisée en fiefs sous les Lombards, et vassale des Grecs d'Orient, qui en revendiquent constamment la suzeraineté, elle est absolument ruinée par les Sarrasins, qui ont fait leur repaire du Monte Gargano, l'éperon de la botte italienne. Ces derniers y laissent de nombreuses traces de leurs conquêtes sous la forme de châteaux forts, qui dominent encore les plaines de la Pouille. Les Normands s'en emparent, et, dans la mesure du temps, lui donnent un gouvernement régulier qui eut son heure de puissance. Charles d'Anjou, appelé par les papes, y vient à son tour rétablir le pouvoir pontifical; puis viennent les empereurs d'Allemagne, qui résident à Foggia même, et, par eux, les vice-rois, délégués par Charles-Quint, jusqu'à Charles III, roi de Naples et d'Espagne. Les Français y règnent en maîtres jusqu'au moment où la coalition triomphe et rend le pays aux Bourbons de Naples. Après eux la Capitanate a le même sort que l'Émilie, la Sicile, les Marches, l'Ombrie et l'Italie tout entière: elle est conquise et elle se donne au roi Victor-Emmanuel.

PIAZZA DELLE FOSSE : GRANDE PLACE DE FOGGIA.

II

Les plaines ou plateaux parallèles de faible élévation qu'on appelle *Tavogliere* (Tables) de la Pouille s'étendent à droite et à gauche de cette voie ferrée qui, depuis Rimini jusqu'à Otrante, longe l'Adriatique dans un parcours de près de sept cent cinquante kilomètres; et dans la seule partie où on perde de vue la mer, depuis la station de Ripalta jusqu'à celle de Trinitapoli, sur la longueur, et des derniers mamelons des Apennins, de Monte Auro et Monte Sidino jusqu'à Manfredonia et le lac de Lesina, sur la largeur. Comme aspect, c'est la Vieille-Castille, où un chardon en premier plan prend les proportions d'un chêne, tant les horizons sont plats. Mais l'œil, aux horizons extrêmes, embrasse les pentes du Gargano, et la terre est fertile si on veut l'amender et la conquérir à la culture. L'ensemble comprend cinq cent mille hectares sur le territoire de deux provinces, et ces *Tables*, qui sont de nature argileuse, séparent décidément les Apennins

LA VILLE ET LE PORT DE MANFREDONIA.

du massif du Monte Gargano, péninsule montagneuse qui forme l'éperon de la botte italienne et s'avance sur l'Adriatique, formant un promontoire très-élevé. Nous avons quitté la mer un peu au-dessus de Ripalta; mais nous la reverrons au-dessous de Manfredonia, où la voie nous ramène à la grève, près de Barletta.

Il y a là trois régions distinctes : la plaine des Tavogliere; la Subapennine, qui est légèrement montueuse et formée des derniers contre-forts des Apennins, et la Garganica, qui forme les pentes du Monte Gargano, dominant les Tables de la Pouille. Comme il y a trois configurations différentes, il y a trois climats, trois cultures; et les mœurs et les habitudes varient avec ces configurations.

La Pouille est très-riche, et elle ne peut pas ne pas l'être, parce qu'avec ses trois divisions elle a trois expositions différentes pour trois cultures qui l'enrichissent. Les *Poggi* et les montagnes donnent du bois, des essences, du goudron, des caroubiers, des arbousiers et des plantes odoriférantes dont on fait un miel exquis. Les collines douces, longues rampes exposées au soleil, donnent les vignes et l'olivier, et les vastes plaines grises, qui se dorent dès le mois de juin sous les blés mûrs, donnent aussi des légumes et du coton. Enfin, de Manfredonia à Trinitapoli, le pays s'ouvre sur la côte et regarde la mer : vers Barletta, la Dalmatie, et, vers Brindisi, l'Orient. La mer, voie toujours ouverte pour alimenter la Dalmatie si dénuée, le chemin de fer de la côte pour porter ses produits dans toutes les directions; enfin de grands centres à proximité comme débouchés dans le pays même, voilà bien des conditions de prospérité pour l'ancienne Apulie.

Placée au centre de provinces étendues, la terre de Bari et la Basilicate, la Capitanate forme la septième province du royaume par son étendue, et l'élément agricole y domine tous les autres éléments. Elle compte cent mille agriculteurs contre trente mille industriels ; huit mille commerçants, cinq mille habitants adonnés aux professions libérales, deux mille cinq cents au culte, douze cents aux services administratifs, près de quatre mille aux services domestiques. Les propriétaires sont au nombre de douze mille, et cent quarante-six mille habitants, parmi lesquels il faut compter les femmes et les enfants, n'exercent pas de profession. Le nombre des pauvres constaté par l'État est d'un peu plus de trois mille.

Les céréales sont donc le plus grand élément de la richesse de ce pays, et leur culture occupe le quart de la superficie totale de la province. L'exposition du Tavogliere proprement dit n'est pas très-bonne, quoiqu'elle soit propice à la culture du blé, et les conditions agricoles des pentes du Gargano et de celles des Apennins qui viennent mourir au Tavogliere sont beaucoup meilleures, le sol étant mieux protégé. D'ailleurs, la propriété y étant beaucoup plus divisée, elle est naturellement mieux soignée. Une seule année très-prospère peut enrichir les habitants de la plaine ; mais il faut dire que ces régions, si favorisées d'autre part, sont exposées à de graves accidents météorologiques.

Le Tavogliere même est soumis à une législation exceptionnelle, qui paralyse en grande partie les conditions productives de cette région, et le travail de l'homme n'a pas encore le droit de la faire fructifier. Un cinquième du sol seulement est livré à la charrue, les quatre autres sont réservés aux pâturages nomades, sans qu'on ait le droit de faire passer un terrain d'un usage à l'autre. La fièvre décime la population malgré les efforts qu'on a faits pour assainir la région.

L'industrie manufacturière n'existe pas ; on fait quelques tissus et de la poterie commune. La vapeur, qui centuplerait l'activité des moulins dans un pays de céréales, est si peu en usage, qu'on ne compte que quatre moulins à vapeur, dont deux à Foggia, un à Cerignola et le dernier à Saline. Sur les neuf cents autres, cent vingt-quatre sont mus par des cours d'eau, et le reste par des moteurs animaux.

La grande ressource du voyageur parisien pour sa nourriture en ces régions, c'est la pâte italienne sous toutes ses formes, et à Foggia les *macheroni*, *spagetti*, *tagliatelli*, faits à la main et non par la machine, sont très-appréciés : toute la province de Naples, où on en consomme tant, se fournit de grains durs dans la Pouille, et on en exporte de grandes quantités dans les provinces supérieures.

J'avais visité la Capitanate et les Abruzzes en 1861, à la suite de l'armée italienne ; je dois constater que les choses ont bien changé depuis : les écoles sont beaucoup plus nombreuses, et cette préoccupation de répandre l'instruction s'affirme chaque jour dans les conseils des provinces. Le *loto* est toujours en honneur dans les basses classes ; je vois dans les statistiques que le nombre des joueurs a doublé depuis dix ans, et, entre deux années consécutives, les documents officiels que j'ai eus entre les mains constatent en faveur de la dernière une augmentation de cinq cent mille francs à un million; c'est-à-dire, que toutes ces pauvres gens d'une seule province qui avaient perdu cinq cent mille francs en 1875, ont perdu un million en 1876. Les statistiques donnent toujours de curieuses conclusions : la plaine est moins morale que la montagne ; mais il est un point consolant ; les *Trovatelli* (enfants exposés), qui l'année dernière étaient au nombre de mille deux cent soixante-douze pour toute la province, ne sont plus cette année que de mille cinquante-quatre.

III

A Foggia, nous sommes au centre d'une région qui offre au point de vue de l'histoire un intérêt hors ligne. S'il n'y avait pas une pondération nécessaire à établir dans le récit d'un voyage comme celui-ci, et si la route n'était encore longue à parcourir, ce serait le cas d'écrire ici quelques pages d'une histoire où la France joua un grand rôle. Résumons donc en quelques lignes la promenade archéologique que nous avons faite en Apulie, au sortir de Foggia, et rendons hommage à la mémoire de l'archéologue distingué, du grand seigneur libéral, du vrai Mécène dont l'œuvre nous a servi de guide : j'ai nommé le duc de Luynes [1].

Je n'ai point à revenir sur les grandes transformations historiques des premiers siècles dans l'Italie méridionale. Après avoir été soumis aux empereurs grecs, dont les représentants, les *Katapans* (Capitanate), gouvernent le pays, l'Apulie passe aux mains de Charlemagne, empereur d'Occident. Son empire démembré, les Césars de Constantinople affichent sur l'Apulie des droits déjà anciens, tandis que les empereurs allemands, comme successeurs de Charlemagne, élèvent des prétentions et réclament l'hommage féodal des princes lombards. On ne saurait nier que cette côte de l'Adriatique, depuis Ancône jusqu'à la pointe de Leuca, au-dessous d'Otrante, n'ait un cachet oriental. Les villes blanches, avec leurs blanches terrasses se découpant sur l'azur des golfes, la terre grise et la végétation puissamment colorée, nous rappellent la rive opposée et les grandes cités assises aux rives du Bosphore; mais jamais, depuis le grand coup qu'on lui avait porté, le pouvoir des Grecs n'y recouvra cependant sa sécurité : ce n'était plus qu'un souvenir. La vanité byzantine avait bien tiré du Monte Gargano à la baie de Salerne une ligne idéale qui indiquait la limite de son pouvoir; à Bari, à Otrante, les Katapans gouvernaient encore, mais les Sarrasins Aglabites, maîtres de Malte et de toute la Sicile, puissants sur les deux mers, et passant de la Méditerranée à l'Adriatique, de Palerme à Tarente, à Bari, à Otrante, à San Angelo, disputaient le pouvoir aux deux compétiteurs, l'empereur d'Orient et celui d'Occident. C'était l'anarchie, c'était surtout le morcellement, et l'Italie méridionale offrait une proie facile aux audacieux.

Il se passa alors en Apulie un fait historique si invraisemblable qu'il ressemble à une de ces légendes héroïques inventées par les bardes. C'était vers 1006 : on vit débarquer à Salerne quarante chevaliers normands, suivis de leurs écuyers et de leurs hommes d'armes, revenant de Palestine. Arrivés sous les murs de la ville au moment où une armée sarrasine, dont les tentes étaient dressées, célébrait dans une orgie la reddition de Salerne et le payement de sa riche rançon, ils s'indignent de voir des infidèles insulter aux chrétiens vaincus, rassemblent les milices, donnent du cœur aux Salernitains et taillent les Sarrasins en pièces. Se faisant les auxiliaires, tantôt des Grecs et tantôt des Allemands, on les voit combattre tour à tour pour Henri II et pour le Katapan. Ils prennent Aversa, puis Messine et Syracuse, appellent à eux d'autres Normands, les fils du sieur de Hauteville, reçoivent des titres et les font confirmer par l'empereur.

Bientôt, au nombre de sept cents chevaliers, ils représentent une force énorme et montrent de l'audace et du génie. Après mille péripéties, ils fondent des dynasties, s'intitulent Ducs d'Apulie et des Calabres, puis Rois de Sicile, et combattent contre le pape et l'empereur, ou au besoin protégent le pontife contre le césar.

---

[1] *Recherches sur les monuments et l'histoire des Normands et la maison de Souabe dans l'Italie méridionale*, publiées par les soins de M. le duc de Luynes, membre de l'Académie des Inscriptions et Belles-lettres ; texte par Huillard-Bréholles, dessins par Victor Ballard. Paris, Pankoucke, 1844.

Robert Guiscard représente la personnalité la plus fière parmi tous ces chevaliers. Un moment il rêva de revêtir la pourpre impériale; il prit Durazzo, fit trembler Constantinople, et mourut en en faisant le siége. Les documents irréfutables sur lesquels s'appuie cette légende extraordinaire sont visibles à chaque pas dans les campagnes de l'Apulie; pas une ville qui n'y renferme un souvenir de la puissance des Sarrasins, de celle des Normands ou de celle des Hohenstauffen.

J'ai vu à Lucera les fortifications sarrasines encore debout, frustes, il est vrai, mais parfaitement visibles dans leur disposition et leur plan, dominant sur les collines ces immenses plaines grises où les paysans faisaient la moisson. A quelques lieues de là, l'attrait est plus grand encore, parce que la forme est plus exacte : on voit les tours des Normands, leurs résidences fortifiées, vastes constructions octogones avec des tours d'angle, de grandes salles au centre, une porte monumentale en granit rouge et des barbacanes étroites. Il n'est même pas besoin de restaurer les monuments par la pensée pour se rendre compte des moyens de défense et de l'effet; il n'y a qu'à compléter le tableau en appelant les hommes d'armes aux créneaux et les arbalétriers à la poterne.

A Venosa repose Robert Guiscard, et on lit sur son tombeau l'épitaphe suivante :

« Ce Guiscard, la terreur du monde, a chassé de Rome celui que les Liguriens, les Romains et les Allemands ont pour roi. Les Parthes, les Arabes, la Phalange macédonienne n'ont pu protéger Alexis, mais seulement sa fuite. Quant aux Vénitiens, ni la fuite ni la mer ne les ont sauvés. »

Bohémond, le propre fils de Guiscard, prince d'Antioche, qui eut une fortune si extraordinaire en Orient et qui est un des héros de la *Jérusalem délivrée,* repose dans la cathédrale de San Sabino, à Canosa, à quelques pas du champ de bataille de Cannes, et on lit ces mots sur sa tombe :

« Le prince magnanime de la Syrie gît sous ce dôme; nul plus brave que lui ne naîtra désormais dans l'univers. La Grèce quatre fois vaincue, le pays des Parthes, le plus vaste État du monde, ont éprouvé longtemps le génie et les forces de Bohémond. Avec ses troupes, il a vaincu Antioche. »

Ce tombeau est fermé par une porte de bronze d'un caractère arabe avec têtes d'animaux et incrustation d'émaux; elle est signée *Rogierius fecit has januas et candelabrum;* et c'est un monument d'art d'une période bien particulièrement curieuse.

Foggia elle-même, quoique moins bien partagée que les autres villes près du Gargano, a cependant aussi ses titres, et, sur un palais privé où reste engagé un arc d'un assez beau travail, on peut lire l'inscription suivante, qui atteste qu'elle fut à un moment donné, à la fin du douzième et au commencement du treizième siècle, la résidence des empereurs d'Occident. L'inscription est en latin, et je la traduis de l'original :

« Tel César ordonna que cet ouvrage fût fait, tel Barthélemy, surintendant, l'a construit, l'an de l'Incarnation 1223, au mois de juin, la troisième année du règne de notre vénéré seigneur Frédéric, empereur des Romains, toujours auguste, et la vingt-sixième de sa royauté de Sicile. Cet ouvrage a été heureusement commencé par les ordres dudit seigneur.

« Frédéric a ordonné que cela fût fait pour que Foggia fût ville royale et résidence illustre de l'empereur. »

Il faut diviser ses excursions : un jour suffit pour aller de Foggia à Lucera et voir les ruines sarrasines et normandes; mais il faut revenir à la ville pour se diriger vers Manfredonia, qui est tout à fait à la côte et où la voie ferrée n'arrive pas. En quelques heures, par une route sablonneuse à travers la plaine, on gagne la mer et Manfredonia. Mon but, en y allant, était surtout de me rapprocher du Monte Gargano, dont je ne devais pas faire l'ascension. Il faut passer le Candelaro, qui forme une sorte de fosse ou de vallée, et la ville de Manfred se présente au bord de la mer, enceinte de fortifications du treizième siècle dont les matériaux ont été, dit-on, pris dans les ruines romaines de la ville de Sipontum. Le port est pittoresque et il est excellent; mais il faut fuir la ville quand on a le tempérament fiévreux; ce fossé du Candelaro et le lac, ou Pantano Salso, dont le nom même indique un marécage, confirment tout ce qu'on m'avait dit de la position de cette jolie petite ville.

Ce Monte Gargano semble un *oppidum* antique, et le Monte Calvo (*mont Chauve*), qui le

TOURS DES NORMANDS DANS LES PLAINES DE LA POUILLE.

domine, autrefois planté d'épais fourrés, a longtemps caché les repaires des Sarrasins, déjà chassés de la Péninsule, mais dont quelques hordes s'adossaient à la mer, de ce côté, pour s'adonner à la piraterie; tandis que du haut du Calvo, protégées par la vallée du Candelaro qui leur faisait comme un retranchement, elles pouvaient fondre sur la plaine, où elles voyaient leurs anciennes forteresses aux mains des Normands. Une des cimes s'appelle encore Monte Saraceno. On m'engageait fort, à Manfredonia, à pousser jusqu'à Monte San Angelo, dont je voyais les pentes très-inclinées dominer la partie nord de la ville; j'y devais voir le fameux sanctuaire dédié à saint Michel qui, le 8 mai, devient un lieu de pèlerinage pour toute la région méridionale, et où les marins qui allaient affronter la bora sur les côtes de Dalmatie venaient suspendre leurs ex-voto; mais il eût fallu faire l'ascension du Gargano, qui mesure près de cinq mille pieds, et j'avoue que les ruines sarrasines et normandes me tentaient plus que ces excursions, un peu inutiles, du moment que je m'étais rendu compte de la forme du promontoire de ce *Garganus* antique et de la nature de la roche. D'ailleurs, j'étais décidé à ne pas aller par le long de la côte jusqu'à Barletta. Ce chemin est long, fastidieux, sans intérêt, et, de plus, je ne me souciais nullement de respirer pendant de longues heures, et surtout au coucher du soleil, au mois de juin et par une grande chaleur, les émanations du Pantano Salso et du lac *Salpi*. Des mésaventures de voyage, dans des régions dévastées par la fièvre, m'ont mis sur mes gardes; je paye mon tribut, et je suis prudent quand il faut l'être. D'ailleurs j'ai peut-être fait cette excursion à une époque de l'année trop avancée; les premiers jours de juin y sont déjà pénibles à cause de la chaleur.

CITADELLE SARRASINE, A LUCERA.

PORT DE BRINDISI.

CHAPITRE ONZIÈME

BRINDISI, LECCE ET OTRANTE

De Foggia à Brindisi. — Bari. — La ville de Brindisi. — Ce qu'elle était autrefois. — Son aspect aujourd'hui. — La voie Appia. — Conditions économiques de la ville. — La route des Indes. — Le port moderne. — Le port antique. — Causes de la décadence. — Souvenirs historiques à évoquer à Brindisi. — Les monuments. — Coup d'œil général sur la région de la province d'Otrante. — Civilisations successives. — Émigrations orientales. — La culture intellectuelle remonte de la partie méridionale au centre de l'Italie. — Les illustrations de la province. — Histoire. — Littérature. — Lecce. — La ville. — Les monuments. — Impressions du voyageur. — Otrante. — La ville. — Description des monuments. — La cathédrale. — Le port. — Le télégraphe sous-marin. — La *Punta di Leuca*.

I

Rentré à Foggia après une excursion en Apulie et à Manfredonia, je reprends ma route le long de l'Adriatique, et ma première station sera Brindisi; je quitte Foggia à quatre heures vingt minutes de l'après-midi par la voie ferrée, avec un train omnibus, afin de voir les villes intermédiaires dans un rapide coup d'œil; à dix heures et demie du soir, j'entre à Brindisi.

Par un soleil ardent encore, je vois, au départ, la scène de la récolte des avoines dans les grandes plaines jaunies par les moissons mûres. Oui, c'est la Beauce, une Beauce chaude et orientale, avec des horizons de montagnes très-basses, parallèles au sol, comme des plateaux; ces fonds, tantôt bleu pur, tantôt couleur d'améthyste, suivant les heures, semblent parfois se volatiliser et se fondre dans le ton du ciel. Une meule sur le paysage aride prend une importance énorme; les points blancs qui éclatent dans la campagne, et qu'un peintre, dans un panorama d'ensemble, indiquerait d'une vive touche d'argent pur, sont les fermes aux toits plats, en terrasse, et qui rappellent la Véga de Grenade ou les villages d'Orient. De grands troupeaux de bœufs gris à longues cornes, des moutons, des troupeaux de chevaux en liberté, conduits par des conducteurs en selle, armés d'une pique et le fusil au dos, comme dans la Campagne de Rome, telles sont les figures qui animent le tableau. Je vois à ma gauche, pendant quelque temps encore, les lacs Salso et Salpi, et de ce côté, entre la voie et la mer, le terrain est un peu plus mouvementé; des bosquets d'ormes clair-semés y font des oasis. Nous passons Ortanova, Cerignola, Trinitapoli, et, à l'entrée de Barletta, la culture change; voici des vignes, des jardins maraîchers et quelques villas coquettes. Nous avons regagné la rive, et nous la côtoierons jusqu'à la fin de notre voyage.

Barletta se présente agréablement au bord de la mer ; c'est une ville de vingt mille habitants, avec un port excellent. Elle est fière de sa cathédrale ; mais sa vraie richesse est une statue antique en bronze, de plus de trois mètres de haut, qui représenterait, dit-on, l'empereur Héraclius. Le port me paraît plus fréquenté qu'aucun de ceux que j'ai vus jusqu'ici ; les fortifications, du côté de la mer, ont un assez beau caractère. Le terrain devient très-fertile ; les vergers sont riches et nombreux, la plupart sont clos de murs en *opus incertum*. Puis vient Trani, une ville neuve qui a succédé à celle qui joua autrefois un rôle. Son port n'est pas sûr ; ses maisons, basses, blanches, carrées, s'échappent dans la plaine, débordant la primitive enceinte. On voit des habitants sur les toits en terrasse. Les villas aux portes de la cité sont d'une végétation luxuriante ; d'énormes figuiers à larges feuilles, aux angles des murailles blanches, les font éclater. Voici les premiers grenadiers en fleur ; le pays vit de ses fruits, et exporte l'huile, les amandes et les figues. Après Trani, c'est Bisceglie. Le terrain, tout d'un coup, s'est relevé ; la grève est devenue rocher, et la ville semble une forteresse ; son petit port, à ses pieds, est défendu par une fortification. Tous ces rivages voyaient déjà les Turcs faire des incursions ; les pirates venaient les rançonner ; quand l'artillerie fut inventée, des galères venaient s'embosser et bombarder les villes ; il fallait se défendre. Bisceglie semble un lieu de villégiature ; les villas sont très-nombreuses ; le pays est célèbre par ses vins, et par ses beaux raisins qui ressemblent au malaga. Après, c'est Molfetta, Giovanizzo et San Spirito Bitonto, enfin Bari. Le pays désormais a son plein caractère ; on ne voit plus que vignes, oliviers et amandiers. Bari s'avance un peu sur une langue de terre, et tout à fait à la côte. La ville a un très-bel aspect, et semble beaucoup plus importante, vue de loin, qu'elle ne l'est en réalité ; elle donne son nom à la province : la Terre de Bari. Elle a été sarrasine et normande, et sa cathédrale dresse vers le ciel un fier campanile qu'on a orgueilleusement comparé à la Giralda de Séville. La ville est riche ; elle commerce avec Trieste et la Dalmatie, et son port est sûr. Dans ce rapide arrêt, je reconnais, dans un voyageur qu'on vient accueillir à la gare, un personnage que je n'ai pas vu depuis seize années, et avec lequel nous avons rompu le pain au bivouac pendant la campagne des Marches et de l'Ombrie : c'était alors le lieutenant-colonel Piola-Caselli, il a fait son chemin : c'est aujourd'hui le général commandant la division territoriale de Bari. « Seize années ! mon général, depuis le temps où, sur la terrasse du général Cialdini, aujourd'hui ambassadeur en France, sous les orangers et les citronniers en fleur de la plage de Gaëte, dans cette belle villa Cicéron, nous regardions, par les nuits limpides, les bombes des assiégés éclater sur le mont Santa Agata. »

A Bari, je salue le premier palmier qui lève sa tête au-dessus d'une terrasse ; le soleil gagne l'horizon, et se couche tout d'un coup, comme dans les régions méridionales : j'éprouve une sensation de frisson ; c'est l'heure de la fièvre. Nous traversons Nola, petit port peu fréquenté ; Polignano, bâti sur un rocher creusé par la mer, où la vague vient se jouer en l'excavant chaque jour ; Monopoli, dont la cathédrale semble importante ; Fasano, la dernière ville de la province de Bari, et Ostuni, un peu éloignée de la côte, sur un sommet entouré d'un territoire d'une extrême fertilité. La nuit est close quand nous entrons à Brindisi.

II

Brindisi, comme ville moderne, et sans parler de l'intérêt qu'elle peut éveiller chez ceux qui étudient l'histoire, ne ménage au voyageur qu'une déception sans compensation. C'est une grande illusion nationale caressée pendant longtemps et, il faut le dire, évanouie désormais dans tous les cerveaux pratiques. Mais, pour être juste, il suffirait d'une circonstance, par exemple une guerre de l'Italie en Orient, pour lui donner momentanément une très-grande importance, celle que quelques économistes et quelques esprits prompts à s'enflammer lui avaient prédite pour toujours.

Le port est vide et constamment vide ; pendant cinq jours, j'y ai vu cinq vaisseaux, dont deux y viennent à jour fixe, puisque l'un fait le service des Indes, et le second celui d'Ancône. La nature a beaucoup fait pour ce port, en ce sens qu'il est bien abrité et qu'il forme un

RADE DE BRINDISI.

bassin naturel protégé de la haute mer par une longue langue de terre assez élevée pour couper les vents. Le goulet est large et profond, et il tend pour ainsi dire son embouchure aux vaisseaux qui la cherchent ; sa disposition est très-heureuse : c'est celle d'une corne de cerf renversée : la naissance figurerait l'entrée, et les deux ramures, les deux bassins, abrités chacun par un promontoire. Cette forme naturelle du plan du port est si frappante, que la ville a pris pour ses armes une corne de cerf ; plus tard, les Espagnols ont ajouté une colonne entre les deux ramures. Je dois dire que, dans toutes les médailles antiques que j'ai vues, c'est un Arion sur un dauphin qui est l'attribut de *Brundusium*. Ce symbole de la corne ne doit pas remonter très-haut dans l'histoire ; mais il est curieux de voir que tous les écrivains qui parlent du port de Brindisi disent, en parlant des bassins, le *Corno*.

La position géographique, par rapport à l'Orient, est unique, comme voie rapide de communication ; mais ce n'est justement qu'un passage, et c'est un passage si rapide, que les Anglais, partis de Southampton pour Bombay, après avoir traversé la France et l'Italie comme un éclair, ne mettent pour ainsi dire pas le pied à terre à Brindisi, surtout depuis que la malle va jusqu'au quai. Ils s'embarquent sans jeter un regard sur la ville ; on espérait les fixer au retour, et on aurait peut-être pu le faire ; mais il faut observer que, quand un insulaire quitte un bâtiment où il a séjourné dix-sept jours (c'est la durée réglementaire du voyage de Bombay à Brindisi), il n'éprouve pas comme nous, faibles *continentaux*, le besoin de reprendre des forces sur la terre ferme. La plupart ne font même pas leurs ablutions à terre, puisqu'ils sortent d'une cabine très-confortable; ils n'éprouvent aucun désir de réfection, puisqu'ils ne sont privés de rien ; enfin, n'étant sollicités ni par des curiosités naturelles, ni par des attraits ménagés par l'industrie des habitants, ils passent outre. Il y a deux autres circonstances qui ont puissamment contribué à empêcher les voyageurs de séjourner à Brindisi. L'hôtel pompeusement désigné sous le nom de *Great Eastern India*, et qui s'élève sur le quai même, à la descente du *steamer*, est à éviter avec soin. La Compagnie des chemins de fer méridionaux l'a fait construire, et l'aspect en est très-décent ; mais, outre que les prix sont absolument invraisemblables, il m'a été impossible d'y manger ; arrivant à onze heures de la nuit, sans avoir eu la précaution de prendre à Foggia de quoi dîner en route, j'ai dû, en face d'un couvert propre, d'un matériel décent, d'un personnel de garçons nombreux, me coucher sans même grignoter un biscuit sec et du fromage. L'hôtel étant vide sept jours sur huit, ce huitième est une occasion trop propice pour que l'Indien qui débarque n'y soit pas écorché jusqu'au sang ; mais il a une vengeance sous la main : il fait de la propagande, et comme les Anglais ne plaisantent point sur cet article, ils évitent soigneusement l'endroit désormais signalé.

Il ne faut pas oublier non plus que les steamers de la *Peninsular and Oriental Company* ont pour tête de ligne Venise : de sorte que ceux qui ne sont pas absolument à heure fixe aiment mieux s'arrêter dans cette dernière ville, qui a toujours un attrait pour tous ; cet itinéraire leur permettant d'ailleurs de passer un jour à Milan, ils négligent Brindisi, qui n'a rien à leur offrir.

Le passage des voyageurs peut enrichir une ville, sans doute, surtout s'il est continuel et abondant ; mais c'est sur le transit que Brindisi avait principalement compté, et la désillusion a été tout aussi grande. Si je cherche une raison pratique, je la trouve dans la position même, si avantageuse pour le voyageur, mais qui l'est si peu pour les marchandises. En effet, Brindisi est le premier port à l'entrée du golfe, et les marchandises expédiées ont tout avantage à arriver dans le fond des golfes, à Trieste ou à Venise. C'est un transbordement d'évité et un plus long parcours dont on profite.

La trace de cette désillusion sitôt venue pour Brindisi est visible au premier pas que l'étranger fait dans la ville : on dirait qu'elle vient de subir un tremblement de terre, et, sans nulle exagération, un bon quart des maisons ne sont que commencées ; couvertes de paille, les constructions ont été abandonnées à la hauteur des premières assises du premier étage, et un grand nombre de magasins sont fermés. D'ailleurs c'est un grand village largement et nouvellement percé dans sa partie moderne, qui va de la gare au port ; mais la somnolence et l'abandon impriment leur cachet à toute chose : il n'y a là ni monuments, ni places, ni marché. Les rues sont très-mal tenues ; il n'y a pas d'industrie, pas d'autre commerce que celui de l'huile et du vin : la stagnation est complète. Le port désert voit cette partie du quai où abordent les steamers déserte aussi. Quelques anciens établissements, couvents ou palais, relèvent un peu cette mesquine apparence ; une habitation curieuse, la *casa Montenegro*, voisine du port, ruinée et convertie en imprimerie, montre ce que devait être autrefois l'habitation noble à Brindisi. La partie de la forteresse où est le bagne, quelques vestiges du temps des Espagnols, parlent à l'imagination de ceux qui aiment l'histoire, mais on ne revient point de la désillusion qu'on éprouve. On voudrait à ce quai une façade extraordinaire ; toutes les nations en voyage y devraient aborder ; des costumes comme à Smyrne, du mouvement comme à Marseille, des portefaix empressés déchargeant des marchandises, des voies ferrées, des camions en charge, des docks : voilà ce que nous nous imaginions. L'Orient en Europe enfin, et l'Angleterre active en

BRINDISI : COLONNE DITE DE CLÉOPATRE, POINT D'ARRIVÉE DE LA VOIE APPIA.

Italie, c'était là, en somme, ce que l'amiral Ferragut avait promis, le jour où il pronostiqua l'avenir de Brindisi en jetant les yeux sur l'heureuse disposition de son entrée et de ses bassins.

Ajoutons cependant que nous avons eu des compensations ; toutes les nations du monde ont là des consuls, car tous les princes, plus ou moins, passent un jour par là, et le représentant de la France dans ce port, M. Mahon, qui est un peu notre confrère, car il a écrit quelques volumes pleins d'intérêt, nous a consolé de son mieux de notre déception. D'ailleurs Brindes ou *Brundusium* nous aurait fait oublier la Brindisi des temps modernes.

Voici, à cinq mètres au-dessus du port, sur une petite terrasse, les deux colonnes monumentales qui indiquaient le point de départ de la voie Appia : *Regina viarum*, dit un vers de Stace ; partant de Rome, elle allait jusqu'à Bénévent, et, passant par Venosa et Oria, aboutissait au port même. Les armées romaines qui allaient à la conquête de l'Orient, parties directement de la capitale, venaient ici s'embarquer sur les galères. C'était le Cherbourg de l'Italie ou son Toulon. Les Romains faisaient ainsi allusion aux colonnes d'Hercule, et désignaient la façade de l'empire sur l'Adriatique avec une perspective sur la Grèce et les rives de cet Orient que Rome allait soumettre à son empire avant de se voir elle-même rayer de la surface du monde par les Barbares. Un des chapiteaux est presque intact ; Hercule, Neptune, Pluton et les divinités de la mer s'y jouent dans l'acanthe. Les Sarrasins les avaient mutilées déjà ; en 1528 l'une des deux s'écroula et un de ses morceaux resta transversalement sur la base. La municipalité de Brindisi trouva bon, vers 1660, d'offrir un fragment énorme du fût à San Oronzio, qui, par son intercession, avait fait cesser la peste qui désolait ces parages ; ce fragment existe encore à Lecce.

Si on entrait dans cette voie de l'étude des antiquités et surtout de l'épigraphie, — car en réalité il n'y a pas de monuments romains intacts ou même en ruines, à part les colonnes, — que de souvenirs on évoquerait à Brindes !

Je vois dans la ville un puits qui s'appelle *Pozzo Trajano*, le Puits de Trajan, et je lis dans Pratillo une inscription du municipe de Brindisi en l'honneur de l'empereur. La flotte romaine stationnait là, et de là partaient toutes les troupes pour l'Orient ; il y avait un arsenal et une école de mousses, on construisait dans le port des galères comme notre vaisseau-école, dans l'unique but d'instruire les officiers et les marins.

Quant au commerce, les Orientaux y avaient des comptoirs, et dans le musée j'ai vu des cippes, et un entre autres, sur lequel on lit le nom d'un négociant de la Bithynie qui était fixé là, *Hostilius Hypatus Bithynus negotiator*. On exportait alors comme aujourd'hui, des figues exquises ; et quand Crassus allait s'embarquer pour faire sa malheureuse expédition contre les Parthes, comme les marchands criaient dans les rues : « *Cauneas ! Cauneas !* Des figues ! Des figues ! » une certaine inflexion dans la prononciation fit croire à ses soldats superstitieux qu'on lui criait : *Cave ne eas.* — « Garde-toi de partir ! » Et ils eurent le pressentiment du désastre qui les attendait.

Aujourd'hui, depuis le prince de Galles jusqu'à lord Lytton et Midhat-Pacha, tout ce qui part pour l'Orient ou les Indes passe par là ; il en était de même alors. Les généraux, les consuls, les questeurs, les empereurs, quand ils prenaient la tête des armées, traversaient la ville. Le souvenir de Mécène, celui de Pacuvius, de Cicéron et de Virgile est très-vivant ici. Mécène y vint réconcilier Antoine et Auguste ; Marcus Pacuvius y a vécu toute sa vie. Pour Cicéron, on suit jour par jour son itinéraire. Il est exilé par la loi Clodia ; il faut, au texte même de la loi, qu'il soit à quatre cents milles de Rome ; il vient à Brindisi s'embarquer pour la Grèce. Quand je dis qu'il vient à Brindisi, c'est sous Brindisi que je devrais dire, car il s'y cache jusqu'à ce qu'Atticus soit venu le rejoindre dans les jardins de Lenius Flaccus. Il part pour Durazzo d'Albanie, où il reste un an à peine, et il est rappelé : il revient à Brindisi le jour même de la fête de la colonie, et on l'y porte en triomphe. Six ans après il y rentre encore comme proconsul, puis comme triomphateur avec les faisceaux et le laurier ; et trois fois de suite il y séjourne encore : la dernière, c'est au lendemain de Pharsale.

Quant à Virgile, il est mort à Brindisi, et on y montre sa maison. Elle est au port, presque à cette terrasse où s'élèvent les colonnes. Quoique noble dans ses moulures et grave dans sa simplicité, la demeure d'un poëte après tout, en face de cette mer bleue, de ces belles côtes colorées, de cette nature riante, avec une échappée sur l'Orient, mon impression première en face d'elle est que sa construction est de la Renaissance : j'entends des belles années, au moment où les moulures sont si pures qu'il faut interroger la matière plutôt que la forme pour savoir si on est en face d'un monument antique ou d'une construction de la fin du quinzième siècle ou des vingt premières années du seizième. Enfin la tradition est là et certainement il y a quelque chose, car Virgile est revenu de Grèce avec Antoine et Auguste; il s'est trouvé malade à Brindisi, la mer l'avait beaucoup éprouvé, et il est mort devant le port, le 22 septembre, vingt-huit ans avant la venue du Christ. La maison est définie dans les documents du temps *Domus Virgilii Maronis in loco S. Stephani et juxta viam publicam ex Borea*. C'est un procès-verbal d'identité comme situation.

Ce qu'était la ville alors, on le conçoit aisément. Déjà fortifiée, puisque César parle des travaux de siège qu'il fut contraint de faire au commencement de la guerre civile, elle était évidemment pourvue de monuments; mais Frédéric II, qui a construit le grand château fort qui existe encore, a tout détruit, après les Barbares, pour prendre les matériaux.

On comprend très-bien la décadence de Brindisi : elle a dû tomber tout d'un coup le jour où Rome a cessé d'être l'unique capitale de l'empire, et où Constantinople est devenue la résidence des empereurs. C'en était fait du port militaire. Plus de flottes, plus de rassemblements de troupes pour l'Orient, plus de casernes, plus d'arsenaux, plus de magasins de vivres, partant plus d'exportation ni de commerce : c'est la fin d'un monde, et c'est un point écarté de l'Italie qui n'a plus désormais de concordance. Au quatrième siècle elle a gardé ses proportions comme ville, quoique déserte; mais sous Justinien, au cinquième siècle, Procope la décrit comme désolée, à moitié détruite et privée de ses murailles. Elle n'a pas été préservée des Goths, des Grecs, des Lombards et des Sarrasins; et ce sont vraiment ces derniers qui ont complété sa ruine. L'anonyme de Trani, qui écrit au onzième siècle, dit que c'est « un petit bourg au milieu de grandes ruines ». En somme, il n'y a debout de tous ces vestiges romains, qui devaient être énormes, qu'une colonne; le reste se résume en des inscriptions et en quelques pierres d'amphithéâtre et de thermes.

Des autres périodes il reste surtout des constructions militaires, faites par Frédéric II et aussi par les Aragonais, dont les armes décorent les portes et les façades. Les fossés de la ville sont convertis en jardins maraîchers où les forçats cultivent les légumes, et la fortification ne joue plus qu'un rôle historique.

Je n'ai pas parlé non plus de la plus grave des circonstances qui, naturellement, s'accroît avec la décadence de la ville : la *malaria*, l'émanation subtile qui engendre la fièvre, guette l'habitant et le couche grelottant et le teint plombé : déjà, du temps de César, elle décimait ses légions campant dans la Pouille et dans la campagne de Brindes au lendemain de Pharsale.

On a beaucoup fait pour améliorer les tristes conditions de Brindisi au point de vue de la salubrité, les marais aux eaux stagnantes ont été convertis en vergers. Charles III, qui fut roi de Naples, s'y était beaucoup employé. Ferdinand II s'en est aussi occupé avec sollicitude; l'excellent archidiacre Tarentini, qui fut notre guide, nous rappelait le temps où dans le Corso, où nous nous promenions avec lui et M. Mahon, croissaient les joncs dans les marais. On aurait vaincu la nature, mais il eût fallu pour cela que le résultat correspondît aux efforts qu'on a faits pour relever Brindisi, et l'affluence qu'on espérait ne s'étant pas réalisée, la ville s'est fatiguée, la province a renoncé aux sacrifices, et le gouvernement italien, si riche en ports, depuis Venise jusqu'à Gênes, n'a pas cru devoir s'imposer de nouveaux sacrifices.

Je ne puis cependant pas dire qu'il n'y ait à Brindisi quelque monument archéologique qui ne soit digne d'intérêt. L'archidiacre Giovanni Tarentini, membre du comité archéologique de la province, m'a fait les honneurs d'une découverte assez récente qui mériterait qu'on s'y arrêtât; il a publié à ce sujet une intéressante brochure avec un plan circonstancié de l'édifice. C'est une crypte de forme carrée, qui s'ouvre dans l'église de Santa Lucia, et représente certainement un ancien petit temple des premiers temps chrétiens, dédié autrefois à saint Nicolas, évêque de

Mira. La crypte daterait sans doute de l'époque où les Grecs introduisirent en Italie le culte de saint Nicolas, auquel Justinien venait de dédier un temple à Constantinople; et j'ai dit que le corps de ce saint est conservé dans l'église de Bari. Les plus sérieux écrivains qui ont décrit Brindisi ont ignoré l'existence de ce petit temple.

Le second monument m'a paru digne d'une illustration. *San Giovanni* n'est plus qu'un squelette aujourd'hui, mais la ville de Brindisi devrait s'imposer des sacrifices pour en conserver les restes. Il est évident, au seul aspect de ces murs et de ces colonnes de marbre, qu'il y a là des vestiges de l'époque antique. Les portes ne sont plus celles qui y donnaient autrefois

SAN GIOVANNI A BRINDISI.

accès; le nom même a changé, car c'était l'église du Saint-Sépulcre. Le caractère byzantin cache les formes romaines engagées dans la muraille; des revêtements épais empêchent de voir les joints à cru, sans chaux ni ciment, qui indiquent une construction antique dont le plan circulaire légèrement ovale dénonce bien l'origine; malheureusement la voûte s'est écroulée. Quelques fresques d'un temps très-postérieur se voient encore sur les murs, tandis que des fragments de statues de l'époque romaine, des chapiteaux brisés, pieusement recueillis par la main de l'excellent chanoine, gisent encore sur le sol.

III

Les villes de Lecce et d'Otrante ont un grand passé historique, que les écrivains les plus érudits s'attachent à faire renaître, tandis que, de leur côté, des hommes amoureux des choses de l'antiquité, appuyant l'histoire sur les documents de l'archéologie, y fouillent le sol, et nous montrent les couches successives des civilisations qui s'y sont succédé. C'est la région connue tour à tour dans la géographie antique sous le nom d'Iapygie, de Messapie et de terre des Calabres, la péninsule Messapique et la Salentine, occupée un instant par une colonie Crétoise qui s'y établit depuis le confin méridional jusqu'au promontoire de l'Iapygie. On ne craint pas de dire que, si les études locales ont peu à peu dégagé les origines nébuleuses, malgré les efforts des Niebuhr, des Mommsen, des Gregorovius, des Maury, des Nicolucci, et des hommes dont s'honore la ville même de Lecce, les Casotti, les Castromediano, les de Georgis, les de Simone, les Botti et tant d'autres savants que je ne puis citer, ce coin du monde est, pour nous Français, « la terre inconnue ». Quand la réalisation du voyage projeté nous a amené dans cette partie de la patrie italienne si féconde en souvenirs, nous n'avons pu que regretter que notre plan fût aussi vaste; et, semblable au voyageur des ballades allemandes, nous n'avons fait qu'effleurer le sol et nous éloigner trop rapides, en jetant en arrière des regards pleins de regrets aux amis d'un jour qui nous conviaient à une plus longue étude.

Il faudrait pénétrer sous le sol de Lecce, dans les entrailles de la *Lupia* antique, retrouver, comme le Simone dans ses *Note Iapigo-Messapiche*, ces cités grecques qui deviennent latines, puis grecques encore, puis normandes, et dont on retrouve les traces dans la plaine de Lecce, il faudrait ouvrir les tombes, étudier les murailles et déchiffrer les inscriptions. Trois cités, Oria, Tarente et Brindisi, symbolisent, pour ainsi dire, les trois époques de l'antique Calabre, la Messapique, l'Hellénique, la Romaine. Là on parlait autrefois un idiome dont l'intelligence nous échappe encore; deux célébrités locales, Antonio Galateo et Quinto Marco Corrado, l'avaient déchiffré dès le seizième siècle, mais il était resté un arcane et on devait attendre plusieurs siècles, avant que des savants comme Giambattista Taumasi de Gallipoli en 1830 et Mommsen en 1848 et 1850, saisissent le monde savant de la question et, dans une étude sur les dialectes de la basse Italie, missent sous les yeux du public les inscriptions qu'ils avaient rassemblées. En 1871 on publiait à Lecce « les inscriptions Messapiques recueillies par le chevalier Luigi Maggiulli et le duc Sigismond Castromediano. » Hier enfin, M. de Simone publiait les inscriptions nouvelles dont il a formé un petit musée dans sa villa San Antonio, et faisait imprimer ses *Notes Iapigo-Messapiques*.

Le baron Casotti, de son côté, dans la préface de ses *Scritti inediti e rari*, montrait la civilisation partant de ce coin de la terre d'Otrante pour remonter au centre et dans les régions supérieures de l'Italie, et réclamait pour cette région l'honneur d'avoir possédé antérieurement à la civilisation romaine une langue à elle, des arts, des sciences, en un mot une culture nationale. C'est un point capital pour ce pays, et j'y veux insister, quoique je ne fasse que passer. L'historien Gregorovius, dont j'ai sous les yeux la « Relation faite en 1875 à l'Académie des sciences de Bavière », traduite de l'allemand en italien par l'avocat Leonardo Stampacchio, directeur de l'École technique de Lecce, reconnaît ce titre de noblesse et montre comment, regardant l'Orient: cette partie de l'Italie fut une des premières où se dirigèrent les émigrations venues d'outre-mer, émigrations crétoises, illyriques, pélasgiques, et enfin grecques; apportant avec elles et la développant sur place, une culture antérieure à la culture hellénique. Jamais la langue grecque ne se perdit entièrement dans la vieille Calabre et, dans ce retour des choses d'ici-bas qui amena encore une fois les Grecs de Byzance dans la Péninsule, elle refleurit tout d'un coup. L'archevêché d'Otrante dépendait du patriarcat de Constantinople, et au neuvième siècle, à Nardo, les Basiliens fondaient un collége grec. C'est à San Nicolo de Casole que le fameux cardinal Bessarion ravit les trésors manuscrits qu'il donna à la Marciana de Venise, et les écoles grecques d'Otrante, de Galatin et de Nardo survécurent à la domination byzantine.

Otrante sous les Byzantins avait été la métropole. Quand les Normands eurent conquis la Pouille et la Calabre, la vieille cité romaine de *Lupia* (Lecce) lui ravit son rôle de prééminence. On vit un Godefroid, frère du fameux Guiscard, devenir premier comte de Lecce, et c'est de lui que descend cette dynastie de comtes des Altavilla, qui ont gouverné jusqu'à Henri IV.

L'ère de la fondation des comtes de Lecce est contemporaine de l'ère féodale dans la terre d'Otrante, et ce pouvoir local dure sous les Hohenstauffen, sous les Angevins, les Brienne (auxquels un de nos compatriotes, le comte de Sassenay, a consacré un volume intéressant), les Balzo-Orsini, et les Enghien, jusqu'au jour où le pays tombe aux mains des Aragonais, vers le quinzième siècle.

Marco Corrado, Roberto da Lecce, Galateo, c'est-à-dire un latiniste de premier ordre, un prédicateur et un orateur hors ligne, enfin un homme presque universel, latiniste, philosophe, médecin, antiquaire, sont les trois grandes illustrations locales du quinzième et du seizième siècle. Giovan Giovane de Tarente, Ambrosio, Merodio, Girolamo, Marciano de Liverino et Tommaso Albanese di Oria au dix-septième siècle, ont honoré le pays comme historiens et monographes qui jetaient les bases de l'histoire locale après le Galateo. Scipione Ammorato au seizième siècle s'était distingué comme historien, mais il ne s'était pas voué au récit de la *Storia Patria*. Domenico de Angelis, Guilio Cesare Infantino dans la *Vie des littérateurs salentins*, et dans la *Lecce Sacra* (1636), où il décrivait les origines de l'Église de Lecce, faisaient œuvre de recherches locales. On pourrait citer bien d'autres noms, mais voilà les ancêtres, et surtout voilà la souche d'où sont sorties pour toutes les générations jusqu'aujourd'hui ces races d'hommes avec des spécialités diverses qui font de Lecce une ville à part dans ce coin de l'Italie où on ne s'attend pas à trouver une telle culture. Depuis plus de vingt ans, on y publie les œuvres des auteurs nationaux; ce fut d'abord la Bibliothèque Salentine (1855-1859), puis dès 1867 vint, volume par volume, la *Collana di opere scelte edite ed inedite di scrittori di Terra d'Otranto*, dont on a déjà plus de vingt volumes: elle commence au moyen âge et répond à notre publication française intitulée *Collection des mémoires relatifs à l'histoire de France*.

Nous allons voir aussi fonctionner à Lecce une commission d'archéologie instituée en 1869, des Musées, des Écoles, des Lycées, des Institutions de toute nature et des Bibliothèques. Naples sans doute a localisé les plus importants documents, mais, à part Otrante et Tarente, on trouve, dit-on, dans la plupart des villes de la région, à Nardo, à Brindisi, à Gallipoli, à Ortun et à Oria, des bibliothèques importantes, et il y a vraiment un mouvement littéraire d'un haut intérêt dans cette partie qu'on croirait abandonnée, comme si la vie se retirait des extrémités d'un corps pous affluer au centre, et comme si Lecce, semblable à la pauvre Otrante bombardée par les Turcs, ne s'était jamais relevée des vicissitudes qu'elle a traversées dans l'histoire. L'excursion, trop rapide, hélas! et le séjour que nous allons faire dans cette ville, nous prouveront toute la vitalité de la cité, et nous donneront, avec le regret de n'y avoir pas séjourné plus longtemps, la satisfaction d'y avoir assez séjourné pour pouvoir du moins en apprécier le charme.

Lecce n'est qu'à une heure et demie de Brindisi par la voie ferrée; les pays que l'on traverse, Tuturano, San Pietro Verustico, Iquinzano et Trepuzzi, sont très-riches, et la nature, malgré une certaine sécheresse d'impression produite par une extrême chaleur et les rayonnements d'un soleil de feu, a quelque chose de généreux, de riche et de fécond qui remplit le cœur.

Lecce, je l'ai dit, est une oasis dans ces provinces méridionales, et c'est la compensation promise aux voyageurs après Brindisi. Vivante, riche, animée, brillante, confortable et très-avancée, cette jolie ville surprend tout d'abord et bientôt elle vous charme par les mille attraits qu'elle offre.

L'historien Gregorovius, que nous avons déjà cité, le célèbre auteur de tant de beaux travaux sur l'Italie, qui la visitait quelque temps avant nous, a dit de Lecce que c'était « la Florence du rococo ». Il aurait pu dire que c'en était l'Athènes, tant ses bâtiments sont nombreux, spacieux, riches, dans un genre bizarre et tourmenté, et tant y sont abondantes

PANORAMA DE LECCE.

les preuves d'une culture et d'une illustration qui font de cette petite cité une de celles dont en Italie on garde le meilleur souvenir. Nous avons montré à grands traits les occupations successives et les émigrations qui s'établissent dans la région; mais Lecce, comme ville, fut longtemps dotée d'une existence autonome avec ses comtes normands, établis *Dei gratia*, indépendants des souverains de la Sicile et de la Pouille; elle passe à la maison de Brienne, avec Jean et Gaultier IV. Aux Brienne succèdent les d'Enghien, avec la fameuse Marie, première femme de Ramondello Orsini, puis Ladislas, roi de Naples. Après avoir obéi à Giovanni Antonio, le petit-fils de Marie et de Ramondello Orsini, qui était aussi prince de Tarente, et maître d'une partie du royaume de Naples, elle fait enfin partie du dernier royaume de Naples jusqu'à sa chute encore récente.

Il y a là des monuments très-nombreux, et on en construit encore tous les jours : des académies nombreuses, des sociétés savantes, des collections et musées, des instituts, des tribunaux, des colléges, des universités et des imprimeries. C'est une des cités d'Italie où l'on fait le plus pour l'instruction. Ce n'est pas assez qu'on y soit riche par le sol, on y est intelligent et actif. La vie sociale y est développée à un tel point, qu'il y a trois clubs ou casinos qui peuvent rivaliser avec les plus beaux des plus grandes villes de la Péninsule. Tout y est largement compris, et on sent là combien l'autonomie peut être avantageuse à un centre.

Présenté par lettre de l'archidiacre Tarentini de Ravenne à l'honorable duc de Sigismondo-Castromediano, et voyageant sans bagage à partir de Brindisi, je suis tombé le soir même de mon arrivée dans une réception intime et quotidienne du préfet, le duc de Castrogirardi, et là, pour une heure, j'ai eu l'illusion d'un salon de Milan ou de Florence. Les palais sont de proportions colossales, et celui de la préfecture défie la description; ce sont de ces immenses *Hall* où l'homme se perd : il faudrait une cour pour les peupler. Tout un peuple brillant, aimable, cultivé, au courant de toute chose, où tout le monde parlait le français avec facilité (ce qui n'est pas habituel sur la côte depuis Ravenne), de savants archéologues, des naturalistes distingués, des administrateurs, de riches propriétaires de la province de Naples en villégiature, de brillants officiers, enfin, des femmes élégantes, vêtues à la dernière mode de Paris, sans l'exagération si fréquente chez les Italiennes du centre, m'offraient là une causerie savante et substantielle, et par-dessus tout cette bonhomie courtoise et cet accent franc et cordial de l'Italie. Je ne puis dire à quel point, que ce soit dans un musée ou dans un club, dans une visite de monument, dans un salon ou dans une excursion à une villa des environs, j'ai rencontré là des sympathies, et j'ai conservé un souvenir à la fois doux, affectueux et brillant de cette aimable ville de Lecce.

J'ai eu pour guides des hommes qui seraient supérieurs dans les plus grands centres. Les Castromediano, le géologue et paléontologiste Botti, conseiller de la préfecture, qui dote la ville d'un précieux musée local, et qui se recommande par des découvertes d'un réel intérêt; quelques-uns des membres de la « Commission conservatrice des monuments historiques et des beaux-arts de la terre d'Otrante », et enfin le juge de Simone, l'auteur de tant de travaux variés, auquel on doit *Lecce e i suoi monumenti,* qui a bien voulu me faire les honneurs des belles collections de médailles et de sa collection privée des inscriptions messapiques dans la villa San Antonio à Arnesano, qui lui sert de résidence d'été.

J'ai fait reproduire le *Panorama de la ville,* la *Vue du Séminaire,* le *Palais de la Préfecture* et l'une des rues, la *Strada San Severo.* Chacun de ces monuments a un caractère bien spécial, et c'est dans la qualité de la pierre qu'on trouve dans toute la localité, la *leccese,* qu'il faut chercher la raison d'être du parti pris de décoration des monuments. Cette pierre est tellement friable qu'elle se taille comme le gypse et se découpe au couteau : de sorte que les monuments sont vermiculés de la base au faîte, et si richement décorés, qu'il semble que des légions de sculpteurs ont dû pâlir pendant de longues années sur chacun d'eux. Il en résulte une profusion d'un goût discutable, mais qui constitue un caractère. Dans la rue du Palais de la Préfecture est comprise la façade du Dôme ou cathédrale, qui est tout à fait extraordinaire par la profusion de l'ornementation. On ressent à un certain degré l'impression qu'on éprouve en face des monuments hindous. Le Dôme est de 1659, ce qui explique le style de cette façade si touffue ; il est à remarquer que les habitants de Lecce voulaient être autonomes en tout : c'est un certain maestro Giuseppe Zimbalo (le Zingarello), sculpteur de Lecce, qui en eut l'entreprise, et, après avoir mécontenté le chapitre, l'acheva cependant vers 1682, en la complétant par son campanile.

Le Séminaire est pour ainsi dire une annexe, et c'est un certain élève du Zingarello, Giuseppe Cino, aussi de Lecce, qui l'a construit de 1694 à 1709. La Préfecture était autrefois un monastère

LE PALAIS DE LA PRÉFECTURE A LECCE.

attribué aux Célestins, qui avaient la charge de l'église Santa Croce, qui s'élève près de là. Ce n'est qu'en 1811 qu'on a concédé le monument à l'intendance, l'ordre des Célestins ayant été supprimé en 1807. Rien de plus vaste que ce palais, l'escalier est écrasant de proportions, et le préfet qui y réside semble un souverain dans son immense demeure, où, nous disait-il, il échappe assez commodément aux chaleurs dans ces prodigieux espaces. Ce sont encore des Leccesi qui ont construit et orné ces bâtiments; on voit combien les habitants étaient jaloux de n'y point employer d'étrangers; ces architectes et sculpteurs sont tous de la région et se nomment Gabriele Ricardi, Francisco Zimbalo et Cesare Penna.

LE SÉMINAIRE DE LECCE.

La *Strada San Severo* donne l'aspect d'ensemble d'une des rues de cette jolie ville. Lecce a une curieuse spécialité, celle des horloges électriques. L'abbé Giuseppe Candido a établi au palais del Sedile le moteur de toutes les horloges de la cité; c'est une pile à courant continu de quarante éléments qui, en relation d'abord avec une horloge-type, transmet le mouvement au cadran extérieur de la place et, simultanément, envoie cent vingt dépêches à l'heure à tous les autres points de la cité. La première expérience en a été faite à Lecce en 1868, et depuis 1872 toute la ville est tributaire de l'horloge-type et reçoit régulièrement l'heure par son initiative.

Je pars de Brindisi à huit heures du matin, me dirigeant vers Otrante où je serai à neuf heures et demie : on voit que ces étapes sont courtes et faciles. Je traverse San Cesario, San Donato, Corigliano et Maglie. Le pays est plat, mais très-riche ; les figuiers et les vignes en font la principale richesse ; de grandes carrières, où se voient les assises de cette pierre tendre qui forme les monuments de Lecce, s'ouvrent dans la campagne et, déjà revêtues de cryptogames et hâlées par le temps, semblent les ruines d'une ville souterraine. A Corigliano, les hauts palmiers qui lèvent leurs panaches au-dessus des terrasses et des tours blanchies, donnent à la cité un aspect africain. L'aspect général des terrains est gris ; de petits murs cyclopéens très-bas entourent les jardins, et, de distance en distance, de grands cônes formés de pierres amoncelées servent de refuge aux *contadini* aux heures brûlantes du jour. Maglie l'opulente a le caractère d'une ville grecque ; un bel Albanais en costume national attend le train sur le quai, et son costume pittoresque ne détonne point dans ce paysage méridional.

La gare d'Otrante est perpendiculaire à la voie ferrée. C'est un *terminus*, la tête de la ligne méridionale. On débarque assez loin des murs, et je m'en étonne ; on pourrait vivifier cette cité morte en continuant à peu de frais la voie jusqu'à ses portes, mais la pauvre Otrante, déshéritée depuis le quinzième siècle, n'a même pas eu ce bonheur, une fois la création d'un chemin de fer décidée et enfin réalisée, de voir la voie ferrée arriver jusqu'à ses murs.

Depuis Foggia je ne dépends de personne, je voyage sans bagage ; je me dirige à pied vers la ville en traversant quelques vergers, des terrains abandonnés et l'entrée d'une vallée formée par la rivière l'Itro qui vient se jeter à la plage. Une anse circulaire bordée de maisons basses, où quelques barques de pêcheurs sont échouées sur le sable, forme comme un bourg à l'entrée. Otrante est fortifiée, et ses portes ont conservé leur appareil de défense militaire.

C'est une ville bien pauvre et bien triste, mais on m'en avait exagéré le dénûment ; d'ailleurs, le sol étant très-riche, s'il n'y a pas d'industrie, il n'y a pas non plus d'habitants tout à fait dénués. Je conseille au voyageur de pousser jusque-là. La vue seule de la ville, prise du promontoire qui ferme la baie au nord, mérite le voyage. Je n'ai pas besoin de dire que je n'ai trouvé ni photographies ni publications spéciales, et j'ai dû dessiner la vue générale que je présente au lecteur ; elle est prise de la Douane. Au premier plan, dans la mer même, s'élève une de ces roches spongieuses que le flot qui les bat sans cesse, creuse en y sculptant des vermicules et des stalactites ; puis s'ouvre la première baie correspondante aux Paludi ; enfin la ville se dresse sur son piédestal de fortifications, couronnée par sa cathédrale et son fort, et, au dernier plan à gauche, le promontoire très-bas qui forme là comme un second port plus profond où se balance une seule caravelle venue de Valona d'Albanie. Du haut de la forteresse on me montre dans la brume les monts Acrocérauniens et la côte albanaise ; on peut en six heures fouler le sol turc, si on veut se confier à ces hardis navigateurs qui viennent vendre à Otrante les petits chevaux de leurs montagnes. J'allais traverser, quoique le voyage n'eût rien à m'apprendre, puisque j'avais visité l'année précédente la rive opposée ; mais le patron de la barque, en m'apprenant le sort de sa navigation à l'aller, me dégoûta du désir d'effectuer avec lui le retour. Chargé de dix petits chevaux qu'il comptait vendre à Otrante, et croyant effectuer le passage en sept heures, il n'avait pris ni vivres ni fourrages ; un vent contraire s'étant levé, il avait couru des bordées pendant vingt-huit heures, et, ses chevaux se tordant au fond de la barque dans une agonie causée par le manque de nourriture, il avait dû jeter sa cargaison à la mer. Le syndic d'Otrante et son honorable adjoint, Don Biagio Fernandez, me font, avec un aimable habitant que je trouve à l'hôtel, les honneurs de la ville dont la cathédrale intéresserait les voyageurs les plus blasés.

Otrante ne s'est jamais relevée de sa destruction par les Turcs en 1480 ; on trouve encore à chaque pas dans la ville les boulets de pierre lancés par les bombardiers mahométans sous

VUE D'OTRANTE, PRISE DE LA DOUANE.

le poids desquels s'écroulèrent la plupart de ses monuments et la toiture de son temple. Ces boulets de pierre ornent l'entrée des maisons et des villas, et servent de bornes sur les places publiques. Un archevêque célèbre, Serafino d'Otrante, entreprit au quinzième siècle la restauration de son beau temple; une superbe porte d'entrée où se voient sculptés en relief les portraits des suffragants de la cathédrale, indique la date de cette restauration et le nom de l'artiste qui sculpta le marbre, Nicolo Ferrando. Deux choses entre toutes méritent l'attention du voyageur : la fameuse mosaïque dont est formé le sol tout entier de l'église, et sa crypte très-importante et admirablement conservée. Nous regrettons vivement de ne pas avoir vu la mosaïque d'Otrante avant d'avoir écrit, dans notre volume intitulé *Venise*, le chapitre sur la mosaïque : c'est un spécimen probablement unique au monde; non pas pour la perfection de l'exécution, qui date de la seconde moitié du douzième siècle, mais par la pensée qui a présidé à la composition. Le parti pris embrasse les trois nefs et le presbyterium ; c'est un arbre qui part du seuil du temple comme un arbre généalogique, et, lançant ses rameaux à droite et à gauche, se développe jusqu'au maître-autel. Sur les branches et entre chacune d'elles sont figurés des sujets bibliques, des personnages historiques, des symboles et des animaux. C'est une de ces vastes allégories qui embrassent l'histoire universelle, et, on pourrait le dire, la vie du monde tout entier. Le travail est signé 1163 ; on a mis deux années à l'exécuter : on le doit à l'évêque Jonathas et au prêtre Pantaleone. L'honorable duc de Castromediano, rapporteur de la Commission des monuments historiques auprès du conseil de la province alors qu'on s'occupa de la restauration de ce précieux monument, ne craignit pas d'assimiler la pensée qui a présidé à cette composition aux vastes conceptions qui ont enfanté la *Dispute du Saint-Sacrement* et l'*École d'Athènes*.

Le lecteur comprendra que dans un tel voyage je ne puis qu'effleurer tant de sujets si bien faits pour nous passionner ; j'ai recueilli cependant les documents les plus circonstanciés, et on voudra peut-être me suivre dans quelque autre publication spéciale où je traiterai plus à fond ces questions.

Glissons donc et n'appuyons pas. Otrante est encore un point important comme station télégraphique. Comme c'est l'endroit où les deux rives sont le plus rapprochées, on l'a choisi pour immerger le câble transatlantique qui relie l'Orient à l'Europe. Toutes les dépêches de la guerre engagée entre les Turcs et les Russes passent ici et, instantanément, un employé annonçant à ses collègues de Constantinople la visite d'un étranger, nous avons pu échanger un salut avec la station de Stamboul. Le fil passe à Valona, et de Valona communique avec Constantinople. Une compagnie britannique emploie là vingt jeunes Italiens, sous la surveillance d'un inspecteur de nationalité anglaise. Apportant au milieu de ces méridionaux l'application, l'ardeur de travail, la volonté, le soin et le désir de confortable qui distinguent ses nationaux, cet inspecteur a fait de son jardin d'Otrante et de sa maison une curiosité au point de vue de la tenue, de l'agrément et du confortable. Jamais la démonstration du génie du peuple anglais ne m'apparut d'une façon plus frappante. Le contraste est extraordinaire, et prouve ce que peut créer l'industrie privée d'un seul homme, confiné par ses fonctions dans un centre qu'on regarde comme aussi dénué de ressources que l'est la ville d'Otrante.

Ce n'est cependant pas le point extrême et le talon de la botte italienne ; il faut aller, en suivant la côte, jusqu'à la Punta di Leuca, si on veut véritablement accomplir le voyage jusqu'au *Finistère* de l'Italie sur l'Adriatique. J'ai bientôt renoncé à suivre les déchirures de la côte déserte ; c'est une tâche ardue autant pour le piéton que pour le navigateur ; il faut aller à Leuca par la route intérieure ; on y arrive en quelques heures, en traversant un riche pays, semé de villas.

M. Botti Ulderico, auquel on doit de beaux travaux de minéralogie et de géologie, a fait à Leuca des découvertes importantes, communiquées au célèbre Capellini de Bologne : c'est une station préhistorique qui a attiré l'attention des hommes les plus compétents. Il y a là des grottes célèbres, celle du *Diable* et la *Zinzalosa*, et les travaux des Monticelli, des Botti et de M. de Simone sont à consulter sur ce sujet intéressant des stations préhistoriques.

Punta di Leuca, où s'élève un beau phare qui indique aux navigateurs les écueils de la côte et l'entrée du golfe Adriatique, offre un aspect triste et désolé. Assis sur les roches, perdant de vue la région cultivée où s'élèvent les villas entre Leuca et Otrante, on se sent abandonné dans cette solitude, seulement troublée par le doux murmure du flot de la mer Ionienne qui vient mêler ses eaux à celles de l'Adriatique. A Otrante, la *citta dolente*, on se sentait encore rattaché au monde par cette voie ferrée, qui peut en vingt-quatre heures ramener le voyageur dans les villes les plus riantes et les plus civilisées de l'Italie. Ici c'est bien la fin d'un monde. Nous ne pouvons même plus deviner, dans la brume bleuâtre, la silhouette des monts Acrocérauniens, que nous avons gravis dans la première partie de notre voyage : le seul point de contact que nous ayons avec la civilisation, c'est ce phare, dont la base disparaît derrière l'échancrure de la côte, et qui indique aux nations en voyage l'entrée du golfe.

Nous venons de faire avec le lecteur le tour de l'Adriatique depuis l'Albanie jusqu'à la pointe extrême de l'Italie ; nous avons contourné toutes les sinuosités de ce beau golfe qui baigne la rive méridionale de la Péninsule, visité les rives de l'Apulie, celles des Marches, la lagune de Venise, l'Istrie, le Quarnero, la Dalmatie, les bouches de Cattaro jusqu'à Budua, et, escaladant la Montagne-Noire parcouru enfin le pays des Monténégrins jusqu'au lac de Scutari d'Albanie.

LA POINTE DE LEUCA.

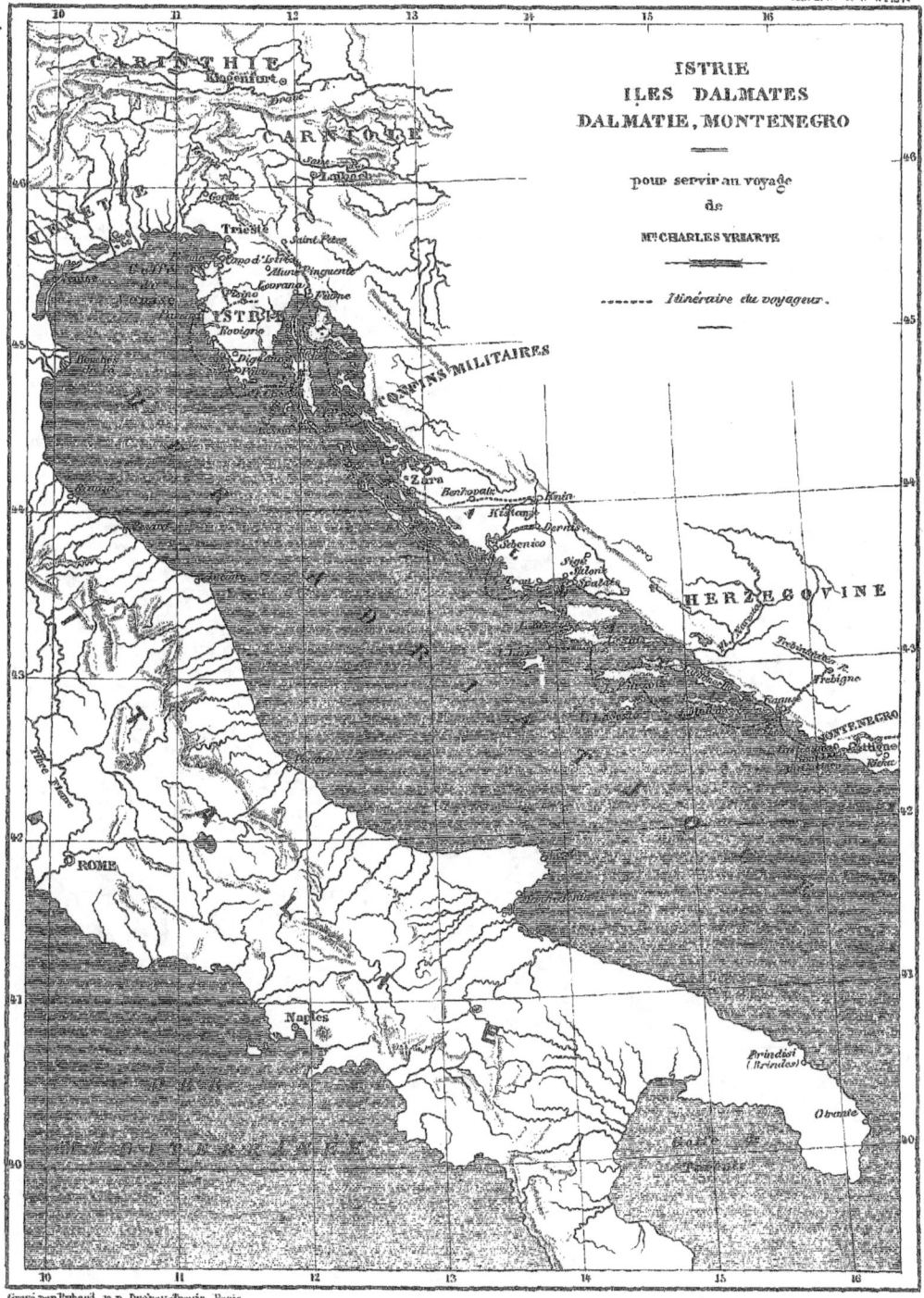

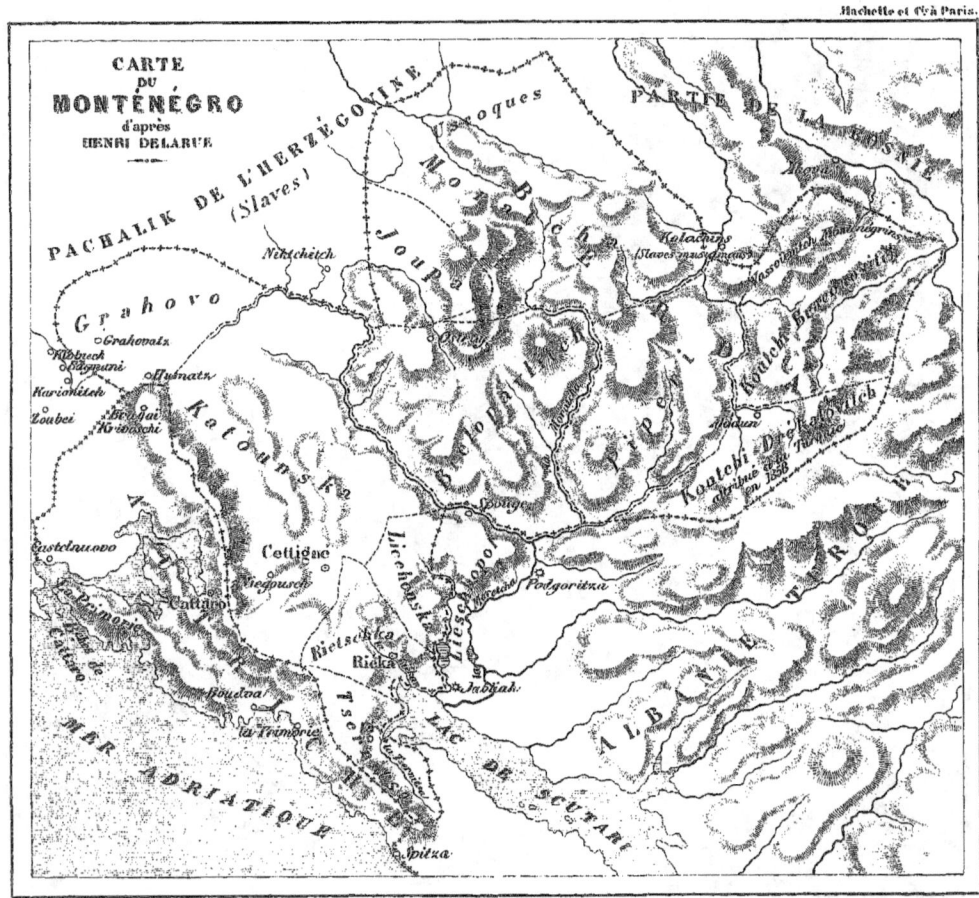

TABLES

TABLE DES GRAVURES

INTRODUCTION

1. Le Bucentaure. — Dessin de Th. Weber, d'après une ancienne gravure............................ 1
2. Le lion de Venise sur la colonne de la Piazzetta. — Dessin de Chapuis, d'après une photographie.. 6

CHAPITRE Ier
VENISE

3. Atrium du palais Foscari. — Dessin de Karl Girardet, d'après une photographie................ 7
4. Lagunes de Venise. — Cliché d'une gravure empruntée à l'ouvrage allemand (Italien)........... 9
5. Le pont des Soupirs et le Palais Ducal. — Dessin de E. Thérond, d'après une photographie....... 11
6. Le petit palais Febro. — Dessin de E. Thérond, d'après une photographie..................... 13
7. Quai des Esclavons (*Riva dei Schiavoni*). — Dessin de J. Guiaud, d'après une photographie..... 15
8. Le Grand Canal. — Dessin de H. Clerget, d'après une photographie........................... 17
9. Petit canal Bernardo. — Dessin de Karl Girardet, d'après une photographie................... 19
10. La place Saint-Marc. — Dessin de A. Deroy, d'après une photographie....................... 21
11. La loggetta de Sansovino. — Dessin de Barclay, d'après une photographie.................... 23
12. L'atrium de Saint-Marc. — Dessin de Ph. Benoist, d'après une photographie.................. 25
13. L'entrée du chœur de Saint-Marc. — Dessin de Ph. Benoist, d'après une photographie.......... 29
14. Façade du palais des Doges. — Dessin de H. Clerget, d'après une photographie................ 33
15. Cour du Palais Ducal et escalier des Géants. — Dessin de A. Deroy, d'après une photographie.... 35
16. L'escalier d'or du Palais Ducal. — Dessin de E. Thérond, d'après une photographie............ 36
17. Salle du Grand Conseil dans le Palais Ducal. — Dessin de E. Thérond, d'après une photographie.. 37
18. Cour du palais Salviati. — Dessin de Karl Girardet, d'après une photographie................. 39
19. Le canal Orfano. — Dessin de E. Thérond, d'après une photographie......................... 41
20. Cour du palais da Mula. — Dessin de Karl Girardet, d'après une photographie................ 43
21. Cour de la casa Goldoni. — Dessin de Karl Girardet, d'après une photographie............... 44
22. La Scala Antica. — Dessin de E. Thérond, d'après une photographie......................... 45
23. Palais de Bianca Capello. — Dessin de Karl Girardet, d'après une photographie............... 46
24. Ponte del Paradiso. — Dessin de Karl Girardet, d'après une photographie.................... 47
25. Canal Rezonico, à Venise. — Dessin de Karl Girardet, d'après une photographie............... 51
26. Le pont du Rialto. — Dessin de Ph. Benoist, d'après une photographie....................... 53
27. La sortie de la Fenice. — Dessin de Riou... 55
28. Saint-Pierre du Château et Sainte-Hélène, vue prise du couvent des Arméniens. — Dessin de Karl Girardet, d'après une photographie.. 59
29. Isola San Servolo et isola San Lazzaro. — Dessin de Karl Girardet, d'après une photographie..... 59
30. Gondole. — Dessin de Riou, d'après une photographie..................................... 62

CHAPITRE II
CHIOGGIA

31. Ancien plan de la ville de Chioggia. — Gravé par M. Rapine.	63
32. Plan de Chioggia. — Gravé par Ehrard.	64
33. Les Murazzi entre Pelestrina et Chioggia. — Dessin de Taylor, d'après une photographie.	65
34. Pont de Vigo (ou de Garibaldi) à Chioggia. — Dessin de Taylor, d'après une photographie.	67
35. La grande place de Chioggia : l'Hôtel de Ville. — Dessin de Taylor, d'après une photographie.	69
36. Pont de la Torre, à Chioggia. — Dessin de Taylor, d'après une photographie.	71
37. Le Grand Pont de Chioggia. — Dessin de Taylor, d'après une photographie.	73
38. Rue et dôme à Chioggia : Tresseurs de paniers. — Dessin de Taylor, d'après une photographie.	75
39. Chioggiotes. — Dessin de A. Marie, d'après un croquis de M. Stella.	76
40. Le Marché aux Poissons, à Chioggia. — Dessin de Taylor, d'après une photographie.	77
41. Place du Théâtre, à Chioggia. — Dessin de Taylor, d'après une photographie.	78

CHAPITRE III
TRIESTE

42. Trieste : la place de la Bourse. — Dessin de E. Grandsire, d'après une photographie.	79
43. Trieste : les paysannes slaves de Servola. — Dessin de E. Bayard, d'après une photographie.	82
44. Trieste : une famille de Cici. — Dessin de E. Bayard, d'après une photographie.	83
45. L'intérieur de l'habitation du curé de Mune, village des Cici. — Dessin de Lafosse, d'après un croquis de M. Ch. Yriarte.	85
46. Trieste. — Cliché d'une gravure empruntée à l'ouvrage allemand (Italien).	87
47. Trieste : église de Saint-Just. — Dessin de E. Grandsire, d'après une photographie.	91
48. Monument de Jean Winckelmann. — Cliché d'une gravure empruntée à l'ouvrage allemand (Italien).	93
49. Environs de Trieste : le château de Miramar, résidence de l'empereur Maximilien. — Dessin de E. Grandsire, d'après un croquis de M. Ch. Yriarte.	95
50. Environs de Trieste : le cabinet de travail de l'archiduc Maximilien, à Miramar. — Dessin de B. Bonnafoux, d'après une photographie.	99
51. Trieste : la saline de Lusandra, détruite par les Vénitiens. — Dessin de E. Grandsire, d'après un croquis de M. Ch. Yriarte.	101
52. Golfe de Trieste : le port de Pirano. — Dessin de E. Grandsire, d'après une photographie.	102
53. Le lion de Saint-Marc sur l'hôtel de ville de Muggia. — Dessin de E. Grandsire, d'après un croquis de M. Ch. Yriarte.	103

CHAPITRE IV
L'ISTRIE

54. Une ferme à Sbandati (district de Pisino). — Dessin de E. Grandsire, d'après un croquis de M. Ch. Yriarte.	105
55. Carte de l'Istrie. — Gravée par Erhard.	107
56. Paysan slave et Tzigane à la foire de Pisino. — Dessin d'Émile Bayard, d'après un croquis de M. Ch. Yriarte.	109
57. Vue de la ville de Pisino au bord de la Foïba. — Dessin de E. Grandsire, d'après un croquis de M. Ch. Yriarte.	111
58. Paysans des divers districts de l'Istrie au marché de Pisino. — Dessin d'Émile Bayard, d'après un croquis de M. Ch. Yriarte.	115

59. Types de paysans slaves de l'Istrie. — Dessin de E. Bayard, d'après un croquis de M. Ch. Yriarte.. 119
60. La place de l'Église à Monpaderno. — Dessin de E. Grandsire, d'après un croquis de M. Ch. Yriarte. 123
61. Parenzo : Le *Duomo*, église des premiers temps du christianisme. — Dessin de E. Grandsire, d'après un croquis de M. Ch. Yriarte.. 125
62. Ile San Nicolo : Édit des provéditeurs à l'occasion de la peste de 1600. — Dessin de E. Grandsire, d'après un croquis de M. Ch. Yriarte.. 126
63. Vue de Parenzo. — Dessin de E. Grandsire, d'après un croquis de M. Ch. Yriarte............. 127
64. Côte d'Istrie : Sainte-Catherine en l'île, écueil entre Parenzo et Fasana. — Dessin de E. Grandsire, d'après un croquis de M. Ch. Yriarte.. 129
65. La place du Forum ou de la Seigneurie, à Pola. — Dessin de H. Clerget, d'après une photographie. 131
66. Le temple dédié à Rome et à Auguste, à Pola. — Dessin de H. Clerget, d'après une photographie. 133
67. L'amphithéâtre romain de Pola. — Dessin de H. Clerget, d'après une photographie............ 135
68. La Porte dorée. — Dessin de H. Clerget, d'après une photographie............................ 137
69. Vue intérieure de l'arsenal de Pola : les cales de radoub et l'écueil des Oliviers. — Dessin de J. Moynet, d'après un croquis de M. Ch. Yriarte....................................... 141
70. Types slaves : le pope de la colonie monténégrine de Peroï. — Dessin de E. Bayard, d'après un croquis de M. Ch. Yriarte.. 144
71. Intérieur de l'église grecque : Colonie monténégrine de Peroï. — Dessin de G. Durand, d'après un croquis de M. Ch. Yriarte... 145
72. Paysans slaves entendant la messe à Dignano. — Dessin d'Émile Bayard, d'après un croquis de M. Ch. Yriarte.. 147
73. Paysanne de Dignano. Dessin de M. Émile Bayard, d'après un croquis de M. Ch. Yriarte....... 149

CHAPITRE V
LE QUARNERO ET SES ILES

74. Silhouette du groupe des îles Cherso et Veglia vues de la côte de Croatie. — Dessin de Th. Weber, d'après un croquis de M. Ch. Yriarte... 151
75. Carte du golfe du Quarnero et ses îles. — Gravée par Ehrard............................... 153
76. Fiume : la Fiumera. — Dessin de Th. Weber, d'après un croquis de M. Ch. Yriarte........... 157
77. Fiume : L'Arc romain (vestiges d'un arc de triomphe antique). — Dessin de H. Clerget, d'après le croquis de M. Ch. Yriarte.. 158
78. L'entrée du Terzato. — Dessin de H. Clerget, d'après le croquis de M. Ch. Yriarte........... 159
79. Les Fienaroles : Paysannes d'Orechovizza au marché près de la place Urmeny. — Dessin de A. Marie, d'après le croquis de M. Ch. Yriarte.. 160
80. Le château des Frangipani vu de l'escalier du Terzato. — Dessin de E. Grandsire, d'après le croquis de M. Ch. Yriarte.. 161
81. La pêche du thon dans la baie de Prælucca. — Dessin de Th. Weber, d'après le croquis de M. Ch. Yriarte.. 165
82. Huttes des pêcheurs de thon dans la baie de Prælucca. — Dessin de D. Maillart, d'après le croquis de M. Ch. Yriarte.. 169
83. Le port de Cherso. — Dessin de Th. Weber, d'après le croquis de M. Ch. Yriarte............. 177

CHAPITRE VI
LA DALMATIE

84. Zara : la porte Saint-Chrysogone. — Dessin de Taylor, d'après un croquis de M. Ch. Yriarte.. 179
85. Au marché : Paysans morlaques du district de Zara. — Dessin de M. Th. Valerio, d'après nature.. 185
86. La place des Seigneurs à Zara. — Dessin de Taylor, d'après le croquis de M. Ch. Yriarte...... 189
87. La porte de Terre ferme. — Dessin de E. Grandsire, d'après le croquis de M. Ch. Yriarte..... 191
88. Cour du tribunal de civil de Zara. — Dessin de E. Grandsire, d'après le croquis de M. Ch. Yriarte. 192

TABLE DES GRAVURES.

89. Pandours dalmates arrêtant un maraudeur. — Dessin d'Émile Bayard, d'après le croquis de M. Ch. Yriarte 193
90. Musiciens morlaques du district de Zara. — Dessin de M. Th. Valerio, d'après nature 195
91. Cheval bosniaque des caravanes. — Dessin de M. Th. Valerio, d'après nature 202
92. Paysage dalmate à Lissane, entre Zara et Knin. — Dessin de Riou d'après le croquis de M. Ch. Yriarte 205
93. Bergère des environs de Knin. — Dessin de Th. Valerio, d'après nature 207
94. Bijoux dalmates. — Dessin de J. Storck, d'après les croquis de M. Ch. Yriarte 211
95. Ruines des casernes de Marmont, à Ostrovitza. — Dessin de E. Grandsire, d'après le croquis de M. Ch. Yriarte 213
96. Vue générale de Knin, prise de la route de Verlika. — Dessin de Riou, d'après le croquis de M. Ch. Yriarte 217
97. Le cours de la Kerka au-dessus du pont de Knin. — Dessin de E. Grandsire, d'après le croquis de M. Ch. Yriarte 221
98. Paysans entre Knin et Dernis. — Dessin de Th. Valerio, d'après nature 223
99. Habitation villageoise, à Dernis. — Dessin de E. Grandsire, d'après le croquis de M. Ch. Yriarte ... 225
100. Golfe de Sebenico : village dalmate de la côte. — Dessin de Th. Valerio, d'après nature 227
101. Le fort Giovanni, à Sebenico. — Dessin de E. Guillaume, d'après le croquis de M. Ch. Yriarte... 228
102. Arrivée des caravanes turques à la douane de Sebenico. — Dessin de Th. Valerio, d'après nature.. 229
103. Muletier ture. — Dessin de Th. Valerio, d'après nature 231
104. Jeune fille de Sebenico. — Dessin de Th. Valerio, d'après nature 232
105. Jeune femme de Sebenico. — Dessin de Th. Valerio, d'après nature 233
106. Jeune fille de Sebenico. — Dessin de Th. Valerio, d'après nature 235
107. La chute de la Kerka, à Scardona. — Dessin de E. Grandsire, d'après une photographie 236
108. Garde de la ville, à Sebenico. — Dessin de Th. Valerio, d'après nature 237
109. Vue de Traü, prise de l'île Bua. — Dessin de E. Grandsire, d'après une photographie 240
110. Rivière des Castelli. — Dessin de Th. Valerio, d'après nature 241
111. Jeune garçon des environs de Traü. — Dessin de Th. Valerio, d'après nature 242
112. Plan exact des abords de l'ancien palais de Dioclétien compris dans une partie de la ville de Spalato 245
113. Vue générale de Spalato, prise du port. — Dessin de E. Grandsire, d'après le croquis de M. Ch. Yriarte 247
114. La muraille extérieure du palais de Dioclétien, prise du quai de la ville. — Dessin de Ph. Benoist, d'après une photographie. (Dessin montrant les restes de la Loggia antique.) 249
115. Vue de la place du Dôme avec la cathédrale et le campanile; péristyle antique du palais de Dioclétien. — Dessin de A. Deroy, d'après une photographie 253
116. État actuel du portique du temple du palais de Dioclétien transformé en cathédrale. — Dessin de Th. Valerio, d'après nature 257
117. Intérieur du temple du palais de Dioclétien. — Dessin de H. Clerget, d'après une photographie... 261
118. La porte Dorée du palais de Dioclétien. — Dessin de E. Grandsire, d'après une photographie.... 265
119. Paysanne des environs de Spalato. — Dessin de Th. Valerio, d'après nature 267
120. Branizza : la *petite Venise*. — Dessin de E. Grandsire, d'après une photographie 269
121. Paysanne des environs de Spalato. — Dessin de Th. Valerio, d'après nature 270
122. Salone : Fouilles faites par le professeur Glavinich pour retrouver la ville antique. — Dessin de Stop, d'après un croquis de M. Ch. Yriarte 273
123. Sarcophage trouvé dans les fouilles de Salone. — Dessin de Petot, d'après une photographie.... 275
124. Sarcophage trouvé dans les ruines de Salone. — Face latérale du même sarcophage ouvert lors de l'invasion des Barbares. — Autre face latérale. — Dessins de Petot, d'après des photographies. 276
125. Jeune fille apportant des inscriptions trouvées dans un champ à Salone. — Dessin de Stop, d'après un croquis de Ch. Yriarte 277
126. Sarcophage trouvé à Salone : Phèdre et Hippolyte. — Dessin de J. Fesquet, d'après une photographie 278
127. Quelques scènes de la foire de Salone. — Dessin de Vierge, d'après un croquis de M. Ch. Yriarte. 279
128. Paysanne des environs de Salone. — Dessin de Th. Valerio, d'après nature 281
129. La forteresse de Clissa. — Dessin de E. Grandsire, d'après une photographie 285

TABLE DES GRAVURES.

130. Fontain vénitienne sur la place du marché, à Sign. — Dessin de Ph. Benoist, d'après un croquis de M. Ch. Yriarte 288
131. Pietro di Brazza. — Dessin de E. Grandsire, d'après une photographie 290
132. La ville d'Almissa, à la côte, entre Spalato et Raguse. — Dessin de E. Grandsire, d'après un croquis de M. Ch. Yriarte 291
133. Vue de Macarsca. — Dessin de Th. Weber, d'après un croquis de M. Ch. Yriarte 292
134. Une rue de Raguse. — Dessin de E. Grandsire, d'après un croquis de M. Ch. Yriarte 293
135. Place principale de Raguse : La Loggia. — Dessin de E. Grandsire, d'après une photographie... 294
136. Le Stradone : rue principale de Raguse — Dessin de H. Catenacci, d'après une photographie.... 295
137. Commissionnaires de Raguse. — Dessin de E. Ronjat, d'après une photographie 297
138. Costume de canalese au marché de Raguse 299
139. Façade de l'église des Franciscains de Raguse. — Dessin de H. Catenacci, d'après une photographie 300
140. Le cloître du couvent des Franciscains, à Raguse. — Dessin de H. Catenacci, d'après une photographie 301
141. Vue générale de Raguse. — Dessin de E. Grandsire, d'après une photographie 307
142. Costumes du district de Raguse. — Dessin de E. Ronjat, d'après le croquis de Ch. Yriarte 311
143. Paysans des environs de Raguse. — Dessin de Th. Valerio, d'après nature 315
144. Château de la Cronia, près de Raguse. — Dessin de A. Deroy, d'après une photographie 317
145. Le caravansérail des Turcs, à Borgo Plocce. — Dessin de E. Grandsire, d'après l'aquarelle de M. Ch. Yriarte 318
146. Fontaine du seizième siècle au caravansérail des Turcs, près de Raguse. — Dessins de Ph. Benoist, d'après un croquis de de M. Ch. Yriarte 319
147. Costumes turcs de Trébigné, au caravansérail près de Raguse. — Dessin de D. Vierge, d'après un croquis de M. Ch. Yriarte 320
148. Un joueur de guzla dans une boutique de Raguse. — Dessin de D. Maillart, d'après un croquis de M. Ch. Yriarte 323
149. Muletiers turcs de l'Herzégovine apportant des marchandises à Raguse. — Dessin de Th. Valerio, d'après nature 335
150. Sceau de la République de Raguse, d'après une empreinte 342
151. Les Bouches de Cattaro, vue à vol d'oiseau, prise des hauteurs du Monténégro. — Dessin de Riou, d'après un croquis de M. Ch. Yriarte 343
152. Vue de Castel-Nuovo à l'entrée des bouches de Cattaro. — Dessin de E. Grandsire, d'après une photographie 346
153. Les chaînes : Bouches de Cattaro. — Dessin de Th. Weber, d'après une photographie 347
154. Iles de la Madone et de Saint-Georges (bouches de Cattaro). — Dessin de Weber d'après une photographie 348
155. Les Krivosciens, montagnards des bouches de Cattaro. — Dessin de P. Fritel d'après une photographie 354
156. Vue de la ville de Cattaro. — Dessin de Sorrieu, d'après une photographie 355
157. Une boutique monténégrine au bazar de Cattaro. — Dessin de Th. Valerio, d'après nature 357
158. Le mouton à l'albanaise. — Dessin de Th. Valerio, d'après nature 360
159. Cul de lampe (Les bouches de Cattaro) 361

CHAPITRE VII
LE MONTÉNÉGRO

160. Un intérieur de sénateur monténégrin. — Dessin de O. Matthieu, d'après un croquis de M. Ch. Yriarte 363
161. Carte du Monténégro. — Gravée par Erhard 365
162. Monténégrins se rendant au marché de Cattaro. — Dessin de Th. Valerio, d'après nature 367
163. La préparation de la castradina. — Dessin de Th. Valerio, d'après nature 371
164. Jeune fille monténégrine de Niégosch. — Dessin de Th. Valerio, d'après nature 374

TABLE DES GRAVURES.

165. Jeune garçon de Niégosch. — Dessin de Th. Valerio, d'après nature............................. 375
166. Vue du lac de Scutari et de l'Albanie, du haut de la route de Cettigné. — Dessin de Th. Valerio, d'après nature... 376
167. Monténégrin en armes dans la montagne. — Dessin de Th. Valerio, d'après nature........... 377
168. Rue principale de Cettigné. — Dessin de Taylor, d'après une photographie.................... 379
169. Un coin de rue à Cettigné. — Dessin de Th. Valerio, d'après nature............................ 381
170. Le vieux palais (le konak), ancienne résidence du prince de Monténégro. — Dessin de Taylor, d'après une photographie... 383
171. Vue générale de Cettigné. — Dessin de Taylor, d'après une photographie..................... 387
172. Réception chez le prince. — Dessin de Matthieu, d'après un croquis de M. Ch. Yriarte...... 392
173. Le prince et la princesse de Monténégro. — Dessin de E. Ronjat, d'après une photographie.. 395
174. Les enfants du prince. — Dessin de E. Ronjat, d'après une photographie..................... 399
175. Le prince rendant la justice. — Dessin de Valnay, d'après un croquis de M. Ch. Yriarte..... 401
176. Un sénateur monténégrin. — Dessin de Théodore Valério, d'après nature..................... 405
177. Les gardes du prince de Monténégro. — Dessin de Th. Valério, d'après nature............... 407
178. Jeune Monténégrine de la Rietchka Nahia. — Dessin de Th. Valerio, d'après nature......... 410
179. Monténégrin de la Rietchka Nahia. — Dessin de Th. Valerio, d'après nature.................. 411
180. Paysans slaves des frontières vers Grahovatz. — Dessin de Th. Valerio, d'après nature..... 413
181. Monténégrin de Grahovatz. — Dessin de Th. Valerio, d'après nature.......................... 415
182. Monténégrin des environs de Cettigné. — Dessin de Th. Valerio, d'après nature............. 417
183. Femme de la Berda. — Dessin de Th. Valerio, d'après nature.................................. 419
184. Intérieur de famille monténégrine dans la montagne. — Dessin de Th. Valerio, d'après nature... 421
185. L'école des jeunes filles à Cettigné. — Dessin de E. Ronjat, d'après une photographie...... 423
186. Jeunes Monténégrines aux citernes de Cettigné. — Dessin de Th. Valerio, d'après nature.... 425
187. Monténégrines : Une marchande de Cettigné. — Dessin de Th. Valerio, d'après nature...... 427
188. Lamentations et prières sur les morts. — Dessin de Th. Valerio, d'après nature............. 433
189. Lamentations devant les murs du monastère. — Dessin de Th. Valerio, d'après nature...... 438
190. Le couvent de Cettigné, résidence de l'évêque du Monténégro. — Dessin de Taylor, d'après une photographie... 441
191. Type de jeune pope monténégrin. — Dessin de Th. Valerio, d'après nature................... 443
192. Gardeuse d'armes à l'entrée d'un monastère. — Dessin de Th. Valerio, d'après nature..... 445
193. Cettigné : les ruches dans le jardin de l'archimandrite. — Dessin de Taylor, d'après un croquis de M. Ch. Yriarte... 447
194. Galerie supérieure du monastère. Intérieur du vladika. — Dessin de Valnay, d'après un croquis de M. Ch. Yriarte.. 448
195. Le vladika, métropolitain du Monténégro. — Dessin de E. Ronjat, d'après une photographie.. 449
196. Le baptême du fils du prince par le métropolitain, à Cettigné. — Dessin de A. Ferdinandus, d'après une photographie... 451
197. La cavalerie monténégrine. — Dessin de Taylor, d'après une photographie.................... 457
198. Pope monténégrin en tenue de guerre portant la bannière de l'église. — Dessin de Th. Valerio, d'après nature... 459
199. Une bergère des frontières de l'Albanie. — Dessin de Th. Valsrio, d'après nature........... 463
200. Monténégrin des frontières de l'Herzégovine. — Dessin de Th. Valerio, d'après nature...... 465
201. Pétar Vukotitch, commandant en chef de l'armée du Nord. — Dessin de E. Ronjat, d'après une photographie... 467
202. Les soldats monténégrins pendant l'action. — Dessin de Th. Valerio, d'après nature........ 469
203. Bojo Petroviez, commandant en chef de l'armée du Sud. — Dessin de E. Ronjat, d'après une photographie.. 472
204. Stanko Radonich, chef d'état-major général de l'armée monténégrine. — Dessin de E. Ronjat, d'après une photographie... 473
205. Retour à Niégosch : la halte. — Dessin de Valnay, d'après un croquis de Ch. Yriarte....... 477

TABLE DES GRAVURES.

CHAPITRE VIII
RAVENNE

206.	La place *Majeure*, à Ravenne. — Dessin de Ph. Benoist, d'après un croquis de M. Ch. Yriarte...	479
207.	Tombeau de Galla Placida. — Dessin de Ph. Benoist, d'après une photographie	489
208.	Restes du palais de Théodoric, à Ravenne. — Dessin de Ph. Benoist, d'après une photographie	493
209.	Santa-Maria della Rotonda : Tombeau de Théodoric. — Dessin de Ph. Benoist, d'après une photographie	495
210.	Intérieur de San Apollinare Nuovo. — Dessin de E. Thérond, d'après une photographie	497
211.	Basilique de San Apollinare in Classe. — Dessin de Ph. Benoist, d'après une photographie	501
212.	Le cloître de San Vitale. — Dessin de Ph. Benoist, d'après une photographie	502
213.	Intérieur de la basilique de San Vitale. — Dessin de Ph. Benoist, d'après une photographie	503
214.	L'impératrice Théodora : Mosaïque de San Vitale, à Ravenne. — Dessin de P. Sellier, d'après une photographie	506
215.	L'empereur Justinien et sa cour : Mosaïque de San Vitale, à Ravenne. — Dessin de P. Sellier, d'après une photographie	507
216.	Le tombeau de Dante, à Ravenne. — Dessin de Ph. Benoist, d'après une photographie	511
217.	Intérieur du tombeau de Dante, à Ravenne. — Dessin de Ph. Benoist, d'après une photographie	513
218.	La cabane où s'est réfugié Garibaldi poursuivi par les Autrichiens. — Dessin de Dosso, d'après une photographie	514
219.	Le *Viale dei Poeti* dans la Pineta de Ravenne. — Dessin de Taylor, d'après une photographie	515
220.	Colonne des Français, élevée à la mémoire de Gaston de Foix. — Dessin de H. Catenacci, d'après une photographie	522
221.	Panorama de la ville de Rimini. — Dessin de Dosso, d'après une photographie	526
222.	La grande place de Rimini avec le piédestal de César. — Dessin de H. Catenacci, d'après une photographie de Trevisani	527
223.	L'Arc d'Auguste, à Rimini. — Dessin de H. Catenacci, d'après une photographie de Trévisani	529
224.	Le pont d'Auguste, à Rimini. — Dessin de Ph. Benoist, d'après une photographie	531
225.	Avanzi della Rocca : Forteresse des Malatesta, seigneurs de Rimini. — Dessin de Dosso, d'après une photographie de Trévisani	533
225.	San Francesco : le temple des Malatesta, à Rimini. — Dessin de E. Thérond, d'après une photographie de Trévisani	534
226.	Le port-canal de Rimini. — Dessin de Dosso, d'après un croquis de M. Ch. Yriarte	535
227.	Pesaro : le monument de Rossini. — Dessin de H. Catenacci, d'après une photographie	537
228.	Le port de Pesaro vu de la terrasse des *Orti Giulii*. — Dessin de H. Clerget, d'après un croquis de M. Ch. Yriarte	538
229.	Pesaro : Piazza Grande. — Dessin de H. Catenacci, d'après une photographie	539
230.	Urbino : vue générale de la ville. — Dessin de H. Clerget, d'après un document communiqué par M. Ch. Yriarte	542
231.	Urbino : le palais des Ducs. — Dessin de H. Clerget, d'après un croquis de M. Ch. Yriarte	545
232.	Urbino : la première cour du Palais Ducal. — Dessin de H. Catenacci, d'après une photographie	547
233.	La maison où est né Raphaël. — Dessin de Ph. Benoist, d'après un croquis de M. Ch. Yriarte	551
234.	Urbino : la cathédrale et l'angle du palais des ducs d'Urbin. — Dessin de H. Catenacci, d'après photographie	553
235.	Fano : Porte de l'église Saint-Michel. — Dessin de H. Catenacci, d'après une photographie	555

CHAPITRE IX
ANCONE ET LORETTE

236.	*La Liscia* : Chute d'eau de Porto Julio. — Dessin de Gorski, d'après une photographie	557
237.	Sinigaglia : le port et le pont-levis. — Dessin de H. Clerget, d'après une photographie	559

TABLE DES GRAVURES.

238. Sinigaglia : la foire sous les portiques de la place. — Dessin de Dosso, d'après une photographie. 561
239. Sinigaglia : la maison où Pie IX a été allaité. — Dessin de Gorski, d'après une photographie.... 562
240. Le palais Apostolique, à Lorette. — Dessin de Gorski, d'après une photographie................. 563
241. Ancône. — Dessin de Ph. Benoist, d'après une photographie 565
242. L'arc de Trajan sur le môle d'Ancône. — Dessin de H. Catenacci, d'après une photographie.... 569
243. Le dôme de Saint-Cyriaque, cathédrale d'Ancône. — Dessin de E. Thérond, d'après une photographie... 573
244. Lorette. — Dessin de Dosso, d'après une photographie.................................... 581
245. Église de la *Santa Casa*, à Lorette. — Dessin de Dosso, d'après une photographie........... 583
246. Paysannes de Lorette et de Recanati. — Dessin de Henri Janet, d'après une photographie..... 585
247. Notre-Dame de Lorette : L'image de la Vierge dans le tabernacle. — Dessin de H. Catenacci, d'après une photographie.. 587

CHAPITRE X
FOGGIA

248. Les *Croce* à la sortie de Foggia vers San Severo. — Dessin de H. Clerget, d'après un croquis de M. Ch. Yriarte.. 593
249. Ouverture d'une fosse à grains, à Foggia. — Dessin de H. Janet, d'après un croquis de M. Ch. Yriarte.. 597
250. *Piazza delle Fosse* : Grande place de Foggia. — Dessin de H. Clerget, d'après un croquis de M. Ch. Yriarte.. 599
251. Manfredonia. — Dessin de Th. Weber, d'après un croquis de M. Ch. Yriarte................ 601
252. Tours des Normands. — Dessin de Avenet, d'après un croquis de M. Ch. Yriarte........... 605
253. Citadelle sarrasine à Lucera. — Dessin de Th. Weber, d'après un croquis de M. Ch. Yriarte.... 606

CHAPITRE XI
BRINDISI, LECCE ET OTRANTE

254. Le port de Brindisi. — Dessin de Dosso, d'après un croquis de M. Ch. Yriarte............. 607
255. La rade de Brindisi. — Dessin de Rion, d'après une aquarelle de M. Ch. Yriarte............ 609
256. Brindisi : Colonne dite de Cléopâtre, point d'arrivée de la voie Appia. — Dessin de H. Catenacci, d'après une photographie... 611
257. San Giovanni, à Brindisi. — Dessin de Ph. Benoist, d'après une photographie............. 614
258. Panorama de Lecce. — Dessin de Gorski, d'après une photographie...................... 617
259. Le palais de la Préfecture, à Lecce. — Dessin de A. Deroy, d'après une photographie........ 619
260. Le séminaire de Lecce. — Dessin de A. Deroy, d'après une photographie................. 621
261. Vue d'Otrante, prise de la Douane. — Dessin de Th. Weber, d'après un croquis de M. Ch. Yriarte. 623
262. Pointa de Leuca. — Dessin de Th. Weber, d'après un croquis de M. Ch. Yriarte............ 626

FIN DE LA TABLE DES GRAVURES

TABLE DES CHAPITRES

INTRODUCTION

Itinéraire du voyage. — Intérêt qu'il peut offrir au lecteur.................................... 1

CHAPITRE PREMIER
VENISE

Le charme de Venise. — Origine de la ville. — Sa suprématie. — Sa décadence. — Premier séjour à Venise. — Les funérailles de Daniel Manin. — Le Grand Canal. — Le plan de Venise du haut du Campanile. — La place Saint-Marc. — L'intérieur de Saint-Marc. — Le Palais Ducal. — La salle du Grand-Conseil. — Le pont des Soupirs. — La Scala d'Oro. — La gondole et les gondoliers. — La Traghetto. — Les théâtres. — La Fenice. — Ovation à la belle étoile. — San Lazzaro dei Armeni... 7

CHAPITRE DEUXIÈME
CHIOGGIA

Les Lidos depuis Venise jusqu'à Brondolo. — Les Murazzi. — La Ville. — Les vallées. — Le siége de Chioggia. 63

CHAPITRE TROISIÈME
TRIESTE

Caractère de la ville. — Mouvement commercial. — Mouvement social. — Les races diverses des habitants. — Les Cici. — La tribu des *Cici*. — Région qu'elle occupe. — Son origine. — Ses mœurs. — Ses costumes. — Son industrie. — Épisode. — Villages Cici. — Les *Sartorelle*. — Climat de Trieste. — Les monuments. — Le *Tergesteum*. — Le Lloyd. — La députation de la Bourse. — La Société navale Adriatique. — L'établissement technique. — Le lapidaire d'Aquilée. — L'église Saint-Just. — Les tombes de la famille des Montémolin. — Miramar. — Résidence construite par l'archiduc Maximilien. — Le château. — Les intérieurs. — Les jardins. — Le musée. — Environs de Trieste. — Les anciennes salines détruites par les Vénitiens. — Une saline historique. — Petite ville de Muggia. - La domination vénitienne. — Le port de Pirano. — Muggia. — Traces de la domination vénitienne. — Pirano.... 79

CHAPITRE QUATRIÈME
L'ISTRIE

Géographie de l'Istrie. — Conditions générales du pays. — Ses divisions. — Les côtes. — District de l'intérieur. La population. — Races diverses. — Religion. — Mœurs. — Caractères. — La route de Trieste à Pisino. — Capo d'Istria. — Buje. — Pisino. — Premier aspect du marché. — Les costumes slaves. — Pisino. — La ville. — Son histoire. — Différentes races qui peuplent l'Istrie. — La Foiba. — La route entre Pisino et Parenzo. — Antignana. — Monpaderno. — Sbandati. — Parenzo. — La ville. — Les monuments. — L'île de San Nicolo. — De Parenzo à Pola par mer. — La côte. — Rovigno. — Fasana. — Les écueils. — Santa-Catarina in Scoglio. — Le canal de Fasana. — Pola. — La place du Forum. — Le Palais municipal. — Les temples de Diane. — Le temple de Rome et d'Auguste. — L'arène antique. — Les murs antiques. — La porte d'Hercule. — *Porta Gemina*. — *Porta Aurata*. — L'arsenal. — L'intérieur. — Le *Scoglio-Olivi*. — La ville autrichienne. — *Cancan-ville*. — La musique autrichienne. — La ville militaire. — Son caractère. — Le casino des officiers. — Fasana. — Peroï. — La colonie Monténégrine de Peroï. — Son origine. — Caractère des habitants. — Le culte grec à Peroï. — Dignano. — La ville. — Intérieur d'église le dimanche. — Les paysans slaves à la messe... 105

CHAPITRE CINQUIÈME
LE QUARNERO ET SES ILES

Le golfe du Quarnero. — Les îles. — La bora. — Conditions générales. — La pêche. — Fiume. — Le Terzato. — L'abbaye des Franciscains. — Les environs de Fiume : côte de l'Istrie. — Prælucca. — La pêche du thon. — Volosca. — Abbazia. — Épisode. — Les environs de Fiume : côte de la Dalmatie. — Martinschizza. — Porto-Ré. — Buccari. — Segna. — Les Uscoques. — L'île de Cherso. — Ossero. — Lussin-Piccolo. — Lussin-Grande. — Veglia. — Pago et Arbe.. 151

CHAPITRE SIXIÈME
LA DALMATIE

Conditions générales de la Dalmatie. — Administration. — Population. — Zara. — Histoire de Zara. — Les Iles Longues. — Départ de Zara. — La caravane. — Les routes de la Dalmatie. — Le costume. — Les broderies des paysans dalmates. — Les bijoux dalmates. — Halte à Ostrovitza. — Les casernes de cavalerie du maréchal Marmont. — Les routes de Dalmatie construites par le duc de Raguse. — Souvenirs de l'occupation française. — Knin. — Les communications dans l'intérieur de la Dalmatie. — Séjour à Knin. — Le cours de la Kerka. — Départ. — Départ de Knin. — De Knin à Sebenico par Dernis. — Sebenico. — De Sebenico à Spalato par mer. — L'aspect général de Spalato. — Le palais de Dioclétien. — Spalato. — Son histoire. — Le palais de Dioclétien. — La ville ancienne. — La ville moderne. — Le palais de Dioclétien à Spalato depuis le troisième siècle jusqu'à la domination vénitienne. — Promenade dans Spalato. — La ville des Salonitains. — Le temple. — Le mausolée. — La place. — Le temple du palais de Dioclétien. — Le tombeau de Dioclétien ou temple d'Esculape transformé en baptistère. — Salone. — Clissa. — Sign. — Almissa. — Macarsca. — Brazza. — Fouilles à Salone. — La foire de Salone. — De Spalato à Sign par Salone et Clissa. — Sign. — Brazza. — Almissa. — Macarsca. — Gravosa. — Raguse. — Histoire de Raguse. — Origine de la ville. — Les guzlars. — Les chants serbes. — Le gouvernement de Raguse. — Édits contre le luxe. — Relations de la France avec la république de Raguse. — Dissensions intestines. — Le commerce de Raguse. — Sa flotte. — Dépêches officielles inédites relatives à l'occupation de Raguse par les Français. — De Raguse à Cattaro. — Les habitants des Bouches. — Habitudes. — Mœurs. — Costumes. — Cattaro.. 179

CHAPITRE SEPTIÈME
LE MONTÉNÉGRO

Départ de Cattaro. — L'ascension de la montagne Noire. — La route. — Verba. — Arrivée à Niégosch. — Halte à Niégosch. — L'intérieur d'un sénateur. — La castradina. — Le village de Niégosch. — De Niégosch à Cettigné. — Vue du lac de Scutari et de l'Albanie. — De Baïtz à la plaine de Cettigné. — La capitale du Monténégro. — Notre installation au vieux palais. — Détail d'intérieur. — Le sac inépuisable. — La table d'hôte à l'hôtel de Cettigné. — Coup d'œil rapide sur l'histoire du pays. — Le prince Nicolas. — L'exercice du pouvoir. — Le sénat. — Le pays monténégrin. — Division par provinces. — Caractère de chacune d'elles. — L'habitant. — Son caractère. — Ses mœurs. — Le costume. — La femme monténégrine. — Son état social. — La constitution de la famille. — Les communautés (*zadruzna kuca*). — La femme dans la communauté. — La religion au Monténégro. — Les popes. — Le couvent de Cettigné. — L'organisation militaire des Monténégrins. — Leurs mœurs guerrières. — Du rôle des popes dans la guerre. — La campagne de 1876. — Dernière campagne des Monténégrins contre les Turcs en 1876. — L'armée monténégrine sur le terrain. — Prise de Gatsko et de Médun. — Le Monténégro devant la conférence. — Les Mirdites. — Le retour... 364

CHAPITRE HUITIÈME
RAVENNE
LA COTE MÉRIDIONALE DE L'ITALIE

Physionomie de la ville. — Les monuments de la période romaine : Classis, Cæsarée, Ravenne antique. — Période gothique. — Le tombeau de Galla Placida. — Le palais de Théodoric. — Son tombeau. — Ravenne sous les exarques grecs. — Ses monuments. — San Apollinare. — San Apollinare in Classe. — San Vitale. — La Pineta. — La forêt de Dante. — Les Vénitiens à Ravenne. — Gaston de Foix. — La bataille de Ravenne. — Byron à Ravenne. — Rimini. — Le temple des Malatesta. — Pesaro. — Urbino. — Fano. — Sinigaglia. — De Pesaro à Urbino. — La ville. — Son aspect. — Les monuments. — Autres monuments d'Urbino. — La maison de Raphaël. — Fano. — Sinigaglia.   479

CHAPITRE NEUVIÈME
ANCONE ET LORETTE

Le pays de Sinigaglia à Ancône. — Panorama de la ville. — Son port. — Les rues. — Les monuments, les portes de ville, la cathédrale, l'Arc de Trajan, la bourse, le Palais des Communes, les églises, les places. — Coup d'œil sur l'histoire d'Ancône. — La ville moderne et la ville ancienne. — La vie à Ancône. — Lorette. — Le pays depuis Ancône jusqu'à Lorette. — L'arrivée. — La ville. — La place. — La basilique. — La Santa Casa. — La tradition religieuse. — Le mouvement autour du sanctuaire. — Le trésor du sanctuaire. — Le palais pontifical. — La pharmacie.   563

CHAPITRE DIXIÈME
FOGGIA

Le pays de Lorette à Foggia. — Pescara. — Foggia. — La ville. — Les fosses à grains. — Les Croce. — Le Tavogliere de la Pouille. — Excursion dans les environs de Foggia. — Ruines Sarrasines et Normandes. — Manfredonia. — Lucera. — Le Monte Gargano. 593

CHAPITRE ONZIÈME
BRINDISI, LECCE ET OTRANTE

De Foggia à Brindisi. — Bari. — La ville de Brindisi. — Ce qu'elle était autrefois. — Son aspect aujourd'hui. — La voie Appia. — Conditions économiques de la ville. — La route des Indes. — Le port moderne. — Le port antique. — Causes de la décadence. — Souvenirs historiques à évoquer à Brindisi. — Les monuments. — Coup d'œil général sur la région de la province d'Otrante. — Civilisations successives. — Émigrations orientales. — La culture intellectuelle remonte de la partie méridionale au centre de l'Italie. — Les illustrations de la province. — Histoire. — Littérature. — Lecce. — La ville. — Les monuments. — Impressions du voyageur. — Otrante. — La ville. — Description des monuments. — La cathédrale. — Le port. — Le télégraphe sous-marin. — La *Punta di Leuca*...   607

FIN DE LA TABLE DES CHAPITRES

www.ingramcontent.com/pod-product-compliance
Lightning Source LLC
Chambersburg PA
CBHW071153230426
43668CB00009B/941